AF537728

Schleswig-Holstein im Hohen und Späten Mittelalter

Dirk Meier

Schleswig-Holstein im Hohen und Späten Mittelalter

Landesausbau · Dörfer · Städte

BOYENS

ISBN 978-3-8042-1366-1

Gestaltung: Dörte Kromrei
Herstellung: Boyens Buchverlag
Druck und Bindung: Kösel, Krugzell
Printed in Germany

Seid die Ersten, in das liebliche Land
[nach 2. Sam. 19,11 und Psalm 106,24]
hinüberzuwandern, und bewohnt es,
und nehmt teil an den Genüssen desselben.

Helmold von Bosau
– Chronica Slavorum –

Inhaltsverzeichnis

Vorwort

Der Zeitraum zwischen 1000 und 1500, das Hoch- und Spätmittelalter, gehört zu den Epochen der europäischen Kulturgeschichte, in der sich Landschaft, Wirtschaft und Gesellschaft grundlegend veränderten. Der Prozess des Landesausbaus mit der Urbarmachung von Mooren und Marschen, der umfangreichen Rodung bis dahin undurchdringlicher Wälder, der Gründung von Dörfern und Kirchen sowie die Urbanisierung erfasste vor dem Hintergrund einer steigenden Bevölkerungszahl auch Schleswig-Holstein. Welche Einflüsse in dieser Zeit das Land zwischen den Meeren formten und veränderten, ist Thema dieses Buches, das die Fortsetzung des 2011 erschienenen Bandes „Schleswig-Holstein im frühen Mittelalter. Landschaft – Archäologie – Geschichte" bildet. Die maritime Geschichte dieser beim Boyens Buchverlag herausgegebenen Edition ergänzt dabei für das Land zwischen den Meeren das Buch „Land in Sicht. Die Geschichte der Seefahrt an Nord- und Ostsee".

Die wissenschaftlichen Grundlagen beruhen auf meinen Vorlesungen an den Universitäten Kiel und Gießen sowie den unter meiner Leitung durchgeführten Ausgrabungen an mittelalterlichen Warften und Deichen in Eiderstedt und Dithmarschen. Diese erfolgten auf der Basis der von der Arbeitsgruppe Küstenarchäologie des Forschungs- und Technologiezentrums Westküste durchgeführten Erfassung der historischen Kulturlandschaft dieser Küstengebiete. Weitere Forschungen zur hoch- und spätmittelalterlichen Geschichte wurden vor allem durch die Stadtarchäologie in Lübeck, das Archäologische Landesamt, das Archäologische Landesmuseum, das Institut für Ur- und Frühgeschichte der Universität Kiel und das Museum Haderslev in Nordschleswig durchgeführt. Zu nennen sind hier neben den Untersuchungen an der Nordseeküste sowie von Dörfern in Nordschleswig vor allem die stadtarchäologischen Ausgrabungen in Lübeck und Schleswig. Neben den Erkenntnissen der Mittelalterarchäologie haben der Lehrstuhl für Regionalgeschichte an der Universität Kiel ebenso wie die Untersuchungen des Landesarchivs und der verschiedenen Stadtarchive unser Bild des Mittelalters geformt.

Ich danke Bernd Rachuth als Verlagsleiter des Boyens Buchverlages sowie Dörte Kromrei für die wertvolle Gestaltung dieser Edition.

Dirk Meier

Topographie Schleswig-Holsteins mit ausgewählten Ausgrabungen und pollenanalytischen Untersuchungen.

Einleitung und Quellen der Forschung

Das christliche Mittelalter Europas verstand sich heilsgeschichtlich als eine im Glauben allen bisherigen Epochen überlegene *aetas christiana*, als ein christliches Zeitalter, das mit der Geburt von Gottes Sohn begann und erst mit dem Jüngsten Tag enden sollte. Die Gesellschaft des Hochmittelalters unterschied dabei seit dem 11. Jahrhundert die drei Stände der Kleriker, Ritter und Bauern. Dieses Dreiständemodell verstanden die hochmittelalterlichen Autoren als ein Ganzes. Der Begriff des Mittelalters hingegen wurde als *medium aevum* (mittleres Zeitalter) erstmals im 14. Jahrhundert von italienischen Humanisten eingeführt, die damit ihr Verständnis der eigenen Epoche als solche der Wiedergeburt (Renaissance) begründeten. Im deutschsprachigen Raum untergliederte dann eine seit dem 19. Jahrhundert an die fränkische und deutsche Herrschergeschichte orientierte Geschichtsschreibung das europäische Mittelalter in drei einzelne Abschnitte. Während das Frühmittelalter die Epoche der Merowinger und Karolinger von etwa 500 n. Chr. bis zum Anfang des 10. Jahrhunderts umfasst, orientiert sich das Hochmittelalter zeitlich an die Herrschaft der Ottonen, Salier und Staufer bis etwa 1250. Das Spätmittelalter bis etwa 1500 charakterisiert dann das Scheitern der „klassischen Kaiseridee". Infolge veränderter Fragestellungen, aber auch durch die Einbindung wirtschafts-, sozial- und kulturgeschichtlicher Komponenten werden heute mehr die strukturellen Veränderungen des 11./12. Jahrhunderts als entscheidende Zäsur betont.[1]

Daher liegt auch ein Schwerpunkt dieses Buches zur hoch- und spätmittelalterlichen Geschichte Schleswig-Holsteins auf der exemplarischen Behandlung des hochmittelalterlichen Landesausbaus, den sich ändernden ökonomischen und gesellschaftlichen Strukturen sowie der Urbanisierung. Zu den damit verbundenen Umweltveränderungen bemerkte der Abt Caesarius des Eifelklosters Prüm in seiner Vorrede der Überarbeitung des Urbars von 893, somit der klösterlichen Einnahmen, Folgendes: *Es sind nun 329 Jahre vergangen, seit dieses alte Buch geschrieben wurde … In dieser langen Zeit sind bekanntlich viele Wälder gerodet, viele Dörfer erbaut, die Zehnten vermehrt worden, auch sind … viele Mühlen errichtet, viele Weinberge angelegt sowie unendlich viele Ländereien kultiviert worden.*[2] Walter von der Vogelweide, der bedeutendste deutschsprachige Lyriker der Zeit, dichtete um 1215: *Gehauen ist der Wald, gebreitet das Feld.*[3]

Notwendig war die intensivere Landnutzung aufgrund des gewaltigen Bevölkerungswachstums in den Ländern West- und Mitteleuropas. So verdreifachte sich von etwa 1000 bis 1300 die Bevölkerung, so dass sie um 1300 in England 4,5 Mill., in Italien 7–9 Mill., Frankreich 21 Mill. und Deutschland 14 Mill. betrug.[4] Ohne Fortschritte in der Landnutzung und Agrartechnik wäre das kaum möglich gewesen. Selbst diese reichten aber nicht aus, denn das wirtschaftliche, technische und soziale Gefüge der mittelalterlichen Gesellschaft geriet an die Grenzen, wie die Regressions- und Depressionsphase des 14./15. Jahrhunderts zeigt, auch wenn diese regional differenziert verlief.

Das selektive hochmittelalterliche Schriftgut wurde bis auf wenige Ausnahmen von Geistlichen, Klerikern und Mönchen verfasst. Auch in Schleswig-Holstein entstammen die hochmittelalterlichen Chronisten dem klerikalen oder klösterlichen Umfeld. Dazu gehören die bereits im vorherigen Band besprochenen Chronisten Adam von Bremen (* wohl vor 1050;

† 1081/1085), der mit der *Gesta Hammaburgensis ecclesiae pontificum* (Geschichte des Erzbistums Hamburg) eine der bedeutendsten mittelalterlichen Geschichts- und Geographiewerke Nordeuropas schuf, Helmold von Bosau (* um 1120; † nach 1177) mit seiner *Chronica Slavorum* und Saxo Grammaticus (* um 1140; † um 1220), der die Taten der Dänen *(Gesta Danorum)* aufzeichnete.[5]

Seit dem 13. Jahrhundert mehren sich dann die schriftlichen Aufzeichnungen. So war nun auch für kleinere Kirchen, Klöster oder die selbständig agierenden Kirchspiele Dithmarschens die Fixierung ihrer Rechte von Bedeutung. Ihre Ansprüche und Besitzungen mussten diese auch gegen die weltlichen Herrschaftsträger absichern, die leichter zur bewaffneten Gewalt greifen konnten. Dementsprechend schreckten die Mönche in den Klöstern auch nicht vor Verfälschungen zurück, führten sie doch – anders als die Bischöfe und der Adel – nur die Feder und nicht das Schwert. Die geistlichen Autoren widmeten dabei der Geschichte ihrer Klöster besondere Aufmerksamkeit, so dass sie oft nur das lokale Geschehen vermerkten, wenn auch einige Verfasser die Reichs- und allgemeine Geschichte berücksichtigten. Für Schleswig-Holstein sei exemplarisch auf die Handschriften und Inkunabeln des ehemaligen Augustinerchorherrenstiftes Bordesholm verwiesen, die in der Kieler Universitätsbibliothek aufbewahrt sind.[6]

Unter Waldemar II. trat das Jyske Lov kurz vor dessen Tod 1241 in Kraft. Dieses erstmals auf Mittelalterdänisch schriftlich fixierte Recht galt auf der Halbinsel Jütland bis zur Eider sowie auf vielen dänischen Inseln. Codex Holmiensis 37, die älteste erhaltene Handschrift. Quelle: Königliche Bibliothek Kopenhagen.

Die urkundliche Überlieferung des Hoch- und Spätmittelalters ist im deutschen Reichsgebiet fast lückenlos in Editionen und Regesten fassbar, welche die nach Datum geordneten Urkunden mit Kommentaren ergänzen. Dazu gehören etwa die *Regesta diplomatica historiae Danicae*, das *Repertorium diplomaticum regni Danici mediaevalis* oder die deutschen Kaiserurkunden als *Regesta Imperii,* die ebenso wie andere Regesten in der Reihe *Monumenta Germaniae Historica* (MHG) veröffentlicht sind.[7] Für das Land zwischen den Meeren erlauben dabei die Schleswig-Holsteinisch-Lauenburgischen Regesten (SHRU) als eine Zusammenfassung rechtsrelevanter Urkunden weitere Aufschlüsse.[8] Als weitere Hilfsmittel zur Erschließung mittelalterlicher Schriftzeugnisse dienen neben den Archiven die auch zunehmend digital vorhandenen Editionen von Bibliothekskatalogen.[9]

Unter den erzählenden Quellen sind ferner die gleichfalls teilweise schon im letzten Band behandelten Viten zu nennen. Die Hagiographie beschäftigt sich dabei im Mittelalter mit dem Lebenswandel der Heiligen. Hinzu kommen die schriftlichen Hinterlassenschaften von adeligen Stifterfamilien, wie den auch für den Norden so wichtigen sächsischen Welfenherzögen. Weitere Quellen der Schriftkultur bilden die Notariats- und Traditionsurkunden.

Der Grundbesitz lässt sich nur dann erfassen, wenn Urkunden und Chroniken von Verkäufen, Verpfändungen, Schenkungen oder Tausch berichten. Zu den wichtigen Schriftzeugnissen der Wirtschafts- und Sozialgeschichte gehören die Urbare als eine Sammlung von Besitzrechten der Grundherrschaften sowie weitere Einkünfteverzeichnisse.[10] Darunter ist für Schleswig vor allem auf das Erdbuch Waldemars II. (1202–1241) zu verweisen. Dieses *Liber Census Daniae*, was die eigenen Einkünfte und Besitzungen verzeichnet, ließ der dänische König 1231 auf Latein verfassen. Da es viele Orte und Verwaltungsbezirke des damaligen Dänischen Reiches erstmals erwähnt, erlaubt es auch einen Einblick in die Macht- und Sozialstrukturen der Zeit. Das mehrbändige Original auf Pergament, der *Codex Holmiensis*, wird im Dänischen Staatsarchiv in Kopenhagen aufbewahrt.

Ebenfalls unter Waldemar II. trat das *Jyske Lov* kurz vor dessen Tod 1241 in Kraft. Dieses erstmals auf Mittelalterdänisch schriftlich fixierte Recht galt auf der Halbinsel Jütland bis zur Eider, auf diversen angrenzenden kleineren und größeren Inseln wie Röm, Fünen, Fehmarn und Helgoland. Es beruht zweifellos auf der Kodifikation von Gewohnheitsrechten, denn bereits Saxo Grammaticus berichtet in seiner um 1200 entstandenen *Gesta Danorum* von den Versuchen dänischer Könige, übergreifende Gesetze durchzusetzen. Hauptverfasser des Jütischen Rechts war Bischof Gunner von Viborg. Das älteste erhaltene Exemplar vom Ende des 13. Jahrhunderts liegt heute in der Königlichen Bibliothek in Stockholm. Spätestens im 16. Jahrhundert entstand eine niederdeutsche Übersetzung als *Jütsche Low* und 1717 eine weitere Ausgabe mit Kommentaren, *Das Jütische Low-Buch*. Aus der spätmittelalterlichen Vorrede geht hervor, dass der König gemeinsam mit seinen Söhnen Erik Plogpenning, Abel, Christoffer und Uffe, seinerzeit als Erzbischof von Lund höchster geistlicher Würdenträger, den anderen Bischöfen und *den besten Männern im Reich* den Rechtscodex anerkannt habe. Der Gesetzestext dürfte am jütischen Landesthing in Viborg beschlossen worden sein, denn im Vorwort heißt es, dass niemand gegen das Recht verstoßen und richten dürfe, das der König gegeben und das Land beschlossen habe.[11] Nach dem *Jyske Lov* waren alle Menschen vor Gott und dem Gesetz gleich, wobei der Schwache vor dem Recht des Stärkeren geschützt werden sollte und die Ungerechten für ihre Taten sich vor dem Gesetz zu verantworten hätten. Dieses Ideal entsprach aber kaum der Wirklichkeit.

Das *Jyske Lov* hat als Rechtsquelle für Schleswig und Dänemark eine ähnliche Bedeutung wie der Sachsenspiegel für das Deutsche Reich. Dieser ist in mitteldeutscher Sprache als *Sassen Speyghel* (niedersächsisch: *Sassenspegel*) erstmals um 1220 bis 1230 niedergelegt worden. Der niedersächsische Sachsenspiegel geht dabei auf Eike von Repgow (* zwischen 1180 u. 1190; † nach 1233) zurück, der das überlieferte Gewohnheitsrecht seines Stammes und das Recht als Bestandteil der christlichen Weltordnung schriftlich niederlegen wollte und so innovativ Recht schuf.[12] Bis zur Herausgabe dieses ersten Rechtsbuchs war das Rechtsbewusstsein an die mündliche Überlieferung und die Anschauung der Zeit gebunden. Das Recht des Sachsenspiegels ist ein sakrales, nicht säkulares Recht und weist daher biblische Bezüge auf. Dabei wurde im Mittelalter noch die Rechtsprechung durch Laien gepflegt. Territorien, Städte und Dörfer besaßen verschiedene Gerichte und Instanzen. Weitere Unterschiede bestanden aufgrund der verschiedenen Stände. Daher befasste sich ein großer Kreis mit der Rechtspflege, wie Urteiler, Dingleute oder Schöffen. Der Sachsenspiegel beinhaltete zunächst nur das Land- und Lehnsrecht und wurde um 1300 erweitert. Ersteres regelte dabei das Recht der freien Leute einschließlich der Bauern, während das Lehnsrecht die Verhältnisse zwischen den Ständen im Land, die Lehnspflichten und die Königswahl umfasste. Nicht geregelt wurde im Sachsenspiegel das Dienst-, Hof- und Stadtrecht, was daher zu unterschiedlichen Auffassungen führte. Der Sachsenspiegel als eine der wichtigsten Quellen zum Verständnis der agrarisch geprägten mittelalterlichen Lebenswelt ist in der teils vergoldeten Dresdener, Heidelberger, Oldenburger und Wolfenbütteler Bilderhandschrift[13] sowie etwa 435 weiteren Handschriften und Fragmenten überliefert.

Weitere Informationen zur Rechts- und Sozialgeschichte gestatten neben den sich seit dem 12. Jahrhundert ausbildenden Gemeinden, die erste Ansätze von Archiven bilden konnten, vor allem die Stadtrechte.

Eike von Repgow (zwischen 1180 u. 1190; † nach 1233), der Verfasser des niedersächsischen Sachsenspiegels.*

Diese umfassten ursprünglich das kaiserliche oder landesherrliche Vorrecht *(Stadtregal)*, wodurch ein Dorf oder eine vorstädtische Siedlung zur Stadt erhoben wurde. Das uneinheitliche Stadtrecht umfasst dabei mehrere Privilegien wie etwa Zoll- oder Stapelrecht, aber auch Einzelrechte wie das Marktrecht. Als Minderstädte werden dabei Orte mit eingeschränktem Stadtrecht bezeichnet. Die Bedeutung des Deutschen Stadtrechts innerhalb des Heiligen Römischen Reiches liegt dabei in der städtischen Autonomie, wie sie sich besonders mit der Deutschen Ostsiedlung im Mittelalter ausprägte und Vorbildcharakter bekam. Stadtrechte entstanden in Deutschland seit dem 10. Jahrhundert, womit neben Privatrechtsverhältnissen auch solche des öffentlichen Rechts normiert wurden.

Die Wahl des Königs im Heidelberger Sachsenspiegel um 1300. Oben: die drei geistlichen Fürsten bei der Wahl, sie zeigen auf den König. Mitte: der Pfalzgraf bei Rhein überreicht als Truchsess eine goldene Schüssel, dahinter der Herzog von Sachsen mit dem Marschallsstab und der Markgraf von Brandenburg, der als Kämmerer eine Schüssel mit warmem Wasser bringt. Unten: der neue König vor den Großen des Reiches.

Einmal niedergelegte Stadtrechte übernahmen oft weitere urbane Zentren. So ist etwa das Lübische Stadtrecht von 1160 aus dem Soester Recht abgeleitet. Es gewann – bedingt durch die Vormachtstellung Lübecks im Kaufmanns- und Städtebund der Hanse – für die Städte des südlichen Ostseeraums überragende Bedeutung. Das Lübische Recht verband dabei das Westfälische mit dem Holsteiner Landrecht und beeinhaltete auch ältere Seerechte, wie sie bei der Gotländischen Kaufgenossenschaft in Visby bestanden. Als einziges deutsches Stadtrecht widersetzte es sich der späteren Romanisierung und bewahrte bis Ende des 19. Jahrhunderts seinen deutschrechtlichen Ursprung. Eine frühe Zusammenfassung als Kodex erfolgte 1294 auf Veranlassung des Lübecker Ratskanzlers Albert von Bardewik. Der Lübecker Bürgermeister Tidemann von Güstrow ließ es dann 1348 vom Domvikar Helmicus thymmonis aufschreiben. Von Johann Balhorn wurde es 1586 als *Der Kayserlichen Freyen und des Heiligen Reichs Stadt Lübeck Statuta und Stadtrecht* erstmals auf hochdeutsch gedruckt.[14]

Neben den hier nur kursorisch angeführten Schriftzeugnissen, die in ihrer Aussagekraft jeweils kritisch zu hinterfragen sind, ergänzen erhaltene Bauten, Kunstwerke, archäologische Ausgrabungen und umwelthistorische Untersuchungen sowie die Onomastik (Ortsnamensforschung)[15] das Bild des Mittelalters. Anders als die auf Urkunden basierende Geschichtsforschung oder die Bau- und Kunstgeschichte gewinnt die Mittelalterarchäologie als Teil der historischen Archäologie ihre Erkenntnisse vor allem aus Boden- und Baubefunden sowie Funden. Sie ergänzt unser Wissen somit um solche Aspekte, die aus der Analyse schriftlicher oder bildlicher Quellen nicht zu gewinnen sind.[16] In Schleswig-Holstein haben dabei die Stadtarchäologie in Lübeck[17] und Schleswig[18] vielschichtige Ergebnisse zur Bebauung, Sozialstruktur und Wirtschaftsweise mittelalterlicher urbaner Zentren geliefert. Die

Archäologie mittelalterlicher Dörfer und Wüstungen beschränkt sich fast ausschließlich auf Nordschleswig sowie die Nordseeküste. In Dithmarschen, Eiderstedt sowie auf den nordfriesischen Marscheninseln wurden dabei zahlreiche Warften und Deiche untersucht, zu denen Erfassungen der Kulturspuren im nordfriesischen Wattenmeer treten.[19] Die interdisziplinären Forschungen konzentrierten sich nicht nur punktuell auf einzelne Marschensiedlungen, sondern analysierten auch die eng miteinander verbundene Landschaftsentwicklung und Siedlungsgeschichte größerer Räume sowie die Ursachen katastrophaler Sturmfluten des Spätmittelalters. Kennzeichnend für diese siedlungs- oder geoarchäologischen Forschungsprojekte ist der Verbund von Geistes- und Naturwissenschaften. Neben den Befunden zu Hausbau und Wirtschaftsweise dokumentieren die Funde das tägliche Leben sowie Nah- und Fernhandel. Hier sind neben der Keramik Gegenstände des Haushalts, handwerkliche Produkte, Textil- und Lederreste zu nennen. Zur Wirtschaftsweise liefert die Archäozoologie weitere wertvolle Informationen. Die terrestrische Mittelalterarchäologie ergänzt ferner die Küsten- oder maritime Archäologie.[20]

Unser Wissen über die mittelalterliche Umwelt und die angebauten Kulturpflanzen verdanken wir neben der Auswertung von Abgabenregistern und Zöllen der Paläobotanik mit untersuchten Pflanzenresten und Pollen aus mittelalterlichen Kloaken, Latrinen oder den Mistschichten der Wurten. Der Bestand an Kulturpflanzen sah dabei im Mittelalter nicht nur anders aus als heute, sondern die Ernährung war auch weniger vielfältig, da noch alle Arten aus der Neuen Welt fehlten. Kraut, Kohl und Rüben bildeten die Speisen der ärmeren Bevölkerung, während die Entwicklung des Gemüses erst seit der Frühneuzeit einen wesentlichen Aufschwung erfuhr. Der Obstanbau war ebenfalls von untergeordneter Bedeutung. Die Basis der pflanzlichen Ernährung im Mittelalter lieferte das Getreide, so vor allem der sich in Europa vom 8. bis 10. Jahrhundert stark ausbreitende Roggenanbau. Neben Gerste, Saatweizen und Hafer spielten auch Dinkel, Emmer und Einkorn eine Rolle. Zur Gewinnung von Lein baute man Ölpflanzen an. Rohrzucker zum Süßen der Speisen gelangte erst seit dem ausgehenden Mittelalter nach Europa. Zum Konservieren verwandte man Salz, das aus salzhaltigen Torfen an der Nordsee oder Salinen – wie in Oldesloe und Lüneburg – gewonnen wurde. Vielfältiger als auf dem Lande war dabei das Nahrungsangebot in den Städten. Kennzeichnend für die spätmittelalterliche Küche waren auch die vielen Gewürze, wie Kümmel, Dill, Petersilie und Knoblauch aus den Gärten oder Pfeffer, Zimt, Muskat, Nelken oder Ingwer als Importe aus dem Vorderen Orient. Auch Datteln, Feigen und Rosinen wurden auf den Märkten der Städte angeboten. Als Getränke gab es Fruchtsäfte, Wein und Bier, das zum eigentlichen Volksgetränk wurde, da das Wasser oft nicht trinkbar war und dessen Haltbarkeit man mit Bierwürzen verlängerte. Das stärkste alkoholische Getränk, der Branntwein, entdeckten erst die Alchemisten beim Destillieren im späten Mittelalter. Zunächst nur als Chemikalie und Arznei benutzt, begann man diesen seit dem 15. Jahrhundert in kleinen Mengen zu trinken. Aus der Aufstellung wird deutlich, dass die Ernährung im Mittelalter vor allem von den lokalen Produktionsmöglichkeiten abhing. Die Untersuchungen der Latrinen liefern auch Hinweise zu Makroparasiten wie Spul-, Peitschen- und Fischbandwürmern oder Egelarten, die zu den chronischen Eingeweideparasiten gehören.

Wie diese kurze Betrachtung der natur- und geisteswissenschaftlichen Quellen zeigt, lässt sich das Mittelalter nur holistisch, aus einer Zusammenschau der verschiedenen Quellen begreifen und im lokalen und überregionalen Fokus analysieren, wie es diese Landesgeschichte versucht.

Landschaft und Klima im Wandel

Bis um 1000 prägte Schleswig-Holstein eine Naturlandschaft ausgedehnter Wälder auf den Alt- und Jungmoränengebieten mit ihren Lehmböden sowie den Mittelrücken des Landes mit den Sandgebieten, auf denen teilweise auch Heide wuchs. In den Flussniederungen dehnten sich Moore aus. Der Wald war nur da gerodet, wo sich die wenigen Siedlungen erstreckten. In den Elbmarschen ebenso wie an der südlichen Nordseeküste zwischen Elbe und Eider lagen den regelmäßigen Überflutungen ausgesetzte Marschen mit ihren Salzwiesen, die im Landesinneren vermoorte Sietländer begleiteten. Große Bereiche des heutigen nordfriesischen Wattenmeeres nahmen im Schutz einer Barriereküste aus Moränen und Nehrungen noch Schilfsümpfe ein.

Da wir die Topo- und Hydrographie Schleswig-Holsteins bereits im vorherigen Band erläutert haben, wollen wir hier stärker den hochmittelalterlichen Wandel des Naturraums zu einer vom Menschen beeinflussten Kulturlandschaft thematisieren. Da das starke Bevölkerungswachstum seit 1000 neue Investitionen in die Agrarwirtschaft erforderte, wurde der Wald in mehreren räumlichen und zeitlichen Phasen gerodet. Die Offenlandflächen waren nun ungeschützt den Abtragungskräften von Wind und Regen preisgegeben. Der Wald lieferte Bauholz jeder Art, Feuerholz, Gerbrinde oder Streumaterial. Die grünen Zweige vieler Laubbäume wurden zur Laubheugewinnung geschneitelt. Der Bedarf an Bauholz und Brennmaterial wuchs nicht nur aufgrund der rasch zunehmenden Bevölkerung, sondern auch aufgrund des höheren Lebens- und Baustandards in den Städten. Entsprechend der unterschiedlichen Nutzung werden Wälder auch in den Schriftquellen meist verschieden bezeichnet. Mit *silva* ist ein dichter Wald für den Holzeinschlag gemeint, *nemus* bezeichnet den Hochwald, *lucus* ein dichtes, selbst für die Sonne undurchdringliches Waldstück und *saltus* eine Wildnis. Aus dem Natur- war so ein Wirtschaftswald geworden. Welchen Umfang die mittelalterlichen Rodungen einnahmen, zeigt die Tatsache, dass nahezu alle heutigen Wälder auf mittelalterlichen Böden wachsen.

Im östlichen Schleswig-Holstein belegen Pollenanalysen einen Anstieg der Nichtbaumpollen und Siedlungszeiger seit dem hohen Mittelalter, somit dem Zeitraum des frühdeutschen Landesausbaus seit 1143 in dem seit dem 8. Jahrhundert von Slawen besiedelten Raum zwischen Elbe und Kieler Förde.[21] Aus den hier voneinander isoliert an Seen liegenden slawischen Siedlungskammern entstand infolge des mittelalterlichen Landesausbaus eine großräumig vom Menschen geprägte Kulturlandschaft. Um den Belauer See herum wurde beispielsweise vor allem Buche *(Fagus)* auf den fruchtbaren Geschiebelehmböden gerodet, während Erle *(Alnus)* und Hainbuche *(Carpinus)* von den Holzeinschlägen kaum beeinträchtigt waren. Parallel zur Zunahme der Siedlungsanzeiger in einer großräumig geöffneten Landschaft zeigt auch die Kiefer *(Pinus)* steigende Werte. Die kleineren slawischen Siedlungskammern verbindet nun eine landwirtschaftlich geprägten Kulturlandschaft des Mittelalters. Nur die siedlungsfeindlichen Niederungsgebiete mit dem bevorzugten Standort der Schwarzerle wurden zunächst noch gemieden. Erst die zweite Rodungswelle in der zweiten Hälfte des 13. Jahrhunderts erfasste dann diese Niederungen mit ihren Bruchwäldern als Weidegebiete. Ferner erfassten die Rodungen nun neben den Buchen auch mehr und mehr die Hasel.[22] Allerdings war

Vegetation Schleswig-Holsteins im Hohen und Späten Mittelalter.

das Klima im Hochmittelalter wärmer, so dass diese Standorte während des Klimaoptimums auch eine andere landwirtschaftliche Nutzung zugelassen haben mögen. Parallel steigen die Siedlungszeigerkurven in den Pollendiagrammen weiter an und erreichen bis zur Mitte des 14. Jahrhunderts maximale Werte. Bis in diese Zeit wurden somit Wirtschafts- und Siedelflächen laufend erweitert sowie die verbleibenden Wälder intensiv als Waldweide genutzt. Die Pollendiagramme belegen ferner die zunehmende Bedeutung des Wintergetreides, vor allem des Roggens, der das Hauptbrotgetreide lieferte. Daneben werden Hanf und Walnussbäume erstmals angebaut. Die fettreichen Nüsschen des Hanf dienten als Fastenspeise, als Zusatz zum Brei und als Speiseöl. Auch Tauwerk konnte man aus Hanf gewinnen. Auf diesen Abschnitt intensiver Siedlungstätigkeit folgt in den Pollendiagrammen wieder eine Phase des Rückganges der Siedlungs- und Wirtschaftsflächen sowie der stark übernutzten Wälder, die mit einem Anstieg der Baumpollen verbunden ist.

Ein weiteres Pollenprofil aus dem Treßsee im westlichen Angeln, das früher vom Landesausbau erfasst wurde als der Nordosten der Region zwischen Schlei und Flensburger Förde, belegt für das Hochmittelalter ebenfalls eine Zunahme der Siedlungsanzeiger, die Rodung und Waldweide. Als wichtiger Mastbaum wurde hier die Eiche *(Quercus)* zugunsten anderer Bäume wie Ulme *(Ulmus)*, Esche *(Fraxinus)* und Linde *(Tilia)* geschont. Von den Rodungsaktivitäten und den damit verbundenen Lichtungen profitierten hingegen Birken *(Betula)* und Buchen *(Fagus)*. Zu einer vollständigen Entwaldung der Niederungsflächen um den Treßsee kommt es jedoch im Mittelalter nicht. Die heutige weitgehend waldfreie Niederungslandschaft ist hier erst das Ergebnis der umfangreichen Rodungen des 16. und 17. Jahrhunderts. Siedlungsanzeiger ist hier vor allem der Roggen, dessen Werte stark zunehmen. Daneben wurden auch Hafer und Gerste kultiviert. Hinweise auf die Grünlandwirtschaft erlauben die zunehmenden Werte des Spitzwegerich. Das Spätmittelalter kennzeichnet am Treßsees ebenso wie in den anderen Diagrammen zwischen der Kieler Förde und Ostholstein eine Wiederzunahme der Bewaldung und einen Rückgang der Gräser und Kräuter. Entlang des Seeufers des Treßsees regeneriert sich ferner der Erlenbruchwald.[23] Diese Veränderung der Landschaft zwischen 1350 und 1500 fällt in eine Zeit der Agrarkrise, der wirtschaftlichen Depression, von Umweltkatastrophen, der Pest, aber auch zahlreicher Kriegen und Fehden. Über dem aufgegebenen Wirtschaftsland verlassener Dörfer wuchs wieder Wald.

Stundenbuch des Herzogs von Berry um 1485 mit Eichelmast im November, die den Wald sehr schädigte. (Musée Condé)

Den hochmittelalterlichen Landesausbau ebenso wie die Wiederbewaldung im 14. Jahrhundert bestätigen auch Bodenprofile.[24] Die Rodung der Wälder und die damit verbundene schnelle Ausdehnung der mittelalterlichen Landnutzung lieferte die Ernährungsgrundlagen für eine zunehmende Bevölkerung. Mittelalterliche Wölbäcker, wie etwa im Riesewohld in Dithmarschen, oder Burgen, wie die Eddeboe in der Marienhölzung bei Flensburg, belegen, dass hier Offenland existierte, bevor sich hier im späten Mittelalter wieder Wald ausbreitete. Beide Wälder sind aber sicher auch Restbestände älterer, größerer Eichen-Buchen-Wälder. Die Waldweidewirtschaft und der Niederwaldbetrieb mit der Eichelmast verdrängte hier die natürlicherweise dominierende Rotbuche zugunsten der Stieleiche. Rotbuchen wurden in der Marienhölzung erst mit dem Aufkommen einer planmäßigen Forstwirtschaft im 19. Jahrhundert wieder angepflanzt.

Die zunehmende Rodung führte seit dem 13. Jahrhundert zu einer Reglementierung der Waldnutzung. Die verbliebenden Restwälder nahe der Dörfer wurden dabei immer intensiver genutzt. Die von den Bauern in den Wald getriebenen Rinder, Pferde, Schweine, auch Schafe, Ziegen und Gänse fraßen alles ab, was sie erreichen konnten. Deshalb breiteten sich zunehmend stachelige Arten aus. Eichen als Mastbäume wurden geschützt und konnten sich im Freistand mit starker Beastung oft prächtig entwickeln. Reste derartiger Hüte- oder Hudewälder finden sich noch gelegentlich in Mitteleuropa und Skandinavien. Wo die Eichen nach dem Aufhören der Beweidung nicht weiter als Hudewald gepflegt werden, werden sie von Buchen überwipfelt und sterben ab. Grenzen zwischen dichtem Wald, bewirtschaftetem Wald, aufgelichtetem Hudewald und baumfreier Weide gab es im Mittelalter nicht. Wald und Weide bildeten einen einheitlichen Nutzungsraum außerhalb der die Dörfer umgebenen Kernflur.[25]

Die Veränderung der Landschaft betraf auch die Elbmarschen und die Nordseeküste, die um 1000 noch einen Naturraum von See- und Flussmarschen sowie Mooren und Schilfsümpfen im Landesinneren prägte. Der Landesausbau zielte dabei vor allem von den dicht besiedelten Elbufermarschen, den Seemarschen des Dithmarscher Küstengebietes und Eiderstedts auf die stauwasserreichen Sietländer. Neben der intensiveren Viehhaltung erlaubte der Deichbau, der erstmals die Seemarschen den regelmäßig bei höheren Tiden auftretenden Überflutungen entzog, vor allem einen Anbau von Getreide auf wölbförmig aufgehöhten Ackerbeeten. Ebenfalls jung aufgelandete Marschflächen, wie im nördlichen Eiderstedt, wurden mit lokalen Ringdeichen vor sommerlichen Überflutungen geschützt, während die Menschen vor den Sturmfluten selbst Schutz auf höheren, aus Klei aufgeschütteten Warften fanden. Den Strand, ein größeres Marsch- und Moorgebiet im Süden der nordfriesischen Uthlande, schützte ein umfassender Deich, während sich weiter im Norden unendlich viele kleine Marschinseln erstreckten. Die katastrophalen Sturmfluten des 14. Jahrhunderts mit ihren großen Landverlusten erschweren hier dabei die Rekonstruktion der hochmittelalterlichen Besiedlung und Bedeichung.[26]

Diese fallen in eine Übergangszeit von einem tendenziell warmen Klima des mittelalterlichen Optimums zur Kleinen Eiszeit. Ob es dabei im Mittelalter genauso warm war wie heute oder sogar wärmer, wird in der Forschung diskutiert.[27] Sicher scheint, dass die Sommer dieser Zeit wohl mindestens ebenso warm waren wie zu Beginn des 21. Jahrhunderts. Zunächst setzten sich jedoch nach der mittelalterlichen Warmzeit, die um 1000 ihren Höhepunkt erreichte, mit regionalen Unterschieden bis 1300 noch warme Sommer und milde Winter fort, die in Skandinavien sogar Werte von bis zu 4 °C über Normal erreichten.[28] In dieser Zeit florierte in England der Weinanbau bis auf eine nördliche Breite von 53 Grad, wenn dieser auch in klimatisch weniger begünstigten Regionen oft durch Zusatzstoffe (Honig, Gewürze) trinkbar gemacht wurde. Im östlichen Alpenvorland lag die Grenze des Weinanbaus etwas über 700 m. Demnach müssen die Sommertemperaturen in England um 0,7 bis 1 °C, in Mitteleuropa sogar 1 bis 1,4 °C höher gewesen sein. Verschiedentlich war es im Sommer so heiß und trocken, dass die Ernten auf den Feldern verdarben. Im Jahr 1083 verdorrte die Ernte in Sachsen auf den Feldern, und 1094, 1099–1101, 1115–1117, 1120–26, 1145–1147 sowie 1195–1198 galten als Hungerjahre in ganz Europa. 1130 trocknete der Rhein fast vollständig aus.[29] Für 1145 berichten die Annalen des oberösterreichischen Klosters Reichersberg von einer vorangegangenen, sieben oder acht Jahre währenden Kälteperiode und Hungersnot.[30] Dieser folgten auch im 13. Jahrhundert – verbunden mit Missernten und Viehsterben – weitere Hungerjahre. Zwischen 1315 und 1318 erlebte Europa dann eine der größten Hungerkatastrophen des Mittelalters.[31]

Aber auch während des mittelalterlichen Klimaoptimums kam es zu kalten und schneereichen Wintern, für die ein nach Mitteleuropa übergreifendes Russlandhoch mit eisigen Ostwinden verantwortlich war. Eine weitere Abkühlung des Kli-

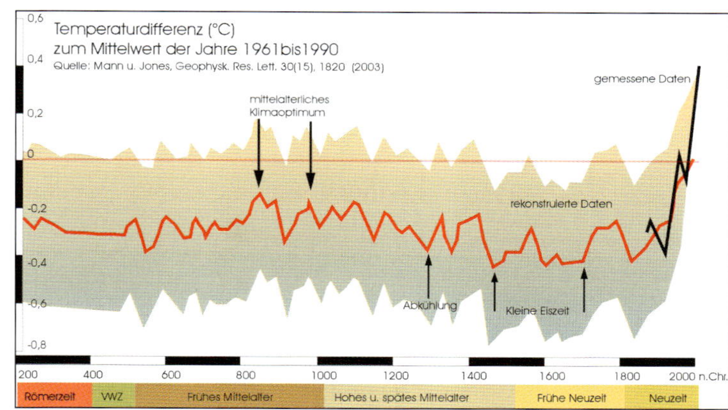

Die Klimakurve belegt während des Überganges vom mittelalterlichen Klimaoptimum zur Kleinen Eiszeit im 14. Jahrhundert mehrere Extreme zwischen Wärme und Kälte.

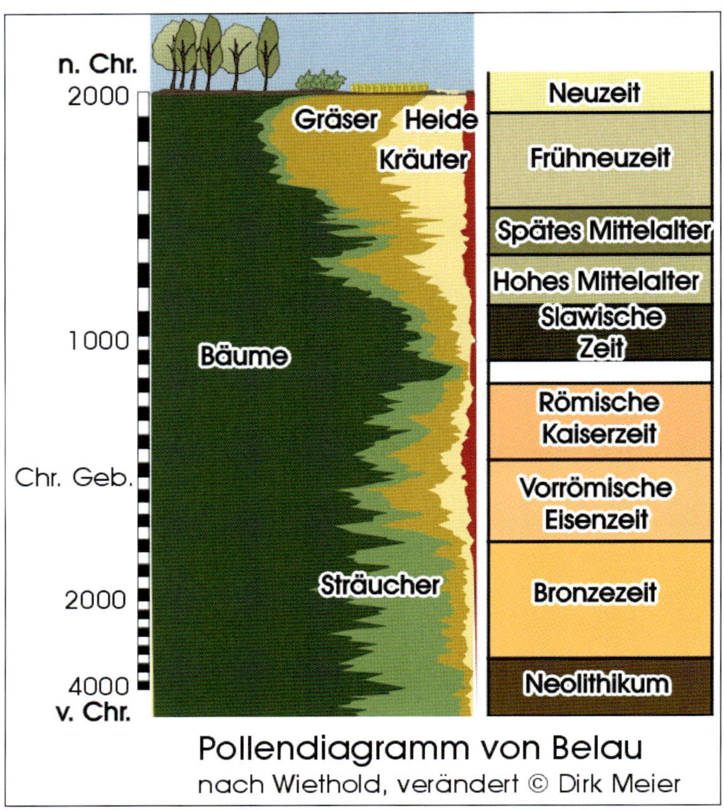

Die Pollendiagramme, wie das von Belau, belegen für das Hochmittelalter für Ostholstein eine Rodung des Waldes und eine Zunahme des Offenlandes, die mit dem Landesausbau im 12. Jahrhundert einsetzte und im späten Mittelalter zum Erliegen kam.

mageschehens erfolgt durch größere Vulkanausbrüche[32], die infolge des Ausblasens von Asche und Aerosolen in die Atmosphäre zu einer Verminderung der Sonneneinstrahlung und damit zu natürlichen Vegetationseinbrüchen führen. Entsprechend starke Ausbrüche sind für die Jahre 936 (Katla, Island, Stärke der Richterskala 4)[33], 1000 und 1050 (Tinachi-Paektusan, China, Stärke 6-7)[34], 1169, 1194, 1197, 1222, 1250 und 1284 (Ätna, Italien)[35], 1139[36], 1329, 1381, 1408, 1444 und 1536 (Vesuv, Italien)[37], 1104, 1158, 1206, 1222, 1300–1301, 1341, 1389, 1440 und 1510 (Hekla, Island)[38] sowie 1452 oder 1453 (Kuvae, Vanuatu, Stärke 6)[39] anhand naturwissenschaftlicher Untersuchungen und historischer Quellen belegt. Zu den schwersten mittelalterlichen Vulkanausbrüchen in Europa gehören dabei der des Ätnas von 1169 mit ca. 15 000 Toten sowie die des Vesuvs im 14. und 15. Jahrhundert. Noch stärker war der Ausbruch des Kuvae 1453 im Pazifik, eine der größten Eruptionen der letzten 10 000 Jahre. Längere Winter und kühlere Sommer in Europa können Folge solcher gewaltigen Vulkanausbrüche sein. Ebenfalls verringerte sich die Schwankungen unterliegende Einstrahlungsintensität der Sonne am Ende des 13. Jahrhunderts. Eisbohrkerne bestätigen dabei Kaltphasen mit dem frühen Beginn der Kleinen Eiszeit um 1300 und weitere kalte Perioden zwischen 1400 bis 1500 und um 1700. Zudem änderten sich die Meeresströmungen. Vor Island zeigte sich 1200 erstmals Meereis, und der Einfluss des Golfstromes verringerte sich.[40]

Für das späte Mittelalter deuten dabei historische Bildzeugnisse auf lang andauernde Winter hin. In einem Freskenzyklus von 1339 im Palazzo Pubblico in Siena findet sich eine Darstellung des Winters, die einen warm bekleideten Mann mit einem Schneeball im Schneetreiben zeigt.[41] Die Wandmalereien des Zyklus der Monate im Torre Aquila des Castello del Buon Consiglio in Trient von etwa 1415 enthalten ein Januarbild mit einer Schneeballschlacht, und im Stundenbuch (Très Riches Heures) des Herzogs von Berry von 1413 ist als Februarbild die Darstellung eines Bauernhofs in Schneekälte zu sehen.[42] Lange, schneereiche Winter *(veiger Winter)* mit nachfolgender Überschwemmung und Hungersnöten waren schon 1060 nach den Annales Altahenses maiores[43] und 1077 nach den Annales Augustani[44] eingetreten. In diesem sog. Jahrtausendwinter waren auch große Flüsse, wie Rhein und Elbe, Rhône, Loire, Po und Tiber bis ins späte Frühjahr hinein zugefroren. Die Nachrichten über kalte Winter häufen sich dann seit 1200. So herrschte nach den Annales Altahenses maiores in der Donaugegend 1226 und 1254 langer Frost bis in den April mit nachfolgenden Missernten. Der Weinanbau in England wurde 1250 aufgegeben. 1294 ließ der Frost im Elsaß Weinstöcke erfrieren, Linden spalteten sich und Menschen sowie Tiere erfroren. *Große kelte und gefrüste* herrschten 1363, so dass man den gefrorenen Oberrhein mit Wagen überqueren konnte. Rebstöcke und Bäume um Straßburg erfroren. In den Jahren 1365 und 1435 war der Rhein unterhalb Köln zugefroren, und die Winter 1392, 1434/35, 1438, 1440, 1442, 1475, 1490 und 1497 kennzeichneten extremer Schneefall und Kälte.[45]

Die Wandmalereien des Zyklus der Monate im Torre Aquila des Castello del Buon Consiglio in Trient von etwa 1415 enthalten ein Januarbild mit einer Schneeballschlacht.

Neben harten Wintern und kühlen Sommern prägen das 14. Jahrhundert aber auch lange sommerliche Hitze- und Trockenperioden, wie sie beispielsweise 1371, 1373, 1375, 1391, 1462 und 1471–73 auftraten. Diese ließen Brunnen, Weiher und Bäche austrocknen, hatten Niedrigwasserstände der Flüsse zur Folge und führten zu Ernteausfällen und zu Massensterben bei Süßwasserfischen. Ebenso kam es zu Starkregenereignissen in Europa, wie dem von 1342 mit dem anschließenden Magdalenenhochwasser[46], was allerdings für die Mittelgebirgsregionen mit größeren Bodenabträgen schlimmer war als für Schleswig-Holstein. Dort führen in diesem Zeitraum vor allem schwere Sturmfluten zu katastrophalen Einbrüchen in die bedeichten und besiedelte Marschlandschaften.[47]

Diese Wetterextreme im 14./15. Jahrhundert waren sicherlich eine Folge des Übergangs vom tendenziell warmen Klima des mittelalterlichen Klimaoptimums zum tendenziell kalten Klima der Kleinen Eiszeit. Die dargestellten Klimaveränderungen könnten durchaus relevant für die zwischen 1314 und 1318 nachgewiesene, größte europäische Hungerskatastrophe des Mittelalters gewesen sein. Schon vor 1314 führten niedrige Temperaturen und überdurchschnittliche Niederschläge zu Ernteausfällen. Die Missernten setzten eine Kettenreaktion von hungerbedingtem Arbeitsausfall, erhöhter Krankheitsanfälligkeit, verminderter Reproduktionsrate, Viehseuchen, Landflucht, Teuerung, Kriminalität und Verelendung in Gang. Verheerende Folgen hatte auch die europaweite Hungersnot der Jahre 1437/38. Dieser Teufelskreis betraf England, Flandern, Frankreich und die meisten deutschen Länder bis in die Schweiz. In Österreich, Bayern, Franken, Sachsen, Schlesien und Brandenburg verschärften die Gräuel und Verheerungen der Hussitenkriege (Hussitenreis 1419–1436) noch die Situation.[48] Dies ist ein gutes Beispiel dafür, dass auch anthropogene Ursachen verantwortlich für Hungersnöte sein können. Auch für Schleswig-Holstein hatten diese Wetterextreme des 14. Jahrhunderts ihre Auswirkungen, auch wenn diese bislang nur für die Nordseeküste mit ihren Landverlusten eingehender untersucht sind.[49]

Stundenbuch des Herzogs von Berry um 1485, das den Monat Februar noch voller Schnee zeigt. (Musée Condé)

Das Erleben der Natur für die Menschen war durchaus ambivalent. Zwar galt die Natur als Gottes Erde, doch war sie gleichzeitig von Geistern, wilden Tieren und Räubern bevölkert, was vor allem für die dichten Wälder galt. Die wunderbare Natur wurde aber auch beherrscht, war freundlich und feindlich zugleich.[50] Für die Landbevölkerung des Mittelalters mit ihrer Abhängigkeit vom Wetter dürfte dabei das bedrohliche Element überwogen haben.

Die Grafschaft Holstein (1100 – 1460)

Die Grafschaft Holstein nahm als ein Teil des Herzogtums Sachsen im Mittelalter den Norden des Heiligen Römischen Reiches ein, das mit Dänemark die Eider als Grenze hatte. Diese war erstmals 811 zwischen Karl dem Großen und dem dänischen König festgelegt worden, während im Osten der Limes Saxoniae zwischen Kieler Förde und Elbe als schwer durchdringbarer Wald- und Ödlandzone Holstein vom slawisch besiedelten Ostholstein abgrenzte. Unter der Herrschaft der Schauenburger Grafen, welche vom frühen 12. Jahrhundert bis 1459 etwa 350 Jahre die politischen Geschicke mitbestimmten, sollte das Land zwischen Elbe und Eider einen neuen Abschnitt seiner Verfassungs- und Sozialgeschichte erleben, womit zugleich die herrschaftliche Umformung des Territoriums ebenso wie der hoch- und spätmittelalterliche Landesausbau verbunden war.

Die Grafschaft Holstein unter den frühen Schauenburgern

Seit dem 10. Jahrhundert gehörte es zu den Aufgaben der nordelbischen Markgrafen aus der Familie der Billunger, den Grenz-

Burgen, Städte und Marktsiedlungen im 12. Jahrhundert in Holstein.

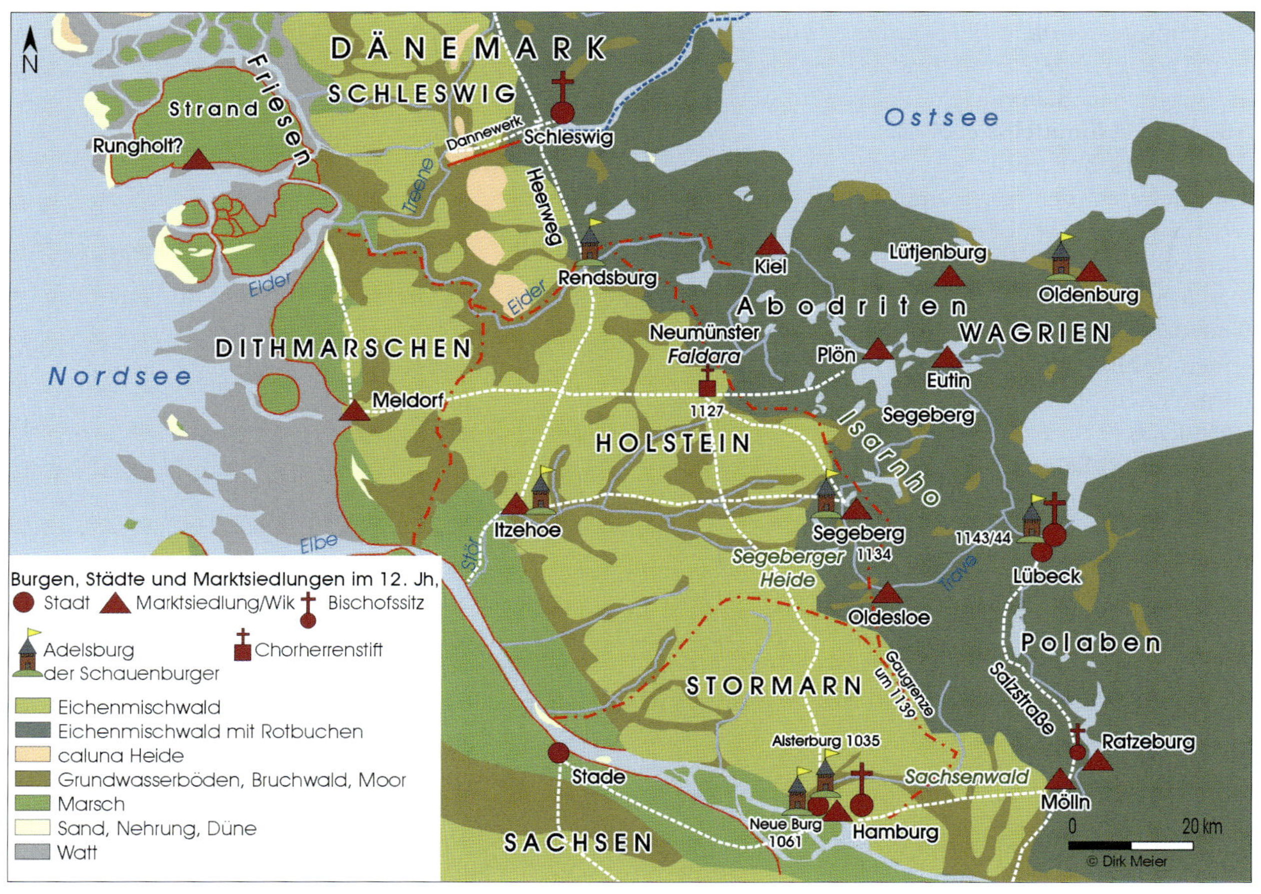

schutz für das aus dem Karolingerreich hervorgegangene Ostfränkische Reich bzw. das 962 erneuerte okzidentale Sacrum Imperium Romanum, das Heilige Römische Reich, an der Unterelbe zu sichern. Nach der Mitte des 11. Jahrhunderts übten sie diese Rechte jedoch kaum noch aus, sondern beschränkten sich vielmehr auf Tributforderungen sowie auf das Aufgebotsrecht. Als Reaktion auf slawische Übergriffe zogen sich die Billunger unter ihrem letzten Herzog Magnus († 1106) aus ihrem Burgort Hamburg zurück und ließen sich in ihren Herrschaftsrechten in Nordelbien durch einen Grafen vertreten.[51]

Mit der Erhebung Lothar von Supplinburgs (Süpplingenburg) zum sächsischen Herzog 1106 sowie 1125 zum deutschen König und späteren Kaiser (1133) des Heiligen Römischen Reiches sollte dann eine aktivere Politik in Nordelbien beginnen. Welche Bedeutung Lothar III. der Grenzsicherung im Norden beimaß, belegt sein 1110/11 durchgeführter Feldzug gegen die slawischen Stämme der Polaben und Abodriten. Unmittelbarer Anlass war zwar der Tod des holsteinischen Grafen Gottfried gewesen, der von Hamburg aus slawische Räuber verfolgt und dabei 1110 sein Leben verloren hatte, doch dachte Lothar an weitere Ziele. Zum Nachfolger im Grafenamt ernannte er wohl noch 1110 seinen Lehnsmann Adolf I. von Schauenburg, dessen Stammsitz im Weserbergland lag und der sein Amt dann 1111 in Holstein antrat.[52] Sein Wappen zeigte auf dem Schild einen rechtsgewendeten steigenden Löwen, der sich auch auf dem Siegel Adolfs IV. von 1238 findet. Das sog. Nesselblatt, gemeinhin das Symbol der Wehrhaftigkeit der Brennnessel, welches neben den beiden rechtsgerichteten schleswigschen Löwen zum schleswig-holsteinischen Landeswappen wurde, haben die Schauenburger erst 100 Jahre nach Adolf I. als Schildwappen angenommen.

Bei der Übernahme der Landesherrschaft mit ihren komplexen Rechten konnte sich Graf Adolf I. in seiner Grafschaft Holstein, die auch Stormarn und Hamburg umfasste, nur auf eine sehr schmale Machtbasis stützen. Sein eigentlicher Herrschaftsbereich war ebenso wie der seines Sohnes fast ausschließlich auf das Umfeld der seit etwa 1066 (1061) bestehenden Neuen Burg in Hamburg beschränkt.[53] Im Osten grenzte das ihm übertragene Territorium an das slawische besiedelte Ostholstein. Die Grenzschutzorganisation bestand hier aus mobilen, berittenen Kräften des *virtus Holzatorum*. Nördlich der Eider begann Dänemark, wo Knud Laward über Schleswig gebot. Im Westen des Landes wahrten die bäuerlichen Verbände in Dithmarschen ihre Unabhängigkeit, und in Holstein selbst lag die örtliche Macht bei den volksadeligen Schichten der Boden und Overboden.[54] Zudem war das Land erst spät christianisiert worden, und die Pfarrorganisation steckte noch in den Anfängen. Somit gebot Adolf I. nur über den alten Holstein- und Stormarngau. Bei der Durchsetzung ihrer Herrschafts- und Aufgebotsrechte waren die Schauenburger gegenüber den traditionellen Funktionsträgern im Lande daher auf die Unterstützung ihres sächsischen Herzogs als ihrem Lehnsherrn angewiesen. Um ihre Gerichts-, Steuer- und Wehrhoheit auszuüben, benötigten die Schauenburger daher eine eigene Machtbasis.[55]

Lothar tat jedoch nur wenig, um Adolf I. zu unterstützen, und belehnte zudem den an seinem Hof aufgewachsenen Ziehsohn, den dänischen Prinzen Knud Laward, 1129 mit der Nachfolge des ermordeten christlichen Abodritenfürsten Heinrich von Alt-Lübeck.[56] Anlass für seinen gewaltsamen Tod 1127 war dessen freundschaftliche Verbindung zum deutschen König gewesen, welche der heidnische Opposition missfiel. Zudem hatte Heinrich die christliche Mission bei den Slawen gefördert. Da auch kurz nach seinem Ende seine beiden Söhne den Tod fanden, endete die Herrschaft der Nakoniden, deren Nachfolge Knud Laward übernahm. Bei seinen verschiede-

Lothar III., der als König und Kaiser eine aktive Politik im Norden des Heiligen Römischen Reiches betrieb. Quelle: Darstellung Lothars III. Codex Eberhardi, Marburg, Hessisches Staatsarchiv, K 425, Bl. 129r.

nen Aufenthalten in Ostholstein setzte er die Mission der Slawen fort und ließ auch die Kirche in Alt-Lübeck wiederaufbauen.

Knud Laward, der Sohn König Erik I. Ejegods (1095–1103), konnte im slawischen Ostholstein ebenso wie in dem ihm als Grenzjarl übertragenen Schleswig seine Stellung festigen, wie er für das Land zwischen Eider und Königsau erstmals eine Sonderstellung im Dänischen Reich schaffen konnte. Den aufstrebenden Handelsort Schleswig an der Schlei selbst machte er zu seiner Residenz. Mit der Erhebung Knud Lawards zum *knes*, somit zum König der Abodriten (1127), verbanden sich für Lothar von Supplinburg mehrere Interessen. So wollte er mit dem neuen Lehnskönigreich ein Gegengewicht gegenüber Dänemark errichten und Knud Laward dazu in Abhängigkeit halten. Knud wiederum war auf die deutsche Unterstützung angewiesen, da er als Jarl seine Stellung auch gegenüber dem dänischen König ausbauen wollte.

In welchem Maße Knud Laward auf die Hilfe des deutschen Königs angewiesen war, zeigt die Tatsache, dass Knud schon seine Ernennung bei den Slawen gegen die Neffen Heinrichs, Pribislaw und Niklot, mit holsteinischen Hilfstruppen hatte durchsetzen müssen. Zur Absicherung seiner neuen Herrschaft plante er ferner auf dem damals noch etwa 110 m hohen Alberg (spitzer Berg; Kalkberg, heute 91 m) bei Segeberg an der Grenze zu Wagrien die Errichtung einer Burg und legte dafür 1128 *mansiunculas* als Unterkünfte an. Diese wurden jedoch vom Schauenburger Adolf I., der um seine Macht fürchtete, 1130 beseitigt. Es konnte jedoch nicht allein bei einem gräflichen Schlag gegen den Alberg bleiben, vielmehr war eine grundsätzliche Auseinandersetzung um die Herrschaft über die abodritischen Gebiete zu erwarten. Knud Laward fand dafür Verbündete bei den nicht namentlich bekannten holsteinischen Großen.

Der große Schlagabtausch unterblieb jedoch, da Knud Laward 1131 in Schleswig ermordet wurde. Er war dem dänischen König zu gefährlich geworden, worauf noch einzugehen sein wird. Als Lehnsherr Knuds sah sich Lothar von Supplinburg zum Eingreifen genötigt, zumal sich der jüngere Bruder des Ermordeten an ihn mit der Bitte um Hilfe gewandt hatte. Deshalb verschob Lothar seine geplante Romreise mit der vorgesehenen Kaiserkrönung, die

Die Schauenburg. Stich von Wilhelm Strack (1758–1829).

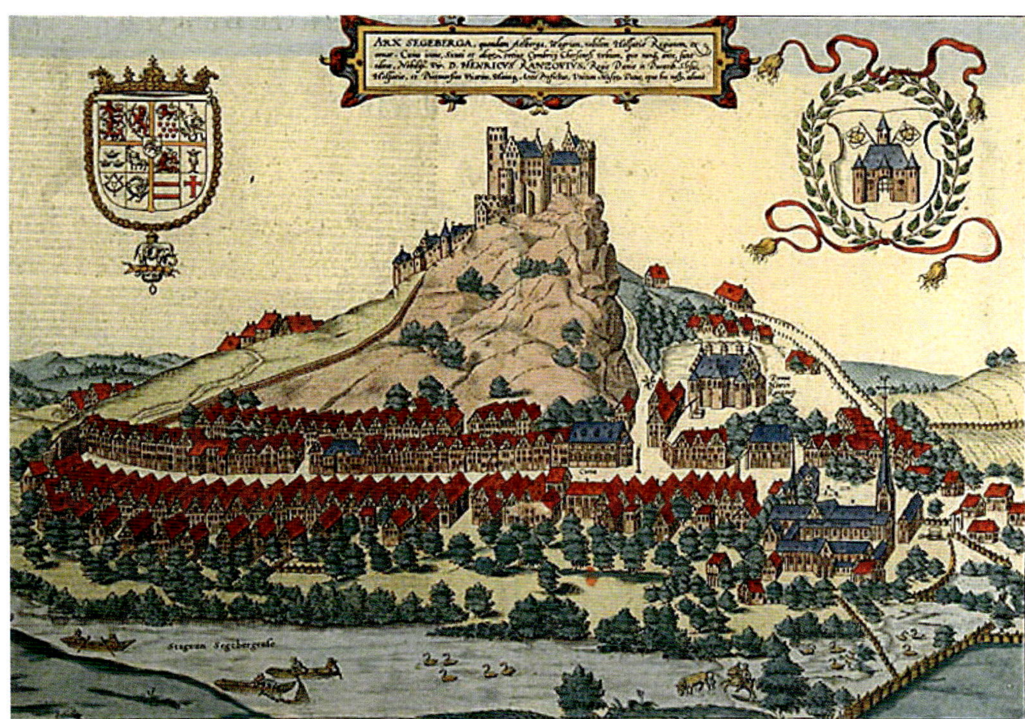

Segeberg mit Burg auf dem Alberg. Arx Segeberga, quondam Aelberga, Wagriam, nobilem Holsatiae Regionem, exornat. Civitates orbis terrarum von Braun und Hogenberg, Köln 1588.

erst 1133 erfolgte, und erschien stattdessen mit einem Heer am Danewerk. Dort erzwang er – verbunden mit Geldzahlungen[57] – vom dänischen König sowie dessen Sohn den Lehnseid als Sühne für die Ermordung Knud Lawards. Lothar ernannte keinen Nachfolger für Knud, sondern überließ die Grenzsicherung dem Schauenburger Grafen Adolf II. Lothar bestand auch nicht darauf, dass Erich seinen Bruder Knud als König der Abodriten beerbte.

Die Eroberung Wagriens

Da Lothar III. 1131 nun einmal mit seinem Heer am Danewerk lag, bot es sich an, auch die Verhältnisse bei den Abodriten zu regeln.[58] Über die folgenden Ereignisse vermerken die Annales Palidenses aus der zweiten Hälfte des 12. Jahrhunderts nur knapp, dass er die slawischen Fürsten Pribislaw und Niklot unterwarf. Um die endgültige Eroberung Wagriens vorzubereiten, ließ er auf dem strategisch wichtigen Alberg (Kalkberg) in Segeberg die bereits von Knud Laward geplante Burg anlegen, deren Bau er 1134 selbst besichtigte. Diese unterstellte er jedoch nicht Adolf II., sondern seinem Vasallen Herrmann, da er nicht Wagrien mit Holstein und Stormarn vereinigen wollte.[59]

Neben diesen Maßnahmen war die Förderung der Mission ein wichtiges Anliegen des Königs, in der er mit dem Bremer Erzbischof Adalbert einen wichtigen Verbündeten fand. Adalbert versuchte nach der Gründung des Erzbistums Lund 1103, was seine Kirchenprovinzgrenzen im Norden stark verkleinert hatte, neue Bistümer zu gründen. Er entsandte daher den früheren Leiter der Bremer Domschule, Vizelin, in den Gau Faldera an der holsteinisch-wagrischen Grenze.[60] Dort erbaute er 1127 ein Augustiner-Chorherrenstift zur Förderung der Mission in Wagrien, aus dem später der Ort Neumünster erwuchs. Da dieses Vorhaben nach dem Tod Knud Lawards und dem Wiedererstarken des Heidentums bei den Slawen zu scheitern drohte, war es Vizelin gewesen, der Lothar 1134 zum Bau der Segeberger Burg im holsteinisch-slawischen Grenzgebiet geraten hatte. Am Fuß des Alberges entstanden dann eine Kirche und ein weiteres Stift.[61]

Diese Maßnahmen bildeten Bestandteile einer Politik Lothars, mit der er den Ostseeraum für das Heilige Römische Reich erschließen wollte. Dazu gehörten die Einsetzung von Grafen in den östlichen Grenzmarken, militärische Aktionen, die Förderung der Slawenmission, die Lehnskrönung des dänischen Königs Magnus 1134 sowie die Verleihung eines Handelsprivilegs an die gotischen Kaufleute. Mit dem Tod Lothars am 3. Dezember 1137 trat zwar eine Verzögerung der aktiven Reichspolitik im Norden ein, doch waren die Grundlagen einer Expansion in die Siedlungsgebiete der Wagrier und Elbslawen geschaffen.

Die sächsische Herzogswürde erlangte als Nachfolger Lothars der Welfe Heinrich der Stolze, während der Staufer Konrad III. zum deutschen König gewählt wurde. Durch die Ehe mit Gertrud von Sachsen, Lothars einziger Tochter, hatte Heinrich nach dessen Tod die supplinburgischen, braunschweigischen und northeimischen Allodialgüter in Sachsen erhalten, womit die welfische Machtausdehnung im Norden des Reiches begann. Im folgenden Machtkonflikt zwischen Staufern und Welfen wurde Heinrich der Stolze von Konrad geächtet. Der deutsche König belehnte nun den Askanier Albrecht den Bären mit dem Herzogtum Sachsen. Die Grafschaft Holstein erhielt sein Lehnsmann Heinrich von Badwide[62], während der Schauenburger Graf Adolf II., der 1130 als Zweijähriger seinem Vater unter der Vormundschaft seiner Mutter nachgefolgt war, als Parteigänger der Welfen 1138 das Land verlassen musste.[63]

Diesen Machtwechsel und die sich dadurch ergebende Unsicherheit nutzten die slawischen Wagrier unter Führung Pribislavs zu einem Feldzug, in dessen Verlauf sie 1138 die sächsischen Siedlungen um Segeberg zerstörten. Wie Helmold (I, 55) schreibt, *drang Pribizlaw von Lubeke [Alt-Lübeck], eine günstige Gelegenheit wahrnehmend, mit einer Räuberschar vor, und zerstörte den Burgflecken Segeberg so wie alle umherliegenden Orte, wo Sachsen wohnten, von Grund aus. Damals wurde das neue Bethaus und das eben erbaute Kloster niedergebrannt. Volker, ein Klosterbruder von großer Einfalt, wurde mit dem Schwerte durchbohrt. Die übrigen geistlichen Brüder aber, die entkamen, fanden eine sichere Zufluchtsstätte in Faldera.*

Als Gegenmaßnahme zog im Winter 1138/39 Heinrich von Badwide mit einem Aufgebot der Holsten und Stormarner nach Wagrien und brannte Siedlungen und Burgen in den für die Abodriten wichtigen Gebieten *(terrae)* am Plöner See, Lütjenburg und Oldenburg nieder. Vermutlich ohne den Grafen unternahmen die Holsten unter Führung ihres Overboden Markrad noch im folgenden Sommer 1139 einen weiteren Plünderungszug nach Wagrien, wobei sie auch die Burg Plön eroberten.[64] Infolge dieser Heereszüge wurde Wagrien aus dem Stammesverband des zerfallenden Abodritenbundes herausgelöst, dessen Zentrum unter den Nakoniden Alt-Lübeck gewesen war. Heinrich von Badwides Herrschaft über Holstein sollte jedoch nicht von Dauer sein, denn da der geächtete Sachsenherzog Heinrich der Stolze im Herbst 1139 überraschend starb, kam es zu einem Ausgleich zwischen König Konrad III. und den Welfen. Diese erhielten 1142 unter dem jungen Heinrich dee Löwe erneut die sächsische Herzogswürde.[65] Heinrich der Löwe belehnte dann Adolf II. 1142 wieder mit Holstein und Stormarn sowie gegen eine Geldzahlung auch mit Wagrien, um ihm eine materielle Basis zum Ausbau seiner Territorialherrschaft zu schaffen. Heinrich von Badwide ließ zwar bei seinem Rückzug aus Holstein die Burgen Segeberg und Hamburg zerstören, damit Adolf II. keine festen Plätze mehr besaß, doch hatte dieses keinen nachhaltigen Einfluss auf die weitere Entwicklung. Er bekam als Ersatz die neu geschaffene Grafschaft Ratzeburg in Polabien. Seine Nachkommen starben jedoch schon 1199 aus.

Als eine seiner ersten Maßnahmen errichtete Adolf II. das 1139 von den Slawen zerstörte Segeberg 1142 wieder neu.[66] Es sollte in der Folgezeit zur wichtigsten schauenburgischen Residenz in Holstein werden. Ferner begann der Graf mit der Kolonisation Wagriens, indem er Boten ausschickte, um Westfalen, Friesen, Holländer und Holsten nach Ostholstein zu rufen. Als weiteren Stützpunkt der Kolonisation baute er 1143/44 die bereits vom Slawenfürsten Cruto benutzte Burg in Lübeck aus.

Wollte sich Adolf II. aber gegenüber Dänen, Slawen und volksherrlichen Gewalten Altholsteins im nördlichen Grenzgebiet des Heiligen Römischen Reiches behaupten, war er auf die Hilfe des sächsischen Herzogs angewiesen. Die Macht der altholsteinischen Boden und Overboden zeigte sich, als diese den Dithmarscher Grafen Etheler bei seinem Kriegszug gegen Wagrien 1149 unterstützten.[67] Infolgedessen musste Adolf II. an den herzoglichen Hof fliehen. Nur das Eingreifen Heinrichs des Löwen zwang die Holsten und Stormarn, die gräfliche Herrschaft wieder anzuerkennen. Dieser Schutz und Schirm seines Lehnsherren hatte aber auch seine Kehrseiten. So musste Adolf 1153 auf Anordnung Heinrichs des Löwen die Saline in Oldesloe schließen, da diese eine Konkurrenz zu Lüneburg war, und 1159 den aufstrebenden Handelsort Lübeck an den sächsischen Herzog abtreten.

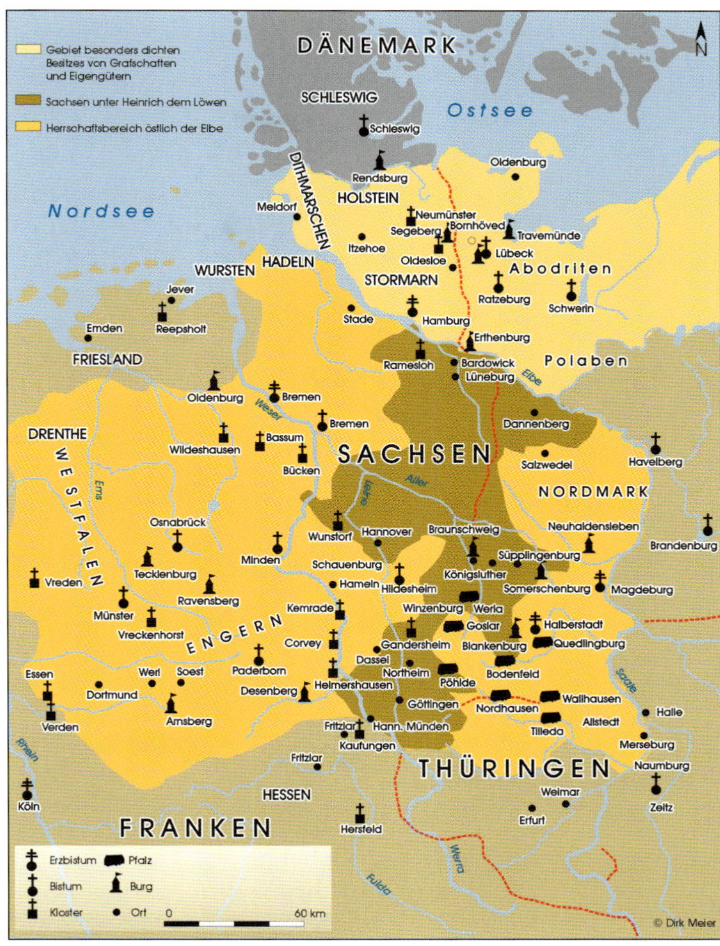

Das Herzogtum Sachsen zur Zeit Heinrichs des Löwen (1142 – 1180).

Der Norden im Blickfeld Heinrichs des Löwen

In den ersten Jahren seiner Herrschaft als sächsischer Herzog konzentrierte sich Heinrich der Löwe auf die Sicherung seiner Territorien.[68] Die Einverleibung der Grafschaft Stade sowie andere Maßnahmen bezeugen dabei seine Machtpolitik. So plante er 1147 eine großräumige Erweiterung seines sächsischen Herzogtums in die noch von Slawen besiedelten Gebiete östlich der Elbe. Darin fand er Unterstützung bei Papst Eugen III., der zusammen mit Heinrich einen Wendenkreuzzug propagierte. Ein Teil des für das Heilige Land vorgesehenen Kreuzfahrerheeres zog 1147 nun an die nordelbische Reichsgrenze. Neben den Sachsen aus den nördlichen Teilen des Reiches bestand dieses auch aus dänischen Kreuzfahrern. Sie alle hatten statt religiösen jedoch weit mehr materielle Interessen im Auge. Auch Graf Adolf II. schloss sich seinem Lehnsherrn an. Fürst Niklot gelang es jedoch, den Kreuzfahrern zuvorzukommen, und er verwüstete mit seinen Scharen Ostholstein. Obwohl das Kreuzfahrerheer aus Sachsen, Holsten und Dänen bis ins westliche Mecklenburg und Vorpommern zog, scheiterte das Vorhaben. Danach unterhielt Adolf II. trotz aller Feh-

Krönungsbild aus dem Evangeliar Heinrichs des Löwen. In der oberen Bildhälfte Christus mit Aposteln, Heiligen und Erzbischöfen. In der unteren Bildhälfte reichen zwei gekreuzte Hände Kronen vom Himmel herab auf den Herzog und Mathilde. Wolfenbüttel, Herzog August Bibliothek, Cod. Guelf. 105 Noviss. 2°, fol. 171v.

den wieder einen freundschaftlichen Kontakt mit Niklot.[69]

Nachhaltiger als sein Wendenkreuzzug sollte sich die Politik Heinrichs des Löwen nach 1150 erweisen, welche auf wirtschaftliche Förderung, Stadterhebungen und Bistumsgründungen ausgerichtet war. Dabei setzte er sich allerdings gegenüber den Ansprüchen des Bremer Erzbischofs ebenso wie Graf Adolfs II. hinweg. Während der dänischen Thronstreitigkeiten zog er 1156 auf der Seite Svens III. Grathes mit einem Heer nach Jütland, um ihn dort gegen seinen Vetter Knud V., der ebenfalls den dänischen Königsthron beanspruchte, zu unterstützen. Dabei forderte er auch von den Slawen in Ostholstein und Mecklenburg ihre Unterstützung. Als dann Waldemar I. 1157 die dänische Königskrone erlangte und sein Interesse an den slawischen Gebieten zur Ausweitung seines Reiches an der Ostseeküste bekundete[70], intensivierte auch Heinrich der Löwe seine Expansionspolitik gegenüber den Slawen in Mecklenburg und Vorpommern. So zog er in den Folgejahren mit einem Heer nach Vorpommern. Während dieses erneuten Wendenkreuzzuges fiel Graf Adolf II. am 6. Juli 1164 bei Demnin. Sein Grab befindet sich in Minden.[71] Nach dem Tode seines Vaters wurde sein minderjähriger Sohn als Adolf III. sein Nachfolger, wobei die Gräfin Mathilde zunächst das Amt verwaltete und dann für ihren Sohn einen Vormund bestellte.[72]

Die machtvolle Stellung Heinrichs des Löwen neigte sich jedoch ihrem Zenit zu. Da er Kaiser Friedrich I. nicht bei seinem Italienzug unterstützt hatte, war der Herzog in Misskredit gefallen, was im darauf folgenden rechtlichen Verfahren jedoch weniger wichtig war als die Tatsache, dass er 1179 des Landfriedensbruchs angeklagt wurde. Trotzdem führte er eine Zeitlang seine Fehden im Reich mit Unterstützung eines holsteinischen Aufgebots, das ihm Adolf III. 1179/80 geschickt hatte, weiter. Infolge eines Streites um die Beute des Kampfes kam es zum Bruch zwischen dem Sachsenherzog und Adolf III., der sich auf die Seite Kaiser Friedrich Barbarossas schlug. Deshalb ging Heinrich der Löwe mit einem Heer über die Elbe und eroberte die Burg Plön. Zur Verwaltung bestellte er mit Marcrad II. einen holsteinischen Overboden. Neben Plön wurden auch Ratzeburg und Segeberg besetzt, was jedoch ohne nachhaltige Folgen blieb. Denn inzwischen war Heinrich der Löwe für schuldig befunden und 1180 geächtet worden. Lübeck verhielt sich abwartend. Noch an der Seite des Welfen stehend und auf eine defensive Politik ausgerichtet, gelang es den Lübeckern, die Gunst des im August 1181 heranziehenden Kaisers zu gewinnen. Seinen Aufenthalt in Lübeck nutzte der Kaiser zur Demonstration der Reichsgewalt im Norden, indem er sich von König Waldemar I. von Dänemark, dem Abodritenfürsten Niklot von Werle sowie

Bogislaw von Pommern als Lehnsherr anerkennen ließ.[73]

Heinrich der Löwe verlor aufgrund seiner Ächtung seine Reichslehen, wodurch sich die Machtverhältnisse in Nordelbien grundlegend veränderten. Der Welfe behielt nur seine Eigengüter Braunschweig und Lüneburg und musste 1182 das Reich verlassen.[74] Er ging zu seinem Schwiegervater, dem König von England. Nach der Teilung des Herzogtums Sachsen 1180 gehörten die nordelbischen Grafschaften nun zum Herrschaftsbereich des Askaniers Bernhard von Anhalt. Neben dem Welfenherzog waren im nördlichen Sachsen seit Anfang des 12. Jahrhunderts die Udonen als Grafen von Stade zur bedeutendsten Familie aufgestiegen. Diese besaßen u. a. Güter an der Weser, bei Bremen, Magdeburg, Braunschweig und Stade sowie Herrschaftsrechte in Dithmarschen sowie der Haseldorfer Marsch, weshalb Helmold (II, 102) den Bereich der Udonen als *Grafschaft beider Ufer* und *Grafschaft Dithmarschen* bezeichnete. Nachdem der letzte Stader Graf, Rudolf II., am 15. März 1144 in Dithmarschen erschlagen worden war, übertrug dessen Bruder Hartwich das Land an das Bremer Erzbistum, denn dieser wollte selbst Nachfolger des Erzbischofs werden. Das führte zu Konflikten mit Heinrich dem Löwen, der seinen Anspruch auf die Grafschaft Stade behauptet und 1144 auch eine Strafexpedition nach Dithmarschen durchgeführt hatte. Nach dem Sturz Heinrichs des Löwen (1180) war die Grafschaft Stade und mit ihr Dithmarschen wieder an das Erzbistum Bremen gefallen.

Ende September 1185 konnte Heinrich mit seiner Frau und dem ältesten Sohn Heinrich aus dem Exil in England nach Braunschweig zurückkehren, wenn auch seine neue Herrschaft stark eingeschränkt war. Heinrichs Löwensiegel führte statt der Formel *Heinrich von Gottes Gnaden Herzog von Bayern und Sachsen* nur noch die Umschrift *Herzog Heinrich*. Somit gab es keinen räumlichen Bezug zu seinem Territorium. Die staufische Kanzlei verweigerte ihm sogar seinen Herzogstitel. Die Konflikte um Stade brachen nun erneut aus. Adolf III. von Holstein besetzte 1189 Stade, das er 1195 als erzbischöfliches Lehen erhielt.[75] Heinrich der Löwe starb am 6. August 1195 in Braunschweig. Ob der mächtige Sachsenherzog, der die Politik in Nordelbien maßgeblich mitbestimmte, letztlich nicht nur eine königsgleiche Stellung im Norden beanspruchte, sondern sogar anstrebte, muss hier offen bleiben.

Oben thront Maria als gekrönte Himmelskönigin zwischen Johannes dem Täufer, dem Patron der Braunschweiger Stiftskirche, und dem Apostel Bartholomäus. Unten geleiten der Erzbischof Blasius Heinrich den Löwen und der Mönch Aegidius die herzogliche Gemahlin Mathilde. Herzog Heinrich hält in der linken Hand das Evangeliar, während Blasius auf den Himmelsbogen als Quelle des ewigen Lebens verweist. Mathilde hält in ihrer linken Hand eine scheibenförmige Prunkfibel. Widmungsbild aus dem Evangeliar Heinrichs des Löwen, Wolfenbüttel, Herzog August Bibliothek, Cod. Guelf. 105 Noviss. 2°, fol. 19r.

Die dänische Expansion in Nordelbien bis 1227

Mit der Ausschaltung des Welfenherzogs als Machtfaktor im Norden veränderte sich das Machtgefüge in Nordelbien grundlegend.[76] Der geflohene Adolf III. konnte in seine Grafschaft Holstein zurückkehren, wo er das Land von den Anhängern Heinrichs des Löwen zu säubern begann. Einige Overboden, wie Marcrad II., flohen nach Dänemark. Neben der Opposition des Volksadels stellte für den Holstengrafen auch der neue, über das restliche Sachsen nach dem Tode Heinrichs des Löwen gebietende Bernhard von Anhalt eine poten-

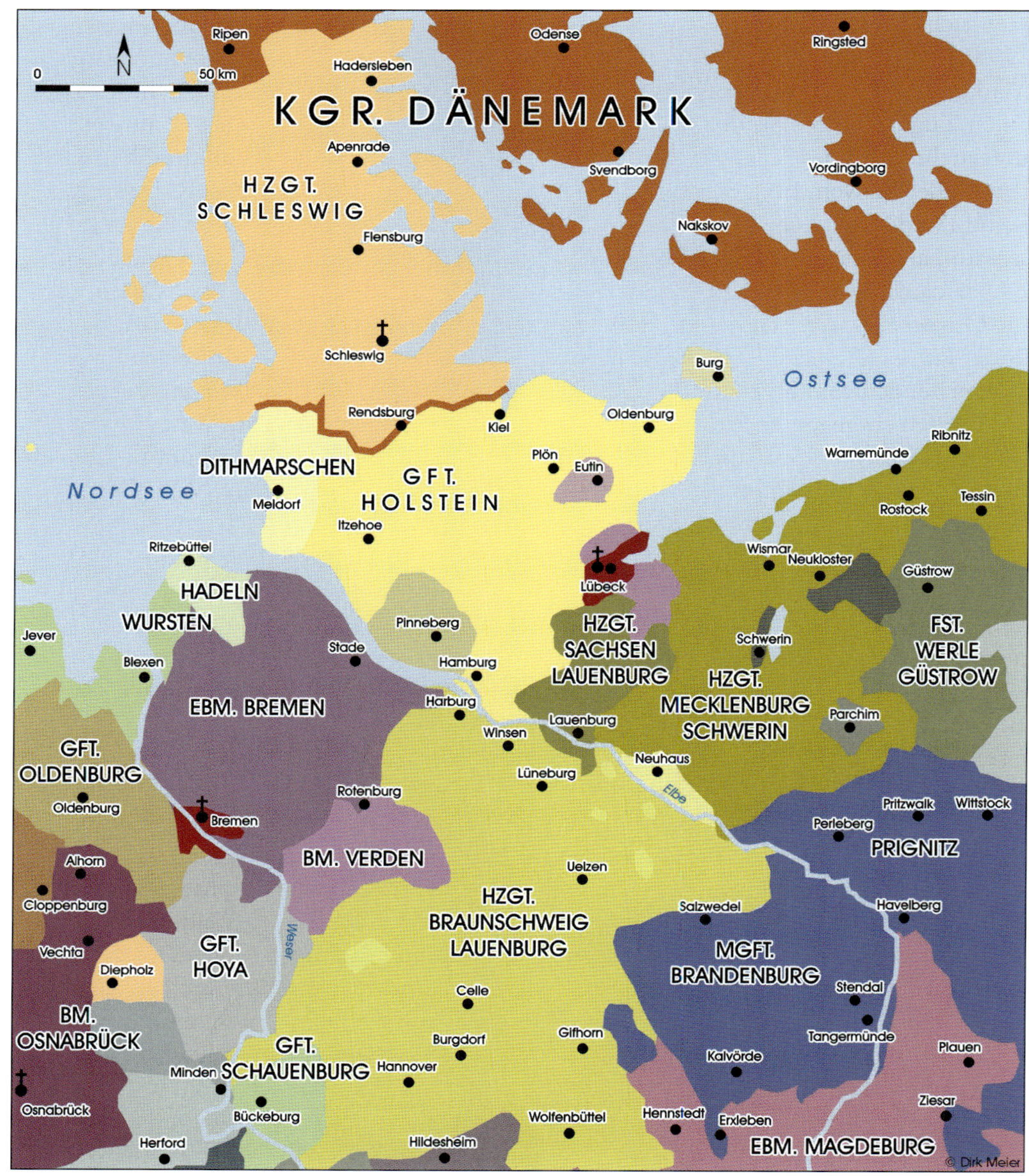

Der Norden des Heiligen Römischen Reiches und Dänemark um 1200.

tielle Gefahr dar. Ebenso wie seinen schwachen Nachfolgern gelang es Bernhard jedoch nicht, seinen Einfluss in Nordelbien wirklich geltend zu machen. Die von ihm erbaute Burg Lauenburg an der Elbe wurde von den Truppen Adolfs III. von Schauenburg mit Unterstützung der Grafen von Ratzeburg und Schwerin wieder zerstört. Zudem verweigerte Adolf III. seine Huldigung gegenüber dem Sachsenherzog.

Zur Absicherung seiner gräflichen Macht ließ er unterdessen 1188 von Wirad von Boizenburg die Hamburger Neustadt errichten. Obwohl Kaiser Friedrich Barbarossa 1189 diese Gründung anerkannte, beschnitt er gleichzeitig Adolfs Anspruch auf Lübeck. Dennoch begleitete Adolf III. 1189 Barbarossa beim Dritten Kreuzzug ins Heilige Land. Im August 1190 erreichte er so Tyrus, von wo er aber nach Holstein zurückkehrte, um seine Lande erneut gegen den aus dem Exil zurückgekehrten Heinrich den Löwen zu verteidigen. 1196 begab er sich erneut mit dem Kreuzzug

Heinrichs VI. ins Heilige Land, von wo er 1198 zurückkam, um anschließend mit Markgraf Otto von Brandenburg 1198/99 einen Zug gegen die Slawen bis Rügen zu unternehmen. Dies missfiel dem Lehnsherren der Slawen, dem dänischen König Knud IV., der selbst seine Stellung im Ostseeraum ausbauen wollte.

Den dänischen Expansionsbestrebungen im Ostseeraum kam dabei der nach dem Tode Kaiser Heinrichs VI. 1197 wieder ausbrechende Konflikt zwischen Staufern und Welfen entgegen. In dieser Zeit festigte sich das dänische Königstum unter Waldemar I. (1157–1182), Knud IV. (1182–1202) und Waldemar II. (1202–1241).[77] Andererseits war Waldemar I. zum Konkurrenten Heinrichs des Löwen im Norden geworden, dessen Sturz und Tod den Weg zur dänischen Vormachtstellung im Norden ebnete. 1168 hatte Waldemar I. noch im Bündnis mit Heinrich dem Löwen Rügen unterworfen, sein Nachfolger Knud IV. verweigerte indes dem Kaiser die Huldigung als Lehnsherrn und griff 1184/95 Pommern an. 1199 standen sich infolge des schauenburgisch-gräflichen Vorgehens in Mecklenburg und Vorpommern ein deutsches und dänisches Heer an der Eider gegenüber, wenn auch ein Kampf vermieden wurde. Jedoch schon ein Jahr später musste Adolf III. die wohl von seinem Vater errichtete und von ihm ausgebaute Rendsburg *(castrum Reinoldesburch)* an der Eider an den Bruder des dänischen Königs, Herzog Waldemar, übergeben.[78] Adolf III. griff dann erfolgreich Lauenburg an, das noch im Besitz der Welfen war, und plünderte 1201 Dithmarschen. Gleichzeitig fielen die Slawen unter Niklot und Borwin auf Anweisung des dänischen Königs in die Grafschaft Ratzeburg ein und schlugen das Heer Adolfs III. Das schadete der Stellung des Grafen schwer, so dass sich der holsteinische Volksadel wieder gegen ihn erhob.

Zugleich begannen 1201 die zielgerichteten dänischen Aktionen gegen Nordelbien unter Waldemar I. mit der Festsetzung lübeckscher Schiffe an der Küste von Schonen. Der dänische König zog mit einem Heer nach Holstein, schlug in der Schlacht bei Stellau (1201) unweit von Kellinghusen Adolf III. und eroberte Itzehoe, Plön, Hamburg und Ratzeburg. Der Graf musste aus dem Lande fliehen. Ebenfalls ergab sich Lübeck dem heranrückenden Heer Waldemars; das war durchaus auch im Sinne der Bürgerschaft, da diese von einem friedlichen Ostseehandel profitierte. Infolge dieser Aktionen lag nun die wichtige Transitroute im West-Ost-Handel zwischen Hamburg und Lübeck im dänischen Herrschaftsbereich. Wie gefestigt die dänische Macht war, zeigte sich, als ein Rückeroberungsversuch Adolfs III. Ende 1201 scheiterte. Der gefangengesetzte Graf kehrte erst 1203 im Tausch gegen die Burg Lauenburg, seiner letzten Bastion, in seine Stammlande an der Weser zurück. Damit war die schauenburgische Macht in Nordelbien zusammengebrochen.[79]

Bereits um die Jahreswende 1201/1202 erkannte König Otto IV. aufgrund innerer Schwierigkeiten im Reich die dänische Vorherrschaft über Nordelbien an. Der neue dänische König Waldemar II. setzte die Politik seines Vorgängers fort, die auch darauf ausgerichtet war, sich nicht in die inneren Konflikte zwischen Kaiser und Welfen hineinziehen zu lassen. Die Grafschaft nördlich der Elbe, die Graf Albrecht von Orlamünde als dänischer Lehnsmann erhielt, bestand nun aus Holstein, Stormarn, Wagrien und dem Land Ratzeburg.[80] Albrecht stammte aus Thüringen, gehörte einer staufisch gesonnenen Familie an und war eng verwandt mit dem dänischen Königshaus. Während seiner Herrschaft setzte sich erstmals das Lehnsrecht in Holstein durch. Dieses gab dem Verhältnis Herr – Mann einen rechtlichen Rahmen und verpflichtete den Lehnsmann zu Rat und Hilfe, wodurch das Recht auf das vom Lehnsherren verliehene Gut gesichert wurde. Gleichzeitig wurden die holsteinischen Großen zu Vasallen und Lehnsleuten. Die traditionellen Oppositionellen veranlasste

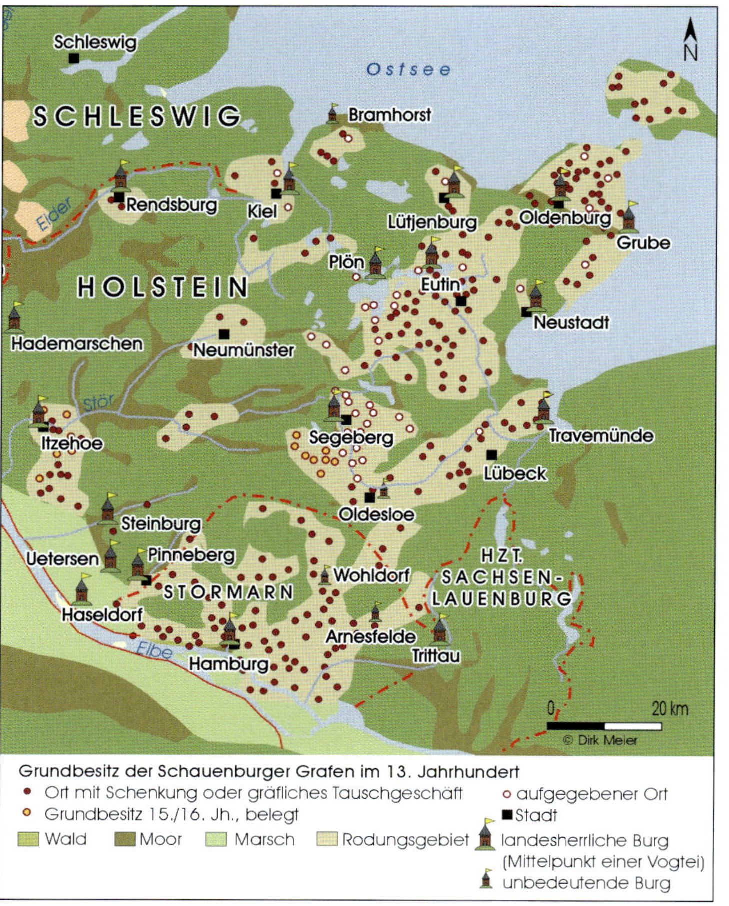

Der Grundbesitz der Schauenburger Grafen im 13. Jahrhundert konzentriert sich vor allem auf das Landesausbaugebiet Ostholsteins sowie Stormarn und weiteren Streubesitz.

Albrecht so zum Dienst am Grafenamt. So übten sie auch in Plön, Hamburg, Segeberg, Itzehoe und anderen Burgen die Stadthalterfunktion aus. Die von Adolf II. und Adolf III. angelegten Burgen dienten dabei auch Albrecht von Orlamünde als Stützpunkte seiner Herrschaft. Unter seiner Statthalterschaft verstärkte sich ferner der Landesausbau in Ostholstein, so vor allem um Lütjenburg, dem Bungsberggebiet, um das von ihm gegründete Kloster Preetz sowie um Neumünster, an der Kieler Förde, den Elbmarschen und der Vierlande.

Nachdem 1212 Friedrich II. von Hohenstaufen anstelle Phillips von Schwaben zum deutschen König erhoben wurde, bot sich für Waldemar II. die Gelegenheit, das eroberte Land nördlich der Elbe auch rechtlich als dänischen Besitz zu sichern. Friedrich II. kam dem dänischen Anliegen entgegen, da er sich eine Unterstützung gegen die Macht der Welfen im Norden erhoffte, und verzichtete 1214 auf die Territorien nördlich der Elbe.

Bis zu Beginn der 1220er Jahre schien die Herrschaft Waldemars II. in Nordelbien ebenso wie im gesamten Dänischen Ostseereich von Mecklenburg und Pommern bis nach Livland gesichert. Auch seine Stellung im Geflecht der norddeutschen Fürstenpolitik hatte er gefestigt. Es fehlten jedoch in langfristiger Hinsicht die Machtmittel als auch die Bevölkerung, um das Dänische Ostseereich zu behaupten. Als dieser bei einem Jagdausflug auf der Insel Lyø im Kleinen Belt vom Grafen Heinrich von Schwerin wohl in Kooperation mit norddeutschen Fürsten gefangen wurde, bedeutete dies einen schweren Schlag für die dänische Machtstellung. Herrschaft und Politik waren im Mittelalter so eng miteinander verbunden, dass ein solches Ereignis einen Personenverbandsstaat in eine Krise stürzen konnte. Da keine Befreiungsversuche seitens des dänischen Adels erfolgten, mag dieser zumindest teilweise seiner Gefangenschaft nicht ablehnend gegenübergestanden haben. Erst nachdem Waldemar nach langen Verhandlungen und schließlich gegen viele Zugeständnisse, wie die Zahlung von Lösegeld und die Stellung von Geiseln, 1223 wieder freigelassen wurde, war die Machtfrage in Nordelbien wieder offen.[81]

Das schwerste Zugeständnis für Waldemar bedeutete die Rückgabe der Gebiete zwischen Elbe und Eider. Bereits ein Jahr zuvor hatte Adolf IV., der Sohn des vertriebenen Adolfs III., im Bündnis mit einigen norddeutschen Fürsten die Rückgewinnung seiner nordelbischen Territorien eingeleitet. Der Fürstenkoalition, die sich auch auf die Städte Hamburg und Lübeck stützen konnte, traten auch die holsteinischen Großen bei. Bei einem Gefecht bei Mölln wurde Graf Albrecht von Orlamünde gefangengenommen. König Waldemar konnte diese Schmach nicht hinnehmen, ließ sich vom Papst daher von seinem Friedensversprechen entbinden und begann im Herbst 1226 mit der Rückeroberung Holsteins. Nach der Entscheidungsschlacht am Maria-Magdalenen-Tag bei Bornhöved am 22. Juli 1227, die Waldemar II. und sein Verbündeter Herzog Otto von Lüneburg gegenüber den norddeutschen Fürsten, darunter auch Adolf IV. von Holstein und der Bremer Erzbischof, verlor, brach die dänische Vormachtstellung über Nordelbien ebenso wie über den Ostseeraum zusammen. Während des auf beiden Seiten erbittert geführten Kampfes lief das ins hinterste dänische Treffen gestellte Aufgebot der Dithmarscher zum holsteinischen Heer über, was mit entscheidend für dessen Sieg gewesen sein könnte.[82]

Die Sicherung der schauenburgischen Landesherrschaft (1241 – 1261)

Die Entscheidung bei Bornhöved 1227 bestimmte das politische Geschehen Norddeutschlands für die folgenden beiden Jahrhunderte des Spätmittelalters. Waldemar II. stand vor den Trümmern seines Ostseeimperiums, während Adolf IV. seine Grafschaft mit Holstein, Stormarn und Wagrien zurückerhielt, wenn auch Lübeck, Stade und Dithmarschen seinem Zugriff verwehrt blieben. Nordelbien und die im Rahmen der Ostbewegung erschlossenen slawischen Küstenabschnitte der südlichen Ostseeküste hatten sich vom dänischen Einfluss befreit. Zugleich war nach dem Sturz Heinrichs des Löwen im Norden ein Machtvakuum entstanden, was weder die staufischen Kaiser noch die Askanier als Nachfolgerherzöge der welfischen Lande füllen konnten. Da sich in Italien das politische Geschick des Stauferkaisers Friedrich II. in der Auseinandersetzung mit dem Papsttum entschied, griff dieser nicht in die politischen Geschicke des Nordens ein, so dass sich hier die Territorialfürsten ungestört entfalten konnten. Diese festigten durch eigene Grundherrschaft, Pfandnahme, Tausch, Kauf oder Eroberung von Landesteilen ihre Herrschaft.

Der seit dem Sturz Heinrichs des Löwen schwelende Konflikt um die Herrschaft über die Gebiete zwischen Elbe und Eider wurde in der Schlacht von Bornhöved am 27. Juli 1227 entschieden. Die Niederlage Waldemars II. bedeutete das Ende der dänischen Hegemonialstellung im Norden und ermöglichte dem norddeutschen Adel einen Ausbau seiner Machtposition. Sächsische Weltchronik, Manuskript des 14. Jahrhunderts.

Dabei spielte der Schauenburger Graf Adolf IV. im System der kleinen und mittleren Mächte Norddeutschlands und des Nordostens ein wichtige Rolle. Zur Sicherung seiner Herrschaft suchte er den Ausgleich mit Waldemar II., welche die Kinder durch Ehen bekräftigten. So heiratete seine Tochter Mechthild nun mit Abel den Sohn des Dänenkönigs. 1234 wollten beide Fürsten sogar den Handel Lübecks mit der Sperre der Trave kontrollieren. Lübeck hatte nur im Sachsenherzog Albrecht, der als Oberlehnsherr der Stadt anerkannt worden war, einen Verbündeten. Lübeck gelang es, die Sperre aufzuheben und die von den feindlichen Truppen besetzte Burg Travemünde einzunehmen, die danach Herzog Albrecht von Sachsen der Stadt übertrug. Daher blieben die Beziehungen der Hansestadt zum schauenburgischen Holstein gespannt.[83] Nachdem Adolf IV. seine Herrschaft über Nordelbien wieder gesichert hatte, trat er 1239 in das Hamburger Kloster ein, bevor er von da in das Kieler Dominikanerkloster wechselte. Die Grafschaft hinterließ er seinen minderjährigen Söhnen Johann und Gerhard, die in den ersten Jahren unter der Vormundschaft ihres Onkels, Herzog Abels von Schleswig, standen.[84]

Dieser jüngere Bruder Waldemars II. starb 1241. Mit seinem Nachfolger Erich Plogpenning (1241 – 1250) geriet Abel in

Adolf IV. Graf von Schauenburg (1225–1238) und Holstein (1227–1238). Quelle: H. Haas, H. Krumm u. F. Stoltenberg, Schleswig-Holstein meerumschlungen in Wort und Bild (Kiel 1896).

Streit, da dieser den königlichen Einfluss in seinem Lehen Schleswig zu Ungunsten des Herzogs stärken wollte. Erich nahm sogar die imperiale Politik seines Vaters wieder auf und ging gegen Holstein und Lübeck zu einer Zeit vor, als sich die jungen Holstengrafen Johann und Gerhard zu einem Studienaufenthalt in Paris befanden. Diese kehrten noch 1246 zurück und verbanden sich 1247 mit Abel sowie dem Erzbischof von Bremen gegen den dänischen König. Lübecks Unterstützung sicherten sich die Schauenburger durch die Befreiung des Durchgangszolls sowie die Schenkung Travemündes. Lübeck hatte sich, ohne Rücksicht auf die Ansprüche des Kaisers zu nehmen, die Holstengrafen als fiktive Schirmvögte gewählt. Das entsprechende Abkommen von 1247 bildete dabei ein Vertrag unter Gleichgestellten *(familiaritas et amicitie lex)*.

Trotzdem aller Streitigkeiten sollte dieses Bündnis in den nächsten Jahrzehnten Bestand haben. Hingegen hatte Erich den Kriegseintritt Lübecks selbst provoziert, da er deren Schonenfahrer unter Druck gesetzt hatte. Innenpolitisch konnte der König nicht mehr auf die Unterstützung der dänischen Reichskirche zählen, da er wiederholt in deren Belange eingegriffen hatte.[85] Die Heere der feindlichen Koalition gegen den dänischen König drangen in der Folgezeit bis nach Fünen und Jütland vor, wo sie Odensee und Ripen besetzten, während Lübeck sogar Kopenhagen erobern konnte. Erich Plogpenning konnte zwar im Gegenzug wieder nach Schleswig vordringen und 1249 einen kurzfristigen Friedensschluss erreichen, wurde aber 1250 – vermutlich auf Betreiben Abels – ermordet. Er wurde nun selbst König, fiel aber schon 1252 bei einem Feldzug gegen die Friesen.[86]

Seine Nachfolge trat der jüngste Sohn Waldemars II., Christoph von Lolland und Falster, an. In diesen schnellen Königswechseln und den sie begleitenden Unruhen sahen die Grafen von Holstein eine Möglichkeit, ihren Einfluss auf das Herzogtum Schleswig auszudehnen. Deshalb verbanden sie sich mit dem jüngsten Sohn Abels, Waldemar III., und eroberten Schleswig. Da der Graf von Schwerin und Herzog Albrecht von Braunschweig als Verbündete des dänischen Königs den Holsteiner Grafen in den Rücken fallen konnten, versicherten sich diese der Unterstützung Lübecks, indem sie deren Kaufleuten auf dem Handelsweg nach Hamburg Schutz gewährten. Obwohl König Christoph 1254 das Herzogtum Schleswig zurückerobern konnte, zog er das Fürstentum nicht als erledigtes Lehen ein. Vielmehr suchte er einen Ausgleich und belehnte damit Waldemar III. Dieser verzichtete dafür auf die dänische Krone und musste den Einfluss des Königs in seinem Herzogtum anerkennen.

Nach dem Tod Waldemars III. 1257 weigerte sich König Christoph, dessen Bruder Erich I. mit dem Herzogtum Schleswig zu belehnen. Zwar griffen die Holsten 1257/58 Schleswig an, doch konnte sich Christoph behaupten. Erst als er 1259 gestorben war, belehnte seine Witwe Margarethe Sambiria Erich mit dem Herzogtum, um sich dadurch den Thronanspruch ihres unmündigen Sohnes Erich Glipping zu sichern. Die inneren Verhältnisse in Schleswig schmälerten jedoch längerfristig den königlichen Einfluss, da die holsteinischen Adeligen von der Witwe König Abels 1260 das Land zwischen Eider und Schlei mit Rendsburg als Pfand erhalten hatten. Dieses nur gegen die Zahlung von 8000 Mark Silber auslösbare Pfand aus Königs- und Herzogsgut blieb bis 1386 in der Hand der Schauenburger, bis ihnen das gesamte Herzogtum zufiel.

Als sich das Verhältnis zwischen den Schauenburgern und Lübeck 1260 verschlechterte, versuchte die Königinwitwe Margarethe Sambiria das Herzogtum wieder ganz in ihre Hand zu bekommen. Ihr Heer wurde jedoch auf der Loheide bei Schleswig 1261 geschlagen, und die Königin und ihr Sohn gerieten in Gefangenschaft. Herzog Albrecht von Braunschweig wurde daher zum Reichsverweser des Königreiches ernannt. Dieser rückte mit einem Heer in Holstein ein, wo er Plön und Oldenburg eroberte. Dies bedeutete für die Schauenburger eine ernste Bedrohung, zumal sich Albrecht einige holsteinische Adelige, Lübeck, Johann I. von Mecklenburg und die askanischen Sachsenherzöge angeschlossen hatten.

Die Schauenburger erhielten jedoch 1262 Hilfe von den mächtigen Markgrafen von Brandenburg, da diese eine erneute Machtausdehnung der Welfen verhindern wollten. Nach erzwungenen Verhandlungen erhielt Erich I. sein Herzogtum Schleswig als Lehen zurück, während der Braunschweiger Herzog Schirmvogt Lübecks blieb. Die Schauenburger hingegen gelangten wiederum in den Besitz von Travemünde. Ihnen war es gelungen, den dänischen Expansionsbestrebungen nach Süden Einhalt zu gebieten. Zwar hatten sie ihren Bündnispartner Lübeck verloren, dafür aber Einfluss im Herzogtum Schleswig erlangt. Das letzte Drittel des 13. Jahrhunderts bedeutete für die Schauenburger eine Phase einer relativen Stabilität, wenn sie auch aufgrund der Finanzierung ihrer Politik Landverkäufe an Adelige und Kirche vornehmen mussten. Der Substanz ihrer Herrschaft wurde dadurch langsam der Boden entzogen, zumal auch Hamburg den landesherrlichen Einfluss zurückdrängen konnte.

Die holsteinischen Teilungen

Im 13. Jahrhundert hatte sich die Grafschaft Holstein zu einem der bedeutendsten der kleinen und mittelgroßen Territorialstaaten entwickelt, deren Herren nun stark genug waren, in die Kämpfe zwischen dem dänischen Königtum und den schleswigschen Herzögen aus dem Geschlecht Abels einzugreifen. Dabei konnten sie das dänische Lehen Schleswig als Pufferstaat für ihre verschwägerten Herzöge erhalten. Nachdem die Schauenburger Grafen 1261 nochmals ihre Landesherrschaft gegen Dänemark sichern konnten, folgte mit den Erbteilungen ihr Niedergang. Anlass zu dieser Entwicklung bot das für fast alle Territorien im Heiligen Römischen Reich geltende germanische Erbrecht, nach dem das Land des Erblassers unter seinen Söhnen aufgeteilt wurde. Zu einer ersten Splittung kam es 1273 zwischen Graf Gerhard I. und den Söhnen seines Bruders, Johann II. und Adolf V. Am Ende des Jahrhunderts war Holstein so mit dem Kieler, Segeberger, Plöner, Rendsburger und späteren Pinneberger Anteil in fünf Grafschaften aufgeteilt worden. Ihr teilweise spannungsgeladenes Verhältnis und ihre Bündnisse untereinander sollen hier nicht nachvollzogen werden. Jedenfalls wurden mit diesen Teilungen die inneren Verhältnisse in Holstein immer unübersichtlicher. Nur rechtlich blieb die Einheit des Landes bestehen.[87]

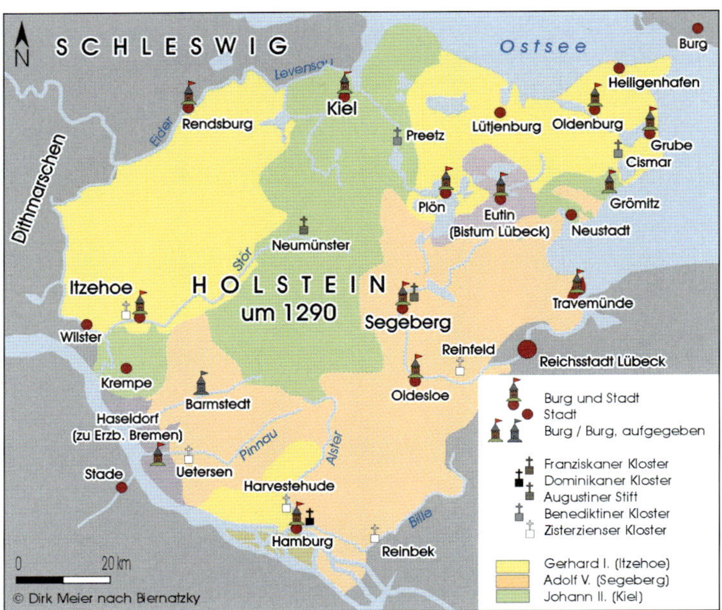

Holsteinische Teilungen um 1290.

Gemeinsam war auch ihr Interesse, Schleswig als selbständiges Herzogtum, somit als Puffer gegen Dänemark zu erhalten. Nach dem Tod Herzog Erichs I. verhinderten sie erfolgreich, dass der dänische König Erik V. Glipping (1259–1286) Schleswig wieder an sich ziehen konnte. Sie traten für Waldemar IV. ein. Während der Regierungszeit des nachfolgenden dänischen Königs Erik VI. Menved (1286–1319) kühlte sich jedoch das Verhältnis zwischen den holsteinischen Grafen und dem Herzog von Schleswig merklich ab. Ferner bedrohte die wachsende Selbständigkeit des Adels die innere Stabilität der holsteinischen Grafschaften. Zudem gerieten die Grafen mit Lübeck zu Beginn des 14. Jahrhunderts in Konflikt, da sie aufgrund des Besitzes von Travemünde den Seehandel der Hansestadt kontrollieren konnten. König Menved vermittelte jedoch 1307 einen Frieden, der seinen Einfluss auf Lübeck und Holstein erhöhen sollte. Er erlangte sogar die Schirmherrschaft über Lübeck und konnte so 1315 seine Machtstellung entlang der südlichen Ostseeküste bis nach Mecklenburg, Vorpommern und Rügen ausdehnen.

Weitere Auseinandersetzungen lieferten sich die Holsteiner Grafen mit den Bauernverbänden in den Elbmarschen und in Dithmarschen. So hatten sich bereits 1306 holsteinische Adelige und Bauern aus den Elbmarschen sowie aus Dithmarschen gegen die Schauenburger und den mit diesen verbündeten Erzbischof von Bremen zusammengefunden, bevor sie nach einem harten Kampf bei Uetersen von den Schauenburger Grafen geschlagen wurden.[88] Schwieriger als die Behauptung der Macht gegen die Bauern gestaltete sich die Auseinandersetzung mit dem dänischen Königtum, denn die Gegensätze der unterschiedlichen schauenburgischen Fürstenhäuser erlaubte es Erik VI. Menved, die imperiale Politik seines Urgroßvaters Waldemar II. erfolgreich wiederaufzunehmen. Schließlich mussten die holsteinischen Grafen im Vertrag von Grevesmühlen vom 9. Januar 1314 seine Oberhoheit anerkennen.[89]

Graf Gerhard III. von Holstein-Rendsburg

Während unter König Erik VI. Menved das dänische Ostseeimperium wiederzuerstehen schien, hatten sich die inneren Verhältnisse in Holstein völlig geändert. Von den fünf Teilfürstentümern der verschiedenen Linien des Schauenburger Hauses wurden die beiden der Kieler Linie wieder beseitigt, während der Anteil Adolfs VI. von Schauenburg-Pinneberg auf ein kleines Territorium um Pinneberg herum beschränkt wurde. Dies war eine Folge der Politik Graf Gerhards III., der seit 1314 Graf von Holstein-Rendsburg war, und Johann III. von Plön, die König Erik VI. Menved als *dominus* anerkannten. Gerhard III. versprach in einem weiteren Vertrag 1315, sich dem dänischen König mit aller Kraft zur Verfügung zu stellen.[90]

Nach dem Tod Eriks VI. Menved 1319 lösten sich dann die erstarkten Grafen von Rendsburg und Plön aus der dänischen

Abhängigkeit. Vor allem Gerhard III. von Rendsburg nutzte die Schwäche des Königs Christoph II. für seine expansiven Pläne aus.[91] Wie kaum ein anderer schauenburgischer Graf hat die Bewertung Gerhards in der national gefärbten Geschichtsschreibung des 19. Jahrhunderts seine Spuren hinterlassen. So wurde er in Schleswig-Holstein als *de groote Gert* (Gerhard der Große) bezeichnet, der Schleswig mit Holstein verbunden hatte. Hingegen galt er in Dänemark als *kullede greve* (kahlköpfiger Graf), der das Volk unterdrückte und das Königreich in einer Krisenzeit weiter destabilisierte, bis ihn der „Nationalheld" Niels Ebbesen 1340 erschlug.

Gerhards Grundbesitz hielt sich bei seinem Regierungsantritt 1304 in Holstein-Rendsburg in Grenzen, im Westen grenzte es an die nur nominell dem Erzbistum Bremen unterstellte Bauernrepublik Dithmarschen, im Osten an die Plöner Herrschaft seines mächtigen Onkels Gerhard II., der zugleich sein *tutor* (Vormund) war. Erst dessen Tod 1307 veränderte die Situation. Allerdings verbot Gerhard III. die Stärke seines in Plön zur Macht gelangten Vetters Johann III. eine Expansion nach Osten ebenso wie nach Norden, so dass ihm zunächst nur der Versuch der Eroberung Dithmarschens blieb, wenn es ihm auch 1315/16 im Einvernehmen mit seinem Vetter nach der von ihnen wohl initiierten Ermordung Graf Adolfs und seiner Frau in Segeberg gelungen war, den Kieler Anteil des Schauenburger Hauses unter sich aufzuteilen.[92] Aus den bisher nur mit bescheidenen Einkünften ausgestatteten Rendsburger Grafen war so ein mächtigerer Herr geworden.

Anlässe für einen Feldzug gegen Dithmarschen waren leicht zu finden. Zunächst einmal war die Niederlage seines Vaters Heinrich im sog. Hasenkrieg gegen Dithmarschen von 1289 zu rächen[93], außerdem hatten Dithmarscher den aufständischen Adeligen und Bauern aus den Elbmarschen 1306 geholfen. Zudem waren bewaffnete Bauerngruppen dieses kleinen Landes an

Holsteinische Teilungen 1326 zur Zeit des Regierungsantritts von Gerhard III. von Holstein-Rendsburg.

der Nordsee zur Unterstützung des Pinneberger Grafen Adolf VII. in Holstein eingebrochen, mit dem sich Gerhard in einer Fehde befand. Damals hatten sie die Rendsburger Nachhut besiegt und waren mit Beute beladen in ihr Land heimgekehrt.

1319 glaubte sich dann Graf Gerhard ausreichend gerüstet, um jenes Land von *übirflüssiger Richeyd* zu erobern.[94] Auch die politische Situation schien günstig. So hatte das Ende der Auseinandersetzungen zwischen Erich Menved und Waldemar von Brandenburg einen großen Teil der Heeresaufgebote der Territorialfürsten freigesetzt, so dass Gerhard mit Unterstützung rechnen konnte. Mit Gerhards Heer zogen auch Johann III., Heinrich der Löwe von Mecklenburg, Heinrich von Sachsen sowie die Herren von Wunstorf, Gutzkow und Ruppin nach Dithmarschen.[95] Ferner hatte Gerhard Söldner aus Westfalen, Sachsen, Bremen und anderen norddeutschen Landen in seine Dienste gestellt. Den Kern der adeligen Heere dieser Zeit bildeten die berittenen Ritter mit ihren Schwertern. Die Etablierung gut organisierter Fußtruppen läutete aber in dieser Zeit bereits den Niedergang der Reiterei ein. Daneben verfüg-

Siegel Graf Gerhards III. von Holstein-Rendsburg.

te das adelige Aufgebot aber auch über mit Armbrüsten, Bögen, Dolchen, Streitkolben und Morgensternen bewaffnete Fußsoldaten. Hinzu kam der Tross aus zahlreichen Wagen. Diesem massiven Aufgebot hatten die Dithmarscher nur wenig entgegenzusetzen, die zudem vom Bremer Erzbistum keine Waffenhilfe zu erwarten hatten.[96] Vergeblich blieb auch der Vermittlungsversuch des bischöflichen Administrators, des Kanonikers Johannes, eines Neffen Gerhards.

Aber ebenso wie den Dithmarschern fehlte dem Aufgebot Gerhards ein einheitlicher Oberbefehl. Gerade seine Größe ebenso wie seine Uneinheitlichkeit und Einzelinteressen machten es zu einer schwierig zu führenden Masse. Zudem begünstigte die durch Wälder, Moore und Marschen geprägte, unzugängliche Landschaft Dithmarschens die beweglicheren Aufgebote der Bauern. Vermutlich über den Geeströcken bei Albersdorf drang das adelige Heer am 6. September 1319 in Dithmarschen ein. Die von den Bauern angelegten Dickichte (Hammen) und kleineren Schanzen wurden schnell überwunden. Da die in einzelnen Döfften und Kirchspielen organisierten Dithmarscher nicht zu einer einheitlichen Abwehr fähig waren, stieß das Heer in die reiche Marsch vor. Die Gier verführte die Söldner jedoch dazu, lieber in kleinen Gruppen Beute zu machen, als sich mit der Unterwerfung des Landes zu belasten. *Darzu drang sy ir Mudwille, sy ließen dy Fürsten liggen stille, in irren Geczelden ruweliche* heißt es im *Chronicon Mecklenburgicum* (Spalte 816). Somit löste sich das Heer in der Nacht auf, ohne dass dies die im Zelt schlafenden Fürsten merkten. Wie die Chronik weiter berichtet, zogen kleine Gruppen plündernd herum.

In der malerisch verklärten Belagerung der Wöhrdener Kirche machten die Dithmarscher einen Ausfall und schlugen das Heer Graf Gerhards in die Flucht. Stich aus dem 19. Jahrhundert.

Auch die zeitgenössischen *Annales Lubicenses* bemerken, dass am Tag nach dem Einmarsch des fürstlichen Heeres in Dithmarschen, also am 7. September, beutelustige Scharen eilend in das Marschland eingedrungen seien. Diese gelangten bis zur Elbe, wo Bauern erschlagen wurden oder flohen. Andere hingegen leisteten Widerstand an Wegesperren. Bei dem Versuch der seitlichen Umgehung dieser Befestigungen gerieten viele der Ritter mit ihren Pferden in die seitlich entlang der Wege führenden Entwässerungsgräben, wo sie steckenblieben und zu Tode kamen.[97]

Die frühneuzeitlichen Chronisten legten hingegen nur wenig Wert auf die genaue Klärung der Ereignisse.[98] Sehr dramatisch heißt es etwa in der Dithmarscher Chronik des Neocorus: *in de Kerken tho Oldenwhorden unnd befestigeden se alß eine Borch, wo se best vermochten. Schließlich aber wütetet das Feuer so schlimm, das dat Bly von dem Dache herunder schmeltede.*[99] Diese Schilderung ist jedoch weitgehend in den Bereich der Sage zu verweisen. Wahrscheinlich hatten sich aber in der alten, wohl von einer Feldsteinmauer umgebenen Wöhrdener Kirche eine Schar von Männern, Frauen und Kindern verschanzt, die eine Teilgruppe des fürstlichen Heerhaufens aufrieb. Die Fürsten dürften in Wöhrden kaum dabeigewesen sein. Nicht in einer großen Schlacht wurde hier das Heer vernichtet, sondern es hatte sich in vielen Scharmützeln selbst aufgelöst. Ihre Überlegenheit in der Masse anrennender berittener Panzerritter konnte das adelige Heer nirgends ausspielen. Einmal in Nahgefechte verwickelt und im Morast der Marschgräben versunken, wurden die Ritter eine leichte Beute für die Bauern mit ihren langen Spießen.

Der junge Graf Gerhard hatte seine erste schwere militärische Niederlage erlitten. Seine Klugheit riet ihm von einem weiteren Eroberungsversuch ab, auch in Ostholstein gewann er kein Land dazu, da sein Angriff gegen den Bischof von Lübeck fehlschlug. Nur sein Eingreifen in die Erbstreitigkeiten der sachsen-lauenburgischen Herzöge untereinander hatte mehr Erfolg. Vor allem aber erlangte er in Schleswig einen großen Machtzuwachs, da sich die Verhältnisse in Dänemark günstig für ihn auswirkten.[100] Wie in Lauenburg nutzte Gerhard die Gelegenheit der Bedrohung von Ansprüchen unmündiger Neffen.

So war in Dänemark der hoch verschuldete König Erik VI. Menved am 13. November 1319 ohne Leibeserben gestorben. Auf die Wahl seines Nachfolgers nahmen nun die adeligen Pfandherren Einfluss. Während die eine Partei dessen Bruder Christoph II. einsetzte, hatten sich die jütischen Großen sowie norddeutsche Fürsten vergebens für den Schleswiger Herzog Erich II. verwendet. Nach Erichs Tod 1325 beanspruchte Gerhard III. die Vormundschaft über dessen noch unmündigen Sohn seiner Schwester. Im folgenden Jahr wurde König Christoph II. von der Adelsopposition aus Dänemark vertrieben. Nun ergriff Gerhard als Reichsverweser seine Chance und ließ vom Reichsrat seinen kleinen Neffen als Waldemar III. mit 12 Jahren auf den Königsthron heben. Graf Johann III. von Plön erhielt Fehmarn zugesprochen.

Gerhard selbst hatte sich am 15. August 1326 als erster Schauenburger mit dem Herzogtum Schleswig belehnt. Dieses sollte als weitgehend selbständiges Herzogtum nach der *Constitutio Valdemariana* seit 1241 nicht mehr den gleichen Herrscher wie Dänemark haben. Da Graf Gerhard Waldemars Vormund war, konnte er seine Absichten leicht durchsetzen. Kennzeichnend für die geschickte Machtpolitik Gerhards III. ist seine Parteinahme für Johann III., als dieser 1329 für die Wiedereinsetzung Christophs in Dänemark eintrat. Waldemar III. musste schließlich 1330 seine Königskrone niederlegen. Sowohl Gerhard als auch Johann ließen sich ihr Eingreifen in die dänische Politik mit umfangreichem

Erwerbungen des holsteinischen Adels in Schleswig und Dänemark bis 1340.

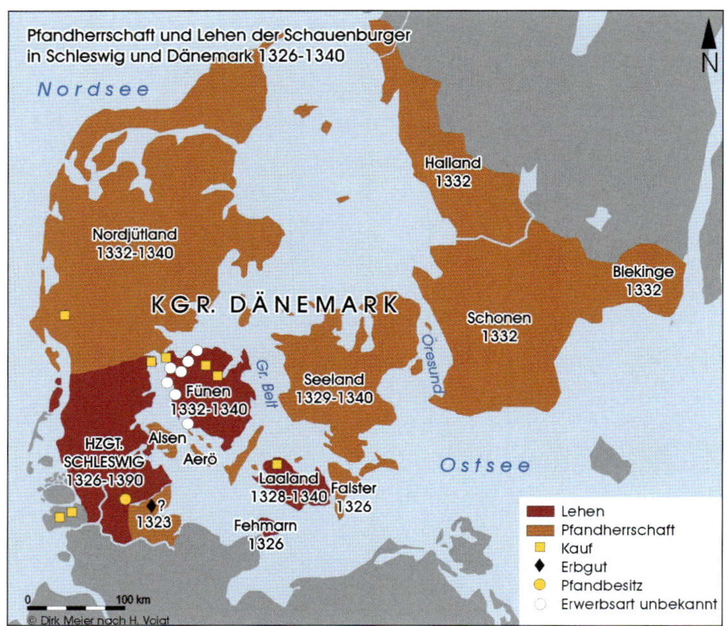

Pfandherrschaft und Lehen der Schauenburger in Schleswig und Dänemark 1326–1340.

Pfandbesitz in Dänemark belohnen. In der Folgezeit verbündeten sich jedoch Johann III. von Plön und der neue dänische König Christoph II. gegen das Rendsburger Grafenhaus, unterlagen aber in der Schlacht nördlich des Danewerks und waren 1332 zu einem Vergleich gezwungen.[101] Gerhard III. erhielt nun Jütland und Fünen als Pfandlehen, während alle anderen dänischen Inseln sowie Schonen für kurze Zeit an Johann fielen. Ein gleichzeitiges Landfriedensbündnis mit Lauenburg und Mecklenburg 1328 sowie 1338 ebenso mit Lübeck, Hamburg und Pommern sicherte die Verhältnisse an der holsteinischen Südgrenze.

Letztlich konnte sich Gerhard jedoch nicht gegen den Willen der Hanse und der dänischen Großen auf Dauer behaupten. So musste er ständig ein Heer von Adeligen und Söldnern bezahlen, was nur durch Verkäufe seines dänischen Pfandbesitzes sowie von Vogtei- und Herrschaftsrechten möglich war. Zudem unterstützten Kaiser Ludwig der Bayer und sein gleichnamiger Sohn, der Markgraf von Brandenburg, die im Exil lebenden Söhne König Christophs, Otto und Waldemar. Gerhards Politik drohte unterdessen seine Kräfte zu übersteigen, wenn es ihm auch gelang, Johann III. von einer Hilfe für Otto abzuhalten, dessen Heer bei Viborg in Jütland geschlagen wurde. Die Hoffnungen seiner Widersacher in Dänemark ruhten nun auf Waldemar. Ferner griff Lübeck politisch in diese Auseinandersetzungen ein, konnte es der Hansestadt doch nicht recht sein, dass Gerhard das Holsteiner Hinterland als auch das halbe Dänemark beherrschte. Gerhard erkannte den Umschwung der Machtverhältnisse. Wenn schon das dänische Königtum wiedererstehen sollte, dann musste die rendsburgisch-holsteinische Macht über Schleswig aufrechterhalten werden. Deshalb zwang er seinen Neffen Waldemar am 11. Februar 1340, ihm Schleswig außer Alsen und Sundevitt als Pfandlehen zu überlassen, während Waldemar Nordjütland als Pfandherr erhielt. Dann aber brach der Aufstand in Nordjütland gegen die ungeliebte Pfandherrschaft los. Der Graf zog nach Nordjütland, erkrankte allerdings in seinem Stützpunkt Randers. Unter dem Vorwand, ihm eine wichtige Nachricht überbringen zu wollen, gelangten jütische Ritter unter Führung von Niels Ebbesen an sein Krankenbett. Sie erschlugen am 1. April 1340 den im Bett Liegenden, seinen Kaplan und einige sich ihnen in den Weg stellende Ritter und entkamen.[102] Trotz seines abrupten Todes hatte Gerhards Politik nachhaltige Auswirkungen auf Schleswig, etablierten sich doch hier zwischen 1340 und 1430 holsteinische Adelsgeschlechter wie die Krummendieks, Ahlefelds, Pogwischs oder Limbeks als Grundherren.

Holstein unter Waldemar IV. Atterdag und den letzten Schauenburgern

Im gleichen Jahr der Ermordung Graf Gerhards III. (1340) wurde Waldemar IV. Atterdag nach langen Verhandlungen über die Verteilung der Herrschafts- und Pfandrechte als dänischer König anerkannt. Um sich seine Machtbasis im Königreich zu sichern, begann er, die Pfandherrschaften wiedereinzulösen oder auch zu erobern. Zugleich nahm er eine imperiale Politik auf, während der er zwischen den 1350er Jahren und 1375 die dänische Großmachtstellung im Ostseeraum wiederherstellte. Da sich die Holsteiner Grafen von Plön und Pinneberg nicht mehr zu einer gemeinsamen Politik aufraffen konnten und die Söhne Gerhards III. realistisch genug blieben, die Machtpolitik ihres ermordeten Vaters nicht fortzuführen, blieb es bei der dänischen Vormacht im Norden. König Waldemar IV. gelang es so, seinen Einfluss in Schleswig und Holstein auszudehnen und zudem die friesischen Uthlande wieder stärker an Dänemark anzubinden. Gegen die Holsteiner Grafen unterstützte er die holsteinischen Adeligen.

Seinem fortschreitenden Machtzuwachs in den 1350er Jahren sowie der dänische Eroberung Gotlands 1361 begegneten die holsteinischen Grafen mit einem Bündnis mit den wendischen Hansestädten und Schweden-Norwegen. Nachdem die hansische Flotte jedoch 1361 bei der Belagerung Helsingborgs geschlagen wurde, blieb den Hansestädten nur der Friedensschluss mit Waldemar IV. 1365 in Vordingborg. Doch gaben sie ihren Widerstand gegen die dänische Herrschaft im Ostseeraum nicht auf und führten Ende der 1360er Jahre im Bündnis mit den Rendsburger Grafen und den Herzögen von Mecklenburg ihren Kampf um die Handelswege fort. Ihre Rechte sicherte die Hanse dann 1370 mit dem Frieden von Stralsund.

Während die Schleswiger Herzöge ihre schwache Position behaupteten, verloren die Rendsburger Grafen 1366/67 jedoch ihre Eroberungen in Fünen und Jütland, behielten jedoch ihre Pfandherrschaft über das südliche Schleswig. Günstig wirkte sich für die holsteinischen Grafen erst der Tod Waldemars IV. 1375 aus, da die dänische Regentin Margarethe vorrangig die Herrschaft für ihren unmündigen Sohn Olaf sichern musste. Im gleichen Jahr starb auch der letzte Herzog aus Abels Geschlecht. So konnten die Rendsburger Grafen bis in die 1380er Jahre nochmals Herrschaftsrechte im nördlichen Schleswig gewinnen. Da Margarethe ein Bündnis der Rendsburger Grafen mit Mecklenburg verhindern wollte, belehnte sie diese 1386 formell mit Schleswig. Nur wenige Jahre später gelang noch mal ein Machtzuwachs, als die Plöner Linie der Schauenburger mit Adolf VII. 1390 ausstarb und die Grafschaften von Rendsburg und Plön vereinigt wurden. Infolge von Erbstreitigkeiten fiel diese 1397 jedoch wieder auseinander, und deren Ämter und Vogteien wurden unter den drei Grafensöhnen aufgeteilt.

Auch schauenburgische Versuche, Dithmarschen zu erobern, scheiterten, wobei Graf Albrecht und Herzog Gerhard VI. 1403 und 1404 bei ihren Feldzügen gegen Dithmarschen getötet worden waren.[103] Margarethe, die sich zu dieser Zeit zur Königin der drei nordischen Reiche aufgeschwungen hatte, nutzte die Schwäche der Schauenburger und brachte Teile Schleswigs unter dänische Herrschaft. Margarethes Nachfolger, ihr Großneffe Erich von Pommern (1412–1439), der als Erik VII. den Thron bestieg, ließ die Rechtsgültigkeit der Belehnung der Schauenburger mit dem Herzogtum Schleswig anzweifeln, da es in Dänemark anders als im Heiligen Römischen Reich kein Lehnsrecht gab.

In dem 1416 ausbrechenden Krieg stellten sich die Nordfriesen und später die Hansestädte auf die Seite der Schauenburger. Lübeck und Hamburg eroberten Bergedorf und zwangen die Herzöge von Sachsen und Lauenburg, ihnen diese wichtige Bastion am Handelsweg zwischen beiden Städten abzutreten. Im Frieden von Vordingborg 1435 musste Erik VII. dann den Großteil Schleswigs an den einzigen noch lebenden Sohn Herzogs Gerhard VI., Adolf VIII., auf Lebenszeit abtreten. Nach dem Sturz Eriks VII. 1439 erhob sein Nachfolger und Neffe Christoph von der Pfalz Adolf VIII. in Kolding zum erblichen Schleswiger Herzog. Während Christoph sich den Problemen im Inneren Dänemarks zuwenden musste, hatten die Schauenburger 1440 die enge Verbindung zwischen Holstein und Schleswig erreicht. Sie zählten nun zu den mächtigsten Territorialfürsten in Norddeutschland.[104]

Mit dem kinderlosen Grafen Adolf VIII., der als Letzter aus dem Haus der Schauenburger am 4. Dezember 1459 in Lübeck starb und wie viele seiner Vorfahren in der Laurentiuskirche in Itzehoe begraben wurde, änderte sich aber erneut die Landesherrschaft. So hatte Adolf schon vorher Christian, den ältesten Sohn seiner Schwester Hellwig, der Frau des Grafen Diedrich von Oldenburg, für seine Nachfolge in Schleswig und Holstein ins Auge gefasst und sich dafür von ihm 1455 den erblichen Lehnscharakter von Schleswig bestätigen lassen. Nach Adolfs Tod wurde Christian dann durch die Stände 1460 gewählt. Seine Wahl, vor welcher die Bischöfe von Schleswig und Lübeck als wichtigste Vertreter der Stände die entscheidenden Verhandlungen in Ripen führten, erfolgte nicht ohne Schwierigkeiten, da Christian seit 1448 auch die Krone Dänemarks und etwas später die Norwegens (1450) und Schwedens (1457) trug und somit eine große Machtfülle erreicht hatte.

Burgen, Adel und Ritterschaft

Der Feudalisierungsprozess im hochmittelalterlichen Holstein lässt sich nur anhand weniger Chroniken und Annalen als erzählende Quellen erschließen. Zudem blickten die Geschichtschreiber vielfach von außen her auf das Land. Die vielleicht aus dem frühmittelalterlichen „Volksadel" hervorgegangenen privilegierten Familien, welche in Holstein mit den Boden *(legatus)* und Overboden *(major/senior terrae, signifer provincie, iudex)* im 12. Jahrhundert noch wichtige Funktionen bekleideten, gestalteten mit ihrer Opposition gegen die Schauenburger Grafen die Politik mit. Der Overbode war im Hochmittelalter noch hinter dem Grafen der zweitwichtigste Mann, bevor das Amt im Zuge des Lehnswesens an Bedeutung verlor und sich dessen Funktion auf die Leitung des Gaugerichtes beschränkte.[105]

Von Adolf II. wurden viele dieser volksadeligen Familien zwar aus dem Land getrieben, kehrten jedoch unter der dänischen Herrschaft im 13. Jahrhundert wieder ins Land zurück. Um die Verwaltung des Landes durch eigene Lehnsmänner und Waffenträger zu sichern, förderten Adolf II. und Adolf III. die Einwanderung von Adeligen aus dem Raum südlich der Elbe, vor allem aus dem Weserbergland. Diesen Vasallen überließ bereits Adolf II. Vogteien mit Herrschaftsrechten. In den Urkunden Graf Albrechts von Orlamünde aus den ersten Jahrzehnten des 13. Jahrhunderts tauchen erstmals Adelige im lauenburgisch-ratzeburgischen Raum auf. Ferner spielte der Adel eine Rolle beim Landesausbau in Ostholstein. Seitdem sind uns die meisten großen holsteinischen Adelsgeschlechter, wie die Busch und Krummendieks, Brockdorff, von der Wisch, Reventlow, Westernsee oder Pogwisch bezeugt. Mit Truchseß, Mundschenk und Kämmerer finden sich nun auch erste Hofämter in Holstein, wie sie dann auch in Schleswig seit den 1240er Jahren belegt sind.[106]

Im Verlauf dieses Feudalisierungsprozesses nahm die Bedeutung der Overboden immer mehr ab, die in der zweiten Hälfte des 13. Jahrhunderts nur noch den Vorsitz im Goding als Gericht innehatten. Stattdessen stieg die Macht des im Verlauf der Kolonisation Ostholsteins hervortretenden Lehnsadels, der über administrative, juristische und militärische Macht verfügte und zugleich die Macht der Schauenburger Lehnsherren begrenzte. Gräfliche Güter erhielten die Lehnsmänner im 13. Jahrhundert vor allem in Ostholstein und den Elbmarschen. Nachdem deren Adelssitze zunächst nur einzelne Hufen in unregelmäßiger Streulage umfasst haben dürften, erkennen wir für das 14. Jahrhundert bereits größere adelige Besitzungen, wie sie sich durch Erbschaft, Tausch, aber auch infolge von Fehden herausbildeten. Die Adeligen betrieben eine Eigenwirtschaft und handelten mit den daraus erzielten Gütern wie Getreide, Vieh und Holz. Ferner unterhielten sie Mühlen und Fischteiche. Von den abhängigen Bauern erhielten sie zudem Abgaben *(Heuern)*. Die Tendenz zur Arrondierung und Vergrößerung des adeligen Grundbesitzes und dessen Herauslösung aus den Feldgemeinschaften der Dörfer führte dann seit dem 15. Jahrhundert zur Entstehung von Gütern.

Den weiteren Aufstieg des Lehnsadels in der zweiten Hälfte des 13. Jahrhunderts begünstigte die Schwächung der Landesherrschaft infolge ihrer bereits geschilderten Konflikte und der Landesteilungen. Zur Durchsetzung ihrer expansiven Politik waren die Grafen in Holstein ebenso wie die Herzöge in Schleswig auf die Mitwirkung adeliger Landesfamilien angewiesen, deren Mitglieder das Heeresaufgebot stellten und einflussreiche Ämter innehatten. Diese Abhängigkeit führte seit der zweiten Hälfte des 13. Jahrhunderts zu einer Abhängigkeit der Grafen vom erstarkenden Adel im Land und nicht selten zu Konflikten. Die Grafen mussten der Ritterschaft ihre Rechte und Vorrangstellung auch deshalb garantieren, weil sie über zu wenige Verwaltungskräfte verfügten und alleine das Land nicht regieren konnten.

Schon 1261 unterstützten Adelige aus Eigeninteressen Herzog Albrecht von Braunschweig bei seinem Einfall nach Holstein. Der Lehnsadel ließ auch die Schauenburger bei ihrem Feldzug nach Dithmarschen 1289 im Stich. Diese Spannungen setzten sich auch im 14. Jahrhundert fort. Die Grafen konnten jedoch 1303 eine Adelsopposition unter den Herren von Buchwald aus dem Land vertreiben. Nur drei Jahre später waren es erneut Adelige wie die Reventlows, Krummendieks, von Sandbergs und von Buchwalds, die zusammen mit den Marschbauern gegen die Grafen vorgingen, wenn sie auch infolge der vereinten Gegenwehr der Schauenburger mit den Herzögen von Sachsen-Lauenburg und Lüneburg sowie dem Erzbischof von Bremen geschlagen werden konnten.

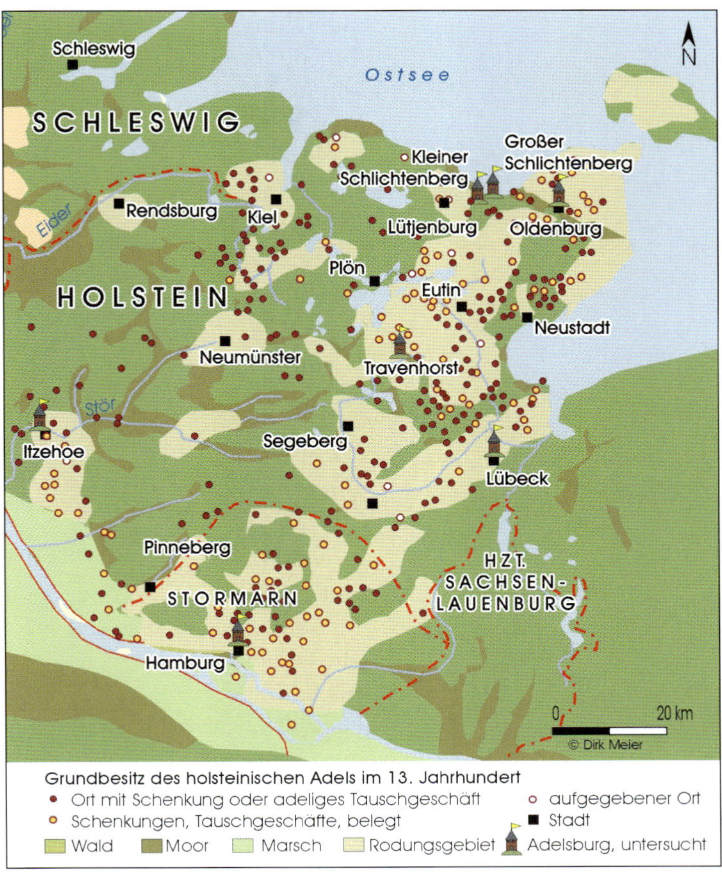

Grundbesitz des holsteinischen Adels im 13. Jahrhundert mit archäologisch untersuchten Adelsburgen.

Wenn der Adel die Holsteiner Grafen hingegen unterstützte, tat er dieses nicht ohne Gegenleistung. Deutlich zeigt sich dies, als Graf Gerhard III. von Rendsburg militärische Unterstützung für seine expansive Politik benötigte. Da der Rendsburger Graf nur über wenig Eigenbesitz verfügte, vergab er als Pfandbesitz Land und Güter in den eroberten Gebieten Dänemarks. Johann von Hummersbüttel etwa erhielt die Vogteien Ripen und Kolding, die Inseln Aerö (Ærø) und Langeland, ein Schloss auf Fünen mit der Hälfte der Einnahmen der Insel sowie die Hälfte der Bede, einer Landessteuer.[107] Er geriet mit Graf Gerhard III. aufgrund unrechtmäßig bezogener Einkünfte in Streit, der 1333 aber durch andere holsteinische Adelige

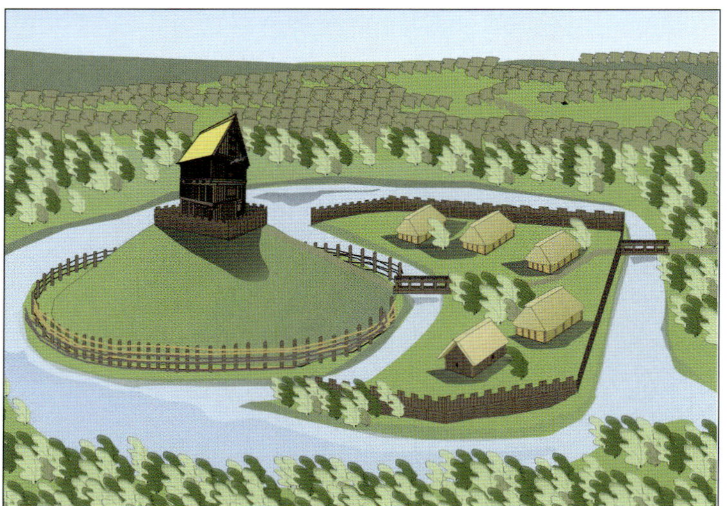

Stützpunkte des Adels bildete ein neuer Burgentyp, die Motte aus Burghügel, Holz- oder Steinturm, welcher die frühmittelalterlichen Ringwälle ablöste.

geschlichtet wurde. Da jedoch Johann von Hummersbüttel zusammen mit den Rittern von Westensee im Rahmen des um sich greifenden Fehdewesens nicht nur Kaufleute der Hansestädte Hamburg und Lübeck überfiel, brachte er erneut den Grafen gegen sich auf. Dieser ließ daraufhin Rendsburg, das sich im Pfandbesitz der Westensees befand, und die Lakenburg am Westensee erobern. Ferner wurden 1347 die Burgen Stegen bei Oldesloe und Wohldorf dem Erdboden gleichgemacht. Infolge des Eingreifens des dänischen Königs Waldemars IV., der an der Seite der Hummersbütteler stand, musste Gerhard auf den Pfandbesitz Fünens verzichten. Das Landfriedensbündnis von 1349 zwischen den Plöner und Rendsburger Grafen, den Herzögen von Sachsen-Lauenburg sowie Lübeck und Hamburg beendete dann diese Konflikte. Gemeinsam ging man gegen die Rechts- und Friedensbrecher vor und eroberte in der Folgezeit mehrere Burgen in Holstein und Lauenburg.[108]

Die von einem Graben umgebene Motte Steinburg. Foto: Dirk Meier

Die einflussreiche Stellung des Adels wurde 1390 nochmals deutlich, als dieser nach dem Aussterben der Plöner Linie der Schauenburger eine Vereinigung mit der Rendsburger Grafschaft einging. Holsteiner und Schleswiger Adelige verbanden sich im späten Mittelalter immer enger. Sie hatten kein Interesse an weiteren Teilungen des Landes, die ihre Beziehung zueinander beeinträchtigten und Konflikte mit den unterschiedlichen Landesherren hervorrufen konnten. Seine Unteilbarkeit ließ sich der Adel bereits auf einer Versammlung 1397 in Bornhöved bestätigen und agierte seitdem mehr und mehr als schleswig-holsteinische Ritterschaft. Mit dem Zusammenwachsen der beiden Landesfürstentümer nach dem Vertrag von Ripen 1460 verstärkte sich auch die Staatlichkeit, wobei die Fürsten das Land nur mit Hilfe der Ritterschaft verwalten konnten.[109] Oft genug bestanden zwischen Fürsten und Großen des Landes gemeinsame Interessen, andererseits kam es zu Gegensätzen. Ihre Unterstützung der Landesherrschaft sicherten sich die Adeligen durch Zugeständnisse, so erlangten sie die Bedefreiheit (Landessteuer) schon 1422, das Wahlrecht des Landesrates (1460, 1466), kamen in den Besitz des Indigenatsrechts (Heimatrecht) sowie zahlreicher Zollvorteile und erhielten für ihre Grundherrschaften ihre Unabhängigkeit in Gerichtssachen von den Kirchspielsgerichten. Weiterhin wurden die fürstlichen Anforderungen auf den Kriegsdienst der Ritterschaft eingeschränkt sowie die Mitwirkung des Landesrates auf die Landesregierung garantiert. Dieses Spannungsverhältnis zwischen Fürstentum und adeligem Mitregiment führte schließlich zum spätmittelalterlichen Ständestaat, wie er sich im Vertrag von Ripen 1460 manifestiert, wo die schleswigsche und holsteinische Ritterschaft maßgeblich an der Wahl des neuen Landesherren Christian I. mitwirkte.

Wichtigste Machtzentren der Ritterschaft ebenso wie der schauenburgischen Grafen waren die Burgen. Diese sollten das

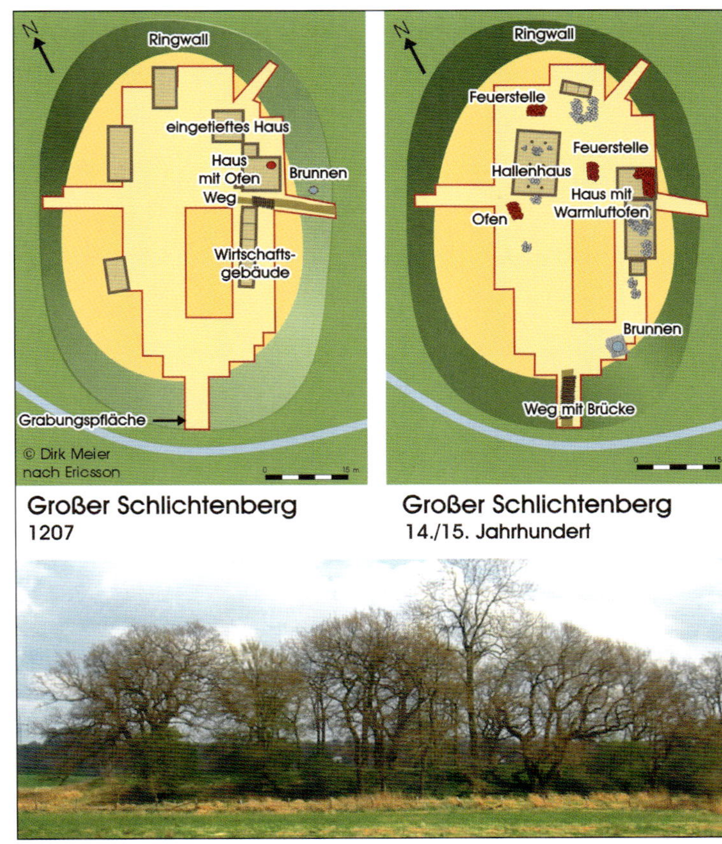

Der Große Schlichtenberg in Ostholstein wurde im hohen Mittelalter noch als Ringwall erbaut. Im Inneren befanden sich neben herrschaftlichen Bauten auch Wirtschaftsgebäude. Die Ausgrabungen belegen eine Umbauphase im 14./15. Jahrhundert.

beanspruchte Gebiet zunächst einmal sichern, bevor später auch Verwaltungsfunktionen dazukamen. Nachdem sich Adolf I. bei Übernahme seiner Landesherrschaft 1111 nur auf die Neue Burg in Hamburg stützen konnte, errichtete Adolf II. Hanerau und Itzehoe, vielleicht auch Rendsburg.[110] In den nachfolgenden Kämpfen zwischen Adolf III. und Heinrich dem Löwen in den Jahren 1180/81 und 1191/92 sowie bei der Eroberung Wagriens durch Herzog Waldemar von Schleswig wird die herrschaftsstützende Funktion der Burgen deutlich. Zur Zeit Adolfs IV. (1227–1238) und seiner Söhne konnte sich das Landesfürstentum dann schon auf mehrere, teilweise seit dem 12. Jahrhundert bestehende Burgen wie Segeberg, Plön, Itzehoe, Hanerau, Rendsburg und Travemünde, später auch auf Kiel und Oldenburg stützen. Die größeren Burgen lagen alle im wagrischen Kolonialland, den urbar gemachten Elbmarschen oder doch in Randlage zu den Landesausbaugebieten. Zu dieser Gruppe kam im Verlauf des 13./14. Jahrhunderts als Folge der Teilungen der Schauenburger Grafschaft die Steinburg in den Elbmarschen als Mittelpunkt der dortigen Plöner Besitzungen hinzu, während sich die von den von Barmstedes übernommene Burg von Uetersen[111] und die Hatzburg *(Hatesburg)* im Besitz der Pinneberger Grafen befanden. Im Grenzgebiet Stormarns lagen die kleinen pinnebergischen Burgen Arnsfelde und Wohldorf, die der Plöner Graf Johann III. 1314 bzw. 1322 an sich brachte. Schon 1327 tauschte er Arnsfelde gegen die Burg Trittau und das Kloster Reinfeld. Alle diese Burgen der zweiten Gründungsphase befanden sich inmitten gräflichen Grundbesitzes oder wie Rendsburg und Kiel an wichtigen strategischen Orten. Auf den Burgen Rendsburg, Hanerau, Itzehoe, Steinburg, Uetersen, Hatzburg, Kiel, Segeberg, Trittau, Plön, Oldenburg und Travemünde saßen im späten Mittelalter im Besitz der Burglehen befindliche Vögte *(advocati)* der jeweiligen Landesherren, welche die Abgaben der Grundherrschaft einzogen. Die Vogteien bildeten auch die jeweiligen Wehrbezirke, wobei sich diese vielfach an die alten, teilweise zu vermutenden altholsteinischen Landesviertel anlehnten. Untere Aufgebotsbezirke waren dabei die Grundherrschaften, Kirchspiele und Städte.[112]

Die Territorienbildung erforderte es, dass der höhere Adel über Lehnsmänner verfügte, die etwa in Holstein im 14. Jahrhundert das einige Hundert Ritter umfassende Aufgebot der Grafen stellten und dafür Grundbesitz erhielten. Zuteilbares Land besaß der holsteinische Graf aber fast nur in Wagrien, so dass sich hier die meisten mittelalterlichen Lehnsadelssitze konzentrieren. Die typischen Rittersitze der Lehnsmannen *(castellani)* vom 13. bis 15. Jahrhundert gehören zum Typ der kleinen Turmhügelburgen (Motten). Ihre Zahl wird für das Spätmittelalter in Schleswig, Holstein und Lauenburg auf 500 geschätzt.

Aus einigen dieser Anlagen entstanden seit dem 16. Jahrhundert mit zunehmender Wirtschaftskraft der Adeligen repräsentative Schlösser als Zentren größerer Güter. Einige dieser Anlagen, wie die Steinburg östlich von Krempe, mit ihren Ringgräben um den Burghügel, sind noch gut erhalten, während sich andere – wie die der von Barmstedes bei Uetersen – sich im Wesentlichen nur noch anhand der urkundlichen Überlieferung erschließen lassen.[113]

Zu den archäologisch untersuchten kleineren Adelsburgen gehören vor allem der Große und Kleine Schlichtenberg nahe des Sehlendorfer Binnenwassers an der Ostseeküste sowie Travenhorst. Der in einer Niederung der Mühlenau nahe der Ostseeküste liegende Kleine Schlichtenberg bestand aus einem Erdhügel mit Holzturm, umlaufenden Gräben und einem Wall. Nach der dendrochronologischen Altersdatierung der verbauten Hölzer wurde der Turm 1356/1357 errichtet und schon um 1400 aufgegeben. Vermutlich übernahm diese Motte zunächst den Schutz des Herrensitzes auf dem nur 200 m entfernt liegenden, auf einer Moränenkuppe angelegten Großen Schlichtenberg, bevor man diesen dann besser befestigte. Der Große Schlichtenberg war bis zum 15. Jahrhundert bewohnt. Bei Ausgrabungen konnten im Inneren des auf einer 2,5 m hohen Moränenkuppe errichteten Ringwalles mehrere, um einen U-förmigen Innenhof gruppierte Holzbauten der Zeit um 1207 nachgewiesen werden. Diese umgab ein nur niedriger Wall mit vorgelagertem Graben. Mit der jüngeren Phase wurde die Innenfläche der Burg zwar verkleinert, dafür aber der Wall verstärkt. Zugleich wurde der Zugang von Osten nach Süden verlegt, wo nun eine Brücke über den tieferen Graben führte. Die Bebauung bildeten repräsentative Steinhäuser mit Ziegelfußböden.[114]

Bei den Kemladen nutzte man die natürliche Schutzwirkung der Gewässer. Die Kemlade Travenhorst bestand aus einem auf einer Plattform errichteten Holzturm, der von einem, möglicherweise auch von zwei Wassergräben umgeben war. Zum Turm führte eine Holzbrücke.

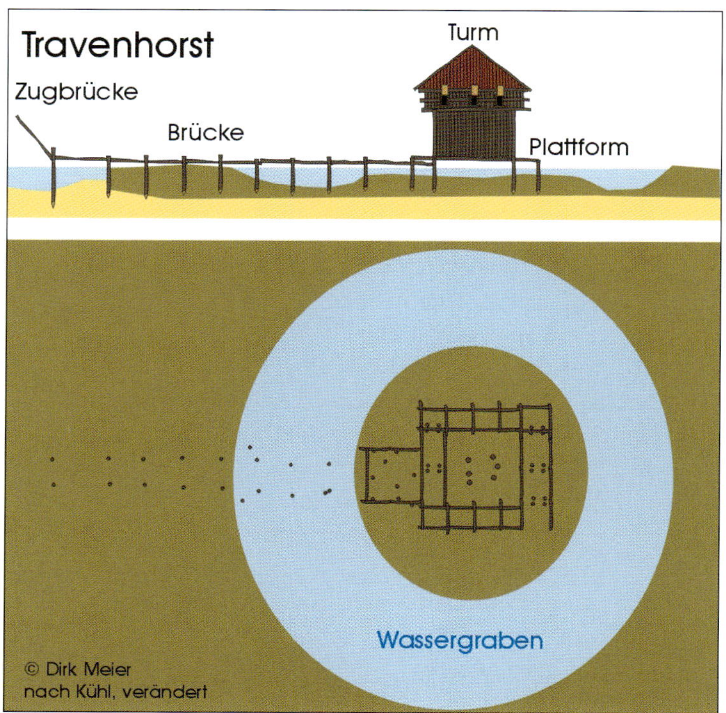

Neben den zahlreichen Motten finden sich vereinzelt auch kleine Niederungsburgen als Kemladen. Der Begriff stammt aus dem lateinischen *caminata* und bezeichnet zunächst nur ein Zimmer mit Kamin. Erst später wurde daraus mit der Kemenate das Frauengemach einer Burg. Kemladen bildeten stets ans Wasser gebundene feste Häuser, die in Blockbauweise auf hölzernen Plateaus mit zahlreichen Gründungspfosten erbaut waren. Ihre Entstehung hängt mit dem Verbot zusammen, neue Befestigungen zu errichten, weshalb während der ersten Hälfte des 14. Jahrhunderts zahlreiche Motten niedergelegt wurden. Die Errichtung von Kemladen bot dann eine neue Schutzmöglichkeit.

Reste einer solchen Kemlade mit zugehöriger Brücke wurden in Travenhorst, im Mittelalter Horst genannt, nahe von Segeberg in einer heute vermoorten Niederung einer Traveschleife untersucht.[115] Dort führten von einer im Westen gelegenen und an der Niederung der Traveschleife endenden Anhöhe eine 40 m lange Brücke, deren 20 paarig angeordnete, 32 m lange Pfosten noch erhalten waren, auf das etwa 33 m² große Plateau. Östlich daran konnten 220 eingerammte Pfosten eines zweiten Plateaus von 81 m² dokumentiert werden, welche die Substruktion des wohl zwei- oder dreistöckigen, quadratischen, 9 x 9 m großen Hauptgebäudes der Kemlade bildeten. Seitliche Querpfosten lassen auf eine Verbreiterung der Plattform oder einen höheren Wehrgang schließen. Da der Wasserstand der Trave infolge der Jahreszeiten, aber auch des Mühlenstaues schwankte, umgab vermutlich kreisförmig ein 12 m breiter und 1,4 m tiefer Graben die Kemlade. Der Erbauer missachtete dabei bewusst das Befestigungsverbot des Landesherren. Als archäologische Funde kamen neben seltenen Bauhölzern zahlreiche Kleinfunde aus Holz, Leder und Horn und heimische Grauware zu Tage. Importiertes Steinzeug und andere Kleinfunde belegen einen gewissen Wohlstand des Burgherren, spiegeln aber auch das Alltagsleben und die Jagd wider. Auch ein Zinnbecher mit einer Inschrift auf der Henkelinnenseite und einem durch vier unterschiedliche Wappen geprägten Medaillon auf dem Boden des Gefäßinneren ist der gehobenen Tafelausstattung zuzurechnen. Piken und Armbrustbolzen belegen, dass der Schutz der Kemlade in der von Fehden geprägten spätmittelalterlichen Zeit notwendig war. Zur weiteren Ausstattung der Ritter gehörten Jagd- und Nierenmesser. Den Funden nach datiert die kurzlebige Anlage in die erste Hälfte des 14. Jahrhunderts.

Die soziale Schichtung der Landbevölkerung

Weit schwieriger als die Stellung des Adels lässt sich anhand schriftlicher Quellen der Stand der Bauern in Holstein im Hohen und Späten Mittelalter erkennen.[116] Seit der Mitte des 12. Jahrhunderts begann eine Migration bäuerlicher Familien aus Westfalen, Friesland, Holland und Flamen nach Ostholstein, Lauenburg und in die Elbmarschen, da sie hier auf bessere ökonomische Bedingungen hofften. Mit Ausnahme Dithmarschens und der Frieslande lebten die Bauern in Holstein ebenso wie in Schleswig unter fürstlicher, adeliger und geistlicher Herrschaft. In den Dörfern blieb die Feldgemeinschaft mit einer gemeinsamen Bewirtschaftung der Fluren die charakteristische Wirtschaftsform. Allerdings gab es in den Dörfern durchaus eine soziale Schichtung. So bestanden unter obrigkeitlicher Aufsicht auf unterster Ebene die bäuerliche Selbstverwaltung und Gerichtsbarkeit. Die Bauern hatten an ihren Grundherren, die Kirche oder auch an den Landesherren verschiedene Abgaben zu zahlen und waren zu Diensten gezwungen, die sich im Laufe der Jahrhunderte veränderten. So konnten die Inhaber der Gerichtsbarkeit Dienste von den Bauern fordern. Ferner wurden Bauern zu Pflugdiensten herangezogen, wie sie seit der Mitte des 13. Jahrhunderts für Ostholstein erwähnt werden. In Ekelsdorf etwa musste jeder Bauer jährlich acht Tage Dienst leisten sowie ein Rind durch den Winter füttern. Die Bauern der Propstei 1384 hatten acht Tage Spanndienste und vier Tage Handdienste auszuführen. Dabei unterschied sich die Stellung der freien Bauern in Dithmarschen und den Frieslanden auffällig von denen, die unter der adeligen Grundherrschaft in Holstein und Schleswig lebten. Neben der Agrarwirtschaft auf dem Lande gab es im Mittelalter eine – wenn auch beschränkte – Eigeninitiative von Bauern, die sich im selbständigen Handel mit den Städten sowie der Geldwirtschaft ausdrückte. Die Politik des Adels, welche auf eine Vergrößerung ihrer Eigenwirtschaft zielte, führte seit dem späten Mittelalter schließlich dazu, dass der Umfang der Hand- und Spanndienste zunahm. Gleichzeitig siedelten sie Kätner auf ihrem Eigenland an, wenn die bäuerlichen Dienste nicht ausreichten. Waren die Bauern im 12. Jahrhundert in Holstein ebenso wie in Schleswig wenigsten nominell noch überwiegend frei, so differenzierte sich seit dem Spätmittelalter die Abhängigkeit in den folgenden Jahrhunderten.

Das Herzogtum Schleswig (1100 – 1460)

Während sich Holstein unter den Schauenburger Grafen als Lehnsmännern der sächsischen Herzöge relativ unabhängig entwickelte, war die Geschichte Schleswigs von seinen Anfängen bis in das Spätmittelalter eng mit der Dänemarks verbunden. Neben Gemeinsamkeiten in den Landesordnungen südlich und nördlich der Eider gab es strukturelle Unterschiede, die vor allem auf die Stellung des Königtums zurückzuführen sind.

Während in den altholsteinischen Siedelgebieten südlich der Eider Königsgut im Hochmittelalter nicht nachzuweisen ist, findet sich dieses reichlich im dänischen Grenzgebiet zwischen Eider und Schlei. Schon Waldemar II. gab dieses für die Ansiedlung von Kolonisten aus dem Süden frei, was den deutschen Einfluss im südlichen Schleswig stärkte. Das Herzogtum Schleswig, das im 12. Jahrhundert zwischen Eider, Schlei und Königsau eine staatsrechtliche Einheit geworden war, konnte im 13. Jahrhundert seine politische Selbständigkeit gegenüber Dänemark erreichen.

Die Bevölkerung Schleswigs war jedoch keinesfalls einheitlich, da an der Nordseeküste nördlich der Eider Friesen siedelten und das Grenzgebiet im Spannungsfeld zwischen dänischen und holsteinischen Interessen stand.

Dabei wandelte sich die verfassungsrechtliche, von nordischen Elementen geprägte Struktur Schleswigs zu einer dänisch-deutschen Mischform. Die territoriale Entwicklung vollzieht sich dabei im Wesentlichen in drei Phasen, und zwar von den Anfängen bis 1241, der Zeit der Herzöge aus dem Haus Abel (1241 – 1325) und der nachfolgenden Periode engerer Verbindungen zwischen Holstein und Schleswig (1325 – 1460).

Das Jarltum in Schleswig (1100 – 1131)

Bis zum Ende des 11. Jahrhunderts nahm Schleswig noch kaum eine Sonderstellung im Dänischen Reich ein, wenn auch im 9. Jahrhundert mit Glum und Hovi zwei hohe königliche Würdenträger in Haithabu/Hedeby erwähnt werden, deren Funktion und Stellung jedoch unbekannt bleibt.[117] Nur wenige Schriftzeugnisse erhellen dabei den Prozess der Verselbständigung Schleswigs. Im Großen und Ganzen war das 11. Jahrhundert für das Land zwischen Eider und Königsau relativ friedlich gewesen. Nach dem Ende der Wikingerzüge und der Respektierung der Eidergrenze zwischen Dänemark und dem Heiligen Römischen Reich bildeten nur die Überfalle der Slawen zu Lande und zu Wasser eine Bedrohung. 1043 jedoch besiegte der dänisch-norwegische König Magnus I. die Abodriten in der bei Adam von Bremen (II, 75) erwähnten Schlacht auf der Lürschauer Heide in der Nähe von Haithabu.[118] Wenn es auch unter dem in Alt-Lübeck residierenden Slawenfürsten Gottschalk, der mit einer Tochter des dänischen Königs Sven Estridsen (1047 – 1074) vermählt war, zu einer Missionierung der slawisch-polabischen Oberschicht kam, führte die heidnische Gegenreaktion 1066 unter Cruto erneut zu Unruhen. In deren Verlauf wurde auch die alte Handelsmetropole Haithabu an der Schlei zerstört. Angesichts des Drucks der Slawen auf die südliche Reichsgrenze ernannte der dänische König Knud der Heilige (1080 – 1086) seinen Bruder Olaf (Hunger genannt) zum Jarl in Schleswig, um das Grenzgebiet besser zu kontrollieren. In späterer Zeit hören wir von einem Eiliv Jarl, der 1111 mit einem großen Gelage den aus Jerusalem nach Norden zurückkehrenden norwegischen König Sigurd Jorsalafare bewirtete.[119]

Der königliche Vertreter erhielt die drei südlichen jütländischen Syssel als militärische Aufgebotsbezirke. Das Wort Syssel (abgeleitet von *Sysael, sysa*) bezeichnet im Altnordischen so viel wie einen Wirkungskreis. Im erst unter Waldemar II. um 1231 aufgezeichneten *Jyske Lov* (I, 37), das aber auf ältere Rechte zurückgeht, wird ein Sysselding erwähnt, was einer Versammlung der Aufgebote aus den verschiedenen Harden entsprach.[120] Als Rechts- und Verwaltungsbereiche hatten die Syssel jedoch eine weniger große Bedeutung als die kleineren Harden, wie sie dann seit Waldemar II. belegt sind. Über das Syssel- bzw. Landesding wissen wir nur wenig, außer dass sich die alte Dingstätte des Landes in Urnehoved südwestlich von Apenrade am alten Heerweg befand.

Das Jarltum jedenfalls erscheint unter dem Nachfolger Eilivs, Knud Laward, des Bedeutendsten aller Jarle, der um 1115 dieses Amt übernahm, als eine Einheit. In der Ernennung eines Jarles jedenfalls für die drei südjütländischen Syssel Barwith, Ellum und Idstedt darf man den Anfang des späteren Herzogtums Schleswig sehen. Gleichwohl gibt es in den Urkunden keinen direkten Anhaltspunkt für ein Abhängigkeitsverhältnis dieser drei größeren Verwaltungseinheiten für das frühe 12. Jahrhundert. 1130 wird er *Canutus praeficitur Slesuigae,* und in der Kanonisationsbulle von 1169 ebenso wie in den erzählenden Quellen Knuds erscheint er als Herzog von Dänemark.[121] Er wurde also als dänischer Herzog *(dux Daciae)* mit Schleswig belehnt. Das Ringsteder Officium berichtet dann, dass Knud das Ducat Eilivs *(ducis de Slesvich)* von König Niels erhalten hat.[122]

Knud Laward war ein Sohn des zwischen 1095–1103 regierenden dänischen Königs Erik Ejegod (1095–1103).[123] Die Übergabe der Statthalterschaft von Schleswig bedeutete für den König jedoch nicht die Übertragung eines Reichsteils an einen danach selbständigen Herren. Zum Zentrum seines Jarltums machte Knud Laward den in der ersten Hälfte des 12. Jahrhunderts bedeutendsten Handelsort der jütischen Halbinsel, das am Nordufer der Schlei gelegene Schleswig, wo er zum *senior et defensor*, somit Ältermann und Verteidiger der Kaufmannsgilde (Obergilde) als einem genossenschaftlichen Zusammschluss der Händler wurde.[124] Als zweiter Machtbereich Knud Lawards *(dominum directum)* zeichnet sich der Raum zwischen Eider und Schlei ab. Grenzpunkt der Schleswiger Mark waren die um 1200 im Schleswiger Stadtrecht (§ 30) beschriebenen Zollstationen, nämlich Schleimünde, Rendsburg, Hollingstedt und Schleswig. Das urbane Zentrum Schleswig, dessen Umland mit den Maßnahmen zur Regelung des Handelsverkehrs, sowie sein Jarlamt mit der militärischen Gewalt am Da-

Knud Laward, Malerei in der Kirche von Vigersted bei Ringsted auf Seeland in Dänemark.

newerk gaben Knud Laward die finanzielle und machtpolitische Möglichkeit, Erfahrungen der Verwaltungsstruktur des Reiches auf den Norden zu übertragen und für sein Jarltum eine unabhängigere Stellung zu erreichen.

Dabei kam ihm zugute, dass er – wie bereits geschildert – vom deutschen König und späteren Kaiser Lothar III. im Rahmen seiner Nordpolitik 1127 das Lehnskönigtum über die Abodriten erhielt, wenn seine Stellung hier als *knes* auch stets gefährdet war.[125] Ebenso blieb Knud Laward auf die Unterstützung des an das Jarltum Schleswig angrenzenden mächtigen Heiligen Römischen Reiches angewiesen, wenn er hier eine größere Unabhängigkeit vom dänischen König erreichen wollte. Diese selbständige Politik Knuds erregte am dänischen Königshof Misstrauen.

Dies steigerte sich noch, als er 1130, wie Helmold (I, 50) bewegt schildert, seinen Onkel, König Niels, in Schleswig als gleichrangiger König traf. Als abodritischer König musste er dem dänischen König keinen Gruß entbieten, als Statthalter auf dänischem Boden aber sehr wohl. Herrschaftszeichen und symbolische Handlungen hatten im Mittelalter rechtsförmliche Bedeutung. Nach Helmold von Bosau (I, 50) geschah jedoch Folgendes: Nachdem der dänische König als der ältere mit seinen Herrschaftszeichen sich vor der Versammlung *(populus)* auf seinem Thron setzte, tat dies Knud Laward, der eine Königskrone trug und von seinem Hofstaat umgeben war, auf seinem Thron gegenüber ebenfalls. Er küsste den dänischen König nicht, wie es üblich gewesen wäre. Dieser ließ sich die Schmach nicht anmerken, ging zu Knud Laward herüber und wollte ihm Gruß und Kuss erbieten. Knud kam ihm dann entgegen. Helmold spricht es deutlich aus, indem er sagt: *In allem machte sich Knud, was Stellung und Würde anging, seinem Onkel gleich.*

Diese ungewöhnliche Szene deutete auf ein verabredetes Protokoll hin. Die Symbolsprache gegenüber dem abhängigen Jarl konnte für die dänische Krone nur eines bedeuten, nämlich dass sie Machtbefugnisse in Schleswig aufgab. König Niels hatte diese Zugeständnisse, wie Helmold bekräftigt, aber nur widerwillig gemacht. Vor allem dessen Sohn Magnus hätte sich besonders aufgeregt. Was dann geschah, berichten Saxo Grammaticus (XIII, 6 ff.) ebenso wie die Knýtlinga saga (92)[126] und Helmold (I, 50). Danach kamen nach dem gemeinsam gefeierten Weihnachtsfest die königlichen Vettern Knud und Magnus im Haralsteder Wald auf der Insel Seeland am 6. Januar 1131 zusammen. Als sich beide auf einer Waldlichtung zu einem Gespräch niedergelassen hatten, wurde Knud von aus dem Dickicht hervorbrechenden königlichen Gefolgsleuten ermordet.

Damit war der Keim zu aufreibenden inneren Streitigkeiten gelegt, welche die Kraft Dänemarks zu einer Zeit lähmten, als sich südlich der Eider große Veränderungen vollzogen.

Wenn auch unter Knud Laward das sich ausbildende Herzogtum Schleswig, das im Wesentlichen die Gebiete des Barwith-, Ellum- und Idstedsyssel umfasste, nicht von Dänemark getrennt wurde, hatte es doch eine starke Sonder- und Machtstellung erhalten. Dieses beruhte unter Knud Laward auf einem Konglomerat von stadtherrlichen, grundherrlichen und verbandsherrlichen Rechten. Das machte es natürlich, damit auch in Zukunft einen jüngeren Verwandten des dänischen Königshauses zu belehnen, wenn auch mit Knuds Ermordung der Ansatz einer selbständigen Herrschaft in Schleswig ein Ende gesetzt wurde.[127]

Diese Grenzlandpolitik barg aber auch Konfliktstoff, versuchten doch in der Folgezeit die sächsischen Herzöge bzw. deutschen Kaiser eine Anerkennung ihrer Oberherrschaft über Wenden und Dänen und somit auch über Schleswig zu erlangen. Im Unterschied zu den Slawen in Wagrien und Polabien konnte jedoch Dänemark seine Unabhängigkeit behaupten.[128]

Der Ausbau der dänischen Königsmacht in Schleswig (1131–1241)

Solange Kaiser Lothar lebte, blieb es im Grenzgebiet noch ruhig. Nach dessen Tod (1137) brachen aufgrund innerer Konflikte im Heiligen Römischen Reich wieder Unruhen im Norden zwischen Slawen und Holsten aus. In Holstein hatten seit 1111 – wie schon erwähnt – die Schauenburger das Grafenamt als Lehnsträger der sächsischen Herzöge inne, welche ihre Macht bald auf das unter ihrer Herrschaft kolonisierte slawische Ostholstein ausdehnen konnten. Dabei kamen viele holsteinische Adelige als Lehnsmannen der Grafen zu Wohlstand. Ein Höhepunkt dieser Entwicklung war die Gründung Lübecks 1143 unter Adolf II. als neuem Handelsplatz an der Trave, die der mächtige sächsische Herzog Heinrich der Löwe einige Jahre später in seinen Machtbereich miteinbezog. So veränderten sich in wenigen Jahrzehnten die Machtverhältnisse an der dänischen Südgrenze vollständig.

Unterdessen nahm Schleswigs Bedeutung in dieser Zeit politisch ab. Geht man von den Ortsnamen aus, war hier auch das Bevölkerungswachstum geringer als in Holstein und den Landesausbaugebieten Wagriens und Polabiens. In Dänemark selbst wohnten mehr Menschen auf Seeland und Fünen. Dennoch blieb Schleswig ein Gebiet, dessen Belehnung für einen jüngeren dänischen Königssohn als sehr geeignet erschien.

Die Zeit nach dem Tod Knud Lawards 1131 bis zur 1157 erfolgten Übernahme des ganzen Königreiches durch seinen Sohn Waldemar I. prägten in Dänemark innere Zwistigkeiten zwischen Königen und Thronbewerbern.[129] So war Ende August 1146 der dänische König Erik III. Håkonssøn Lam gestorben. Um seine Nachfolge kämpften nun Sven III. Grathe und Knud Magnusson, die beide 1149 den Holsteiner Grafen Adolf II. mit Geschenken um Hilfe baten. Letzterer unterstützte

Dänemark im Mittelalter mit Bischofssitzen, Klöstern, wichtigen Burgen und Städten.

Knud und erhielt wohl dafür ein Lehen im Grenzgebiet der Mark Schleswig. Deshalb sah sich Sven Grathe zu Überfällen auf die wagrische Küste genötigt, somit einem vom deutschen Landesausbau erfassten Gebiet. Infolgedessen wurde Segeberg 1149 erneut zerstört. Sven Grathe fand Unterstützung bei holsteinischen Volksadeligen, wie Etheler aus Dithmarschen, die ihren Einfluss besser unter der dänischen Krone gewahrt sahen.[130] Infolge dieser Konstellation musste Adolf II. aus seinem Territorium fliehen.

Da der mächtige Sachsenherzog Heinrich der Löwe als Lehnsherr seines Grafen eingriff, konnte Adolf II. zusammen mit dem dänischen Thronprädendanten Knud Magnusson 1149 einen Schlag gegen die Stadt Schleswig vorbereiten, in der sich Sven Grathe aufhielt. Beide bezogen nach Helmold (I, 67) mit ihren 4000 Mann eine Position südlich des Ortes auf dem Königshügel. Es gelang jedoch dem ebenfalls in Schleswig weilenden Etheler, Knud zu Verhandlungen zu bewegen, der danach mit seinem Aufgebot abzog. Adolf führte deshalb sein Heer zurück zur Eider, das mehr vor den nachsetzenden Truppen Sven Grathes floh als sich geordnet zurückzog. Südlich der Eider konnte das Aufgebot des

Grafen jedoch Stellung beziehen, wo sie die nachsetzende Vorausabteilung unter Etheler schlagen konnten, der dabei den Tod fand. Sven Grathe zog sich nach Schleswig zurück, und die Stellung Adolfs II. in seiner Grafschaft war wieder gesichert.

Nach 1150 war dann Waldemar I. nachweislich einige Zeit im Besitz des Herzogtums Schleswig. Nachdem er Alleinkönig geworden war, übertrug er dieses seinem Sohn Christoph, der jedoch schon 1173 starb. Danach gab es auf einige Zeit gar keinen Schleswiger Herzog. In diese Zeit, so vor allem in den 1160er und 1170er Jahren, fällt der umfassende Ausbau des Danewerks mit der imposanten Ziegelsteinmauer auf einer Länge von etwa 3,7 km, die etwa 7 m hoch und 2–2,5 m breit war. Der dahinter liegende Wall wies eine Breite von 30 m auf.[131] Neben der repräsentativen Dokumentation der sog. Waldemarsmauer war der Grund für ihre Errichtung das Verhältnis zum Sachsenherzog Heinrich dem Löwen, das trotz gemeinsamen Kampfes gegen die Slawen nicht konfliktfrei blieb.

Unter Knud VI. (1182–1202) übte dann der zum dänischen Königshaus gehörende Bischof Waldemar von Schleswig für einige Jahre die Herzogsgewalt in Schleswig aus, bis dann 1187 König Knuds jüngerer Sohn Waldemar sein Nachfolger wurde. Wie sein Großvater Knud Laward wollte auch Waldemar seine Macht im Herzogtum festigen. Als 1197 die Auseinandersetzungen zwischen Welfen und Staufern im Heiligen Römischen Reich wiederaufflammten, nutzte er diesen Konflikt für einen Vorstoß nach Süden. Ein wesentliches Ziel seiner Politik war neben der Herrschaft über Holstein die Kontrolle über das aufstrebende Lübeck, um den Handel zwischen Nord- und Ostsee zu kontrollieren. 1201 hielt er die Zeit für gekommen, gegen den holsteinischen Grafen Adolf III. loszuschlagen. Nachdem er in kurzer Zeit Holstein erobert hatte und Albrecht von Orlamünde mit dessen Verwaltung beauftragte, stellte sich Lübeck unter seinen Schutz. Als er 1202 König von Dänemark geworden war, setzte er seine Kriegspolitik fort. Er konnte dabei zunächst Holstein behaupten und politische Garantien für dieses Territorium erlangen.

Im Inneren fällt in die Zeit Waldemars die Re- und Neuorganisation des Heerwesens mit dem Ausbau eines Reiterheeres und dem damit verbundenen Rossdienst des Dienstadels der Herremannen anstelle der altnordischen Ledingorganisation[132], der Lokalverwaltung durch die Gliederung des Landes in Harden[133] und des Gerichtswesens[134], wie sie im schon erwähnten

Die um 1170 errichtete sog. Waldemarsmauer, das älteste profane Backsteinbauwerk Nordeuropas, besaß eine Länge von ca. 3,7 km. Als Holstein nach 1201 unter Waldemar II. Reichsteil Dänemarks wurde, verlor das Danewerk seine militärische Funktion ganz und begann zu verfallen. Foto: Dirk Meier

Jyske Lov zum Ausdruck kommt, sowie der Reform des Steuerwesens und der Ledingsabgaben.[135] Das Ledingsystem verpflichtete dabei jeden dieser Verwaltungsbezirke zur Ausrüstung eines Schiffes. Der *styresmann* als Kommandant des Bootes war dabei meist ein wichtiger Mann aus den Harden, dessen Amt sich meist vererbte. Wichtiger als die Flotte wurde unter Waldemar II. jedoch das Heer. Auf den Versammlungen der Harden war der König durch einen Ombudsmann oder *kunungs bryti* vertreten, dessen Aufgabe ursprünglich die Verwaltung des in den Aufgebots- und Gerichtsbezirken liegenden Krongutes war. Ansonsten waren die Harden im Heer- und Gerichtswesen selbständig. So gibt es im norwegischen Gulathing einen Paragraphen (37), nach dem der Beauftragte den Beratungen des Gerichts nicht lauschen durfte. In Jütland ist es sicher ebenso gewesen. Hier bestimmte das *Jyske Lov* (II, 1), dass der Ombudsmann nicht gleichzeitig ein Wahrmann sein durfte. Somit gehörte er nicht dem Kreis des Eidkollegiums an, das in jeder Harde acht, vom König auf Lebenszeit ernannte Leute umfasste. Die Raubermannen schwuren dabei bei den weniger wichtigen Verbrechen wie Raub und Diebstahl. Ohne Wahr- oder Raubermänner konnte kein Gericht tagen. Den Richterspruch fällte dann der Ombudsmann, der die Exekutivgewalt besaß. Das altüberlieferte und 1241 aufgezeichnete *Jyske Lov* wurde so unter Waldemar II. umgeformt, dass Gesetzgebung und Exekutive nun Bestandteile königlicher Gewalt bildeten.[136]

Die Basis seiner Macht bildete das im Erdbuch von 1231 genannte Krongut *(kongelev, kununglev)* und das in Mark Gold angegebene königliche Erbgut *(patrimonium regis)*. Während das *kongelev* Reichsgut war, gehörte das *patrimonium regis* als Erbgut dem König selbst, das er vererben, verteilen oder verpfänden konnte.[137] Es ging so mit der Krone an den Nachfolger über, auch wenn dieser aus einem anderen Herrschaftsgeschlecht stammte. In der *kongelev*-Liste wird Südjütland als besonderer Landesteil und Herzogtum aufgeführt. Waldemar II. verfügte als einziger Nachkomme des Sven-Estridsen-Geschlechts dabei über das gesamte Königsgut, von dem er einen kleinen Teil wohl dem Bischof von Schleswig schenkte. In der Zeit nach dem Tode Waldemars (1241) wurde das Krongut zugunsten des *patrimoniums* vermehrt. Weitere Eingaben erhielt der König als Goldzahlungen aus den Marktsiedlungen, Städten[138] und der Regalien, wie des Münzrechts.[139]

Südlich der Schlei, in Schwansen, Fraeslet, Kamp und im Bereich des Danewerks nutzte Waldemar den waldreichen Königsbesitz für sein Kolonisationsprojekt der Ansiedlungen sächsischer bzw. deutscher Bauern. Das Erdbuch erwähnt allein zwischen der Eider und Schlei 420 Hufen so-

Das Danewerk verzeichnete auch „Carta Marina" von Olaus Magnus von 1539. Ausschnitt der Karte. Quelle: Meier 2009, S. 184–185.

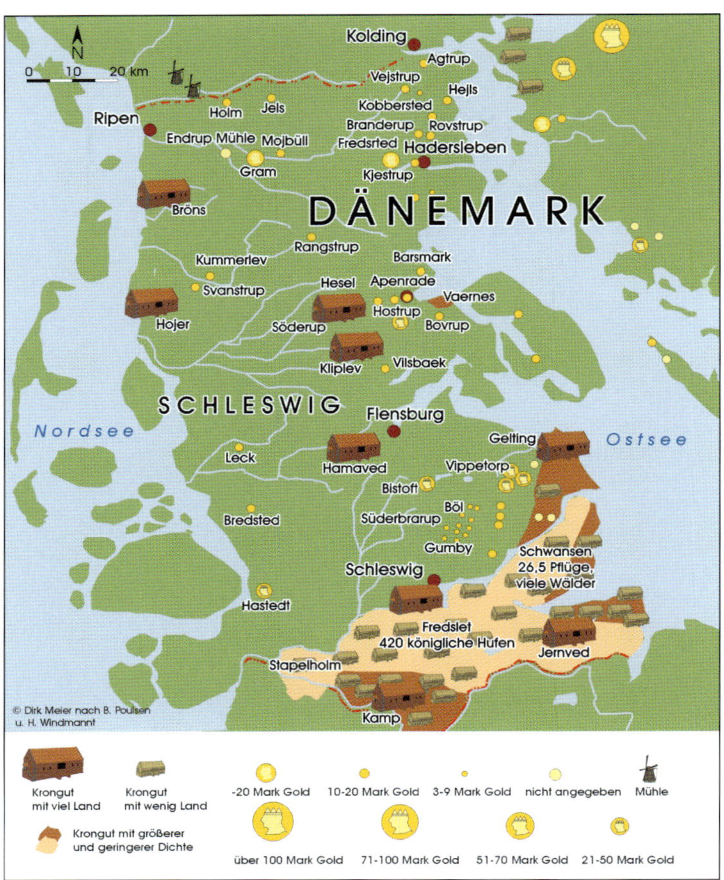

Krongut Waldemars II. in Schleswig.

wie 26½ Pflüge in Schwansen.[140] Zur Kontrolle des Landesausbaus erbaute er in Eckernförde eine seiner wichtigsten Burgen. Ferner befand sich Südangeln fast ganz unter königlicher Kontrolle, während es an der schleswigschen Westküste mit Hattstedt, Bredstedt, Hoyer (Højer) und Bröns (Brøns) weniger Einkünfte gab. Ebenfalls im östlichen Nordschleswig besaß der König Grundbesitz. In Varnæs an der Apenrader Förde verfügte er über einen großen Hof und eine Mühle, von wo er 100 Mark Gold jedes Jahr bezog. Alle Einkünfte des Krongutes und des *patrimoniums* von mehr als 650 Höfen zusammen brachten dem König jedes Jahr etwa 550 Mark Gold ein. Von den friesischen Harden mit ihren fruchtbaren Salzwiesen und dem in den Uthlanden gewonnenen Salztorf erhielt er ebenfalls besonders hohe Abgaben, so von der Edomsharde 120 Goldmark, von der Nordergoesharde 100 Mark sowie von der Beltring- und Pellwormharde jeweils 80 Mark.[141]

Stützpunkte der königlichen Herrschaft bildeten in dieser Zeit die überall erbauten Burgen. Um 1220 war Waldemar II. auf dem Gipfel seiner Macht. Schon seit 1215 nutzte er die vereinfachte Titulatur: *Waldemarus, die gracia Danoroum Schauorumque rex,* womit er seinen Anspruch als König von Dänemark und Holstein untermauerte.[142] Die Grafschaft Schauenburg bildete demnach für ihn einen Teil des Reiches. Als er jedoch 1223 auf der Insel Lyø im Kleinen Belt vom Grafen Heinrich von Schwerin gefangengesetzt wurde, geriet seine Herrschaft ins Wanken. Nach seiner Freilassung verlor er beim Versuch der Wiedergewinnung seiner Herrschaft über Holstein in der Schlacht bei Bornhöved 1227 sein nordelbisches Machtgebiet für immer und musste die Eidergrenze anerkennen.[143] Der siegreiche Adolf IV., Sohn des vertriebenen Adolf III., konnte nun wieder in Holstein regieren. Die dänische Herrschaft über Holstein war nur eine Episode gewesen, nur 100 Jahre später sollten sich die holsteinischen Grafen entscheidend in Dänemark einmischen. Die kurzlebige Machtstellung Waldemars in Holstein hatte zu keinem Zuzug dänischer Siedler geführt, stattdessen hatte sich mit der Gründung neuer Dörfer von holsteinischen Neusiedlern aus dem Süden sowie den damit verbundenen Rodungen und Urbarmachungen der Landesausbau auf das dänisch-schleswigsche Gebiet konzentriert. Albrecht von Orlamünde, der Vertraute des Königs in Holstein, wurde mit Alsen abgefunden.

Das Siegel Waldemars II. mit den drei Löwen.

Zusammenfassend lässt sich feststellen, dass zwischen 1131 und 1241 die Königsmacht in Dänemark stark angewachsen war, wobei innerhalb des Reiches ein Territorialisierungsprozess stattfand und die Einheit des Reiches gesichert wurde. Zudem gewannen in dieser Zeit auch andere Kreise, vor allem Blutsverwandte des Königs, eine Teilhabe an der Macht im Reich.

Siegel König Eriks VI. Menved (1286–1319).

Das Herzogtum Schleswig von 1241 bis zum Vertrag von Ripen 1460

Von den Anfängen des Jarltums bis 1241 war Schleswig dänisch geprägt, während die nachfolgenden 600 Jahre zu einer Sonderentwicklung führten. Dabei drangen deutsche Sprache und Kultur nach Norden vor. Anders als in den Nationalitätenkonflikten, wie sie um Schleswig-Holstein 1836 ausbrachen, kennzeichneten das Hoch- und Spätmittelalter jedoch persönliche Bindungen und Herrschaften. Unter den Herzögen des Abelgeschlechtes (1241–1325) und noch stärker unter der holsteinischer Herrschaft (1326–1459) nahm Schleswig eine Sonderstellung innerhalb des Dänischen Reiches ein, wenn auch der Vertrag von Ripen 1460 eine neue Verbindung zum dänischen König schuf. Gleichwohl bedeutete dies nicht die wirkliche Wiederherstellung einer Gemeinschaft zwischen Schleswig und Dänemark.[144]

Die organisatorische Trennung zwischen Herzogtum und Königreich begann, als nach dem Tod Waldemars II. 1241 sein zweiter Sohn Abel Herzog wurde und sein älter Bruder Erik IV. Plogpenning die dänische Krone erhielt.[145] Abel war mit der holsteinischen Grafentochter Mechtildis vermählt, was eine Versöhnung mit den Schauenburgen demonstrieren sollte. Er fasste – entsprechend der Zeitströmung des dynastischen Denkens – sein Territorium als Privatbesitz auf und wollte keinesfalls seinen Verpflichtungen gegenüber dem dänischen König nachkommen. Da Erik sich im Bruderkampf durchsetzte, waren 1250 zunächst alle Absichten Abels auf eine volle Unabhängigkeit zunichte gemacht worden. Doch gelang es ihm, Erik während seines Zuges gegen die Rendsburg belagernden Holsteiner Grafen, in der Stadt Schleswig gefangen zu nehmen und zu ermorden. Seine Leiche versenkte man anschließend in der Schlei. Abel schwor seine Unschuld an dem Verbrechen, auch wenn er der Anstifter war. Da Erik keine Kinder hatte, wurde Abel zum dänischen König gewählt und Schleswig wieder fest mit dem Dänischen Reich verbunden. Zwar musste er dem Adel gegenüber Zugeständnisse machen, erhielt dafür aber die Zusage der eigenen Nachfolgeregelung und agierte politisch umsichtig, indem er zu den Hansestädten ein gutes Verhältnis hielt. Schleswig behielt er in eigener Hand. Im Feldzug gegen die Friesen, von denen er höhere Steuern forderte, fiel er jedoch schon nach zwei Jahren Regierungszeit 1252 nahe der Husumer Brücke über die Milde Au in einem Scharmützel beim Rückzug seines Heeres.[146]

Die Abwesenheit seines ältesten, an der Universität in Paris weilenden Sohnes hatte sein Onkel Christoph benutzt, um sich selbst als dänischer König ausrufen zu lassen. Er verfolgte vergeblich das Ziel einer Heiligsprechung Erik Plogpennings als Märtyrer, um den Brudermörder Abel und sein Geschlecht aus der Thronfolge auszuschließen. Schon bald geriet er innenpolitisch in Auseinandersetzungen mit dem Erzbischof von Lund, denn die geistlichen

Waldemar IV. Atterdag (1340–1375). Fresko in der Sankt Peders Kirke, Næstved, Dänemark. Quelle: P. Købke, De Danske Kirkebygninger (1908).

und weltlichen Großen emanzipierten sich zunehmend von der königlichen Gewalt. Daneben kam es zu neuen Konflikten um Schleswig, das in der Folgezeit mal fester, mal loser mit Dänemark verbunden war, wenn es sich auch immer mehr verselbständigte.[147] Zu einer klaren verfassungsrechtlichen Bestätigung der Erblichkeit Schleswigs durch den dänischen König kam es jedoch nie, wenn auch der Danehof von Nyborg (1285) den gewohnheitsrechtlichen Anspruch des Abel-Geschlechts auf das Herzogtum anerkannte.[148] Als Folge dieser Entwicklung ging im Verlauf des 13. und zu Beginn des 14. Jahrhunderts der Einfluss des dänischen Königs auf Schleswig immer mehr zurück.

Auf das Herzogtum machte Abel, der Sohn Waldemars, den die holsteinischen Grafen als Brüder seiner Mutter unterstützten, Erbansprüche geltend und konnte Schleswig als Fahnenlehnen von Dänemark erhalten. Das war ganz im Sinne der holsteinischen Grafen, die Schleswig als Pufferstaat zwischen sich und Dänemark erhalten wollten. Keinesfalls sollte der schleswigsche Herzog auch König von Dänemark sein, vielmehr wollte man einen unabhängigen Mann gegen dänische Ansprüche schützen. Waldemar Abelsohn starb jedoch schon 1257.

Da er keine eigenen Söhne hinterließ, übernahm König Christoph I. nach dem Lehnsrecht das Herzogtum, was den holsteinischen Grafen ebenso missfiel wie Mechtildis, der Witwe Waldemar Abelsohns. Zwar konnte sich Christoph I. behaupten, doch nach seinem Tod 1259 ging unter seiner Tochter Margarethe die dänische Machtstellung verloren. Sie musste mit Mechtildis verhandeln. Infolgedessen wurde Schleswig Erich Abelsohn übertragen, einem Sohn Mechtildis'. Wenige Jahre später fühlte sich Margarethe stark genug, ihr Herzogtum wiederzugewinnen. Erik Abelsohn unterstützten jedoch die holsteinischen Grafen, die das dänische Heer am 28. Juni 1261 auf der Lohheide westlich der Stadt Schleswig schlugen. Erik wurde wieder als Herzog anerkannt und herrschte ungestört über Schleswig bis zu seinem Tod 1272.

Nach dem Frieden von Hamburg (1262) war Margarethe wieder nach Dänemark zurückgekehrt, wo sie gegen ihre innenpolitischen Gegner vorging und ihren Sohn Erik V. Glipping (1259–1286) auf den Thron verhalf. Dieser machte seine Ansprüche als Lehnsherr über Schleswig geltend, da Erik Abelsohn nur minderjährige Kinder hinterlassen hatte. Den jungen Herzog Waldemar ließ Erik Glipping in Dänemark erziehen, um die Ansprüche seines Reiches auf Schleswig zu festigen. Da der König seine Macht über das Herzogtum behalten wollte, schloss sich Waldemar nach seiner Volljährigkeit den holsteinischen Großen an. Gegenüber diesen musste der dänische König im folgenden Konflikt 1282 nachgeben und Waldemar, dem das Herzogtum Schleswig übertragen wurde, kleinere Zugeständnisse machen. Grund für diese Entscheidung war die schwierige Lage des dänischen Königs, dessen mächtiger Verbündeter, Albrecht von Braunschweig, 1279 gestorben war. Dem Schleswiger Herzog fiel die nur selten erhobene Ledingssteuer zu, während Erik Glipping das Krongut behielt und über das Ledingsaufgebot verfügte. Infolge der Ermordung des dänischen Königs am 12. November 1286 bei Viborg durch unbekannte Täter und ungeachtet weiterer Rechtskonflikte erreichte der Schleswiger Herzog eine größere Selbständigkeit. Mit Waldemar IV. und seinem Sohn Erik II. als Nachfolger wurde eine etwa vierzigjährige Periode eingeleitet, in der sich Schleswig zu einer selbständigen politischen Einheit zu entwickeln begann.[149] Deren Herzöge stützten sich, wie alle mittelalterlichen Fürsten, auf ihren Grundbesitz und die Burgen, darunter Eckernförde, Gottorf, Flensburg, Apenrade, Sonderburg, Norburg, Hadersleben, Törning bei Hadersleben, Gram und Tondern. Schließlich gelangte bis zum Anfang des 14. Jahrhunderts das gesamte Krongut in Schleswig in herzogliche Hand. Der große Krongutbesitz zwischen Eider und Schlei war allerdings schon seit 1260 in den Pfandbesitz der Holstengrafen übergegangen.

In der Zeit zwischen dem 1241 ausbrechenden Kampf zwischen König Erik II. und Abel sowie dem Tod Herzog Erichs II. 1325 wurde Schleswig von dänisch sprechenden Einheimischen regiert, wobei man in den Urkunden Latein kaum verwendete. Daher erließ man auch die Stadtrechte von Flensburg (Flensborg) 1284 und Hadersleben (Haderslev) 1292 in dänischer Sprache. Unter den Adeligen, die den Herzog umgaben, finden wir dänische Namen wie Tyge Abildgaard, Kristian Dros, Thomas Mule, Thomas Alsing oder Jens Hviding.[150] Der Bischof Jacob von Schleswig war eine Zeitlang Erichs Kanzler. Die schleswigschen Herzöge dieser Zeit dürften sich daher trotz ihrer Differenzen mit dem König zu den dänischen Großen gerechnet haben. Wie die politische Einstellung der breiten Schichten gewesen ist, wissen wir hingegen anhand der Schriftzeugnisse kaum. Doch finden sich im Haderslebener Stadtrecht Hinweise auf die Feier dänischer Gedenktage, wie der Erinnerung der Eroberung Rügens 1169. Zur gleichen Zeit schrieb im Glücksburger Rudekloster ein Verfasser in der üblichen Form der Annalen die Geschichte seiner Heimat auf, wobei er aus seiner dänischen Gesinnung keinen Hehl machte. Zum Tode Waldemars 1241 notierte er, dass in der Tat die Krone vom Haupte der Dänen fiel.

Kurz nach dem Tod des Schleswiger Herzogs Erich 1325 trat die bislang größte Katastrophe der dänischen Geschichte ein, die im Zusammenbruch des Reiches gipfelte. Das Unglück begann damit, dass Erich nur einen minderjährigen Sohn hinterließ, so dass eine Vormundschaftsregierung eingesetzt werden musste, dessen Leitung der dänische König Christoph II. (1320–1332) übernehmen wollte. Die Verhältnisse waren jedoch andere als 1272, als Erik Glipping Vormund geworden war. Der schon erwähnte holsteinische Graf Gerhard III., der Onkel des kleinen Waldemar, beanspruchte das Amt für sich und schob Christoph beiseite.[151] Die Machtfülle der holsteinischen Grafen war dadurch entstanden, das diese seit der teuren Außenpolitik König Menveds (1286–1319), mit der eine Scheinherrschaft über Norddeutschland verbunden war, gegen Geldzahlungen Pfandherrschaften erhalten hatten. Somit gebot der König kaum noch über eigenes Land.[152]

Nachdem Christoph II. 1320 dänischer König wurde, musste er eine Handfeste unterschreiben, welche die Rechte der Großen sicherte und erweiterte. Er durfte keine neuen Steuern ausschreiben, musste aber die Schulden Menveds bezahlen. Ferner konnte er ohne Einwilligung des Reichsrates keinen Krieg mehr führen. Da Christoph jedoch keines seiner Versprechen hielt und die Großen zwar bei der Königswahl Zugeständnisse erzwingen, aber nicht überwachen konnten, konnte sich der dänische König erneut in die norddeutschen Verhältnisse einmischen. Da den Großen des Reiches weniger an den Interessen Dänemarks als vielmehr ihren eigenen gelegen war, rebellierten sie schließlich 1326. Graf Gerhard von Rendsburg und Johann von Plön, die beide fiskalische Ansprüche einklagten, gehörten dabei zu den Anführern der Auseinandersetzungen, in deren Verlauf Christoph gestürzt wurde. So wählte man den kleinen Waldemar zum dänischen König. In den nachfolgenden Konflikten ging die Reichsgewalt völlig verloren.

Unter dem Einfluss der holsteinischen Grafen musste Waldemar zugestehen, dass niemals der derselbe Mann gleichzeitig in Dänemark und Schleswig regieren durfte. Diese *Constitutio Valdemariana* sollte die politische Einheit Schleswigs zwischen Dänemark und Holstein festschreiben.[153] Aufgrund der Uneinigkeit unter den Pfandherren erhielt Christoph II. 1329 die dänische Krone wieder, während Waldemar – noch immer unter der Vormundschaft Gerhards stehend – Herzog von Schleswig wurde. Ferner vereinbarte man, dass bei einem Tod Waldemars ohne Erben, dem Grafen Gerhard oder einem seiner Nachkommen Schleswig als Lehen übertragen werden sollte. Christoph II. gelang es bis zu seinem Tod 1332 nicht mehr, die Reichsgewalt zu behaupten. Der Einfluss im Reich lag nun bei den Pfandherren und Vögten. Da zunächst kein neuer König gewählt wurde, schien das Reich unterzugehen. Zudem strömten zahlreiche deutsche Neusiedler nach Schleswig.

Selbst als Waldemar volljährig geworden war und Gerhard III. von Rendsburg 1336 von der Vormundschaft zurückgetreten war, konnte er sich gegenüber seinem mächtigen Onkel Gerhard nicht behaupten.[154] Die weitere politische Entwicklung bestimmte die schon erwähnte Tatsache, dass Waldemar Atterdag, der jüngste Sohn Christophs, Ansprüche auf den dänischen Thron erhob. In dieser Situation erzwang Gerhard am 11. Februar 1340 einen Vertrag mit Herzog Waldemar, in dem er sich die Pfandherrschaft über Schleswig sicherte, während der Herzog Nordjütland erhielt.[155] Da sich die Pfandherren in Dänemark jedoch unbeliebt machten, wurde bald wieder der Wunsch nach einer Königsgewalt in Dänemark laut. Auch die Hansestädte waren an geordneten Machtverhältnissen in Dänemark interessiert. Dem kam auf holsteinischer Seite das Einsehen entgegen, das Geld aus der Konkursmasse zu retten und sich auf begrenzte politische Ziele zu konzentrieren.

Nachdem am 1. April 1340 Graf Gerhard in Randers durch Oppositionelle erschlagen worden war, bemühten sich dessen Söhne um eine Regelung der Machtverhältnisse. Zwischen diesen, Herzog Waldemar von Schleswig und Jungherr Waldemar Atterdag, kam man dahingehend überein, dass die Grafen vorerst Schleswig erhalten sollten, während Waldemar dafür ihr nordjütländisches Pfand erhielt. Waldemar sollte ferner die Schwester des Herzogs heiraten und als ihre Mitgift die nördlichen jütischen Gebiete erhalten. Ferner konnte er ganz Nordjütland von Herzog Waldemar V. auslösen, der seinerseits dafür Schleswig von den holsteinischen Grafen wiedereinlösen durfte. Letztlich versuchte aber der dänische König, Südjütland wieder fest mit seinem Reich zu vereinigen.

Durch die Auslösung der Pfandherrschaften hatte Waldemar IV. Atterdag jedenfalls die Reichseinheit Dänemarks wiederhergestellt. Gleichzeitig gelangte der Adel zur Erkenntnis, dass dieser nur so seine eigenen Privilegien behaupten konnte. Anders als sein glücklicher agierender Schwager gelang es Herzog Waldemar nicht im gleichen Maße, das in drei Teile getrennte Schleswig wiederauszulösen. Die Grenze zwischen dem südlichen Schleswiger Gebiet des Herzogs und den Holsteinischen Großen verlief daher nördlich Flensburgs, wo die Burg Niehuus erbaut wurde, und von dort nach Südwesten entlang der Soholmer Au.

Herzog Waldemar V. (1325–1364) und sein Sohn Heinrich (1364–1375) waren nur schwache Herrscher, die den holsteinischen Großen keinen Widerstand entgegensetzen konnten. So nahm Schleswig nicht mehr am allgemeinen Wiederaufbau Dänemarks nach 1340 teil. Vielmehr war der holsteinische Einfluss gestärkt worden. Stütze dieser Entwicklung waren der Adel, die höhere Geistlichkeit und die überwiegenden Anteile der Bürgerschaft, während die Bauern auf der Grundlage ihrer alten Traditionen weiterlebten.

Begleitet wurde diese Entwicklung von der allgemeinen Wirtschaftskrise des 14. Jahrhunderts, die auch in Dänemark zu einer Verminderung der Agrar- und Grundstückspreise führte. Dies bekam auch der schleswigsche Adel zu spüren, während sie die kapitalstärkeren holsteinischen Großen nicht in gleichem Maße traf. Diese konnten so mit anderen deutschen Rittern schleswigschen Adelsbesitz erwerben. Ferner wanderten viele Adelige aus dem Süden nach Dänemark ein. Diese Migration prägte auch mehr und mehr das Leben der Städte. Nieder- bzw. Plattdeutsch wurde nun zur herrschenden Handels-, Verwaltungs- und Umgangssprache in den schleswigschen Städten.

Nachdem Waldemar IV. Atterdag 35 Jahre regiert hatte und auch Gotland wiedererwerben konnte, wollte er auch Schleswig wieder enger mit Dänemark verbinden. Dort war im Sommer 1375 Heinrich als Letzter des Abelgeschlechts gestorben. Schon vorher hatte sich Waldemar IV. Atterdag Stützpunkte in Schleswig sichern können und dachte auch an eine Auslösung Südschleswigs aus der Pfandherrschaft, was sein Tod verhinderte. Waldemars Tochter Margarethe, die mit dem norwegischen König Haakon VI. (1355–1380) vermählt war, konnte zwar die Anerkennung ihres Sohnes Olaf (1376–1387) als König erreichen, verfügte aber noch nicht über die Machtmittel, in Schleswig selbst einzugreifen. Erst nachdem sie seit 1376 in Dänemark und seit 1380 in Norwegen die Regierungsgewalt ausübte und 1386 König Albrecht von Schweden angreifen wollte, dachte sie zunächst an eine Regelung der Machtverhältnisse an ihrer Südgrenze.[156]

Als Ergebnis der nachfolgenden Verhandlungen wurde einer der holsteinischen Grafen, die ihrerseits die Anerkennung ihres Besitzes erreichen wollten, mit Schleswig belehnt. Damit hatte Margarethe ein Zugeständnis gemacht, hätte sie jedoch jederzeit die Einbeziehung Schleswigs als heimfälliges Lehen fordern können. Infolge dieser Rückendeckung konnte sie innerhalb weniger Jahre die dynastische Gemeinschaft zwischen Dänemark und Norwegen behaupten und schließlich auch über Schweden gewinnen. Als Margarethe ihren Großneffen Erich von Pommern (1397) als Erik VII. zum König der drei nordischen Reiche in Kalmar krönen ließ, musste der holsteinische Graf ihn als Schleswiger Lehnsherr die Huldigung in Assens darbringen, wenn man sich auch über den Umfang der Lehnsverpflichtung nicht einig wurde. Die Holsteiner schworen auch ohne das Überreichen einer Fahne dem dänischen König ihre Treue. Die Interessengegensätze führten jedoch immer wieder zu juristischen Kontroversen.

Um 1400 herum trat der Kampf um Schleswig in eine neue Phase, nachdem zwischen 1397 und 1404 mehrere männliche Angehörige der Schauenburger Familie des Grafen Gerhards, der den größten Teil Holsteins in seiner Hand vereinigt hatte, starben.[157] Mit Ausnahme Pinnebergs gelangte so das übrige Holstein und ganz Schleswig in den Besitz seines Enkels, Gerhard IV. Er starb jedoch schon in jungen Jahren und hinterließ eine Witwe mit drei kleinen Söhnen. Margarethe erbot sich sofort, für diese die Vormundschaft zu übernehmen. Sie berief sich darauf, dass es der

Siegel Margarethes I. von 1390 mit den Kronen der drei nordischen Königreiche.

Wunsch Gerhards war, damit seine Grafschaft nicht an seinen mit ihm verfeindeten Bruder Heinrich als Bischof von Osnabrück fiel.

Tatsächlich aber nutzte sie diese Situation aus, um mehr und mehr Stützpunkte in ihre Hand zu bekommen. Die Herzoginwitwe erhielt von ihr Geld, die dafür Schlösser und Lehen verpfändete. Von ihr kaufte Margarethe auch das Gut Trojborg nordwestlich von Tondern und schenkte es dem Bischof von Ripen, der bereits über das nahe Mögeltondern gebot. Beide Güter wurden so mit Dänemark verbunden und bildeten den Ursprung der zur Krone gehörenden Enklaven, die ihre Sonderstellung bis 1864 bewahrten. Margarethes Politik unterstützte der Schleswiger Bischof Johann Skendelef (1375–1421), dessen Wahl noch Waldemar IV. Atterdag durchgesetzt hatte. In seinem Amt musste er allerdings fortwährende Auseinandersetzungen mit dem überwiegend holsteinisch gesinnten Domkapitel führen. Der aus Hessen stammende Bischof überließ der Königin auch zwei Burgen in Südschleswig.

Da diese Maßnahmen Margarethes den Argwohn der Herzoginwitwe erregte, verbündete sie sich mit ihrem Schwager Heinrich, und schon bald danach (1409) kam es zu hitzigen Übergriffen auf einige Gefolgsleute der dänischen Königin. Da daraufhin Margarethe von der Herzogin eine Entschädigung forderte, gelang es ihr mit Druck und Diplomatie mit Flensburg die wichtigste Stadt des Herzogtums Schleswig als Entschädigung zu erhalten. In den nächsten 20 Jahren wurde Flensburg zum Mittelpunkt der Auseinandersetzungen um Schleswig, wenn es auch die kluge Politik der Königin verbot, allzu offensiv Krieg zu führen. Bewaffnete Fehden wurden stets wieder mit Verhandlungen geregelt. Wenige Tage nach ihrem Einzug in Flensburg starb Margarethe vermutlich an der Pest auf ihrem Schiff bei den Ochseninseln in der Flensburger Förde.

Sarkophag Margarethes I. von 1423 im Dom von Roskilde. Foto: Joachim Müllerchen

Ihr Nachfolger Erik VII., nun alleiniger König (1412–1439), vermochte es trotz eines großen militärischen Aufgebotes nicht, den Kampf um Schleswig zu einem für Dänemark siegreichen Ende zu führen. Zunächst ließ er sich vom Gedanken leiten, dass die Holsteiner Edlen aufgrund ihrer Feindseligkeiten gegen das Dänische Reich ihr Leben verwirkt hätten. Im Rahmen der vielen Vergleichsverhandlungen lud er dazu Vertreter der Holsteiner vor den Danehof als der Reichsversammlung, zu der aber keiner erschien. Das dennoch 1413 gefällte Urteil entschied, dass illoyale Adelige mit dem Tod zu bestrafen seien. Die Durchsetzung des Urteils zu erzwingen, vermochte Erik jedoch nicht. Anfang der 20er Jahre des 15. Jahrhunderts behauptete er dann plötzlich, dass es überhaupt kein Lehen in Dänemark gebe, weshalb die Holsteiner Grafen kein Recht auf Schleswig besäßen. Als die Sache schließlich vor den deutschen Kaiser Sigismund kam, gab er Erik 1424 recht, da er aufgrund innerer und äußerer Probleme sein Verhältnis zu Dänemark nicht belasten wollte.

Da die Holsteiner Großen das Urteil nicht akzeptierten, kam es erneut zum Kampf. Auf holsteinischer Seite wurde dieser von den jungen Grafen Heinrich, Adolf und Gerhard geleitet. Nachdem Heinrich 1427 beim Versuch der Erstürmung der Duburg in Flensburg auf unglückliche Weise gefallen war, kehrte Ruhe ein.

Nachdem die Kämpfe wieder begannen, verlor Erik VII. einen dänischen Stützpunkt nach dem anderen. Der schwerste Verlust war dabei der Fall von Flensburg 1431, wodurch der Kampf für die Holsteiner entschieden war. Nachdem 1434 noch ein Aufstand in Schweden ausbrach, musste Erik VII. schließlich im Friedensvertrag von Vordingborg 1435 auf den Besitz des Herzogtums Schleswig verzichten, wenn er auch formale Rechte behielt.

Dieser für Dänemark nachteilige Frieden machte ihn – verbunden mit einem Aufstand in Schweden – für den Reichsrat angreifbar. Daher wurde Erik VII. 1439 zunächst vom dänischen, dann auch von den übrigen Reichsräten abgesetzt, nachdem er sich vorher schon nach Gotland zurückgezogen hatte. Infolgedessen geriet ganz Schleswig in die Hände Adolf VIII. Der dänische Reichsrat erkannte die Entscheidung an, was einer Aufgabe Schleswigs gleichkam. De facto war nun ganz Schleswig-Holstein in der Hand des Schauenburger Grafen.

Parallel zu dieser Entwicklung war der südliche Einfluss in Schleswig weiter gestärkt worden, wo 1422 die holsteinischen Adeligen vom Grafen Privilegien erhielten, damit sie diesen bei der Gewinnung Schleswigs unterstützten. Bereits 1397, als die Holsteiner Grafen Schleswig und Holstein erstmals in einer Hand hielten, war es der Ritterschaft gelungen, eine Bestätigung zu erhalten, dass ihr Besitz von den Teilungen in Schleswig und Holstein unberührt blieb.[158] Eine größere Anzahl eingewanderter holsteinischer Adeliger trat jedoch einige Jahrzehnte später zur Seite Erik VII. über, als sich abzeichnete, dass er die Auseinandersetzungen um Schleswig gewinnen würde. An der Spitze dieser Gruppe stand Erich Krummendiek. Die Motive der Adeligen waren jedoch weit mehr ökonomischer, denn politischer Natur. Als sich das Blatt für Erik zu wenden begann, wechselten sie erneut die Seiten, und nur Erich Krummendiek verblieb an der Seite des dänischen Königs.

Erich von Pommern, als Erik VII. König von Dänemark (1412–1439). Portrait eines unbekannten Künstlers um 1424. Louvre, Paris

Nach und nach kam es in den Städten zu einem Ausgleich zwischen dänisch oder holsteinisch gesonnener Kaufmannschaft. Die wohlhabende Kaufmannsschicht ebenso wie der schleswigsche Adel im Spätmittelalter, mit Ausnahme des niederen Adels in Nordschleswig, fühlte sich ebenso wie die höhere Geistlichkeit mehr und mehr der deutschsprachigen Kultur verbunden. Zwischen den sozial und ökonomisch höhergestellten holsteinischen und schleswigschen Gesellschaftschichten intensivierten sich die Kontakte, während die Anbindung an Dänemark zunehmend verloren ging. Diese Entwicklung war zweifellos eine Folge der holsteinischen Adelsherrschaft über Schleswig gewesen.[159]

Christian I. als König von Dänemark (1448–1481) mit seiner Frau Dorothea von Brandenburg. Malerei aus dem 15. Jahrhundert. Schloss Frederiksborg

Auf dem Lande galt immer noch das *Jyske Lov.* In jeder Harde wurde nach wie vor Gericht gehalten, wobei die Gesandten, darunter auch die bäuerlichen Schöffen (Sandmänner, Ransneffninge) unter der Leitung des Hardesvogtes nach ihrem Gewissen und Wissen über die Angeklagten entschieden. Nur in Friesland galten eigene Rechte. Entsprechend der Depression der Wirtschaft im Spätmittelalter verschlechterte sich am Ende der Waldemarszeit die soziale Stellung des Bauernstandes. Zahlreiche Freibauern wurden nun zu Erbpächtern bei Adeligen, auch deshalb, da sie so von den alten Steuern befreit wurden.

Nachdem Adolf VIII. von Schauenburg in ganz Schleswig und dem größten Teil Holsteins gebot, wollte er alle Brücken zum Norden abrechen, obwohl Schleswig formal ein dänisches Lehen war und er dieses 1440 aus der Hand König Christophs erhalten hatte. Nach Christophs Tod musste sein Neffe Christian von Oldenburg, dem die dänische Krone angeboten wurde, daher die *Constitutio Valdemariana* von 1326 anerkennen. Schleswig schien für immer von Dänemark getrennt zu sein, doch die Entwicklung sollte anders verlaufen, denn Adolf VIII. starb als Letzter seines Geschlechtes 1459 kinderlos.

Die Ritterschaft, politisch durch die Zugeständnisse der Schauenburger gestärkt, trat nun geschlossen auf, um trotz nicht vorhandener juristischer Ansprüche ihre Privilegien zu sichern. Konnte jeder der Erben eine eigene Partei bilden, war ihr Machtspiel verloren. Nach salischem (deutschem) Recht galt die männliche Nachfolge, während Fürstenwahl unbekannt war. Doch ohne Befragung des Adels waren die Erbansprüche in Schleswig und Holstein nicht zu klären. Zwei Bewerber kamen für eine Wahl in Frage: ein Schauenburger aus der Pinneberger Linie war nächster männlicher Erbe, der ein Erbrecht auf Holstein, aber nicht auf Schleswig besaß. Trotz der *Constitutio Valdemariana* hatte auch König Christian I. von Dänemark, Norwegen und Schweden Ansprüche. So besaß er als Adolfs Neffe zusammen mit seinen Brüdern Erbrecht auf den Privatbesitz Adolfs. Als Lehnsherr von Schleswig konnte er das Land zudem als heimfälliges Lehen einziehen. Da er der Mächtigere von beiden war und ein nordischer Krieg den Hansestädten trotz der Unterstützung des Pinnebergers durch seine Gefolgschaft in Holstein nicht ratsam erschien, konnte sich Christian durchsetzen. Bei den Schleswiger Adeligen war die Stimmung mehrheitlich sowieso für ihn.

So wurde Christian anstelle von Verhandlungen bei einer Versammlung in Ripen am 5. März 1460 von Prälaten und der Ritterschaft zum Herzog von Schleswig und Grafen von Holstein gewählt, *nicht als ein König von Dänemark, aber wegen der Gunst, die die Einwohner dieses Landes zu seiner Person haben,* lautete es im Wahlbrief

(Handfeste).[160] An die Ritterschaft, die teilweise Bedenken hatte, machte er große Zugeständnisse; zudem erlangten die Stände ein, wenn auch nicht vollständig freies Fürstenwahlrecht. Christian I. wurde unter den *rechten Erben* gewählt, und in Zukunft sollte einer von diesen frei zum Herrn gewählt werden können. Er musste allerdings seine Brüder ebenso wie die Schauenburger entschädigen. Seine Wahl fand zwar im Namen des ganzen Volkes statt, aber de facto übten nur die Adeligen und Prälaten das Wahlrecht aus. Aus dem Privilegum von 1422 für Holstein wurde übernommen, dass Ritterschaft und Prälaten nur von ihnen selbst zu bewilligende Steuern zu entrichten hätten und sie außerhalb ihrer Territorien zu keinen Kriegsdiensten verpflichtet seien. Weiterhin stellte man fest, dass der König nicht ohne Einwilligung des Adels Krieg führen dürfte. Die Privilegierten erhielten ferner Zollfreiheit.

Die Unterhändler der Ritterschaft in Ripen versuchten dabei, ihre Zugeständnisse und Privilegien auf jede erdenkliche Weise abzusichern. Ihre Macht wäre nämlich erheblich eingeschränkt worden, wenn der König Schleswig direkt mit Dänemark hätte verbinden können. Es wurde deshalb die Bemerkung in das Privilegium eingeführt, dass die Länder *ewigh tosamende ungedelt* sein sollten, was man im Zuge nationaler Auseinandersetzungen im 19. Jahrhundert auf schleswig-holsteinischer Seite zum Schlagwort *up ewig ungedeelt* umformte. Dabei ging es nicht um die Trennung der Herzogtümer, sondern um Adelsprivilegien. Die holsteinischen Adeligen wollten vor allem Erbteilungen der Landesherrschaft verhindern. Diese hätten dann wie im Deutschen Reich zur Entstehung zahlloser kleiner Fürstentümer geführt. Dieser Wunsch erfüllte sich hingegen nur teilweise, denn bereits 1490 kam es zur ersten, zeitweisen Aufteilung Schleswigs und des 1474 ebenfalls zum Herzogtum erhobenen Holstein. Die Verwaltungssprache in Schleswig blieb auch nach dem Vertrag von Ripen Deutsch. Eine engere Angliederung Schleswigs an Dänemark unterblieb so, was der Preis für die Erwerbung von Holstein war.

Zwischen Schleswig, Holstein und Dänemark wurde staatsrechtlich eine Personalunion geschaffen, die bei der nächsten Königswahl wieder gelöst werden konnte, falls der König mehrere Söhne hatte. Schleswig blieb dabei ein dänisches, Holstein ein deutsches Lehen. Eine Verschmelzung erfolgte nicht, wenn auch jedes der beiden Länder in den folgenden Jahrhunderten Vertreter des Adels, der Geistlichkeit und der Städte auf den gemeinsamen Ständelandtag entsandte. 1460 wird dieser noch nicht erwähnt, da es vielmehr noch eigene getrennte Mannschaftsversammlungen in Schleswig und Holstein gab. Als 1475 Christian I. Bürgern verbot, Ochsen über Ripen und Kolding hinaus auszuführen, erwuchs aus dieser ökonomischen Bestimmung, welcher der Zollentrichtung der fremden Aufkäufer im Lande dienen sollte, die Bedeutung der Königsau als nördlicher Grenze Schleswigs.

Burgen, Adel und Ritterschaft

Neben dem Eigengut verfügte der dänische König als private Stütze seiner Herrschaft über die königliche Gefolgschaft. Aus dieser Schicht, mit der er Hofämter und andere Stellungen besetzte, erwuchs der Dienstadel. Dieser ist zur Zeit Knud Lawards noch nicht zu erkennen, aber während der Regierungszeit Waldemars II. vorhanden. Das alte Jütische Recht kannte nur einen Unterschied zwischen Freien (Bonden) und Unfreien, die als Unmündige nicht erben konnten (I. 25). In der Zeit der Waldemare begann der Unfreienstand zu verschwinden, wobei zur gleichen Zeit die Herremannen *(herræ mæn)* entstanden.[161] Deren Ausbildung war eine Folge der Umformung des Heeres. Diese stand im Zusammenhang mit der Expansion Dänemarks seit Knud VI. (1182–1202), was ebenso wie im übrigen Europa berit-

Wichtige Burgen in Schleswig und Holstein.

tene Landstreitkräfte erforderte. An die Stelle des Bauernheeres der Wikingerzeit trat ein königliches Vasallenheer. Gleichzeitig entrichteten die Bonden anstelle ihrer Dienstverpflichtung im Ledingsystem eine Steuer. Nur *jene Männer aber, die ihr Leben wagten für des Königs Gebot und des Landes Frieden*, waren nach dem Jütischen Recht (III, 18) von der Steuer befreit.

Die Herrenmannen, als *homines dominorum* im Kopenhagener Stadtrecht von 1254 erwähnt, dienten vor allem dem König. Aber auch dessen Verwandte ebenso wie die Bischöfe verfügten über Angehörige dieses Standes. Der Besitz des Herremannenadels konzentrierte sich besonders an der Schlei, in Mittel- und Nordangeln, nördlich von Hadersleben, im Sundewitt sowie auf Alsen. Deren Mitglieder, wie beispielsweise der Ritter Jens Pave, unterstützten Kirche und Klöster durch Stiftungen. Weitere Namen erscheinen im Zusammenhang mit dem Besitz von Hofämtern und herzoglichen Urkunden im 13./14. Jahrhundert, so die Hviddings, Abildgaards und Alsings.[162] Im 13. Jahrhundert kam es dann innerhalb der alten Herrenmannen zu einer Differenzierung zwischen höherem und niederem Adel. Nur noch diejenigen, die den Ritterschlag erhalten hatten, wurden nun als Ritter *(milites)* bezeichnet. Der schleswigsche Lehnsadel war aber im Unterschied zu Holstein weniger fest umrissen. An dessen Spitze stand dabei seit der Zeit Waldemars II. um 1200 der Herzog *(dux)*, ein Amt, das in der Regel der älteste Sohn des Königs bekleidete. Herzog und König reisten oft im Land umher, wobei sie nicht nur auf den eigenen Gütern residierten, sondern auch auf denen des Lehnsadels übernachteten.

Die Stellung des Adels gewann erstmals während der kurzen Regierungszeit König Abels (1250–1252) größere Bedeutung. Für dessen Unterstützung erreichte er aber immerhin die Konzession, seine Nachfolge selbst zu regeln. Nach dessen Tod (1252) verpfändete seine Frau Mechtildis königliche Gebiete zwischen Eider und Schlei an holsteinische Adelige. Mit den Schauenburger Grafen, die später ganz in den Besitz Schleswigs gerieten, wanderten weitere holsteinische Adelige nach Schleswig ein. Dies erfolgte zunächst im Grenzgebiet an der Eider, wo nördlich des Flusses Lehmbek, Sehestedt, Schinkel und Knoop ihre ältesten Besitzungen bildeten. Die weiteren Landnahmen zielten dann in der ersten Hälfte des 14. Jahrhunderts auf den Dänischen Wohld sowie in der zweiten Hälfte desselben Jahrhunderts auf Schwansen, Angeln und Nordschleswig. Die neuen Adelsgeschlechter der von Krummendieks, Pogwischs, Limbeks oder Ahlefelds etablierten sich hier als Herren. Diese führten die in Holstein entwickelten Formen der Grundherrschaft ein und verdrängten aufgrund ihrer wirtschaftlichen Potenz den alten Herrenmannenadel.[163]

Wie in Holstein stellten auch in Schleswig die Adeligen das militärische Aufgebot, die Beamten und Vögte. Die Verfügungsgewalt über die Adeligen sowie die Abgaben gewannen die Herzöge erst nach zähen Auseinandersetzungen im 14. Jahrhundert mit dem dänischen König.[164] Ebenso wie die holsteinischen Grafen waren auch die Schleswiger Herzöge auf die Unterstützung des Adels angewiesen und gerieten seit der Mitte des 14. Jahrhunderts immer weiter in dessen Abhängigkeit. Aus dem Gefolge des Herzogs von Schleswig und der Grafen von Holstein entwickelte sich der adelige Rat, der als nicht fest institutionalisierte Einrichtung an landesherrlichen Entscheidungen beteiligt wurde.

Als Stützpunkte des Adels dienten ebenso wie in Holstein kleine Burgen in Form von Motten. Größerer adeliger Besitz mit Befestigungen konzentrierte sich im Raum nördlich von Hadersleben, im Sundewitt, auf Alsen sowie in Nord- und Mittelangeln, an der Schlei und im geringeren Maße auch am westlichen Geestrand. Weniger Adelshöfe finden sich hingegen an der Apenrader Förde, um Lügumkloster und bei Scherrebek (Skærbæk), wo sich noch im 13. Jahrhundert ausgedehnte Wälder und feuchte Niederungen befanden. Meist lagen die Herrenmannenhöfe gut erreichbar an Flussläufen. Weitere Burgen gehörten den Bischöfen von Schleswig (Schwabtedt, zeitweise Gottorf) und Ripen (Møgeltonderhus, Brink) oder waren in landesherrlicher Hand (Flensburg, Sonderburg, Norburg, Apenrade, Hadersleben, Törning, Gram, Tondern, Leck, Utersum auf Sylt).

Zu letzterer Gruppe gehörte auch die 1953 archäologisch untersuchte Turmhügelburg in Leck, dem Markt- und Vorort der Karrharde, an der Lecker Au, die wohl eine doppelte Palisadenreihe sowie ein Graben umgab.[165] Auf dem wohl seit dem 11. Jahrhundert bestehenden Leckhuus saß ein königlicher Vogt, der von hier aus den westlichen Heerweg überwachte. Zudem ließ sich über die Lecker Au die Nordsee gut erreichen.[166] Bis zur Eindeichung der Marschen im 15. Jahrhundert reichte hier noch die Flutgrenze bis an den Lecker Geestrand.

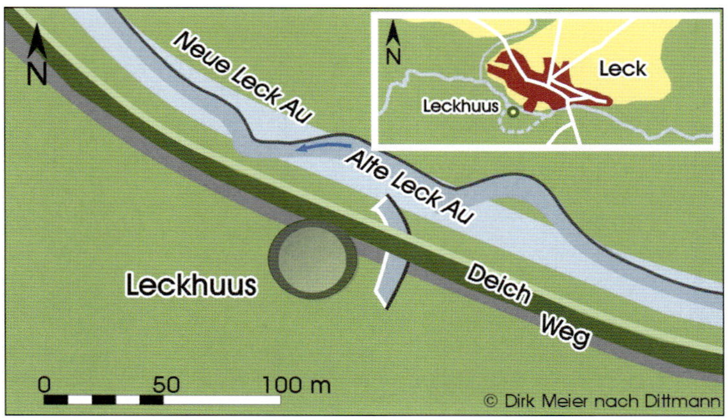

Auf dem wohl seit dem 11. Jahrhundert bestehenden Leckhuus saß ein königlicher Vogt, der von hier aus den westlichen Heerweg überwachte. Zudem ließ sich über die Lecker Au die Nordsee gut erreichen.

Eine der bedeutendsten landesherrlichen Burgen in Schleswig war das 1331 urkundlich erwähnte, aber schon im 11./12. Jahrhundert errichtete Törning *(Tørning)*, dessen Burgwall etwa 15 km westlich von Hadersleben und etwa 5 km östlich von Vojens unweit des Kirchdorfs Hammelev noch in Resten vorhanden ist. Die ganze Anlage schützten im Norden und Osten steile Abhänge, nach Westen ein Mühlenteich und im Süden zwei Wallgräben, zwischen denen noch eine Vorburg lag. Da sich von hier aus die wichtigsten Wege zwischen Nordschleswig und dem nördlichen Jütland beherrschen ließen, war sie Sitz ei-

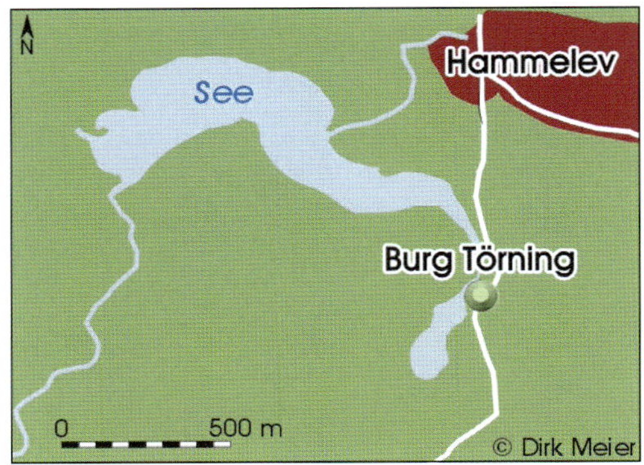

Eine der bedeutendsten landesherrlichen Burgen in Schleswig war das 1331 urkundlich erwähnte, aber schon im 11./12. Jahrhundert errichtete Törning (Tørning) bei Hammelev, etwa 15 km westlich von Hadersleben.

nes königlich-herzoglichen Lehnsmannes, der von hier aus über mehrere Harden im Nordwesten Schleswigs gebot. Deshalb war Törning während der Auseinandersetzungen um Schleswig zwischen den dänischen Königen und den holsteinischen Grafen oft umkämpft. Lange Zeit kontrollierten die holsteinischen Grafen diese Handelswege durch die Burg. Am Ende des 14. Jahrhunderts wurde die Burg an die Adelsfamilie Limbeck (Lembeck) verpfändet und kam dann an die Familie Ahlefeld. Von 1394 bis 1494 war dem Herrn auf Törning die gesamte Grammharde verpfändet, seit 1421 zusätzlich die drei nordwestlichen Harden. Erst dann gelangte der dänische König Johann wieder in den Besitz der vier Harden. Nachdem Törning seine strategische Bedeutung verloren hatte, wurde die Burg während der zweiten Hälfte des 15. Jahrhunderts aufgegeben. Als Herzog Johann der Ältere 1560 nahe von Hadersleben mit der Hansburg eine neue Residenz erbaute, verfiel die Anlage, die 1597 abbrannte.

Die auf solchen fürstlichen Burgen residierenden Sachverwalter der Landesherren wurden seit der Wende des 13./14. Jahrhunderts in den Urkunden nicht mehr als Ombudsmann *(exactor)* sondern als Vogt *(advocatus)* bezeichnet, was nach holsteinischem Muster auf Vogteien schließen lässt.[167] Die eng an den Landesherren gebundenen Vögte entstammten bis zum Tod Herzog Erichs II. (1325) meist dem schleswigschen Adel. Für seine Nachfolger ist dann auch das Amt eines Drosten als dem wichtigsten Zentralbeamten bezeugt. Die Aufgaben des Drosten wurden jedoch bald von den herzöglichen Räten wahrgenommen.[168]

Als die Holsteiner Grafen Klaus und Heinrich im 14. Jahrhundert die Pfandherrschaft über Schleswig erlangten, errichteten sie zum Schutz Flensburgs im Südteil des Kirchspiels Bov die Burg Niehuus, welche aber im folgenden Jahrhundert wieder zerstört wurde. Bei der 1345 als *dat Nyghe Hus* erwähnten Anlage handelte es sich wohl um einen Stein- oder Holzturm, der auf einer natürlichen Moränenkuppe, dem Schlossberg, nahe des hier

Die Burg in Sonderburg wurde 1353 Residenz von Herzog Waldemar V., der von 1326–1330 als Waldemar III. König von Dänemark war. Foto: Erik Christensen

Krummer Weg genannten Heerweges errichtet wurde. Aufgabe der Burg war vor allem die Kontrolle der Wegeverbindung in einem Engpass des Niehuuser Tunneltals, wobei hier an der Krusau ein Wegezoll erhoben wurde. 1409 kam die Anlage dann zusammen mit Flensburg in den Beitz Dänemarks. 1431 konnten die holsteinischen Grafen jedoch die Turmburg wiedererobern und machten sie dem Erdboden gleich. Die Wirtschaftsgebäude des Kleinadelssitzes lagen wohl östlich der Krusau, die damals noch weiter nördlich verlief. Darauf deuten bei Untersuchungen gefundene Holzpfähle einer Palisade hin.

Anders als Niehuus bildet die in der Marienhölzung bei Flensburg liegende Eddeboe (Junkernplatz) das Beispiel eines kleinen Herrensitzes. Nur geringe Reste des die Turmhügelburg umgebenen Walles sind noch erhalten. Die Nachfahren Eler Juls, des ersten namentlich bekannten Besitzers, stellten mit Peter und dessen Sohn Iwer sowie seinem Schwiegersohn Sievert Krogh um 1400 dreimal in Folge die Bürgermeister von Flensburg. Wie lange die Eddeboe bestanden hat, ist nicht bekannt. Schließlich wurde der Junkernplatz 1603 umgepflügt, um diesen von Mauerresten und Steinen zu befreien. Älter als die Eddeboe ist der Brandplatz, der möglichweise ebenfalls eine geschleifte mittelalterliche Adelsburg bildete. Zu den kleineren, adeligen Turmhügelburgen der Zeit zwischen 1200 und 1438 gehörten auch die bei Wester-Ohrstedt nahe von Husum errichtete Haneburg und die lagemäßig nicht genau bekannte Harenburg bei Treia, die 1415 von König Erich von Pommern erbaut und schon im nächsten Jahr von den Friesen zerstört wurde.

Eine spätmittelalterliche adelige Anlage in Nordschleswig ist die schon erwähnte Troiburg (Trøjborg) nordwestlich von Tondern. Das von zwei Gräben, der innere davon ein Wassergraben, umgebene Gebäude wurde in der ersten Hälfte des 14. Jahrhunderts auf einer künstlich angelegten, etwa 30 x 30 m großen Erhebung erbaut. Dieses bestand aus einem etwa 12 x 12 m großen Steinbau mit Innenhof. 1407 wurde die Anlage von Claus Limbek an Königin Margarethe verkauft, die sie ihrerseits an das Bistum Ripen weiterveräußerte. Die mehrfach umgebaute Anlage ist heute noch als Ruine erhalten.

In Skodborg wurde 1949 das Fundament eines 6 x 3 m großen Steinturms der Zeit um 1300 ausgegraben, der die nahe von Ribe nach Kolding vorbeilaufende Straße sichern sollte.[169] Ein weiteres archäologisch untersuchtes Beispiel einer Adelsburg bildet Solvig nordöstlich von Tønderhus. In der ältesten Phase um 1300 umgaben Palisaden einen 12 x 12 m großen Hügel, auf dem ein Holzturm errichtet worden war. Ebenfalls die Burg Nørrevold bei Arrild im zentralen Nordschleswig wurde 1974–1980 teilweise freigelegt. Die zwi-

Als die Holsteiner im 14. Jahrhundert die Pfandherrschaft über Schleswig erlangten, errichteten sie zum Schutz Flensburgs im Südteil des Kirchspiels Bov die Burg Niehuus, welche aber im folgenden Jahrhundert wieder zerstört wurde. Foto: Dirk Meier

Die Wälle der Eddeboe, eines Adelssitzes der Juls, sind noch in der Marienhölzung in Flensburg teiweise erhalten.

In der ältesten Phase der Burg Solvig nordöstlich von Tondern um 1300 umgaben Palisaden einen 12 x 12 m großen Hügel, auf dem ein Holzturm errichtet worden war. Foto: Johannes Hertz, Nationalmuseet København

schen 1350 und 1368 nur kurzfristig bestehende Anlage, welche im Besitz Waldemar Sappis († 1398), dem Sohn Herzog Erichs, war, besteht aus einem von einem Graben umgebenen Burghügel sowie zwei Vorburgen.[170] Die Häuser waren teilweise in Ziegelbauweise errichtet. Die archäologischen Funde wie Kugeltöpfe, Holzgegenstände und Geräte des täglichen Gebrauchs ebenso wie Eisengeräte und Waffen erlauben einen Einblick in die Wohn- und Wirtschaftsweise der Burgbesatzung.

links: Die von zwei Gräben, der innere davon ein Wassergraben, umgebene Troiburg geht auf eine Anlage der ersten Hälfte des 14. Jahrhunderts zurück, die auf einer etwa 30 x 30 m großen Erhebung erbaut wurde, auf der ein Steinbau stand. Die mehrfach umgebaute Anlage ist heute noch als Ruine erhalten. Foto: Dirk Meier

rechts: Kleine Wasserburg auf Alsen. Foto: Dirk Meier

Die soziale Schichtung der Landbevölkerung

Die soziale Schichtung der Landbevölkerung Schleswigs bestand wie die Dänemarks aus freien Bauern *(Bonden)*, persönlich freien Erbpächtern, die nicht Eigentümer ihrer Höfe waren, sowie abhängigen *Bryden*. Diese waren oft ehemalige Unfreie oder landlose Freie, die vom Grundherren Land erhalten hatten. Als Eigenbesitz besaßen sie meist nur Vieh, Gerätschaften und Saatgut. Den Großbauern *(stormæn)* dienten oft mehrere Knechte oder abhängige Pächter. Auch wenn es im 13. Jahrhundert noch viele freie Bauern gab, ging deren Zahl bis zum Ende des späten Mittelalters stark zurück. Die meisten gerieten in die Abhängigkeit adeliger Grundbesitzer.[171] Bei den Auseinandersetzungen um Schleswig zwischen Königen und Herzögen dürften sich viele freie Bauern als Fester in den Schutz der Herremannen begeben haben, die ihnen auch rechtliche Hilfe gewährten. So entwickelten sich sog. Festeverträge, welche die gegenseitigen Rechte und Pflichten fixierten.

Für die Menschen in Schleswig galt abgesehen von den friesischen Uthlanden im Westen und dem Grenzstreifen im Süden das *Jyske Lov*. In jeder Harde sollten dabei acht aus dem Kreis der Freibauern gewählte Geschworene für das Recht sorgen, die vom *ombudsmand* als königlichem Vertreter vereidigt wurden. Die Gesetzessammlung enthält dabei Regelungen über die rechtliche Stellung der Familienmitglieder untereinander, über Grundbesitz, Erbe und Strafen ebenso wie über militärische Verpflichtungen *(ledung)*.[172] So war in Skandinavien das Land in *skipen* eingeteilt, somit Gebieten, welche dem König ein bemanntes Schiff zur Verfügung zu stellen hatten. Der *styrismand* (Steuermann) sollte dabei über einen Ringpanzer und Pferd verfügen, deren Kosten die Aushebungsgruppen der Bauern *(hafen)* zu erstatten hatten. An der Beschaffung eines Schiffes sollten sich alle beteiligen. Diese Maßnahmen belegen die Bedeutung des Seekrieges für Dänemark. Die Schätzung der Hafen und ihres Bodens erfolgte nach einer Goldmark. Drei Bauern mit je einer Mark Gold machten dabei einen Hafen aus, sollten also für das Ledingschiff einen Mann stellen. Unterhalb dieses Wertes waren mehrere *Hafen* erforderlich, so dass die Aushebungsgebiete verschieden waren. Diese Regelungen ersetzte ab etwa 1223 eine auf dem Umfang des Grundbesitzes ruhende Steuer, zumal nun auch die Ritteraufgebote für die Kriegsführung wichtiger wurden als die Schiffe.[173]

Die Dorffluren wurden gemeinschaftlich bestellt, und auch Wälder, Wiesen und Gemeindeweiden waren im Besitz aller freien Bauern. Als Währung bei möglichen Besitzverteilungen diente die Mark Gold. In Angeln bestand diese Mark-Gold-Währung bis an das Ende des 18. Jahrhunderts, während man in anderen Schleswiger Regionen als Verteilungseinheiten das *Otting* (Achtel) als Unterteilung der alten *Bol* anwendete. Die nach der Mark Gold vorgenommene Einschätzung des Grundbesitzes diente auch dazu, die Zahl der Schweine zu bemessen, die zur Eichelmast in den Wald getrieben werden durften. Auch das Weiderecht wurde nach dieser Währung und Einschätzung bestimmt. Ebenfalls hatten die Bauern nach diesem Prinzip für die Errichtung und Instandhaltung gemeinsamer Zäune zu sorgen. Zwischen den langen schmalen Ackerbeeten existierten allerdings keine Begrenzungen. Diese trennte vielmehr nur ein Ackerrain. Kam es zu Überschneidungen beim Pflügen, musste das Land der Breite nach (Schlägen) neu vermessen (gerefft) werden. Das bei der Neuverteilung nicht eingemessene gemeinschaftliche Land wurde *ornum* genannt. Die Abgaben einzelner Dörfer in Nordschleswig mit ihren Bauern lassen sich neben dem königlichen Erdbuch auch den Aufzeichnungen jeweiliger Grundherren, wie des Bischofs von Ripen, den Klöstern in Lügum (Løgum) und Rude bei Glücksburg entnehmen. Meist waren im

Stein von Bjolderup.

Jahr mehrere Kühe und Ochsen sowie weitere Agrarprodukte abzugeben.[174] Aus der Zeit von 1245 oder 1273 stammt etwa ein Dokument des Lügumklosters, das einen Jens Snur auflistet, der eine halbe Festebole, somit einen kleinen Pachthof besaß.[175]

Anderseits gab es vermögende Großbauern, welche Klöster und Kirche unterstützten. Nahe der Kirche von Hviding südwestlich von Ribe wurde ein 30 m langer Hof eines Großbauern aus der ersten Hälfte des 11. Jahrhunderts ausgegraben, in dem sich kostbare Bronze- und Emailleschmuckstücke befanden.[176] In der teilweise mit Tuffsteinen im 12. Jahrhundert erbauten Kirche von Hviding, die mit Kalkmalereien ausgestattet ist, enthielten Gräber einer reichen Bauernfamilie Schmuckbeigaben im spätwikingerzeitlichen Urnes-Stil. Diese Großgrundbesitzer übten in der Wikingerzeit sicherlich einen Einfluss auf den Handel Ribes aus. Auch im Hoch- und Spätmittelalter bezog die Stadt zahlreiche Agrarprodukte von den Bauern des Umlandes, die ihre Waren auf dem Markt feilboten. Romanische Grabsteine der Zeit um 1200, die man mit Großbauern verbinden darf, sind oft mit Schmuckelementen und Kreuzen verziert, wenn sie meist auch keinen Namen der Bestatteten tragen.

Eines der frühesten Zeugnisse einer christlichen Bestattung aus dem 12. Jahrhundert ist die aus Bjolderup südwestlich von Apenrade. Der älteste Teil der hier auf einem vorchristlichen Kultplatz errichteten Kirche stammt aus dem 12. Jahrhundert. An der Tür der Kirche fand man den mittelalterlichen Sargdeckel, der 1841 nach Kiel gebracht wurde. Unter dem eingemeißelten Kreuz befindet sich eine Runeninschrift mit den Worten: *Ketil Urne liegt hier.* Das Geschlecht der Urne gehörte zu den größten südjütischen Landadelsgeschlechtern. Urne ist Namensteil der alten Thingstätte Urnehoved am Heerweg, wo der Südjütländischen Landesthing tagte. Der Sargdeckel befindet sich heute wieder in der Kirche von Bjolderup.[177]

Kirche und Klöster

Zu den maßgeblichen Initiatoren und Triebkräften des hoch- und spätmittelalterlichen Landesausbaus in Holstein und Schleswig wurden ebenso wie in anderen Teilen Europas die Bistümer mit dem Ausbau der Pfarrorganisation sowie die Klöster. Die Mission Nordelbiens hatte dabei vom Erzbistum Bremen aus begonnen, wobei mit Hamburg für Stormarn, Schenefeld für Holstein und Meldorf für Dithmarschen in den drei nordelbischen Sachsengauen nach der Einbeziehung in das Fränkische Reich zu Beginn des 9. Jahrhunderts die ersten drei Urkirchen gegründet worden waren. Nachdem mit Schleswig, Ripen und Aarhus 948 die ersten Bistümer nördlich der Elbe entstanden waren, während das slawisch besiedelte Ostholstein noch längere Zeit im Heidentum verharrte, schritt die Christianisierung nur langsam voran. Frühe Missionsversuche erfassten bei den Slawen nur Teile der Oberschicht, wobei die gegründeten Bistümer Oldenburg für Wagrien (wohl 972), Ratzeburg für Polabien (1060) und Mecklenburg (1060) infolge des Slawenaufstandes von 1066 wieder eingingen. In Wagrien und Polabien war den Missionsversuchen infolge des Slawenaufstandes von 1066 zunächst kein Erfolg beschieden. Der nach der heidnischen Gegenreaktion bei den Abodriten auf den Thron gelangte christliche Herrscher Heinrich (1090 – 1127) erlaubte zwar die Gründung zweier Kirchen in Alt-Lübeck, von denen eine nachgewiesen ist, konnte jedoch die Verfolgung von Priestern bei den Slawen nicht verhindern.[178] Grundlegend wandelten sich die Verhältnisse erst mit dem Ausbau der Pfarrorganisation im Hochmittelalter, die mit dem Landesausbau einherging.

Die Bistümer

Zu Beginn des 12. Jahrhunderts waren seit der Kirchenversammlung auf der Synode von Ingelheim am 7. Juni 948, zu der auch im Gefolge des Erzbischofs Adalag von Hamburg-Bremen die drei Bischöfe der neu gegründeten Bistümer von Schleswig, Ripen und Aarhus erschienen waren, etwa 275 Jahre vergangen. Zwar war unter Adalag, dessen Aufstieg als ehemaliger Benediktinermönch in der Hofgeistlichkeit begonnen hatte, bevor ihn Otto I. 937 zum Erzbischof von Hamburg-Bremen erhob, die Nord- und Slawenmission in Nordelbien vorangekommen, dennoch fehlte es an einer durchgehenden Pfarrorganisation. Auch Klöster hatten nur regional Fuß fassen können.

Die Bremer Erzbischöfe nahmen im Norden bis zur Gründung des Erzbistums Lund 1104 eine einflussreiche Stellung ein. Der Bremer Erzbischof Adalbert veranlasste als Machtdemonstration 1041 den Neubau des abgebrannten Domes. Foto: Jürgen Holwaldt

Präpositura und Hardengrenzen mit wichtigen Burgen in Schleswig.

Unter Erzbischof Adalbert von Bremen (1043 – 1072) wurde dann eine neue Phase der Christianisierungspolitik im Norden eingeleitet.[179] Der 1035 als Sohn des Grafen von Goseck an der Saale geborene Adalbert hatte an der Domschule von Halberstadt seine erste kirchliche Erziehung erhalten und war hier Domherr und 1032 Dompropst gewesen. Als Nachfolger Bezelins, genannt Alebrand, wurde er 1043 investiert und von Benedikt IX. mit dem erzbischöflichen Pallium versehen. Sein vorrangiges Ziel als Erzbischof von Hamburg-Bremen sah er in der Errichtung eines Patriarchats, zu dem 12 Suffraganbistümer in Skandinavien, auf Island und Grönland gehören sollten. Da eine Errichtung so eines nordischen Dukats ohne feste Stützpunkte nicht möglich war, ließ er den Süllberg westlich von Hamburg befestigen.[180] Ferner beanspruchte er für sich die alleinige Gerichtsbarkeit in seiner Diözese, wodurch er sich sächsische Feudalherren, wie besonders die Billunger, zu Feinden machte. Wenn er auch als Vertrauter Kaiser Heinrichs III. seine Machtstellung wahren konnte und die kaiserliche Politik mitbeeinflusste, scheiterten seine weitgespannten Patriarchats-Pläne jedoch an kirchenpolitischen Widerständen. Als formalen Ausgleich ohne realen Machtgewinn dehnte Papst Leo IX. das Erzbistum Bremen jedoch bis zum Eismeer aus und ernannte Adalbert zum Legaten, der in Bremen als Machtdemonstration 1041 mit dem Neubau des abgebrannten Domes begann.

Nach dem Tode Heinrichs III. 1056 gelang es Adalbert, alle anderen Reichsfürsten aus der Vormundschaftsregierung seines unmündigen Sohnes und Nachfolgers Heinrich IV. zu verdrängen. Nachdem er zwei Jahre alleine regiert hatte, wurde er jedoch 1066 mit der Begründung gestürzt, dass er seine Herrschaftsgewalt ausgenutzt habe, um die Kirche aus Krongut zu bereichern. Zur gleichen Zeit brach ein großer Slawenaufstand aus. Die Absetzung Adalberts hatten vor allem die deutschen Fürsten, allen voran die Billunger, betrieben. Obwohl sie ihn zur Flucht nach Goslar zwangen, konnte er 1069 an den Hof zurückkehren.

Da in dieser Zeit die Gründung eines dänischen Erzbistums wahrscheinlicher wurde, versuchte Adalbert alles, um wenigstens seine jurisdiktionelle Gewalt über den dann abzutrennenden Metropolitanverband aufrechtzuerhalten. So musste er nach dem Kirchenselbstverständnis über 12 Bistümer gebieten, um eine ausreichende eigene Suffraganbasis zu haben. Dazu hatte er am Ende seiner Amtszeit den nach 1066 öffentlich gemachten Zwölfbistumsplan entwickelt. In Nordelbien waren dabei mit Pahlen an der Eider und Heiligenstedten an der Stör zwei Bistümer vorgesehen, somit abseits der bestehenden Gaukirchen von Meldorf, Schenefeld und Hamburg. Nur auf den ersten Blick erscheinen die neu gewählten Orte abgelegen, waren sie doch über Eider und Stör auf dem Wasserwege von Bremen aus gut zu erreichen. Zudem sollte die Diözösangliederung sich nicht an die bestehende Landesverfassung der drei nordelbischen Sachsenstämme halten, deren Eliten bei dem Plan auch nicht beteiligt wurden. Letztlich blieb es bei dem Entwurf. Als Adalbert, zu dessen Chronisten Adam von Bremen wurde, 1072 in Goslar starb, hinterließ er seinen Nachfolgern trotz aller Rückschläge ein arrondiertes und mächtiges Erzbistum. Sein Wunsch einer Bestattung in Hamburg konnte aufgrund der Verwüstungen infolge der Slawenangriffe nicht erfüllt werden.

Sein Nachfolger Liemar (1072 – 1101) verfolgte wie Adalbert eine an den Interessen des Reiches orientierte Kirchenpolitik. Mit Friedrich I. (1104 – 1123) gelangte dann nach der kurzen Interimszeit seines Vorgängers Humbert wieder ein tatkräftiger Erzbischof auf den Bremer Stuhl, der allerdings nicht verhindern konnte, dass infolge der Gründung des Erzbistums Lund die Bremer Vormachtstellung im Norden geschwächt wurde. Die Grenze zwischen beiden Erzbistümern bildete von nun an die Eider. Die drei sächsischen Gaue Holsteins zwischen Elbe und Eider unterstanden ursprünglich der Diözese des Erzbistums Hamburg-Bremen, bis es dem Hamburger Domkapitel nach langen Auseinandersetzungen mit dem Bremer Erzbischof in den 1220er Jahren gelang, die Diözesengewalt nördlich der Elbe für sich zu behaupten. Erfolgreicher als in der Außenpolitik war Friedrich I. im inneren Landesausbau seines Erzbistums. So stellte er 1113 die erste Urkunde aus, mit der er holländischen Siedlern Moorland an der Weser zur Urbarmachung überließ. Diese, von seinen Nachfolgern fortgesetzte Hollerkolonisation breitete sich in der Folgezeit über die Weser- und Elbmarschen bis nach Hamburg hin aus.

Adalbero von Bremen, der seit 1123 Erzbischof von Bremen war, nahm 1147 am Wendenkreuzzug gegen die Elbslawen teil.[181] Kein Vertrag durfte mit den Wenden geschlossen werden, solange nicht die heidnischen Kulte *(ritus)* und das heidnische Volk *(natio)* vernichtet wurden *(delatur)*. Die Schriftzeugnisse betonen jedoch die Erfolglosigkeit des Unternehmens. So gelang es dem Kreuzzugsheer nicht, die Burg Demin, in die sich der Abodritenfürst Niklot geflüchtet hatte, einzunehmen. Um Schuldige zu finden, kritisierte Helmold in seiner Slawenchronik (I, 62, 65) vor allem, dass die sächsischen Fürsten aufgrund ihrer Herrschaftsinteressen die Heidenmission nicht ernst genug genommen hätten. Gleichwohl bedeutete dieser Kreuzzug eine massive Machtdemonstration der sächsischen Fürsten, allen voran Albrechts des Bären und Heinrichs des Löwen.

Nach dem Wendenkreuzzug ergriff nach dem Tod Adalberos der neue Erzbischof Hartwig I. (1148 – 1168) die Chance, die im Slawenaufstand von 1066 untergegangenen Bistümer Oldenburg, Ratzeburg und Mecklenburg zu restituieren. Ihm kam dabei zustatten, dass die slawischen Stämme der Wagrier und Polaben nach 1139 unter die Herrschaft Adolfs II. als Lehnsmann Heinrichs des Löwen geraten waren. Infolgedessen siedelten sich christliche Neusiedler in Ostholstein an, was das Missionswerk erleichterte. Mit der Wiedergründung der Bistümer kam der Bremer Erzbischof jedoch in Konflikte mit Heinrich dem Löwen, der das Recht der Bischofsinvestitur in den eroberten abodritischen Gebieten für sich beanspruchte. Üblicherweise bestellte im Mittelalter der König einen Bischof nach dessen geistlicher Wahl und verlieh ihm ein Zepter für seine weltlichen Aufgaben. Erst danach wurde der Erwählte mit der kirchlichen Weihe versehen. Nun hatte der mächtige Sachsenherzog dieses Recht für sich beansprucht, was er 1154 vom König bestätigt bekam.

Erster Oldenburger Bischof wurde am 25. September 1154 Vizelin, wenn er aufgrund der unruhigen Situation auch hier nicht residierte.[182] Ihm gilt die ganze, nicht unbesehen zu übernehmende Verehrung von Helmold (I, 54), ist er doch für ihn ein

Vizelin verteilt Lebensmittel an Bedürftige. Ölgemälde von C. W. Eckersberg, 1812.

Held der Verkündigung, mit dem sich, den Worten des Chronisten nach, die Welt zu wandeln begann, ein Licht der Gnade aufging und die Dunkelheiten der Sünder flohen. Der 1090 als Sohn einfacher Eltern geborene Vizelin wurde nach deren Tod zunächst bei Verwandten bei Hameln, dann auf der Burg Everstein bei Holzminden erzogen. Nach mehrjährigem Studium in der Paderborner Domschule kam er 1118 nach Bremen, wo er vier Jahre als Scholaster wirkte. Von hier ging er 1123 zu ausgiebigen Studien nach Laon in Frankreich, dem Zentrum der Scholastik.

Diese neue Wissenschafts- und Schulform übte eine Anziehungskraft für Studienbegierige aus ganz Europa aus. Die didaktische arbeitenden Theologen benutzten hier die Vernunft, um mit ihr die Wahrheit des Glaubens in einer rationalen Theologie zu begründen und zu verkündigen. Folgt man Helmold (I, 45), so vermied Vizelin aber *überflüssige Fragen und Wortgefechte … er bemühte sich allein um solche Dinge, die dem nüchternen Verstande genügten und der sittlichen Festigung dienlich waren.* Wenn auch die Dialektiker überzeugt waren, dass der vernünftige Mensch Widersprüche im Glauben überwinden und die Glaubenswahrheiten daher klarer erkennen konnte, befürchteten die Kritiker – zu denen auch Vizelin gehört haben dürfte – in der Neugier der Fragen eine Gefahr für den Glauben.

1126 finden wir ihn in Magdeburg, wo er vom Erzbischof Norbert von Xanten, dem Gründer des Prämonstratenserordens, zum Priester geweiht wurde. Umsonst hoffte er auf den Auftrag einer Slawenmission. Als dieser ausblieb, zog er nach Bremen und ließ sich von Erzbischof Adalbero als Missionar zu den Wagriern im Raum Alt-Lübeck entsenden. Dort begann er 1126/27 seine Arbeit, musste sie aber bereits 1127 nach dem Tode des Abodritenfürsten Heinrich aufgrund der Nachfolgekämpfe unterbrechen. Erzbischof Adalbero betraute ihn daraufhin mit der Seelsorge im grenznahen Bereich des Holstengaus, wo sich gleichgesinnte Priester um Vizelin versammelten, der mit ihnen am Standort der ihm zugewiesenen Kirche in Faldera (Neumünster) im Frühjahr 1127 das Augustiner-Chorherrenstift gründete. Vizelin war es auch, der Kaiser Lothar von der günstigen Lage des Segeberger Kalkberges für den Bau einer Burg überzeugt hatte, an dessen Fuß nun zeitgleich in den 1130er Jahren die Errichtung einer Kirche und eines weiteren Stiftes erfolgte.

In Harsefeld erhielt Vizelin seine Bischofsweihe durch den Bremer Erzbischof, was Heinrich dem Löwen missfiel. Der Lehnsmann des Sachsenherzogs, Graf Adolf II., entzog dem Bischof daraufhin den Kirchenzehnten. Seine schwierige Stellung zwischen Sachsenherzog und Erzbischof erschwerte Vizelin zunehmend die Ausübung seines Amtes. Er reiste nach Bardowick, um sich mit Heinrich dem Löwen auszusprechen. Dieser wollte sein Missionswerk fördern, wenn er dafür in Oldenburg sein Lehnsherr würde. Auf dem Rückweg von Bardowick nach Faldera erlitt Vizelin einen Schlaganfall. Kaum genesen, reiste er nach Bremen, wo sein Vorschlag, Heinrichs Vorschlag gutzuheißen, vom Erzbischof abgelehnt wurde. Die Meinung des Erzbischofs gibt Helmold (I, 69) unverblümt wieder: *Mögen sie euch den*

Zehnten wegnehmen, mögen sie euch den Zugang zu eurem Sprengel sperren, die Unannehmlichkeiten werden zu ertragen sein, ihr habt ja noch das Haus in Faldera.

Erst Ende 1150, nachdem sich Vizelin von der desolaten Situation in seinem gesamten Sprengel überzeugt hatte, unterwarf er sich gegen den Willen seines Erzbischofs der vom Herzog geforderten Investitur und empfing aus dessen Hand für das Lehen Oldenburg das Zepter. Damit gewann Vizelin den notwendigen politischen Rückhalt für sein Missionswerk. Danach veranlasste Heinrich der Löwe eine angemessene materielle Ausstattung des Bistums. So erhielt Vizelin das Dorf Bosau am Plöner See mit dem schon zur Ottonenzeit bestehenden Edelhof *Dulzaniza*, wo er mit dem Bau der Petrikirche inmitten einer hier bestehenden slawischen Siedlung begann. Bei seinem letztmaligen Besuch in Faldera im Juni 1152 traf ihn ein zweiter Schlaganfall. Seine rechte Seite war danach gelähmt. Die letzten Jahre bis zu seinem Tod am 12. Dezember 1154 waren qualvoll. Von Faldera wurden seine Gebeine nach seiner Heiligsprechung 1332 in die Kirche des mittlerweile von Neumünster nach Bordesholm verlegten Chorherrenstiftes überführt. Sein Grab ist nicht mehr nachweisbar.

Dem Braunschweiger Hofkaplan Gerold († 1163), den Heinrich der Löwe als Nachfolger Vizelins bestimmt hatte, verweigerte der Bremer Erzbischof als zuständiger Metropolit unter Verweis auf das kanonisch zweifelhafte Verfahren der Erhebung die Weihe. Der Sachsenherzog erreichte jedoch während seines Italienzuges 1155, bei der ihn Gerold begleitete, diese durch den zunächst zögernden Papst Hadrian IV. Gerold drang anschließend bei Heinrich auf eine ausreichende materielle Basis für das Bistum. Deshalb verlangte der Sachsenherzog von seinen Lehnsmann Adolf II. eine zusätzliche Ausstattung mit Eutin und drei benachbarten Dörfern und insgesamt 300 Hufen. Das erlaubte Gerold die Gründung einer Burg in Eutin, wo er anstelle von Oldenburg 1156 seinen Sitz nahm. Dennoch feierte er in Oldenburg am Dreikönigstag bei eisiger Kälte und viel Schnee im Januar 1156 sein Hochamt. Slawen nahmen daran mit Ausnahme des Fürsten Pribislaw, dem Neffen des Abodritenfürsten Heinrich, nicht teil. Der gleiche Fürst klagte nach Helmold (I, 84) Gerold in Lübeck sein Leid, dass die Slawen aufgrund der Strenge der neuen Lehnsherren und als Landesvertriebene nur die See unsicher machen und sich dadurch ihren Lebensunterhalt verdienen könnten.

Es war eine ernste Mahnung, die der Slawenfürst an das christliche Gewissen gerichtet hatte, auch wenn sie auf taube Ohren stieß. Als Missionar handelte Gerold nach den Methoden seiner Zeit und zerstörte heidnische Kultstätten der Slawen in Ostholstein. Er intensivierte die Slawenmission und veranlasste den Bau von Kirchen in Oldenburg, Süsel, Ratekau, Gleschendorf und Lütjenburg. Auf Gerolds Initiative hin wurde das Bistum Oldenburg 1163 (wohl nicht 1160) in das aufstreben-

Mittelalterliche Kirchen in Schleswig

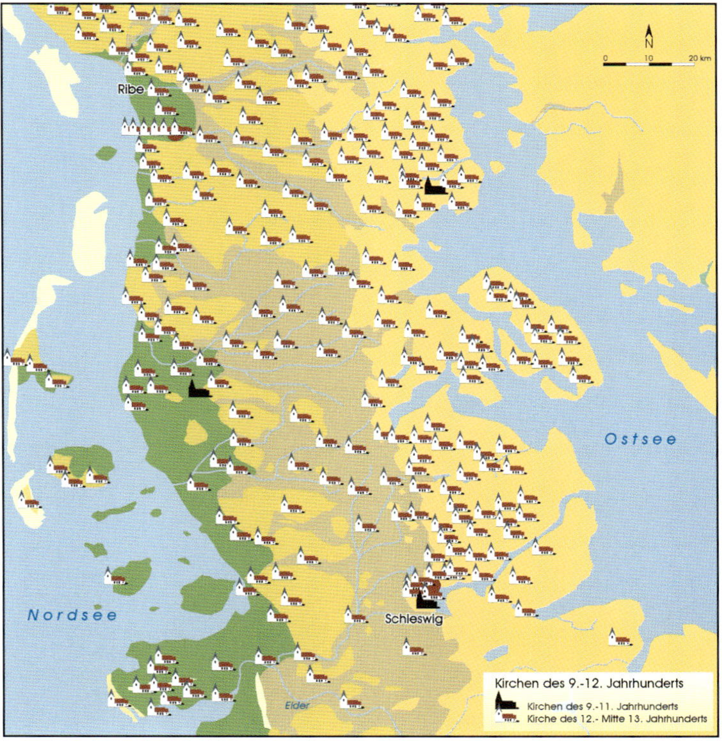

de Lübeck verlegt. Nicht nur bei den Slawen stieß seine gewaltsame Mission auf Ablehnung, sondern auch die Holsten, die einige Teile Wagriens besiedelt hatten, weigerten sich, den ihm zustehenden Zehnten zu zahlen. Auch hier konnte sich Gerold nur dank eines Machtwortes Heinrichs des Löwen durchsetzen. Im Jahr der Lübecker Domweihe unternahm Gerold nochmals eine Visitationsreise durch seinen Sprengel, als er während einer Messe in Lütjenburg zusammenbrach. Der Kranke wurde nach Bosau gebracht, wo er am 13. August 1163 verstarb. Begraben wurde er im Lübecker Dom.[183]

Die neuen Bistümer in Ostholstein und Mecklenburg erhielten ebenso wie die älteren Zehnt- und Zollrecht sowie einen Grundbesitz, um ihre Aufgaben zu erfüllen und die Geistlichen zu entlohnen. Der Besitz des Lübecker Bistums konzentrierte sich vor allem um Eutin, das später mit einem Kollegiatstift zur Residenz des Lübecker Bischofs wurde. Ausgestattet mit Schenkungen, Stiftungen sowie Erwerb, Tausch und Abgabe von Land gerieten die machtvollen Lübecker Bischöfe immer wieder in Konflikte mit den Schauenburger Grafen, da sie eine eigene Landesherrschaft begründen wollten. Dies hätte jedoch eine Einschränkung der gräflichen Kirchenpatronatsrechte bedeutet. Zudem hätten die Grafen ihren Einfluss auf die Klöster verloren und letztlich ihre Macht untergraben. Neben den Ungereimtheiten mit den Grafen hatte das Domkapitel auch den bürgerlichen Rat Lübecks als Widerpart, da das Kapitel mit seinen Kirchen und Geistlichen einen unabhängigen Machtfaktor in der Stadt bildete. Wie das Ratzeburger und Schweriner Bistum konnte sich aber auch Lübeck Ende des 12. Jahrhunderts aus der herzoglichen Abhängigkeit lösen und galt seit 1227 als reichsfrei.[184]

Eindrucksvolle Machtdemonstration der Bischöfe in Holstein waren die nach Vorbildern aus dem Reich errichteten Kirchenbauten. Auf die in Backsteinen errichteten Dombauten von Lübeck und Ratzeburg wirkte sich besonders der architektonische Einfluss aus dem nordöstlichen Harzvorland aus. In Ratzeburg demonstriert diese Bautradition die Ostanlage des Doms, wie auch die Planung, die drei Chöre mit Tonnengewölben zu versehen und ebenso wie das Langhaus mit einer Flachdecke zu schließen. Die dann geänderte Bauausführung der eingewölbten Ostanlage mit schildbogenlosen Kreuzgratgewölben auf viertelrunden Eckvorlagen hat ein Vorbild in Schöningen, wo 1160/70 eine nachträgliche Einwölbung der Anlage erfolgte. Typisch für den nach 1160 in Ratze-

links: Dom von Ratzeburg.

rechts: Der Dom von Lübeck entstand im Süden der Hansestadt. Fotos: Dirk Meier

burg begonnenen Dombau sind auch die gemauerten Pfeiler mit lübischem Kantenprofil.[185]

Beim ursprünglich im romanischen Stil nach 1173 errichteten und 1247 geweihten Lübecker Dom ist die Ostpartie anders gestaltet.[186] Hier finden sich kegelförmig ansteigende Kreuzgratgewölbe, deren Schildbögen auf kantigen bzw. runden Eckvorlagen aufsetzen. Das Langhaus besitzt anstelle der Ratzeburger Kreuzpfeiler längsrechteckige Hauptpfeiler. In gotischer Zeit wurde die Halle des Doms umgebaut. Für das Langhaus des Lübecker Doms finden sich Vorbilder in der oberen Weserregion. Die Stiftskirche in Segeberg hält hingegen an den anfänglichen Vorbildern der Weserregion fest. Typisch für Segeberg ist das romanische Langhaus mit hervortretenden Vierungspfeilern, welche die Schildbögen aufnehmen. Die frühe Kirchenarchitektur Holsteins weist, wie in Ratzeburg und der Ostanlage des Lübecker Doms, somit Bautraditionen aus dem Harzvorland auf, während von der Oberweserregion Segeberg und das Langhaus des Lübecker Doms beeinflusst sind. Bei der Umsetzung der Haussteinvorbilder aus den niedersächsischen Gebieten in die Backsteinarchitektur nahm das Lübecker Bauvorhaben eine Führungsrolle ein.[187]

Schleswiger Dom mit Portal von 1170/80 am nördlichen Querhaus des Doms. Foto: Dirk Meier

Das Herzogtum Schleswig war in kirchlicher Hinsicht geteilt. Anders als sonst bei der dänischen Kirche, wo um 1000 die Bistumsgrenzen den Sysseln folgten, galt das in Schleswig nicht, da mit der 948 erfolgten Gründung der Bistümer von Ripen und Schleswig schon eine kirchliche Missionsarbeit verbunden gewesen war. Dem Bistum Ripen waren dabei in Jütland die Syssel Jelling, Almind und Varde, in Schleswig der westliche Teil der Syssel Barwith und Ellum angeschlossen. Es umfasste somit das nord- und westschleswigsche Gebiet bis Hoyer, Uberg und Tondern, während es im Osten bis nach Skodborghus an der Königsau reichte. Die zum Ellum Syssel gehörende Insel Alsen und die Insel Aerö kamen unter die Herrschaft des Bischofs von Odense. Das restliche Schleswig bis zur Eider unterstand dem Schleswiger Bischof. Wenn auch Odense und Ripen Anteile an Schleswig besaßen, so verfügten sie jedoch nur über Randgebiete, während die Grenzen des Bistums Schleswig fast deckungsgleich mit dem Herzogtum übereinstimmten.[188] Waldemar I. war es wohl gewesen, der dem Schleswiger Bischof die halbe städtische Münze sowie ein halbes Hauptlos seiner väterlichen Erbgüter *(patrimonium)* und Erwerbungen *(acquisitones)* übertrug.[189] In einer zweiten Königsurkunde von 1187 sichert dann Knud IV. dem Schleswiger Bischof die Freiheit von Steuern, Dienstleistungen und der Heerfolge zu.[190] Das Ripener Bistum und dessen Kapitel besaßen weit weniger Rechte. Im Unterschied zu den Schleswiger Bischöfen mussten diese zudem bei allen Neuerwerbungen die königliche Erlaubnis einholen. Als dänischer Bischof besaß der Bischof von Ripen aber die gleiche Stellung wie der Schleswiger.[191]

Im hochmittelalterlichen Dänischen Reich spielten zwar die Bistümer eine große Rolle, doch kam es nie wie im Heiligen Römischen Reich zur Herausbildung mächtiger geistlicher Fürstentümer. Die

Baugeschichte des Schleswiger Doms vom 12. Jahrhundert bis 1500. Quelle: A. Stange, Der Schleswiger Dom und seine Wandmalereien (Berlin 1940).

Herrschaft des Königs über die Kirche blieb zunächst unbestritten. Bis zum Ende der Waldemarszeit bildete die Reichskirche eine feste Stütze des Königtums. Nach 1241 änderte sich das, als in der dänischen Schwächephase Papst Innozenz III. durchsetzte, dass auch in Dänemark der Bischof vom Domkapitel zu wählen sei. Seit Beginn des 14. Jahrhunderts zwang das Papsttum durch päpstliche Provisionen den Diözesen ihnen genehme Kandidaten auf. Der Schleswiger Bischof geriet dabei während des Mittelalters oft zwischen die Fronten der königlichen und herzoglichen Partei.

Der erste Schleswiger Bischof, Oredo (Hored/Horath), war als Suffragan dem Erzbischof von Hamburg, Adaldag, nachgeordnet. Ob Adaldags Bischöfe aber jemals vor Ort tätig waren, ist eher zweifelhaft. Bischofssitz war anfangs Haithabu-Hedeby (sächsisch: *Sliaswig*) und wurde spätestens nach der Zerstörung der Handelsniederlassung 1066 durch die Slawen ins heutige Schleswig am Nordufer der Schlei verlegt. Da der Oberherr über die Bischöfe von Schleswig und Ripen der Erzbischof von Bremen war, entsandte dieser teilweise deutsche Männer auf die dänischen Bistumsstühle, was zu Reibereien führte. So kam 1061 zur Regierungszeit Sven Estridsens (1047 – 1074) ein junger Bischof namens Sigmund nach Schleswig, da dem König missfiel, dass die Bischöfe der dänischen Sprache unkundig waren.[192] Zwar unternahm bereits Sven Estridsen den Versuch der Schaffung eines dänischen Erzbistums, doch gelang dies erst 1104 mit Lund, dem Ripen und Schleswig unterstellt wurden. So wurde die Verbindung zum deutschen Bremen abgebrochen und dänische Bischöfe in Schleswig bestellt, die in der gleichen Weise wie ihre Amtsbrüder an der dänischen Politik teilnahmen. So fiel etwa der Bischof Friedrich als *styrismand* 1179 beim Kriegszug gegen die Wenden, während sich Bischof Jens unter den Großen des Reiches befand, als auf dem Reichstag von Vordingborg 1241 das *Jyske Lov* erlassen wurde.

Die Zugehörigkeit des Bistums Schleswig zum Dänischen oder Heiligen Römischen Reich blieb jedoch umstritten. Wenn auch einige Schleswiger Geistliche dieses als zu den neun dänischen Bistümern zugehörig betrachteten, so vertrat das kaiserliche Reichskammergericht zu Speyer die Auffassung, das Schleswig mit den drei Sysseln als dänischer Verwaltungseinteilung ein deutsches Reichslehen sei. Im Spätmittelalter versuchten die Landesherren zunehmend, Einfluss auf die Bistümer mit ihren Rechten und Personalentscheidungen zu nehmen. Dies gelang ihnen nicht beim Lübecker Bischof und dem auf das Domkapitel in der Stadt beschränkten Hamburger Bischof, wohl aber bei dem

links: Der dreiflügelige Kreuzgang (Schwahl) im Dom von Schleswig mit den Deckenfresken. Foto: Dirk Meier

rechts: Bordesholmer Altar im Dom von Schleswig. Foto: Dirk Meier

von Schleswig. Dieser hatte seinen Sitz in den 1270er Jahren nach Schwabstedt verlegt, wo sich auch der Besitz des Bistums konzentrierte. Die geistlichen Funktionen in der Stadt Schleswig nahm hingegen das Domkapitel wahr, dessen Mitglieder anders als in Lübeck und Hamburg durchweg vom Adel ernannt wurden. Ein weiteres Kollegiatkapitel bestand dann in der zweiten Hälfte des 13. Jahrhunderts in Hadersleben.

Im 13. Jahrhundert wurde der Schleswiger Bischof zunehmend in den Streit zwischen König und Herzog um die Macht in Schleswig hineingezogen. Nachdem Bischof Eskil (1244 – 1255) noch Herzog Abel gegen König Erik Plogpenning unterstützte, trat er nach Abels Tod 1252 zur herzoglichen Partei über und krönte Christoph I. zum König. Eskils Nachfolger Nikolaus II. (1255 – 1265) war wieder Anhänger des Königs, während Bischof Bonde (1265 – 1282) eher herzoglich gesonnen war. Mit Johann II. von Bokholt (1307 – 1331) begann dann die lange Reihe deutscher Bischöfe in Schleswig, die bis zur Reformation nur einmal durch den Dänen Brun unterbunden wurde. Die Schleswiger Bischöfe besaßen zwar seit dem Königsprivileg Knuds VI. von 1187 ihre Immunität über ihre Ländereien, doch erhielten sie diese seit 1261 ausschließlich vom Herzog. Mit dem Eindringen Graf Gerhards III. von Holstein-Rendsburg nach Schleswig 1326 war es dann mit der Eigenständigkeit des Schleswiger Bischofs endgültig vorbei, der nun der Landesherrschaft völlig unterworfen war.

Das Domkapitel hatte seinen Sitz in Schleswig, wo erstmals 1134 im Zusammenhang mit der Ermordung des dänischen Königs Niels durch die Kaufmannsgilde ein Dom erwähnt wird. Bei diesem Bau handelte es sich um eine dreischiffige, flachgedeckte Pfeilerbasilika mit Chorquadrum und eingezogener Halbrundapsis. Vermutlich gehört auch das Querhaus mit den Nebenapisiden zu diesem, von der

Westwand bis zur Apsis 65 m langen Ursprungsbau.[193] 1275 stürzten die beiden Chorflankentürme ein. Die Basilika selbst wurde – anders als die holsteinischen Bischofskirchen – nicht aus Backsteinen, sondern aus Granitquadern errichtet. Diese Technik mit ihren profilierten Sockeln und Löwenreliefs an den Portalen des Lang- und Querhauses, die zusätzliche Verwendung rheinischen Tuffs ebenso wie der ganze Bautypus gleichen den zur selben Zeit errichteten Dombauten von Ripen und Viborg. Ihre Vorbilder weisen in den westlichen Kulturkreis. Der Granit-Tuff-Bau von Schleswig wurde allerdings verändert weitergebaut. So errichtete man die Querhäuser teilweise mit Backsteinen. Das Langhaus erhielt Backsteinpfeiler, die einen profilierten Sockel erhielten. Hier wird eine Verbindung zur holsteinischen Backsteinarchitektur sichtbar. Im 13. Jahrhundert wurde auch das Querhaus ähnlich wie bei den Holsteiner Kirchenbauten eingewölbt. Dieser Bauphase ist auch die ehemalige turmlose Westfassade zuzurechnen. Im Mittelschiff belegen achtrippige Gewölbe rheinischen Einfluss. Auf diese Weise entstand zwischen 1275 und 1300 der hochgotische Hallenchor und der Schwahl als dreiflügeliger Kreuzgang. Die romanische Basilika wurde von 1200 bis 1408 zur spätgotischen Hallenkirche erweitert und im 16. Jahrhundert vollendet. Erst 1894 erhielt diese Backsteingotik-Kathedrale ihre endgültige äußere Form.

Die Bronzetür des Doms von Ribe schmückt ein Türzieher aus der Zeit um 1225 in Form eines Löwenkopfes. Foto: Dirk Meier

Neben dem gotischen Dreikönigsaltar (um 1300) im südlichen Nebenchor, einer Bronzetaufe im Hochchor aus der Zeit um 1480 und einer Holzplastik des Christophorus von Hans Brüggemann ist das Prunkstück der ursprünglich für die Bordesholmer Klosterkirche angefertigte, 12,60 m hohe Altar mit 392 Figuren, der die biblische Passionsgeschichte von der Gefangennahme Jesu bis zu Christi Himmelfahrt zeigt. Das größte und künstlerisch anspruchsvollste Bildwerk des Mittelalters in Schleswig-Holstein und eines der letzten vorreformatorischen Retabeln gelangte 1666 in den Schleswiger Dom.[194] Bemerkenswert sind auch die mittelalterlichen Wandmalereien.[195] So ließ der Bischof Berthold den Hohen Chor gegen Ende des 13. Jahrhunderts erweitern und mit Motiven der Verkündigung, der Marienkrönung, einigen Heiligen und Engeln ausmalen. Im Prozessionsgang des Schwahls befinden sich Fresken aus der Erbauungszeit mit dem Leben Jesu und Fabelwesen.[196]

Der erste 63 m lange und 36 m breite Steinbau des Doms von Ribe bildete eine dreischiffige Basilika mit Querhaus und Westtürmen nach rheinischen Vorbildern. Als Baumaterial wurde vor allem Tuffstein verwendet, der mit Schiffen von den Steinbrüchen bei Köln herbeigeholt wurde und sich auch bei vielen Landkirchen im Bistum findet. Nur für Sockel, feinere Architekturteile und Skulpturen verwende-

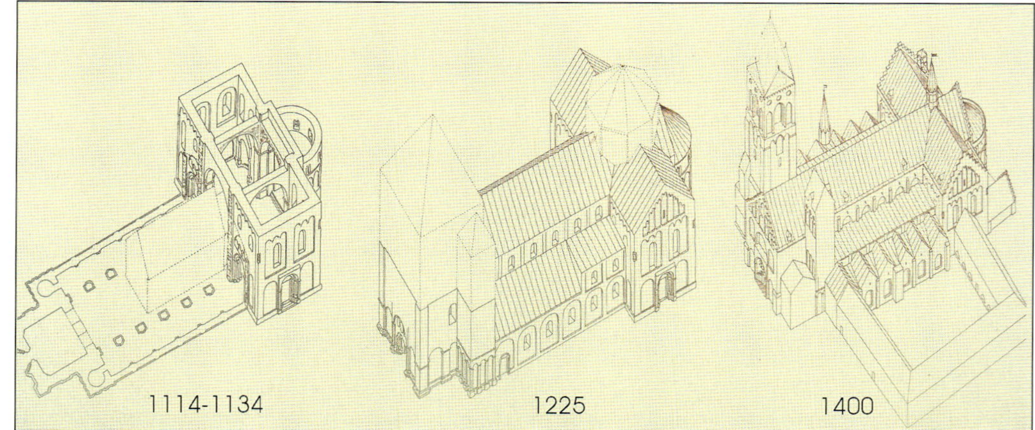

Bauphasen des Doms zu Ribe. Um 1114–1134 begannen die Dombauarbeiten am Chor, bis 1225 war das Langschiff fertig. Um 1400 waren an das Hauptschiff Seitenkapellen angebaut worden und nach Einsturz des nördlichen Treppenturmes ein Bürgerturm (1333) entstanden. Foto: Dirk Meier, Rekonstruktion nach Horskjær

ten die Baumeister einheimischen Granit oder feinkörnigen Wesersandstein. Zunächst wurden nur die Seitenschiffe gewölbt und die Vierung, über der eine mächtige Tuffsteinkuppel entstand. Mittelschiff und Querhaus waren ursprünglich flachgedeckt, bis man Anfang des 13. Jahrhunderts unter dem Eindruck der neuen gotischen Architekturformen auch diese Bauteile mit Rippengewölben über figürlichen Konsolen versah. Das Mittelschiff erhielt große dreieckige Obergadenfenster. Nachdem 1283 der nördliche Treppenturm einstürzte, entstand 1333 an seiner Stelle der 52 m hohe sog. Bürgerturm *(Borgertårnet)* mit seiner durch die Bürgerschaft aufgehängten Glocke, das Wahrzeichen der Stadt. Diese Bautradition folgt den Vorbildern flandrischer Handelsstädte wie Gent und Brügge. Seit dem Einsturz der Spitze 1534 ist der Turm flach gedeckt. In den Abmessungen bescheidener ist der romanische vierseitig gedeckte südliche Marienturm (*Mariatårnet)*. Die dritte Turmspitze ist der Dachreiter über dem Ostchor. Trotz der relativ geringen Turmhöhen hat der Kirchenbau, nur umgeben von den niedrigen Häusern der Altstadt, eine eindrucksvolle Fernwirkung. Die Kapellenanbauten, die im 14. und 15. Jahrhundert an den Seitenschiffen entstanden, wurden am Ende des Mittelalters zu zwei äußeren Seitenschiffen zusammengebaut, so dass der Dom seine heutige fünfschiffige Anlage erhielt. Schönster Außenbestandteil des Doms ist das Südportal des Querhauses mit dem um 1150 – 1175 entstandenen Granitrelief der Kreuzabnahme und säulentragenden Löwen. Der Dreiecksgiebel darüber aus der 1. Hälfte des 13. Jahrhunderts zeigt ein Sandsteinrelief des Himmlischen Jerusalem sowie die königlichen Stifter des Domes. Die Bronzetür schmückt ein Türzieher aus der Zeit um 1225 in Form eines Löwenkopfes. Mit König Erik I. Ejegod († 1103), Erik Emune († 1137) und Christoph I. († 1259) sind drei dänische Monarchen im Dom bestattet, was die Bedeutung der mittelalterlichen Stadt nachhaltig unterstreicht.

Dom zu Ribe mit weithin sichtbarem, 52 m hohen Bürgerturm, der von den Bürgern nach Vorbildern flandrischer Städte 1333 errichtet worden war. Foto: Dirk Meier

Mit der Einführung der Reformation 1536 wurde der Dom dann zur Bürgerkirche.[197]

Wie die weltlichen Adeligen besaßen auch die Bischöfe Grundeigentum, Wirtschaftshöfe und Burgen. Der Schleswiger Bischof Occo errichtete 1161 die Burg Gottorf, nachdem eine ältere, nordwestlich gelegene Burg auf dem Geländes des heutigen Guts Falkenberg nach einem dänischen Angriff zerstört worden war. 1268 gelangte die Anlage ebenso wie der Wirtschaftshof in Klein-Gottorf in einem Tauschgeschäft an die Schauenburger Grafen.[198] Der Hof in Hessel bei Apenrade wurde hingegen 1231 oder 1251 vom dänischen König an den Schleswiger Bischof

Der Zisterziensermönch Caesarius von Heisterbach (um 1180, † nach 1240) prangerte in seinen Predigten die Sünden der Bauern an. Caesarius zu Füßen des heiligen Benedikt, Handschrift C 27 der Universitäts- und Landesbibliothek Düsseldorf.*

übertragen, der nach 1259 zum Stadtherren Apenrades wurde.

Zentraler Wirtschaftshof des Bischofs von Ripen bildete das südlich der Stadt gelegene Lustrup, von wo aus die Verwaltung der Besitzungen im Umkreis Ripens erfolgte. Die hier 2001 durchgeführten Ausgrabungen konnten den Wirtschaftshof des Bischofs teilweise freilegen. Nachgewiesen wurde ein 54 m langes und 5 – 6 m breites Gebäude der Zeit zwischen 1200 und 1300 mit großen eingetieften Pfosten. Hierher brachten zahlreiche schleswigsche Bonden ihre Abgaben. Daneben befand sich ein aus Bruchsteinen gemauertes 8 x 8 m großes Fundament.[199] Dem Bischof gehörten noch mehrere solcher großen Höfe vor allem im Umkreis Ribes, aber auch in Mitteljütland und an der Küste Westjütlands bis zum Limfjord.[200] Im 13. Jahrhundert besaß der Bischof auch einen befestigten Hof in Mögeltondern (Møgeltønder), der gleichzeitig Verwaltungszentrum für eine Reihe bischöflicher Besitzungen im Umland war. Da das Bistum Ripen zum Königreich Dänemark und nicht zum Herzogtum Schleswig gehörte, blieben seine Besitzungen in Mögeltondern (Møgeltønder) auch nach dem Frieden von Vordingborg 1435 unangetastet, in dem sich der holsteinische Graf Adolf VIII. nach einem Krieg im Bündnis der wendischen Hansestädte gegen Dänemark die Herrschaft über Schleswig sichern konnte. Mögeltondern bildete mehr als vier Jahrhunderte lang eine Exklave des Königreichs auf dem Territorium des Herzogtums Schleswig. Nach der Reformation wurde der Haupthof als Gutshof weitergeführt.

Eine zweite Befestigung war das 1379, 1409 und 1484 genannte Brink am Rande der Altmoräne bei Østerende nahe der Ballum-Marsch. Bei der Ausgrabung 1992 konnte teilweise ein in Ziegelsteinen errichtetes, über 20 m langes und 9 m breites Hofgebäude freigelegt werden.[201]

Kirchspiele, Burgen und Vogteien in Holstein.

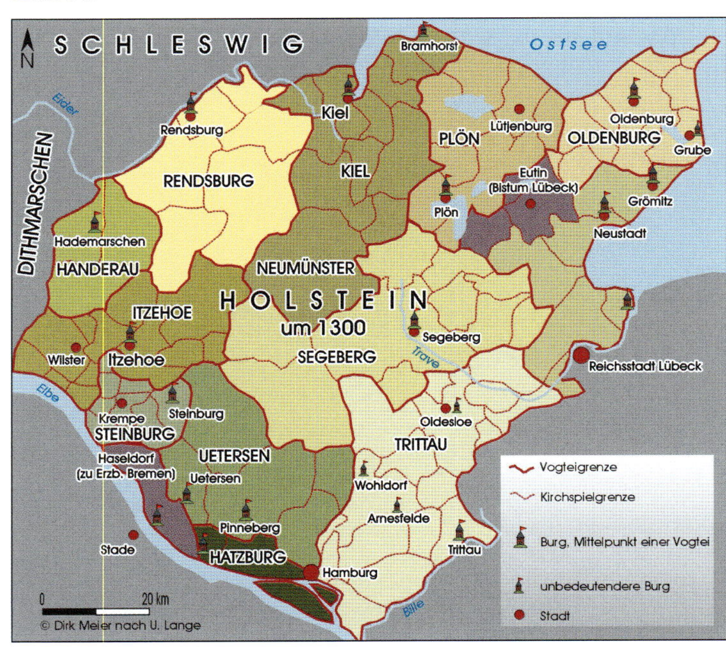

Pfarrorganisation und Dorfkirchen

Vorrangige Aufgabe der Bistümer war im Hochmittelalter die Durchdringung des Landes mit einer Pfarrorganisation, die mit dem Landesausbau in Schleswig-Holstein im 12. Jahrhundert einsetzte und Mitte des 14. Jahrhunderts einen ersten Abschluss erreichte. Dieser Prozess dokumentiert die Notwendigkeit der Versorgung der Einwohner in den Dörfern durch Priester in einer christlich geprägten Gesellschaft, die das gesamte Leben von der Geburt über die Heirat bis hin zum Tod umfasste. Kirchweihfeste und Jahrmärkte fanden dabei oft im Herbst statt, somit zu einer Zeit, in der Bauern ihre Ernte eingebracht hatten. Pfarrkirche und Friedhof als geweihte Begräbnisstätten wurden so zu Mittelpunkten des Dorflebens. Gleichzeitig bemühten sich die Gemeinden, durch Stiftung und Pfarreibildung die Kirche ins Dorf zu holen. Der Wunsch nach einer eigenen Pfarrkirche entsprach aber auch dem Geltungsbedürfnis und der Repräsentation. Wenn man keine Pfarrei erhalten konnte, musste auch eine Vikarie oder Kaplanei genügen.

Nur wenig wissen wir über die Predigten des Mittelalters. Aus der Predigtliteratur des Zisterziensermönches Caesarius

Die ersten, zwischen 1160 und 1220 errichteten, einschiffigen Feldsteinkirchen Holsteins wiesen in der Regel einen eingewölbten Chor mit Apsis auf. Das Mauerwerk der unregelmäßigen Feldsteine wurde mit Gips vergossen und verfugt, wie es in Bosau am Plöner See noch gut zu sehen ist. Foto: Dirk Meier

Die Bonifatiuskirche in Schenefeld zählt neben den Kirchen von Hamburg und Meldorf zu den drei Urkirchen nördlich der Elbe, die von Ansgar um 826 gegründet wurden. Der heutige Kirchenbau ist in seinen ältesten Teilen aber erst in romanischer Zeit errichtet worden. Foto: Dirk Meier

von Heisterbach (* um 1180, † nach 1240) vom Kloster Heisterbach bei Königswinter und anderen klerikalen Aufzeichnungen erfahren wir jedoch, dass die Priester als Hauptsünden der Bauern Habsucht, Diebstahl, Zehntverweigerung und Unmäßigkeit beim Essen und Trinken oder auch abergläubische Praktiken und leibliche Vergnügungen anprangerten.[202]

Der Umfang des Landesausbaus lässt sich am besten anhand der seit dem frühen 12. Jahrhundert sich ausbreitenden Pfarrorganisation erkennen. In Altholstein, Dithmarschen und Stormarn besaßen die hochmittelalterlichen Kirchspiele noch eine relativ große Ausdehnung, bevor diese im Verlauf des Landesausbaus unterteilt wurden. Während in Stormarn und Altholstein um die Mitte des 12. Jahrhunderts eine flächendeckende Pfarrorganisation bestand, konnte diese in Ostholstein und Lauenburg – ausgehend von den Gründungen unter Vizelin in Bornhöved, Segeberg und Oldesloe – erst später aufgebaut werden.[203] Die ersten, zwischen 1160 und 1220 errichteten, einschiffigen Feldsteinkirchen Holsteins wiesen in der Regel einen eingewölbten Chor mit Apsis auf und knüpften damit an die Vorbilder der Haussteinarchitektur an.[204] Das Mauerwerk der unregelmäßigen Feldsteine wurde dabei mit Gips vergossen, wie es in Bosau noch gut zu sehen ist. Später verfugte man die Feldsteine flächig. Die Bonifatiuskirche in Schenefeld zählt neben den Kirchen von Hamburg und Meldorf

Aus Tuff errichtete Kirchen entstanden vor allem um die Bischofssitze Schleswig und Ribe oder in reichen Marschgebieten.

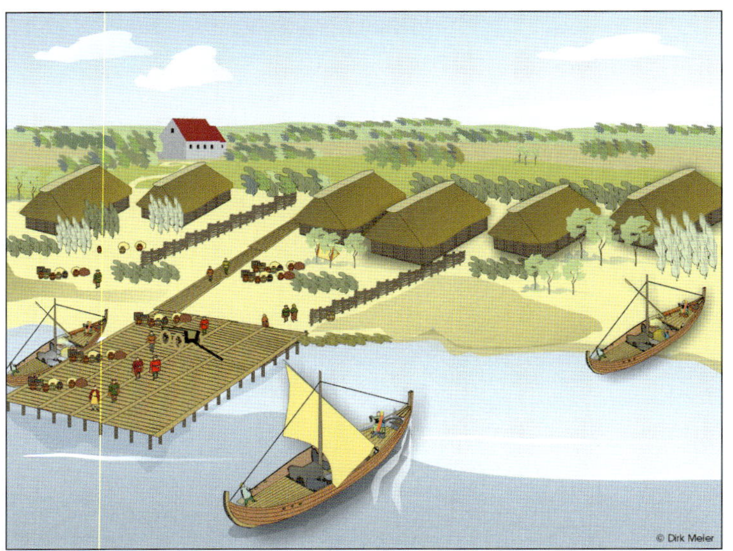

Im engen Zusammenhang mit dem Schleswiger Dombau muss man die vollständig aus Tuff errichtete Kirche von Hollingstedt sehen, die nur etwa 100 m nördlich vom heutigen Treeneufer errichtet wurde. Hierher gelangten über Rhein, Nordsee, Eider und Treene die Tuffsteine, die dann auf dem Landweg nach Schleswig gebracht wurden.

zu den drei Urkirchen nördlich der Elbe, die von Ansgar um 826 gegründet wurden, und in der Vita Anskarii bei Rimbert als *ecclesiae baptismales* erwähnt sind. Der heutige Kirchenbau wurde aufgrund von Zerstörungen der älteren Kirche erst nach dem Dreißigjährigen Krieg erbaut. Reste eines romanischen Fundamentes sind jedoch noch im Chorraum der Kirche und der nördlichen Außenwand erhalten. Versuche, diese nach den Ausgrabungen von 1932 als karolingisch zu interpretieren, gelten mittlerweile als widerlegt.

Wie in Altholstein entstanden auch in Angeln und Schleswig zahlreiche Kirchspiele zwischen 1150 und 1250. Im Spätmittelalter erfolgten nur noch geringe Veränderungen in der Kirchspielorganisation des Landes. Die prachtvollen Dombauten von Ripen und Schleswig strahlten auf die Dorfkirchen des Umlandes aus, wo romanische Granitquaderkirchen mit massiven Mauern mit zusätzlicher Verwendung von Tuffsteinen und kleinen Rundbogenfenstern erbaut wurden. Im engen Zusammenhang mit dem Schleswiger Dombau muss man die vollständig aus Tuff errichtete Kirche von Hollingstedt sehen, die nur etwa 100 m nördlich vom heutigen Treeneufer errichtet wurde. Hierher gelangten über Rhein, Nordsee, Eider und Treene die Tuffsteine, die dann auf dem Landweg nach Schleswig gebracht wurden. Für den Warenumschlag wurden dazu im 12. Jahrhundert hölzerne Plattformen am Ufer errichtet, um in dem feuchten Gelände den Zugang zu den Schiffen zu erleichtern. Nur wenige Häuser standen am Ufer selbst.[205]

Die Quadertechnik des Schleswiger Doms finden wir in einigen im 12. und beginnenden 13. Jahrhundert errichteten Saalkirchen Angelns, die auch Portale aus Granit und Tuff aufweisen. Für Sörup und Norderbrarup lässt sich dabei die künstlerische Bautradition auf das landesherrliche Patronat zurückführen. Das im Schnittpunkt mehrerer Wege gelegene Husby, in dessen Gemarkung ein Münzhort mit Münzen aus Haithabu mit Prägungen der Jahre 940 – 980 gefunden wurde, gehört dabei zu den ältesten Besitzungen des Schleswiger Bischofs. Die St.-Vincenius-Granitquaderkirche von Husby, dem Zentrum der Husbyharde, wurde im 12. Jahrhundert erbaut. Der mächtige Turm stammt aus gotischer Zeit. Die Verwendung von Granitquadern spricht für die Bedeutung der Kirche, denn von den 37 erhaltenen romanischen Kirchen in Angeln sind ansonsten nur die bedeutenden Bauten in Munkbrarup, Norderbrarup und Sörup aus diesem Material. Der mächtige Turm stammt aus gotischer Zeit, ist mit Schindeln gedeckt und weithin sichtbar.

Zu den interessantesten Dorfkirchen Angelns gehört Ulsnis.[206] Die auf einer Moränenkuppe nahe der Schlei errichtete Kirche wurde 1338 dem heiligen St. Wilhadus geweiht, einem angelsächsischen Priester aus Northumbrien, der 772 unter den Friesen missionierte und 778 Bischof von Bremen wurde. Der ältere Teil der Kirche ist ein 13,3 m langer und 6,5 m breiter romanischer Feldsteinbau mit der Verwendung rheinischen Tuffsteins aus der Mitte des 12. Jahrhunderts. Um 1200 n. Chr. erfolgte nach Westen ein 7,4 m langer Erweiterungsbau mit bis zu einen Meter dicken Mauern, ein weiterer Ausbau nach Osten kam dann 1796 hinzu, nachdem bereits im

17. Jahrhundert der Dachstuhl erneuert worden war. Durch die erste Verlängerung erhielt die bescheidene Ulsnisser Kirche eine Größe, wie sie sonst nur von großen romanischen Kirchen dieser Zeit, wie Munkbrarup oder Sörup, erreicht wird. Dass an der Erweiterung die Besitzer einer nahen, nicht vor dem 13. Jahrhundert errichteten kleinen Motte, zu der ein Wirtschaftshof im heutigen Pastoratsgarten gehörte, beteiligt waren, wäre denkbar.

Wer sich zu Christus bekennen wollte, betrat die Kirche durch das Nordtor, wurde am Taufbecken, das ursprünglich zwischen den Portalen stand, getauft und trat durch das mit einem *Tympanon* (geschmücktes Bogenfeld) verzierte Südtor hinaus. In Ulsnis besteht dieses aus kostbarem schwarzen rheinischen Tuffstein. Während bei den meisten Tympana über Südtoren in Angeln der die Kirche begründende Christus dargestellt ist, indem er Petrus den Schlüssel und Paulus das Buch übergibt, begegnet uns in Ulsnis eine Variante: Der Betrachter wird mit dem zweiten großen Sündenfall und seiner Überwindung konfrontiert, mit der Geschichte von Kain und Abel. In der Mitte sitzt der segnende Christus mit der Bibel. Links von Christus steht der Brudermörder Kain mit einem Ährenbündel, von hinten greift ihn als Untier der Teufel. Zur rechten Seite von Christus steht Abel, der ein Lamm trägt. Dieses Motiv ergänzen zwei Löwendarstellungen als ehemalige Portalsteine. Über einem demütig sich neigenden Mann erhebt sich ein Löwe. Wer Gottvertrauen hat, so die Bildaussage, dem kann das Böse nichts anhaben. Darunter befindet sich ein Lindwurm. Der zweite Löwe gegenüber beißt in den Leib eines Menschen, der ihm sein Schwert in den Rachen stößt. Die ungleichgewichtigen Darstellungen deuten darauf hin, dass das Portal umgebaut oder das Tympanon gar nicht für Ulsnis geplant war.

Die Reliefquader an der Nordostecke des Chores, die erst 1796 hierher versetzt wurden, zeigen ein eng umschlungenes, bekleidetes Paar, die Adam und Eva nach der Vertreibung aus dem Paradies versinnbildlichen.[207] Die uns heute fremde Bildsprache des 12./13. Jahrhunderts war dem mittelalterlichen Menschen leicht begreif-

Romanisches Portal der Kirche von Sörup. Foto: Dirk Meier

links: Granitquaderkirche von Sörup. Foto: Dirk Meier

unten: Die Kirche von Ulsnis mit Bauplastik.

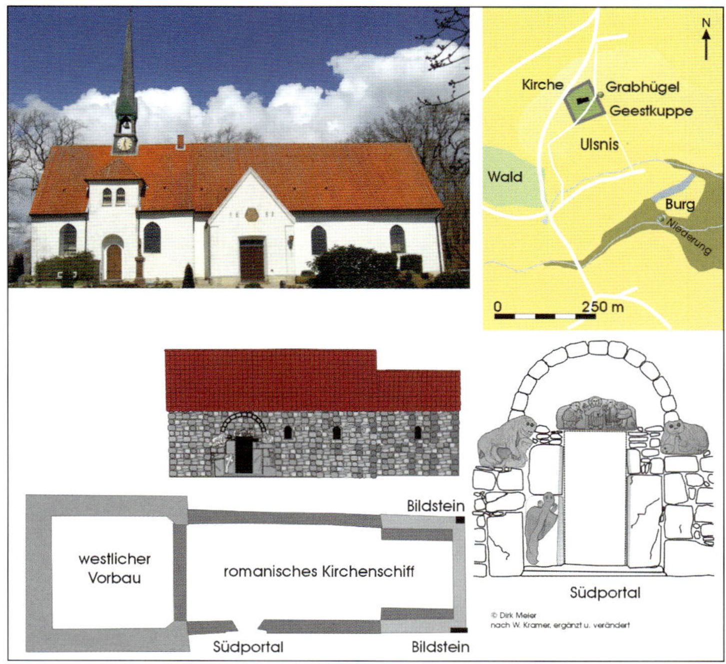

Zur romanischen Bildplastik der Kirche von Ulsnis gehören Bilder des biblischen Sündenfalls. Oben links: Adam und Eva (Nordostecke des Chores) nach dem Sündenfall; oben rechts: nackte langhaarige Gestalt und sich beugende Frau mit Haaren, vermutlich Maria (Südwandecke des Chores); unten rechts: einen Menschen verschonender Löwe, ehemaliger Portalstein. Fotos: Dirk Meier

lich, wurden ihm doch so die Sündhaftigkeit des Menschen und die Überwindung des Bösen durch Jesus Christus deutlich vor Augen geführt. Eva ist daher als Frau und Schlange zugleich, somit auch als Symbol der Verführung dargestellt. Das Paar ist nach dem Sündenfall bekleidet, fürchtet sich und sucht Schutz beieinander. Nur durch das Bekenntnis zu Christus lässt sich der Sündenfall überwinden. Dazu bedarf es der Taufe. An der Südwand des Chores befindet sich ein weiterer Eckquader mit einer tanzenden Frauengestalt, wohl die sündhafte Salome. Ob daneben Maria sich herabbeugt und ihr geöffnetes Haar der Sünderin anbietet, wäre denkbar. Vielleicht war dieser Stein ursprünglich als linker Portalstein vorgesehen.

Die Löwenreliefs von Ulsnis gehören in den Umkreis früherer Domportale, wie sie auch in der Gestaltung von Simons Löwenkampf an den Kirchen von Sörup (Nordportal) und Munkbrarup vertreten sind. Das Tier spielt in der Phantasie des mittelalterlichen Menschen eine besondere Rolle. Die Tierplastik des 12. Jahrhunderts, soweit sie nicht dekorativer sondern symbolischer Art ist, schmückt vor allem Portale, welche somit die von bösen Mächten bedrohte Außenwelt vom geweihten Kircheninnenraum trennen. In Norderbrarup finden sich Bestiendarstellungen; Löwentaufen existieren in Munkbrarup und in St. Johann in Nieblum auf Föhr. Diese Werke mögen von der Mitte des 12. Jahrhunderts bis um 1200 entstanden sein. Die ehemaligen Portallöwen stehen in der Tradition entsprechender ikonographischer Darstellungen aus der Lombardei und Unteritalien. Lombardische Handwerker durchzogen aber auch Mitteleuropa. Der Munkbraruper Löwenkampf auf dem Taufstein dürfte von einem Einheimischen aus dem Granit gemeißelt worden sein.[208] Die im letzten Viertel des 12. Jahrhunderts

links: Die im letzten Viertel des 12. Jahrhunderts erbaute St.-Laurentius-Kirche von Munkbrarup ist dem Baustil nach eine jütländische Granitquaderkirche und hatte ursprünglich eine runde Apsis, aber keinen Turm. Das Südportal ist dem Petri-Portal des Schleswiger Doms nachempfunden. Foto: Dirk Meier

rechts: Die Löwentaufe in der Kirche von Munkbrarup. Foto: Dirk Meier

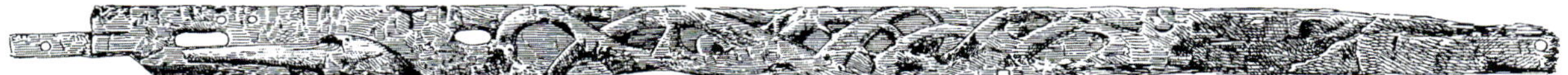

Im Urnes-Stil verzierter Balken aus der Kirche von Humtrup, der möglicherweise von einer älteren Holzkirche aus dem Ende des 11. oder dem frühen 12. Jahrhundert stammt. Grafik: Richard Haupt

erbaute St.-Laurentius-Kirche von Munkbrarup ist dem Baustil nach eine jütländische Granitquaderkirche und hatte ursprünglich eine runde Apsis, aber keinen Turm. Das Südportal ist dem Petri-Portal des Schleswiger Doms nachempfunden. 1582 wurde die Kirche nach einem Brand wiederhergestellt. Das Triumphkreuz in der Kirche stammt aus dem Rudekloster bei Glücksburg.

Im westlichen und nördlichen Schleswig kennzeichnen fein behauene Feldsteinquader die Kirchen ebenso wie in Jütland. Dabei waren von den 228 mittelalterlichen Landkirchen in Nordschleswig 200 vor 1300 erbaut.[209] Im nördlichen Westschleswig überwiegen dabei Kirchenbauten mit halbrundem Chor vor rechteckigen. Die größten Kirchenbauten liegen dabei – wie Bröns (Brøns) – am Geestrand in Nachbarschaft zu den fruchtbaren Marschgebieten. Teilweise finden sich – wie bei der Kirche von Humtrup südöstlich von Tondern – Eichenplanken mit Tierstilornamentik, was an ältere Holz- bzw. Stabkirchen vor den romanischen Steinbauten denken lässt. Für den im spätwikingerzeitlichen Urnes-Stil verzierten Balken von Humtrup, bei dem es sich um einen Rähmbalken handeln dürfte, lässt sich die Existenz einer älteren Holzkirche für das späte 11. oder frühe 12. Jahrhundert wahrscheinlich machen.[210] Da unter einigen romanischen Kirchen in Dänemark Holzkirchen des 11. Jahrhunderts nachgewiesen sind, lassen sich solche auch für Schleswig-Holstein annehmen, wenn es hier – mit Ausnahme von Alt-Lübeck – auch an Belegen fehlt. So konnte beispielsweise in Hørning bei Randers in Nordjütland eine 6 x 4 m große Holzkirche mit einem Chor von 3 x 3 m ausgegraben werden.[211] Neben spätwikingerzeitlichen Tierstilen finden sich auch noch Runeninschriften in frühen Kirchen, wie das Beispiel der um 1100 erbauten Kirche von Norder Lügum (Nørre Løgum) in Nordschleswig zeigt. Die romanischen Kirchen waren dabei mit Kalkmalereien auf den Wänden verziert, wie sie u.a. in Broager noch teilweise erhalten sind. Die in romanischer Zeit errichtete Kirche wurde in gotischer Zeit erweitert und erhielt ihren charakteristischen Doppelturm. Wie Broacker (Broager) gehört auch die dem Heiligen St. Laurentius geweihte Kirche von Rödding (Rødding) zu den prachtvollen Landkirchen Nordschleswigs, deren Apsis vom Dom in Ripe inspiriert wurde. Die Kirche von Hviding südwestlich von Ribe bietet ein weiteres Beispiel eines teilweise in Tuff und Ziegelsteinen errichteten Baus.

In Ostschleswig dominieren im Mittelalter Landkirchen aus Granit. Eine solcher einfachen romanischen Dorfkirchen mit Granitquadern ist die Kirche von Tislund bei Hadersleben. Quadersteinkirchen finden sich hingegen kaum in Mittelangeln, wo Feldsteinkirchen mit unregelmäßigen Findlingen überwiegen. Solche Kirchen aus roh behauenen Feldsteinen sind im Süden des ehemals dänischen Gebietes üblich. Architektonisch gibt es ähnliche Bauweisen auf Fünen. In den westlichen Marschen sind die Kirchen hingegen aus Backsteinen errichtet worden, einem Baumaterial, das sich seit dem Ende des 12.

Die nach Grabungsbefunden rekonstruierte Holzkirche von Hørning bei Randers vermittelt, wie man sich die frühen Holzkirchen vorstellen kann.

Zu den prachtvollen Landkirchen Schleswigs gehört Broacker (Broager) an der Flensburger Förde. Die romanische Kirche erhielt in gotischer Zeit ihre charakteristischen Doppeltürme. Neben der Kirche befindet sich der Glockenstapel. Foto: Dirk Meier

Jahrhunderts durchsetzt. Im Dänischen Wohld weisen die Kirchen starke Bezüge zu Holstein auf, da von hier aus ein Landesausbau in das ehemalige Waldgebiet des dänischen Grenzstreifens erfolgte. Typisch für die Kirchen in Schleswig sind auch aus Granitsteinen behauene Taufen, während in Eiderstedt im 14./15. Jahrhundert, somit zur Zeit der Gotik, auch solche aus belgischem Marmor vorkommen. In dieser Zeit wirkte auch die künstlerische Ausstrahlung von Lübeck auf das Land zwischen Eider und Königsau ein.

Im Laufe des 13. Jahrhunderts setzt sich dann in Holstein ebenso wie in Schleswig auch bei den Landkirchen die Backsteinarchitektur durch. Die Baumeister der in dieser Zeit noch errichteten Feldsteinkirchen versuchten durch ihren Putz mit Fugenritzung und Farbgebung Backsteine nachzuahmen.

Die Kirche von Hviding südwestlich von Ribe wurde vom dortigen Dombau inspiriert und teilweise in Tuff errichtet. Foto: Dirk Meier

Nachdem zu Beginn des 14. Jahrhunderts die Pfarrorganisation in Schleswig-Holstein im Wesentlichen abgeschlossen war, rückte in den etwa 400 Pfarrkirchen und mehr als 100 Kloster- und Stadtkirchen zunehmend die würdige Ausstattung des Innenraumes in den Blickpunkt. Neben den unverzichtbaren Taufen, Triumph- und Altarkreuzen, Kelchen, Patene, Lesepulte und Glocken kamen nun kostbare Altaraufsätze in Form hölzerner Flügelretablen hinzu, deren Grundform einem Schrein nachgebildet ist. Charakteristisch für deren Ausgestaltung ist die enge Verbindung von Bild und Kult, von visueller Darstellung und Reliquienverehrung. Etwas jünger ist der prachtvolle Altaraufsatz der Kieler St.-Nikolai-Kirche von 1460, der 1541 aus der ehemaligen Franziskanerkirche hierher überführt wurde. Typisch für diese weiterentwickelte Form ist der spätgotische Nebenaltar mit der Jordantaufe Christi mit abschließendem Kruzifix als Aufsatz auf dem Hochaltar.

Die Klöster

Neben den Bistümern und Pfarrkirchen besaßen die Klöster eine wichtige Funktion im Landesausbau. Dazu gehörten in Holstein die Augustiner-Chorherrenstifte in Neumünster und Segeberg. Die Augustiner-Chorherren *(canonici)* waren aus dem Zusammenschluss von Gemeinschaften entstanden, die nach dem Armutsideal in monastischer Form zusammenlebten, wenn sie auch selbst nicht Mönche im eigentlichen Sinne waren. Mit ihrer intenien Predigertätigkeit wandte sich diese Reformbewegung an alle Menschen, auch an diejenigen, die auf dem Lande lebten. Das 1125 von Vizelin gegründete Augustiner-Stift von Faldara (Neumünster) wurde 1327 oder 1332 auf eine Insel im westlichen Teil des Borderholmer Sees verlegt.[212] Das Bild, das Helmold von Faldera entwarf, ist das eines öden, schrecklichen, von Heide umgebenen Ortes, zumal hier an der

Die Klöster waren im Hochmittelalter am Landesausbau beteiligt.

unruhigen mittelalterlichen Slawengrenze – folgt man dem Chronisten (I, 47) – sich die Leute nördlich der Elbe zwar an das Sachsenrecht hielten, aber Raub und Diebstahl in der Nachbarschaft zu den Barbaren als Ruhm galt. Um so herrlicher glorifiziert Helmold daher das Erscheinen Vizelins in Faldera als wundertätigem Redner.[213] Zumindest mit seiner Schilderung der Gewalt der Zeit hatte Helmold recht, denn nach dem Tode Kaiser Lothars III. (4. Dezember 1137),zerstörte ein Aufgebot des slawischen Fürsten Pribislaw 1138 das Segeberger Stift.[214] Dieses 1134 im Auftrag Kaiser Lothars III. gegründete Stift hatte Vizelin von Neumünster aus ausstatten lassen. In diesen unruhigen Zeiten suchte auch die Landbevölkerung der umliegenden Dörfer in den Steinbauten der Stifte Schutz. Auch Kranke kamen nach Faldera, weil sie sich hier Heilung versprachen. Der KampfVizelins gegen die Dämonen wurde dabei nach Helmold (I, 55) eine seiner Hauptaufgaben. Zum Chorherrenstift gehörte im Mittelalter Grundbesitz in mehreren Dörfern im Umkreis zwischen Groß Vollstedt, Großenaspe und Rickling sowie in der Wilster-, Breitenberger-, Kremper- und Seestermühermarsch. Ferner bezog es von hier Zehntabgaben. Neben dem Grafen Adolf II., der dem Stift von Neumünster die *parrochia Ichhorst* übertrug, gab es weitere adelige Schenkungen, an denen sich auch der holsteinischen Overboden beteiligte. Soweit es sich bei den Schenkungen um Ödland handelte, wurde dieses in Morgen bzw. Hufen aufgeteilt. Die *agri hollandes* in den Elbmarschen in der Nähe der untergegangenen Orte von Bishorst, Romeresflete und Wulberessen belegen dabei die Hollerkolonisation in den Elbmarschen. Ferner gehörten die Pfarrkirchen von Breitenberg und Bishorst zum Stift.[215]

Neben den beiden Chorherrenstiften entstanden am Ende des 12. und zu Beginn des 13. Jahrhunderts Benediktiner- und Zisterzienserklöster in Schleswig-Holstein.

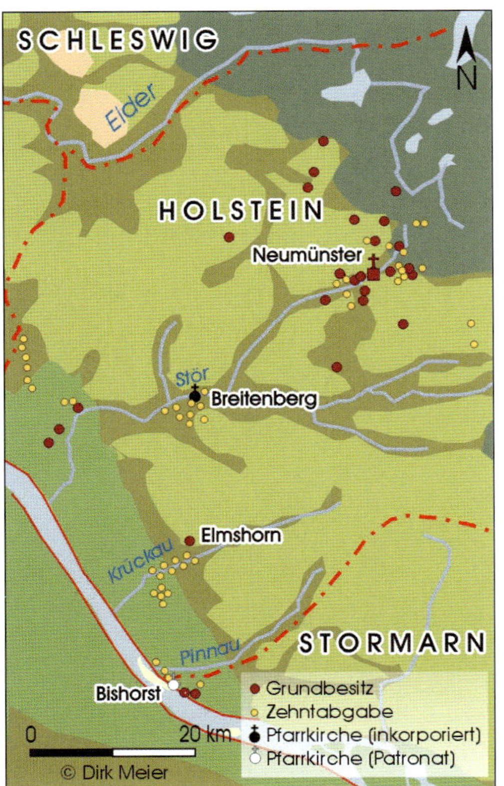

Der verstreute Grundbesitz und die Zehntabgaben des Augustiner Chorherren-Stiftes von Neumünster erstreckte sich von der holsteinischen Geest bis in die Elbmarschen.

Das 1125 in Neumünster von Vizelin gegründete Kloster siedelte 1330 nach Bordesholm um. Das Foto zeigt die ab 1309 errichtete dreischiffige Klosterkirche mit südlichem Gruftanbau. Foto: Uwe Barghaan

Benedikt von Nursia (um 480 in Nursia bei Perugia; † 21. März 547 auf dem Monte Cassino) Fresko im Kloster Subiaco. Foto: Gerd Müller*

Bernhard von Clairvaux sorgte für die Ausbreitung des Zisterzienserordens.

Der Benediktinerorden, der vom frühen 9. bis zum späten 12. Jahrhundert der einzig etablierte Orden der westlichen Kirche war, hatte sich nach Vorbildern aus Ägypten und dem Nahen Osten entwickelt. Besonders unter Benedikt von Nursia (* um 480; † 547), der für das 529 von ihm gegründete Kloster bei Montecassino die nach ihm benannte *Regula Benedicti* (Benediktsregel) einführte erhielt der Orden seine Ausformung, welche für die Mönche Gehorsam gegenüber ihrem Abt, Schweigsamkeit, Beständigkeit und Demut verlangte. Daneben wurde das *Ora et labora et lege* (Bete und arbeite und lies) zum Maßstab des Daseins. Drei Gelübde legte der Benediktinermönch dabei im Laufe seines Ordenslebens ab, die *Stabilitas* (Beständigkeit in der Gemeinschaft), den klösterlichen Lebenswandel und den Gehorsam.[216]

Der Zisterzienserorden entstand durch Reformen aus der Tradition der Benediktinermönche. Deren Mönche und Nonnen wollten in der Tradition der Gründer des Neuklosters in Cîteaux ein Leben des Gebets, der Lesung und der Arbeit führen. Ein wesentlicher Anlass zur Ordensgründung ist in der etwa 100 km entfernten berühmten Benediktinerabtei Cluny in Burgund zu suchen. Vor dem Hintergrund ihrer Prachtentfaltung im 11. Jahrhundert war die ursprüngliche Einfachheit der monastischen Lebensweise abhanden gekommen. Daraus erwuchsen Bemühungen, die ursprünglichen Ideale der Benediktsregel wieder zur Geltung zu bringen. Ein mit dieser Bewegung verbundener neuer Orden war die kleine Gemeinschaft der Zisterziener in Citeaux, deren Blütezeit 1112 mit dem Eintritt Bernhards von Clairvaux (* 1090; †1153) begann und der während seines Lebens dessen Wachstum von etwa 350 Klöstern erlebte. Der zentral geleitete Orden erblickte gerade in der Einfachheit von Jesus und dessen Jüngern die Grundlage des Glaubens. Deshalb zweifelte Clairvaux auch die dialektischen Lehren der Scholastik an. Neben Bernhard von Clairveaux wurde Norbert von Xanten (* 1080; † 1134), der Begründer der Prämonstratenser, zum Verkündiger des Armutsideals.[217]

In Holstein förderte vor allem Graf Adolf IV. (1224/25 – 1239) die Zisterzienser. Er stiftete in den wichtigsten Städten seiner Grafschaft, in Hamburg und Kiel, jeweils ein franziskanisches Kloster und gründete ferner in Hamburg ein Dominikanerkloster sowie die Nonnenklöster in Reinbek und Itzehoe. Angeblich gelobte er, bei einem Sieg in der Schlacht von Bornhöved 1227 gegen den dänischen König Waldemar II. Mönch zu werden. Nach dem für ihn glücklichen Ausgang konnte er seine Grafschaft wieder übernehmen, auf die sein Vater 1201 hatte verzichten müssen. Entsprechend seinem Versprechen gab er 1239 sein gräfliches Amt auf und trat in den Hamburger Konvent des Franziskanerordens ein, bevor er 1245/46 in das Kieler Kloster übersiedelte, wo er 1261 starb. Mit seinem Eintreten für die wichtigsten Reformorden des 12. und 13. Jahrhunderts, vor allem den Zisterziensern und Bettelorden, förderte Adolf IV. nicht nur den Landesausbau, sondern auch eine Integration Holsteins in das christliche Europa. Seine Frau Heilwig stiftete ein Zisterzienserinnenkonvent in Harvestehude.

Neben den landesherrlichen Stiftungen gab es auch bischöfliche Gründungen, so in Holstein St. Johannis in Lübeck, in Schleswig Lügumkloster und Guldholm sowie adlige Schenkungen wie Uetersen.

Aufgabe der Benediktiner und Zisterzienser waren zwar in der Nachfolge Christi auf Arbeit und Gebet abseits der Welt ausgerichtet, sie wurden jedoch in Ostholstein (Reinfeld, Preetz, Cismar) ebenso wie in den Elbmarschen (Itzehoe) auch zu Trägern des Landesausbaus. In ihrem Kolonialland verbreiteten die Klöster nicht nur das Christentum, sondern initiierten – wie Reinfeld in Lauenburg, Cismar und Preetz in Ostholstein, das Rudekloster in Nordangeln und Lügumkloster in Nordschleswig – auch Rodungen und die Urbarmachung von Ländereien.[218]

Die Gründung des Zisterzienser-Klosters Reinfeld südwestlich von Lübeck war schon 1186/87 auf Veranlassung Graf Adolfs III. erfolgt. Im November 1190 zog der erste Abt Hartmannus mit 12 Mönchen in das noch provisorische Kloster ein. Die endgültige Kirche wurde wohl erst 1236 geweiht. Die Mönche legten hier Teiche für die Karpfenzucht an, welche jedoch den Bedarf nicht decken konnten, so dass man zusätzlich Fisch aus Lübeck bezog. In der Folgezeit konnte das Kloster umfangreichen Landbesitz erwerben, der bis an das Baltikum reichte und es zu einem der reichsten Klöster in Norddeutschland machte. Ferner erwarben die Mönche Beteiligungen an der Lüneburger Saline. Um 1440 gab es 52 Priester und 8 Laienbrüder im Kloster. Das reiche Kloster verfügte über ein Stadthaus als Wirtschaftshof im benachbarten Lübeck. Während der Reformationswirren wurde das Kloster durch den Lübecker Bürgermeister Jürgen Wullenweber 1534 gebrandschatzt und dann 1582 säkularisiert. Die Klostergebäude riss man zugunsten eines Schlossneubaus ab.

Von Cismar an der Ostküste Wagriens aus begannen die Mönche mit der Rodung des Bungsberggebietes in Ostholstein.[219]

Zahlreiche Reliquien machten das Kloster Cismar zu einem wichtigen Wallfahrtsort. Daher erklärt sich die prunkvolle Ausstattung des Klosters. Dazu gehört vor allem der zwischen 1310 und 1330 auf dem Hochaltar errichtete dreiflügelige Altarschrein für die Aufnahme der Reliquien mit fünf Wimpergen als giebelartigen Bekrönungen, von dem einige Figuren wohl schon um 1250 entstanden. Foto: wikimedia

Daneben übernahm das Kloster auch das Krankenwesen für die Umgebung. Die Geschichte des Klosters geht auf den Lübecker Bischof Heinrich I. von Brüssel zurück, der 1177 Benediktinermönche aus Braunschweig nach Lübeck rief, wo sie das Johanniskloster gründeten. Da es aufgrund der Reformation der Benediktinerregel wohl zu Streitigkeiten mit den Zisterziensern kam und sich Klagen über das frivole Benehmen der Mönche häuften, ordnete der Landesherr Graf Adolf IV. die Verlegung des Klosters nach *Cicimeresthorp* an. Die Mönche protestierten zunächst vergeblich bei Papst Innozenz IV. gegen die Verlegung des Klosters. Erst 1238 begannen sie noch recht lustlos mit dem Bau der Klostergebäude in Cismar. Nachdem sie ihren Widerstand 1256 einstellten, wuchs der Landbesitz des Klosters durch Schenkungen und Stiftungen des Adels sehr schnell. 1322 besaß das Kloster einen direkt dem Kloster vorgelagerten Hafen, 23 Dörfer, zahlreiche Mühlen, Seen und Fischteiche. Der Landbesitz umfasste Ländereien in Lauenburg und Mecklenburg.

Das im Stil der Backsteingotik errichtete Kloster Cismar besteht aus einer heute einschiffigen hohen Kirche ohne Turm. Der ehemalige, später abgetrennte Laienabschnitt im Westen wurde im Barockstil umgebaut. Weitere einstöckige Bauten umschließen den viereckigen Innenhof im Osten und Süden. Die Umrisse des ehemaligen Kreuzganges deuten heute Steinmarkierungen an. Der westliche Bauteil ist nicht erhalten. Die Westfront ist als Treppengiebel ausgeführt. Wie 1965 durchgeführte Ausgrabungen belegen, wurde der ursprüngliche Bau bereits um 1320 wesentlich vergrößert. Den gesamten Komplex umgeben ein Wassergraben sowie Erdwälle.[220] Über 800 wertvolle Reliquien, darunter ein Blutstropfen Christi, ein Dorn seiner Krone, die Heinrich II. dem Lübecker Bischof geschenkt hatte, und die geheiligte Quelle auf dem Areal erhoben das Kloster zu einem wichtigen Wallfahrtsort. Die vor allem daraus resultierenden Einnahmen erlaubten eine schnelle Erweiterung und prunkvolle Ausstattung des Klosters. Dazu gehört vor allem der zwischen 1310 und 1330 auf dem Hochaltar errichtete dreiflügelige Altarschrein für die Aufnahme der Reliquien mit fünf Wimpergen als giebelartigen Bekrönungen, von dem einige Figuren wohl schon um 1250 entstanden. Dieser wird derselben Werkstatt wie das Bocholtgestühl im Lübecker Dom zugeschrieben und gilt als einer der ältesten Schnitzaltäre.[221] Durch die Pest und infolge der Fehden zwischen dem dänischen König und dem Holsteiner Adel verringerten sich jedoch die Wallfahrten. Auch die Einkünfte aus dem Landbesitz reichten nicht mehr zum Unterhalt des Klosters, so dass die Mönche 1435 Papst Eugen IV. um Unterstützung baten. Im Zuge der Reformation erfolgte die Aberkennung der Echtheit der Reliquien durch den Lübecker Bischof. Dadurch schwand die Bedeutung als Wallfahrtsort, was den Niedergang des Klosters beschleunigte. Nach der Kirchenordnung von 1542 wurde das Kloster 1544 säkularisiert, wenn auch die Klostergemeinschaft noch bis 1561 fortbestand.

Nach mehrfacher Verlagerung wurde in Preetz ein Benediktinerinnenkloster errichtet. Das Kloster war eingerichtet für 70 Nonnen aus der Ritterschaft und des Lübecker Patriziats. 1307 brannte das Kloster ab. Die nachfolgende Stutzbasilika entstand von etwa 1325 bis 1340. Foto: Dirk Meier

Die Geschichte des Benediktinerinnenklosters Preetz ist ebenso wie die Cismars eng mit Graf Adolf IV. von Schauenburg verbunden, der in den Klöstern die Zentren göttlichen Wirkens für den Landesausbau erblickte. Das Vorgängerkloster war zwischen 1211 und 1218 von Graf Albrecht von Orlamünde, dem Sohn der Schwester Waldmars II., zu Ehren der Jungfrau Maria und Johannes des Täufers als *Campus Beatae Mariae* gestiftet worden. Adolf IV. erneuerte die Stiftung 1226. Nach mehrfachen Verlagerungen von Marienfelde, Erpesfelde und Lutterbek wurde das Kloster schließlich 1261 in Preetz neu errichtet. Von der 1261 bis 1286 im romanischen Stil gebauten Klosterkirche ist nur ein Überrest erhalten, da das Kloster 1307 abbrannte. Zwischen etwa 1325 und 1340 wurde die neue Basilika erbaut. Den Laienaltar der Klosterkirche in Preetz weihte 1360 der Lübecker Bischof Bertram Cremon, und auch der Lübecker Bischof Albert II. Krummendiek verlieh diesem bei seinem Besuch 1488 den erneuten Segen. Auch die ursprünglichen Klausurgebäude entstanden im 15. Jahrhundert neu, wurden jedoch bis auf das Refektorium zwischen 1847 und 1849 abgebrochen. Die Klosterkirche erhielt 1741 einen erneuerten Chor, der Dachreiter entstand 1783. Von 1885 bis 1889 wurden das abgesackte nördliche Seitenschiff sowie die Portale in anderer Form wiederaufgebaut. Nur der Dachstuhl stammt noch aus dem 14. Jahrhundert. Zum Kloster gehören ferner zwölf von den adligen Familien für ihre Töchter errichtete Konventualinnen-

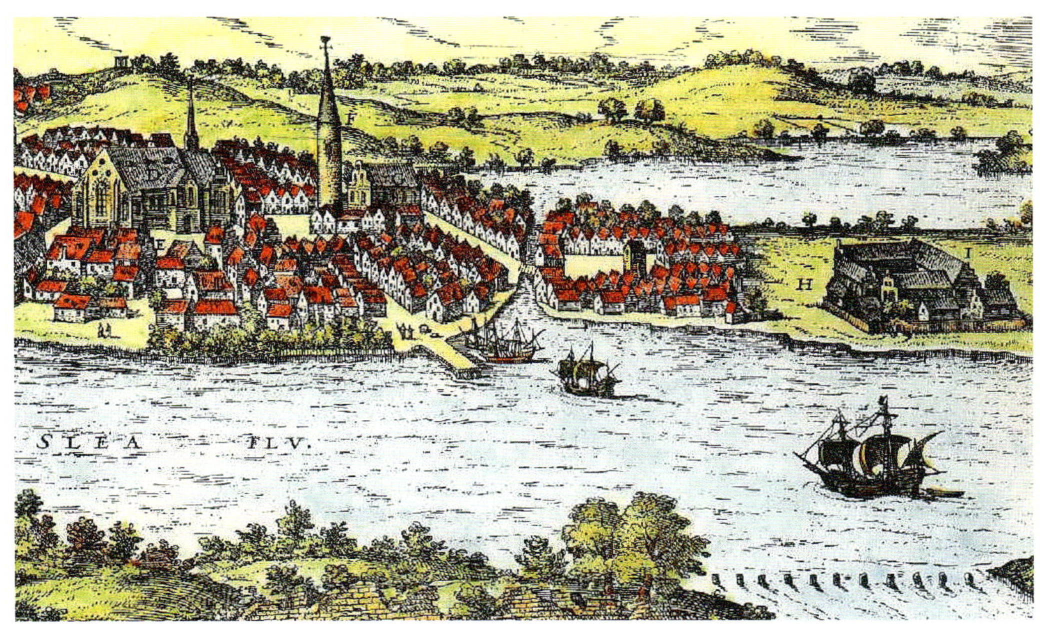

Das St.-Johannis-Kloster vor Schleswig wurde 1194 als Benediktinerinnenkloster gegründet. Historische Ansicht Schleswigs von Frans Hogenberg aus Georg Brauns „Civitates Orbis Terrarum" (um 1600). Rechts liegt die vorgelagerte Insel mit dem Holm (H) und dem St.-Johannis-Kloster (I), links der St.-Petri-Dom (D), direkt daneben das Graukloster/Rathaus (G).

häuser. Die Gebäude des Wirtschaftshofes brannten 1959 ab. Das Kloster diente ursprünglich für 70 Nonnen aus der Ritterschaft und des Lübecker Patriziats. Mit der Reformation wurde das Kloster Preetz – wie auch die Nonnenklöster in Itzehoe, Uetersen und St. Johannis vor Schleswig – in ein adliges Damenstift der Ritterschaft umgewandelt.[222]

Das St.-Johannis-Kloster in Schleswig geht wohl auf das Benediktinerkloster für Mönche und Nonnen zurück, das um 1140 an der Michaeliskirche zu Schleswig errichtet wurde. Gründer des Klosters war der dänische König. Dessen Mönchskonvent wurde 1192 von Zisterziensern reformiert und nach Guldholm verlegt. Der Nonnenkonvent zog wohl auf den Schleswiger Holm und gründete das St.-Johannis-Kloster, das aber erst seit 1250 historisch belegt ist.[223]

Zu den Klöstern, die in der hochmittelalterlichen Phase des Landesausbaus in Schleswig entstanden, gehörten die Zisterziensergründungen von Lügum- und Rude.[224] Das *Rus regis* bildete dabei als Filikation ein Tochterkloster des Zisterzienser-Klosters Esrom auf Seeland. Als 1210 das Kloster von Guldholm am Langsee bei Schleswig nach Nordangeln verlegt wurde, bekam es vom Bischof als Ausgleich für seine früheren Besitzungen die Bischofszehnten in Munkbrarup, Grundhof und Broacker. 1433 erhielt das neue Rudekloster das Recht an den Einkünften der Wallfahrtsstätte Klues (Klause) nördlich der Stadttore von Flensburg. Mit dem städtischen Franziskanerkloster stand das Rudekloster in rivalisierender Verbindung, wenn auch beide meist treu zu den jeweiligen Landesherren hielten. Die nach der Benediktinerregel in Demut lebenden Mönche perfektionierten die Landwirtschaft im

Nach dem Abbruch des Rudeklosters wurde für den Bau des Schlosses Glücksburg 1587 ein See aufgestaut. Foto: Dirk Meier

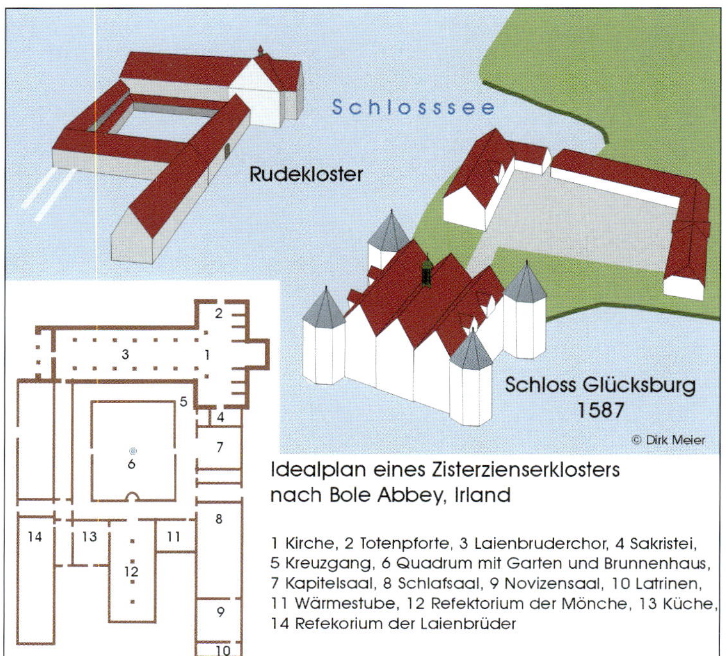

Das Rudekloster wurde 1210 von Guldholm in die Munbrarup-Harde bei Glücksburg verlegt. 1538 wurde es säkularisiert und danach abgebrochen.

Jungmoränengebiet Angelns. Nach der Reformation wurde das Rudekloster 1538 säkularisiert, wobei die umfangreichen Ländereien, Gebäude und wertvollen Güter vom Herzog von Schleswig-Holstein-Sonderburg übernommen wurden. Das Triumphkreuz der Klosterkirche kam als Altarkreuz in die Munkbraruper Laurentiuskirche. Nach dem Abbruch des Klosters erbaute Herzog Johann der Jüngere teilweise aus den Abbruchsteinen auf dessen Grund 1582 das Glücksburger Schloss. Nachdem beim Ablassen des Wassers aus dem Schlosssee bereits in früheren Jahrhunderten Mauerfragmente von Nebengebäuden des ehemaligen Klosters und Gräber von Mönchen entdeckt wurden, erfolgten 1962 und 1969 erste Dokumentationen. Bei den 2005 durchgeführten geomagnetischen Untersuchungen fanden sich u. a. Gürtelschnallen aus Kupfer oder Bronze, Zapfhähne, Buchverschlüsse, Fensterblei und ein Siegel.[225] Die Klostergebäude liegen etwa 50 m nordwestlich des Schlosses. Mit der Anordnung von Klosterkirche, dem Quadrum mit Garten und umlaufendem Kreuzgang bilden sie eine typische Zisterziensergründung. Die mittelalterliche Klosterkirche entsprach mit ihrer Länge von 63 m und einer Breite von 30 m etwa den Abmessungen des Ratzeburger Doms.

Die Geschichte des anderen wichtigen Schleswiger Klosters, Lügumkloster (Løgumkloster), beginnt, als sich auf Betreiben des Bischofs von Ripen 1173 Zisterziensermönche aus Kloster Herrevad im damals dänischen Schonen in Seem östlich von Ribe nieder ließen. Sie übersiedelten 1175 nach Lügumkloster, wo sich zuvor wohl schon ein Cluniazienserkloster befunden hatte. Die Gründung des Klosters fällt in die Regierungszeit des Königs Waldemar I. und seines Kanzlers Erzbischof Absalon von Lund, der mehrere solcher Gründungen initiierte. Kurz vor 1200 wurde in Lügumkloster mit dem Bau der noch heute bestehenden dreischiffigen, 43 m langen Backstein-Pfeilerbasilika im romanisch-gotischen Stil begonnen. Der um 1300 fertiggestellte Bau gilt als einer der eindrucksvollsten nordischen Sakralbauten. Das Langhaus erhielt nur zwei der ur-

Das Triumphkreuz der Kirche des Rudeklosters kam als Altarkreuz in die Munkbraruper Laurentiuskirche. Foto: Dirk Meier

sprünglich drei geplanten quadratischen Joche sowie eine gotische Fassade mit dreigeteiltem Lanzettfenster und Staffelgiebel. Die Querarme weisen im Osten je zwei Seitenkapellen auf, von denen man die inneren später bis zum Chorabschluss verlängerte. Der Hochaltarschrein stammt aus der Kirche in Jerne. Erhalten ist noch die Treppe zum Dormitorium im südlichen Querarm. Durch Schenkungen erlangte das Kloster erheblichen Besitz und war bald nach den Bischöfen von Schleswig und Ripen sowie dem Schleswiger Domkapitel die reichste geistliche Stiftung im Herzogtum Schleswig. Zu den Stiftern gehörten in 1270er Jahren der Ritter Jens Pave, 1334 kamen der Ritter Jakob Roost und 1335 der mächtige Ritter Hans Limbek von Troiburg (Trøjborg) bei Tondern hinzu. Das Kloster selbst besaß mehrere Höfe und Großgüter (Grangien). 1272 kaufte Lümgumkloster das Gut Hestholm. Zudem besaß es auch 1280 Teile des Draved-Waldes. Das entsprach ganz dem wirtschaftlichen Denken der Zisterzienser, die anstelle der unrentabel werdenden und zersplitternden Grundherrschaft nach abgerundetem Landbesitz und rechtlicher Einheitlichkeit strebten, die zusammen mit rationellen Betriebsformen Gewinne erzielten. Die Grangien produzierten ihre Erzeugnisse für den lokalen Markt der Städte des Umlandes und setzen sie dort über die Stadthöfe der Klöster ab.[226]

Das Kloster Lügum erhielt 1212 neben dem von Rude (1237) und des Schleswiger Johannis-Klosters seine Freiheit von der Gerichtshoheit der Hardesgerichte für den Eigenbesitz mit den diesen bewirtschaftenden abhängigen Bauern. Hier übten die von den geistlichen Gerichtsherren eingesetzten Vögte die Gerichtsbarkeit aus. Dabei waren die den Klöstern unterstehenden Bauern von vielen Abgaben befreit, wie sie sonst erhoben wurden.[227] Nach der Reformation, die wohl 1548 das Ende des Konvents brachte, erhielt Herzog Johann der Ältere von Schleswig-Holstein-Hadersleben das Kloster als Lehen. Die

Das Zisterzienserkloster Lügumkloster wurde 1193 von Seem an den heutigen Standort in Nordschleswig verlegt. Durch Schenkungen erlangte das Kloster bald erheblichen Besitz und war bald nach den Bischöfen von Schleswig und Ripen sowie dem Schleswiger Domkapitel die reichste geistliche Stiftung im Herzogtum Schleswig. Die Karte zeigt Besitzungen und Höfe von Lügumkloster um 1500.

Klosterkirche wurde zur Pfarrkirche umgewandelt. Das Abbruchmaterial der Klostergebäude fand dann 1614 beim Bau eines Schlosses südwestlich des Klosters Verwendung. Von den ehemaligen Klausurgebäuden ist nur der südlich an das Querhaus der Kirche angebaute, im dritten Viertel des 13. Jahrhunderts errichtete nördliche Teil des Ostflügels mit dem Kapitelsaal erhalten.[228]

Die Bedeutung der schleswigschen und holsteinischen Klöster lag im Hochmittelalter in der Erschließung des Landes. Um ihre ausreichende wirtschaftliche Ausstattung besorgt, wurden sie mehr und mehr Versorgungsklöster der unverheirateten Töchter und Söhne des Adels ebenso wie der Bürgerschaft. So gelang es dem Kloster Preetz, umfangreichen Besitz in der Propstei zu erwerben, während der Streubesitz des Itzehoer Klosters von der Störmündung bis zu den Toren Kiels reichte. Kurz nach 1250 war die erste Phase der Klostergründungen in Schleswig-Holstein abgeschlossen. Anders als Reinfeld, Cismar und Preetz hatten die dann seit der ersten Hälfte des 13. Jahrhunderts gegründeten Klöster nicht mehr das vorrangige Ziel der Landerschließung, sondern dienten mehr als Versorgungsfunktion unverheirateter adeliger und bürgerlicher Töchter. Hierzu

Die Kirche von Lügumkloster ist eine dreischiffige Backstein-Pfeilerbasilika mit romanischen und gotischen Bauelementen. Das Langhaus erhielt nur zwei der wohl ursprünglich drei geplanten quadratischen Joche und eine gotische Fassade mit dreigeteiltem Lanzettfenster und Staffelgiebel. Die Querarme weisen im Osten je zwei Seitenkapellen auf, von denen die inneren später bis zum Chorabschluss verlängert wurden. Foto: Franz Clemens

gehörten die Klöster von Reinbek (1229), Itzehoe (um 1235), Harvestehude (1246) und Johannis vor Schleswig sowie das vom Adel gegründete Kloster in Uetersen (um 1234).

Die dann seit dem Beginn des 13. Jahrhunderts entstandenen Bettelorden radikalisierten das Armutsgebot, indem nicht nur die Mönche sondern auch die Klöster und Orten über keinen weltlichen Besitz verfügen durften. Das Betteln wurde so zur materiellen Grundlage, Gebet und Predigt zur geistlichen Daseinsberechtigung. Die Mönche, suchten nicht mehr die Abgeschiedenheit, sondern begaben sich in die urbane Welt der prosperierenden Städte, um hier zu predigen und seelsorgerisch zu wirken. Schon bald nach ihrer Anerkennung durch den Papst kamen die Bettelorden der Dominikaner (1216) und die Franziskaner (1223) nach Schleswig-Holstein, das zu dieser Zeit einen Urbanisierungsschub erlebte. Allein zwischen 1235 und 1300 wurden mehr als 20 Orte mit dem Stadtrecht bewidmet, während es im 12. Jahrhundert mit Hamburg, Schleswig und Lübeck nur drei Städte gegeben hatte. Zu den Franziskanerklöstern gehörten St. Katharinen von Lübeck (1225), Schleswig (1234), Hamburg (1236/1239), Tondern (1238), Kiel (1245), Flensburg (1263), Husum (1494) und Hemmigstedt (1517). Die Dominikaner gründeten das Burgkloster in Lübeck (1227 – 1229) sowie weitere Niederlassungen in Schleswig (1239), Hamburg (um 1236), Hadersleben (1249 – 1253), Meldorf (vor 1319) und im prosperierenden Flecken Husum (kurz vor 1466).[229] Die in Husum erfolgte Anlage des Franziskaner- und Dominikanerklosters unterstreicht den weit vorangeschrittenen Stadtwerdungsprozess des Hafenortes in der zweiten Hälfte des 15. Jahrhunderts.

Aufgrund des starken Zulaufs der Nonnenkonvente der Bettelorden im 12. und 13. Jahrhundert kann man fast von einer religiösen Frauenbewegung sprechen. Da sich die Orden bald außerstande sahen, alle Nonnenanwärterinnen aufzunehmen, begannen sich Ende des 12. Jahrhunderts Frauen in Flandern in Beginenkonventen zusammenzuschließen. Diese Konvente bildeten keine eigentlichen klösterlichen Gemeinschaften, da die Beginen kein Gelübde ablegten, das sie auf einen lebenslangen Ordensdienst verpflichtete. Dennoch führten sie ein asketisches Leben. Deren Alltag bestimmten Gebet, Mystik und Arbeit. Die Konvente boten dabei – wenn auch unter diesen Einschränkungen – für unverheiratete Frauen die Möglichkeit einer selbstbestimmten Lebensführung. Mehrere solcher Beginenkonvente finden sich seit 1255 in Lübeck und Hamburg, wobei Letzteres von den Schauenburger Grafen gegründet wurde. In der zweiten Hälfte des 15. Jahrhunderts finden wir nach der Augustinerregel lebende Beginen in Lübeck, Plön, Neustadt und Neumünster.[230]

Viele dieser in den 1220er bis 1260er Jahren gegründeten Konvente in Hamburg, Lübeck, Oldesloe, Rendsburg, Schleswig, Flensburg und Hadersleben entstanden unter den Landesherren, insbesondere von Adolf IV. Damit war die Welle der Klostergründungen bis zur Mitte des 13. Jahrhunderts in etwa abgeschlossen. Es folgten noch vereinzelte Gründungen, wie das Kartäuserkloster Ahrensbök (1397) und das Birgittenkloster Marienwohlde bei Mölln (um 1413). Diese erreichten jedoch weder die Größe noch Bedeutung derjenigen des 12. und 13. Jahrhunderts.

Neben den Klöstern erhielten auch die Kalande wie das von 1304 in Münsterdorf eine gewisse Bedeutung. Diese umfassten ursprünglich Gemeinschaften von Geistlichen, die sich gemeinsamer Andacht und Hilfe widmeten. In diesen fanden bald auch Bürger und Adelige Eingang. Der Pflege alter und kranker Menschen dienten Hospitäler. Diese wurden anfangs von Klöstern betrieben, bevor seit dem 13. Jahrhundert in den Städten der Rat und die Bürger Hospitäler stifteten. Dies geschah zuerst in Hamburg und Lübeck, später auch in Flensburg.

Immer wiederkehrende Kriegszüge, Fehden, aber auch Hungersnöte, Seuchen und Elend förderten Reliquienkulte, Heiligenverehrung und Stiftungen zugunsten der Kirchen. Reiche Adelige und Bürger pilgerten bis nach Santiago de Compostella in Spanien; andere vor allem zu im Land befindlichen Orten, die den Pilgern Heil versprachen. Dazu gehörten Cismar, Ratzeburg, Schwartau, Plön, Ahrensbök, Strichsand bei Medelby sowie Klippleff und Klockries bei Flensburg. Die Zunahme der Volksfrömmigkeit ebenso wie die wachsende Zahl der Geistlichen und Laienfrömmigkeit kommerzialisierten aber auch den Glauben. Verschwendung, Ablasshandel, Korruption, Pfründenwirtschaft und Verschwendung kirchlicher Gelder boten hinlänglich Anlass zu Kritik, auch wenn die Klöster durch Reformen wieder zu ihrem monastischen Lebensstil zurückfinden wollten.

In Schleswig-Holstein entstanden daher im späten Mittelalter nur noch wenige neue Klöster: Mohrkirchen 1391 (Antoniter), Ahrensbök 1397 (Kartäuser), Marienwohlde 1413 (Birgitten), Kuddewörde 1405 (Wilhelmiten) und das Lübecker St.-Annen-Kloster 1505 (Augustinerinnen) gehörten zu Reformorden des 12. Jahrhunderts. Die bedeutendste Neugründung dieser Bewegungen war der Birgittenorden. Dieser geht zurück auf die schwedische Mystikerin und Visionärin Birgitta von Vadstena (1301/03–1373). Zu den Erneuerungsbewegungen der älteren Orden gehören unter den Benediktinern die Bursfelder Kongregation (seit 1434) und die franziskanischen Observanten (seit etwa 1350). Die Bursfelder Reformbestrebungen erreichten in Schleswig-Holstein Cismar und Preetz, während die Observanz seit Ende des 15. Jahrhunderts in Lunden, Husum, Schleswig, Flensburg und Tondern eingeführt wurde. Als Gründer mancher Klöster betätigte sich wiederum der Adel. So gründete etwa Erich V. von Sachsen-Lauenburg zusammen mit Bischof Detlef von Ratzeburg 1413 ein Birgittenkloster in Marienwohlde.[231]

Die Reformation beendete im Norden die monastischen Bewegungen und deren Klöster. Nach der Rechtfertigungs- und Gnadenlehre Martin Luthers (1483–1546) war nicht mehr zu begründen, warum eine asketisch-monastische Lebensform vor Gott zur Gnade führen sollte. Trotz der spätmittelalterlichen Reformen hatten die Klöster ihre Aufgaben verloren.

Der ländliche Raum

Während des Hoch- und Spätmittelalters lebte die Masse der Menschen auf dem Land. Die Zusammenhänge zwischen Demographie, Ökonomie und Herrschaftspraxis sind dabei offenkundig. Nach geschätzten Hochrechnungen dürfte sich die Bevölkerung vom 11. bis 13. Jahrhundert in West- und Nordeuropa etwa von 12 auf 36 Millionen verdreifacht haben. Seit dem 14. Jahrhundert stagnierte diese dann in weiten Teilen West-, Nord- und Südeuropas und ging um 1350 sogar um ein Drittel zurück.[232]

Gegen Ende des 11. Jahrhunderts mehren sich die Anzeichen, dass die Landwirtschaft den gestiegenen Bedarf an Nahrungsmitteln nicht mehr befriedigen konnte. Dieser Mangel war nicht so sehr eine Folge der Missernten als vielmehr in dem Missverhältnis zwischen Bevölkerungswachstum und Agrarproduktion begründet. So notierte etwa der Mönch Bernold im Schwarzwald zur Landwirtschaft des Jahres 1090: *Eine große Hungersnot hat erneut viele Gebiete heimgesucht, obwohl kein großer Ernteausfall vorausgegangen war.*[233] Für dasselbe Jahr erwähnte er ein großes Sterben in Bayern ebenso wie in anderen Regionen. In einigen Landschaften reichten die vielfach beschriebenen Hungersnöte bis an den Anfang des 12. Jahrhunderts. Hilfe bot oft nur der vermehrte Anbau der Agrarflächen mit Saatbohnen und Erbsen, die aufgrund ihres schnellen Wachstums nicht nur dem Boden neue Nährstoffe zufügten, sondern auch den Zeitraum bis zur nächsten Ernte überbrücken konnten. Daneben nahm der Getreideanbau, insbesondere von Roggen, eine immer größere Bedeutung ein.

Zur gleichen Zeit fand auch die Kreuzzugsbewegung in breiteren Bevölkerungskreisen eine stärkere Resonanz. Ausdrücklich wird berichtet, dass es etwa in Frankreich den Kreuzzugspredigern 1095 wegen innenpolitischer Auseinandersetzungen, Fehden, hoher Sterblichkeit und Hungersnot leichtfiel, Menschen zum Verlassen ihrer Heimat zu bewegen.[234] Eine größere Häufung von Hungersnöten ist auch im Vorfeld des Zweiten Kreuzzuges festzustellen, der 1147 begann. Diese waren auch eine Ursache für die Judenprogrome von 1046. Kamen zu den Hungersperioden noch kriegerische Ereignisse hinzu, so verstärkten sich die Zwänge, der Not zu entfliehen und das Glück in neuen Regionen zu suchen. Gerüchte und Schilderungen paradiesischer Länder fanden dabei besonders Gehör.

Infolge des durch den weltlichen Adel, Kirche und Klöster getragenen Landesausbaus mit der Erweiterung der Nutzflächen, deren intensivierter Nutzung und technischer Innovationen stieg die Agrarproduktion. Dies schuf die Voraussetzungen für die Versorgung der Menschen in den Klöstern, Burgen und Städten. Innerhalb der mittelalterlichen Ökonomie waren die Wechselwirkungen infolge der Ausbreitung von Handel und Gewerbe vielschichtig, wobei eine Verkehrs- und Geldwirtschaft die Naturalwirtschaft zunehmend ablöste. Mit der Ausbreitung der urbanen Zentren als Mittelpunkt handwerklicher Produktion und des Warenaustausches entwickelte sich eine über Märkte organisierte Arbeitsteilung zwischen Stadt und Land. Gleichzeitig stieg nicht nur der Handelsgüter- und Agrarbedarf, sondern auch der nach Rohstoffen in den Städten, deren Abbau teilweise die Umwelt beeinträchtigte.

Welche Auswirkungen dieser Landesausbau für die Bauern hatte, wissen wir nur aus wenigen Schriftzeugnissen. Um 1137 bestätigt beispielsweise Bischof Bernhard von Hildesheim den Rodungssiedlern in Eschershausen westlich des Harzes, die schon unter seinem Vorgänger bewilligte Rechtsstellung der Bauern und lobt deren Leistung mit den Worten: *Auch haben Sie folgenden Vertrag über die Urbarmachung von Ländereien angenommen: Das nach der Niederlegung der Waldbäume, Ausrodung des Buschwerkes und Beseitigung sonstiger Hindernisse nutzbar gemachte Land soll weder einer Abgabe noch dem Zehnten unterliegen, solange es nur mit der Hacke bearbeitet wird. Sobald aber der Acker gepflügt wird und nun reichlichere Frucht trägt, soll er bis zum siebenten Jahr von Abgaben frei sein. Im siebten Jahr sind zwei, im achten vier, im neunten acht Pfennige, im zehnten ein Schilling aufzubringen.*[235] Somit versuchten die Grundherren, die Bauern durch Erleichterung ihrer Abgaben zur Rodung zu veranlassen. Das dürfte auch für Schleswig-Holstein zutreffen.

Ähnlich waren die Bedingungen bei der harten Arbeit der Trockenlegung von Sumpfland, wie sie Bischof Dietrich von Halberstadt um 1180 für die Siedler im Bruchland zwischen Oker und Bode festlegte: *Es sei also ... bekannt, dass die Leute, die das Sumpfland zwischen Oker und Bode bewohnen, Hufen zu je vierzehn holländischen Äckern besitzen sollen. Jeder soll zu Beginn der Siedlung eine Viertelmark Silber als Anerkennungszeichen und jedes Jahr nach der Ernte den Zehnt bezahlen; nach dem vierten Jahr aber soll jede Hufe am St. Martinsfest vier Schillinge als Zins und den Zehnten wie bisher abliefern. Zu jedem Dorf sollen fünfzig Hufen gehören, die Zins und Zehnt dem Bischof zahlen. Die Bauern sind, abgesehen von einem geringen Rekognitionszins, voerst von allen Lasten befreit. Sie genießen Freizügigkeit und sind erst nach der Urbarmachung des Ödlandes und der Anlage von Äckern zu einer von Jahr und zu Jahr ansteigenden Abgabe verpflichtet.*

Bauern, Dörfer und Landnutzung

Die Bevölkerungszunahme und der Landesausbau führten zu Strukturveränderungen der bäuerlichen Ansiedlungen ebenso wie der ländlichen Gesellschaft. Während in den frühmittelalterlichen Quellen noch von *liberti, liti* und *servi* für die Landbevölkerung die Rede ist, erscheinen mit dem 11./12. Jahrhundert die Bauern *(rusticus)* als eigener Stand. Das Wort *gebure* bezeichnet vor dem 11. Jahrhundert in erster Linie die Mitbewohner eines Hauses *(bur)* oder den Angehörigen einer Nachbarschaft *(burschap)*. Weit mehr als in früheren Jahrhunderten liegt nun der Schwerpunkt der Bauern, fast überall eingebunden in das System der Grundherrschaft, im Hoch- und Spätmittelalter auf der Bebauung des Landes, die dafür für andere Bereiche – wie den Kriegsdienst – kaum noch abkömmlich sind. Die mittelalterliche Dorfgemeinschaft wies zwar egalitäre Züge auf, doch sind die Phänomene ökonomischer, rechtlicher und sozialer Ungleichheit nicht zu übersehen.[236]

Während in den frühmittelalterlichen Quellen noch von liberti, liti und servi für die Landbevölkerung die Rede ist, erscheinen mit dem 11./12. Jahrhundert die Bauern erstmals als eigener Stand, wie sie hier in der Kirche von Mölln dargestellt sind. Foto: Dirk Meier

Eingebunden in die Grundherrschaft, liefern barhäuptige Bauern ihre Abgaben an den Grundherren ab. Holzschnitt aus dem 15. Jahrhundert, Wien. Bildarchiv der Österreichischen Nationalbibliothek.

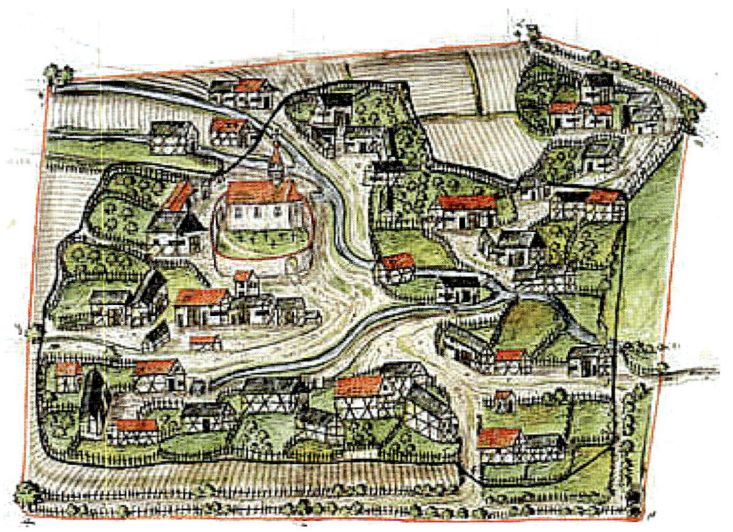

Bis zum späten Mittelalter bildeten sich verschiedene Dorfformen, wie die Haufendörfer, aus, die besonders häufig waren. Darstellung des Haufendorfes Heudorf bei Meßkirch. Kolorierte Pinselzeichnung auf Papier, um 1575. Karlsruhe, Generallandesarchiv.

Die Genese der Dörfer im hohen und späten Mittelalter führte dabei zu grundlegenden Wandlungen in Siedlungsstruktur, Herrschaft und Sozialordnung. Während im frühen Mittelalter die Siedlungen in Form von Einzelhöfen oder Gehöftgruppen nach Erschöpfung und Verunkrautung der Agrarflächen in vielen Regionen noch oft verlegt wurden, war dies seit dem 12. Jahrhundert kaum noch der Fall.[237] Der Grundherrschaftswandel beeinflusste dabei die bäuerliche Einzelwirtschaft ebenso wie das Dorfgefüge, das im Hochmittelalter seine entscheidende Ausprägung erfuhr. Die Entwicklung zum platzkonstanten Dorf erfolgte äußerlich über den Ausbau der Flur und im Inneren durch die Errichtung von Kirchen, Mühlen und technisch aufwendigeren Bauernhäusern, somit einer optimierten Infrastruktur. Die Rodungstätigkeit, die Urbarmachung von Mooren und die Entwässerung vermoorter Sietlandsmarschen führte dabei zu speziellen Dorfformen, wie sie bis zum späten Mittelalter mit Haufendörfern, Waldhufendörfern, Marschhufendörfern oder Rundlingen und Straßen- bzw. Angerdörfern ausgeprägt waren. Das Bild des häufigen Dorftyps auf den Geestgebieten Schleswig-Holsteins, des Haufendorfes mit umgebender Gewannflur und Allmende, lässt sich im späten Mittelalter in den eigentlichen Dorfkern mit den planlos verstreut liegenden Gehöften und eingefriedeten Gärten, das umgebene Eigenland der Hofbesitzer und die Ackerflur mit ihren Gewannen unterteilen. Letztere waren in Streifen unterteilt, von denen jeder Bauer einen besaß.

Ebenso wie die Strukturveränderungen der Siedlungen zu Dörfern erfährt auch das Bauernhaus fundamentale Änderungen. Ein grundlegender Wandel erfolgte dabei vor allem im Spätmittelalter durch den Übergang vom Pfosten- zum Ständerbau, der auf Fundamentsteine und Holzschwellen gesetzt wurde. Konstruktiv bedingt der Schwellrahmenbau eine fortgeschrittenere Verzimmerungstechnik, die auf einen Halt im Boden verzichten kann. Die Ständerbauweise erhöhte die Lebensdauer der Gebäude, da die im Erdreich eingegrabenen Pfosten nach kurzer Zeit vom Schädlingsbefall morsch wurden. Während Pfostenbauten oft nur wenige Jahrzehnte bestanden, haben Ständerbauten des 15. Jahrhunderts bis heute überdauert.

Die archäologischen Befunde untersuchter Dörfer in Norddeutschland, den Niederlanden und Dänemarks zeigen, dass sich aus einschiffigen Bauernhäusern des Hochmittelalters durch Ankübbungen wieder dreischiffige Bauten entwickelten und noch lange Pfosten- und Schwellrahmenbauten im ländlichen Bereich parallel bestanden.[238] Veränderte Erntetechniken erforderten einen größeren Tennenraum und führten zu breiteren Gebäuden. An die Pfosten- oder Ständerbauten wurden an die Seiten Nebenräume, die Kübbungen, „angekippt". Diese waren zunächst als 1,5 bis 3 m breite Ställe geplant und dienten gleichzeitige als Nebenräume für die unterschiedlichsten Zwecke. Sie ließen sich auch wieder entfernen, ohne die Standsicherheit des Gebäudes zu gefährden. An den Trennlängswänden der Kübbungen wurde das Vieh aufgestallt, wie auch spätmittelalterliche Altarbilder exemplarisch dokumentieren. So zeigt das 1457 vollendete Tafelbild der Christusgeburt vom ehemaligen Hochaltar der Klosterkirche Marienfeld, Westfalen, von Johann Koerbecke zu beiden Seiten eines Bauernhauses Ankübbungen mit Flechtwerkwänden. Der offen dargestellte Stall lässt Steinsockel, Grundschwelle, Pfosten mit doppelten Zapfen, einen Spannbalkenverband in Jochbalkenausführung und eingezapfte Kopfbänder erkennen.[239] In ähnlicher Weise ist auch das Gebäude der Geburt Christi ausgeführt, das Robert Campin, der Meister von Flémalle, um 1425 ausgeführt hat.[240] Die fortschrittlichen Dachkonstruktionen wurden dabei von den großen Klosterscheunen übernommen.

Die ältesten erhaltenen niederdeutschen Hallenhäuser des 14. Jahrhunderts, wie sie auch in Holstein bestanden haben dürften, wiesen wie das von Woltmershausen bei Bremen Breiten von 10 m auf. Diese Bautypen sind als Zweckbauten für den Ackerbau und Ackerbau-Weide-Betrieb entstanden. Im Unterschied zu den frühgeschichtlichen Häusern mit ihrer erdlastigen Lagerung erhielt das spätmittelalterliche Bauernhaus umfangreiche deckenlastige Bergeräume über einer breiten Einfahrt- und Dreschtenne.[241]

Niederdeutsche Hallenhäuser prägten auch in dem zwischen 1350 und 1400 wüstgefallenen Dorf auf der Feldmark von Langenrehm am Stuvenwald, Kreis Harburg, das Ortsbild. Neben einem Backhaus in traditioneller Pfostenbauweise und weiteren Nebenbauten wurde hier der Grundriss einer 10,5 bis 18,5 m breiten Wohnstallscheune freigelegt. Es handelte sich um Fachwerkgebäude mit Grundschwellen und Ständern auf Legesteinen. Gefäßscherben des 13. und 14. Jahrhunderts sowie ein 1275 in Hamburg geprägter silberner Hohlpfennig erlaubten dessen Datierung. Das allmählich verfallene Haus hatten die Bewohner verlassen. Anhand der erhaltenen Legsteine lässt sich auf eine 6,5 m breite Tenne mit einer 2,3 m breiten Einfahrt (Grotdör) schließen. Die Kübbungen wiesen jeweils eine Breite von 2 m auf. Dieses Haus besaß bereits ein Kammerfach. Eiserne Türbänder, Schlösser, Bügel und weitere Metallgegenstände lassen den hohen Stand der Bautechnik erkennen. Der über der Tenne zu rekonstruierende Dachraum dürfte der Ernteeinlagerung gedient haben.[242]

Dieser niederdeutsche Haustyp wurde auch von den deutschen Siedlern aus Holstein, Niedersachsen und Westfalen während der Ostsiedlung in die slawischen Gebiete mitgebracht. Entsprechende Hallen-

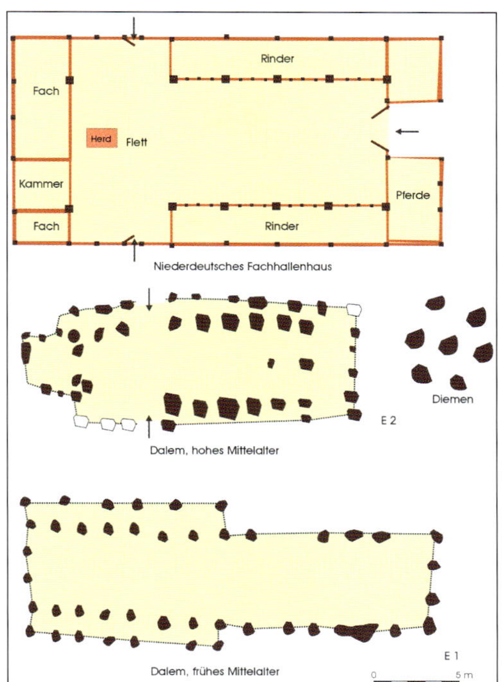

Die Bauernhäuser wurden seit dem Hochmittelalter meist größer und technisch vollkommener. So führten veränderte Erntetechniken zu einem größeren Tennenraum. Die Rekonstruktion zeigt ein Bauernhaus des hochmittelalterlichen Dorfes Dalem in Niedersachsen.

Vielfach entstanden auf der Geest einräumige Pfostenbauten, die durch Ankübbungen zwei- oder dreischiffig wurden. Im späten Mittelalter setzte sich dann die Schwellrahmenbauweise durch. Aus diesem Grundtyp entstand das niederdeutsche Fachhallenhaus. Die Ernte wurde im niederdeutschen Fachhallenhaus deckenlastig gelagert. Daneben gab es Diemen oder Rutenbarge.

Das 1457 vollendete Tafelbild der Christusgeburt vom ehemaligen Hochaltar der Klosterkirche Marienfeld, Westfalen, von Johann Koerbecke zeigt zu beiden Seiten eines Bauernhauses Ankübbungen mit Flechtwerkwänden. Germanisches Nationalmuseum

häuser treten etwa in Mecklenburg seit dem 14. Jahrhundert auf, während bislang für Holstein keine ergrabenen Beispiele vorliegen. Das in der Dorfwüstung des Forstreviers Ramm bei Lübtheen in Mecklenburg unter Sandverwehungen nachgewiesene „Flettdielenhaus" stammte aus der Zeit um 1300. Das noch als Pfostenbau errichtete Haus war im Stallbereich dreischiffig und wies eine bis 3,5 m breite Diele mit bis zu 3 m breiten Ankübbungen auf. Am Ende des Hauses lagen nebeneinander zwei Kammerfächer, wovon das eine eine Feuerstelle besaß.[243]

In den niederdeutschen Fachhallenhäusern, die in ganz Norddeutschland verbreitet waren, wurde die Ernte neben Rutenbergen deckenlastig eingelagert. Das Getreide wurde nach der Ernte unausgedroschen in Garben eingebanst, im Laufe des Winterhalbjahres vom Erntelagerraum auf die Tenne gebracht und dort mit Dreschflegeln ausgedroschen. Die Getreidekörner kamen auf den Schüttboden und das leere Stroh wieder in den Bergeraum, um es später als Einstreu in den Viehstall zu bringen.

Um das Dorf herum lagen die Wirtschaftsflächen, gut zu sehen auf einem Stich von Hamburg-Bergedorf von Hans Frese 1593. Wie die Dörfer waren auch die Felder eingezäunt, damit das Vieh nicht überall herumlaufen konnte. Ursprünglich brachen die Bauern innerhalb des gerodeten Landes gelegentlich im Rahmen einer Feld-Gras-Wirtschaft mal ein Stück Land um, um Korn anzubauen. Erst der intensivere Ackerbau erforderte dann eine umfangreichere Bewirtschaftung größerer, zusammenhängender Fluren. Anstelle der unregelmäßigen Blockfluren teilte man nun die Feldflur in Streifen (Kampen). Diese wurden durch kreisförmiges Pflügen aufgehöht, so dass Wölbäcker oder Hochbeete entstanden. Einige Indizien sprechen dafür, dass die Gewannflur in Wechselwirkung zur „Vergetreidung" bereits im 11. Jahrhundert in Nordfrankreich und Südwestdeutschland begann und sich bis in das 13. Jahrhundert über das mittlere Westdeutschland netzartig ausbreitete.[244] In einer strikten Organisation wurden die Streifenfluren zu größeren Bereichen zu-

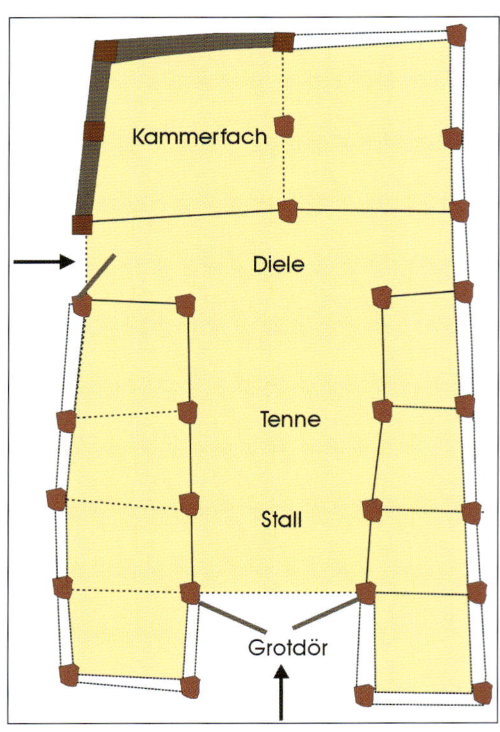

Zu den ältesten niederdeutschen Fachhallenhäusern, wie sie sich dann auch in Holstein verbreiteten, gehört das Hallenhaus von der Wüstung Ramm um 1300, Mecklenburg.

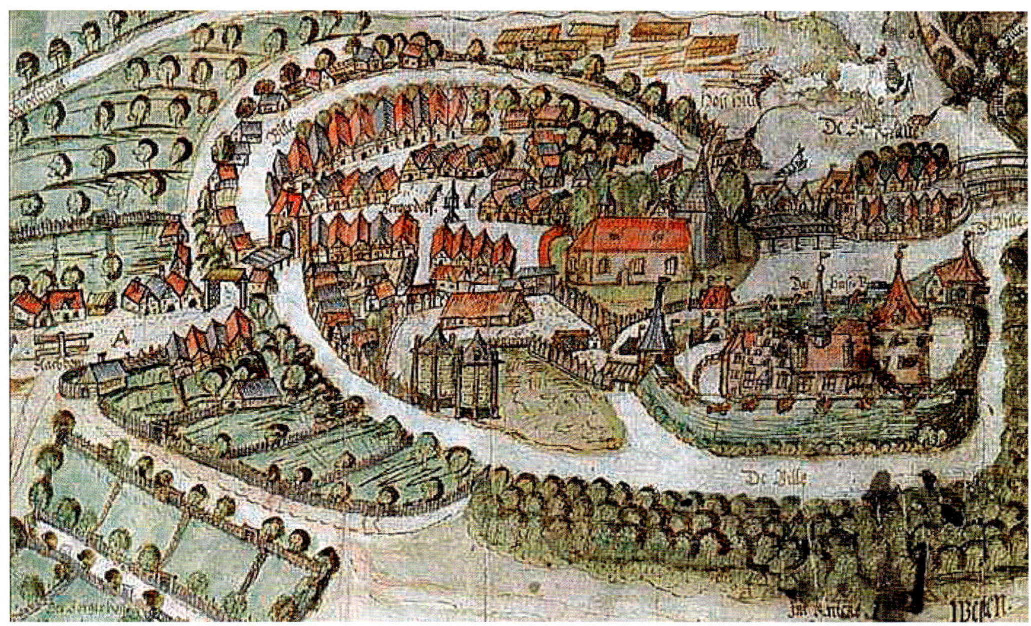

Um das Dorf herum lagen die Wirtschaftsflächen, gut zu sehen etwa auf dem Stich von Hamburg-Bergedorf von Hans Frese, 1593.

sammengefasst, was zum Flurzwang führte.[245] Die starke Parzellierung und die Gemengelage verhinderte dabei ein Ausscheren aus der Agrarordnung für den einzelnen Bauern. Diese besaßen jeweils in jedem Feld oder Gewann mindestens einen streifenförmigen Wölbacker, auf dem das Sommer- und Wintergetreide wuchs, sowie einen Anteil der Brache, die als Viehweide diente. Dies führte ebenso wie Erbteilungen oft zu einer Zersplitterung der Besitzstruktur. Infolge der Siedlungsverdichtung im späten Mittelalter entstanden dabei Nutzungsverbände (Bauerschaften).

Auch in Schleswig-Holstein erfolgte die Bewirtschaftung der Fluren innerhalb des vermessenen Hufenlandes gemeinschaftlich, während die Erweiterung der Äcker durch „Zurodung" individuell und frei geschah. Das Verhältnis der Bauern untereinander in Holstein regelte die Hufenverfassung, die an die Grundherrschaft gebunden ist.[246] Nur in den Marschen erfolgte hingegen die Urbarmachung der Sietländer mit Bedeichung und Entwässerung auf genossenwirtschaftlicher Basis.

Mit der bäuerlichen Organisation verbunden war die Ausbreitung der Dreifelderwirtschaft mit dominierendem Getreideanbau, unterschiedlicher Fruchtfolge und Brachjahr, wie sie für die großen, intensiv bewirtschafteten Getreidebaulandschaften Nordfrankreichs, der Niederlande und Westdeutschlands nachweisbar ist. Dabei lässt sich seit dem 12. Jahrhundert der Prozess der Verzelgung, die Zusammenfassung der Einzelflurstücke zu Großfeldern beobachten. Diese Veränderungen vollzogen sich aber nicht überall gleichmäßig. So setzte sich in Südwestdeutschland die Dreifelderwirtschaft im hohen Mittelalter durch, in der Wetterau vielleicht schon im 11. Jahrhundert, im deutschen Osten erst im späten Mittelalter oder überhaupt nicht.[247] Gegenüber der im frühen Mittelalter üblichen Feldgraswirtschaft mit längeren Ruhezeiten zwischen den Getreidebaujahren bedeutete die Dreifelderwirtschaft eine Erhöhung der Ernteerträge. Sie verteilte zudem die Arbeiten des Pflügens, Säens und Erntens gleichmäßig über das ganze Jahr. Die Erntearbeiten bei der Winter- und Sommerfrucht folgten in den Monaten Juli und August nacheinander. Im Frühjahr wurde das Sommerfeld bestellt, während man im Herbst das Winterfeld für den Einsatz vorbereitete. Die Brache wurde im Juli zu einer Zeit gepflügt, in der auf

Im Hochmittelalter verbreitete sich die Dreifelderwirtschaft mit ihrer regelmäßigen Folge von Sommer- und Wintergetreide und Brache. Jeder dieser Gewannfluren lag im Wechsel ein Jahr brach.

den anderen beiden Feldern keine Arbeit zu leisten war. Dieser Bewirtschaftungszyklus ließ auch die Ackerunkräuter zurückgehen. Im späten Mittelalter besäte man in einigen hochentwickelten Agrarlandschaften – wie am Niederrhein oder Flandern – das Brachfeld mit Futterkräutern, Gemüse und Hülsenfrüchten.[248]

Das Feld der Wintereinsaat wurde intensiver gedüngt, was einer Erschöpfung der Böden entgegenwirkte. Eine Missernte beim Wintergetreide ließ sich zudem durch eine gute Ernte der Sommerfrucht wieder ausgleichen. Der vermehre Anbau von Hafer begünstigte die Pferdehaltung. Letztlich gewährte die flurzwanggebundene Dreifelderwirtschaft eine geregelte und ertragsichere Folge der wichtigsten Sommer- und Wintergetreidearten, wenn auch der einzelne Bauer in seinen Entscheidungsfreiheiten eingeschränkt blieb. Die wichtigste angebaute Brotgetreideart bildete aufgrund seiner Winterfestigkeit und guten Erträge der Roggen, während der Anbau des anspruchsvolleren Weizens in den kälteren und niederschlagsreichen Regionen des Nordens weniger bedeutend war. Ferner wurden Gerste, Hafer, Dinkel, Emmer, Hanf und Hirse angebaut.[249] Gerste war aufgrund ihrer klimatischen Anpassungsfähigkeit vom mediterranen Raum bis Skandinavien weit verbreitet. Weißes Brot aus hellem Weizenmehl konnten sich nur sehr wenige leisten. Von den Slawen übernahm man den Buchweizen, eine anspruchslose Brotfrucht. Der Getreideanbau bot zudem gegenüber den heute verbreiteten Anbaufrüchten Mais, Zucker- und Runkelrüben einen besseren Erosionsschutz für den Boden. Neben Getreide gehörten Fette zur Ernährung. Tierische Fette ersetzten in Mitteleuropa das Olivenöl des mediterranen Raumes. Milch lieferte das notwendige Eiweiß. Als Brotersatz diente im Mittelalter Gemüse. Die armen Leute ernährten sich von Erbsen, Bohnen und von Kraut.

Der dringende Bedarf an Brotgetreide für die wachsende Bevölkerung führte in den Altsiedelregionen nicht nur zu einer beträchtlichen Ausweitung des Ackerlandes auf Kosten der Wald- und Weideflächen, was wiederum die Waldmast der Schweine und damit die Fleischproduktion einschränkte, sondern hatte den Ackerbau auch auf unrentable, sich schnell erschöpfende Böden vorrücken lassen. Dazu gehörten die armen Sandböden auf den Geestflächen der Niederlande, Norddeutschlands und Dänemarks außerhalb der fruchtbaren, lehmigen Jungmoränenböden. Aus den abgeholzten und beweideten ehemaligen bodensauren Wäldern entstanden hier im Mittelalter und der frühen Neuzeit große Besenheideflächen wie auf der schleswig-holsteinischen und jütländischen Geest.

Wesentlich dazu beigetragen hat die sich seit 1000 ausbreitende Plaggenwirtschaft, deren Beginn an die Einführung des Winterroggenbaus auf immer denselben Feldern gekoppelt ist, da sich auf den armen Sandböden keine Dreifelderwirtschaft betreiben ließ. Immer wieder folgte hier im „ewigen Roggenbau" Winter- auf Winterroggen. Dazwischen waren die Felder nur zwei Monate unbebaut, so dass sich die Sandböden nicht regenerieren konnten. Bei der Plaggenwirtschaft stach man in den Wäldern humusreiche Soden (Plaggen) ab und brachte diese auf die Felder. Nach dem Rückgang der Wälder wich man auf Heideplaggen aus, die man in den Ställen mit dem Dung vermischte, kompostierte und auf die Äcker ausstreute. Auf diese Weise entstanden die Plaggenesche, Auftragsböden von bis zu über einem Meter. Aufgrund der ständigen Humusentnahme degenerierten die Böden, und die Regerationszeiten für die Heiden wurden immer länger, teilweise breitete sich Sand aus und Dünen entstanden. Um die nötigen Plaggen zu schlagen, brauchte man immer größere Flächen. Auf armen Sandböden, wie auf der schleswig-holsteinischen Geest, war oft mehr als das Zwanzigfache der Fläche der Plaggenentnahme als der Ackerfläche erforderlich. Die Folge war eine ständige Ausweitung der Heiden, die im 18. Jahrhundert ihre maximale Ausdehnung erreichten und mit wenigen Ausnahmen die ganzen Geestflächen der Niederlande, Nordwestdeutschlands und Westjütlands bedeckten.

Neben dem Dung mit Plaggen kannte man das Mergeln mit aus Gruben oder Gräben entnommenen kalkhaltigem Boden auf sauren Standorten. Da der Kalk nach Regen auswusch, musste man diese Prozedur oft wiederholen, sonst blieb der Effekt aus.[250] Ferner kam Viehdung auf die Felder.

Im unmittelbaren Umkreis der Dörfer befand sich auch das von allen Bauern genutzte Weideland der Allmende. Durch die intensive Beweidung verschwand dabei im Umkreis der Dörfer immer mehr das Gehölz. Da man nur einen Teil des Viehs durch den Winter bringen konnte, schlachtete man viele Tiere im Herbst. In der Nähe der Dörfer – außerhalb der Dreifelderwirtschaft und des Flurzwangs – lagen auch Obstgärten mit Apfel-, Birnen-, Zwetschgen- und Kirschbäumen. Nussbäume standen meist auf zentralen Plätzen im Dorf.

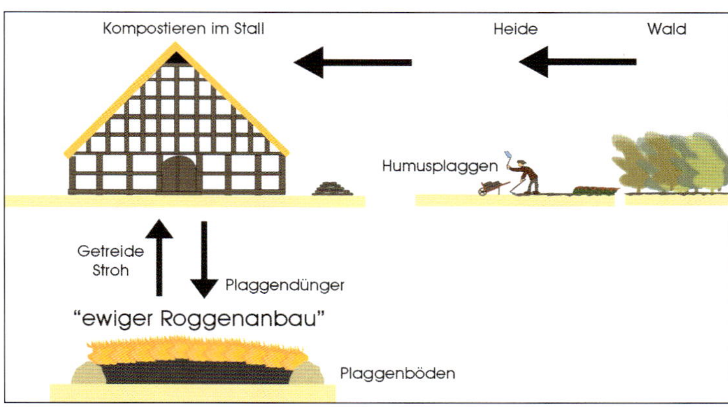

Schema der Plagenwirtschaft auf den armen Geestböden Norddeutschlands für den Roggenanbau, die letztlich zur Ausbreitung von Heide führte.

Neben Haus und Hoffeld bildete der eingezäunte Garten denjenigen Teil der bäuerlichen Wirtschaft, der am stärksten individuell genutzt wurde. Hier wuchsen Gartenfrüchte, Gemüse- und Gewürzpflanzen. Hirse, Rüben, Flachs, Hanf und Erbsen rechnete man dabei noch zu den Gartenpflanzen. Ferner existierten Kohlgärten.[251] Neben den Gärten besaßen die Bauern meist auch Flurstücke, die nicht dem Flurzwang unterworfen waren. Dort wuchsen Hülsenfrüchte wie Erbsen und Leinen, Gemüse wie Kohl und Rüben, Gespinstpflanzen wie Hanf und Flachs oder Färbereigewächse wie Krapp und Waid. Diese Kulturen erlangten insbesondere für die Kleinbauern eine besondere Bedeutung. Flachs- und Leinentücher gehörten zum Regelumfang der Ablieferung an den Grundherren.

Im Vergleich zur heutigen Landwirtschaft waren die Erträge gering und betrugen den den drei- bis vierfachen Wert der Aussaat, was aber immerhin die Produktion des Frühmittelalters deutlich überschritt und den Bauern schon Gewinne bescherte. Allerdings konnten immer noch Missernten zu Hungersnöten führen. Um all diese landwirtschaftlichen Arbeiten auszuführen, waren die Bauern (Hufner) auf ihre Familie, Knechte und abhängigen Kleinbauern (Kätner) und Tagelöhner (Insten) angewiesen.

Zur besseren Agrarnutzung des Mittelalters trugen auch technische Innovationen bei. Der im frühen Mittelalter benutzte

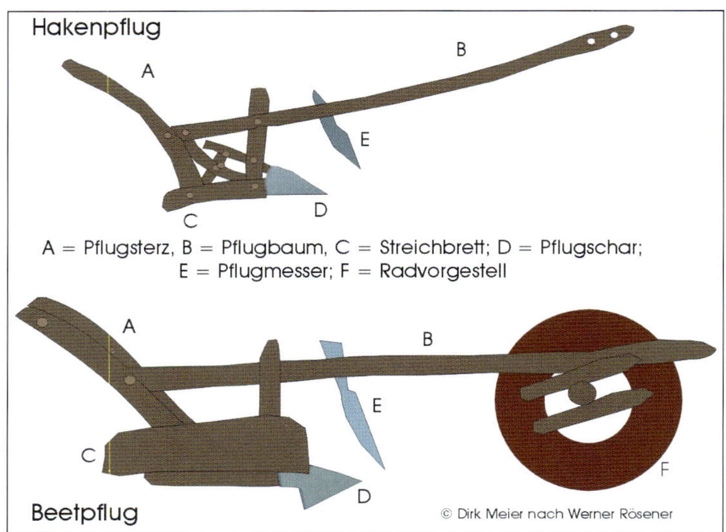

Neben den Hakenpflügen setzten sich im Hochmittelalter Beetpflüge durch, welche auch schwerere Böden bearbeiten konnten.

Hakenpflug mit nur kleinen Streichbrettern, der den Boden lediglich anritzte, aber nicht umwühlte, wurde im Hochmittelalter durch den die Scholle wendenden Beetpflug verdrängt. Dieser aus Rädern, Sech und Scharen, Pflugbaum und Pflugsterz zusammengesetzte Pflug war optimal für die größeren Ackerflächen.[252] Anders als der mit einem Pflugbaum versehene Beetpflug weist der Hakenpflug einen mit einem Doppeljoch für die Zugochsen versehenen Pflugbaum auf. Im Unterschied zu dem symmetrischen Hakenpflug ist der Beetpflug ein asymmetrisches Pfluggerät mit einem einseitigen, großen Streichbrett. Infolgedessen kann man mit diesem nur in eine Richtung pflügen, so dass er an der Stirnseite des Ackers wenden und eine Leerfahrt machen muss. Daher sind längere Äcker von Vorteil, die infolge der Pflugtechnik aufgewölbt werden. Solche Wölbäcker haben sich im Umkreis mancher Wüstungen vor allem unter Wäldern ebenso erhalten wie in den Marschen, wo sie infolge der veränderten Nutzung heute Viehweiden sind.

Der schwere Beetpflug war vor allem für Regionen mit regenreichen Sommern, nasse Niederungsböden und schwere Moränenböden geeignet, die höhere Erträge als die Sandböden versprachen, wenn diese auch leichter zu bearbeiten waren. Der Beetpflug bearbeitete anders als der Hakenpflug den Boden schon beim ersten Durchgang nachhaltiger, so dass ein nochmaliges Überpflügen wie beim Hakenpflug unnötig war. Da letzterer den Boden weniger stark aufritzte, behielt dieser seine Feuchtigkeit. Deshalb blieb der Hakenpflug in mediterranen Ländern, aber auch in Mittel- und vor allem Osteuropa im Gebrauch. Auch das Pflügen frisch gerodeter Waldböden war mit Hakenpflügen einfacher als mit den schweren Beetpflügen.

Angaben zum Zugviehbestand lassen sich dem Sachsenspiegel des 13. Jahrhunderts entnehmen. Danach wurde hier die Ackerarbeit sowohl mit Ackerpferden *(veltpferde)* als auch mit Zugochsen *(tochossen)* verrichtet.[253] Die anstrengende Arbeit des Pflügens wurde auf den mittelalterlichen Äckern in aller Regel von einem Mann geleitet, der den Pflug hielt, sowie einem weiteren, der das Spannvieh mit einem Stock antrieb und führte. Dabei war vor allem für die schweren Pflüge einige optimale Ausnutzung der Zugkraft notwendig.[254] Zwar unterscheidet sich die Zugkraft der Pferde nicht wesentlich von der der Ochsen, aber aufgrund ihrer schnellen Vorwärtsbewegung ist die Arbeitsleistung etwa um die Hälfte größer. Bis zum Beginn des Hochmittelalters waren Pferde nur mit Lederriemen an einer Deichsel angeschirrt worden. Erst mit dem Kummet, ein gepolsterter Lederkragen, ließ sich

Bauer beim Pflügen mit zwei Ochsen und einem Beetpflug im März. Stundenbuch des Herzogs von Berry aus dem 15. Jahrhundert

Mit dem im Hochmittelalter eingeführten Kummet ließ sich die Zugkraft der Pferde erheblich steigern. Ein Pferd beim Eggen mit Kummetgeschirr findet sich bereits auf dem Teppich von Bayeux, der in der zweiten Hälfte des 11. Jahrhunderts entstand.

nun die Kraft der mit Hufeisen beschlagenen Pferde, die freier atmeten, um das Doppelte steigern. Diese konnten nun ihre ganze Kraft in das Geschirr stemmen, das durch seitliche Stränge mit der Zuglast verbunden war. Zur weiteren Leistungssteigerung trugen ihr Beschlag mit Hufeisen bei. Ein Pferd mit Kummet, das zur Zerkleinerung des Bodens eine große Egge zieht, gibt bereits der Wandteppich von Bayeux wieder, der im Mittelteil die Eroberung Englands 1066 durch den Normannen Wilhelm der Eroberer zeigt.[255] Das Eggen diente dazu, den Acker für das Pflügen vorzubereiten, was im Mittelalter wichtiger war als heute. Bei der Wiederholung der Prozedur wurden die Pflugschollen mehrfach zerkleinert, die Hohlräume in den Furchen verdichtet und die Unkräuter herausgerissen.[256]

Während sich im nordeuropäischen Raum seit dem 12. und 13. Jahrhundert die Verwendung von Pferden als Zugtiere vor Eggen und schweren Pflügen ausbreitete, blieben in Mitteleuropa Ochsen als Zugtiere üblich.[257] An der Ochsenbespannung haben offensichtlich auch die Kleinbauern am längsten festgehalten. Die Ochsen erhielten nun zwischen die Hörner angeschnallte, gepolsterte Holzbretter, die bequemer waren als die alten Joche. Ein Kalenderbild aus dem Stundenbuch des Herzogs von Berry (1340–1461) zeigt so einen von zwei Ochsen gezogenen Pflug, wie er mit Sech zum Vorschneiden, eiserner Schar und Streichbrett bis fast in unsere Zeit üblich blieb. Die Anspannung eines Rinderpaares vor einem Beetpflug mit Genickdoppeljoch gibt auch ein Bild im *Hortus Delicarum* des Herrad von Landsberg aus dem 12. Jahrhundert wieder.[258] Anders als Pferde behielten die Rinder nicht nur ihren Wert als Zug-, sondern auch als Schlachttiere.

Neben Pflügen und Eggen lassen sich mittelalterlichen Handschriften auch Bilder anderer Arbeitsgeräte entnehmen, welche archäologische Funde ergänzen. Dazu gehört etwa für die Getreideernte die ge-

Zum Eggen des Feldes benutzte man meist Pferde. Stundenbuch des Herzogs von Berry aus dem 15. Jahrhundert

Im Mittelalter sichelte man noch das Getreide, während die Sense zur Heuernte verwendet wurde. Stundenbuch des Herzogs von Berry aus dem 15. Jahrhundert

zähnte Bogensichel, wie sie der *Hortus Delicarum* des 12. Jahrhunderts zeigt. Diese wurde im Hochmittelalter noch fast ausschließlich verwendet, um den Verlust an Körnern zu reduzieren.[259] Die Sense setzt sich hingegen erst seit dem 14. Jahrhundert in einigen hochentwickelten Getreidelandschaften in Nordfrankreich, in Flandern und im Rheinland durch. Bis dahin hatte man die seit dem 12./13. Jahrhundert entwickelte Sense nur zur Wiesenwirtschaft und Heugewinnung eingesetzt. Die schon im frühen Mittelalter in manchen Regionen aufkommende Wiesenbewirtschaftung hatte nach einem Gerät gesucht, mit dem sich so tief mähen ließ, dass die Regenerationskraft bestimmter Giftpflanzen verkümmerte, um die Heuerträge zu steigern.

Das Dreschen des Getreides erfolgte in Scheunen, auf Dielen oder überdachten Gebäuden mit dem Dreschflegel und erstreckte sich oft vom Herbst bis weit in den Winter hinein. Besonders vorteilhaft erwies sich dazu der zweiteilige Dreschflegel, der mit großer Kraft auf das Getreide geschlagen wurde. In allen Gebieten ließ sich eine Zunahme von Werkzeugen und Arbeitsgerät aus Eisen beobachten, was deren Effizienz steigerte. Auch die Spaten versah man nun mit eisernen Beschlägen. Das städtische Zunfthandwerk hat sich zwar an der Produktion landwirtschaftlicher Geräte beteiligt, doch wurden diese in weit überwiegendem Maße im Dorfhandwerk bzw. auch auf den Höfen selbst hergestellt. Dazu gehören vor allem die zahlreichen Bauteile aus Holz wie Sensenbäume, Sichelgriffe, Spatenstiele, Eggenrahmen oder die Holzbestandteile der Pflüge.

Unentbehrlich für die Getreidewirtschaft der mittelalterlichen Dörfer waren Wassermühlen, deren Technik in Mitteleuropa von den Römern her übernommen worden war und dann erstmals das fränkische Volksgesetz der *Lex Salica* aus der Zeit um 450 kennt, das Wassermühlen mit Stauwerk *(Farinarius)* erwähnt. Bei den Wassermühlen wurde mittels des Mühlenrades die Energie des fließenden Wassers in eine Kreisbewegung umgesetzt, die sich dann zum Antrieb des Mahlsteins, aber auch von Maschinen nutzen ließ. Die Kraftübertragung leisteten hölzerne Zahnräder. Zunächst versahen bei den Wassermühlen unterschlächtige Räder den Antrieb, die senkrecht im Fluss standen und unten von dessen Kraft angeschoben wurden. Eine solche Mühle mit unterschächtigem Wasserrad zeigt eine Abbildung von Konrad von Landsberg (um 1176 - 1196).[260] Noch eine bessere Ausnutzung der Energie besaßen meist oberschlächtige Räder mit der Heranführung des Wassers von oben in Holzleitungen und Kanälen. Oberschächtige Wasserräder finden sich auf der um 1350 entstandenen Dresdener Bilderhandschrift und dem zwischen 1325 bis 1335 entstandenen Luttrell Psalter, der von einem Landbesitzer in Lincolnshire in Auftrag gegeben wurde.[261] Zu den wenigen ausgegrabenen Mühlen gehört eine um 1175 erbaute Wassermühle des Nord-

Die Entwicklung zum platzkonstanten Dorf erfolgte im Inneren neben der Errichtung von Kirchen und aufwendigeren Bauernhäusern auch durch Wassermühlen. Mittelalterliche Darstellung einer Wassermühle aus dem Lutrell Psalter von 1325–1335. The British Liberay.

schleswiger Lügumklosters, die bis 1574 in Benutzung blieb.[262] Ab der zweiten Hälfte des 12. Jahrhunderts entstanden auch die ersten Windmühlen mit vertikal drehenden Flügeln, an die Segel gespannt waren. Dabei handelte es sich noch um Bockmühlen, die in den Wind gedreht werden mussten.

Die jährlichen Erträge der Mühlen differierten stark. So bezifferte diese das Hamburger Domkapitel in den 1320er Jahren auf drei Scheffel Roggen. Die ebenfalls dem Domkapitel zugehörende Poppenbütteler Mühle erbrachte etwa fünf Scheffel Roggen. Aus den jährlichen Erträgen einer Mühle errechnete sich der Verkaufspreis. Die Kollau-Mühle bei Eppendorf in der Nähe von Hamburg etwa wechselte für 150 Mark den Besitzer. Aus dem Vergleich der Erträge mit dem Verkaufspreis lässt sich errechnen, dass der Wert einer Mühle im holsteinischen Stormarn etwa mindestens den zehnfachen Betrag der jährlichen Heuer ergab.[263] Wer eine Mühle bauen konnte, bestimmte der Grundherr. Ein Beispiel mag das verdeutlichen: Der Graf von Schauenburg hatte im holsteinischen Rellingen eine Mühle errichtet. Da Grundherr des Landes das Hamburger Domkapitel war, musste dieser die Mühle 1291 wieder abreißen lassen. In ähnlicher Weise galt dies auch für die Reichstadt Lübeck. Als 1229 der dortige Rat den Plan fasste, die Wakenitz für die Anlage einer Wassermühle aufzustauen, musste die Zustimmung Herzogs Albrecht I. von Sachsen eingeholt werden. Dieser erteilte die Erlaubnis des Baus, allerdings unter dem Vorbehalt der dem Kaiser zu entrichtenden Mühlengefälle.[264]

Um die von den Bauern produzierten Waren in die Marktsiedlungen und Städte zu bringen bedurfte, es ausgebauter Verkehrswege und besserer Verkehrsmittel, worauf wir im Kapitel zur Ökonomie und Urbanisierung noch zurückkommen. Im Folgenden wollen wir zunächst die ländlichen Regionen Holsteins und Schleswigs näher betrachten.

Der Landesausbau in Ostholstein und Lauenburg

Nach der Eroberung des slawisch besiedelten Ostholsteins 1138/39 schickte Graf Adolf II. 1143 Boten nach Sachsen, Westfalen, Friesland, Holland und Flandern aus.[265] Diese forderten alle diejenigen auf, die unter einem Mangel an Ackerland litten, mit ihren Familien in das dem Grafen unterstehende slawische Siedlungsgebiet zu kommen, wo er auch die Kaufleutesiedlung in Lübeck durch eine Burg absicherte. So hören wir von Helmold (I, 57): *Weil aber das Land menschenleer war, so sandte er [gemeint ist Adolf II.] Boten aus in alle Lande, nach Flandern und Holland, nach Utrecht, Westfalen und Friesland, und ließ alle die, die unter Landmangel litten, auffordern, mit ihren*

Das Werben der Boten für die Ostsiedlung zeigt die spätmittelalterliche Handschrift des Sachsenspiegels. Heidelberger Sachsenspiegel, Cod. Pal. germ. 164

Familien hinzukommen: sie würden ein sehr gutes, geräumiges, fruchtbares, Fisch und Fleisch im Überfluss darbietendes Land und vorteilhafte Weiden erhalten. Den Holzaten und Sturmarn ließ er sagen: „Habt ihr nicht das Land der Slawen unterworfen und es mit dem euer Brüder und Väter erkauft? Warum sollt ihr die Letzten sein, es in Besitz zu nehmen? Seid die Ersten, in das liebliche Land [nach 2. Sam. 19,11 und Psalm 106,24] hinüberzuwandern, und bewohnt es, und nehmt teil an den Genüssen desselben, da euch das Beste davon gehört, die ihr es aus Feindeshand gerissen habt.

Der Hinweis auf paradiesische Zustände der pathetischen Formulierungen mit Vorbildern des Alten Testamentes sollte sowohl Immigranten anlocken als auch den Landesausbau religiös fundamentieren. Zu den üblichen Formen der Ostsiedlung gehörte dabei, dass neben dem selbst als Unternehmern tätigen adeligen Grundherren auch Dorflokatoren auftraten, die jedoch urkundlich in Ostholstein nicht nachweisbar sind.

Den Werbungen der gräflichen Boten in Flandern, Holland, Utrecht, Westfalen und Friesland folgten, wie es bei Helmold (I, 57) weiter heißt, alsbald viele Familien verschiedener Stämme mit ihrer Habe. Die nach Ostholstein eingewanderten Westfalen ließen sich um Warder bei Dargum *(Dargumensum pagum)*, die Holländer um Eutin sowie die Friesen um Süsel *(pagus Susle)* nieder. Die Holsten siedelten hingegen im ehemaligen sächsisch-slawischen Grenzraum westlich von Segeberg und um den Plöner See, wobei der Overbode Marcrad in die Gegend nach Neumünster zog. Somit erweiteren die Holsten ihr traditionelles Siedlungsgebiet nur wenige Kilometer nach Osten. In der Folgezeit wurde dann Bornhöved als Zentrum des *virtus Holzatorum* zum Versammlungsort des holsteinischen Adels, wo auf dem Vierth, einem Platz nördlich des Ortes, deren Versammlungen zusammentraten. Den Raum nördlich des in slawischer Zeit dicht besiedelten Plöner-See-Gebietes der *(pagus Plu-*

nensis) mit seinen ausgedehnten Wäldern erfasste diese neue Landnahme zunächst noch nicht. Die Gegend um die ehemalige wagrische Hauptburg Oldenburg/Starigard sowie Lütjenburg blieb zunächst noch das Rückzugsgebiet der slawischen Bevölkerung, das diese von Adolf II. zugewiesen bekam.[266]

Ihre neuen Wohnsitze erreichten die bäuerlichen Siedlergruppen auf den Landwegen, die bereits in früherer Zeit in das slawisch besiedelte Ostholstein sowie nach Lauenburg führten. Ob sie die slawischen Bewohner in den Siedlungen jeweils verdrängten oder diese schon vorher aufgrund der Kriegszüge zerstört oder von den Menschen verlassen worden waren, lässt sich anhand der schriftlichen Überlieferung nicht in jedem Fall feststellen. Die Zahl der Migranten lässt sich aufgrund von Helmolds (I, 64) Angaben nur schätzen. Mit der ersten Einwanderungswelle kamen vielleicht 600 bis 2.000 Menschen aus Friesland in den Raum um Süsel; ähnlich groß waren vermutlich die Siedlergruppen der Holländer und Westfalen. Den in das seenreiche Gebiet von Eutin eingedrungenen Holländern kamen ihre Kenntnisse im Wasserbau zugute. In zwei Dörfern ist noch 1438 nachweisbar, dass sie an den Grafen mit dem Holländergrevenschat eine besondere Abgabe zahlten.[267]

Anders als die nur in den Niederungsgebieten entlang der Flüsse und Seen siedelnden Slawen nahmen die Neusiedler vor allem die höheren Moränengebiete mit ihren schweren, aber fruchtbaren Böden in Besitz, wo sie für die Anlage von Dörfern und Agrarnutzflächen den Wald rodeten. Zahlreiche deutsche Ortsnamensendungen auf -rade oder -rode dokumentieren dabei diesen Prozess ebenso wie weitere auf -dorf endende deutsche Ortsnamen wie Hassendorf oder Falkendorf. Diese Namen sowie archäologische Funde belegen, dass aus den isolierten slawischen Siedlungskammern an den Seen und Flüssen infolge des Landesausbaus eine großräumig vom Menschen geprägte Kulturlandschaft entstand.

Pfarrkirchen, Klöster, wichtige Burgen und Bistumsgrenze des Bistums Lübeck in Ostholstein um 1200 markieren den Landesausbau infolge der deutschen Ostsiedlung. Die Slawen wurden in Rückzugsgebiete abgedrängt.

Neben den durch den Landesausbau neu erschlossenen Gebieten erfolgte auch eine Verdichtung des Besiedlungsbildes innerhalb des slawischen Altsiedellandes an den Seeufern, wie die Region von Bosau zeigt. Das heutige Dorf Bosau mit seiner in der Mitte des 12. Jahrhunderts errichteten Kirche liegt südöstlich einer in den Plöner See reichenden Halbinsel, auf der sich im 8. und frühen 9. Jahrhundert der slawische Burgwall Bischofswarder mit einer vorgelagerten Siedlung befand. Da durch den mittelalterlichen Mühlenstau bedingt das Wasser des Plöner Sees im Mittelalter stark angestiegen war, veränderten sich die Seeuferlinien in hohem Maße. Um 1200 erreichte der Seespiegelstand in historischer Zeit einen Höchststand und ist seitdem wieder gesunken. Der slawische Burgwall liegt heute noch teilweise im See. Östlich des Burgwalles, getrennt durch eine kleine Bucht, befand sich auf dem Flurstück Möhlenkamp eine slawische Siedlung, eine weitere lag im Bereich des heutigen Dorfes Bosau. Die Siedlung auf dem Möhlenkamp – nachgewiesen sind mehrere Grubenhäu-

Zur Zeit der slawischen Besiedlung (oben) war der Seespiegel des Plöner Sees noch niedrig. Der Bischofswarder bildete mit dem Burgwall noch eine Halbinsel. Nach der deutschen Ansiedlung mit der Gründung des Dorfes Bosau stieg der Seespiegel um 1200 infolge des Mühlenstaus stark an. Der Wald auf den Moränen wurde für die Anlage von Feldern gerodet.

ser – existierte vom 8./9. bis zum 12. Jahrhundert. Im nördlichen Teil der Siedlung kam ein Kastenbrunnen zutage, der infolge des Seespiegelanstiegs von Seesedimenten des 13. Jahrhunderts bedeckt war. Ausgrabungen an der Kirchenmauer im Dorf Bosau belegten den Bau einer Vorgängerkirche aus Feldsteinen, deren Rotunde vermutlich in der Mitte des 11. Jahrhunderts – also noch in slawischer Zeit – errichtet worden war. Vermutlich handelt es sich um die von Bischof Vizelin angelegte Missionskirche. Im Bereich der untersuchten Grabungsflächen auf den Seewiesen nahe des heutigen Dorfes traten Reste eines kleinen Holzbaues der Zeit um 1176 zutage, bei dem es sich um einen Bootsschuppen handeln könnte. Ferner sind einige Grubenhäuser belegt. Nach Ausweis der Flurkarten bildete sich seit dem späten Mittelalter ein Haufendorf mit mehreren Höfen heraus, die um einen Dorfplatz südlich der Kirche lagen.[268]

Dieser nach der Eroberung Ostholsteins sich friedlich vollziehende Landesausbau wurde kurzfristig infolge des Wendenkreuzzuges von 1147 durchbrochen. Der slawische Fürst Niklot, der stillschweigend die Landnahme deutscher Siedler in Wagrien geduldet hatte, sah sich von Graf Adolf II., der an dem Wendenkreuzzug teilnahm, getäuscht und beklagte sich bitter. Daher landete er mit einer heimlich zusammengestellten Flotte in der Travemündung und überfiel Lübeck am 26. Juni 1147. Ob er vorher Adolf II. warnen ließ, bleibt unklar. Wenn auch die dortige Burg Adolfs nicht erobert werden konnte, brannte die Kaufleutesiedlung ab. Die bei Süsel wohnenden Friesen zogen sich nach Helmold (I, 64) in ihre Burg zurück, wo sich kaum 100 Männer fanden, während die übrigen 300 in ihre Heimat zurückgekehrt sein sollen, um ihre Vermögensverhältnisse zu ordnen. Bei der von Helmold bezeichneten Burg kann es sich nur um den ehemaligen slawischen Ringwall handeln. Bald nach der Verteidigung durch die Friesen muss die Burg aufgegeben worden sein.[269] Ebenfalls wurde die Siedlung Segeberg zerstört. Wenn auch einige holsatische Siedlungen im Landesausbaugebiet westlich der Trave nach Helmold (I, 63) verschont blieben, was zu allerlei Gerüchten Anlass gab, bedeuteten die Überfälle doch eine Heimsuchung für die meisten Menschen. Graf Adolf II. sprach daher denjenigen, die Heim und Hof verloren hatten, Mut zu. Auch auf Vizelin kamen Aufgaben zu, denn – so schreibt Helmold (I, 66): *Vor den Toren des Klosters lagen die Bedürftigen in Scharen.*

Nach 1160 erlosch jeder slawische Widerstand, und der Landesausbau schritt weiter voran. Doppeldörfer mit den Bezeichnungen „Deutsch“ und „Wendisch“, „Groß“ und „Klein“ deuten aber auch an, dass Slawen und Einwanderer in der folgenden Zeit friedlich nebeneinander siedelten. Von 50 im Hochmittelalter bekannten Höfen oder Dörfern sind 27 deutsch (Blumental, Meinsdorf, Rodensande oder Jungfernort) und 19 slawisch (Eutin, Bosau, Wöbs, Zarnekau u.a.). Vier Dörfer tragen Mischnamen, die aus einem slawischen Personennamen und einer deutschen Endung zusammengesetzt sind (Liensfeld, Majenfelde, Neversfelde u.a.). Der slawi-

Bei einem slawischen Überfall 1147 zogen sich die bei Süsel seit 1143 siedelnden Friesen in den ehemaligen slawischen Burgwall zurück. Blick auf die sog. Süseler Schanze von Norden. Foto: wikimedia

sche Name eines Ortes besagt jedoch nicht, dass dieser älter ist als ein deutscher. Dörfer mit slawischen Namen, wie Söhren und Zarnekau, entstanden erst 1215/16, somit in deutscher Zeit. Auch der Name des Lokators oder der Herkunftsort der Siedler konnten Teil des Ortsnamens sein.

Da sich die erste Zuwanderer durch Glauben, Kultur, Wirtschaftsweise und Recht von den Slawen unterschieden, dürften beide Bevölkerungsgruppen zunächst kaum gemeinsam in einem Dorf nebeneinander gewohnt haben. Vorerst lebten die Slawen in ihren Siedlungen *(slawicae villae)* nach eigenem Recht, wobei ihr Land nicht nach Hufen eingeteilt war. Anstelle eines Zehnten zahlten sie einen noch 1215 erwähnten Bischofszins von ihren Pflügen. Unterschiede zwischen deutschen und slawischen Äckern werden auch noch 1433 im Lübecker Zehntregister genannt.[270] Die ersten slawischen Immigranten könnten ihre Siedlungen dabei in bereits urbar gemachten Siedelräumen angelegt haben, bevor sie in der Folgezeit dann rasch Neuland erschlossen. Stellenweise dürften die Slawen dann auch diese Regionen verlassen haben, sei es freiwillig oder genötigt. Daran lassen Flurnamen wie das häufig auftauchende Wendfeld denken. Vielleicht bewirtschafteten diese noch die Slawen in ihrer angestammten Wirtschaftsweise der Feldgraswirtschaft, während die Kolonisten die Form der Dreifelderwirtschaft mitbrachten.

Die Schauenburger Grafen wurden dabei zu den Organisatoren der Ansiedlung. Sie legten nicht nur die Siedlungsgebiete fest, sondern verhandelten auch mit den Immigranten die jeweiligen Rechte und Pflichten. Der gräfliche Eigenbesitz im 13. Jahrhundert verteilte sich dabei schwerpunktmäßig auf das Gebiet um Oldenburg, den Raum zwischen Plön und Eutin, Segeberg und Oldesloe sowie um Lübeck und Travemünde.[271] Aus den Schriftquellen lassen sich aber die Ansiedlungsvorgänge nur ungenau erhellen. Zu den wenigen erhaltenen Siedlungsverträgen in Ostholstein gehören zwei Urkunden. So umfasst ein 1154 geschlossener Vertrag zwischen Graf Heinrich von Ratzeburg und Bischof Evermund ihre Einigung über die ihnen in ihrem Herrschaftsgebiet zustehende Hälfte des Zehnten. Nach den dabei festgesetzten Bedingungen sollte ein beauftragter Siedlungsunternehmer für seinen Aufwand etwa ein Drittel der Zehnteinnahmen aus dem von ihm angelegten Dorf erhalten. In der anderen Urkunde übertrug Graf Albrecht von Orlamünde 1216 Marquard von Stenwer die Salzwiesen und den angrenzenden Wald in der Propstei zur Urbarmachung. Dafür erhielt er ein Drittel des Zehnten sowie Gerichtsrechte. Ferner wurde er an den grundherrlichen Einnahmen entsprechend seines Aufwandes beteiligt.[272]

Zur Sicherung des Landesausbaus in Ostholstein und der schauenburgischen Landesherrschaft um 1250 dienten die bereits erwähnten Burgen von Plön, Segeberg, Oldenburg, Travemünde und Lübeck. Neben ihren militärischen Funktionen

Der Bau der Feldsteinkirche in Ratekau, die zu den sog. Vizelin-Kirchen gehört, wurde um 1156, kurz nach der Eroberung Wagriens 1138/39 durch die Holsten begonnen. Es handelt sich um eine im romanischen Stil errichtete einschiffige Saalkirche mit Chor und Apsis, deren 48 m hoher Rundturm einen wehrhaften Charakter aufweist. Auch die Kirche in Bosau besaß ursprünglich so einen runden Turm. Foto: Genet

fungierten diese als lokale Verwaltungszentren unter der Leitung von Vögten, welche die Abgaben einzogen. Dazu gehörten die ordentlichen und *außerordentlichen* Steuern, Geleitgeld durchreisender Kaufleute, Warenzölle an den Zollstellen Oldesloe, Rendsburg, Hamburg und Plön sowie die Verpachtung des Mühlenregals. Da die Grafen zur Finanzierung ihrer Politik und Kämpfe gegen Dänemark wiederholt zu Verpfändungen gezwungen waren, schwankten ihre Einnahmen stark. So mussten sie in den 1250er bis 1270er Jahren etwa ein Drittel des gräflichen Besitzes im Land Oldenburg veräußern; zu Beginn des 14. Jahrhunderts folgte dann ein großer Anteil im Gebiet von Travemünde einschließlich der Burg (1320).

Als Adolf IV. 1227 dann seine Herrschaft in der Grafschaft Holstein antrat, waren in Wagrien nur der Urwald zwischen Testdorf und Kasseedorf, den Albrecht von Orlamünde 1224 den Mönchen des Lübecker St.-Johannis-Klosters überlassen hatte, sowie die slawischen Rückzugsgebiete der *terra* Oldenburg von der Urbarmachung verschont geblieben. Nun setzten auch hier Rodungen ein.[273]

Neben den Grafen konnten auch adelige und geistliche Grundherren, wie die Klöster zu Siedlungsorganisatoren werden. Dafür fehlten aber Bischof Gerold von Oldenburg (1154–1160), der Vizelin gefolgt war, zunächst die Finanzmittel. Immerhin hatte ihm der Herzog Heinrich der Löwe nach seiner Klage aber Eutin als Residenz überlassen. In der Folgezeit vergrößerte er den bischöflichen Besitz in Bosau und erweiterte diesen um ein Gebiet bei Oldenburg. Diese Ländereien umfassten aber nur 100 Hufen, da sie mit einem kleineren, als dem sonst üblichen Maß gemessen waren und zudem Sümpfe und Urwald miteinbezogen.[274] Mittelpunkt des Bistums blieb das Gebiet zwischen Plöner und Eutiner See. In Oldenburg begann Gerold mit dem Bau eines großen Gotteshauses. Dennoch überzog seit dem 12. Jahrhundert eine Pfarrorganisation Ostholstein, die sich im 13. Jahrhundert verdichtete. Ferner bildeten die schon behandelten Klöster von Preetz und Cismar wichtige Stützpunkte des Landesausbaus.

Wie in Ostholstein erfolgte auch in Lauenburg ein Landesausbau, der von den 1160er Jahren bis an den Anfang des 14. Jahrhunderts dauerte.[275] Die Grafschaft umfasste zur Zeit der Belehnung Heinrich von Badwides die Länder Ratzeburg, Boitin, Gadebusch, Wittenburg und Boizenburg, während die Sadelbande im Südwesten zwischen Bille und Elbe direkt dem sächsischen Herzog unterstellt wurden. Nach dem Sturz Heinrichs des Löwen bekam Bernhard von Anhalt die Grafschaft Ratzeburg und die Sadelbande zugesprochen. Ende des 12. Jahrhunderts starb das Geschlecht der Badwides aus, und mit der dänischen Eroberung Holsteins im 13. Jahrhundert kam die Grafschaft Ratzeburg unter dänische Herrschaft. Während ein Teil der Grafschaft mit den östlichen Regionen als Dank für ihre Hilfe an die Grafen von Schwerin und Mecklenburg fielen, wurde die restliche Grafschaft Ratzeburg mit der Sadelbande dem dänischen Statthalter Albrecht von Orlamünde unterstellt.

Erst nach der Schlacht von Bornhöved 1227 erhielt Herzog Albrecht I. von Sachsen Ratzeburg und Lauenburg zurück. Als Lehnsherr konnte er sich allerdings in Holstein nicht durchsetzen. Infolge dynastischer Teilungen wurde die Grafschaft Ratzeburg bald in Sachsen-Lauenburg und Sachsen-Wittenberg geteilt.[276]

Bis 1230 war hier das Land von einem Netz etwa gleichgroßer Kirchspiele überzogen, von denen bis 1335 zwölf weitere abgeteilt wurden. Dies veranschaulicht die Verdichtung des Siedlungsbildes. So stieg etwa die Zahl der zehntpflichtigen Dörfer im Land Ratzeburg von etwa 100 im Jahr 1194 auf 135 im Jahr 1230.[277] Dass hier bei der Zuweisung des Landes ebenso wie in Ostholstein Regelungen galten, belegt die regelmäßige Anlage der Feldfluren. So umfasste in Lauenburg ein Drittel der Dörfer in seiner Anfangszeit 12 Hufen zu je 12,5 ha.[278] Infolge der Bevölkerungsverdichtung, Zusammenlegung von Dörfern und weiterer Rodung scheint diese ursprüngliche Hufenverordnung jedoch bald aufgegeben worden zu sein. Eine Vermessung der Dorffluren erfolgte nach Schlägen und Stücken mit der Hufe als Wirtschaftseinheit um den Dorfanger als grasbewachsenen Platz in der Mitte des Ortes herum. In den Dörfern fungierten „Schulzen", die als sozial herausgehobene Schicht ihr Vermögen aus dem Eintreiben der Steuern erzielten. Ihre Namen erscheinen wohl oft im Zusammenhang mit Ortsnamen. Die Bauern zahlten an den Grundherren Heuern oder Grundzinse als Abgaben in Naturalien, später in Geld. Ferner kamen Dienstleistungen bei Aussaat und Ernte hinzu. Seit der zweiten Hälfte des 13. Jahrhunderts ist dabei bei adeligen und geistlichen Grundherren das Bestreben einer größeren Eigenwirtschaft feststellbar, indem sie ihr Hoffeld auf Kosten der ihnen hörigen Bauern vergrößerten. Dabei bestand in Ostholstein die Tendenz, das adelige Hoffeld aus der Feldgemeinschaft des Dorfes herauszulösen, während dieses in Schleswig weniger der Fall war.

Durch das verkehrsgeographisch günstig gelegene Lauenburg verlief ein Großteil des Handels zwischen Hamburg und Lübeck. Deren Räte versuchten daher einen Einfluss auf die Region zu nehmen, während die Bedeutung der Landesherrschaft gleichzeitig zurückging. Die Sicherung der Transitwege und insbesondere des Salzhandels lag im vorrangigen Interesse Lübecks. Auch der in den Jahren 1390–1398 gebaute Stecknitzkanal, der die Trave mit der Elbe verband[279], führte durch Lauenburg. Lübeck kam im 14. Jahrhundert zudem in den Besitz der Pfandherrschaft über die Stadt Mölln, die Vierlande und Bergedorf. Der Versuch einer Wiederinbesitznahme von Bergedorf und Mölln durch die Herzöge scheiterte am Widerstand des mit Hamburg verbündeten Lübeck. Die Städte erreichten 1420 daher die endgültige Abtretung Bergedorfs, der Vierlande, Geesthachts sowie der Hälfte des Sachsenwaldes. Diese übten auch die Zollrechte aus. Bereits im 13. und 14. Jahrhundert hatten sich beide Städte gegen die lauenburgischen Adeligen durchgesetzt, welche immer wieder die Transitwege bedroht hatten. Im Verbund mit den schauenburgischen Grafen und den lauenburgischen Herzögen schlossen sich dann Hamburg und Lübeck zu einem Landfriedensbündnis zusammen und zerstörten 1349 zahlreiche Adelssitze.

Wie Lauenburg und Ostholstein war auch die Insel Fehmarn im frühen Mittelalter von Slawen besiedelt gewesen, die sich dann mit den Einwanderern vermischten und Christen wurden.[280] Über eine Eroberung oder Einverleibung der Insel in das Herrschaftsgebiet der Schauenburger Grafen verlautet nichts. Um 1070 gelangte die Insel nach dem Sturz des Slawenfürsten Gottschalk († 1066), wenn auch wohl nur kurzfristig, unter dänische Herrschaft. Seit 1201 gehörte die Insel dann nachweislich zu den königlichen Besitzungen, die 1231 das Erdbuch Waldemars II. verzeichnet. Zentrum der Insel war und ist das in der gleichen Quelle er-

Den Hafen des Ortes Burg auf Fehmarn schützte im Mittelalter die von Waldemar II. angelegte Burg Glambeck, die heute noch als Ruine erhalten ist. Foto: wikimedia

wähnte Burg *(Borch up Vemere)*, das im späten 13. oder frühen 14. Jahrhundert Stadtrecht erhielt. Die dem Patron der Seefahrer geweihte St.-Nikolai-Kirche wurde zwischen 1230 und 1250 erbaut. Ein im Mittelalter angelegter Hafen in der Nähe des Ortes versandete im 15. Jahrhundert. Diesen schützte die von Waldemar II. erbaute Burg Glambeck.

Rund um Burg lagen im hohen und späten Mittelalter 43 Dörfer, deren Namen auf deutsche Große oder dänische Große hinweisen, die an der Spitze der dörflichen Hierarchie standen. Peter von Kalundborg etwa besaß Petersdorf.[281] Daneben belegen aber Ortsnamen eine noch vorhandene wendische Bevölkerung.[282] Typisch für die im Zuge der Ostsiedlung entstandenden Bauerndörfer scheint – wenn man von der frühneuzeitlichen Form ausgeht – eine parallel gegenüberliegende Dorfplatzbebauung mit eng aneinander liegender Gebäudereihung zu sein.[283] In diesen Orten siedelten Holländer, Friesen, Westfalen und Holsteiner und Dithmarscher.[284] Im 14. Jahrhundert kamen noch Neujellingsdorf und Strukkamp hinzu, während andere Dörfer wüst fielen.[285] Nach 1329 entstanden Orte, wie Lemkenhafen und Orth, an der Küste.

Von der Insel bezog der dänische König beträchtliche Einkünfte, der diese durch seinen Vogt, der in den Kirchspielen Burg und Petersdorf den Vorsitz führte, einziehen ließ. Neben diesem werden seit 1419 auch Kämmerer genannt, die als ranghöchste Amtsträger der bäuerlichen Landgemeine fungierten. König Christoph II. gab die Insel 1326 als Lehen, später als Pfandlehen, an Graf Johann III. von Plön. Nach dem Aussterben der Plöner Linie der Schauenburger fiel Fehmarn 1390 an die Rendsburger Grafen, wurde aber von diesen ebenso wie die friesischen Uthlande immer gesondert behandelt und gehörte nicht direkt zu Holstein.[286]

Als sich im 13. Jahrhundert der Landesausbau in Lauenburg und Ostholstein mangels Neusiedler verlangsamte, waren Slawen wieder an der Neuanlage von Dörfern beteiligt. So entstanden bei Eutin 1215/16 und 1251/56 ebenso wie in Lauenburg neue Dörfer mit slawischen Namen. Auch in Städten wie Lübeck (Große und Kleine Kiesau), Oldenburg und Heiligenhafen (Wendstraße) lebten Slawen. Diese wussten sich den neuen Sitten und Normen anzupassen, da nur so ein sozialer Aufstieg möglich war, welcher auch Schutz vor Diskriminierung bot. Mit dem Verschwinden des slawischen Adels und der Christianisierung assimilierte sich die angestammte Bevölkerung mit den Neusiedlern und übernahm die niederdeutsche Sprache.

Stormarn und Alt-Holstein

Neben dem Landesausbau in die von Slawen besiedelten Gebiete Wagriens und Lauenburgs verdichtete sich auch das Siedlungsbild in Stormarn und Alt-Holstein. Neben den Schauenburger Grafen wurden hier die Overboden, insbesondere die Familie der Ammoniden, die von 1127 bis 1221 im Besitz dieses Amtes war, zu Trägern des Landesausbaus. Die holsteinische Overbodenfamilie des 12. Jahrhunderts besaß umfangreichen Landbesitz im Falderagau um Neumünster, wo deren ältester Besitz in Arpsdorf und Boostedt lag. Die Ammoniden sind hier schon im 11. Jahrhundert mit ihrem Grundbesitz an die sächsisch-slawische Grenze herangerückt. Sie beherrschten und sicherten damit einen zentralen Verkehrsaum, wo die Wege von Bornhöved und Segeberg nach Neumünster (Faldera) führten. Der ehemalige Holstengau war vielleicht in vier Landesviertel eingeteilt, deren Verwaltung in den Händen von Boden lag, deren Zentren Schenefeld, Steenfeld und Hohenwestedt im Westen, Hennstedt, Jevenstedt, Schülp und Rendsburg im Norden, Nortorf, Neumünster und Boostedt im Nordosten sowie Kellinghusen, Lockstedt und Bad Bramstedt im Südosten bildeten.

Wie Alt-Holstein könnte auch Stormarn seit dem Hochmittelalter in vier Landesviertel gegliedert gewesen sein, deren Zentren um Nienstedten im Süden, Rellingen etwas weiter nördlich, Bergstedt und Süllfeld im Nordosten lagen. Im Südosten, an der Grenze zum Sachsenwald hin, konzentrierten sich die Besitzumgen der Boden in Eilbek, Schiffbek, Steinbek und Bünebüttel östlich von Hamburg, somit wie in Alt-Holstein nahe der ehmaligen Grenze zu den Slawen.[287]

Eine Verdichtung des Siedlungsbildes setzte hier erst zur Zeit Adolfs IV. (1227–1238) ein. Abgesehen von wenigen früheren urkundlichen Erwähnungen, wie Ahrensfelde, Bargfeld (1223), Lütjensee und vielleicht Hoisdorf, erfolgte die Gründung neuer Dörfer erst nach 1228, als das Gebiet nördlich der Bille unter die Herrschaft Adolfs IV. kam. Gerade die Rodungstätigkeit brachte den Grafen ihren Besitz von zahlreichen Dörfern ein, so in Ahrensfelde, Meilsdorf, Schmalenbek, Braak, Langelohe, Alt und Neu Stapelfeld, Stellau, Grande und Witzhave. Östlich von Hamburg gehörten ihnen im Gebiet der Kirchspiele von Bergstedt, Rahlstedt und Steinbek zahlreiche Dörfer. Auch um die gräflichen Burgen, wie in Odersvelde (heute Harvestehude) und die um 1195 erwähnte *Arx Arnsburga* (Burg Arnesvelde) im Niederungsgebiet des Hopfenbachs, konzentrierte sich der gräfliche Besitz. Die Burgen bildeten hier Stützpunkte des Landesausbaus. Graf Adolf III. verschenkte das Dorf Ahrensfelde an das Hamburger Domkapitel. Die Geschichte des nahen Ahrensburg geht zurück bis ins 13. Jahrhundert, als die Grafen von Schauenburg das Dorf Woldenhorn (urkundliche Erwähnung 1314) und die Nachbardörfer Ahrensfelde,

In Stormarn und Alt-Holstein begann im 12. Jahrhundert unter den Schauenburger Grafen und dem lokalen Adel der Boden und Overboden ein Ausbau des bereits im frühen Mittelalter besiedelten Landes, der im östlichen Stormarn im 13. Jahrhundert voranschritt. Ob die beiden Gaue in Viertel gegliedert waren, ist nicht sicher.

Im östlichen Bereich bildete die im Besitz der Schauenburger Grafen befindliche Arx Arnsburga einen Stützpunkt des Landesausbaus. Mehrere Dörfer mit Kirchen und aufgestaute Teiche für Kornmühlen kennzeichnen hier die hoch- und spätmittelalterliche Kulturlandschaft.

Meilsdorf und Beimoor gründeten.[288] Die Dörfer kamen 1327 zum Zisterzienserkloster Reinfeld, und Woldenhorn wurde Sitz des Klostervogts. Ferner kennzeichnen zahlreiche Wassermühlen und aufgestaute Teiche die mittelalterliche Kulturlandschaft. Der Graf gründete auch das Kloster Reinbek, dessen Stiftung der Bremer Erzbischof Gerhard 1226 bestätigte. Das Kloster war ebenso wie der Graf, weitere Adelige und das Hamburger Domkapitel Träger des Landesausbaus mit der Ansiedlung von Bauern. Neben den adeligen Lokatoren gab es auch Dorflokatoren, die als Bauernvögte lastenfreie Hufen besaßen.

Die Elbmarschen

Um 1000 nahmen noch große Teile der holsteinischen Elbmarschen Moore ein, während sich die Wurtsiedlungen auf den Uferwällen der Elbe und ihrer Nebenflüsse konzentierten. Erst die Bedeichung seit dem 12. Jahrhundert schuf hier die Voraussetzung für die Urbarmachung der schwer zu kultivierenden vermoorten Sietländer und Hochmoore. Die Verfahren der Moorkultivierung durch die Anlage von Entwässerungsgräben, Sielen und Sietwenden als Dämmen, die verschiedene Entwässerungsgebiete trennten, waren im sehr dicht besiedelten Holland entwickelt worden und griffen seit dem 12. Jahrhundert durch niederländische Immigranten auch auf die nordwestdeutschen Flussmarschen über.[289] So schloß der Bremer Erzbischof Hartwig 1106 einen Ansiedlungsvertrag mit holländischen Kolonisten. Zu denjenigen, die aus der Diözese Utrecht kamen, gehörten der Priester Heinrich sowie die Männer Helikin, Arnold, Hiko, Fordolt und Referic. Diese hatten den Erzbischof gebeten, ihnen sumpfiges Land zur Kultivierung zu überlassen. Die Siedlungsstellen, von denen sich der geistliche Grundherr Steuern versprach, wurden mit 720 langen und 320 breiten Königsruten (ca. 3.384 x 132 m) vermessen. Vom Korn sollte jede elfte Garbe, von Lämmern, Schweinen, Ziegen und Gänsen jedes zehnte an den Grundherren abgegeben werden. Dem kirchlichen Sendgericht versprachen die Holländer Gehorsam, erhielten aber für die weltliche Gerichtsbarkeit eine weitgehende Autonomie. Die Holländer behielten ferner ihre eigenen Priester, wobei sie der Erzbischof bei der Anlage von Kirchen unterstützte. Der geistliche Grundherr besaß so bei einer erfolgreichen Urbarmachung die Abgaben, wurde diese nicht in Angriff genommen, blieb das Land ohne große Eigeninvestition unkultiviert liegen. Zu jedem dieser von Entwässerungsgräben begleiteten langschmalen Aufstreckfluren, die sich immer weiter in das Moor vorschoben, gehörte ein Hof auf einer niedrigen, gegen das Binnenwasser schützenden Wurt.[290]

Ähnliche Bedingungen, wie sie im Vertrag der Bremer Urkunde von 1106 festgelegt wurden, wird man auch bei den Ansiedlungsverträgen der übrigen nordwestdeutschen Flussmarschen und der Urbarmachung anderer Wildnisse voraussetzen dürfen. Um ihre Grundherrschaft zu erweitern, förderten daher die Schauenburger Grafen ähnlich wie die Bremer Erzbischöfe und andere Adelige bis in die zweite Hälfte des 13. Jahrhunderts die Ansiedlung von Bauern in den Elbmarschen.[291] Inwieweit Bischof Vizelin, der ja eine Zeit lang in Bremen war, darin Graf Adolf II. von Holstein beeinflusste, bleibt unklar.

Im 1141 genannten Seestermühe, das ursprünglich zum Erzbistum Bremen gehörte, reicht die Hollerkolonisation vielleicht bis an den Anfang des 12. Jahrhunderts zurück.[292] Holländerhufen mit eigenem Recht finden sich dann erstmals nachweislich 1142 in der Haseldorfer Marsch bei Bishorst und 1221 *(Hollandros)* in der Wilstermarsch.[293] Daneben werden aber auch Besitzungen von Sachsen *(Saxones)* genannt. Nachdem 1237 der Graf von Holstein über die Deichverpflichtung mehrerer Hollerdörfer in der Kremper Marsch entschied, werden Hollerdörfer mit eigenem Recht auch 1342 erwähnt.[294] Holländische Wasserbauspezialisten vermaßen hier die an die Marschhufensiedlungen, wie Dammfleth oder Krummdiek, angrenzenden Aufstreckfluren. In Wetterndorf und Uhrendorf in der Wilstermarsch lagen die Höfe der Kolonisten entlang von Kanälen und Deichen. Das für die Neusiedlung vorgesehene Gebiet wurde meist in etwa 2,25 km lange und 150 m breite Streifen (Hufen) geteilt, an deren Ende sich die Höfe auf flachen Wurten befanden. Die in einem Abstand von 15–20 m senkrecht zum Hauptdeich gezogenen, von Deichen geschützten größeren Entwässerungsgräben (Wettern) endeten an den Sielen in den Hauptdeichen. Flache Dämme als Sietwenden trennten dabei die verschiedenen Entwässerungsgebiete.

In der Kremper Marsch führten Kanäle das Wasser aus dem Hinterland zu den Nebenflüssen oder durch Schleuer, Spleth und Rhin zur Elbe. Auch entlang der Kremper Au verliefen Deiche, die aber bis zum Bau des Sperrwerks 1636 ein Tidefluss blieb. Entlang der Kanäle oder auf den Deichen erstrecken sich hier mehrere Dörfer, die etwas dichter bebaut sind als in der Wilstermarsch. Die landwirtschaftlichen Produkte der eingedeichten und urbar gemachten Wilster- und Kremper Marsch wurden in Marktorten umgeschlagen, die an Kanälen entstanden waren. Mittelpunkt der Wilstermarsch bildete Wilster, das 1282 Stadtrecht erhielt und sich infolge seines Fernhandels schnell entwickelte.[295] Auf rein agrarische Anfänge geht Krempe zurück, das 1286 Stadtrecht bekam.[296]

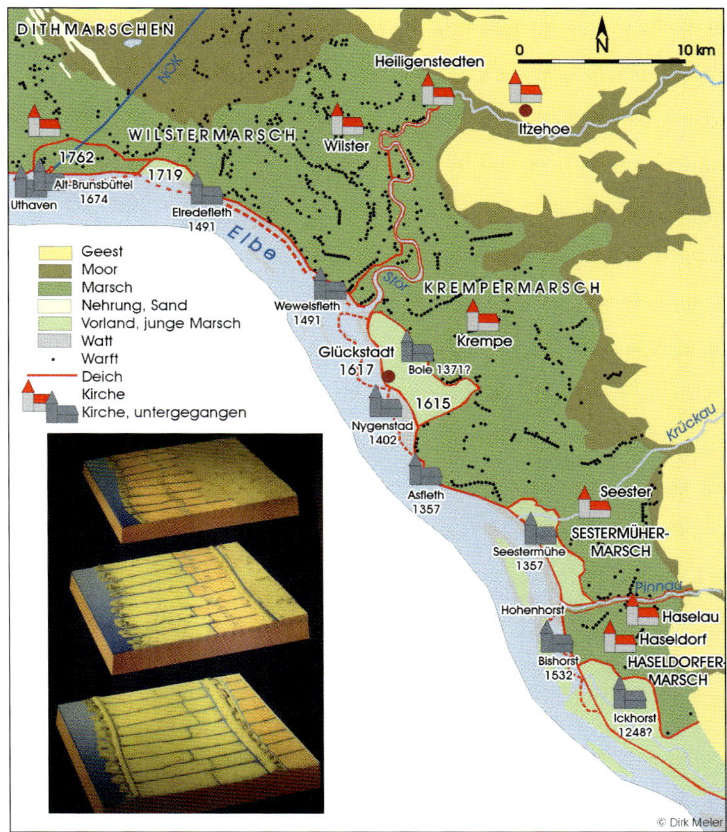

Die vermoorten holsteinischen Elbmarschen wurden seit dem 12./13. Jahrhundert durch eine Hollerkolonisation erschlossen. Das Schema zeigt den Verlauf so einer von den Flüssen ausgehenden Kultivierung mit regelmäßiger Entwässerung, die Karte die bis zum Spätmittelalter urbar gemachten Marschgebiete. Infolge des Abbruchs des hohen Elbufers gingen einige Kirchorte unter.

Südöstlich der Kremper Marsch und der Krückau erstrecken sich die Haseldorfer Marsch und zwischen der Krückau und Pinnau die Seestermühermarsch.[297] Neben den während der Hollerkolonisation seit dem 12. Jahrhundert angelegten Reihendörfer mit ihren Langstreifenfluren, wie Seester, Neuendeich und Kamperrege, kennzeichnen romanische und gotische Kirchen von Haseldorf, Haselau und Seester die mittelalterliche Kulturlandschaft. Typisch für die Hollerkolonisation in der Wilster- und Kremper Marsch waren im Mittelalter eine eigene Verwaltung und ein eigenes Gerichtswesen mit Schulzen und Schöffen. Die Bauern waren jedoch dem holsteinischen Grafen zu Heerbann und

Burgwehr verpflichtet. Nachdem der dänische König Christian I. am 24. April 1469 Holstein und Schleswig als Pfand an den Grafen Gerhard von Oldenburg gab, forderte er deren Bewohner auf, Gerhard die Pfandhuldigung zu leisten, wozu sie sich schließlich 1470 bereit erklärten. Zwar mussten sie dabei auf ihr angestammtes Hollerrecht verzichten und eine Einschränkung ihrer Rechte durch landesherrlichen Vögte und den Amtmann auf der Steinburg hinnehmen, behielten jedoch ihre genossenschaftliche Selbstverwaltung des Deich- und Wasserwesens.[298]

So unterhielten die Bauern der Wilstermarsch den Elbdeich, der vom Hochmoor im Grenzgebiet zu Dithmarschen bis zur Stör führte. Das westliche Teilstück der Gesamtbedeichung der Wilstermarsch, die sich vom Elbdeich im Südosten bis zum Oster- bzw. Tütermoor erstreckte, bildet der Bütteler Moordeich. Infolge von Torfabbau und Entwässerung hatte das Hochmoor in der frühen Neuzeit soviel an Substanz verloren, dass der Moordeich mehrfach nach Nordwesten verlängert werden musste. Der in einem Schnitt 1933/34 untersuchte 15 m breite hochmittelalterliche Deich war 1,80 m hoch und besaß recht flache Böschungen. Seine bei NN – 0,45 m eingemessene Kronenhöhe muss erheblich nach oben korrigiert werden, da der Deich aufgrund seines Gewichtes gesackt war und die Landoberflächen infolge von Torfabbau und Entwässerung an Höhe verloren hatten. Im späten Mittelalter und der frühen Neuzeit wurde der Deich mehrfach erhöht.[299]

Mit der Stromverlagerung der Elbe setzte in der Wilstermarsch im späten Mittelalter ein Abbruch des hohen Elbufers ein, der sich bei Brunsbüttel in Dithmarschen bis in das 18. Jahrhundert auswirkte. Nachdem schon im 14. Jahrhundert die Wilstermarsch überschwemmt worden war, wurde der alte Elbdeich bei der schweren Flut von 1436 weitgehend zerstört. Trotz großer Vorlandverluste ließ diesen der Landesherr wiederherstellen. Gleichzeitig verstärkte man auch die stark mitgenommenen Stördeiche. Trotzdem mussten infolge weiterer Deichzerstörungen und Abbrüche des Vorlandes 1491 die Kirchorte Wewelsfleth und Elredefleth ausgedeicht werden. Der neue Deich lag nun jedoch nicht mehr auf dem hohen Elbuferwall, sondern auf dessen Rückseite, wo der anmoorige Untergrund bereits weniger tragfähig war. Mit Ausnahme von Groß Kampen (1511 – 1516) konnte in der Wilstermarsch kein Land mehr dazu gewonnen werden, und bis heute sind hier die auf unsicherem Grund errichteten Deiche einer besonderen Gefährdung ausgesetzt.[300]

In der Krempermarsch gingen wohl infolge der Stromverlagerung der Elbe die Kirchorte *Asfleth* und *Nygenstad* unter.[301] Letzterer, kurz nach 1354 im *Nygenlande* erbaute Ort dürfte kurz danach mit Stadtrechten ausgezeichnet worden sein. Da 1402 die urkundliche Erwähnung endet, ging der Ort wohl kurz danach unter. Danach entstand eine große Bucht, die von Bielenberg im Süden bis zur Störmündung im Norden reichte. Nach ihrer Verlandung wurde das „Die Wildnis" genannte Außendeichsland 1615 eingedeicht und hier ein Jahr später Glückstadt gegründet.

Auch in der Seestermüher und Haseldorfer Marsch kam es zu Landverlusten an der Elbe. Hier lagen bis zu ihrem Untergang im späten Mittelalter auf dem hohen Elbufer mit seinen vorgelagerten, mit Schilf und Bruchwald bewachsenen Inseln die nicht mehr sicher lokalisierbaren Orte *Ickhorst* (nahe des heutigen Eckhorst), *Hohenhorst* und das 1463 und 1517 letztmalig genannte *Bishorst*. Letzterer Kirchort ging wohl spätestens in der Allerheiligenflut 1532 unter. Ferner wird der Ort *Seestermühe* im Jahre 1357 als verloren angegeben.[302]

Der Abbruch des hohen Elbufers in den holsteinischen Elbmarschen war neben der Verlagerung des Stroms auch eine Folge höherer Wasserstände. So stieg infolge der Eindeichung der Tidenhub und das mittlere Tidehochwasser der Elbe an, wodurch bei Sturmfluten Deichbrüche begünstigt wurden. Die spätmittelalterlichen Sturmfluten bedingten auch eine Verschiebung des Brackwassereinflusses und Tideeinflusses über die Haseldorfer Marsch hinaus. Eine weitere Gefahr bestand durch den Stau des Binnenwassers, wenn die Siele bei länger andauernden Flusshochwässern oder Sturmfluten geschlossen gehalten werden mussten und der Speicherraum der Kanäle und Sielzüge nicht ausreichte. Der Eingriff des Menschen in den Naturraum hatte auch für die urbar gemachten Gebiete erhebliche Auswirkungen. So bewirkte die intensive Entwässerung bis heute andauernde Bodenabsenkungen. So liegt in der Wilstermarsch mit NN −3,3 m der tiefste Landpunkt Deutschlands. Bei einem Deichbruch an der Stör oder Elbe würde die Wilstermarsch heute bei normaler Tide, also zweimal täglich, bis 4,5 m und höher überflutet. Die tiefsten Gebiete wären auch während des Niedrigwassers überschwemmt. Im späten Mittelalter hätte diese Bodenabsenkung fast zu unlösbaren Problemen für die Landwirtschaft geführt, wenn nicht holländische Glaubensflüchtlinge seit dem 16. Jahrhundert die Kenntnis des Baus windbetriebener Schöpfmühlen mit Wasserschnecken mitgebracht hätten.[303] Dabei blieben – anders als in den Niederlanden und in Niedersachsen – eine Kultivierung der Hochmoore mit Fehnsiedlungen in den schleswig-holsteinischen Elbmarschen aus. Nur vereinzelt entstanden – wie in Moorhusen in der Kremper Marsch – Hochmoorkolonien, während andere Bereiche des Moors von den Geestranddörfern aus abgebaut wurden.

Dithmarschen

Dithmarschen nimmt im hohen und späten Mittelalter eine Sonderstellung innerhalb Holsteins ein, da sich das Land von einer Adels- und Grundherrschaft befreien und als eine selbständige, nur nominell dem Erzbistum Bremen unterstellte Bauernrepublik behaupten konnte. Begünstigt hatte diese Entwicklung die Unzugänglichkeit des Landes. So waren die um 1000 noch weitgehend bewaldeten, von Mooren getrennten Geestinseln nur über den Höhenrücken bei Albersdorf erreichbar. Ansonsten erschwerten die vermoorten Niederungsgebiete den Zugang in das Landesinnere. Die nördliche und nordöstliche Landesgrenze bildete die Eider, die östliche die Burger- und Holstenau und das Moor zwischen Burg und der Elbe. Moore, Seen und Bäche schufen somit einen unzugänglichen Grenzsaum zum übrigen Holstein.

Diese abgeschiedene Lage des Landes, dessen küstennahe, dicht besiedelte Seemarschen durch ein breites vermoortes Sietland im 1. Jahrtausend n. Chr. von der Geest getrennt waren, bildet einen Schlüssel zum Verständnis der Siedlungsgeschich-

Dithmarschen im Mittelalter mit Kirchen, Wurten und eingedeichten Marschen. Westlich der Nordermarsch lag durch den Wardstrom getrennt die Insel Büsum, die sich infolge von Sturmfluten im späten Mittelalter verkleinerte. An der Elbe ging im späten Mittelalter der Kirchort Uthaven unter, ein Vorgängerort Alt-Brunsbüttels.

te. Entsprechend des Naturraums hatte sich die Besiedlung im frühen Mittelalter bis um 1000 n. Chr. auf wenige, von Wäldern und Mooren voneinander isolierte Siedlungsgebiete auf der Geest beschränkt, die man im Bereich der auf -stedt endenden Ortsnamen suchen darf.[304]

Wie in den anderen nordelbischen Gauen Holstein und Stormarn bildete auch in Dithmarschen im Hochmittelalter die Landesversammlung die höchste gerichtliche und politische Instanz. Ebenso ist hier eine Vierteilung des Landes (in Dithmarschen Döffte genannt) als Grundlage der Wehrverfassung anzunehmen. Als der Bremer Erzbischof Adalbert (1043–1072) Dithmarschen als erledigtes Reichslehn von Kaiser Heinrich IV. als Geschenk erhielt und es mit der Grafschaft Stade vereinigte, belehnte er damit 1062 den Grafen Udo II. von Stade, womit sich eine politische Trennung zu dem von den Schauenburger Grafen verwalteten, übrigen Holstein ergab. Die bereits bei der Kolonisierung der Elbmarschen hervorgetretenen Stader Grafen waren zwar in Dithmarschen durch ihre Vögte vertreten, der Schwerpunkt ihrer Grafschaft blieb aber südlich der Elbe.[305] Das Fehlen der altholsteinischen Standesgliederung mit Boden und Overboden zeigt jedoch, dass sich hier schon früh die südlelbische Grafengewalt mit ihren Vögten und *milites* als Vertreter durchgesetzt hat. Letztere werden erstmals im 13. Jahrhundert erwähnt.

Spuren alten Großbesitzes von Vogteifamilien im Küstengebiet sind dabei vor allem in der Seemarsch nahe der Dorfwurt Wesselburen sowie um Lunden und Preil nachgewiesen.[306] Vielleicht haben die Grafen von Stade die umfassende Bedeichung der Dithmarscher Seemarsch initiiert, wobei die Vögte an der örtlichen Organisation beteiligt gewesen sein dürften. Zur Verwaltung des Gebietes könnten sich die Grafen neben früher ministerialischer Kräfte auch der reichen Bauernfamilien bedient haben. Nachweisbar ist dies jedoch nicht. Vermutlich haben die genossenwirtschaftlichen Bauernverbände selbst mit der Eindeichung ihres Landes begonnen. Jedenfalls führten die Abgaben beträchtlicher Kornzinse an die Stader Grafen in dem bedeichten Land zum gewaltsamen Tod des letzten in Dithmarschen bezeugten Grafen Rudolf II. im Jahre 1144. Vielleicht hatten die Stader Grafen auch die alte volksrechtliche Verfassung Dithmarschens zu gewalsam beseitigt, was den Widerstand der bäuerlichen Geschlechter herausforderte.[307] Hingegen gingen die Schauenburger in Holstein behutsamer vor, wo die alte volksrechtlich aufgebaute Gauverfassung mit Overboden und Boden noch im 12. Jahrhundert bestehen blieb. Der als Vergeltung für die Ermordung Rudolfs 1148 durchgeführte Eroberungsfeldzug Heinrichs des Löwen, der erb- und lehnsrechtliche Ansprüche auf die Grafschaft Stade geltend machte, blieb mit der Einsetzung des Grafen Reinold über Dithmarschen nur eine vorübergehende Episode.[308] Nominell blieb das Land dem Erzbistum Bremen unterstellt.

Die wichtigsten Einheiten des staatlichen Lebens bildeten die Kirchspiele. Die Christianisierung Dithmarschens war zwar vom Bremer Bistum aus veranlasst worden, die Landschaft wurde jedoch bei der Gründung des Bistums Hamburg 834 in kirchlicher Beziehung zunächst Hamburg unterstellt. Erst nach der Vereinigung Hamburgs mit Bremen im Jahre 847 kam Dithmarschen unter die Oberhoheit der Bremer Bischöfe. Dabei bezeichnet Adam von Bremen in seiner Bischofsgeschichte um 1075 Meldorf ausdrücklich als *ecclesia mater*, was auf Tochterkirchen – möglicherweise in Weddingstedt und Süderhastedt auf der Geest – schließen lässt. Erst im 12. Jahrhundert ist jedoch eine Pfarrorganisation in Dithmarschen deutlich zu erkennen.[309] So verlieh im Jahre 1140 der Bremer Erzbischof Adalbero an das Hamburger Domkapitel Kirchen, Land und Zehnten in Holstein und den Marschgebieten, wie sich aus einer Urkunde von 1204 oder 1207 ergibt, in der Kirchen in Meldorf,

Weddingstedt, Tellingstedt, Süderhastedt, Lunden, Büsum, Marne und Uthaven erwähnt sind. Bei Uthaven ist unklar, ob es sich um den Vorgängerort des 1286 erwähnten (Alt-) Brunsbüttel handelt oder um den gleichen Ort. Vom dem auf der nördlichen Dithmarscher Geest liegenden Kirchspiel Weddingstedt wurden 1281 die Kirchen Wesselburen und Wöhrden in der Marsch abgelegt. Während die im Mittelalter in der Mitte der Dorfwurt errichtete Kirche von Wöhrden 1786/88 einem kleineren Nachfolgebau wich, erweiterte man die ebenfalls inmitten der Dorwurt erbaute romanische Ziegelsteinkirche Wesselburens mit ihrem Rundturm in gotischer Zeit. Nach dem teilweisen Abbrand der Kirche und des Ortes 1736 bezog man hier aber die älteren Baureste in den barocken Neubau mit ein, so dass der alte Rundturm teilweise als Stumpf erhalten blieb.

Die das ganze Land überziehenden Kirchspiele verdeutlichen die Verdichtung des Siedlungsbildes, wenn auch die Gründung der Geestkirchen von Meldorf sowie Tellingstedt, Weddingstedt und Süderhastedt in möglicherweise schon seit dem frühen Mittelalter besiedelten Orten erfolgte. Bei den erhaltenen oder durch Ausgrabungen – wie in Meldorf – erschlossenen frühen Bauten auf der Geest handelt es sich um romanische Feldsteinkirchen des 12. Jahrhunderts. Erst seit dem 13. Jahrhundert entstanden dann Backsteinkirchen wie der heutige, im Stil der Backsteingotik erbaute sog. Meldorfer Dom als dreifschiffige Basilika mit Chor. Die Kirchengründungen auf der Geest begleiten umfangreiche Rodungen, wie sie sich in Ortsnamen auf -wohld, -holt, -rade, -lohe und -hoop widerspiegeln. Dass dabei im hohen Mittelalter bestehende Fluren im späten Mittelalter wüst fielen und von Wald bedeckt wurden belegen Wölbäcker im Riesewohld und bei Bargenstedt. Vermutlich gehörten diese Fluren zu dem 1447 bezeugten Henscherade, das aber erst ein Jahrhundert später aufgegeben wurde.[310] Holzkohlenmeiler und Sägegruben sind hingegen Nachweise einer Waldnutzung. Von den Geesträndern aus erfolgte auch eine Urbarmachung der Moore.[311]

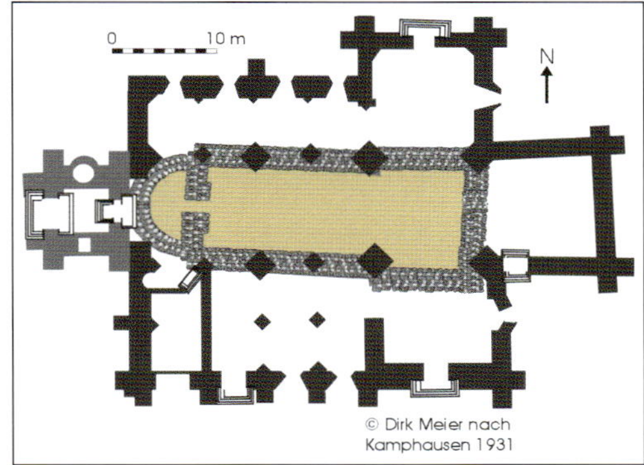

Grundriß der romanischen, früher als karolingisch angesehen Kirche in seiner Lage zum jetzigen Bau der Meldorfer Kirche.

Infolge des Landesausbaus gab es am Ende des 13. Jahrhunderts insgesamt 15 Kirchspiele in Dithmarschen, die sich zu den eigentlichen Trägern der politischen Gewalt entwickelten. Als Organe der Kirchspiele in dieser Zeit wirkten die *consules et jurati*, die *radgeverne* und *svorne*, wobei ab 1304 die *consules* als Vertreter der Kirchspiele und bäuerliche Jahresbeamte zu den Landesversammlungen entsandt wurden.[312] Diese rekrutierten sich aus den

Wesselburen mit seiner urkundlich 1281 erwähnten Kirche gehört zu den alten, im frühen Mittelalter entstandenen Dorfwurten. Die romanische, in Ziegelbauweise errichtete Kirche besaß noch einen Rundturm (vorne im Bild hinter den Strebepfeilern zu sehen), in gotischer und barocker Zeit wurde die Kirche erweitert. Foto: Dirk Meier

Die Topographisch Militärische Charte des Herzogtums Holstein (Varendorfsche Karte) von 1789–1796 lässt in der Dithmarscher Südermarsch noch gut die mittelalterliche Flureinteilung erkennen.

führenden Großbauern *(clavigeri, iurati)* der Personalverbände, die seit der zweiten Hälfte des 12. Jahrhunderts Kollegien bildeten. Die Bildung der Kirchspiele und überregionalen Landesgemeinden fällt mit dem Beginn des Deichbaus zusammen. Die Ratsverfassung der Landesgemeinden gehört dabei zu den typischen Erscheinungsbildern des friesisch-sächsischen Raumes seit der ersten Hälfte des 13. Jahrhunderts, welche den Ratskollegien der Städte ähnelt.[313]

Während eine auswärtige Adels- und Grundherrschaft in den friesischen Seemarschen ebenso wie in Dithmarschen nicht nachhaltig zum Tragen kam, schloss sich die freie, grundbesitzende Bauernschicht am Ende des 12. Jahrhunderts zu autochthonen Rechtsverbänden in Form genossenschaftlich organisierter Landesgemeinden *(terrae)* zusammen. Deren wirtschaftlicher Aufstieg kam mit dem Aufblühen einer fernhandelsorientierten Mastviehwirtschaft, die auf den durch Deichbau und Entwässerung vergrößerten Nutzflächen gewinnbringend möglich war. Diese Landesgemeinden, genauer deren Landesviertel *(fiadandele)* mit ihren Lenkungsinstitutionen der Ratgeber *(redjeven)*, übernahmen in Friesland und in Dithmarschen die Organisatoren des Landesausbaus mit der Vergabe der Aufstreckfluren.

Wie auf der Geest geht auch der hochmittelalterliche Landesausbau in der Marsch mit Deichbau und Entwässerung mit der Gründung von Kirchen auf den Wurtendörfern einher, wo neben Büsum (1140), Marne (1140), Wesselburen (1281), Wöhrden (1281) und Uthaven (1140) bzw. das wohl identische (Alt-)Brunsbüttel (1286) genannt werden. In den Kirchspielen entschieden die genossenwirtschaftlichen Verbände über den Deichbau und die damit verbundene Entwässerung. Das Landrecht von 1447 regelte dann das Dithmarscher Deichwesen neu. Die Kirchspiele, die ihre politische Bedeutung zugunsten des geschaffenen Rates der 48 Regenten verloren hatten, übernahmen aber wiederum die Organisation des Deichbaues, wie Deichbeliebungen des 15. Jahrhunderts zeigen. Da eine allgemeine Verpflichtung zum Deichschutz für die Marschbewohner anzunehmen ist, konnte sich das Landrecht auf die Regelung übergeordneter Fragen beschränken, während die Deichordnungen den Kirchspielen überlassen blieben. In diesen Deichgenossenschaften mussten die Bauerschaften abschnittsweise Deiche instandhalten. Dagegen hat das Sielwesen, ursprünglich eine Aufgabe der Geschlechter, eine Ausweitung erfahren, indem sich die Bauerschaften und Kirchspiele zu Wasserlösungsverbänden zusammenschlossen. Deich- und Landesausbau im Mittelalter blieben somit in Dithmarschen in den

Händen der bäuerlichen Selbstverwaltung. Die Nutzung des unbedeichten Vorlandes durch die Bauerschaften diente dabei der Deckung der Deichlasten.

Noch vor der Niederlegung des Landrechts im späten Mittelalter schützte seit dem 12. Jahrhundert ein Seedeich die Dithmarscher Süder- und Nordermarsch von der Elbe bis zur Eider.[314] In Süderdithmarschen reichte dieser vom Hochmoor als Grenze zur Wilstermarsch entlang der Elbe und führte dann westlich von Uthaven bzw. Alt-Brunsbüttel nach Norden entlang mehrerer Dorfwurten, um dann bei Ammerswurth südlich der Süderau an die Nehrung des Elpersbütteler Donns anzuschließen. Nach der Durchdämmung der Süderau wurde der Seedeich dann bis zur Geest bei Meldorf vorverlegt. Da in einer Urkunde des Bremer Erzbischofs von 1140 vom Ackerbau in *Ethelekeswisch* (Eddekak) die Rede ist, lässt sich wohl auf die Existenz von Deichen in dieser Zeit schließen. Zudem wird mit *Berlette* (Barlt) eine Siedlung erwähnt, die in dem urbar gemachten Sietland liegt.[315]

Einzelne Wurten in der Seemarsch schützen vielleicht schon im 11. Jahrhundert ihre Wirtschaftsflächen durch niedrige Deiche, wie indirekt eine archäologische Baustellenbeobachtung in Norderbusenwurth belegt. Dort wurde auf einem in dieser Zeit nicht mehr sturmflutfreien Niveau der Marsch ein zweischiffiges Gebäude, wohl eine Scheune, errichtet. Eine Datierung dieses 5 m breiten und ca. 20 m langen, auf einem niedrigen Sodenpodest angelegten Baus war nur noch anhand von Radiokarbondatierungen möglich, die mit ihren Mittelwerten in die Zeit des späten 11. oder frühen 12. Jahrhunderts weisen. Eine dritte Radiokarbondatierung, mit hoher Wahrscheinlichkeit aus dem frühen 12. Jahrhundert, stammt aus der Siedlungsschicht der ersten Aufhöhung, die im randlichen Bereich der Dorfwurt auf einem Höhenniveau von NN +2,30 m liegt.[316]

Ein ähnliches Alter weist die etwas weiter nordöstlich gelegene Wurt Lütjenbüttel auf. Der Untergrund besteht hier aus etwa 1 m mächtigen Schilflagen sowie einem darüber liegenden Moor der ersten nachchristlichen Jahrhunderte, das infolge zunehmenden Meereseinflusses überflutet worden war. Auf den abgelagerten Sedimenten hatte sich dann eine Seemarsch ausgebildet, aus deren Soden die ersten Siedler eine etwa 1,5 m hohe Warft auftrugen. Ein darauf errichtetes, wohl einschiffiges etwa 5 m breites Gebäude mit Pfosten und Flechtwerkwänden sowie möglicherweise einer kleinen Ankübbung weist in die Zeit um 1138. In der Folgezeit wurde die Wurt in schneller zeitlicher Folge durch die Anpackung von Mistschichten und darauf abgepackter Kleiaufträge zu den Rändern hin erweitert und im späten Mittelalter erhöht. Der Warftenbau belegt, dass man in dieser Zeit dem Schutz der niedrigeren Seedeiche noch nicht vertraute. Zahlreiche Funde, wie die im Hoch- und

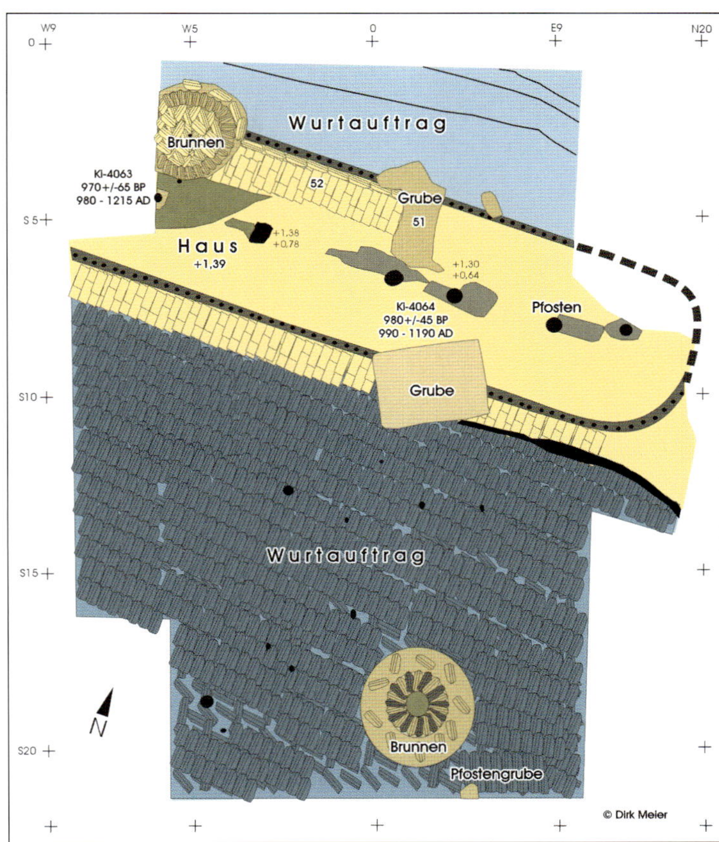

An der Basis der Dorfwurt Norderbusenwurth kam ein zweischiffiges Gebäude der Zeit um 1050 zu Tage. Die Deutung ist nicht klar, vielleicht handelt es sich um eine Scheune in der hier in dieser Zeit schon bedeichten Seemarsch. Nach dem Abbruch wurde darüber im 12. Jahrhundert aus Kleisoden eine Wurt aufgetragen.

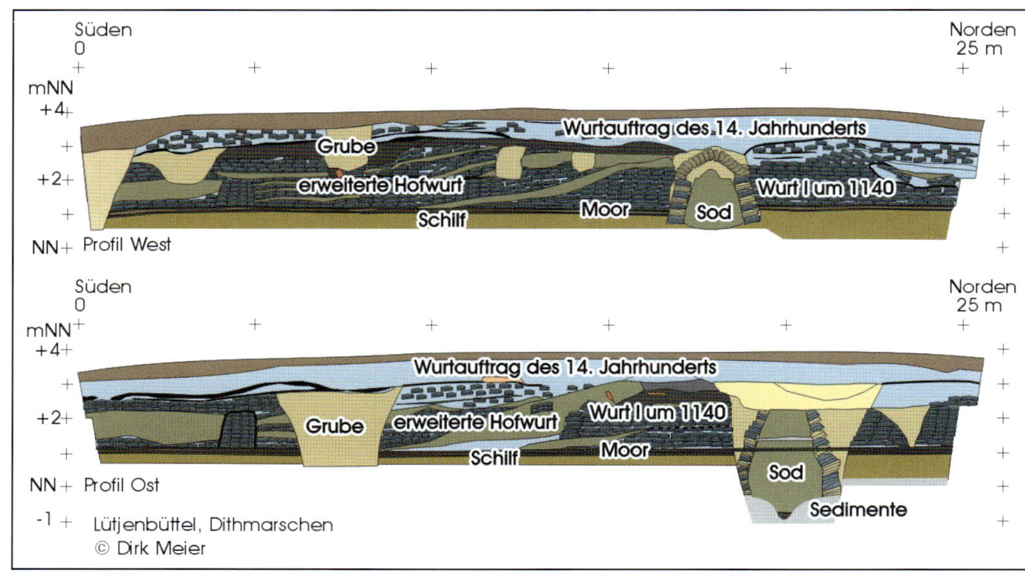

Während des 1. Jahrtausends n. Chr. bestand in Lütjenbüttel ein Moor, das im Zuge des vordringenden Meeres mit Sedimenten bedeckt wurde. Auf der Salzmarsch wurde um 1140 die älteste Wurt aus Kleisoden errichtet, bald erweitert und im 14. Jahrhundert erhöht. Kennzeichnend für die Wasserversorgung sind zwei in den Untergrund eingelassene Sode.

Spätmittelalter gebräuchlichen Kugeltöpfe, aber auch Steinzeug aus dem Rheinland, kennzeichnen hier die ländliche Wirtschaft und Kultur der Bewohner. Neben den einschiffigen Gebäuden mit schmalen Ankübbungen aus Lütjenbüttel finden sich in Süderbusenwurth möglicherweise auch zweischiffige Gebäude. Jedenfalls blieben Bauten mit Flechtwänden und eingegrabenen Pfosten in den Marschen die Regel.[317]

Ein weiterer Seedeich führte von der Geest nördlich von Meldorf entlang mehrerer Wurtendörfer bis Wöhrden und umschloss dann die sich nach Westen ausdehnende Dithmarscher Nordermarsch mit weiteren Wurtendörfern entlang einer damals noch bestehenden Eiderschleife bis zur Lundener Nehrung. Neben den bereits im frühen Mittelalter entstandenen großen Wurtensiedlungen von Wöhrden, Wellinghusen, Hassenbüttel und Wesselburen hatte sich hier seit dem 12. Jahrhundert mit der Anlage überwiegend aus Klei aufgehöhter, rechteckiger Dorfwurten, wie Schülp, Büsum und Büsumer Deichhausen, das Siedlungsbild verdichtet. Letztere beiden lagen auf der Insel Büsum, die der erst 1585 überdämmte Wardstrom von der Festlandsmarsch trennte. Eine kleine Vordeichung zu diesem größeren Priel hin erfolgte hier noch vor 1500 mit dem Olde Feld bei Wesselburen, wodurch nach dem in Büsum tätigten Pastor und Chronisten Johannes Koester, genannt Neocorus, Süder- und Norderdeich neue Ländereien erhielten.[318] Etwa zur gleichen Zeit wurde auch der Seedeich zwischen Thalingburen und Ketelsbüttel in Süderdithmarschen nach Westen vorverlegt, während man diesen an der Elbe zurücknehmen musste.

Die im Mittelalter bis in die heutige Meldorfer Bucht reichende Insel Büsum bestand aus einem Dünenkern, in dessen Schutz Marschen aufgelandet waren, die seit dem 12. Jahrhundert besiedelt und bedeicht wurden. Baustellenbeobachtungen in Büsum belegen dabei den Bau von aus Klei aufgeworfenen Warften auf dem Dünensand.[319] Wenn man der Schilderung der Chronik des Neocorus von 1596 Glauben schenkt, lagen auf Büsum mit Süd-, Mittel- und Nordtdorp drei Wurtendörfer. Allerdings erwähnt die Urkunde von 1140 des Erzbischofs Hartwig I. nur das Kirchdorf *Middlestorpe* auf der grasbewachsenen Insel *Biusne*, nicht jedoch Süddorp.[320] Als Geschenk der Gemahlin des Stader Grafen gelangte die Insel 1167 an das Kloster Harsefeld bei Stade, was aufgrund der 1144 endenden Stader Herrschaft über Dithmarschen ohne weitere Bedeutung blieb.[321] Als 1281 die Hamburger versuchten, den ständigen Überfällen auf ihre Schiffe Einhalt zu gebieten, schloss Büsum zusammen mit anderen Kirchspielen Verträge mit der Hansestadt und Lübeck ab. Da die Büsumer aber dennoch weiter Hamburger Schiffe angriffen, verbrannte ein Aufgebot der Hansestadt 1440 die Kirche in Middeldorp, die dann 1442 nach Norddorp (das heutige Büsum) verlegt wurde. Nach dem Büsumer Belassungsbuch umfasste Middeldorp 1472 noch 20 ha Land, während 1496 keine Bewohner mehr aufgeführt werden, was auf den Untergang des Kirchortes schließen lässt. Die ehemalige Ausdehnung der Insel im Süden lässt sich aufgrund der Erosion durch das Meer nicht mehr rekonstruieren, da das heutige Watt tiefer als die ehemalige Landoberfläche liegt. Ebenso wie die Allerheiligenflut von 1532 richteten auch die Sturmfluten von 1570 und 1573 schwere Schäden an. Letzte Landverluste ereigneten sich hier mit dem Untergang Wervens noch 1717. Hingegen erweiterte sich durch Landanwachs die Insel nach Norden und Nordosten hin. Hier war es schon vor der Mitte des 15. Jahrhunderts zu einer ersten Vordeichung gekommen; 1452 wurde dann hier der später Westerdeichstrich genannte *Nien Koeg* gewonnen, dessen Seedeich parallel zum Wardstrom verlief. Dadurch verlor der alte Sielhafen Flaxwehl seinen Wasseranschluss, der nach Westen verlegt wurde.[322]

Die Bedeichung der Seemarsch erlaubte auch eine Urbarmachung der stauwasserreichen und vermoorten Sietländer. Träger des von den Dorfwurten ausgehenden Landesausbaus waren die Geschlechter als Siedlungsgenossenschaften.[323] Bis zum späten Mittelalter entstanden dabei in der Dithmarscher Nordermarsch drei annähernd parallel verlaufende Reihen von Hofwurten mit anschließenden Streifenfluren und das Binnenwasser ableitenden Sielzügen. Typische Beispiele bilden Jarren-, Hödien-, Tödien-, Hafer- und Wennemannswisch oder Tiebensee. Die Ortsnamen der Ausbausiedlungen mit einem Personenamen und der Endung -wisch für

Krug der harten Grauware aus Lütjenbüttel, Dithmarschen. Foto: Dirk Meier

Steinzeugkrug aus Lütjenbüttel, Dithmarschen. Foto: Dirk Meier

das neu aus der Wildnis geschaffene Wirtschaftsland kennzeichnen dabei den Siedlungsausbau. In der Anfangszeit des von den Dorfwurten der Seemarsch ausgehenden Landesausbauvorganges wurden als Schutz gegen das Binnenwasser in langgezogenen Reihen, wie in Jarrenwisch belegt, flache Hofwurten noch auf dem unkultivierten Hochmoor erbaut, was hier nach Radiokabondatierungen noch zwischen 970 – 1160 n. Chr. bestand.[324] Mit den von den Geschlechterverbänden gegründeten Kirchen von Neuenkirchen und Hemme, 1323 urkundlich belegt, war die Kultivierung des Sietlandes zum Abschluss gekommen. In Süderdithmarschen findet die Urbamachung der Sietlandsmarsch in den Siedlungsreihen wie Rugemannshusen bei Marne oder Barlt mit seiner 1428 bezeugten Kirche seine Entsprechung. Deren Bau erfolgte mit der Begründung, dass die *Hovetkerke* (Hauptkirche) in Meldorf aufgrund der schwierigen Wetter- und Bodenbedingungen oft nicht erreichbar war.[325]

Die Urbarmachung des Sietlandes sowie der frühe Deichbau fällt in Dithmarschen

Mittelalterliche Trachten haben sich in Dithmarschen nicht erhalten. Nach der Beschreibung des Chronisten Neocorus bestand die Landestracht der Männer aus einem engen Wams und einer weiten Leinenhose. Die Frauen kleideten sich u.a. mit Brusttuch, Bluse und Rock sowie Kageln, einer Art Kapuze. Kolorierter Kupferstich von Braun Hogenberg aus dem 16. Jahrhundert.

noch in eine Zeit, in der die autonomen Kirchspiele mit ihren Kollegien die inneren und äußeren Geschicke des Landes bestimmten. In diesen entschied die bäuerliche Führungsschicht über Rechtsprechung, Deichbau, Wegeangelegenheiten und Verteidigung. Dadurch wurden Landesgemeinden und Kirchspielversammlungen als Vollversammlungen der Bauern zu Repräsentationskollegien umgebildet. Verträge zwischen den Kirchspielen oder wechselnden Kirchspielgruppen und Städten oder Territorien waren an der Tagesordnung. Gleichzeitig wurde der Einfluss der urkundlich 1265 erwähnten Vögte und der *milites* als ritterbürgerlicher, landesherrlicher Dienstadel zurückgedrängt, so dass die Macht nun bei den autonomen Kirchspielen und ihren Repräsentationsorganen lag. Ursprünglich hatten die Vögte den einzeln Döfften, und zwar der von Meldorf (Meldorf, Windbergen), der Oster Döffte (Hennstedt, Delve, Tellingstedt, Albersdorf, Süderhastedt), der Wester Döffte (Büsum, Wesselburen, Wöhrden, Neuenkirchen), der Mittel Döffte (Lunden, St. Annen, Hemme, Weddingstedt, Nordhastedt, Heide, Hemmingstedt) und der Strandmannsdöfft (Burg, Eddelak, Brunsbüttel, Marne) vorgestanden. Sie leiteten die Landesversammlungen, führten das Kriegsaufgebot der einzelnen Döffte und verfügten über den Blutbann. Infolge der Veränderungen schlossen sich die noch im Lande bleibenden Adeligen unter dem Verzicht ihrer Standesvorrechte im Vogdemannen Geschlecht zusammen. So wird der Adel das letzte Mal 1281 erwähnt. Um 1320 wurden die Vögte als Vorsitzende der Kirchspielgerichte verdrängt, blieben aber noch im Besitz der Blutgerichtsbarkeit und behielten auch den Heerbann innerhalb der Döffte. Nachdem ursprünglich jedem dieser Verwaltungsbezirke ein Vogt vorstand, waren es nach 1281 nur noch einer für fünf. So behielten sie noch Einfluss und blieben im Besitz des vom Bremer Bischof abgeleiteten Vogteiamtes.

Nach der Beseitigung des landesherrlichen Dienstadels bestimmten die innerstaatlichen Verhältnisse Dithmarschens die Spannungen zwischen den staatlichen Organen der räumlich-territorialen Verwaltung der Kirchspiele und der Landesversammlung einerseits sowie den Geschlechtern andererseits. Die ökonomische Macht dieser Personalverbände, welche öffentliche Funktionen im Rechtsschutz und der Friedensbewahrung ausübten und sogar bis in das 16. Jahrhundert an der Blutrache festhielten, beruhte auf der Urbarmachung des Sietlandes. Um 1500 verteilten sich die Masse der Geschlechter über mehrere Kirchspiele. Sie bildeten neben den Bauerschaften rechtskräftige Verbände, besaßen Teile von Feldmarken, Wegen und Deichen, waren Inhaber von Wäldern und Außendeichsland und verwalteten das Land genossenschaftlich.

Infolge des Landesausbaus in der bedeichten Seemarsch wuchs – verbunden mit einer Ertragssteigerung – seit dem 13. Jahrhundert der Reichtum der Marschkirchspiele, die zum Exporteur von Vieh und vor allem Getreide wurden. Die wirtschaftliche Potenz unterstreichen die Abgaben an den Hamburger Propst, die um 1350 für Meldorf 90 Mark betragen, es folgen Marne mit 45, Wesselburen und Lunden mit je 40 sowie Wöhrden mit 34. Die Angaben der anderen Sprengel betrugen aufgrund ihrer Kleinheit, schlechteren Bodenverhältnisse oder geringeren Bevölkerung zwischen 10 und 24 Mark.[326] Wichtigster Handelspartner waren die Hansestädte. Die Beziehungen Dithmarschens zu diesem Kaufmanns- und Städtebund blieben jedoch ambivalent. Während es mit Hamburg Streitigkeiten um den Strandraub und das Stapelrecht gab, gewann die Verbindung mit Lübeck seit dem 15. Jahrhundert an Bedeutung für das bäuerliche Gemeinwesen. Zwar kamen erstmals 1265 Hamburg und Dithmarschen zu einer Regelung des Strandrechts überein, doch hielten die Bauern des Süderstrandes am Strandraub fest. 1281 handelten dann einige Dithmarscher Kirchspiele wieder einen Friedensvertrag mit dem Hamburger Rat aus.

Ferner schlossen sie 1283 einen Bündnissvertrag mit dem Holsteiner Grafen Gerhard II. Dieser wurde von den Holsteinern dahingehend gedeutet, dass sich die Dithmarscher zu einer ständigen Heerestreue ihnen gegenüber verpflichtet hätten. Da diese das so nicht einsahen, kam es schließlich wieder zu Feindseligkeiten. Schließlich fielen die Kriegsheere der Holsteiner Adligen Johann II. von Holstein-Kiel und Heinrich I. von Holstein-Rendsburg während des sog. Hasenkrieges 1289 in Dithmarschen ein, unterlagen jedoch auf dem Krumstedter Vierth bei Süderhastedt.[327] Kurz danach, um 1304, mussten die letzten Adeligen in Dithmarschen das Land verlassen, darunter auch die Herren von Reventlow aus dem Geschlecht der Vogdemannen, flüchteten nach Holstein. Diese hatten sich zudem aber mit den Woldersmannen und den Meyenmannen verfeindet. Nur der Adlige konnte innerhalb Dithmarschens bleiben, der sich dem Landesrecht beugte.

Ferner flammten die Auseinandersetzungen mit Hamburg über den Handel auf der Elbe wieder auf. 1291 drohte der Bremer Erzbischof, dass alle Seeräuber in Übereinkunft mit den Kirchspielen des Landes verwiesen werden sollten. Das war jedoch ebenso vergeblich, wie die Klage der Hamburger 1304 vor der Landesversammlung in Meldorf. So sahen die Dithmarscher auch nicht ein, warum sie mit ihren Schiffen aufgrund des der Hansestadt von Kaiser Karl IV. 1359 zugesicherten Aufsichtsrechts erst den Hamburger Hafen anlaufen sollten, wenn sie ihr Korn in den Niederlanden verkaufen wollten. 1394 schließlich verheerte ein Hamburger Aufgebot die Dithmarscher Südermarsch, so dass es 1395 zu einem förmlichen Frieden kam. Auch dieser war nicht von langer Dauer, da der Dithmarscher Vogt Radlef Karstens mit mehreren Schiffen 1434 nach Hamburg segelte und hier ankernde Schiffe verbrannte. Daraufhin schloss die Hansestadt mit den Norderdithmarscher Kirchspielen ein Bündnis gegen die Verletztung des Landfriedens durch den Norddeicher Seeräuber, der schließlich 1436 in der Auseianndersetzung mit seinen Landsleuten fiel. Innerhalb Dithmarschens verlagerten sich die Machtgewichte immer mehr zu der mit Hamburg verbündeten Partei. Das 1482 vom Kaiser für Hamburg neu erlassene Stapelrecht forcierte den Streit erneut.[328]

Hingegen war sich der Lübecker Rat des politischen und strategischen Werts des nur nominell dem Bremer Erzbistum unterstellten, de facto aber selbständig agierenden Dithmarschens durchaus bewusst und regelte daher in einem Abkommen 1468 die gemeinsamen Interessen. Schon 1375 war es zwischen Lübeck und der Dorfwurt Wöhrden zu einem Schutzvertrag für Lübecker Handelsgüter gekommen. Die Bewohner Wöhrdens wollten so die Konkurrenz des Meldorfer Hafens ausschalten. Von den Auseinandersetzungen der Hanse mit den Niederlanden und Dänemark profitierte Dithmarschen. Da für niederländi-

Landesviertel (Döffte) Dithmarschens im Mittelalter und Vorstöße des auswärtigen Adels nach Dithmarschen zwischen 1319 und 1500.

sche Schiffe die Fahrt in die Ostsee infolge der Sperrung des Öresunds oft gesperrt oder erschwert war, nutzte das bäuerliche Gemeinwesen die damit verbundenen Preissteigerungen für Getreide für seine Handelszwecke aus, wie ein Vertrag mit Groningen 1443 belegt. Im 16. Jahrhundert versuchten Dithmarscher Vertretungen sogar auf den Hansetagen mehrfach einen Beitritt, der dem Land jedoch trotz der Fürsprache Lübeckes aufgrund der Einsprüche der baltischen Städte verwehrt blieb.[329]

Trotz der Konflikte mit Hamburg konnte Dithmarschen seine Unabhängigkeit im 14./15. Jahrhundert verteidigen, auch wenn die Vorstöße der adeligen Heere – wie das von Herzog Erich von Sachsenhausen 1402 – immer von Plünderungen begleitet waren. So vernichteten die Dithmarscher Aufgebote in mehreren Scharmützeln das auseinander gelaufende Heer Graf Gerhards III. von Holstein-Rendsburg 1319 und wehrten die Vorstöße Albrechts II. von Holstein und Gerhards VI. von Holstein-Rendsburg 1403/1404 in der Süderhamme ab. Albrecht II. starb dabei an den Folgen eines Sturzes vom Pferd, während Gerhard VI. in der Schlacht an dem Engpass im Dickicht der Hamme fiel.[330] Vergeblich hatten die Grafen extra zur Eroberung des Landes 1402/1403 mit der Marienburg eine Zwingburg gebaut, die den Handelsweg von Meldorf nach Lübeck beherrschen sollte. Die Anlage diente auch als Stützpunkt für Plünderungszüge, bei denen die Orte Tensbüttel und Röst gebrandschatzt worden sein sollen. Trotz Angriffen kleinerer Dithmarscher Bauernverbände hatte sich die Besatzung zwei Jahre behauptet. Von der Turmhügelburg, dem umgebenden Doppelgraben und dem dazwischen liegendem Wall sind noch Reste nahe der Landstraße von Meldorf nach Albersdorf in einem Waldstück erhalten. Auf der vermutlichen Zugangsseite im Westen befanden sich zwei Gräben sowie ein Vorwall. Auf dem derartig geschützten Hügel stand ein Blockhaus, dass die Dithmarscher nicht einnehmen konnten. Nach der Niederlage in der Süderhamme gaben die Holsteiner die Burg 1404 auf, die von den Dithmarschern sofort zerstört wurde.

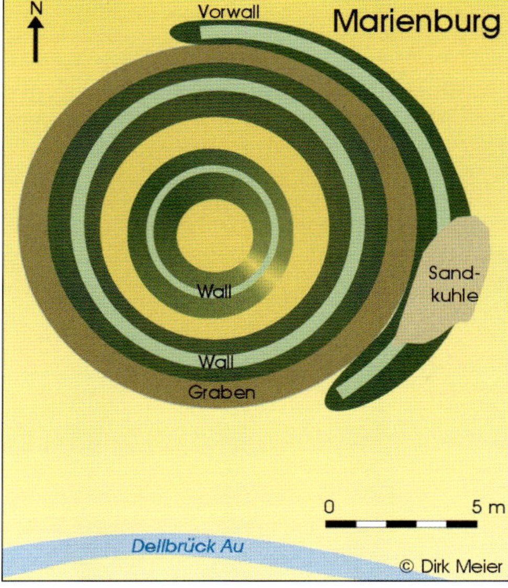

Vergebens hatten die Holsteiner Grafen zur Eroberung des Landes 1402/1403 am Handelsweg von Meldorf nach Lübeck die Marienburg als Turmhügel in Dithmarschen gebaut.

Ebenfalls eine holsteinische Burg an der Grenze zu Dithmarschen war die an der Mündung der Tielenau gelegene, 1423 erstmals erwähnte Tielenburg östlich von Tielen. Bis zur ihrer Zerstörung durch die Dithmarscher nach der Schlacht von Hemmingstedt 1500 befand sich hier der Verwaltungssitz der Landschaft Stapelholm. Infolge von Überschwemmungen der Eider wurde das heutige Dorf Tielen 1533 am Geestrand neu aufgebaut.

Zu den weiteren kleinen mittelalterlichen Turmhügelburgen zählt auch der in einer Niederung angelegte Kuckwahl an der Gieselau nahe von Albersdorf, dessen Zweckbestimmung jedoch nicht klar ist.[331] Auch die Bauern legten zum Schutz ihres Landes an den Einfallstraßen Schanzen und Wälle, wie das Wallsystem der Sarzbütteler Schanzen, an und sicherten weite Abschnitte durch Hammen als undurchdringliche Dickichte.[332] Die Landwehr der Sarzbütteler Schanzen könnte gleichzeitig mit der Marienburg entstanden sein. Diese Verteidigungsmaßnahmen ebenso wie die flexible Taktik der Bauernaufgebote hatte sich den schwer gepanzerten adeligen Ritterheeren überlegen gezeigt.

Allerdings wurden auch die Schauenburger durch die langen Kämpfe mit den dänischen Königen um das Herzogtum Schleswig sowie durch Verwicklungen mit benachbarten deutschen Territorialfürsten sowie mit Lübeck von der konsequenten Durchsetzung ihrer Ziele in Dithmarschen abgehalten. Zudem war der Lübecker Rat darauf bedacht, den schauenburgischen Einfluss an der Elbe nicht zu stark werden zu lassen. Die Auseinandersetzungen der Holstengrafen mit dem dänischen König Erik VII. um den Besitz Schleswigs verhinderte auch das Eingreifen der holsteinischen Grafen in die geschilderten Auseinandersetzungen mehrerer Dithmarscher Kirchspiele und einflussreicher Männer mit Hamburg in den ersten Jahrzehnten des 15. Jahrhunderts.

Nicht nur von außen, sondern auch von innen her bedrohten vor allem in den 1420er und 1430er Jahren Konflikte Dithmarschen. Während die acht nördlichen Kirchspiele von Wöhrden, Weddingstedt, Hemmingstedt, Neuenkirchen, Lunden, Tellingstedt, Albersdorf und Nordhastedt mit der Hansestadt Hamburg friedlichen Handel treiben wollten, hielten die näher zur Küste liegenden Kirchspiele am traditionellen Strandraub fest. Um gemeinsam über das weitere Vorgehen zu beraten, trafen sich daher am 28. September 1434 die

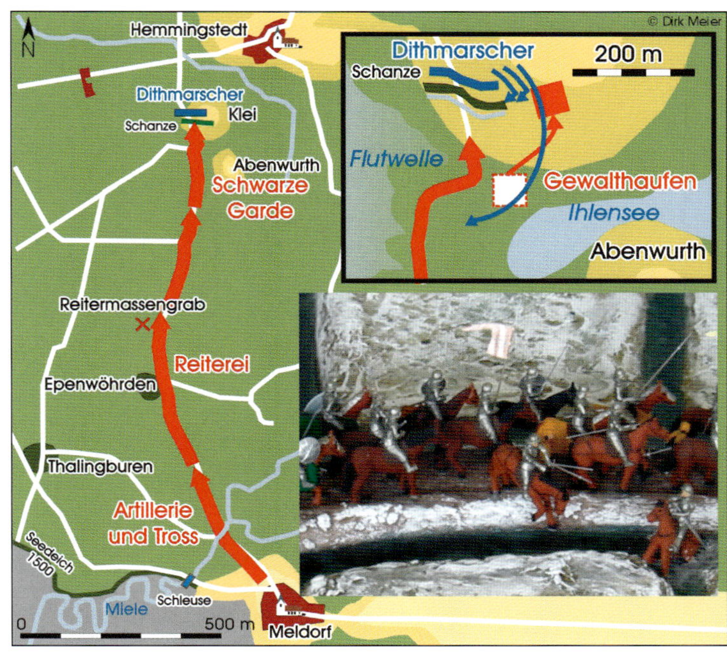

Plan der Schlacht von Hemmingstedt am 17. 2. 1500.

Die Schlacht in Hemmingstedt auf dem Höhepunkt. Foto: Dirk Meier

Dithmarschen bildete im Mittelalter eine Republik autonomer Kirchspiele, bis es sich mit dem Landrecht von 1447 eine eigene Verfassung gab und einen Regentenrat der 48 einführte. Auf dem Landessiegel ist in dem Marien-gläubigen Land die Heilige Jungfrau dargestellt.

Vertreter der acht nördlichen Kirchspiele ohne das verfeindete Meldorf und die Süderdithmarschens an einem zentral auf der Heide gelegenen Ort. Sie entschieden wohl bald, diesem Versammlungsort eine Konstanz zu verleihen, verschob sich der politische Schwerpunkt doch immer mehr nach Norden, während die Bedeutung Meldorfs zurückging. In dem neuen Ort wurde ein Marktplatz abgesteckt. Bereits 1438 ist hier die St.-Jürgen-Kirche bezeugt. Inzwischen (1435) war Meldorf wieder dem Bund der acht nördlichen Kirchspiele beigetreten. Mit dem Landrecht von 1447, wodurch der politisch wirkende Bauernstaat nun durch die Institution der 48 Verweser (1477), später Regenten und Herren (1510) der Landesversammlung *(universitas)* als ein Gremium auf Lebenszeit bestellter Männer vertreten wurde, beruhigten sich dann die Spannungen. Die Achtundvierziger entwickelten sich nun zum Zentralgremium des Landes, das die entscheidenen Beschlüsse fasste. Das Kollegium selbst ergänzte sich durch Zuwahl, wobei die Vertreter wöchentlich am Sonnabend auf dem Heider Marktplatz zusammen kamen. Daneben tagten einige Mitglieder auch während der Woche als ständiger Ausschuss. Hinsichtlich ihres Vermögens und ihrer Lebenshaltung konnten sich die Mitglieder der Achtundvierziger durchaus mit den Herren der schleswig-holsteinischen Ritterschaft messen.[333]

Einen Einblick in das frühe Heide erlauben die Ausgrabungen eingeschossiger Bürgerhäuser am Markt. Ein hier freigelegtes dreischiffiges, noch in Pfostenbauweise errichtetes Hallenhaus des 15. Jahrhunderts mit sehr schmalen Seitenschiffen wich bald einem Nachfolgebau. Der Bedarf an Räumlichkeiten war offensichtlich noch nicht groß. Auf der Diele, wo sich zum Pesel hin ein offenes Feuer befand, wurde im Winter gedroschen oder bei Handwerkern gearbeitet. Der nicht heizbare Pesel diente als Schlafraum. Das bei der Beschießung Heides durch das fürstliche Heer während der Letzten Fehde 1559 abgebrannte Haus war zunächst in der Fluchtlinie der Hauptpfosten des älteren Hauses errichtet worden. Erst später baute man Wände ein, wobei über dem Lehmfußboden im Vorderhaus gelb und grün

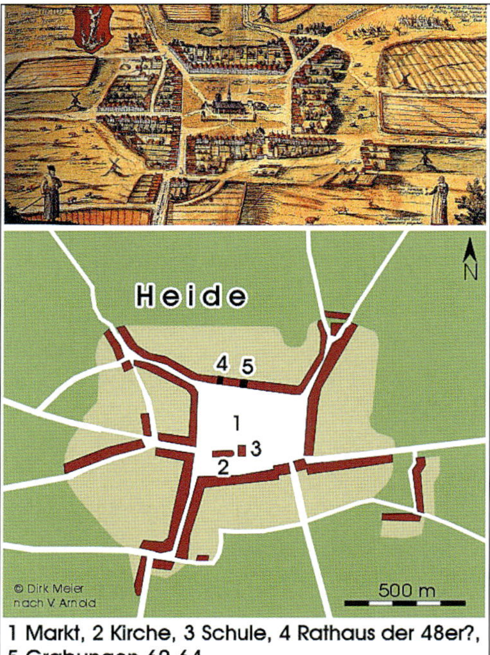

Angenommene Ausdehnung Heides im 16. Jahrhundert (unten) und Kupferstich von Daniel Frese in Braun-Hogenbergs „Civitates orbis terrarum“ (oben), der nicht ganz fehlerfrei ist.

glasierte Fliesen ausgelegt wurden. Seitlich entstand später eine angebaute Ofenstufe (Döns) mit einem prächtigen Renaissance-Kachelofen. Auf der anderen Seite des Haues lag die Werkstatt. An der Rückseite des Hauses befand sich der vermutete Pesel mit eingetieftem Keller. Die Häuser am Markt waren dabei – nach dem Vorbild der Hansestädte Lübeck und Hamburg – im 16. Jahrhundert schon mit Fensterscheiben ausgestattet.[334]

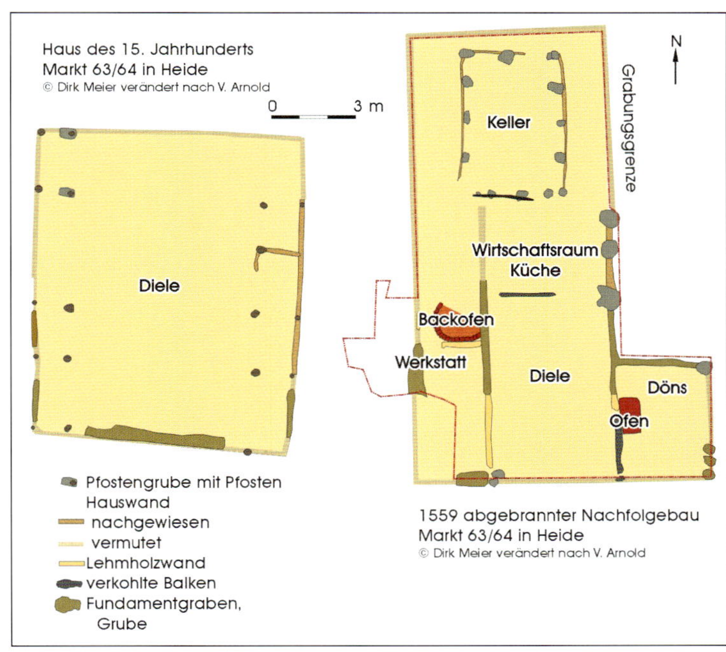

Links: Dreischiffiges, noch in Pfostenbauweise errichtetes Hallenhaus des 15. Jahrhunderts mit sehr schmalen Seitenschiffen vom Markt 63/64 in Heide. Rechts: Der bei der Beschießung Heides durch das fürstliche Heer während der letzten Fehde 1559 abgebrannte Nachfolgebau war zunächst in der Fluchtlinie der Hauptpfosten des älteren Hauses errichtet worden. Erst später baute man Wände ein. Seitlich entstand später eine angebaute Ofenstufe (Döns).

Die Wahl Christian I. von Dänemark zum Landesfürsten von Schleswig und Holstein brachte dann eine neue Wende für den Bauernstaat. Zwar schloss dieser 1473 mit Dithmarschen ein Bündnis gegen seinen Bruder Gerhard, was den König jedoch nach dessen Vertreibung nicht davon abhielt, sich von Kaiser Friedrich III. mit Dithmarschen belehnen zu lassen. Eine Unterwerfung vor ihrem neuen Landesherren lehnten die Dithmarscher jedoch ab. Es gelang aber den Achtundvierzigern, unter denen sich der Meldorfer Bürgermeister Jacob Polleke hervortat, einen Krieg abzuwenden. Mit ihrem verbesserten Verhältnis zum Bremer Erzbistum konnten sie auch das königliche Argument eines „herrenlosen Landes" zurückweisen, zumal Papst Sixtus VI. 1476 nochmals die landesherrliche Gewalt des Bremer Erzstiftes bekräftigte. Die Verhandlungen mit Christian I. zogen sich bis zu dessen Tod 1481 hin. Kaiser Friedrich III. widerrief sogar nach der Intervention des Bremer Erzbischofs seine Belehnungsurkunde.

Nachdem jedoch Hans als Nachfolger Christians dänischer König wurde und es ihm mit Hilfe des Söldnerheeres, der Schwarzen Garde, gelungen war, 1497 auch die Krone Schwedens zu erlangen, fühlte er sich stark genug, Dithmarschen anzugreifen. Der König, der ebenso wie sein Bruder Herzog Friedrich I. den kaiserlichen Widerruf nicht anerkannte, konnte ein Landesaufgebot in den Herzogtümern zusammenstellen. Als Kriegsgrund nannte man dabei die vom Kaiser verliehenen Herrschaftsrechte und die Auseinandersetzungen um die Fischereirechte bei Helgoland, welche die Dithmarscher widerrechtlich besetzt hatten. Der schwache Bremer Erzbischof mahnte umsonst zum Frieden. Auch ein Lübecker Vermittlungsversuch scheiterte. Hamburg unterstützte Dithmarschen ebenfalls nicht, da es zuvor Konflikte bei einem gemeinsamen Kriegszug in Stade gegeben hatte.

Zu Beginn des Jahres 1500 waren die beiden fürstlichen Brüder zum Kriege entschlossen, zumal sie mit der Schwarzen Garde ein sehr gutes, zu Fuß kämpfendes Söldnerheer in ihren Reihen wussten. Die durch überstarke Panzerung von Mann und Ross unbeweglichen Ritterheere waren in dieser Zeit gegenüber den Landsknechtheeren mit ihren Spießen und Hellebarden schon in den Hintergrund getreten, zumal der Harnisch nicht wirksam gegen die Bolzen der Armbrüste und den Kugeln der Handfeuerwaffen half. Neben den 4.000 Mann der von Junker Slenz geführten Schwarzen Garde kamen noch 2.000 Berittene der schleswig-holsteinischen Ritterschaft sowie 3.000 Mann Landwehr. Auch schweres und leichtes Geschütz begleitete den nach Dithmarschen ziehenden Tross. Bei seinen etwa 35.000 Einwohnern konnte Dithmarschen allenfalls ein Aufgebot von 6.000 bis 7.000 Mann dem fürstlichen Heer mit seinen 10.000 bis 14.000 Mann entgegenstellen. Die Waffen auf beiden Seiten waren ähnlich, kämpften doch auch die Dithmarscher, wo jeder Mann ab 14 zur Landesverteidigung verpflichtet war, ebenfalls mit Spießen, Schwertern, Hellebarden, Streitäxten und Armbrüsten. Dazu kam auf Dithmarscher Seite noch eine kleine Söldnergruppe ohne großen Kampfwert.

Das fürstliche Ultimatum verlangte eine Anerkennung der Landesherrschaft und die Zahlung von 15.000 Mark Lübsch jährlich. Ferner sollte den Herren das Recht der Errichtung von drei Burgen zugestanden werden. Da dies die Dithmarscher Regenten ablehnten, begann am 11. Februar 1500 der Einmarsch des fürstlichen Heeres in das Land. Wie schon 1319 und 1404 räumte das bäuerliche Aufgebot kampflos die Geest und zog sich in die Marsch zurück. So konnte das fürstliche Heer schnell Meldorf erobern, wo die Landsknechte unter den Einwohnern ein Blutbad anrichteten. Nachdem so der Süden vom Norden getrennt war, drängte König Hans darauf, trotz der Regen- und Hagelschauer am 17. Februar nach Norden bis Heide vorzustoßen. Südlich von Hemmingstedt stieß das adelige Heer überraschend auf dem grundlosen Weg auf eine von den Dithmarschern besetzte Schanze.

Der Dithmarscher Anführer Wulf Isebrand hielt hier den Vorstoß des adeligen Aufgebots auf, an dessen Spitze die Schwarze Garde marschierte. Diese versuchte nach vorbereiteter, aber bei dem Regen wirkungsloser Artillerieunterstützung einen Gewalthaufen zu bilden, um die Schanze nach rechts über einen etwas höheren Hügel (sog. Klei) zu umgehen. Die Dithmarscher unternahmen zwei Angriffe auf die Geschütze des Gegners. Unterdessen kam der von Oberst Slenz geführte 2.700 Mann starke Gewalthaufen aber trotz des schlechten Wetters voran. Nachdem ein Gegenangriff der Dithmarscher zweimal scheiterte, zerschlug ein dritter den Gewalthaufen, wie später malerisch verklärt wurde. Inzwischen stieg das Wasser in den Gräben an, da die Bauern Siele geöffnet und vielleicht auch zusätzlich Deiche durchstochen hatten. In dem anschließenden Gedränge konnte sich das adelige Reiterheer nicht entfalten, während die Dithmarscher mit ihren langen Spießen über die Gräben sprangen. Fielen die Ritter erstmal vom Pferd, wurden sie schnell erschlagen. Der am Mittag begonnene Kampf war nach drei Stunden beendet. Da das Aufgebot der Dithmarscher Strandmannsdöft zu spät eintraf, konnte sich das adelige Heer über Meldorf zurückziehen.[335]

Das Heer des Königs und Herzogs hatte etwa mit 3.500 bis 4.000 Mann ein Drittel ihres Bestandes eingebüßt, darunter 800 Söldner, 150 Ritter (darunter 70 aus den Herzogtümern) und 450 Knappen. Die Dithmarscher behaupteten später, 300 Mann verloren zu haben, doch dürften es mehr gewesen sein. Da König Hans keinen weiteren Eroberungsversuch unternahm, konnte das Land nochmals seine Unabhängigkeit wahren. Der Umbau des Landes von einem Zusammenschluss autonomer Kirchspiele mit ihren Ratsverfassungen zu einem Staatswesen mit den 48 Regenten als obersten Entscheidungsträgern war noch nicht zum Abschluss gekommen, als Dithmarschen in der Letzten Fehde gegen den König von Dänemark und den Herzog von Schleswig dann 1559 unterlag .[336]

Die friesischen Harden

Nördlich der Eider waren im 8. Jahrhundert Friesen eingewandert, die auf den Uferwällen entlang des Flusses mehrere Dorfwurten gegründet hatten und denen im Verlauf des Hochmittelalters eine zweite Migrationswelle folgte.[337] Dieser Prozess der friesischen Landnahme vom 8. bis 12. Jahrhundert entzieht sich aber weitgehend einer urkundlich fassbaren Überlieferung. Adam von Bremen (IV, 1) spricht zwar von einem *Mare Frisicum*, nicht aber von Nordfriesen. Erst im 12. Jahrhundert erfahren wir von Helmold (I, 70), dass Friesen in Jütland wohnen. Saxo Grammaticus (XIV, VII, 2) erwähnt deren Auseinandersetzungen mit den Dänenkönigen Sven und Knud 1151, was indirekt auf eine größere friesische Bevölkerung schließen lässt. Die friesischen Rechtsverhältnisse trennen die Zollbestimmungen des Schleswiger Stadtrechts (§ 30) in zwei Gruppen, bei denen es sich wohl um die dem dänischen Recht *(de lege Danica)* unterliegenden Geestfriesen und die nach friesischem Recht *(de lege Frysonica)* lebenden Marschfriesen handeln dürfte. Dass bei den sich selbst verwaltenden Marschfriesen keine königlichen Richter in die inneren Verhältnisse eingriffen, gehört durchaus zum Wesen der königlichen Gewalt in Dänemark.[338] Demnach ist durchaus wahrscheinlich, dass die Friesen in den Marschen eine vom Landesherren sanktionierte und begünstigte friedliche Kultivierung des Landes übernahmen. Der dänische König überließ ihnen dazu das ihm nach dem Jütischen Recht zustehende herrenlose Gebiet (I, 23) in Form von Moor- und Marschflächen gegen einen jährlichen Zins.

Einer neuen Immigration könnte auch ein königlicher Aufruf vorausgegangen sein, wie dieser für andere Grenzgebiete Dänemarks an der Eider und im Dänischen Wohld nachweisbar ist. Im Hochmittelalter werden daher die im Erdbuch König Waldemars II. von 1231 genannten 13 friesischen Harden wie das Königsgut *(kunungclev)* angesehen. Die friesischen Siedler traten dabei nach der Vergabe des Landes in ein besonderes Verhältnis zum König und zahlten diesem Abgaben. Daneben waren sie auch dem Reichsverband angeschlossen, wenn die Uthlande auch keinem Sysselsystem als übergeordneter Verwaltungseinheit angegliedert waren.

Im späten Mittelalter drohten die friesischen Harden in die Konflikte um Schleswig hineingezogen zu werden, nachdem der letzte Herzog Heinrich 1375 ohne Erben gestorben war. Daher versammelten sich in der Kirche St. Nicolai auf Föhr in Boldixum am Montag, dem 17. Juni 1426, zwei Tage nach dem St. Vitustag, Vertreter der *Pillwormingharde* (Pellwormharde, Südwestteil der Insel Strand), der *Belltringharde* (Nordostteil der Insel Strand), der *Wrykesharde* (Wiedrichsharde), *Osterharde Föhr* (Osterland Föhr), *Sildt* (Sylt), *Horsbullharde* (Horsbüllharde) und *Bockingharde* (Bökingharde) und verabschiedeten die „Siebenhardenbeliebung." Die Abgesandten der Lundenberg- und Edomsharde waren ohne Stimmrecht vertreten. Diese hatten dem Herzog bereits 1418 gehuldigt. Daraus ergibt sich der Widerspruch zwischen der Bezeichnung „Siebenhardenbeliebung" und der Nennung von neun Harden. Sylt und die Osterharde Föhr besaßen einen Sonderstatus, weil sie erst nach dem Schiedsspruch des Kaisers Sigismund zum Schleswiger Erbfolgestreit (28. Juni 1424) zum Schauenburger Herzog Heinrich IV. übergetreten waren, während Westerland Föhr dänisch blieb. Der daraus resultierende Konflikt wurde erst 1435 im Frieden von Vordingborg geregelt.

Solche Beliebungen gehören zu den selbständigen Aufzeichnungen des Territorialrechts, das sich – wie an der Nordseeküste – in Regionen entwickelte, in denen die landesherrliche Machtausübung begrenzt war. Ein Original der Siebenhardenbeliebung von 1426 ist zwar nicht erhalten, jedoch haben das Landrecht von 1558 und das Nordstrander Landrecht von 1572 die Vorschriften weitgehend übernommen. Archiviert sind außerdem Handschriften des 16. bis 18. Jahrhunderts.[339] Gleichzeitig wurde 1426 die „Krone der rechten Wahrheit" der Eiderstedter Dreilande von den *oldesten und klogesten lüde* (ältesten und klügsten Leuten) beschlossen, die zwischen 1429 und 1466 fortgeschrieben wurde. Mit diesen beiden Beliebungen wollten die Harden anhand ihrer angestammten Rechte ihre Unabhängigkeit von dem in Dänemark geltenden jütischen Recht dokumentieren. Gleichwohl war nicht an eine komplette Feststellung ihres Rechts gedacht, da die Siebenhardenbeliebung sich vor allem auf Regelungen des Straf-,Vermögens- und Erbrechts begrenzte.

Seit dem 14. Jahrhundert suchten die Harden einen Anschluss an die schleswigschen Herzöge aus dem Schauenburger Haus, was dann erst 1435/40 durch den Verzicht des dänischen Königtums mit Ausnahme der Enklaven von Föhr, Amrum und Nord Sylt endgültig wurde.[340] In der Folgezeit wurden die friesischen Festlandsharden den benachbarten Ämtern zugewiesen. Als Vertreter der Landesfürsten wirkten im friesischen Raum die entsandten Staller *(stabularii)*. Ferner gab es einige Schreiber, welche die fürstliche Verwaltung unterhalb der Staller besorgten. Die kleinsten gemeinsamen Einheiten in den nordfriesischen Landen bildeten die Bauerschaften. Ältermänner *(Olderlude)* und Ratmänner, die auch zum Rat der Harde geschickt wurden, vertraten dabei die Angelegenheiten der Kirchspiele. An der Spitze der Selbstverwaltung in den Eiderstedter Dreilanden standen dabei gewählte Lehnsmänner, die den Vorsitz der Kirchspielsgerichte übernahmen und die Deichverwaltung organisierten. Noch im Mittelalter wurde dabei die Blutgerichtsbarkeit nicht mehr von den Kirchspiels-, sondern vom Hardesthing verhandelt.

- **Eiderstedter Harden**

Den Umfang des teilweise neu besiedelten Landes im Bereich der heutigen Halbinsel Eiderstedt dokumentieren drei im Erdbuch Waldemars II. (1170–1241) erwähnte Harden als königliche Verwaltungsbezirke. Westlich des von der Eider nach Norden führenden Prielstroms der Süderhever lag die Harde *Holm* mit den Inseln *Holm* (Utholm) und *Haefrae* (Westerhever). Hauptort war das auf einer Nehrung gelegene Tating. Die Harde *Tuninghen* mit dem Hauptort Tönning erstreckte sich entlang der Eider bis zur Süderhever, während den Norden der heutigen Halbinsel die Harde *Everschop* mit dem Hauptort Garding einnahm.[341] Die drei Eidersterdter Harden, in der Frühneuzeit auch Dreilande genannt, gehörten dabei einer Propstei an. Nordöstlich bildete die Lundenbergharde noch eine Landverbindung mit der Propstei des Strandes, während im Osten die Eiderstedter Harden an die Südergoesharde grenzten.

Auch in Eiderstedt geht der flächenhafte hoch- und spätmittelalterliche Landesausbau mit der Bedeichung, der Urbarmachung vermoorter Marschen sowie der Anlage romanisch-gotischer Kirchen des 12. und beginnenden 13. Jahrhunderts einher. Im Gebiet zwischen der Eidermündung und Sylt bildete Eiderstedt eine eigene Propstei. Die ältesten historischen Aufzeichnungen zu Kirchen in Eiderstedt lassen sich dem Schleswiger Zinsregister von 1362 (1407/1450) sowie dem *Chronicon Eiderostadense vulgare* entnehmen, das in seinen ältesten Teilen auf den Landschreiber Sywens († 1472) zurückgeht, dessen Berichte, vielfach umgeschrieben und erweitert, der Lundener Johann Russe (* 1500, † 1550) herausgab. Die von Russe angegeben, hochmittelalterlichen Gründungsdaten der Eiderstedter Kirchspiele können dabei nicht als verbürgt gelten.[342] Das Chronicon beginnt mit der Beschreibung des Baus einer hölzernen Kapelle in *Tatinghen* 1103[343]; 1109 soll eine weitere Holzkapelle auf dem *Garsande* errichtet worden sein[344], dem dann 1117 der Bau einer Steinkirche in Garding folgte. Um 1113 entstanden dann in den neu bedeichten Gebieten des nördlichen Eiderstedt die Kirchen von Poppenbüll, Tetenbüll und Osterhever in Ziegelbauweise. Ferner erwähnt das Chronicon die Gründung Katharinenheerds auf der Gardinger Nehrung 1113, sowie von Welt und Vollerwiek im gleichen Jahr nahe der Eider.[345] Die Oldensworter Kirche soll nach der gleichen Quelle 1202 zerstört und drei Jahre später neu erbaut worden sein. Das nur nominell dem dänischen König unterstehende Land wurde von genossenschaftlichen Bauernverbänden verwaltet, die in Kirchspielen organisiert waren.

Dabei führte die Durchsetzung der königlichen Herrschaftsansprüche häufig zu Konflikten, wie der Eroberungsversuch Königs Abels belegt, der auf dem Rückzug zusammen mit seinen Rittern irgendwo im Sumpfland zwischen Eiderstedt und der Geest 1252 ums Leben kam.[346] Mehrfach fielen auch Dithmarscher plündernd in Eiderstedt ein, die zwischen 1414 und 1417 die Kirchspiele Witzwort, Oldenswort, Uelvesbüll, Groß Olversum, Katharinenheerd und Tetenbüll verwüsteten[347]; während es mit Tönning, Kating, Kotzenbüll, Vollerwiek und Garding zu einem Vergleich kam. Diese kriegerischen Ereignisse dürften dazu beigetragen haben, dass sich Eiderstedt von den anderen friesischen Harden löste und eine Sonderstellung hinsichtlich der Verfassung und inneren Verwaltung einnahm. Da nach den Auseinandersetzungen mit den Holsteiner Grafen und den Hansestädten der dänische König Erik VII. im Frieden von Vordingborg 1435 auf einen Großteil Schleswigs verzichten musste, fielen die Eiderstedter Harden auf Lebenszeit an den einzigen noch lebenden Sohn Herzog Gerhards VI. Der Holsteiner Graf und Schleswiger Herzog Adolf VIII. (1421–1459) bestätigte den Eiderstedter Harden, die in mancher Hinsicht in der Verwaltung eine Sonderstellung innerhalb der nordfriesischen Harden einnahmen, *alle ere olde landtrecht, fryheyt, rechte, rechticheyt unde privilegie*.[348] Als Begründung galt der Satz *up dat Sie desto flitiger beholden ere Lande, und bewahren Se mit Dike und Damme*. Die Selbständigkeit des Deichwesens fand ihren Ausdruck im Landrecht von 1466, nach dem keine Harde der anderen zur Hilfe verpflichtet war. Obwohl die Kirchspiele in Deichsachen voneinander unabhängig waren, arbeiteten sie doch – wenn auch nicht konfliktfrei – bei größeren Bedeichungsvorhaben zusammen.[349]

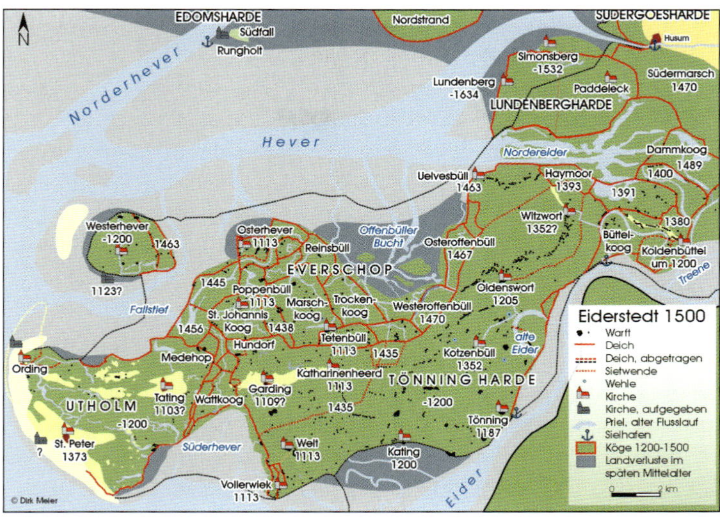

Bis um 1500 waren große Bereiche Eiderstedts bedeicht. Größere Landverluste waren im späten Mittelalter im Norden mit dem Einbruch der Offenbüller Bucht zu verzeichnen sowie entlang der Eidermündung. Im Osten war die sog. Nordereider bis zur Eider vorgestoßen, wurde aber abschnittsweise abgedämmt. Die Lundenbergharde war noch mit Eiderstedt verbunden. Die Treene mündete weiter westlich. Westerhever war noch eine Insel.

Seit dem 12. Jahrhundert schützte ein umfassender Deich die Tönninger und Teile der Everschoper Harde. Der teilweise in seinem Verlauf noch erhaltene oder rekonstruierbare Deich grenzte im Süden an die Eider, im Westen an den Prielstrom der Süderhever, im Norden an die Offenbüller Bucht und im Osten an die vermoorte Südermarsch.[350] Im Süden musste dabei der Seedeich im 14. Jahrhundert im Gebiet von Kating nach Landverlusten zurückgenommen werden.[351] Diese umfassende Bedeichung schuf die Voraussetzung für die Urbarmachung des stauwasserreichen Sietlandes im Gebiet der Kirchspiele von Oldenswort (1205) und Kotzenbüll (1352). An das ehemalige Moor erinnern noch Ortsnamen wie Moordeich, Barneckemoor, Moorhörn, Moorweg, Haymoorkoog und Haymoordeich. Die große Sietwende, die zwischen Oldenswort und Uelvesbüll die Eiderstedter und der Everschoper Harde mit ihren Entwässerungssystemen zur Eider und Hever hin trennt und das Ende der Sietlandskultivierung markiert, entstand nach 1435.[352] Die flächenhafte Besiedlung mit den typischen Siedlungsmustern langgestreckter Hofwarftenreihen mit anschließenden Streifenfluren nahm dabei im 12. Jahrhundert ihren Ausgang von der dicht besiedelten Seemarsch entlang der Eidermündung, wo

Im Westen der Halbinsel Eiderstedt bildete das Fallstief eine ständige Gefahr. Oben rechts erkennt man einen Teil des im 12. Jahrhundert eingedeichten St. Johannis Kooges, oben links den Abriegelungsdamm (um 1445) des Fallstiefs zwischen Hever- und Holmkoog. Foto: Walter Raabe

mit der 1187 urkundlich erwähnten, aber schon im frühen Mittelalter bestehenden Dorfwarft Tönning der Vorort der Tönninger Harde lag.[353]

Westlich der Tönniger und Everschoper Harde lagen im hohen Mittelalter mit Utholm im Süden und Westerhever im Norden noch zwei Marschinseln. Auf Utholm schufen Dünen im Westen einen natürlichen Schutz gegen die Nordsee, die ansonsten zur Eider im Süden, dem Prielstrom der Süderhever im Osten und der Tümlauer Bucht im Norden hin seit dem 12. Jahrhundert ein Deich schützte. Alle Kirchorte der Insel befinden sich mit dem Vorort Tating (1103?, 1187), St. Peter (1373) und Ording (Ende 15. Jahrhundert?) auf höheren Nehrungen und Sandgebieten. Die beiden letzten Kirchen wurde allerdings aufgrund der Dünenwanderung seit dem späten Mittelalter an ihre heutigen Standorte verlegt. Das Wirtschaftsland bildete die an die Sandgebiete anschließende Marsch, deren kleinparzellige Blockfluren noch an ehemalige Priele denken lassen. Nur vereinzelt entstanden hier größere Warften, wie Groß Medehop, dessen Wirtschaftsland ein Sommerdeich umgab.

Die Andeichung Utholms an Eiderstedt und Everschop erfolgte durch die Bedeichung der Süderhever. Dabei errichtete man in das Gebiet des verlandeten Prielstroms von der Utholmer Seite her kleine Vordeichungen, bevor dann im späten Mittelalter mit dem Wattkoog die Inseln an die Eiderstedter und Everschoper Harde angebunden wurden. Hingegen traten im Westen und Norden Utholms im späten Mittelalter Landverluste ein.

Während im Westen Westerhevers ein Vorsand Schutz bot, war diese Insel ansonsten starken Meeresangriffen von der Hever und dem Fallstief her ausgesetzt, so dass wohl einige Landverluste mit dem Verlust einer ersten, um 1123 erwähnten Kirche eintraten.[354] Erst danach entstand im heutigen Ortskern von Westerhever die auf einer hohen Warft angelegte Kirche. Der Turm dieses Baus stammt aus der Zeit um 1370, während die bis in das 12. Jahrhundert zurückreichende Taufe vielleicht von dem älteren Vorgängerbau übernommen wurde. Im Osten vergrößerte sich hingegen infolge von Landanwachs die Insel, wo mit dem Osterkoog eine Eindeichung des vielleicht mit der Warft Hayenbüll schon älter besiedelten Vorlandes gelang, den indirekt das Landgeldverzeichnis des Schleswiger Bischofs erwähnt, das für Westerhever zwischen 1463 und 1509 eine

Zu den großen mittelalterlichen Warften Westerhevers gehört Stufhusen. Infolge von spätmittelalterlichen Landverlusten lieg die Warft heute unmittelbar am Seedeich. Foto: Walter Raabe.

größere Landzunahme verzeichnet.[355] Die mittelalterliche Siedlungsstruktur Westerhevers mit den unregelmäßigen, weit verteilten, aus Klei im 12. Jahrhundert errichteten Großwarften von Sieversbüll *(Syvertsbull)*, Stufhusen *(Stuffhusen)*, Schanze *(Odenhusen)* sowie verstreuten Hofwarften inmitten unregelmäßiger Fluren erinnert noch an die unbedeichte, von Prielen durchzogene Seemarsch.

Diese war ebenso wie in anderen Gebieten des nördlichen Eiderstedt um 1000 n. Chr. aufgewachsen. In den häufig von Salzwasser überfluteten Seemarschen schütteten die Neusiedler aus Klei große Warften auf und begannen selbständig mit der lokalen Eindeichung ihrer durch größere Prielströme getrennten Wirtschaftsflächen.[356] Zu den ältesten der lokalen Eindeichungen Everschops gehört der St. Johannis Koog, dessen nordwestlicher und westlicher Deichverlauf an den Prielstrom des Fallstiefs grenzt. Der ringförmige Deich umgibt die Kirche von Poppenbüll (1113), die Großwarft Helmfleth sowie zwei weitere Groß- und mehrere Hofwarften. Der Wasserversorgung für das Vieh auf den großen Warften dienten muldenförmige Vertiefungen (Tauteiche). Nach Ausgrabungen auf Hundorf zu schließen, erfolgte die Errichtung dieser in den südlichen Deichverlauf einbezogenen Großwarft auf einer NN +0,70 m hohen Marsch. Zunächst entstand im 12. Jahrhundert eine bis NN +3 m hoch aus Klei aufgetragene Warft, die in schneller zeitlicher Folge randlich ausgebaut und im 14. Jahrhundert um einen Meter erhöht wurde.

Der den St. Johannis Koog umgebende Deich besaß im 12. Jahrhundert eine wallförmige Form und war mit seiner Breite von 6 m und Kronenhöhe von NN +1,50 m als Sommerdeich ausgeführt, bevor man diesem im späten Mittelalter zum etwa 11 m breiten Seedeich ausbaute, dessen seeseitiger Deichfuß mit 1:6 nun flacher auslief. Nur die etwa NN +3 m rekonstruierte Deichkrone dürfte mit 1:2,5 steiler geböscht gewesen sein. Diese Neigungen wurden in etwa beibehalten als man den Deich wohl noch vor der Gewinnung des Heverkooges um 1445 auf etwa NN + 3,50 m erhöhte und auf 15 m verbreiterte.[357]

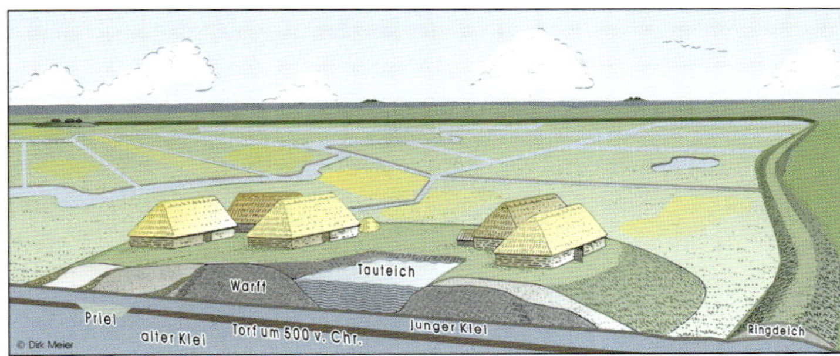

Schnittmodell der im 12. Jahrhundert errichteten und erweiterten Warft Hundorf und Ringdeich des St. Johannis Kooges.

Der nördlich des St. Johannis Kooges das Fallstief überdämmende Osterhever Mühlendeich war im Bereich des hier 1991 angelegten Schnittes in den Untergrund des zugeschlickten Prielarms gesackt. Vermutlich als erstes Bauwerk entstand ein etwa 2 m hoher und 10,50 m breiter Deich aus aufgeworfenen Soden mit 1:4 geböschter Seeseite und steilerer Binnenböschung, dessen ehemalige, setzungskorrigierte Kronenhöhe mindestens bei NN +1 m lag. Die flache See- und steilere Landseite sowie der Aufbau aus geschichteten Soden entspricht den beiden jüngeren Phasen des St. Johannis Koog-Deiches. Die Krone des nachfolgenden Deiches hatten spätmittelalterliche Sturmfluten abgetragen. Bis in die Mitte des 16. Jahrhunderts wurde der

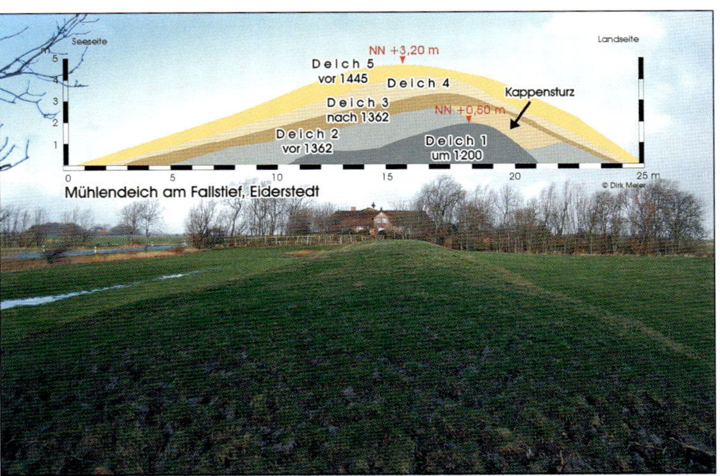

Deichschnitt des um 1200 errichteten Mühlendeiches mit Erhöhungen bis zur Eindeichung des Heverkooges von 1445. Foto und Grafik: Dirk Meier

In der inselartigen Marschlandschaft des nördlichen Eiderstedt durchzogen im Mittelalter viele Priele das Land. Das Foto zeigt die Großwarft Schockenbüll an einem im späten Mittelalter stark vergrößerten Priel, dem Reetfleet. Aufnahme bei hohem Binnenwasserstau im Januar 2012. Foto: Dirk Meier.

wiederhergestellte Deich mehrfach bis auf 20 m verbreitert und etwa bis NN +4,50 m erhöht, wobei die Böschungsneigungen mit 1:4 an der Seeseite und 1:1,5 an der Landseite bestehen blieben.[358]

Die Erhöhung der Deiche war die Folge mehrerer Sturmfluten. Nach den Deichschäden infolge der Allerheiligenflut von 1436 und der Rücknahme der nördlichen Seedeiche Osterhevers entschlossen sich die an das Fallstief grenzenden Kirchspiele 1437 zur vollständigen Abdämmung des gefährlichen Prielstroms, was nach Konflikten mit dem Hever- und Holmkoog bis um 1456 gelang.[359]

Nördlich des St. Johannis Kooges schuf wohl seit dem 14. Jahrhundert der Mimhusenkoog (Klerenbüller Koog) eine Verbindung nach dem Kirchspiel Osterhever (um 1113) mit seinen Groß- und Hofwarften. Die durch das Fallstief im Westen, die Hever im Norden und seit dem späten Mittelalter auch durch den Einbruch der Offenbüller Bucht gefährdeten Seedeiche Osterhevers mussten in der Allerheiligenflut von 1436 und der Martiniflut von 1559 zurückgenommen werden.[360] Östlich des St. Johannis Kooges entstand der 1438 erstmals erwähnte *Yansballig Koog* (wohl Yanshalligkoog; heute: Iversbüller Koog), der aber auch etwas älter sein könnte.

Dieser grenzte an die im späten Mittelalter von der Hever im Norden her eingebrochene Offenbüller Bucht, die zwischen Osterhever im Westen, Tetenbüll im Süden und Uelvesbüll seit dem Hochmittelalter besiedeltes Kulturland teilweise wieder in das Wattenmeer einbezogen hatte. In den Strander Annalen heißt es dazu: *Anno 1436 in aller gotshilligen auenede in der middernacht do ginck de grote Mandrenke, do verdrenkenden tho Tetenbüll negen stige volckes, vnde dar schach auergrothe schade in allen spadelanden, ock was de storm so groth, dat he vill minschen in de drecke weiede.*[361]

Einen ungefähren Hinweis über den Umfang des verlorenen Landes gibt das Register des Schleswiger Domkapitels von 1462/63, das die Kirchen *Offenbul, Reinbool, Jordfleth, Westermarck, Merne* sowie *Oldtetenbol* als untergegangen *(submersa)* anführt.[362] Ob diese alle existierten, lässt sich nicht mehr ermitteln. Dass hier aber ursprünglich eine geschlossene Deichlinie zwischen Osterhever und Uelvesbüll bestand, ist jedoch anzunehmen, denn Johannes Schultze berichtet 1613, *dass es noch in Ulvesbüll an den Aeckern, außerhalb Teichs vor gar kurzem Jahren zu sehen gewest, dass es nämlich ein Tractus der Teiche von Ulvesbüll nach Osterhever gewesen* … Einige der im 12. Jahrhundert errichteten Warften in dem nach den spätmittelalterlichen Sturmfluten neu bedeichten Marschkoog in der Offenbüller Bucht, wie das an einem der breiten Priele angelegte Schockenbüll, hatten dabei als Halligen die spätmittelalterlichen Sturmfluten überdauert.

Weitere Neubedeichungen der Offenbüller Bucht erfolgten im 15. Jahrhundert von ihren Rändern her mit dem Barnekemoor Koog und den beiden Offenbüller Kögen (1467, 1470). Nördlich an dem Osteroffenbüllerkoog erstreckte sich der *Nyekoch*, dessen 1475 angeblich fertiggestellter Deich schon 1483 teilweise zerstört wurde. Als Addenbüller Neuenkoog wurde dieser dann 1559 wieder gewonnen. Auf der westlichen Seite der Offenbüller Bucht dürfte noch im 15. Jahrhundert der Tetenbüller Trockenkoog neu bedeicht worden sein. Mit weiteren, durch den Landesherren initiierten Koogsgewinnungen gelang dann die vollständige Abdeichung der Offenbüller Bucht bis 1610.

Weiter im Osten war mit der sog. „Nordereider“ von der Hever her ein Seitenarm im späten Mittelalter nach Süden bis zur Eider vorgestoßen.[363] Zu den ältesten lokalen Eindeichungen in diesem Gebiet gehören der Büttelkoog, der Drandersum Koog, der Westerbüll Koog, der Badenkoog und der Wallsbüller Koog, deren spätmittelalterliche Deichreste teilweise bis zu einer alten Nehrung bei Koldenbüttel reichen. Das Gebiet nördlich des Büttelkooges befand sich im natürlichen Verlandungsbereich der Prielströme der Nordereider. Hier entstand nach Peter Sax angeblich 1391 der Riesbüllkoog.[364] Mit dem anschließenden Haymoor Koog (um 1393) bestand dann eine geschlossene Deichlinie, die im Osten an die Nordereider grenzte. Dessen Deich reichte bis zu dem im späten Mittelalter zurückverlegten nördlichen Deich (Porrendeich) der Mark vor Uelvesbüll. Die weitere Verlandung in der ganzen Nordereider-Niederung machte schnelle Fortschritte, wie die um 1380 erfolgte Bedeichung des an den Baden- und Riesbüllkoog anschließenden Dingsbüllkooges belegt. Mit dem um 1489 eingedeichten Darrigbüllkoog war dann eine Verbindung zu der um 1470 eingedeichten Südermarsch hergestellt, die bis zum Husum-Schwabstedter Geestrand reichte. Auch vom Geestrand zwischen Husum und Schwabstedt erfolgten im Mittelalter kleine Teilbedeichungen, um die nach 1362 über dem Moor aufgelandeten Marschflächen zu sichern. Hier schützte dann der bis etwa 1470 fertig gestellte Seedeich die gesamte Südermarsch vor dem Rödemisser-Schwabstedter Geestrand.

Infolge dieser Bedeichungen war nur noch der nördliche Teil der Nordereider offen geblieben, so dass zwischen der Everschop Harde mit Uelvesbüll im Süden, der Lundenbergharde im Nordosten eine schlauchförmige Bucht mit mehreren reißenden Prielströmen entstanden war, in

Eine grobe Vorstellung der restlichen sog. Nordereider im nordöstlichen Eiderstedt vermittelt eine stark verzerrte und gedrehte Karte Iven Knutzens von 1489, die Deiche, Wasserläufe, Kirchen und Orte sowie ein Schiff unter Segeln zeigt. Unten erkennt man die Lundenbergharde mit dem Wald von Lundenberg.

der sich bei Sturmfluten das Wasser gefährlich aufstaute.[365] Eine Vorstellung dieser Landschaft vermittelt eine stark verzerrte Karte Iven Knutzens von 1489, die Deiche, Wasserläufe, Kirchen und Orte sowie ein Schiff unter Segeln im Gebiet der Nordereider zeigt.[366] Die an das restliche Tief grenzenden Kirchspiele ersuchten den Schleswiger Bischof Wulf und den Gottorfer Amtmann Sehestedt um Hilfe, damit diese die Erlaubnis des dänischen Königs zur Durchdämmung der Nordereider einholten. Während dies nach Boetius 1470 erfolgte, nennt Heimreich die Jahre 1470 oder 1480. Da das *Chronicon Eiderostandense vulgare* für die Jahre 1476 und 1479 ganz Eiderstedt betreffende Sturmfluten erwähnt[367], dürfte die Bedeichung erst danach fertig geworden sein. Es heißt darin, dass im Sommer 1489 *de Dam geslogen wart twischen Eyderstede unde Husum* (Dammkoog). Die weitere Abdeichung der Nordereider gelang dann in der maßgeblich von den Schleswiger Herzögen initiierten Bedeichungsmaßnahmen, deren letzte hier 1579 die Gewinnung des Adolfskooges bildete.

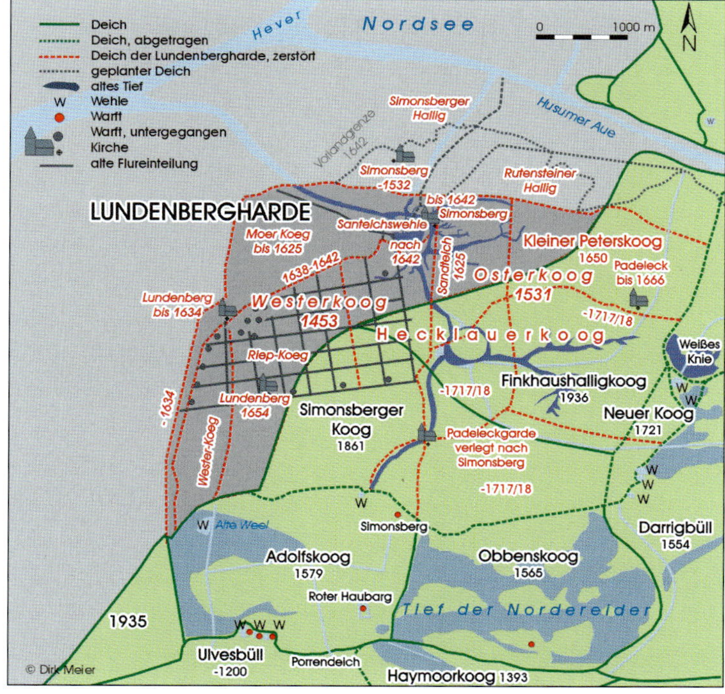

Die Lundenbergharde verband bis in das 14. Jahrhundert noch Eiderstedt mit Nordstrand, bevor sie infolge eines Vorstoßes der Hever zerbrach. Die südlichen Gebiete konnten mit Deichen zwar wieder gesichert werden, doch blieben diese stets gefährdet. 1634 musste man den Seedeich zurücknehmen, und bis 1720 gingen die Reste der Lundenbergharde unter. Erst in der Neuzeit wurden hier wieder Köge eingedeicht.

• Die Lundenbergharde

Die Lundenbergharde hatte bis in das 14. Jahrhundert eine Landverbindung zwischen Eiderstedt und Alt-Nordstrand gebildet und umfasste die Kirchspiele von Simonsberg, Lundenberg, Lith, Hamm, Morsum sowie nach dem Schleswiger Kapitelregister von 1436 auch die von Ivelek und Padelek (Padeleck). Der Kirchort Lundenberg lag ursprünglich wohl auf dem nördlichen Teil der bis Lith reichenden Witzworter Nehrung, welche die möglicherweise schon vor 1362 die nach Osten vordringende Hever durchbrach, so dass die Lundenbergharde in einen nördlichen Teil mit den Kirchspielen Morsum, Hamm und Lith auf der Insel Strand und einen südlichen Bereich mit den Kirchspielen Simonsberg, Lundenberg, Ivelek und Padelek zerfiel.[368] Eine weitere Veränderung der Landschaft verursachte dann wohl die Marcellusflut von 1362. Nach dem Domkapitelregister (Registrum Capituli) des Schleswiger Bischofs gingen in dieser Flut Boyenberg, Wybetskapelle, Syvertmanrip, Ivelek und Padelek unter. Boyenberg lag vermutlich südlich von Lundenberg, während die Wybetskapelle vielleicht im Süden oder Südosten der Lundenbergharde zu suchen ist, damit in einem Gebiet, in dem sich um 1400 der Durchbruch der Hever zur Eider und Treene als sog. Nordereider hin ausweitete. Hier ging wohl auch *Iverlek* unter. Der Catalogus vetustus aus dem Ende des 15. Jahrhunderts zählt zu den 1362 verlorenen Kirchen noch die angeblichen von St. Bartholomäus und St. Johannis auf. Infolge des Vorstoßes der Nordereider nach Süden sowie weiterer Prielströme wurde die Lundenbergharde zeitweise von der Südermarsch und Eiderstedt getrennt und bildete eine Insel.

Erhalten blieben nach 1362 nur die Kirchen des südlichen Teils, nämlich Simonsberg und das 1344 und 1357 erwähnte Lundenberg.[369] Eine Zeitlang bestand auch noch Padeleck, das 1412 in den Klageakten gegen die Dithmarscher erscheint, während fünf Jahre später nur noch Simonsberg und Lundenberg erwähnt werden. 1465 trug man im Zinsbuch *(Liber censualis)* des Schleswiger Bischofs ein, dass Simonsberg und Lundenberg nichts mehr gegeben hätten, da die Kirchspiele mit dem Deichbau beschäftigt waren. An anderer Stelle heißt es, dass diese 1470 von den neuen *Äckern etwas zu geben begonnen hätten*. Somit dürften die Bedeichungsarbeiten abgeschlossen gewesen sein.[370] In dieser Zeit bestand das Gebiet der südlichen Lundenbergharde somit größtenteils aus den wiedergewonnenen Flächen der im 14. Jahrhundert untergegangenen Kirchspiele, wie der 1453 urkundlich erwähnte Westerkoog und der Padelecker Neuen Koog (Osterkoog) von 1531 dokumentieren. Infolge wieder eintretender Landverluste bei der Allerheiligenflut von 1532 verlegte man dann die Simonsberger Kirche.[371] Nachdem infolge der Burchardiflut 1634 die Seedeiche erneut zurückgenommen werden mussten, ging die restliche Lundenbergharde infolge der Sturmfluten von 1717 bis 1721 gänzlich verloren, bevor hier wieder teilweise neue Eindeichungen erfolgten.

• Die nordfriesischen Festlandsharden

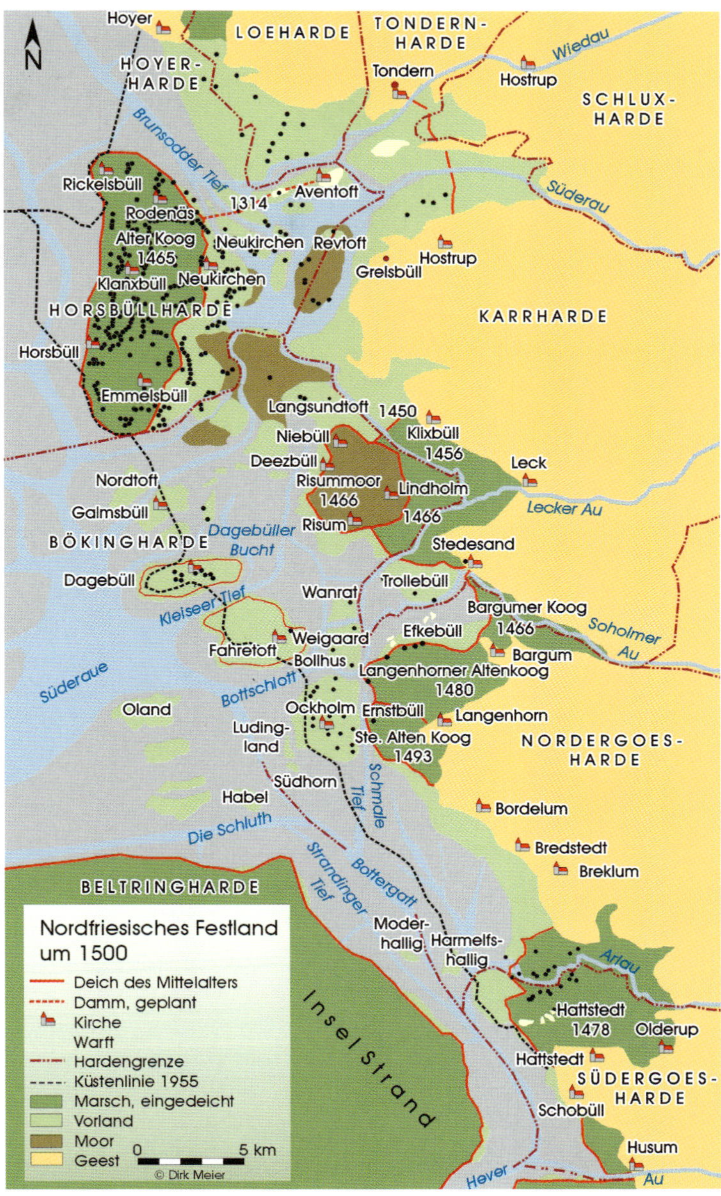

Nachdem im späten Mittelalter einerseits Marschen entlang der nordfriesischen Festlandsküste verloren gingen, wuchsen bald an den Flussmündungen junge Marschen auf, die im 15. Jahrhundert bedeicht wurden.

Als nordfriesische Harden mit Ortschaften und Krongut außerhalb der Uthlande werden im Erdbuch König Waldemars II. von 1231 die *Kyaerraehaereth* (Karrharde) mit *Lecky* (Leck), die *Nörraegöshaereth* (Nordergoesharde) mit *Brethaestath* (Bredstedt), die *Syndraegöshaereth* (Südergoesharde) mit *Hattastah* (Hattstedt), die *Horsaebuhaereth* (Horsbüllharde) und die *Bokynhaereth* (Bökingharde) genannt. Mit der Horsbüll (Wieding)- und Bökingharde ist das teilweise bedeichte Siedlungsland der Marsch ausgewiesen, während sich auf der Geest die Karrharde, Nordergoesharde und Südergoesharde erstrecken. Die Karrharde gehörte dabei zum übergeordneten Verwaltungsbezirk der Ellumsyssel, die Norder- und Südergoesharde hingegen zur Idstedtsyssel des Herzogtums Schleswig. Nach Aussonderung aus der dänischen Königsherrschaft waren die Geestharden dem Herzog von Schleswig unterstellt, während die Marschharden der Uthlande bis in das 14. Jahrhundert unter der Oberbotmäßigkeit des Königs verblieben.

Die ältesten Kirchengründungen in diesen Harden erfolgten mit Horsbüll, Leck, Bredstedt und Hattstedt im 12. Jahrhundert. Danach entstanden Humtrup (1240),

Husum (1252), Breklum (1267), Karlum (1280), Strucksbüll (1298), Neukirchen (1314), Segelsbüll (1314), Langsundtoft (1344), Galmsbüll (1344), Fahretoft (1344), Süderlügum (1350) und Klyksbul und Rysum (1352). Der Aufstieg des an der Husumer Au gelegenen Dorfes *Husumbro* zur Hafenstadt ist im wesentlichen eine Folge der spätmittelalterlichen Sturmfluten und dem damit verbundenen Vorstoß der Hever nach Osten. Über diesen Prielstrom konnten die Schiffe nach 1362 bis in die Mündung der Husum Au gelangen. Zwischen dem heutigen Marktplatz und der Schiffbrücke wuchs die Handelsniederlassung schnell, da es sonst kaum geeignete Häfen an der jütischen Westküste gab. Der dänische König Christian I. stattete Husum dann 1421 mit der Fleckengerechtigkeit aus.[372]

Nordwestlich von Husum bilden die Grenzen der historischen Südergoesharde im Süden die Husum Au und Eiderstedt, im Norden die Arlau und die Nordergoesharde sowie im Westen das Wattenmeer. Infolge der Katastrophenfluten des 14. Jahrhunderts war hier die Nordsee in das sumpfige Gebiet nahe des Geestrandes der Süder- und Nordergoesharde vorgedrungen und hatte oberhalb der Moorlandschaft Sande und Tone (junger Klei) abgelagert, auf denen Seemarschen aufwuchsen. Vor dem Schobüller Geestvorsprung erstreckte sich im Mittelalter ein kleines Marschgebiet, das Ende des 15. Jahrhunderts als Nordhusumer Marsch erwähnt wird.[373] Die Hattstedter Marsch im Norden der Südergoesharde wird im Erdbuch Waldemars II. von 1231 bereits als *Hattastath* genannt. Bemerkenswert sind die Abgaben von 30 Mark als Pacht für ein etwa 300 ha großes Krongut. Die Besiedlung begann hier im 12. Jahrhundert zunächst auf den Dünen von Lundenberg, Sterdebüll und Herstum, erst danach wurden Warften errichtet.[374] Die Bildung der alten Marsch beschränkte sich dabei vor dem Geestrand auf die Ufer der Tideflüsse. Kennzeichnend für die mittelalterliche Kulturlandschaft sind hier unregelmäßig verteilte Warften inmitten eines kleinteiligen Flursystems. Neben dem Kirchspiel Hattstedt wird für die nördliche Südergoesharde im *Registrum capituli Slesvicensis* auch *Wartinghusen* genannt, das infolge der Flut von 1362 verloren ging.[375] Um 1450 werden dann die Kirchen *Schoubu* (Schobüll) und *Oldorp* (Olderup) erwähnt.[376]

Möglicherweise schützten bereits im hohen Mittelalter Flussdeiche die Marschen vor Überschwemmungen. Die alte Arlau mit ihrem besiedelten Uferrand, auf dem Wartinghusen gelegen haben könnte, mündete dabei ursprünglich in den Jelstrom. Der größte Teil dieses Gebietes war erstmals infolge der Marcellusflut von 1362 in den Einflussbereich des Meeres geraten, auf deren Sedimentablagerungen in der Arlaubucht Seemarschen aufwuchsen. Wie auch an anderen Abschnitten der nordfriesischen Festlandsküste schufen diese vermoorten Niederungen, in denen die Flutströmung zum Stillstand gekommen war, bevorzugte Verlandungsgebiete. Deren Eindeichung erfolgte einige Jahrzehnte später mit dem Hattstedter Alten Koog (um 1478)[377] und Neuen Koog (1496 – 1512). Einen Anhalt für den Abschluss der Bedeichung des Alten Kooges gibt das Zinsbuch des Schleswiger Bischofs, nach dem 1494 zwei Bauern bezeugten, dass der Grund für ihre niedrigen Abgaben ihr vor 16 Jahren selbst ausgeführter, mit Kosten verbundener Deichbau sei. Daneben bestätigen weitere Urkunden, dass die Hattstedter Marsch um die Wende des 16. Jahrhunderts bedeicht gewesen ist.[378]

Mit diesem Deichbau war auch die gemeinschaftliche Lösung der Binnenentwässerung verbunden.[379] Vermutlich war die gefällsarme untere Arlau so stark verlandet, dass ihre künstliche Umleitung nach Westen notwendig war.[380] Diese wurde nach der Gewinnung des Neuen Kooges (1496 – 1512) in ein künstliches Bett auf der Binnenseite des Hattstedter Neuen Koog-Deiches geführt, wo sie dann in das *Walßbüller und Hattstedter Sil* führte. Die

Arlauabdämmung bewirkte schon frühzeitig eine Senkung des Wasserstandes im Almdorfer See. Die wohl 1496 begonnene Bedeichung des Neuen Kooges unterbrachen 1497, 1501, 1506, 1508 und 1509 Sturmfluten, weshalb die von Caspar Danckwerth genannte Eindeichung von 1512 durchaus realistisch ist.

Nordwestlich des 1362 untergegangenen, bereits erwähnten Marschgebietes von Wartinghausen bzw. des Verlaufs der alten Arlau wuchs die spätere, zur Beltringharde Alt-Nordstrands gehörende Harmelfshallig auf. Nahe dieser lag die Moderhallig, weiter im Nordwesten dann Habel, Südhörn und Ockholm. Hier bildete ursprünglich das Schmale Tief die Verbindung der Arlau zur Nordsee und trennte Ockholm von der Festlandsmarsch gänzlich ab. Erst später verlandete dieser Priel, den dann das Bottergatt ablöste. Dieser Priel oder im späten Mittelalter auch ein Flusslauf als Vorfluter der Geestflüsse bildete die Grenze zwischen der Südergoesharde und der vorgelagerten Insel Strand.

Von der Arlau im Süden bis zur Soholmer Au im Norden reicht die Marsch der Nordergoesharde. Nach Ausweis des hohen Landgeldes von 100 Mark im Erdbuch Waldemars II. dürfte der im Osten bis fast nach Viöl reichende Verwaltungsbezirk dicht besiedelt gewesen sein, dessen Hauptort *Brekeling* (Breklum) war. Der Schleswiger Bischof, der zeitweise im Mittelalter seinen Sitz in Schwabstedt hatte, besaß in der Nordergoesharde Marsch-, Wiesen- und Geestland. Ferner war das Domkapitel mit der Vogtei Langenhorn mit umfangreichem Landbesitz vertreten. Hinzu kam Besitz des Rudeklosters in Glücksburg.

In der Nordergoesharde gingen wohl infolge der Marcellusflut von 1362 die im Schleswiger Zinsregister 1352 genannten Kapellen von *Uvekenbul (Ovekenbull), Ottenhoff* und *Hyoldelund* unter.[381] Uvekenbul lag vielleicht am südlichen Unterlauf der Soholmer Au nördlich des heutigen Efkebüll auf einer Sanddüne, von der Tuffsteine und Ziegelsteine im Klosterformat bekannt sind, Waygaard und Fahretoft befanden sich wohl auf der nördlichen Seite. Im Hinterland der Soholmer Au erstreckte sich bis zum Geestrand eine vermoorte Niederung, die erst infolge der Marcellusflut von 1362 unter Meereseinfluss geriet. Infolge der damit verbundenen Sedimentablagerungen landeten junge Marschen auf, die von den Bewohnern der Geestrandörfer Bordelum, Breklum und Langenhorn als Weideland genutzt wurden, bevor sie diese eindeichten (Bargumer Koog um 1466, Langenhorner Alter Koog um 1462/63 bzw. 1470/80, Sterdebüller Alter Koog um 1493).[382] Gleichzeitig mit dem Deichbau von Bargum nach Stedesand wurde ein Siel für die Soholmer Au *(Owstrom)* bei Stedesand errichtet.[383] Die anschließende Niederung des Bargumer Kooges schützten niedrige Deiche gegen Binnenwasserüberschwemmung. Bei der Gewinnung des Langenhorner Alten Kooges waren die Bewohner der 1509/15 erwähnten, wohl kurz nach 1362 entstandenen Hallig Efkebüll (Offkebul) beteiligt, deren Warften in den Deichverlauf einbezogen wurden. Die Bewohner dieser Warften betrieben ebenso wie das 1478 erwähnte Ernstbüll Salztorfabbau.[384] Der Hinweis im Schleswiger Zinsbuch, dass 1462/63 für *Ovekenbull* eine Eindeichung in Aussicht stehe, lässt auf einen Beginn der Deichbauarbeiten schließen, zumal sich auch der bischöfliche Landbesitz aufgrund des Vorlandanwachses vergrößert hatte. Um 1470/80 dürften diese Arbeiten abgeschlossen sein. Weiter südlich vor dem Bredstedter Geestrand erstreckten sich ursprünglich kleine Marschflächen, die im späten Mittelalter zerstört wurden. Für eine erneute Verlandung wirkte sich zunächst die Ausbildung des Ringstroms (Bottergatt) um Alt-Nordstrand zwischen dem Schmalen Tief und der Hever nachteilig aus.[385]

Zwischen Schmale Tief, Bottschlott und Schluth lag die große Hallig Ockholm. Ein zur Strander Beltringharde gehörendes

In der Dagebüller Bucht lagen um 1500 mehrere Halligen, darunter die Hallig Dagebüll, deren Halligcharakter noch heute zu erkennen ist. Foto: Dirk Meier

Kirchspiel *Occoholm (Ockeholm)* mit mehreren Warften nennt bereits die Liste des Schleswiger Bischofs Brun[386], bevor dieses dann bei der Unterstellung der Marschharden unter den Herzog von Schleswig 1435 zur Nordergoesharde kam. Deren Bauern ernährten sich von Viehhaltung und Salztorfabbau. Nach der katastrophalen Sturmflut von 1362 blieben von *Occoholm* nur einige Äcker *(ager)* übrig, wie das Zinsbuch des Schleswiger Bischofs 1462/63 ausführt.[387] Diese waren im Unterschied zu den im Erdbuch genannten Wiesen *(pratum)* und Weiden *(pascuum)* sicher bedeicht. Die nach 1362 aufgelandete Hallig Ockholm wurde dann 1515 (1543) an das Festland angedeicht. Erst danach erhielt sie eine Kirche.

Nördlich von Ockholm erstreckte sich die Dagebüller Bucht mit den Halligen Fahretoft, Dagebüll, Galmsbüll, Nordtoft und weiteren. Über die hier schon 1362 erfolgten Landverluste, die der Salztorfabbau begünstigte, gibt das Zinsbuch des Schleswiger Bischofs mit dem Untergang von fünf Kirchen und Kapellen in der Bökingharde, Horsbüllharde und auf Sylt nur einen groben Anhalt.[388] Nach dem Zinsbuch bestanden dann um 1450 in der Bökingharde noch vier Kirchen auf Risummoor (*Nigebul*/Niebüll, *Dedesbul*/Deezbüll, Lindholm, Risum) und drei auf den Halligen der Dagebüller Bucht (*Fortoft*/Fahretoft, *Wisch*/Dagebüll, *Galmesbul*/Galmsbüll). Das Risummoor im Osten der Dagebüller Bucht verband seit 1450 ein Damm mit der Festlandsgeest. Dieses bereits seit dem Hochmittelalter kultivierte Hochmoor wurde seit 1456 mit einem Deich (Kornkoog) umgeben.[389] Die weitere Landgewinnung erfolgte hier mit Dammbauten von Risummoor nach Klixbüll und Stedesand um 1450.[390] Danach entstanden östlich und südlich von Risummoor der Große Kohldammer Koog (1466).[391]

Nordwestlich des Risummoors erstreckte sich die Marschinsel der Horsbüllharde (Wiedingharde). Noch bis in das 16. Jahrhundert trennten von Prielen durchzogene Wattflächen mit mehreren Halligen die Horsbüllharde von der nördlich benachbarten Hoyerharde und Loeharde sowie der Festlandsgeest. Im Nordosten befanden sich kleine, von Prielen getrennte Sandinseln. Um die Erreichbarkeit der dicht besiedelten Horsbüllharde zu verbessern, ordnete der dänische König Erik VI. Menved 1314 einen Dammbau an.[392] Auf diesem sollte auch der Neukirchener Markt abgehalten werden. Das vordringende Brunsodder Tief, das südlich von Ruttebüll in die Wiedeau mündete, zerstörte jedoch spätestens 1362 diesen zum Festland führenden, wohl nur teilweise fertig gestellten Damm.

Im Hoch- und Spätmittelalter umfasste die Horsbüllharde mehrere Kirchspiele. Dabei war von den Bewohnern der Großwarften von Emmelsbüll, Horsbüll und Klanxbüll ebenso wie durch Zuwanderer ein Landesausbau in Form zahlreicher Hofwarften erfolgt, deren Wirtschaftsland teilweise Lokalbedeichungen sicherten. So sind im Ostteil der Horsbüllharde Lang- und Hofwarften in den Deichverlauf kleiner Sommerköge einbezogen.[393] Der Umfang des um 1465 bedeichten Alten Kooges dürfte dabei in etwa der Ausdehnung der spätmittelalterlichen Insel entsprechen. Infolge der Katastrophenflut von 1362 gingen nach Cypraeus angeblich wohl im Gebiet des späteren Gotteskooges mehrere Kirchen unter, darunter *Revtoft* südlich von Aventoft, *Vendal* östlich von Emmelsbüll und *Kahlebüll* bei Uthusum.[394] Diese Landzerstörungen hatte der Salztorfabbau mit seiner Tieferlegung der Landoberflächen begünstigt. Mit der Bedeichung des Wiedingharder Altenkooges war das im Erdbuch Waldemars II. von 1231 erwähnte Kirchdorf Neuenkirchen sowie einige Warften außendeichs geblieben. Erst mit der Gewinnung des Gotteskooges 1546 erhielten sie einen Deichschutz. Deren Bewohner betrieben neben Viehhaltung auch Salztorfabbau.

• Die nordfriesischen Uthlande

Die Bezeichnung des Gebietes zwischen der Halbinsel Eiderstedt und Sylt als „Uthlande" taucht erstmals 1261 in einem Vertrag der Friesen mit Hamburg auf. 1362 spricht dann der dänische König Waldemar III. von den *Frisones in Uthlandia*.[395] Einen frühen Hinweis auf diese amphibische Landschaft lässt sich der Hamburger Kirchengeschichte Adams von Bremen um 1075 entnehmen, die außer Helgoland noch andere Friesland und Dänemark gegenüber liegende Inseln ohne Namen erwähnt.[396]

Bis zu den spätmittelalterlichen Sturmfluten lag im Süden des heutigen nordfriesischen Wattenmeeres mit dem „Strand" ein größeres, seit dem Hochmittelalter bedeichtes und flächenhaft erschlossenes Marsch- und Moorgebiet, das mit der Lundenbergharde im Südosten eine Landverbindung nach Eiderstedt besaß, bevor diese wohl schon vor 1362 durch den Vorstoß der Hever nach Osten zur Husumer Au verloren ging. Die östliche Grenze des Strandes im Osten bildete ein Wasserlauf westlich und nördlich der Schobüller Geest, der als Vorfluter der Geestflüsse die Niederung zwischen dem Strand und der Festlandsgeest durchzog. Dieser verlandete mit dem Einbruch des Schluth auf seiner nördlichen Strecke. Nördlich des Strandes existierten im hohen Mittelalter kleine, von Prielen getrennte Marschinseln. Geht man von den dokumentierten Kulturspuren und mittelalterlichen Funden im Wattengebiet Pellworms und Nordstrands aus, reichte der Strand vor den katastrophalen Sturmfluten des Spätmittelalters im Westen etwa bis zu ehemaligen Nehrungen mit Dünen westlich der heutigen Halligen Süder- und Norderoog im Süden bis fast nach Hooge im Norden.

Nach der übergeordneten kirchlichen Einteilung bildete der Strand ebenso wie das südlich gelegende Eiderstedt und das nördliche *Withaa* eine eigene Propstei mit mehreren Kirchen, die in ihrer räumlichen Ausdehnung von der Hever bis zur Norderaue reichte.[397] Ein Schreiben des Papstes Innozenz III. von 1198 an den Strander Propsten *(prepositus de Strand)*, einer zu dieser Zeit noch großen Marscheninsel im Süden des nordfriesischen Wattenmeeres, erläutert dabei die Unzugänglichkeit dieser Landschaft wie folgt: *Wie Wir erfahren haben, ist der Zugang zu Eurem Gebiet wegen*

Die Seekarte von Lucas Janszoon Waghenaer von 1584 zeigt den Strand in noch annähernd rechteckigen Ausmaßen vor 1362, was seinerzeit nicht mehr zutraf. Nördlich erscheinen die Inseln Ameren (Amrum), Silt (Sylt) und Fux (Föhr) sowie mehrere Halligen.

häufiger Überschwemmungen und der Behinderung durch vielfältige Wasserläufe erschwert. Es wurde deshalb schon zu jener Zeit, als der Glaube dort neu eingepflanzet war, festgesetzt und bis auf den heutigen Tag beibehalten, dass der Propst als Stellvertreter des Bischofs, so weit es ihm erlaubt ist, in jenen Gegenden fungieren darf. In der günstigsten Jahreszeit, wenn das Land bereist werden kann, bleibt er bei jeder einzelnen Kirche, die nach der Größe der Pfarrei und der Menge der Delinquenten, vier Tage hindurch, um die vorher angekündigte Synode zu halten.[398]

Bei den Gräben dürfte es sich um Sielzüge handeln, welche die niedrige Marsch- und Moorlandschaft entwässerten. Die Gewässer bildeten hingegen natürliche Vorfluter, in denen sich der Rückstau der Sturmfluten infolge von Überschwemmungen der unbedeichten Marschinseln bemerkbar machte. Das zweite päpstliche Schreiben bestätigt den Propst in seiner

Propstei, die *jene Gegenden umfasst, welche gewöhnlich Strand und Föhr genannt werden.*

Die Bedrohung der Uthlande durch Sturmfluten schildert erstmals der dänische Historiker Saxo Grammaticus (1150 – 1220) in seiner Gesta Danorum. So schreibt er: *An Jütland grenzt Kleinfriesland* [Frisia Minor]*, das vom jütischen Höhenzug abfällt, daher also viel tiefer liegt. Die Überschwemmungen des Meeres geben Anlass zu übermäßig reichem Wachstum, doch ist zweifelhaft, ob diese Überflutungen nur Vorteile bieten, denn wenn es stark stürmt, brechen die Wellen durch Dämme, mit denen sich die Bewohner gegen das Meer schützen. Es wälzen sich manchmal solche Wassermassen über die Felder, dass zuweilen nicht nur die fruchtbare Erde, sondern auch Häuser und Menschen weggespült werden.*[399] Da der Deichbau nicht als neuartige Maßnahme erwähnt wird, war dieser bekannt, wie auch der Hinweis bestätigt, dass die Friesen das Land *welches zunächst sumpfig und feucht war, in langer Arbeit trocken gelegt haben.* Weiter wird gesagt, dass das bedeichte Land im Winter ständig von Sturmfluten bedroht gewesen sei.

Nach der weltlichen Gliederung umfassten die Uthlande mehrere Harden. Dabei werden in der Reihenfolge der an den König Waldmar II. 1231 aus Jütland und Schleswig zu entrichtenden Abgaben mit Landgeld und Pachtwert zunächst die Festlandsharden, danach die friesischen Geestharden sowie anschließend das Gebiet der Arnsharde und des Danewerks zusammen mit Eiderstedt und der Lundenbergharde aufgezählt. Erst zum Schluss folgen die Marschharden der Uthlande, welche die *Pyllwaermhaereth* (Pellwormharde), *Edomshaereth* (Edomsharde), *Bultrynghaereth* (Beltringharde), *Vvyrikshaereth* (*Wyrickshaereth*, Wiedrichsharde), *Föör* (Föhr) und Syld (Sylt) umfassen. Vier weitere als Inseln angegebene Harden, so *Aland*, *Gaestaenacka*, *Hwaelae major* und *Hwaelae minor*, werden später nicht mehr erwähnt. Ob es sich dabei um falsche Schreibweisen oder untergegangene Bereiche im Westen handelt, ist nicht mehr sicher zu ermitteln.[400]

Hinsichtlich der Höhe des Landgelds waren die Marschharden sowohl den friesischen Geestharden als auch den anderen Festlandsharden in etwa gleichgestellt, wobei aber ihre geringere Flächengröße und teilweise größere Fruchtbarkeit der Marschböden zu berücksichtigen ist. Das meiste Landgeld unter den dicht besiedelten uthländischen Verwaltungsbezirken bezahlte die Edomsharde, gefolgt von der Pellworm- und Beltringharde.[401] Zur Pellwormharde gehörten die westlichen Bereiche des Strandes, während der nördliche Teil die Beltringharde umfasste. Bemerkenswert ist die hohe Belastung der Beltringharde mit 80 Mark Feinsilber, was etwa ein Viertel höher ist als in der Horsbüll- und Bökingharde und dem Satz der Pellwormharde entspricht. Krongüter waren in den Uthlanden nicht vorhanden. Die alte Grenze zwischen der Beltring- und der Edomsharde verlief dabei entlang des von Bupsee bis Lith reichenden, in Folge der Sturmflut von 1634 zerstörten Moordeiches. Dieser regelte ebenso wie andere Sietwenden des alten Strandes die Binnenentwässerung.

Genauer lassen sich die Küstenlinien nicht rekonstruieren, da mittelalterliche Karten fehlen, und auch die historisierende Karte *Von dem alten Nortfrieslande anno 1240* des Mathematikers Johannes Mejer (1606 – 1674) ist weit mehr der Fantasie als der Realität entsprungen.[402] So hat Mejer neben den aus dem *Catalogus vetustus* und anderen alten Quellen entnommenen Ortsnamen weitere erfunden. Ein Teil davon befindet sich bereits in Mejers *Designatio der Harden vnd Kerkspelen in Frisia Minori oder Nordfreßlandt Ao. 1240*, einer Vorarbeit zu seinen historischen Entwürfen. Ebenfalls die Umrisse des Landes sind phantasievoll gestaltet. So reicht Eiderstedt zu weit nach Westen. Während Utholm und Westerhever zweifellos Inseln waren, sind die Harden Everschop und Eiderstedt hingegen nicht durch größere Wasserläufe getrennt gewesen. In den nordfriesischen Uthlanden existieren zu viele Inseln. Zu-

Die Küstenlinien der nordfriesischen Uthlande vor den spätmittelalterlichen Sturmfluten lassen nur schwer rekonstruieren, da mittelalterliche Karten fehlen. Die historisierende Karte Von dem alten Nortfrieslande anno 1240 des Mathematikers Johannes Mejer (1606–1674) ist weit mehr der Fantasie als der Realität entsprungen.

dem war Sylt durch Wasser von der dem Festland vorgelagerten Horsbüllharde getrennt.

Auf der ersten 1559 veröffentlichtem Karte der Herzogtümer Holstein und Schleswig von Marcus Jordanus erscheint im Süden des heutigen nordfriesischen Wattenmeeres der „Strand“ als große, langrechteckige Insel. Auch die Seekarte von Lucas Janszoon Waghenaer von 1584 zeigt diesen in noch annähernd rechteckigen Ausmaßen, was so nicht mehr zutreffend ist. Nördlich erscheinen neben den Inseln *Ameren* (Amrum), *Silt* (Sylt) und *Fux* (Föhr) mehrere Halligen. Johannes Petreus, Pastor in Odenbüll auf Nordstrand, zeichnete 1597 eine weitere grobe Karte von Nordstrand.[403] Die ersten zuverlässigeren Kartendarstellungen stammen aus dem frühen 17. Jahrhundert, somit unmittelbar vor und nach der Sturmflutkatastrophe von 1634, in deren Folge die Insel Alt-Nordstrand zerbrach.[404]

Einen Hinweis auf die im Mittelalter besiedelten Gebiete der Uthlande geben vor allem die Kirchen. Diese registriert das wohl unter Bischof Brun (1350/51 – 1369) 1352 verfasste Schleswiger Domkapitelregister, das in einer Abschrift von 1407 in der Königlichen Bibliothek von Kopenhagen vorliegt. Daneben erwähnt auch der wohl nicht vor dem Ende des 15. Jahrhunderts verfasste *Catalogus vetustus* den Untergang von Kirchen.[405] Die *Designatio der Harden vun Kercken in Frisia minori oder Nordfreßlandt A. 1240* ist von geringerer Glaubwürdigkeit, da sie vermutlich von Johannes Mejer selbst stammt, somit etwa 400 Jahre jünger ist.[406]

Bis an das das Ende des 11. Jahrhunderts – somit in die Gründungszeit des Schleswiger Domkapitels von 1096 – könnte frühestens die alte Kirche auf Pellworm zurückreichen, wenn deren älteste nachweisbaren, aus Ziegelsteinen über einem Sandsteinfundament errichteten Bauphasen auch erst aus der Zeit um 1180 stammen.[407] Andere Teile des Schiffes sind ebenso wie der 1611 eingestürzte Turm erst im 13. Jahrhundert errichtet worden. Chor und Apsis sind aus rheinischem Tuff, ein deutliches Indiz für den Reichtum des Kirchspiels. Die heutige extreme Randlage der Kirche ist eine Folge der hier bis 1795 eingetretenen Landverluste.

Die Gründung der Pellwormer Alten Kirche fällt in die Zeit der mit Deichbau und Entwässerung einhergehenden flächenhaften Aufsiedlung des alten Strandes. Zuvor waren nutzbare Seemarschen nur im Westen Pellworms und Hooge vorhanden, wie archäologische Funde andeuten. Diese belegen die Existenz von Hofstellen mit Grassodenwänden, die im 9. Jahrhundert – wie im Mittelsten Koog (Nr. 49) auf Pellworm nachgewiesen – auf einem NN +0,50 m hohen Prieluferwall bestanden.[408]

Ihre unmittelbare Errichtung auf der Marsch war möglich, da sich im Westen noch eine Nehrung mit aufgewehten Dünen erstreckt haben dürfte, die einen wirksamen Schutz vor Sturmfluten bot. In ähnlicher Weise dürften auch die Funde des 8. Jahrhunderts aus dem Watt von Hallig zu interpretieren sein.[409] Nach der teilweisen Abtragung dieser Nehrung im Hochmittelalter nahm der Sturmfluteinfluss zu und überdeckte die Siedlung mit Sedimenten.[410] Reste dieses Strandwalles gingen dann endgültig 1362 unter. Immerhin heißt es bei Iven Knutzen 1588, *dass thovorne hebben de water nicht so hoch gelopen, und an diße Örde haben kamen können, dewyle domals vor der Hever grote Sanddühnen gelegen hebben; do sind hir man kleine Ouven gewesen, dar nu leyder de grooten deepen sind … Na solcker tydt do de Sanddünen wechschlögen und dat water begünde höger tho gahn, hebben die Lüde angefangen Sommerdyke tho maken …*[411] Seit dieser Zeit war somit der Bau von Warften notwendig, die im 12. bis 14. Jahrhundert ausschließlich aus Klei, stellenweise mit Torfresten, errichtet worden waren. Typisch für Pellworm ist deren unregelmäßige Verteilung in einer von Prielen durchzogenen Seemarsch.

Nach einem Schnitt durch die bis NN +3,70 m hohe Thiessenwarft (Nr. 226) im Mittelsten Koog zu schließen, bestand ihr im 12. Jahrhundert errichteter Kern aus Klei- und Torfstücken, die auf der einen Seite eine Sodenwand, auf der anderen eine Grassodenlage sicherte. Mit einer Länge von 90 m und einer Breite von 30 m gehört sie zu den größten, mehrfach erhöhten Hofwarften der Insel. Im Untergrund der Warft befand sich ein mit Schilf durchsetzter Klei sowie eine einige Dezimeter mächtige Torfschicht aus der Zeit um etwa 500 v. Chr. Darüber lag eine gepflügte Kleilage. Dieses Moor war dicht unter der Grundwasseroberfläche aufgewachsen. Noch vor dem Bau dieser Warft wurden diese Äcker mit etwa 20 cm mächtigen Sturmflutschichten bedeckt. Die in west-östlicher Richtung verlaufenden Gräben unter einer NN +2,22 m hohen, noch 1976 weitgehend abgetragenen Warft (Nr. 138) im Großen Koog hatte man mit Torf verfüllt. Nach einigen wenigen Keramikscherben können diese Meliorationsmaßnahmen nicht vor dem hohen Mittelalter durchgeführt worden sein.[412]

Bis an das Ende des 11. Jahrhunderts – somit in die Gründungszeit des Schleswiger Domkapitels von 1096 – könnte frühestens die alte Kirche auf Pellworm zurückreichen, wenn deren älteste nachweisbare Bauphasen auch erst aus der Zeit um 1180 stammen. Foto: Dirk Meier

Eine weitere Schnittgrabung der 200 m südlich sich befindlichen, bis NN +3,53

Pellworm mit Warften, Deichen, Kulturspuren und Lage der archäologischen Grabungen. Ausgrabungen: 49 Flachsiedlung des frühen Mittelalters, 138 Warft, 219 Warft, 226 Thiessenwarft.

Seit dem 12. Jahrhundert machten Sturmfluten auf Pellworm einen Bau von Warften aus Kleiaufträgen notwendig, während man im 9. Jahrhundert wohl im Schutz alter Nehrhungen im Westen zur ebenen Erde siedeln konnte.

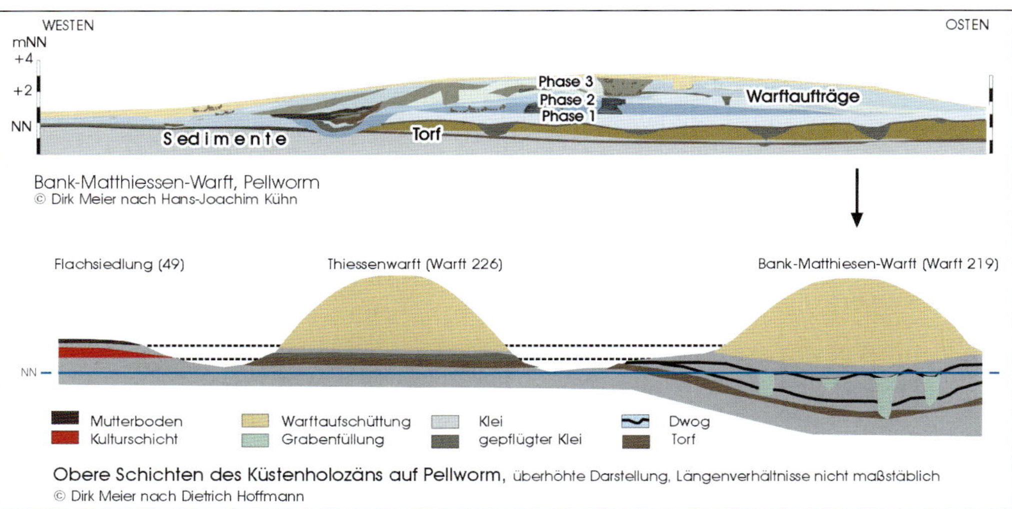

Obere Schichten des Küstenholozäns auf Pellworm, überhöhte Darstellung, Längenverhältnisse nicht maßstäblich
© Dirk Meier nach Dietrich Hoffmann

m hohen Bank-Matthiesen-Warft (Nr. 219) im Alten Koog erbrachte den Nachweis, dass diese im späten Mittelalter aus Klei errichtet worden war.[413] Deren Basis lag über 2,5 m mächtigen Sedimenten oberhalb des um 500 v. Chr. zu datierenden Torfes. Offensichtlich sind hier nach der Moorbildung stärkere Meereseinflüsse auf einem niedrigeren Höhenniveau wirksam geworden als bei der 900 m weiter nördlich gelegenen Warft im Neuen Koog.[414] Die tiefe Lage des Torfes ist hier jedoch auch eine Folge späterer kleinräumiger Setzungen des Untergrundes, wodurch eine bis um etwa 400 n. Chr. mit Sedimenten aufgefüllte Mulde entstand. Die Warft, welche ehemals auf einer NN +1 m hohen Marsch erbaut worden war, war etwas in den Untergrund gesackt. Eine erste Warftphase des 13. Jahrhunderts zeichnete sich über einem aufgegebenen Sodenwandbau auf einer Höhe von etwa NN +2,20 m ab, die dann um einen Meter erhöht wurde. Die jüngste untersuchte Warft lag im Zentrum des Großen Kooges und stammte aus dem 16. Jahrhundert.[415]

Den großen Koog Pellworms umgab der im späten 12. Jahrhundert errichtete Schardeich, der mit NN +1,40 m nur eine niedrige Kronenhöhe besaß. Der Deich, der 1362 den Koog schützte, wies eine Höhe von NN +2 m auf und besaß eine mit 1:6 geneigte Innenseite, während von der Seeseite nur der obere 1:4 geböschte Teil erhalten ist.[416] In dem Großen Koog sind auch Reste von Teilbedeichungen vorhanden, die vermutlich nach der Zerstörung des Seedeiches in aller Eile errichtet wurden. Nach dem Deichbau wurde die Marsch kaum noch mit Sedimenten aufgehöht.

Bis in die Zeit um 1200 reicht der Schardeich auf Pellworm zurück, der den Großen Koog umgibt und mehrfach bis 1575 erhöht wurde.

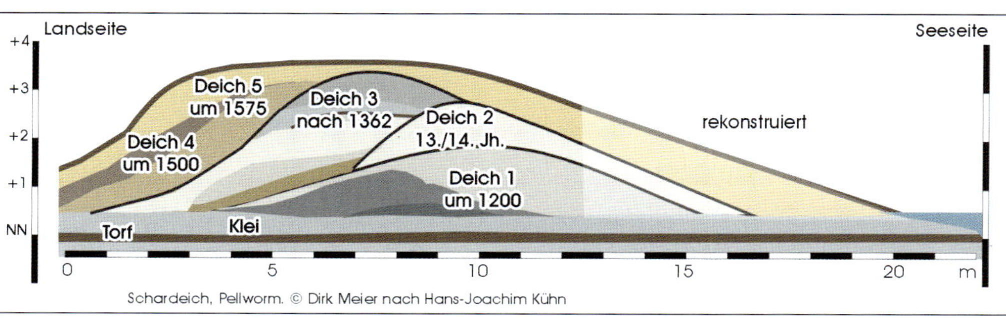

Schardeich, Pellworm. © Dirk Meier nach Hans-Joachim Kühn

Neben dem großen Koog gehören der Alte Koog auf Pellworm mit der alten Kirche, sowie die Gebiete von Evensbüll, Rorbeck, Volksbüll, Hersbüll, Emesbüll, Odenbüll, Gaikebüll, Stintebüll, Brunock, Ilgrof, Bupschlut, Bupsee, Buptee, Balum und Buphever sowie Rungholt zu den bis 1362 bedeichten Gebieten. Dabei muss man sich für die Pellwormharde eine kleinräumige Bedeichung im hohen Mittelalter vorstellen, während in den vermoorten Gebieten weiter im Osten auch größere bedeichte Gebiete vor 1362 existierten, deren verschiedene Entwässerungsgebiete Binnendeiche als Sietwenden unterteilten. Allmählich umgab dann ein Seedeich den gesamten Strand mit der Pellworm-, Edoms- und Beltringharde.

Im Zuge des Deichbaus und der künstlichen Entwässerung verschwanden im Osten des Strandes die ausgedehnten Moore. Typische Marschhufensiedlungen mit langgestreckten Hofwurtenketten weisen noch heute auf Nordstrand diese seit dem 12. Jahrhundert urbar gemachten Gebiete aus. Einige unbebaute Warften sind hier früher leider zum Verfüllen von Gräben und für Deichabdeckungen ohne archäologische Dokumentation abgegraben worden. Lediglich bei der 1955 erfolgten Abtragung der ehemals mit NN +5 m höchsten Warft auf Nordstrand – Forsbüll (Nr. 46) im Trindermarschkoog – konnte ein schematisches Profil aufgenommen werden. Diese 130 m lange und 110 m breite Großwarft war einst für mehrere Höfe im 12. Jahrhundert erbaut und dann vergrößert worden.[417] Die Wasserversorgung für das Vieh erfolgte hier wie bei den Halligwarften mit einem Fething. Nachdem die Trindermarsch infolge der Sturmflut von 1362 vom übrigen Alt-Nordstrand vorübergehend getrennt wurde, bezog man diese in den neuen Inseldeich mitein.

Eine weitere Untersuchung erfolgte auf der NN +3,30 m hohen, ehemaligen Kirchwarft von Evensbüll (Nr. 74) im Neukoog.[418] Unterhalb der Kleiaufträge befand sich eine noch auf dem unkultivierten Moor angelegte Flachsiedlung aus der Zeit des 12. Jahrhunderts. Das hohe Moor schützte die Siedler hier noch vor Überflutungen, während in Forsbüll dieses bereits nicht mehr vorhanden war, so dass die Siedler hier auf der nur NN +0,20 m hohen Marsch eine Warft mit Klei auftragen mussten. Der Schnitt durch eine NN +4,46 m hohe Deichwarft (Nr. 70) des 13. Jahrhunderts im Alten Koog bestätigte diese Vorstellung.[419] Unter der Warft waren hier noch Abgrabungsspuren mit Torfresten erhalten, die Sturmflutablagerungen bedeckten. Ein ursächlicher Zusammenhang zwischen Torfabbau und Sturmfluten ist hier nicht zu belegen, da entsprechende Meeresablagerungen auch auf dem unkultivierten Moor angetroffen wurden. Ein Teil des 10 m breiten und 1,46 m hohen spätmittelalterlichen Deiches mit einer Krone von NN +2,24 m war unter den Warftaufschüttungen konserviert. Dieser Deich verlor infolge eines gewonnenen Kooges im Westen seine Bedeutung und wurde bebaut. Mit der Erweiterung solcher Deichsiedlungen und -warften entstand so das für Nordstrand typische Siedlungsbild.[420]

Das archäologische Fundgut der Warften umfasst vor allem Kugeltöpfe einheimischer Grauware, aber auch Import aus dem Rheinland, so Pingsdorfer Ware und Steinzeug. Seit dem späten Mittelalter treten mit

Im Zuge des Deichbaus und der künstlichen Entwässerung verschwanden im Osten des Strandes die ausgedehnten Moore. Typische Marschhufensiedlungen mit langgestreckten Hofwurtenketten weisen noch heute auf Nordstrand diese seit dem 12. Jahrhundert urbar gemachten Gebiete aus. Ausgrabungen: 46: Warft Forsbüll im Trindermarschkoog, 70: Deichwarft, 74: Kirchwarft Evensbüll.

Die historisierende Karte (Silva Rungholtina), eingepasst in die Umrisse der Insel Alt-Nordstrand, von Johannes Mejer von 1636 zeigt eine phantasievolle Darstellung der 1362 untergegangenen Gebiete der Edomsharde.

den Henkel- und Dreifußtöpfen neue Haushaltsgefäße auf.[421] Außer von den erhalten mittelalterlichen Warften der Inseln Pellworm und Nordstrand stammen weitere Funde der im 14. Jahrhundert untergegangenen Marschen aus dem nordfriesischen Wattenmeer.

So lag in der Nähe der nach 1362 aufgewachsenen Hallig Südfall der zur Edomsharde gehörende, später sagenhaft verklärte Ort Rungholt. Erster Beleg für den später sagenhaft verklärten Reichtum ist der schon erwähnte Hinweis im Erdbuch Waldemars II. von 1231, nach dem die Edomsharde, in der Rungholt lag, höhere Steuern zahlte als die umliegenden Bezirke. Dies

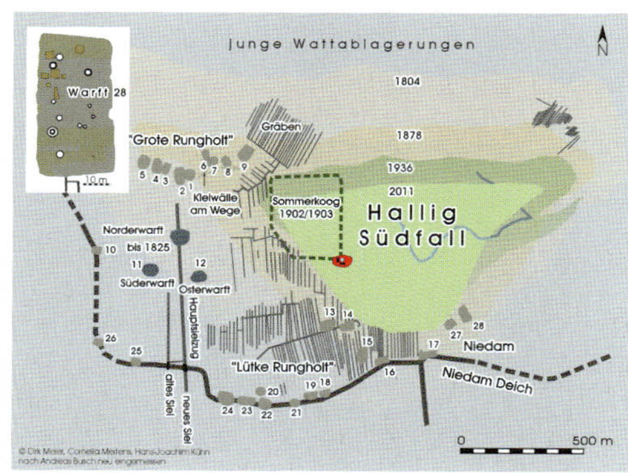

Am südlich der heutigen Hallig Südfall verlaufenden mittelalterlichen sog. Niedamdeich kartierte Andreas Busch zwischen 1932 und 1956 mehrere Hofwarften mit anschließenden streifenförmigen Äckern und geradlinigen Sielzügen, die er als Reste des 1362 untergegangen Rungholt deutete.

findet indirekt seine Unterstützung in der Tatsache, dass das Schleswiger Domkapitel in der Edomhsharde ein Priesterkollegium anführt. Mehrere Urkunden belegen zudem einen Handelsverkehr zwischen Flandern, Bremen, Hamburg und der Edomsharde. So baten die Vertreter der Lundenbergharde am 13. Januar 1355 in einem Schreiben an den Grafen von Flandern um einen ungehinderten Handel. Am 9. Juni des gleichen Jahres erhielen die *consules* bzw. Ratleute die verlangte Bestätigung. Eine weitere Urkunde vom 20. Januar 1358 untreicht die Bedeutung der Edomsharde bei den Auseinandersetzungen der friesischen Harden mit dem auswärtigen schleswig-holsteinischen Adel. So bemühten sich die Grafen Heinrich und Adolf erfolgreich um eine Neutralität der Nordstrander.[422] Ein Schutzbrief vom 19. Juni 1361 gab den Hamburger Kaufleuten freies Geleit in der Edomsharde.[423] Den Urkunden lässt sich somit entnehmen, dass 1358 noch ein Hafen (*portus*) der Edomsharde bestand und 1361 die Kaufleute noch freies Geleit erhielten.[424]

Bei diesem Hafen dürfte es sich um Rungholt handeln, wobei der Name für das größere Kirchspielsgebiet galt. Dessen Name erscheint erstmals auf der Rückseite eines Hamburger Testaments von 1345: *Edemizherde parrochia Rungeholte judices consiliarij iurati Thedo bonisß cum heredibus* heißt es da, in der Übersetzung: *Edomsharde Kirchspiel Rungholt Richter, Ratleute, Geschworene Thedo Bonisson samt Erben.*[425] Der Name leitet sich vermutlich von der friesischen Vorsilbe *Rung-* (falsch, gering) und dem Stammwort *Holt* (Gehölz) ab. Daraus ergibt sich die Bedeutung „Niederholz“.

Unterstützt wird diese Ableitung durch eine historisierende Karte Mejers von 1636, die bei Rungholt einen kleinen Wald *(Silva Rungholtina)* in hügeligem Gelände deutlich zeigt. Dieser könnte auf einem höheren, sandigeren Gebiet gelegen haben, das aus der niedrigen, urbar gemachten Marsch herausragte. Am oberen Rand der Kartenskizze steht: *Clades Rungholtina facta*

Mit Torf verfüllte, mittelalterliche Entwässerungsgräben, die 2011 im Norden der Hallig Südfall zutage traten. Foto: Dirk Meier

ad FL. HEVERAM, Anno 1300, die 16. Januarij (Das Rungholter Unglück, geschehen am Fluss Hever, Anno 1300, am 16. Januar). Der Text weist ferner darauf hin, dass diese Karte auf mündlichen Überlieferungen der Vorfahren basiert. Als bedeutender Ort in der Edomsharde besaß Rungholt sicher eine Hauptkirche mit angegliederten Kirchen. Dass Rungholt in diesem Gebiet gelegen hat, bestätigen schon 1597 Johannes Petreus[426] und Matz Paysen.[427] Die Mejersche Karte lässt im Rungholt-Gebiet ferner einen Deich mit einem Siel *(Emißarius Rungholtinus)*, einem großem Sielzug *(Agger Ripanus)* und dem Niedamdeich *(Niedanum)* sowie den Ort Rungholtum im sog. Acht-Warften-Gebiet erkennen.[428] Ebenso sind weitere Deiche und Kirchen zu sehen, deren Existenz so nicht nachgewiesen ist, wenn es auch im Gebiet von Hallig Südfall Übereinstimmungen mit den erfassten Kulturspuren gibt.

Diese vermerkt erstmals Matthias Boetius († 1624), der von Wegen, Gräben und metallenen Kesseln im Watt schreibt. Um 1880 entdeckte ein Fischer große Holzreste im Watt an jener Stelle. Zudem fanden sich immer wieder Pflugspuren sowie Keramik und Ziegelreste. Reste von Hofwarften, einer vermuteten Kirchwarft, Deichen, Wegen, Feldern, Sielen, Sodenbrunnen und archäologische Funde deutete dabei der Nordstrander Bauer Andreas Busch bereits in den 1920er Jahren als Reste von Rungholt. Infolge der Veränderung der Strömungsverhältnisse waren viele der von ihm beoabachteten Kulturspuren schon 1963 nicht mehr sichtbar.[429] Ergänzende Untersuchungen wurden von weiteren Amateuren durchgeführt.[430]

Am südlich der heutigen Hallig verlaufenden mittelalterlichen sog. Niedamdeich kartierte Busch mehrere Hofwarften mit anschließenden streifenförmigen Äckern und geradlinigen Sielzügen. Auf einer der beiden Warften, die zwischen 1932 und 1956 beobachtet werden konnten, deuten zwei parallele Sodenlagen auf ein kleines 5,30 m breites Gebäude hin. Bauten mit Sodenwänden wurden noch bis in die frühe Neuzeit auf den nordfriesischen Inseln errichtet, da gebrannte Ziegel von weit her transportiert werden mussten. Weitere neun unregelmäßig verteilte Warften sowie die vermutete runde, mit einem Graben

Rekonstruktion des Niedamdeiches mit vermutlicher Höhe der Warften und der Marcellusflut von 1362 im Rungholtgebiet.

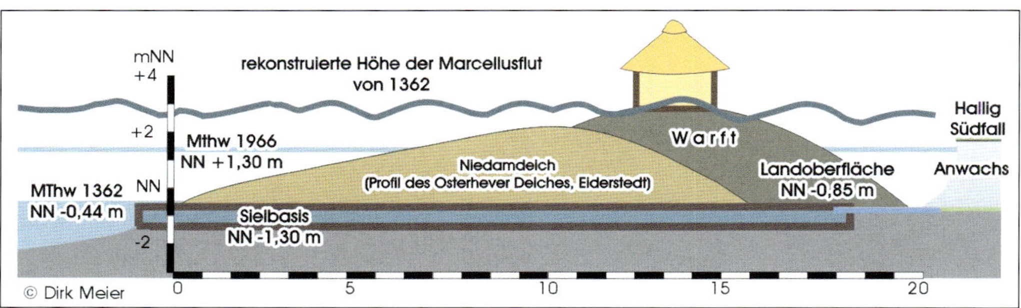

umgebene Kirchwarft ohne Brunnen (nach Busch Warft 1) mit zwei länglichen Gruben, evtl. Gräbern, entdeckte er nordwestlich der Hallig in einem Gebiet von etwa 900 m in west-östlicher und 600 m in nord-südlicher Ausdehnung (von Busch „Grote Rungholt" und Acht-Warften-Gebiet genannt).[431] Nördlich anschließend an dieses Gebiet kamen 2011 Reste von sieben Entwässerungsgräben, darunter ein 3,75 m breiter Sielzug, zutage. Die mit Torf verfüllten, etwa 0,50 m breiten Gräben waren in einer Länge von 15 bis 40 m freigespült.[432] Nach den vielen Warften und bis zu 90 gefundenen Brunnenringen kann man auf eine recht dichte Besiedlung des Rungholt-Gebietes schließen. Neben runden sind hier rechteckige Warften (Busch Nr. 28) mit mehreren Sodenbrunnen belegt, eine typische hochmittelalterlichen Bauform. Die unterschiedlich großen Sodenbrunnen versorgten mehrere Häuser. Eine der Warften (Busch Nr. 9) wies allein sieben bis neun Brunnen auf. Auf diesen Funden beruht die Schätzung der Einwohnerzahl auf etwa 1.000 Menschen. Zu den Funden gehören mittelalterliche Keramik in Form harter Grauware, Fibeln und rheinischer Import, Tierknochen und Steine im Klosterformat, was neben einer Kirche auch auf teilweise reichere Bauernhäuser schließen lässt. Meist waren jedoch bei den Bauernhäusern Fachwerkwände mit Flechtwerk und behauenen Eichenpfosten die Regel.

Im Niedamdeich, dessen Kronenhöhe nach Vergleichsbefunden archäologisch untersuchter Deiche aus Eiderstedt und Nordfriesland mindestens NN +2 m betrug, befanden sich zwei aus Holz errichtete lange Kammersiele (von Busch Schleusen genannt). Das ältere, mit dem Deichbau um 1200 errichtete Siel wies eine Länge von 20,50 m und eine Breite von 3,30 m auf. Nachdem es undicht geworden war oder versandete, ersetzte man es um 1280 durch einen Neubau von 25,50 m Länge und 4,40 m Breite. Ob die Siele Holzklappen besaßen, die ausströ-

Altes und Neues Siel im Niedamdeich

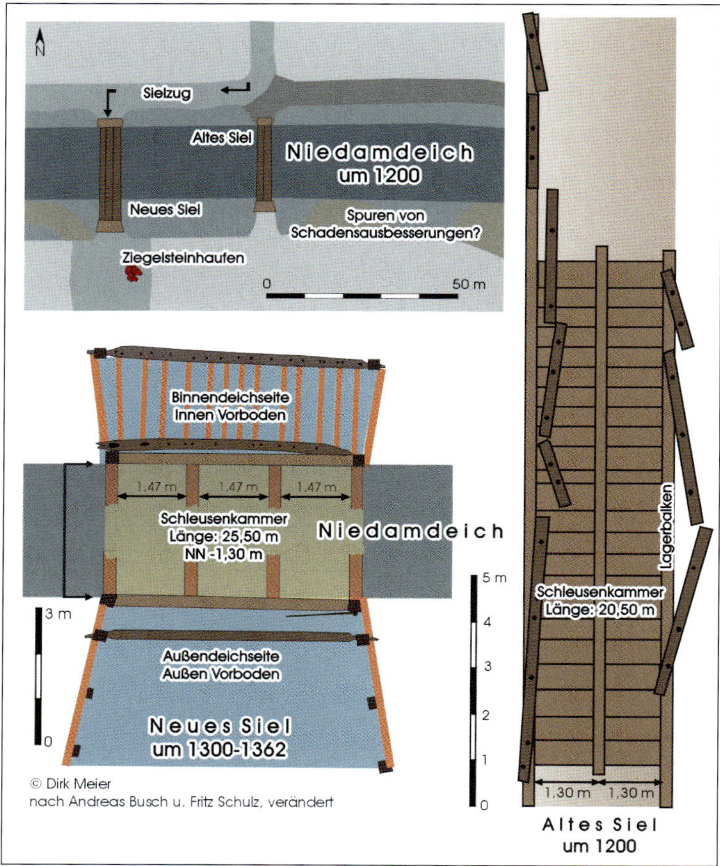

mendes Binnenwasser von selbst öffneten oder ob diese sich auf der Seeseite verschließen ließen, ist unklar.[433] Die Kammerwände bestanden aus Balken, wobei das jüngere drei, das ältere zwei durch Balken getrennte Durchlässe besaß. Die bei NN –1,30 m eingemessenen Kammerböden lagen nur etwa 45 cm tiefer als das entwässerte Kulturland, dessen Höhe anhand von Nivellierungen zwischen NN –0,79 bis –0,89 m rekonstruiert wurde.[434]

Das Mittlere Tidehochwasser (MThw) nahm Busch um 1362 aufgrund des Sielbodens mit NN –0,44 m an, was weiter unterhalb des MThw von NN +1,36 m von 1962 (Strucklahnungshörn) lag. Der niedrige Wert des MThw vor 1362 belegt, dass dieses nach der hochmittelalterlichen Wärmeperiode am Übergang zum frühen Beginn der Kleinen Eiszeit abgesunken war. Aufgrund des geringen Niveauunterschiedes zwischen Siel und Kulturland funktionierte die Entwässerung im Mittelalter nur mangelhaft. Ausgehend von dem rekonstruierten Wert des MThw von –0,44 m vor 1362, hätten die Deichkronen der damaligen Zeit mindestens 2,44 m oberhalb des MThw gelegen. Eine Zerstörung der zu schwachen Deiche musste zwangsläufig zur schnellen Überflutung und zum Untergang der Kulturlandflächen im Rungholtgebiet führen, da diese tiefer als das damalige MThw lagen.

Nachdem vor 1362 die Edomsharde noch mächtig genug war, um mit den Grafen 1358 einen Neutralitätsvertrag abzuschließen, müssen deren Ratsleute zusammen mit denen der Beltringharde am 30. März 1398 den Herzog Gerhard von Schleswig bitten, ihnen gegen ihre Widersacher zu helfen, *damit die Deiche und Dämme* gehalten werden.[435] Wie stark aber andererseits der Behauptungswille der Edomsharde war, zeigt sich, als diese am 15. Juli 1400 den Bremer Kaufleuten wieder freien Handel zusicherten, wenn auch in der Urkunde ein Beauftragter des Herzogs der Bürge ist.[436] Besonders interessant ist die Mitteilung der Segelanweisung *in dat Hever dep* zu einem Hafen an der Hever, wo Salz gehandelt wird. Es muss sich also um einen Nachfolgehafen Rungholts handeln, dessen Lage den Kaufleuten noch nicht so bekannt war. Demnach haben zwischen 1361 und 1400 mit dem Vordringen der Hever größere landschaftliche Veränderungen in der Edomsharde stattgefunden.

An der Stelle Rungholts und anderer Kirchspiele erstreckten sich nun Wattflächen und eine Zeitlang vielleicht noch kleine Marschinseln. Noch nach 1398 und vielleicht bis spätestens in die Mitte des 16. Jahrhunderts baute man Salztorf in der Rungholtbucht ab, obwohl die damit verbundenen Gefahren durch das Tieferlegen von Landoberflächen durchaus bekannt gewesen waren. So bezeichnet der im Jahre 1551 verfasste *Codex manuscriptus historiae* erstmals „Grote und Lüttke Rungholt" als Orte, die durch Versäumnisse der Vorfahren untergegangen seien. Entsprechende Nachweise sind vielleicht als mit Torf verfüllten Gräben, Siedlungsresten und Funden nördlich der heutigen Hallig Südfall und südlich des Priels Fuhle Schlot belegt.

Matthias Boetius berichtet u. a. 1623 in *De cataclysmo Norstrandico* folgendes über die 1362 im Rungholtgebiet untergegangenen Kirchen: *Im Süden und Südwesten sollen Halgeneß, Niedamm, Obbenbüll, Overmarflot, Utermarflot, Rungholt, der Flecken oder besser Städtchen, und Fedderskapelle gelegen haben. Ausgelassen werden hier die Trindermarsch und Südfall, von denen jene ein Kirchspiel ist, diese aber keine Kirche hat. Deshalb darf man wohl nicht mit Unrecht vermuten, Niendamm sei identisch gewesen mit Südfall, weil dieses doch heutigentags Nieland genannt wird.*

Nachprüfbar ist dies ebenso wenig wie der malerische Bericht Heimreichs aus 1666 verfassten Nordfresischen Chronik: *An. C.m 1300. am Tage Marcelli Pontificis [ist der 16. Januar, richtig wäre aber 1362] hat sich die West-See durch Sturmwinde erhaben, und das Wasser 4. Ellen über die höchsten Teiche geführet, Städte und Dörffer umbgekehret, und den Flecken Rungholdt, neben sieben Kirchspiel*

Siegel der Edomsharde mit dem Heiligen Petrus (links) und dem Heiligen St. Laurenhus (rechts) vor 1362.

Von den im späten Mittelalter untergegangenen Marschen mit ihren Entwässerungsgräben im Gebiet von Walthusum – Balum an der heutigen Nordwestküste Pellworms reicht der Blick zur Hallig Hooge. Foto: Dirk Meier

Kirchen in [der] Edomsharde verwüstet, andere mehre anitzo zugeschweigen. Dazumahl sein 7600 Menschen ertruncken, 21. Wählen in Nordstrande eingerissen. Das Leben der Bewohner wurde zur Legende.[437]

Ebenfalls im Westen der Pellwormharde im Gebiet von Walthusum gingen nach Ausweis von Kulturspuren, vor allem Warften, mit Torf verfüllten Grabensystemen, Sodenbrunnen und archäologischen Funden, Seemarschen unter. Nördlich des Strandes trafen die spätmittelalterlichen Sturmfluten die inselartige Marschlandschaft der Wiedrichsharde. Die Entstehung von Schilf- und darüber liegendem Niedermoor in diesem Raum unmittelbar auf der präholozänen Oberfläche deutet hier darauf hin, dass es zwischen Föhr und Ockholm zunächst nicht zu einer Bildung von Seemarschen kam. Erst infolge des erneuten Vordringens des Meeres ist die Niedermoorvegetation durch Schilfsümpfe verdrängt worden, die bei Brackwasserüberflutungen noch wachsen können. Diese 1 – 1,5 m mächtigen, von feinen Sedimentablagerungen durchzogenen Dargschichten wurden in der zweiten Hälfte des 1. Jahrtausends n. Chr. mit Salzwasser überflutet.[438] Das Schilf starb ab und wurde mit geringmächtigen Sedimenten bedeckt. Dieses Land hatten im hohen Mittelalter erstmals Siedler in Besitz genommen und entwässert. Überreste dieser Aktivitäten ebenso wie Siedlungsreste und Sodenbrunnen sind im Gebiet der Hallig Langeness und nördlich der heutigen Hallig Habel auf einer Höhenlage von NN –1 m nachgewiesen. Ein Teil des niedrigen Kulturlandes ebenso wie die Salztorfabbaufelder umgaben im hohen Mittelalter niedrige Kajedeiche. Der Nachweis von Tuffsteinen lässt auf eine mittelalterliche Kirche nahe eines Priels schließen, über den eine Verkehrsanbindung bestand. Ihr Untergang in der Marcellusflut von 1362 ist urkundlich bezeugt.

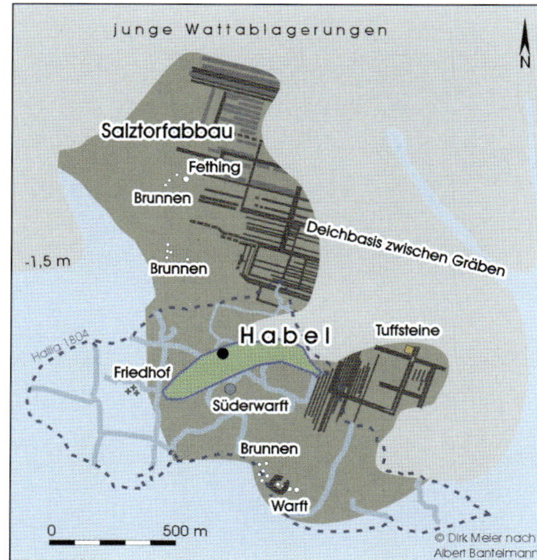

Im Gebiet der oberhalb des mittelalterlichen Kulturlandes aufgewachsenen Hallig Habel weisen Kulturspuren auf den hier vom 12. bis 14. Jahrhundert betriebenen Salztorfabbau hin.

Schon vor 1362 erfolgten Meeresvorstöße aus nordwestlicher und nördlicher Richtung durch die Norderaue sowie etwas später aus südwestlicher Richtung durch die Süderaue. Sie hatten im Gebiet der heutigen nördlichen Halligen eine Zerschneidung der Landschaft zur Folge. Da jedoch die Edomsharde 1358 den holsteinischen Grafen Hilfe gegen die Beltring-, Pellworm- und Wiedrichsharde sowie das Kirchspiel Morsum versprach, scheinen keine großen Landverluste eingetreten zu sein. Die 1398 erfolgten Klagen der südlich an die Wiedrichsharde angrenzenden Edoms- und Beltringharde aufgrund von Unfrieden und großer Wassernot deuten dann aber auf Landverluste hin.[439] Die weiter vordringende Nordsee bedeckte das Moor dann in der Folgezeit endgültig mit Sedimenten, auf denen die heutige, etwa NN +2 m hohe Hallig aufwuchs, deren Oberfläche 2,5 – 2,8 m oberhalb des im 12. Jahrhundert kultivierten Landes liegt.[440]

Im Unterschied zu den Marschgebieten der Uthlande erlitten die Geestinseln von Föhr, Amrum und Sylt im späten Mittelalter weit geringere Landverluste. Die im Schutz der Inseln Sylt und Amrum von Rutgat, Norder- und Süderaue sowie weiteren Prielströmen umgebene Insel Föhr wird erstmals in der schon geannnten Urkunde Papst Innozenz III. von 1198 erwähnt.[441] Auch das Erdbuch Waldemars II. von 1231 nennt *Föör öster- et westerhareth* unter den uthländischen Harden. Der dänische König besaß hier ein Jagdhaus. In dieser Zeit hatte sich die Besiedlung auf der Insel stark verdichtet. So waren auf der Geest platzkonstante Dörfer im Entstehen begriffen, zu denen Wyk, Wrixum, Oevenum, Midlum, Alkersum, Nieblum, Borgsum, Witsum, Utersum, Dunsum, Süderende und Oldsum (Toftum) gehören. Einen ersten Überblick über die Dörfer um die Mitte des 15. Jahrhunderts gibt das Schleswiger Zinsbuch.

Die Kirchen von Wyk-Boldixum, Nieblum und Süderende wurden im 12./13. Jahrhundert aus Backsteinen, rheinischem Tuffstein und Granit errichtet. Ob 1362 im Gebiet von Föhr weitere Kirchen untergingen, ist nicht eindeutig belegt, wenn auch die viel später verfasste *Designatio* mit Loeckboell Capell und Hanum ebenso wie der *Catalogus vetustus* aus dem 15. Jahrhundert verlorene Kirchen nennen.

Traditionell bewirtschafteten die Bauern der auf der Geest gelegenen Dörfer Geest- und Marschflächen. Nur in kleinen Restflächen wächst im Westen und Norden noch Heide, die in der Frühneuzeit infolge der intensiven Landnutzung und der damit verbundenen Plaggenwirtschaft den gesamten Geestkern bedeckte. Reste mittelalterlicher Wölbäcker sind auf der Geest noch zwischen älteren Grabügeln bei Tribergen nahe von Oldsum erhalten. Die Marschflächen nutzten die Menschen dabei als Weideland für ihr Vieh, bevor man im Hochmittelalter einige wenige Warften errichtete, jedoch bald wieder aufgab. Vor dem flächenhaften Schutz der Föhrer Marsch sicherten nur lokale Deiche die Ackerflächen. Noch vor dem Bau eines ersten 1523 bezeugten niedrigen Seedeiches bestanden nach einem Register der Kirche von Boldixum ein kleiner Koog sowie ein Nykoog bei Oevenum.[442] So nennt ein Verzeichnis der Wischländereien der St.-Johannis-Kirche für die Kirche von *Akkerum* einen Osterdike und ein weiteres von 1762 einen *Wester Dick, Norder Dick* und *Süder Dick*.[443] Die 1769 gezeichnete Flurkarte von J. Mommsen weist zudem bei Ackersum den Alten Kornkoog aus.

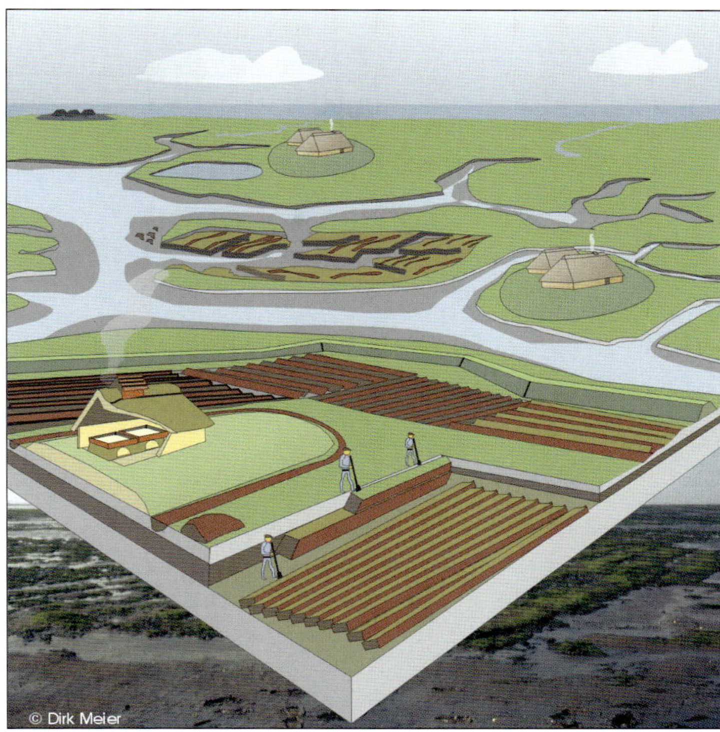

Vor allem im Gebiet der heutigen nördlichen Halligen, aber auch nahe der nordfriesischen Festlandsküste wurde im Mittelalter von Warften aus der im Untergrund anstehende Torf zur Gewinnung von Salz abgebaut. Die Torfe brachte man zu den Salzsiederwarften. Niedrige Kajedeiche schützten die Abbaufelder. Infolge des Salztorfabbaus wurden die Landoberflächen tiefer gelegt.

Auf der südwestlich von Föhr gelegene Insel Amrum *(Ambrum)* besaß Waldemar II. 1231 ein Jagdhaus *(hus)* für die Hasen- und Kaninchenjagd. Die Anbindung der Insel an Dänemark festigte sich 1400, als Königin Margarethe die Insel mit den übrigen jütischen Enklaven unter das nordjütische Landthing legte. In kirchlicher Hinsicht gehörte die Insel hingegen zur Praepositu-

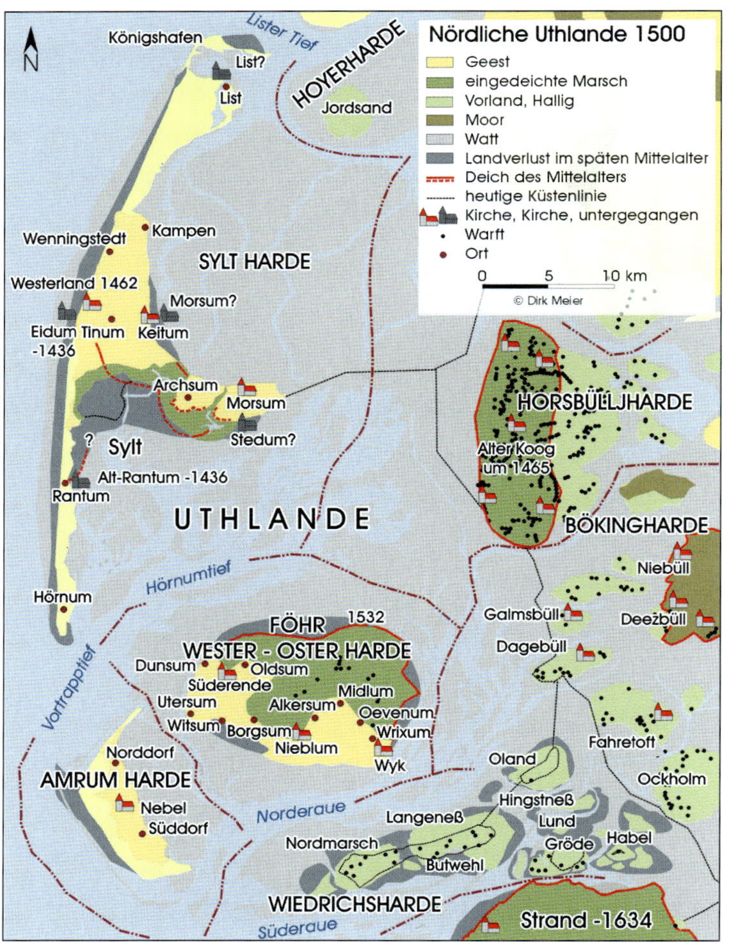

Die nördlichen Uthlande um 1500 mit mutmaßlichen Landverlusten des späten Mittelalters, Halligen und Inseln. Das Gebiet zwischen Sylt und der Wiedingharde war noch weniger von Wattströmen zerrissen als heute. Zur Horsbüllharde gab es aber nie eine Landverbindung.

ra Strand des Bistums Schleswig. Im 14. Jahrhundert erlitt die Insel zweifellos Landverluste, die aber ebenso wie auf Föhr und Sylt keinen Niederschlag in der schriftlichen Überlieferung gefunden haben. Insofern ist auch der Untergang von Kirchen, wie auf den Karten und der schon erwähnten Designatio von Johannes Mejer im 17. Jahrhundert angegeben, der Phantasie entsprungen. Die heutigen drei Orte Süddorf, Norddorf und das zentrale Nebel mit seiner St.-Clemens-Kirche aus dem 13. Jahrhundert umgeben teilweise Dünen.[444]

Die größte der drei nordfriesischen Geestinseln, Sylt, erscheint erstmals in einer Urkunde von 1141, worin Erich III. dem Kloster Odense einen Anteil des Landesgeldes der *insula Sild* schenkte. Der Name kann von Hering oder Seeland *(Silendi)* abgeleitet sein.[445]

List kam 1292 ebenso wie Mandö, das Ripener Tief und der Ripener Vorstrand über König Erich VI. zur Stadt Ripen, die ihre Vormachtstellung in dieser Region sichern wollte.[446] Infolge der Auseinandersetzungen zwischen den dänischen Königen und den holsteinischen Grafen fiel die Insel 1435 als Lehen an die Gottorfer Herzöge. Das Listland blieb hingegen reichsdänische Enklave und wurde vom Amt Ripen aus verwaltet. Die mittelalterliche Ökonomie der Insel beruhte auf Landwirtschaft, Fischfang sowie Strandraub. Die Struktur der Dörfer bestand ursprünglich wohl aus auseinander liegenden Einzelhöfen. Infolge des durch den Walfang gestiegenen Wohlstandes und der damit verbundenen Bevölkerungszunahme verdichtete sich die Bebauung zu Haufendörfern.

Die Seemarsch der Insel südlich des Archsumer Geestkernes sicherte im hohen Mittelalter zwischen Tinum und Morsum ein Deich. Nach dessen spätmittelalterlicher Zerstörung blieb die Sylter Südermarsch durch höhere Wasserstände Überflutungen ausgesetzt. Die spätmittelalterlichen Sturmfluten haben die Insel nicht nur verkleinert, sondern auch die nördlich und südlich der Insel vorbei fließenden Prielströme vergrößert.

Von den ursprünglichen romanischen Kirchen sind mit Ausnahme der von Morsum und Keitum im späten Mittelalter und der frühen Neuzeit alle anderen vom Meer zerstört oder von Wanderdünen verschüttet worden. Das spätmittelalterliche Schleswiger Domkapitelregister vermerkt vier untergegangene Kirchen auf Sylt.[447] Weitere Hinweise gibt das 1432 begonnene und bis 1462 fortgeschriebene *Liber censualis episcopi Slesvicensis*, das für Sylt mit den Angaben des Landgeldes die Orte *Keytum, Morsun, Urrum, Tynnum, Wynningstede, Westerlant* und *Rantum* aufzählt. Die schon erwähnte, von Mejer gezeichnete phantasievolle Karte der „Uthlande um 1240" verzeichnet im Gebiet von Sylt 14, überwiegend so nicht nachweisbare Kirchen und Kapellen, die seine *Designatio* zusammen mit heidnischen Tempeln aufführt. Nach dem im 15. Jahrhundert verfassten *Catalogus vetustus* sollen 1362 die Kirchen Morsum, Stedum, Keitum, Rantum und List untergegangen sein *(submersa)*. Demgegenüber enthält die Liste des Schleswiger Bischofs Brun nur die Orte Stedum und List. Stedum lag nach der Karte von Mejer südwestlich von Morsum. Stedum *(Steidum)* und Eidum *(Eitum)* südlich von Westerland könnten aber die Flut von 1362 auch überdauert haben. Eidum zerstörte wohl erst die Allerheiligenflut am 1. November 1436.[448] Die Überlebenden gründeten auf den nordöstlich gelegenen Heideflächen einen neuen Ort. Dessen urkundlich 1462 erwähnter Name *Westerland* leitet sich wohl von einer alten Tinnumer Flurbezeichnung ab.[449] Neben Eidum verschwand in der Allerheiligenflut vom 1. November 1436 auch Alt-Rantum mit seiner Kirche.

Wiederholt begruben Wanderdünen Marschen und Dörfer unter sich. Alt-Rantum wurde sogar mehrfach, 1462, 1757 und 1792/94 verschüttet. Wanderdünen bedeckten auch das 1292 erwähnte Dorf List, das danach verlegt wurde. Nördlich der Wanderdünen des Listlandes erstreckt sich als nördlichster Punkt der Insel der Ellenbogen, dessen Dünenküste in der Vergangenheit einer ständigen Veränderung infolge der Kräfte von Strömung und Wind unterlag.[450] Von List aus ebenso wie von Hörnum im Süden wurden im späten Mittelalter Heringe gefangen.

Die wohl in der Sturmflut von 1362 beschädigte Kirche von List wurde danach neu erbaut, aber im 15. Jahrhundert von Dünen begraben. Die Landabbrüche im Westen bauten aber im Osten des alten Siedlungsplatzes Neuland auf, das im 16. Jahrhunderts neu besiedelt wurde. Der nahe der Dünen wohl im 15. Jahrhundert gegründete, aber erst 1649 erwähnte Ort Hörnum wurde ebenfalls von Wanderdünen übersandet. Etwa 100 Wohnplätze dieser alten Fischersiedlung kamen 1825 infolge der östlichen Wanderung der Dünen wieder zutage.

Landesausbau und Dörfer in Schleswig

In Schleswig vollzog sich der in der chronikalischen Überlieferung nur schwer fassbare hochmittelalterliche Landesausbau mit der Gründung neuer Dörfer im Zusammenhang mit dem Ausbau der durch die Bistümer von Schleswig und Ribe initiierten Pfarrorganisation. Die Kirchengründungen reichen dabei bis in das 12. Jahrhundert zurück, wenn die erhaltenen ältesten romanischen Steinkirchen auch etwas jünger sind. Weitere Hinweise auf den Umfang des neu besiedelten Landes erlauben die Ortsnamen. So finden sich in Schleswig über 200 Dörfer mit der Namensendung auf -torp (deutsch: -dorf, neudänisch: -trup, -drup, -rup) oder -bøl (deutsch: -büll). Diese liegen meist außerhalb der in der Wikingerzeit belegten Siedelareale und sind demnach erst nach 1000 entstanden. Die Ortsnamen mit den Endungen auf -bøl (Hof) sind teilweise mit

Hinweise auf den Umfang des im Hochmittelalter neu besiedelten Landes in Schleswig erlauben die Ortsnamen vor allem mit den Endungen auf -torp (deutsch: -dorf, neudänisch: -trup, -drup, -rup) oder -bøl (deutsch: -büll).

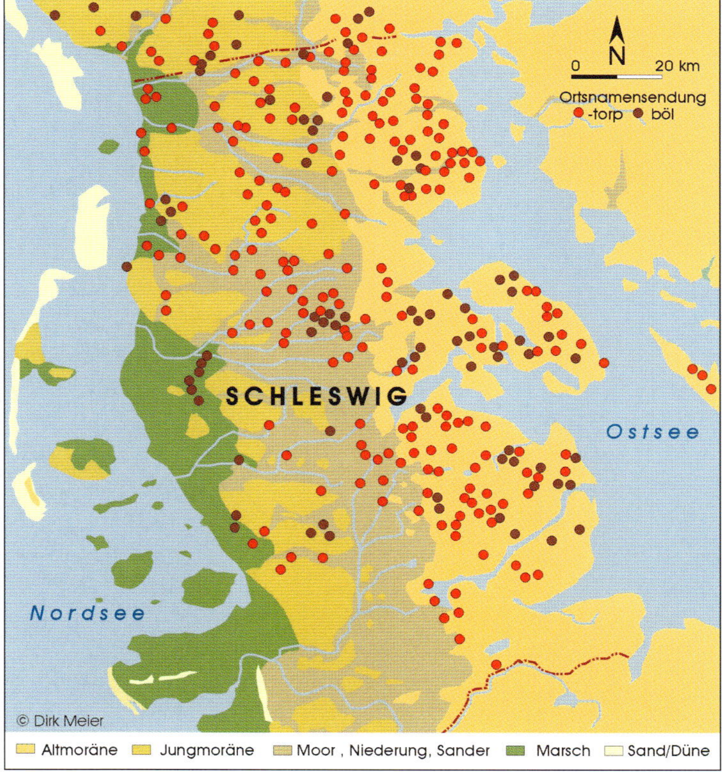

dänischen Personennamen verbunden und kommen besonders oft im nördlichen Schleswig, auf Alsen, im Sundevitt und im östlichen Angeln vor. Als südliche Grenze zwischen der dänischen und niederdeutschen Sprache zeichnet sich dabei im Hochmittelalter die Linie von Eckernförde im Osten, über das Danewerk bis hin zur Eidermündung ab. In Angeln, Schwansen und auf der südlichen Geest wurde dabei – anders als in Ostholstein – das Neuland vom 11. bis 13. Jahrhundert von den bestehenden Siedlungen aus kultiviert. Dabei gab man teilweise auch die älteren Dörfer zugunsten der Gründungen im neu kultivierten Land auf. Rodungen belegen hier Ortsnamen mit der Endung -rød, -rott, -skov und -holt. Ebenfalls Endungen auf feld oder -mark deuten auf neu urbar gemachtes Land hin.[451]

Wie in Dänemark schrieb auch in Schleswig den Neusiedlern das 1241 verfasste Jyske Lov ihre Rechte vor, die zunächst noch gegenüber denen der älteren Dörfer eingeschränkt waren. Neben der Binnenkolonisation erfolgte seit dem 12. Jahrhundert auch eine Migration holsteinischer Bauern in das Ödland nördlich der Eider. Hier nennt die waldemarsche Steuer- und Einkommensliste mit dem Fedslet, Kamp und dem großen Jernved drei ausgedehnte Waldgebiete, welche die Grenze zwischen Holstein und Dänemark bildeten. Die Migranten aus Holstein und dem Heiligen Römischen Reich begannen hier mit der Rodung der Wälder zwischen Eider und Danewerk. Als Lokatoren des Landesausbaus wirkten dabei holsteinische Adelige wie die von Sehestedt, Limbek, Skinkel, Knoop oder Ahlefeld. Im Erdbuch Waldemars II. von 1231 ist dann hier von 420 abgabepflichtigen Hufen die Rede. Die Verwendung des deutschen Namens Hufe *(hove)* statt des dänischen *bol* ist ein deutliches Indiz für die Ansiedlung sächsischer Bauern.[452] Die Abgaben dieser Kolonisten flossen in die Kasse Waldemars II. zur Finanzierung seiner Vorhaben. Die Phase der Ansiedlung deutscher Kolonisten zwischen 1100 und 1300 vollzieht sich dabei zeitgleich zur deutschen Ostsiedlung.

Bereits um 1200 existierten in Angeln 21 Kirchspiele, die sich an die alten Hardengrenzen als königliche Verwaltungseinheiten anlehnten.[453] Hinzu kamen auch Siedler aus ganz anderen Regionen. So deutet der 1409 erwähnte Ortsname Pommerby bei Gelting auf hier angesiedelte Pommern hin. Unwahrscheinlich ist das nicht, hatte doch König Waldemar IV. (1340 – 1375) eine pommersche Adelige zur Mutter.

Zu den größeren Rodungsprojekten des Mittelalters in Nordschleswig gehört der Farrisskov zwischen den drei Städten Ribe im Westen, Kolding im Nordosten und Hadersleben im Südosten im mittelalterlichen Barvedsyssel. Um das große Waldgebiet liegen jeweils in einem Abstand von 3 bis 5 km mehrere Kirchorte, von denen die Rodung ausging. Innerhalb des gerodeten Farrisskovs befinden sich mit Jels am Heerweg, Ødis und der später verschwundenen Kirche von Højrup drei weitere Kirchen. Die Kirchen von Jels und Ødis wurden zwischen 1000 uns 1250 gegründet.[454] Einige Namen der Kirchorte, wie Rødding, belegen deren Gründung im Zusammenhang mit der Rodung des Farrisskovs.

In Nordschleswig sind dabei anders als in Südschleswig, wo sich die archäologischen Untersuchungen ländlicher Siedlungen vor allem auf die Nordseeküste konzentrierten, weit mehr hochmittelalterliche Dörfer auf der Geest freigelegt worden.[455] Zu den umfangreichsten Ausgrabungen zählt das westlich von Bevtoft in der Mitte Nordschleswigs gelegene Østergård. Am Rand einer Altmoräne zu einer vermoor-

Zu den größeren Rodungsprojekten des Mittelalters in Nordschleswig gehört der Farrisskov zwischen den drei Städten Ribe im Westen, Kolding im Nordosten und Hadersleben im Südosten im mittelalterlichen Barvedsyssel.

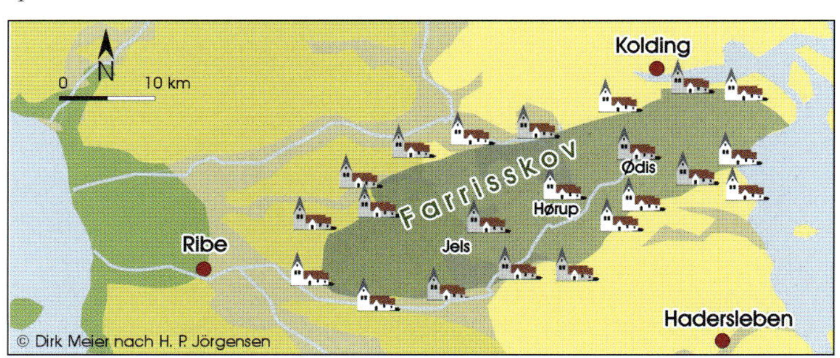

ten Niederung wurden hier zwischen 1994 und 2001 etwa 110.000 m² untersucht. In dieser Ökotopgrenzlage konnte auf den höheren Gebieten Getreide angebaut werden, während man in die Niederungen das Vieh trieb oder man hier Schilf zur Bedachung der Häuser fand. Das Areal war bereits in der älteren Bronzezeit (1.500 – 1.000 v. Chr.) ebenso wie in der römischen Kaiserzeit und Völkerwanderungszeit (1. – 7. Jahrhundert) besiedelt. Die jüngste Phase der Besiedlung reicht von der späten Wikingerzeit des 11. Jahrhunderts bis zum Ende des Hochmittelalters im 13. Jahrhundert.

Nachdem das noch im 7. Jahrhundert bewohnte Areal verlassen worden war, steht am Anfang der Besiedlung der zweiten Hälfte des 11. Jahrhunderts der Bau eines großen Hofes vom Trelleborg Typus, zu dem acht Grubenhäuser und eine Werkgrube gehörten. Anscheinend war das Gehöft nicht umzäunt, da es keine Nachbarn gab. Die Tradition solcher großen Langhäuser reicht in Skandinavien bis in die Bronzezeit zurück.[456] Vergleichbare Höfe des 11. Jahrhunderts sind mit Vilskev, Lustrupsholm und Nr. Frarup im Umkreis Ribes belegt. Im Mittelraum dieser großen Höfe befand sich in der Regel die Feuerstelle.[457] Das in Østergård freigelegte, etwa 28 m lange und 8 m breite, in west-östlicher Richtung erbaute Gebäude selbst besaß zu beiden Seiten eingegrabene, große, dachtragende Pfosten. Die Wände bestanden aus Bohlenlagen über Schwellrahmen. Jeweils an den Enden des Gebäudes waren kleinere Räume, wohl Lagerräume oder Kammern, angebaut. Hohe Phosphatkonzentrationen belegen, dass diese teilweise auch als Ställe genutzt wurden. Der größere Innenraum mit der Feuerstelle mag ebenfalls an den Enden unterteilt gewesen sein. An der Schmalseite im Westen deuteten vier Pfosten möglicherweise auf einen Vorbau als Windfang mit einer möglichen Treppe oder einer Kammer hin. Ähnliche Anbauten als eine Art Kammerfach kennt man von der hoch- und spätmittelalterlichen Wüstung Dalem ebenso wie von einigen Dörfern ähnlicher Zeitstellung von dem Geestplateau der nordniederländischen Drenthe.[458] Nach dendrochronologischen Datierungen wurde diese jüngste Phase des Hofes (Phase CLXXII) 1139 erbaut. Die Rekonstruktion dieses Hauses mit einem Obergeschoss und Seitentreppe ist dem Bau eines Palatiums nachempfunden, wie wir sie etwa aus Goslar zur Zeit Heinrichs III. um 1050 kennen. Diese Pfalz mit dem Pfalzstift St. Simon und Judas

Ausgrabungen mittelalterlicher Dörfer auf den Geestgebieten Schleswigs.

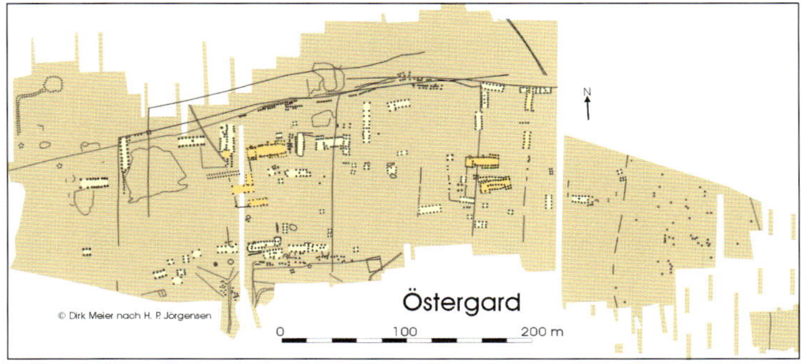

In dem am Rande einer Altmoräne zu einer vermoorten Niederung gelegenen Østergård wurden zwischen 1994–2001 etwa 110.000 m² untersucht.

Am Anfang der Besiedlung der zweiten Hälfte des 11. Jahrhunderts steht in Østergård der Bau eines großen Hofes vom Trelleborg-Typus, zu dem acht Grubenhäuser und eine Werkgrube gehörten. Das etwa 28 m lange und 8 m breite, in west-östlicher Richtung erbaute Gebäude war in Pfostenbauweise errichtet. Die Wände bestanden aus Bohlenlagen über Schwellrahmen. Jeweils an den Enden des Gebäudes waren kleinere Räume, die als Lagerräume, Kammern oder kleine Ställe dienten.

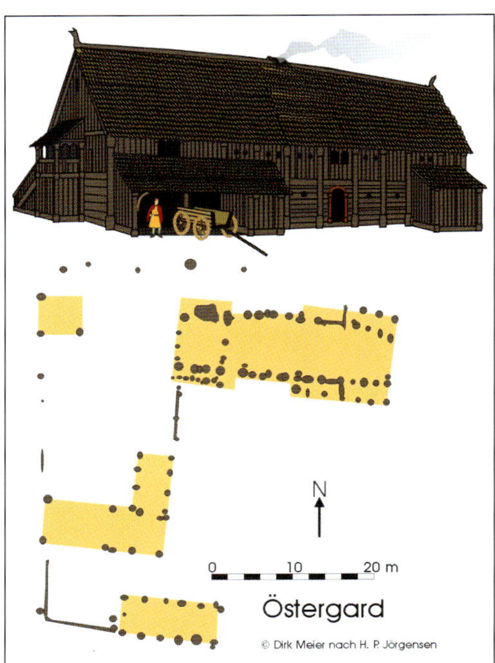

wurde zu einem geistigen Zentrum des Reiches. Auch auf dem Teppich von Bayeux ist ein Haus mit einem Obergeschoss und einer Seitentreppe zu sehen, in dem Harald und seine Männer in einem großen Saal bei einem Gelage zusammen sitzen. Man kann hier an eine Adaption adeliger Lebensformen denken, denn der prachtvolle Hof des Großbauern in Østergård umfasste ein Areal von etwa 43.000 m².

Zum Hof gehörten zwei kleinere einschiffige Pfostenbauten als Nebengebäude, von denen eines rechtwinklig errichtet war. Diese lassen sich als Ställe oder Vorratsgebäude interpretieren. Ferner befand sich im Westen ein Vierpfostenspeicher. Innerhalb des Gehöftes deuten Pfostensetzungen auf möglicherweise umzäunte Gemüse- und Obstgärten oder Vierpferche hin, da es keinen größeren Stall im Hauptgebäude gab. Teilweise dienten solche Zäune auch als Windschutz.

Den Reichtum ihrer Bewohner dokumentiert eine, in der Verfüllung eines Pfostenloches gefundene wertvolle, runde Goldfiligran-Scheibenfibel, die teilweise mit eingelegten Almadien und Pflanzenmotiven verziert ist. Eine, in ihrer Herstellung ähnliche Fibel aus dem Umkreis der Hofwerkstätten in Mainz der Zeit um 1050 trug Kaiserin Agnes, die Frau Kaiser Heinrichs III. Reiche Schatzfunde sind zudem aus mehreren mittelalterlichen Häusern Dänemarks belegt.

Nach dem Ende des Hofes in Østergård wurde das Hoffeld (Toft) in je ein 21.000 und 22.000 m² großes Areal geteilt, das durch Zäune abgegrenzt war. Südlich des abgebrochenen großen Hofes entstand ein etwas kleineres einschiffiges Gebäude mit Pfostensetzungen. In der jüngsten Phase der Siedlung wurde der östliche Teil der

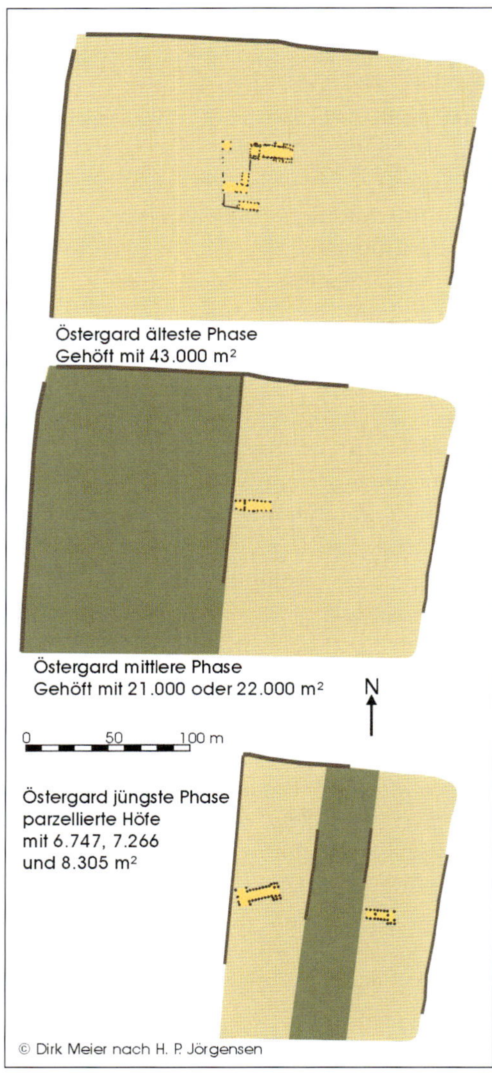

Nach dem Ende des Hofes in Østergård wurde das Hoffeld (Toft) in je ein 21.000 und 22.000 m² großes Areal geteilt, das durch Zäune abgegrenzt war. Danach folgten weitere Teilungen.

ehemaligen 43.000 m² großen Toft in drei parallel verlaufende Fluren (Bohlen) mit 6.747, 7.266 und 8.304 m² geteilt, so dass zwei Halbbohlen entstanden. Im westlichen Streifen entstand dann ein neues einschiffiges Hofgebäude mit eingetieften Pfosten und Anbauten; ein ähnliches, aber kleineres Haus befand sich im östlichen Feld. Somit verkleinerte sich das reiche Gehöft der Zeit um 1050 mit seinem großen Hoffeld infolge von Besitzteilungen. Vielleicht waren hier mehrere Kinder erbberechtigt.[459] Die Unterteilung der Flur und die gleichzeitige Existenz mehrerer Höfe unterstreicht den Prozess zu einer größeren Siedlung, die man jedoch um 1200 aufgab. In der Nähe wurde dann im neuen Flurausbaugebiet das Dorf Hyrup gegründet, das allerdings erst im 14. Jahrhundert erwähnt ist.

Auch in den aber nur teilweise untersuchten Siedlungen von Galsted und Frøslev (Fröslee) Polde befanden sich größere, hochmittelalterliche Einzelhöfe, die keine Zäune umgaben. Das Gehöft von Galsted bestand aus einem etwa 14 m langen und 6 m breiten einschiffigen Hof. Daneben befand sich ein einschiffiges Nebengebäude, das ebenfalls eingetiefte Pfosten besaß, sowie ein Vierpfostenspeicher. Der größere, zweischiffige Einzelhof von Frøslev Polde war hingegen etwa 32 m lang und etwa 6 m breit. Zu diesem gehörte ebenfalls ein einschiffiges Nebengebäude mit angebautem Speicher sowie ein Vierpfostenspeicher.[460] Weitere Hinweise zu hochmittelalterlichen Gehöften mit ihren Toften erlauben die Ausgrabungen in Grimballe, Peerløkke und Nørre Løgum Kirche. Während in Grimballe ein 25 m langes und 6 m breites, einschiffiges Gebäude in Pfostenbauweise freigelegt werden konnte, sind für Peerløkke mehrere in nord-südlicher Richtung erbaute zweischiffige Höfe sowie kleine Nebenbauten und Speicher typisch. Anders als etwa in Galsted, Frøslev Polde, Østergård oder Lustrupsholm bei Ribe mit ihren isolierten Gehöften einer sozial gehobenen Schicht von Großbauern, die – wie in Lustrupsholm einen 54 m langen Hof in der ersten Hälfte des 12. Jahrhunderts besaßen – entwickelte sich hier ein kleines Dorf. In Øster Havgård kamen bei der Ausgrabung eines eisenzeitlichen Siedlungsareals zwei Bereiche mit hochmittelalterlichen Höfen in Form einschiffiger bis 25 m langer und 5 – 6 m breiter Pfostenbauten mit geraden und leicht gebogenen Wänden, kleinen Nebenbauten und Speichern zutage.[461] In den bereits in der Wikingerzeit bestehenden Siedlungen von Schuby bei Schleswig sowie Kosel in Schwansen finden sich im Hochmittelalter größere Gebäude in Pfostenbauweise, die bis 18 m lang und 5 – 7 m breit sein konnten. In einem Gebäude in Schuby deuten

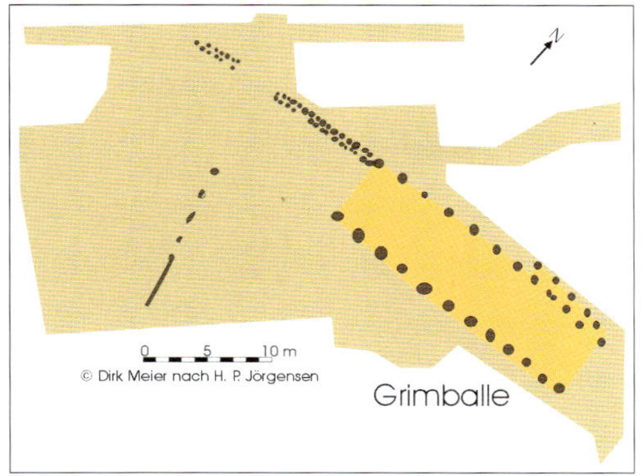

In Grimballe wurde ein 25 m langes und 6 m breites, einschiffiges Gebäude in Pfostenbauweise freigelegt.

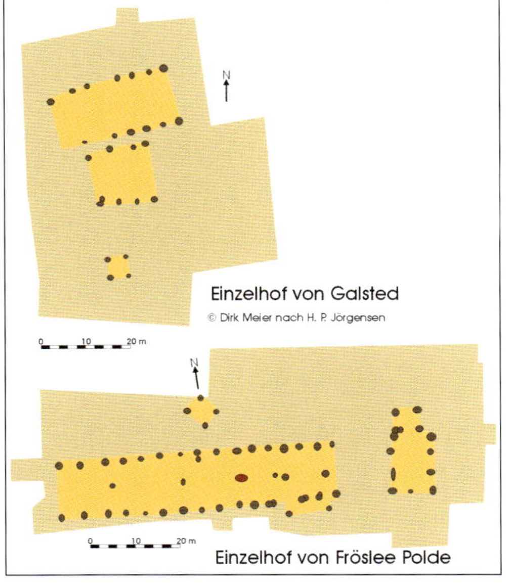

Gehöfte der ländlichen Oberschicht von Großbauern in Galstedt und Fröslee.

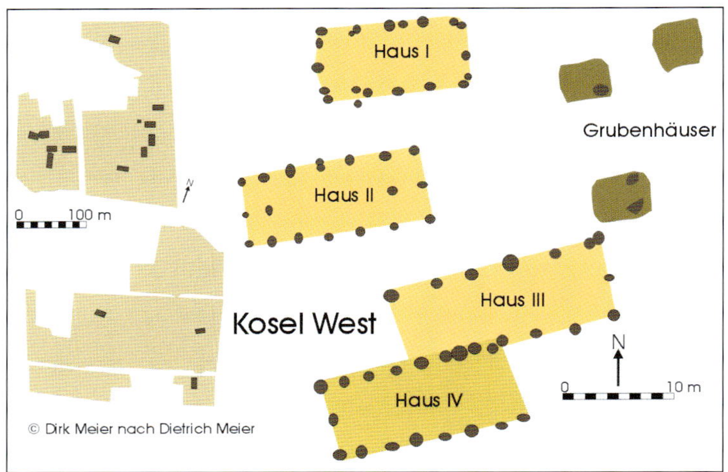

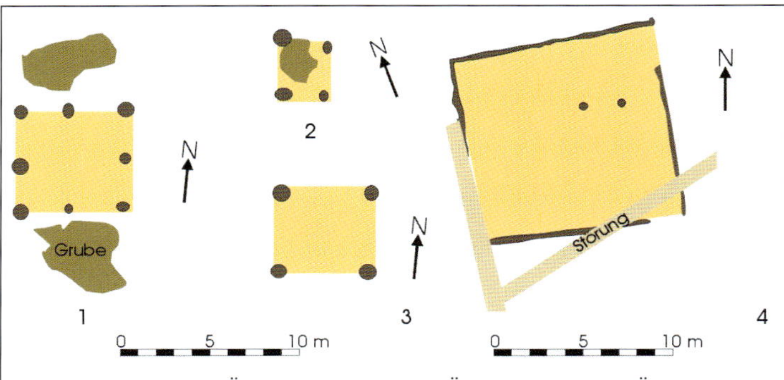

Pfostenspeicher: 1 Östergard LXXVIII, 2 Östergard CLV, 3 Östergard CI, 4 Speicherbau mit Schwellrahmenkonstruktion.
© Dirk Meier nach H. P. Jörgensen

Häuser, Pfostenspeicher und Grubenhäuser des Hochmittelalters aus Kosel und Östergard.

dabei Pfostensetzungen an den jeweiligen Enden auf mögliche Raumabteilungen hin.[462]

Die Untersuchungen hochmittelalterlicher Dörfer in Schleswig belegen, dass in dieser Zeit die Pfostenbauweise im ländlichen Raum noch vorherrschend war und sich der Übergang zur Ständer- und Schwellrahmenbauweise erst langsam vollzog. Kennzeichnend für das Hochmittelalter ist auch in Schleswig die Entwicklung von locker gestreuten Einzelhöfen und Siedlungen zum platzkonstanten Dorf mit Pfarrkirche und anderen Einrichtungen der Infrastruktur, wie vor allem Wassermühlen. Diese sind aus historischen Dokumenten aber erst seit dem 13. Jahrhundert bekannt.[463] Die erwirtschafteten Agrarüberschüsse wurden in den Marktsiedlungen und auf den Märkten der Städte sowie in kleinen ländlichen Hafenorten, wie Hviding Nakke bei Ribe, abgesetzt. Dazu verlud man die Waren auf vierrädrige Karren mit Speichenrädern, wie eines aus der Zeit um 1220 bei der Umgestaltung des Danewerks 1861 für die Neuanlage von Schanzen gefunden wurde.[464]

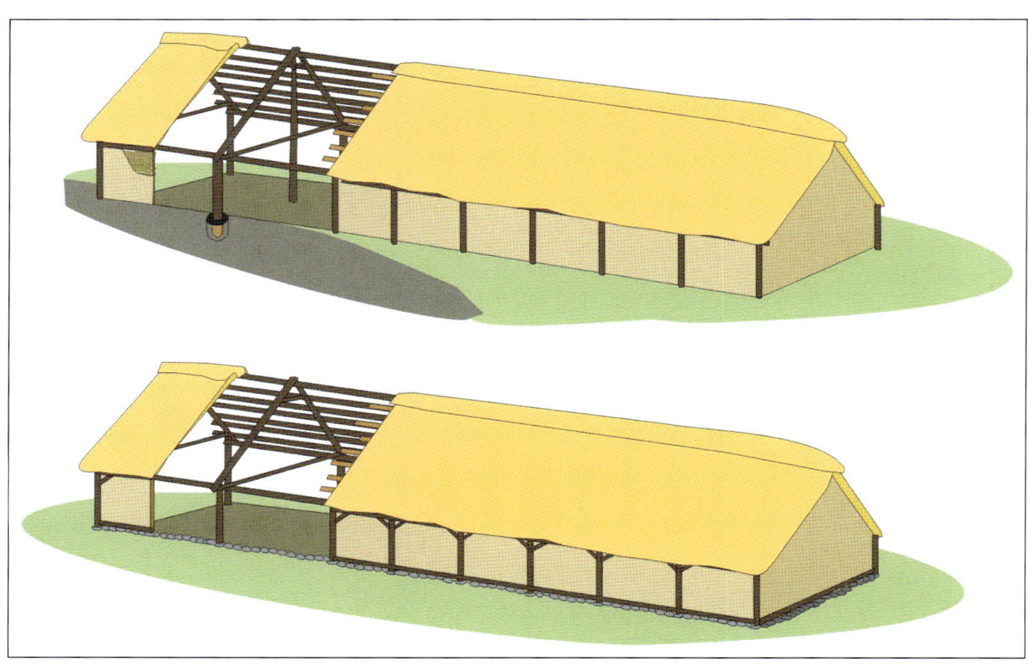

Der Übergang von der Pfosten- zur Schwellrahmenbauweise, die eine längere Lebensdauer der Häuser versprach, vollzog sich im Mittelalter erst langsam.

Ökonomie, Marktsiedlungen und Städte

Die Wirtschaftsgeschichte Schleswig-Holsteins im Mittelalter bestimmte die naturräumliche Gliederung des Landes in Marschen im Westen, Altmoränen und Sandern in der Mitte sowie Jungmoränen mit tief in das Landesinnere einschneidenden Förden und Buchten im Osten entscheidend mit. Gegenüber dem 12. Jahrhundert, als Schleswig noch Zentrum des Transithandels in Schleswig-Holstein war, hatte sich im Spätmittelalter das Schwergewicht nach Lübeck verschoben. Hier liefen die transelbischen Verbindungen aus dem Heiligen Römischen Reich über Hamburg, Boizenburg und Lauenburg auf dem Landweg und seit 1398 über den Stecknitzkanal in die Hansestadt.[465] Andere Wege reichten vom reichen Bauernland Dithmarschen mit seinen Agrarausfuhren über Neumünster nach Lübeck. Weitere Transitwege, wenn auch in schriftlichen Quellen weniger gut fassbar, existierten von Itzehoe nahe der Stör nach Kiel, Rendsburg und Eckernförde. Von größerer Bedeutung waren auch die Straßenverbindungen zwischen dem Hafenort Husum und Flensburg sowie Flensburg, Husum und Tondern. Von Tondern führte ein Weg nach Ripen, das mit Hadersleben an der Ostküste verbunden war. Die wichtige Nord-Süd-Verbindung des Heerweges (Ochsenweges) verlief von Kolding über Hadersleben nach Apenrade und Flensburg und dann weiter über Schleswig nach Rendsburg.[466] Südlich von Rendsburg teilten sich die Verbindungen nach Itzehoe und Hamburg sowie Lübeck und Hamburg auf. Die Elbe erschloss für Hamburg seit dem 13. Jahrhundert ein weites Hinterland, wodurch die Bedeutung der Binnenwasserstraße anstieg. Vom Rheinmündungsgebiet reichte der Seeverkehr bis in die Elbe nach Hamburg und in die Eider und Treene, wo bei Hollingstedt die Waren auf Wagen umgeladen wurden, die von hier aus ebenfalls nach Schleswig fuhren. Dort trafen sich die wichtigen Verkehrsverbindungen. Im Schnittpunkt der verschiedenen Wegeverbindungen, die von Burgen gesichert wurden, lagen Marktorte und Städte.[467] Infolge des Handels glichen sich auch die Sozial- und Verfassungsordnungen Holsteins und Schleswigs denen südlich der Elbe mehr und mehr an.

Grundlagen der Ökonomie

Die ökonomische Grundlage Schleswigs und Holsteins bildete die Landwirtschaft, vor allem der Getreideanbau von Roggen auf der Geest, dem sandigen Mittelrücken und dem östlichen Hügelland mit seinen fruchtbaren Lehmböden wie ebenso in den eingedeichten Marschen. Hier gewann neben dem Getreideanbau auch die Viehzucht von Rindern, Schweinen und Pferden zunehmende Bedeutung. Daneben wurde im Mittelalter aber auch im Umland der Städte Hopfen für die Exportbrauerei angebaut. In der Kremper Marsch scheint auch der Zwiebelanbau wichtig gewesen zu sein. Die mit Ausnahme der Nordseeküste in die Grund- und Lehnsherrschaft des Adels eingebundenen Bauern lieferten den Großteil der ländlichen Agrarproduktion. Seit der Ablösung der Naturalabgaben durch Geldrenten am Ende des 13. und zu Beginn des 14. Jahrhunderts konnten sie verstärkt ihre Agrarprodukte auf den Märkten der Marktsiedlungen und aufkommenden Städte absetzen. Dabei konnten viele Bauern aber nicht frei entscheiden, wo sie ihre Produkte verkaufen wollten, denn oft band sie der Marktzwang an eine privilegierte Stadt.

Dies galt vor allem für die Städte des Herzogtums Schleswig, während für die holsteinischen Orte entsprechende Quellen fehlen.

In den Küstenstädten der Ostseeküste spielten ferner Fischfang, Fischverarbeitung und Fischhandel eine große Rolle. In Lübeck und Schleswig etwa wurden gesalzene Heringe aus Schonen verhandelt. Die Fischerei in der Nordsee gewann hingegen erst im 15. Jahrhundert an Bedeutung, wenn es auch noch keine spezialisierten Fischersiedlungen gab. Man fischte mit fest installierten Fischwehren in den Flüssen oder einfachen Reusen im Wattenmeer oder fuhr zum Fang von Heringen bis nach Helgoland mit Schiffen.

Die Regionen nördlich der Eider ebenso wie Lauenburg lieferten Holz, das für den Bau von Häusern und Schiffen benötigt wurde. Besonders die holzarmen Marschen der Nordseeküste waren auf die Versorgung mit Holz für den Haus-, Schleusen-, Brücken- und Deichbau angewiesen. Viel Holz erforderte ferner die Gewinnung von Holzkohle für die gewerbliche Produktion. Folgen dieses Holzverbrauches war eine Verarmung der leichten Sandböden auf der Geest, wo sich Heide ausbreitete. Bereits um 1500 finden sich daher Ausfuhrverbote für Holz.

Holz und Torf als Brennmaterial fanden auch beim Sieden des nordfriesischen Salzes Verwendung, wobei der Abbau von Salztorfen im Mittelalter in den Uthlanden eine große Bedeutung erlangte. Bereits Saxo Grammaticus erwähnt den Abbau von Salztorfen, dessen Umfang sich indirekt aus dem Schleswiger Stadtrecht von etwa 1150 entnehmen lässt, das Einfuhrzölle auf das friesische Salz festsetzt. Im Zinsregister der Schleswiger Bischöfe heißt es zum Salztorfabbau 1462: *von dem ganzen Strand, Eiderstedt und der Lundenberghharde, wo Salz gebrannt wird, soll der Bischof von jeder Salzbude 2 Tonnen Salz haben.*[468] Auch das Flensburger Stadtrecht von 1284 enthält Hinweise zur Salzgewinnung. Im Erdbuch Waldmars II. ist von vier Salzsiedereien die Rede, von denen drei dem König und eine dem Herzog gehörten. Diese dürften im Vorland der friesischen Geestharden gelegen haben, da der König keinen Anspruch auf das Bodenregal in der Marsch besaß. Neben Schleswig war der Mittelpunkt des friesischen Salzhandels die Stadt Ripen (Ribe), wo man Fische konservierte, um sie auf Märkten in Jütland, Schleswig-Holstein und Hamburg bis hin nach Schweden *(ribersalt)* zu verkaufen.

Neben der Gewinnung von Salztorfen war in dem rohstoffarmen Land der Kalk- bzw. Gipsabbau in Segeberg von einiger Bedeutung. Rohstoffe, wie Eisen oder Kupfer, wurden importiert. Infolge dieser landschaftlichen und ökonomischen Voraussetzungen war der Fernhandel im 12. Jahrhundert zunächst ein Transithandel, wobei die Waren über die Marktsiedlungen und frühen Städte nach weiter weg liegende Regionen gelangten. Exportwaren spielten abgesehen von Gütern wie Holz, Salz, Wolle, Tuche noch kaum eine Rolle. Seit dem 13. Jahrhundert finden sich erste schriftliche Hinweise, in denen von Getreide, Bier, Vieh, Fisch und friesischem Salz als Ausfuhren die Rede ist. Besser belegt ist der Fernhandel erst in den Urkunden des 14. Jahrhunderts. Im 15. und 16. Jahrhundert wurde Schleswig-Holstein dann zu einem wichtigen Exporteur von Getreide und Vieh in die dicht besiedelten Gebiete der Niederlande und Flanderns ebenso wie nach England. Im Gegenzug kamen Metallwaren und Tuche, Salz aus Frankreich, Portugal und Spanien, Wein und Südfrüchte in die Städte des Landes, während man aus Osteuropa Massengüter wie Holz, Flachs, Teer, Pelz und Wachs bezog.[469]

Im Unterschied zum frühmittelalterlichen Warenverkehr, der vor allem den Austausch von Luxusgütern bedeutete, beruhte die Ökonomie des Hoch- und Spätmittelalters auf dem Massengutverkehr. Dabei dürfte es Verbindungen zwischen dem ländlichen holsteinischen Volksadel und dem frühhansischen Handel seit dem 12. Jahrhundert gegeben haben. Infolgedessen wurde der ländliche Raum mehr und mehr von der Geldwirtschaft durchdrungen. Die ökonomische Entwicklung Holsteins und Schleswigs war dabei im Mittelalter ebenso wie heute an die Konjunktur-, Rezessions- und Depressionsphasen der europäischen Wirtschaft gekoppelt.

Parallel zum Bevölkerungswachstum, zum Landesausbau und zur Urbanisierung vollzog sich vom 12. bis zum 13. Jahrhundert ein wirtschaftlicher Aufschwung. Im 12. und 13. Jahrhundert war der Adel aktiv am regionalen Güter- und Warenaustausch beteiligt. So stellte der grundbesitzende Adel beispielsweise das Holz, Vieh und andere Agrarprodukte zur Verfügung, mit dem die Kaufleute in den sich herauskristallisierenden Marktsiedlungen und Städten handelten. Der Adel betrieb somit seine Land-, Vieh- und Waldwirtschaft nicht ausschließlich für den Eigenbedarf. Weitere Einkünfte bezog dieser aus dem lukrativen Kriegsdienst, den er für den Landesherren oder die Städte leistete, entsprach doch der Sold im 14. Jahrhundert für ein halbes Jahr Kriegsdienst den jährlichen Pachterträgen eines kleinen Dorfes von sechs Hufen.[470] Der Adel geriet erst in Bedrängnis, als mit der Verringerung des Silbergehalts der lübischen Mark zwischen 1350 und 1430 die Preise stiegen, die für Getreide jedoch fielen. Zudem verringerte sich infolge der Pestepidemien auch die Zahl der abhängigen Pächter, deren Land nun oft dem Hofland des Adels zugeschlagen wurde. Mit der Entstehung der adeligen Gutswirtschaft seit der zweiten Hälfte des 15. Jahrhunderts nahmen die adeligen Grundherren wieder aktiv am Handel mit Agrarprodukten teil, wobei Hungersnöte in der zweiten Hälfte des 15. Jahrhunderts deren Gewinne steigen ließen. In dieser Zeit diente der Kieler Umschlag (1469) als zentraler Geldmarkt der Herzogtümer, der seine größte Bedeutung als Kapitalmesse für Nordwestdeutschland und Dänemark im 16. Jahrhundert erreichen sollte.

Marktsiedlungen

Der parallel zum Landesausbau verlaufende Urbanisierungsprozess, wie er in West- und Mitteleuropa schon früher begonnen hatte, erreichte Nordelbien erst im 12. Jahrhundert. Vorher hatte es hier aber mit Ribe, Haithabu-Hedeby, Alt-Lübeck und dem frühen Hamburg wichtige Handelszentren gegeben. Zur ersten Phase der Urbanisierung in Holstein und Schleswig gehören die Marktsiedlungen, wo man die Agrarprodukte des ländlichen Hinterlandes gegen Fernhandelsgüter und Waren aus handwerklicher Produktion einhandelte.[471]

In der Grafschaft Holstein begann dieser Prozess mit der Gründung von Marktsiedlungen in Segeberg[472] und Oldesloe[473] als den wichtigen Traveübergängen nach Ostholstein. Segeberg am westlichen Rand des ostholsteinischen Hügellandes war unter dem Schauenburger Adolf II. zum Zentrum seiner Grafschaft geworden. Bereits zu Beginn der 1140er Jahre entstand dort als *forensia ecclesia* eine Marktkirche. Den Aufstieg des Marktortes von Oldesloe begünstigte der Handel zwischen Lübeck und Hamburg, der hier auf dem Landweg über den Traveübergang führte. Die Trave begrenzt zugleich die Stadt, die 1230 das Lübische Recht erhielt, im Westen, während sich im Norden der Ihlsee sowie angrenzende Wälder und im Nordosten der Große Segeberger See erstrecken. Von den Grafen Gerhard II. und Gerhard III. wurde die Befestigung auf dem Kalkberg ausgebaut, die 1459 in den Besitz Christians I. von Dänemark kam. Lange war Segeberg Sitz des königlich-dänischen Amtmannes. Die Burg wurde am Ende des 30-jährigen Krieges 1644 von den Schweden zerstört.[474]

Bedeutender als diese Marktsiedlungen sollte Lübeck werden, das als *civitas Liubice* unter Adolf II. 1143 einen wesentlichen Aufschwung erfuhr. Dieser neue Ort entstand auf einer bereits in slawischer Zeit besiedelten Halbinsel zwischen Trave und

Marktsiedlungen und wichtige Verkehrswege um 1200. Noch bildete Schleswig mit der West-Ost Verbindung über Eider, Treene und Schlei einen wichigen Mittelpunkt, bevor sich im 13. Jahrhundert der Schwerpunkt nach Lübeck verschob. Über Rohstoffe verfügte das Land mit Ausnahme von Holz und Salztorfabbau in den friesischen Uthlanden kaum.

Wakenitz. Damit stellte er die Neugründung in die Tradition der alten slawischen Handelsniederlassung und des Fürstensitzes der Nakoniden, der 1138 bei innerslawischen Auseinandersetzungen zerstört worden war.[475] Da *Liubice* die erste deutschrechtliche Marktsiedlung an der Ostsee war, über welche die Kaufleute Zugang zu den begehrten Waren des östlichen Ostseeraumes hatten, entwickelte sich der Ort sehr schnell. Das erweckte das Interesse des Lehnsherrn Adolf II., des mächtigen Sachsenherzogs Heinrich des Löwen, der seinen Lehnsmann 1159 zwang, ihm den Ort zu übertragen, an den er 1163 (wohl nicht 1160) den Sitz des Bistums Oldenburg verlegte. Der Schutz des Herzogs wirkte sich dabei günstig für die Kaufleute aus. Die Bedeutung Lübecks für die Südwest-Nordost Verbindung von der Elbe bis in den Ostseeraum sollte langfristig die der West-Ost Verbindung Schleswigs über Eider und Treene überlagern.

War Lübecks Ökonomie von Beginn an auf den Fernhandel ausgerichtet, so besaßen die im Verlauf der Ostsiedlung in Wagrien und Polabien gegründeten Marktsiedlungen nahe ehemaliger wichtiger slawischer Burgen, wie Plön[476], Lütjenburg[477] und Oldenburg[478], regionale Verteilungsaufgaben. Diese Marktsiedlungen in Ostholstein lagen ebenso wie Mölln und Ratzeburg in Lauenburg auf den fruchtbaren Böden des Jungmoränengebietes. Die Steigerung der Agrarerträge auf den Anbauflächen und die Verdichtung der Dörfer trug daher zum raschen Wachstum dieser Marktsiedlungen bei, die im 13. Jahrhundert das Stadtrecht erhielten. Bis in die 1250er Jahre reichen Eutin *(Utin)* mit seiner Burg, das zu den Gütern des Lübecker Bischofs gehörte, und die Marktsiedlung Plön nahe der slawischen Burg *Plune* auf der Insel Olsborg zurück.[479] Der Neubau der Plöner Burg und die Anlage eines Marktes durch Adolf II. standen wahrscheinlich im Zusammenhang mit der erzwungenen Abtretung Lübecks an Heinrich den Löwen 1158. 1263 wurde der Ort dann unter Adolf IV. mit dem Lübischen Recht bewidmet.

Die Marktsiedlung Ratzeburg verdankte ihren Aufstieg der Bedeutung des Ortes als Burgenstützpunkt Heinrich von Badwides sowie dem Sitz des vermutlich 1144 von Heinrich dem Löwen gegründeten Bistums Ratzeburg.[480] Die südlich gelegene Marktsiedlung Mölln, im späten 12. Jahrhundert entstanden, weist wie die ostholsteinischen Marktsiedlungen hingegen einen weit ländlicheren Charakter auf.[481] Typisch für die lauenburgischen und ostholsteinischen Gründungen ist ihre küstenferne Lage, die teilweise an den Übergängen in das ehemals slawische Gebiet oder an alten Burgzentren der Slawen entstanden waren. Von ähnlicher Bedeutung wie diese Marktorte war das *suburbium* östlich der Burg von Itzehoe, die auf einer Halbinsel der Stör lag. Die Bedeutung Itzehoes wurde durch die Urbarmachung der Flussmarschen an Elbe und Stör nach der Bedeichung im 12. Jahrhundert noch gesteigert.[482]

Neben Itzehoe und Lübeck gewann der Markt von Hamburg an Bedeutung, was die Gründung der Hamburger Neustadt 1188 durch Graf Adolf III. noch verstärkte. Im Vordergrund dieser Privilegierung stand der maritime Handel, weshalb die Neusiedler vertraglich zum Bau eines Hafens verpflichtet wurden. Ausweis des gestiegenen Nordsee- und Elbhandels sowie der Verbindung mit Lübeck ist bereits 1187 die Erwähnung einer Zollstelle. Neben der Fernhandelsfunktion erfüllte die Hamburger Neustadt den Zweck einer Binnenmarktzentrale für das schauenburgisch-gräfliche Umland sowie das von Holländern im 12. Jahrhundert erschlossene untere Elbegebiet. In etwa die gleiche Zeit fällt auch die Neuanlage einer Marktsiedlung an der Kieler Förde, die ihre Bedeutung den Handelswegen von der Ostsee zur Nordsee über die Stör und Eider verdankt.[483]

Wie in Holstein entstanden auch im Herzogtum Schleswig im 12. Jahrhundert Marktsiedlungen, die auf ein fruchtbares Hinterland zurückgreifen konnten. Dabei konzentrierte sich die Entstehung dieser Verteilungszentren vor allem auf die Ostküste. Dazu gehörten das aufstrebende Flensburg mit seinen Kaufleutesiedlungen von St. Johannis und St. Marien sowie Eckernförde[484] an einem wichtigen Verbindungsweg von Schwansen nach Angeln. Wie die Kaufleutesiedlung von St. Johannis an der Flensburger Förde[485] fungierten auch die von Apenrade[486] und Hadersleben[487] als Zollstätten ihrer jeweiligen Harden. Auf diese Weise hatte sich bis in die 1180er Jahre das frühurbane Siedlungsgefilde an der Ostküste verdichtet. Im nördlichen Teil des Herzogtums Schleswig war ebenfalls am Ende des 12. Jahrhunderts das Grundgefüge maritim orientierter Marktorte gelegt, die später zu Städten heranwuchsen. Dennoch verlief dieser Prozess nicht sehr zügig, denn nach der Privilegierung der Hamburger Neustadt 1188[488] gehörten neue Stadtrechtserhebungen offensichtlich nicht zum Programm des dänischen Königs Waldemar II., der 1201 bis 1225 Lehnsherr über Nordelbien geworden war. Stattdessen erlebte die Stadt Schleswig mit Königpfalz, Dom, sieben Pfarrkirchen und Hafen von überregionaler Bedeutung ihre größte Blütezeit zur Zeit des über viele Küstenabschnitte des Ostseeraumes gebietenden dänischen Herrschers.[489] Während der Friedenszeit unter Waldemar *(pax Waldemariana)* konnte jedoch Lübeck seine Bedeutung als Seehandelsstadt festigen[490], während die Schleswigs stark zurückging.

Für Hamburg brachte hingegen die Herrschaft Waldemars Belastungen, da die Elbe zwischen 1208/09 und 1211–1217 den Grenzfluss zum Heiligen Römischen Reich bildete und der Handel bei Spannungen in Mitleidenschaft gezogen wurde.[491] Dennoch wuchsen in dieser Zeit unter Graf Albrecht von Orlamünde, der Stadtherr der Neustadt als auch der bischöflichen Altstadt war, beide urbane Zentren in Hamburg zusammen. Diese wurden dann nach der Abtretung der Rechte des Erzbischofs von Hamburg-Bremen an Graf Adolf IV. 1228 auch de jure vereinigt.

Stadterhebungen

An der Erhebung von Marktorten zu Städten und an der Gründung neuer Städte im hohen Mittelalter wirkten zwar Ministeriale mit, jedoch waren der König und der hohe Adel die wichtigsten Träger. Das gilt für das stauferzeitliche Reich und für dessen nördlichste Grafschaft Holstein ebenso wie für Schleswig. Die Grundeinstellung des staufischen Kaisers Friedrich II. zu den Kommunen war von seinen oberitalischen Erfahrungen geprägt. Er hatte dabei das Ziel einer engeren Handelsverbindung von Königsstädten im Auge. Hingegen bekämpfte er unabhängige Urbanisierungen. Marktsiedlungen ebenso wie Städte kenn-

Entscheidend für die Herausbildung von Marktsiedlungen waren die Verkehrsverbindungen zu Lande und zu Wasser. Größere Schiffe, wie die aufkommende Kogge, konnten mehr Lasten befördern als jemals zuvor. Wandmalerei einer frühen mittelalterlichen Kogge noch ohne Aufbauten in der Kirche zu Mölln. Foto: Dirk Meier

zeichnen eine verdichtete Bebauung, eine soziale und berufliche Differenzierung ihrer Einwohner, die überwiegend dem Handel, Gewerbe und dem Handwerk nachgehen, sowie Funktionen als wirtschaftliche, administrative und kirchliche Zentren. Dabei bildete sich eine gleichberechtigte Stadtbürgerschaft erst im 13. Jahrhundert heraus. Stadt und Land waren auf vielfältige Weise miteinander verbunden. Nicht nur die Versorgung der Menschen in den urbanen Zentren, sondern auch die Entsorgung stellte die Gesellschaft vor neue Herausforderungen.[492]

In Holstein und Schleswig kam es zwischen 1230 und 1300 – somit später als im Heiligen Römischen Reich – zu ersten Stadterhebungen. Die Privilegierungen bestehender Marktsiedlungen zu Städten begünstigte in Holstein vor allem das Ende der dänischen Herrschaft nach der Niederlage Waldemars II. 1225 in der Schlacht von Bornhöved. Im Zentrum dieser Entwicklung stand die Herausbildung von Hafenstädten mit fester Infrastruktur von Kaianlagen, Kränen und Dielenhäusern mit Speicherböden für Massengüter.[493] Parallel zur Technisierung der Häfen vollzog sich auch ein Wandel im Schiffbau hin zu größeren Schiffen, die mehr Lasten tragen konnten. Dabei findet die Kogge als neue, bauchige Schiffsform mit Rahsegel erstmals 1188 im Rahmen einer Kreuzfahrerschaft von Köln Erwähnung.[494] Im 13./14. Jahrhundert bildete sie das häufigste Schiff der Hanse. Die Tradition der Verbindung eines flachen Bodens mit einem breiten Rumpf geht auf wattenmeertaugliche Schiffsformen zurück, die sich zum Entladen trocken fallen lassen konnten. Neben einer Weiterentwicklung der Kogge zum Holk und Kraweel gab es zweifellos viele Mischformen, da der Schiffbau noch stark auf persönlichen Erfahrungen beruhte. Der im 14. Jahrhundert aufkommende Holk zeichnete sich dabei durch einen andere Rumpf- und Stevenform sowie höhere Kastellaufbauten aus, was auch eine Folge von Konflikten auf See war, da sich diese zur Verteidigung als auch zum Angriff nutzen ließen. Aber auch Koggen konnten Kastelle tragen. Weitere Verbesserungen im Schiffbau ermöglichten es, im 15. Jahrhundert bereits Schiffe mit 300 Tonnen Ladekapazität zu bauen.

Auf den Landwegen zwischen den Hansestädten, Marktorten und Dörfern verkehrten von Ochsen und Pferden mit Kummetgeschirr gezogene große Wagen, die mit mehr Lasten ziehen konnten als jemals zuvor. Bildquellen, wie ein Kupferstich aus der Toggenburger Bibel aus der ersten Hälfte des 15. Jahrhunderts, zeigen große Reisewagen mit Gabeldeichsel, eigens gesicherten Radnarben und mit Kummet angeschirrten Pferden. Pferde, die sich auch paarweise hintereinander anschirren ließen, zogen erstmals größere, vierrädrige, wendbare Wagen. Ein von zwei Pferden gezogener leerer Erntewagen ohne Leitern ist in der Heidelberger Handschrift

Reisewagen des Mitterlalters. Das Pferd ist zur Steigerung der Zugkraft mit einem Kummet angeschirrt. Kupferstich aus der Toggenburger Bibel von 1411. Auszug von Jacob und seiner Söhne nach Ägypten. Kupfertechkabinett Berlin.

des Sachsenspiegels aus dem 14. Jahrhundert dargestellt.[495]

Parallel zum Ausbau der Verkehrswege und Verkehrsmittel erfuhr bis zum Ende des 13. Jahrhunderts auch der Fernhandel entscheidende Verschiebungen. So ging die überragende Verteilerfunktion, die Schleswig noch im 12. Jahrhundert einnahm, auf Lübeck über. Dabei schied Lübeck aus der Grafschaft Holstein aus und wurde durch das Reichsfreiheitsprivileg Friedrichs II. von 1226 zur Reichstadt *(civitas dominum imperiale pertinens)* erhoben.[496] Die Stadt war nun den umliegenden fürstlichen Territorien gleichgestellt. Nach der schnellen Verlagerung der Süd-Nord Route auf Lübeck sollte das neue urbane Zentrum auch bald den West-Ost Handel an sich ziehen. Um 1300 war so die Hierarchie der zentralen Orte festgelegt: An der Spitze stand Lübeck, in das Waren aus ganz Europa gelangten. Dann folgte Hamburg mit seinen Nordseeverbindungen und der Verbindung mit Lübeck. Infolge der immer größer werdenden Schiffe verminderte sich die Bedeutung der Schlei als maritime Wasserstraße. Schleswig war für den wachsenden Handel zu klein und bildete sich bis zum Ende des 13. Jahrhunderts zu einer Binnenmarktstadt zurück, während die Bedeutung Hamburgs und Lübecks als Umschlagsplätze für den Ost-West Handel wuchs. Neben der wichtigen Verbindung beider Städte über Flüsse, Landwege und schließlich dem zwischen 1390 und 1398 erbauten Stecknitzkanal zwischen Nord- und Ostsee gab es weitere, wenn auch weniger bedeutendende Transitstrecken zwischen beiden Küsten im Norden des Landes. Dazu gehörte die von Flemhude bei Kiel über die Eider bis Rendsburg und weiter in die Nordsee sowie die Landwege zwischen Flensburg und Husum sowie Hadersleben und Ripen.

Überblickt man die urbane Entwicklung für das ganze Land zwischen Elbe und Königsau in seinen Grundzügen, so konzentrieren sich die größeren Städte, teilweise mit wichtigen Häfen, fast alle an den in das

Um 1300 war das System der Städte in Holstein und Schleswig festgelegt. An der Spitze stand Lübeck gefolgt von Hamburg mit ihrem jeweiligen Fernhandel im Nord- und Ostseeraum, dann folgten kleine Städte, die vor allem vom Transithandel profitierten. Die wichtigste Verbindung von der Nord- zur Ostsee lief durch Lauenburg, während die Eiderroute nur eine regionale Bedeutung hatte. An der Nordseeküste gab es kaum Städte.

Landesinnere führenden Buchten, Förden und Flüssen der bevölkerungsreichen Ostküste. Zwischen Mölln und Kiel befanden sich allein 13 Städte, worunter drei Minderstädte einzurechnen sind. An der Westküste des Landes waren es vielmehr Kleinhäfen, welche den Fernhandel abwickelten. Anders als sonst im feudalisierten Land bestimmten nicht Bürger, sondern genossenschaftliche Verbände über den Handel.[497] Weitgehend ohne Städte war der unfruchtbare Mittelrücken des Landes geblieben. Hier bildete nur Rendsburg mit seinem Übergang über die Eider und seiner Funktion als Transporthafen des waldreichen Hinterlandes eine wichtige Rolle im Transitverkehr zwischen Nord- und Ostsee. Auch in Nordschleswig finden wir an der Ostküste des Landes mehr Städte als an der Westküste, wo nur Tondern und vor allem Ripen als königliche Stadt von größerer Bedeutung waren.

Neben ihrer Funktion als Zentren des Nah- und Fernhandels waren Schleswig,

Frachtwagen. Holzschnitt aus Vergils Aeneis, Straßburg 1502.

Lübeck, Ratzeburg und Ripen als Bischofssitze auch Zentren der geistlichen Verwaltungsgliederung. In Hamburg gab es ein Domkapitel, in Hadersleben und Eutin ein Kollegiatkapitel. Ferner zogen die Städte Bettelorden an, so entstanden in Tondern (1238), Flensburg (1240), Kiel (1242), Lübeck, Hamburg, Wilster und Meldorf Klöster.

Die Phase der Stadterhebungen war in Schleswig-Holstein in der nur 70 Jahre währenden Zeit von 1230 bis 1300 abgeschlossen, während dieser Prozess ansonsten im Heiligen Römischen Reich zwischen 250 und 300 Jahre dauern konnte. Während des Landesausbaus zwischen 1138 und 1300 entstanden 27 Städte und sechs kleinere urbane Zentren, über die der Nah- und Fernhandel im mittelalterlichen Schleswig-Holstein abgewickelt wurde.

Hanse und Gilden

Mit den Stadterhebungen eng verbunden ist die wachsende Bedeutung der Kaufmannsbünde, unter denen die Hanse im Norden die erste Stellung einnahm.[498] Ihre Entwicklung beginnt mit dem Bedeutungsverlust der gotländischen Kaufgenossenschaft, welche bis dahin den Ostseehandel dominiert hatte. Mit der rechtlichen Ausgestaltung des Nowgoroder Kontors 1293 hatte sich dann das aufstrebende Lübeck an die Spitze der Kaufleute gestellt. Die Stadt an der Trave war es auch, die 1280 und 1307 ihre Stapelverlegungen von Brügge nach Aardenburg ebenso wie die Handelssperre gegen Norwegen betrieben hatte. 1294 erkannten die Städte an der Ijssel, Kampen und Zwolle, ausdrücklich Lübeck als „Haupt und Ursprung aller" an. Der Regelung des Handels und der Streitigkeiten dienten die Hansetage unter dem Vorsitz Lübecks. Seit 1358 ist dann vom Bund *van der düdeschen Hanse* in den Quellen die Rede. Unter der Führung Lübecks schlossen sich dabei neue Seestädte und alte Handelszentren zum Schutz ihrer Interessen zusammen. Während Lübecks Handelsverbindungen im späten Mittelalter noch in alle Richtungen gingen, begrenzten sich diese seit dem 15. Jahrhundert mehr und mehr auf die Ostsee, während Hamburg fast ausschließlich auf den Nordseehandel und auf seinen binnenländischen Einzugsbereich entlang der Elbe ausgerichtet war. Für die ländlichen Regionen und die anderen Städte Holsteins und Schleswigs ermöglichte die Hanse den Absatz von Agrarprodukten und Rohstoffen sowie den Import von Handelswaren aus entfernteren Regionen.

Da die Mitgliedschaft in der Hanse erworben werden musste, bedeutete dies für die Kaufleute der holsteinischen Städte eine Einschränkung, sofern sie abgesehen von Kiel, das seit 1518 Mitglied der Hanse war, keinen Fernhandel mit hansischen Orten treiben konnten. Eine besondere Bedeutung für die Hanse hatten hingegen die in Kirchspielen organisierten Großbauern Dithmarschens, die als „Zugewandte", wenn auch nicht als offizielle Mitglieder, im Handel von Korn und Salz über die Hansestädte in Livland und mit Getreideausfuhren in die Niederlande engagiert waren. Bei letzteren Aktionen traten die Dithmarscher Kirchspiele durchaus in Konkurrenz zu Lübeck, und auch mit Hamburg gab es wiederholt Streitigkeiten.

Dem Bund der Hanse fehlte jedoch eine feste Struktur, bestimmende Kraft blieben die Kaufleute. So existierte keine Verfassung des lockeren Bundes, dessen Mitgliederzahl wechselte. Beschlüsse der Hanse –

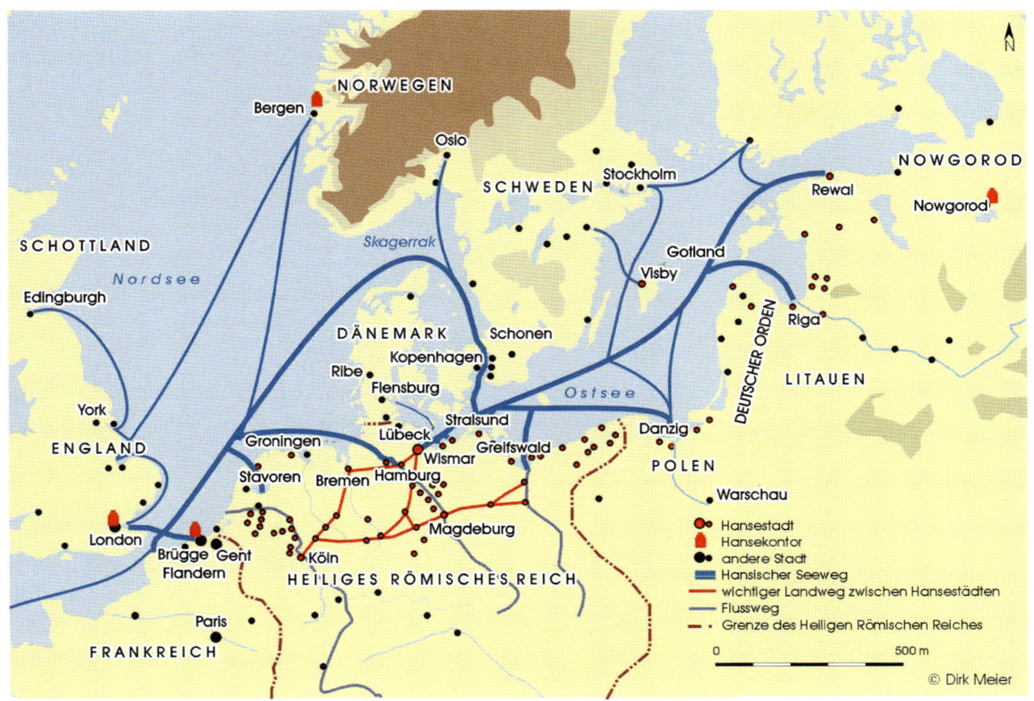

Mit den Stadterhebungen eng verbunden ist die wachsende Bedeutung der Kaufmanns- und Städtebünde, unter denen die 1282 erstmals erwähnte hansa Alamn(ie) herausragende Bedeutung gewann, an deren Spitze seit 1293 Lübeck stand. Die Küsten an Nord- und Ostsee wurden so zu Kristallisationspunkten des Handels, von wo aus die Land- und Flusswege in das Innere des Heiligen Römischen Reiches liefen.

Rezesse genannt – fassten die Hansetage. Die wirksamste Waffe der Hanse war der Boykott eines Hafens oder eines Landes, wie dieses verschiedentlich vorkam. Dazu benötigte die Hanse Schiffe, ebenso, um den Warenverkehr mit den Kontoren in den Städten zu sichern, die nicht zur Hanse gehörten, wie etwa zum Peterhof in Nowgorod, dem Stalhof in London oder der Deutschen Brücke in Bergen.

Welchen Rechtsstatus die Hanse einnahm, war und ist durchaus umstritten. Bis um 1350 wuchsen die Städte durch die Teilnahme ihrer Kaufleute am Handel in die Hansegemeinschaft hinein, später stellten sie formale Aufnahmeanträge. Aufnahme oder Austritt bzw. Ausschluss aus der Hanse bedeutete nicht Zulassung zur bzw. Verweigerung der Mitgliedschaft im Städtebund, sondern von Privilegien Deutschen Rechts. Im Juni 1366 war in Lübeck zwar beschlossen worden, dass nur Bürger der Hansestädte die Freiheiten deutscher Kaufleute besitzen sollten, doch wurden bald auch andere Kaufleute in das *kopmanns recht* aufgenommen. Seit dem 15. Jahrhundert lassen Verzeichnisse erkennen, welche Städte an Nord- und Ostsee zur Hanse gehörten, diese Listen sind jedoch nicht immer zuverlässig.

In fremden Städten erhielten die Mitglieder der Hanse Stützpunkte und Privilegien wie Zollvergünstigungen, die Befreiung vom gerichtlichen Zweikampf, von der Haftung für Schulden oder Vergehen Dritter. Die Kaufleute lebten dort nach ihrem eigenen Recht und konnten daher eigenmächtig Strafen über ihre Mitglieder verhängen. Ein wichtiges Privileg war das der Schonenfahrt, das nur Hanseschiffen erlaubt war. Hingegen waren in den Hansestädten fremde durchreisende Kaufleute nach dem Stapelzwang verpflichtet, ihre Waren zum Verkauf anzubieten. Dies sicherten den Hansebürgern das Vorkaufsrecht auf viele Waren.

Eine den Nord- und Ostseeraum umspannende Macht der Hanse existierte in Wahrheit nur insoweit, als sie sich mit den Interessen der Einzelstädte und Bürgerschaften deckte. Hauptgegner der Hanse wurden die entstehenden Territorialstaaten, vor allem Dänemark. Der dänische König Waldemar IV. hatte 1360/61 Scho-

In den Hansestädten legten die Schiffe an ausgebauten Kais an, wo Kräne das Löschen der Landung erleichterten. So entstand mit der Seehandelsstadt, der „civitas maritima", ein neuer Städtetypus. Der Stich von Jean Mansel zeigt Antwerpen um 1515. Quelle: Universitätsbibliohek Genf, Meier 2009, 133.

nen und die Insel Gotland mit der Hansestadt Visby erobert. Hamburg, Lübeck und die mecklenburgisch-pommerschen Hansestädte schlossen daher ein Bündnis gegen Dänemark. Die Städte brachten im April 1362 eine Flotte von 52 Schiffen gegen Kopenhagen auf. Allerdings wurden die Flotte ebenso wie die gelandeten Truppen geschlagen, und die Städte mussten einen Waffenstillstand schließen. Neue Auseinandersetzungen endeten dann 1370 mit dem Stralsunder Frieden für die Städte günstiger. Es gelang der Hanse, sich ein Mitspracherecht bei der Wahl zukünftiger dänischer Könige zu sichern. Mit dem Großen und Kleinen Belt sowie dem Öresund kontrollierte Dänemark den Warenverkehr von der und in die Ostsee. Die Erhebung dänischer Zölle ebenso wie diese Kontrolle führten zu häufigen Auseinandersetzungen, bis sich 1435 die Hansestädte der südlichen Ostseeküste vom Sundzoll befreien konnten. Lübeck und andere Hansestädte setzen nach einem neuen Krieg mit Dänemark 1435 durch, dass holländischen und englischen Schiffen der Zugang in die Ostsee verwehrt wurde. Der Streit um die maritime Kontrolle der Ostseezugänge und den Seeverkehr bezeugen die Bedeutung der Meere für den Fernhandel.

Verkehrsverbindungen zwischen den Hansestädten oder deren Kontoren sicherten oft Geleitbriefe. Das Recht auf die Stellung eines Geleits und die Erhebung eines Geleitgeldes wurde im Heiligen Römischen Reich dem Landesherren zunächst vom Kaiser verliehen, bis es im Laufe des 13. Jahrhunderts zu einem landesherrlichen Hoheitsrecht wurde. Die Hansestädte und deren Kaufleute besaßen viele solcher Privilegien, die politische und rechtliche Garantien für die eigene Sicherheit ebenso wie für die Waren boten.

Dass die Hanse eine beherrschende Stellung erhielt, lag neben ihren guten Schiffen auch an den entwickelten Handelstechniken. So waren oft nur die Hansekaufleute allein in der Lage, den Warenaustausch zwischen dem rohstoffreichen Osten und den gewerblich hoch entwickelten Westen zu bewältigen. Auch hatten sie den Absatz der Heringe, die vor allem vor Schonen gefangen wurden, in ganz Europa organisiert. Hanseschiffe brachten das zum Einpökeln benötigte Salz und transportierten Tausende Heringsfässer nach Süden. Die auswärtigen Niederlassungen der Hanse, die Kontore in Nowgorod, London, Bergen und Brügge, wurden so zu wichtigen Stütz- und Eckpunkten des hansischen Verkehrsraums. Die Konsolidierung der deutschen Territorialfürstentümer ebenso wie der Königreiche im hansischen Wirtschaftsraum und nicht zuletzt die zunehmende Bedeutung der neuen Kolonialmächte führten zum nachhaltigen Bedeutungsverlust des Städtebundes. Hinzu traten strukturelle Veränderungen der europäischen Wirtschaft, wie das Aufkommen der Tuchproduktion in England und Holland mit einer zunehmenden Handelskonkurrenz sowie die Umlandfahrt um den Skagerrak, die Lübeck schon seit dem 14. Jahrhundert zunehmend die Massengüter des Ostseeraumes entzog. Hering aus Schonen und Lüneburger Salz waren zudem in ihrer Menge den niederländischen Nordseefängen und dem Salz von der französischen Atlantikküste nicht mehr genügend gewachsen. Hamburg konnte sich hingegen mit seiner Stapelpolitik für Bier, Wein und Getreide sowie dem Elb- und Nordseehandel behaupten und wuchs noch infolge des aufkeimenden Transatlantikhandels.

Anders als in Hamburg und Holstein, wo die Kaufleute zur Hanse gehörten, übernahmen in Schleswig im Mittelalter die Gilden die Funktion der Kaufgenossenschaften, die zugleich Friede- und Schwurgenossenschaften bildeten und ihre Mitglieder auch sozial absicherten. Diese Bünde standen unter der Leitung von Ältermännern (Aldermannen). Erstmals erwähnt sind diese in der Handelsniederlassung Schleswig im 12. Jahrhundert, von wo sich das eng mit der Bindung an den dänischen König verbundene Gildewesen, auch in andere, neu entstandene Städte, wie Flensburg und Odense, ausbreitete.

Der frühe *defensor* der Schleswiger Obergilde war Knud Laward (1113–1131). Die enge Bindung an die Gilde wurde auch von seinem Sohn Waldemar I. fortgesetzt, der Knud Laward zum Heiligen erhob. In einem um 1177 ausgestellten Privileg stellte Waldemar I. auch die dänischen Gotlandfahrer, die ebenfalls zu einer Knudsgilde zusammengefasst waren, unter seinen Schutz und wurde selbst deren Gildemitglied. Etwa zur gleichen Zeit entstanden die ersten Handelsstützpunkte der Knudsbrüder am Seehandelsweg entlang der schwedischen Küste, zunächst auf Öland an der Seestraße von Kalmar.

Nach der Errichtung des dänischen Ostseeimperiums förderte Waldemar II. jedoch zunächst Lübeck, das sich seiner Herrschaft unterworfen hatte. Nach der Niederlage von Bornhöved (1227) und dem endgültigen Verlust seiner Stadtherrschaft über Lübeck ließ Waldemar II. nach längerer Zeit die Aldermänner der Knudsgilden zu einer Synode in Ringsted zusammen kommen, wo die Statuten der Gilden (1231) neu festgelegt wurden. König und Repräsentanten des dänischen Fernhandels verbanden sich so. Aber nicht nur in der Handelspolitik waren die Knudsgilden für das Königtum der Waldemare von Bedeutung, sondern sie wurden auch zu Mitinitiatoren der Städtegründungen. Mit dem Tod Waldmars II. (1241) brach aber in Dänemark eine Periode innerer Kämpfe an, in deren Folge den Kaufleuten den Schutz des dänischen Königtums für ihren Außenhandel wehbrach. Zur gleichen Zeit wuchs die Bedeutung Lübecks, das zusammen mit den neuen Hansestädten an der südlichen Ostseeküste den Ostseehandel beherrschte. So ging um die Mitte des 13. Jahrhunderts der Einfluss der dänischen ebenso wie der übrigen skandinavischen Kaufleute auf den Ostseehandel zugunsten der deutschen Einflusssphäre zurück. Das Ungleichgewicht verstärkte sich noch dadurch, dass Dänemark keine Fertigwaren für den Ex-

Zum Sinnbild der Hanse wurde gleichsam die Kogge. Hier ein Nachbau der Bremer Hansekogge von 1380. Foto: Dirk Meier

port produzierte, sondern vielmehr auf den Import von Salz, Wein, Tuchen und allerlei Geräten aus West- und Mitteleuropa angewiesen war. Über ihre Ostkontakte wiederum exportierte Dänemark Pelze, Honig, Erz oder Wachs als Rohstoffe. Bis zur ersten Hälfte des 13. Jahrhunderts waren die dänischen Kaufleute somit Zwischenhändler.

Innere Entwicklung der Städte

Zu Stadtherren in Holstein wurden die Grafen von Holstein sowie der Bischof von Lübeck, in Lauenburg die Herzöge von Sachsen-Lauenburg und in Schleswig die Herzöge von Schleswig oder auch die dänischen Könige. Ausschlaggebend für die Erhebung der Marktsiedlungen zu Städten war die Stärkung des eigenen Territoriums ebenso wie die Förderung des Fernhandels. Als Gegenleistung für den Schutz leisteten die Städte Abgaben an den jeweiligen Landesherren, der damit Verwaltung und Kriegszüge finanzieren konnte. Diese waren spätestens im 14. Jahrhundert bei den holsteinischen Städten zu einer pauschalen Abgabe geworden. So zahlten etwa Neustadt, Heiligenhafen und Plön 50 Mark Lübsch, während es bei Kiel, Oldesloe und Itzehoe das doppelte war. Arnegeld und Bygeld bildeten hingegen die typischen Steuern an den Landesherren im Herzogtum Schleswig. Neben den Abgaben mussten die Städte seit dem Spätmittelalter ebenso wie in der frühen Neuzeit Söldner an den Landesherren stellen.

Mit Ausnahme Lübecks und Hamburgs konnten die adeligen Landesherren sich die Städte untertan machen. Gerade die kleineren Marktstädte und urbanen Zentren waren auf den militärischen Schirm des Landesherren angewiesen, denn nur die größeren Städte, wie Lübeck, Hamburg und Kiel, besaßen Mauern. Auch das strategisch wichtige Mölln an der Transitstraße zwischen Hamburg und Lübeck sicherte eine Befestigung.[499]

Die Verwaltung der holsteinischen Städte änderte sich am Ende des 13. Jahrhunderts. So vollzog sich hier eine Trennung zwischen Stadtvogt und adeligem Vogt als Vertreter des Stadtherren; dennoch hatte der Amtmann – wie in Kiel, Itzehoe und Krempe – weiterhin seinen Sitz auf einer nahe gelegenen Burg. Hingegen wird bei den schleswigschen Städten die Funktion als Verwaltungssitz beibehalten. Der Stadtherr setzte dabei den adeligen Vogt ein. Dieser führte den Vorsitz im Nieder- und Hochgericht (Blutgericht). Anders als in den schleswigschen Städten war er auch Anführer des wehrhaften Aufgebots. Der Weg zur stadtherrlichen Autonomie war beschritten, nachdem die Bürger durchsetzten, dass der Stadtvogt vom Rat und nicht mehr vom Landesherren ernannt wurde. Dieses Recht erhielt Lübeck bereits in der ersten Hälfte des 13. Jahrhunderts (um 1226). Der 1347 vom Rat bestimmte Vogt hatte nur noch eine formale Bedeutung. Der Hamburger Stadtrat konnte seit 1292 selber Gesetze erlassen und Recht sprechen. Das Vogtgericht sank hingegen zum Niedergericht herab. In den übrigen holsteinischen Städten, wo nicht das Lübische Recht, sondern das stadtherrliche Recht galt, gestaltete sich dieser Verwaltungsprozess unterschiedlich. In Plön etwa wurde der Vogt vom Grafen eingesetzt, während es in Oldenburg im 14. Jahrhundert noch kein solches Amt gab. Die Stadt Kiel setzte hingegen 1315 durch, dass der Vogt bürgerlicher Herkunft sein müsse und seit 1317 nur durch den Rat eingesetzt werden konnte. Hingegen war die Stellung des Vogtes in den schleswigschen Städten stärker. Deutlich zeigt sich dies in Flensburg, wo sein im Stadtrecht hervorgehobenes Amt erst 1430 an die Bürgerschaft fiel.[500]

Außer Lübeck, Hamburg und ansatzweise Kiel erreichte keine der holsteinischen Städte wirkliche Autonomie, sondern diese blieben von ihren jeweiligen Stadtherren abhängig. Hamburg, seit 1530 Reichstadt, hatte sich durch seine geschickte Politik den Ansprüchen der Grafen von Holstein entzogen. Den Reichsstadtstatus, den das Reichskammergericht 1648 bestätigte, erkannte Dänemark erst 1768 an. Die größeren Städte in Holstein, wie Kiel, Rendsburg und Itzehoe, nahmen auch an den Landtagen teil, während die kleineren dazu nicht berechtigt waren.

Grundlage der urbanen Lebensformen war das Stadtrecht, das für einen eigenen, vom agrarischen Umland getrennten Rechts- und Gerichtsbezirk galt. Unter dem Stadtherren konnten sich so die spezifischen Handels- und Marktformen entwickeln. Bei den holsteinischen Städten waren Teile des allgemeinen Holstenrechts in die Stadtrechte einbezogen worden, während in Schleswig das Jütische Landrecht galt, das 1241 als Jyske Lov unter Waldemar II. reformiert worden war. Hinzu traten privilegierte Freiheiten, wie das Münzrecht, das Gerichtswesen oder andere Rechte und Pflichten, wie sie auch die Willküren als Satzungen enthielten. Neben den regional überlieferten Rechtsformen brachten Migranten die Ideen neuer Rechtsformen mit, wie sie etwa in den Stadtrechten Lübecks und Schleswigs im 12. Jahrhundert Eingang fanden. Wesentliches Merkmal des Lübischen Rechts war die im Verlauf des 13. Jahrhunderts hervortretende, beherrschende Stellung des Rates gegenüber der Bürgerschaft.[501] Dessen Weiterentwicklung wurde de facto zum allgemeinen Kauf- und Handelsrecht. Der Rat übte in diesen Städten die oberste Rechtsgewalt mit einer strengen Friedensgerichtsbarkeit aus. Das Lübische Recht galt für nahezu alle holsteinischen Städte und fand sogar in Tondern in Schleswig sowie Mölln und Bergedorf im Herzogtum Ratzeburg Anwendung. Die Entscheidung für diese Rechtsform hatte vor allem ökonomische Gründe, versprach sie doch Handelserleichterungen. Dennoch bestanden Unterschiede im Rechtsleben zwischen Lübeck und den kleineren holsteinischen Städten. Hamburg übernahm bereits vor der Vereinigung der Alt- mit der Neustadt 1228 wesentliche Teile des Lübischen Rechts, wenn auch 1270 mit dem *ordelbok* ein eigenes Recht bestand.

Im Rat der neuen Städte gaben die Kaufleute den Ton an. Quelle: Hamburger Stadtarchiv, Meier 2009, 133.

Uneinheitlicher als in Holstein waren die Stadtrechte im Herzogtum Schleswig. Während die Apenrader Schrage dem Haderslebener Stadtrecht ähnelte, war das Flensburger Stadtrecht von 1284 hingegen eine Abwandlung des Schleswiger Stadtrechts. Beide Stadtrechte distanzierten sich vom *Jyske Lov* in den Bereichen des Rechts- und Strafrechts, da sie als Handelsstädte großen Wert auf die Friedensbewahrung legten.

Die Bewohner der Städte umfassten drei große, rechtlich voneinander getrennte Personengruppen, nämlich die Bürger, die Einwohner sowie Menschen ohne Bürgerrecht. Bürger konnte nur der sein, der wirtschaftlich selbständig war.[502] Das Bürgerrecht erhielten in der Regel der Familienvorstand und die erwachsenen Söhne, während Frauen meist von diesem Privileg ausgeschlossen blieben. Zu den Einwohnern gehörten die unselbständigen Gesellen, Dienstboten, Mägde, Arbeitsleute, Matrosen oder Angehörige anderer Dienstleistungsberufe. Sie genossen lediglich den Schutz der Stadt, in der sie ohne Rechte lebten. Die Angehörigen der Geistlichkeit unterstanden hingegen nicht dem Bürgerrecht und bildeten eine autonome Gruppe. Das galt oft auch in ähnlichem Maße für die in der Stadt wohnenden Adeligen.[503]

Stadtrechtsurkunde Flensburgs von 1284. Foto: Sönke Rahn

Bürger und Einwohner in den Städten des lübischen Rechts besaßen ihre persönliche Freiheit.

Diese Gliederung der Stadtgemeinde differenzierte sich je nach Vermögens- und sozialen Kriterien weiter. Die soziale Gliederung war umso differenzierter, je größer die Stadt war. Zur sozial führenden Gruppe gehörten Angehörige niederadeliger Geschlechter, die nach Bürgerrecht lebten sowie Großkaufleute. Dann folgten die Kaufleute, Brauer, Schiffer sowie Angehörige von Handwerkerämtern oder Lastenträger. An der untersten Stelle standen die Einwohner ohne Bürgerrecht. Die städtische Führungsgruppe hingegen setzte sich aus den Angehörigen der ersten Gruppe zusammen. In den größeren Städten – wie Lübeck, Hamburg, Kiel und Flensburg – wurden die Kaufleute und niederen Adeligen zu den bestimmenden Gruppen, in kleineren auch andere, wie die Schiffer in Mölln.

Deren Angehörige waren in gemeinschaftlichen Innungen zusammengeschlossen, die bei den Kaufleuten Gilden und bei den Handwerkern Ämter (Zünfte) genannt wurden. Die Mitwirkung der Stadtgemeinden bei diesem Prozess bleibt unklar, während die Kaufleutegenossenschaften deutlicher hervortreten. Die Gilden als Schwurvereinigungen rechtlich gleichgestellter Bürger wiesen je nach der Stadtgröße in sozialer ebenso wie ökonomischer Struktur große Unterschiede auf. In den Städten Lübischen Rechts oder des Bythings in Schleswig konnte die vermögende und ständisch führende Vertretungsgruppe der Kaufleute die anderen Beschlussberechtigten Vertreter der Stadtgemeinde in den Hintergrund drängen, wenn sie auch deren Mitbestimmung hinsichtlich der Finanzen oder der Außenpolitik benötigten. Diese Beschlüsse wurden in den Städten des Lübischen Rechts innerhalb der Bürgergemeinde *(groter tal)* oder einem vom Rat ernannten Ausschuss *(kleiner tal)* gefällt. Die Kontrolle des sich als Obrigkeit verstehenden Rats verursachte oft Schwierigkeiten. Entsprechende Streitigkeiten sind für das spätmittelalterliche Lübeck vielfach belegt.

Niederadelige Familien spielten in allen Städten des behandelten Raumes eine Rolle. Zu diesen zählten die Nachfahren der Lokatoren als Ansiedlungsunternehmer bis hin zu wichtigen Familien wie etwa der Jul in Flensburg. Ein Teil dieser Adeligen integrierte sich im 12. und 13. Jahrhundert in das urbane Gemeinwesen, während andere die Stadt verließen oder ihre unabhängige Rolle bewahrten. Urbaner Niederadel und in noch stärkerem Maße die Bürger kontrollierten auch den Stadtrat.

Dieser hatte sich aus den bürgerlichen Ausschüssen im Verlauf des Hochmittelalters gebildet, die für die Markt- und Finanzverwaltung zuständig waren. Seit der zweiten Hälfte des 13. Jahrhunderts übte der Rat immer mehr die Funktion der Obrigkeit aus. Vor allem in den Städten des Lübischen Rechts erhielt der Rat eine beherrschende Rolle gegenüber der Bürgerschaft, übte die oberste Gerichtsbarkeit aus und war die Verwaltungsspitze der Stadt. Die Ratsherren fungierten als Kämmerer und waren Inhaber sämtlicher Verwaltungsinstitutionen. Da es seit den 1220er Jahren kein Wahlrecht mehr gab, übten die Ratsmitglieder ihr Amt lebenslang aus. Die Anzahl der Ratsherren schwankte dabei je nach Größe der Städte. Lübeck etwa besaß zwischen 20 und 25 Ratsherren, kleinere Städte wie Plön oder Eutin nur 12. Itzehoe hatte 8 Ratmänner und 2 Bürgermeister, Kiel 9 Ratmänner und 3 Bürgermeister. Der dem Rat vorstehende Bürgermeister wird in Lübeck erstmals in den 1220er Jahren genannt. In den schleswigschen Städten finden wir das Amt des Bürgermeisters hingegen erst seit dem 14. Jahrhundert überliefert, so in Schleswig seit 1342. In den Räten gaben die Kaufleute den Ton an. In Lübeck waren nur Kaufleute und Landbegüterte und später auch Rechtsgelehrte ratsfähig. In kleineren Städten, wie Mölln, konnte sich hingegen der Rat auch aus Regionalkaufleuten und Handwerkern zusammen schließen.

Die vom Rat überwachten Ämter bildeten die wesentliche Gruppe der handwerklichen Produktion, die das Ausbildungswesen ihrer Berufe kontrollierte und es in Satzungen festhielt. Ferner unterlag das Handwerk restriktiven Bestimmungen. So mussten etwa alle dem städtischen Marktzwang Tonderns unterliegenden Handwerker der umgebenden Harden innerhalb von sechs Wochen in die Stadt ziehen. Von jedem Handwerk durfte nur einer in einem Kirchspiel bleiben.[504] In den holsteinischen ebenso wie in den schleswigschen Handelsstädten gehörten zu den wichtigsten Handwerkern die Tuchmacher, Leinenweber, Paternostermacher, Brauer, Böttcher, Kannengießer sowie Handwerker der Buntmetallverarbeitung. Abgesehen von Lübeck haben diese Berufe kaum ihre Spuren in den erhaltenen Schriftzeugnissen hinterlassen. Je nach der Funktion dominierten die Kaufleute und das Export orientierte Gewerbe oder das Handwerk, Nahrungs- und Bekleidungsgewerbe für das nähere Umland. Im Laufe des Spätmittelalters differenzierte sich dabei das Handwerk immer weiter. Handwerk und Gewerbe in den Städten wurden dabei mehr und mehr entscheidend für die Versorgungsfunktion des Umlandes. Mit Bernsteinschnitzerei, Tuch- und Armbrustherstellung sowie Messingverarbeitung gab es darüber hinaus in Lübeck auch ein Export orientiertes Handwerk, wie dies auch in Hamburg mit der Bierproduktion oder in Kiel mit der Kannengießerei der Fall war. Das notwendige Kapital konnten sich die städtischen Handwerker bei Gläubigern besorgen, zu denen Ratsherren, wohlhabende Kaufleute und die Kirche gehörten.

Zusammensetzung, wirtschaftliche Verhältnisse und Gesamtzahl der Bürger und Einwohner in den Städten unterlagen demographischen Schwankungen. Die Einwohnerzahlen lassen sich dabei für das hohe und späte Mittelalter oft nur ungenau aus den Steuerlisten erschließen. Lübeck etwa dürfte um die Mitte des 14. Jahrhunderts 20.000 Einwohner gehabt haben, während die Bevölkerungszahl Hamburgs von 8.000 Einwohnern um 1375 auf 40.000 um 1600 stark anstieg und Lübeck überflügelte.[505] Die hochmittelalterlichen urbanen Zentren waren noch klein: Lübeck zur Zeit Heinrichs des Löwen ebenso wie Kiel umfassten kaum mehr als 12 ha. Nur Hamburg und Lübeck wuchsen in der Folgezeit über ihre mittelalterlichen Siedlungskerne hinaus, während die anderen holsteinischen und schleswigschen Städte bis zur frühen Neuzeit nur von geringer Größe blieben.[506] Unterschiedlich groß waren auch die Stadtfelder außerhalb der Umwallung, in denen noch das Stadtrecht galt. Das Stadtfeld Kiels umfasste etwa 630 ha, das Krempes nur 320 ha.

Typisch für die mit Stadtrecht bewidmeten urbanen Siedlungen waren Baublockgefüge um einen angelegten Markt mit Kirche. Nur dort, wo Städte und Stadterweiterungen völlig neu entstanden, wie etwa Oldesloe, Neustadt, Kiel oder die Hamburger Neustadt, dürften Lokatoren am Urbanisierungsprozess beteiligt gewesen sein. Zunächst wurden dabei von den reichen Bürgern *(potentes, divites)* relativ große Grundstücke bebaut, deren Quartiere sich im Laufe der Zeit infolge von Teilungen und weiterer Bebauung verkleinerten.[507] Teilweise verkauften sie auch ihre Grundstücke an zahlungskräftige Neusiedler. Die zunächst errichteten Holzbauten in den Städten wiche im 13. Jahrhundert zunehmend Steinbauten. Die soziale Struktur der Einwohner bestimmte dabei die Topographie der jeweiligen Stadtquartiere. In den größeren Städten verteilten sich die Wohnwirtschaftshäuser der Handwerker sowie der übrigen Gewerbetreibenden nach funktionalen Kriterien, wirtschaftlichen Standortfaktoren, aber auch nach der räumlichen Nähe zu den eigenen Sozialverbänden. Manche kleinere Städte, wie Krempe, wiesen eine gemischte Sozialtopographie auf, während es in Itzehoe eine scharfe Trennung zwischen den Kaufleuten der Neustadt und den Handwerkern sowie Gärtnern der Altstadt gab.[508]

Größere Städte in Holstein

Um 1300 war die Hierarchie der zentralen Orte in Holstein und Schleswig festgelegt: An der Spitze stand Lübeck, in das Waren aus ganz Europa gelangten. Dann folgte Hamburg mit seinen Nordseeverbindungen und der Verbindung nach Lübeck, die durch Straßenversicherungsverträge geschützt wurde. Darunter finden wir Städte, die vom Fern- und Transithandel profitierten. Während die Bedeutung der Schlei und der Eider als West-Ost Transitachse schwand, gewann die Verbindung zwischen Hamburg und Lübeck, dem Mustertyp einer mittelalterlichen Seehandelsstadt *(civitas maritima)* eine überragende Bedeutung. Die Städte übernahmen dabei nicht nur die Funktion des Fernhandels, sondern auch das Nahmarktes. Hier verkauften die Kaufleute die Waren weiter, so dass sich Handelshierarchien bildeten. So setzten etwa die Möllner Kaufleute ihre Waren nur in Hamburg und Lübeck ab, von wo sie teilweise weiter vertrieben wurden. Ferner zogen Krämer zu den verschiedenen Jahrmärkten und verbanden so Städte und Land.

• Lübeck

Das hochmittelalterliche Lübeck gilt zwar als deutsche Gründungsstadt, doch war der heutige Stadthügel auf einer Halbinsel zwischen Trave und Wakenitz schon in prähistorischer und slawischer Zeit besiedelt. Die Landenge im Norden schützte bereits im 4. Jahrhundert n. Chr. ein Abschnittswall. Auch der Slawenfürst Cruto (1066–1093) hatte die strategische Lage erkannt und hier zum Schutz des von Norden nach Süden verlaufenden Handelswe-

Lübeck zwischen Trave und Wakenitz wuchs zu einem der bedeutendsten mittelalterlichen Handelsstädte in Nordeuropa heran. Im Süden (auf dem Bild oben) befand sich der Dom, im Norden das Burgkloster. Foto: wikimedia

ges eine schon vorhandene Burg ausbauen lassen.

Diese Bucu genannte Burg am Ort des späteren Burgklosters im Norden Lübecks war wahrscheinlich gegen Ende des 7. oder Anfang des 8. Jahrhunderts errichtet worden. Zur Burg gehörte ein Suburbium, das 1997 bei Ausgrabungen an der Kleinen Gröpelgrube angeschnitten wurde. Das östlich der Burg gelegene, etwa 6 ha große Siedelareal bestand vom 8./9. bis zur Mitte des 12. Jahrhunderts aus Grubenhäusern, Gruben und Feuerstellen. Im südlichen Abschnitt der heutigen Großen Burgstraße schützte ein Sohlgraben die Siedlung, deren Bewohner einem Gewerbe, wie der nachgewiesenen Töpferei, nachgingen. Wahrscheinlich konnte sich die slawische Töpfertradition bis in die deutsche Zeit hinein halten, denn 1297 wird die Kleine Gröpelgrube (dt. Groper, Töpfer) als *parva platea lutifigulorum* (kleine Straße der Lehmtöpfer) erstmalig erwähnt.[509]

Über den heutigen Altstadthügel verlief ein alter Fernhandelsweg, der bereits um 800 den fränkischen Handelsort Bardowick mit dem slawischen Alt Lübeck verband.[510] Der politische Zentralort der slawischen Abodriten mit Burg, fürstlicher Residenz, Kirche, gewerblicher Vorburgsiedlung und einer ansehnlichen Kaufleutekolonie lag am Zusammenfluss zwischen Schwartau und Trave nördlich des heutigen Lübeck.[511] Nach dem Tode des Abodritenherrschers Heinrich (1093–1127) verlor Alt Lübeck seine Bedeutung und wurde nach seiner Zerstörung 1138 schließlich aufgegeben.

Bereits unter Heinrich war ein umfangreicher Siedlungsausbau auf dem heutigen Lübecker Stadthügel zwischen Schwartau und Trave erfolgt. Graf Adolf II. ließ dann

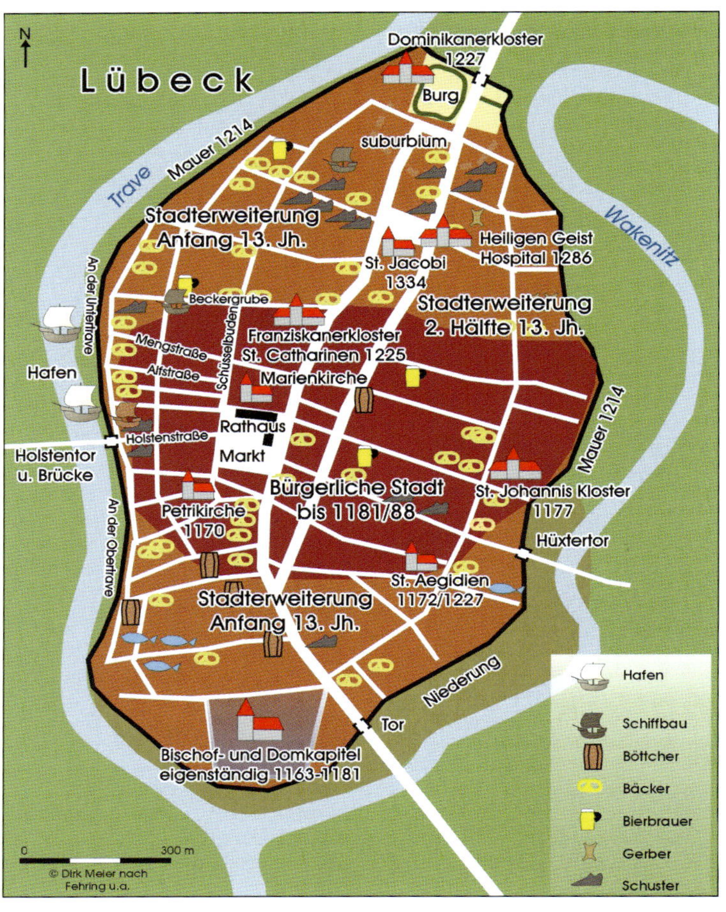

Stadtausbauphasen Lübecks im Mittelalter mit Sozial- und Gewerbetopographie. Vom Hafenviertel an der Trave breitete sich die Besiedlung über den ganzen Altstadthügel aus. Im Süden befand sich seit 1163 der Dombezirk, im Norden lag die Burg des Landesherren.

anstelle der verödeten slawischen Burg im Norden der Halbinsel eine neue Befestigung in Holz-Erde Bauweise errichten, wie wir auch in Helmolds Slawenchronik (I, 52) lesen: *Danach kam Graf Adolf [1143] an einen Ort, namens Bucu, und fand daselbst den Wall einer verlassenen Burg, die einst Cruto erbaut hatte [die Burg bestand schon vor Cruto], der Feind Gottes, und eine sehr große Insel, von zwei Flüssen umgeben. Denn an der einen Seite fließt die Trave, an der anderen die Wakenitz vorbei, die beide ein sumpfiges und unwegsames Ufer haben. An der Seite aber, wo das Land anschließt, liegt ein ziemlich schmaler Hügel, der dem Burgwalle vorgelagert ist. Da nun der umsichtige Mann sah, wie passend die Lage und wie trefflich der Hafen war, so begann er dort eine Stadt zu erbauen, die er Lübeck nannte, weil sie von dem alten Hafen und der Stadt [Alt Lübeck], die einst Fürst Heinrich angelegt hatte, nicht weit entfernt war.*

Archäologische Ausgrabungen im Bereich des Burgklosters im Norden Lübecks legten einen 1156 errichteten Brunnen frei, der in die historisch 1147 von Helmold von Bosau überlieferte Gründungszeit Lübecks gehört.[512] Neben der Burg entstand durch die Übersiedlung der deutschen Kaufleute von Alt Lübeck noch vor 1143, dem Datum der offiziellen Stadtgründung, eine Marktsiedlung. Welche Übereinkunft der Graf dabei mit den Kaufleuten als Interessensverband der *civitas* (Helmold I, 57) traf, bleibt unklar. Deren Gerichtsherr war der Graf, den ein Vogt in der Burg vertrat. Nicht nur das Kapital der Fernkaufleute war von hoher Bedeutung, sondern vor allem ihre Verbindungen und Erfahrungen. Die hier siedelnde slawische Bevölkerung ging in der deutschen auf. Von nun an setzte, von Hemmnissen unterbrochen, eine Entwicklung ein, die Lübeck zum Prototyp einer abendländischen Gründungsstadt werden ließ. Eine erste Katastrophe ereilte die Kaufleutesiedlung 1147, als der Slawenfürst Niklot als Vergeltung für den Wendenkreuzzug den Ort niederbrannte, wobei nach Helmold (I, 63) 300 Menschen ihr Leben verloren. Die Burgbesatzung selbst hielt hingegen der zweitägigen Belagerung stand. Danach führten politische Streitigkeiten zu weiteren Unsicherheiten. So machte nach 1152 Heinrich der Löwe, wie Helmold (I, 76) schreibt, seinem Lehnsmann den Vorwurf, dass er Kaufleute von Bardowick abzog und die Einkünfte aus Lübeck und den Salzquellen bei Oldesloe nicht mit ihm teilen wollte. Zudem brach 1157 ein Großbrand aus, der die Holzgebäude der Kaufleutesiedlung an der Trave vernichtete.

Danach wandten sich die Kaufleute *(institores)* – so der Chronist weiter (I, 86) – an Heinrich den Löwen und erbaten für den Neubau einen Platz, wo sie auch Markt abhalten durften. Dabei hatten sie eine herzogliche Förderung im Auge, die andere Möglichkeiten bot als die gräfliche. Graf Adolf II. verweigerte jedoch die Freigabe des Areals. Deshalb gründete Heinrich der

Löwe jenseits der Wakenitz 1157 die kurzlebige Löwenstadt, deren genauer Standort unbekannt ist. Da größere Schiffe, wie die Kogge, hier aber nicht anlegen konnten und die Schutzlage schlechter als die Lübecks war, entwickelte sich der Ort nicht. Daher verband Heinrich der Löwe seine Forderung nach der Abtretung Lübecks nun wohl auch mit finanziellen Entschädigungen. Schließlich wurde Adolf II. genötigt, Burg und Kaufleutesiedlung an den Sachsenherzog abzutreten. Infolgedessen kehrten die in die Löwenstadt gezogenen Kaufleute auf den Lübecker Werder zurück.

Hier gründete Heinrich der Löwe Lübeck nach dem schon erwähnten Großbrand formal 1159 neu und verlieh dem Ort wohl 1163 das Soester Stadtrecht.[513] Der Rücksichtlosigkeit seines territorialpolitischen Vorgehens entsprach seine Großzügigkeit in der Priviligierung seiner Neugründung. Wie Helmold (I, 86) schreibt, schickte er Boten nach Dänemark, Norwegen, Schweden und Russland aus, deren Kaufleuten er in Lübeck ungehinderten Handel anbot. Er gründete in der Stadt eine Münze, führte einen Zoll ein und gewährte rechtliche Freiheiten *(iura civitates honestissima)*. Aus diesen Regalien ebenso wie aus der Markthoheit flossen reichlich Einnahmen in die herzogliche Schatulle. Die frühe Siedlungstopographie der Stadt kennzeichnen Hafen und Markt, Marienkirche und Johanniskloster, die zu den wesentlichen vier Institutionen der welfischen Zweitgründung unter Heinrich dem Löwen gehören. Nach dem Sturz Heinrichs des Löwen wurde die Burg von 1181 bis 1189 kaiserlich, bevor sie wieder bis 1192 an den Herzog von Sachsen zurückfiel. Für den kurzen Zeitraum von 1192 bis 1201 ist sie wieder in gräflich-holsteinischem Besitz gewesen und wurde nach der Eroberung Holsteins durch König Waldemar II. 1217 mit einer dänischen Besatzung versehen.[514]

In der Folgezeit verbanden sich fürstliche Territorialpolitik und kaufmännischer Unternehmensgeist niederdeutscher Kaufleute auf glückliche Weise. Parallel vollzog sich die Entstehung der Kaufmannshanse. Das noch von Heinrich dem Löwen gestiftete Artlenburger Privileg von 1161 stellte dabei die Lübecker Kaufleute den bisher im Ostseehandel dominierenden gotländischen Kaufleuten rechtlich gleich, die dafür einen Friedensschutz im Territorium Heinrichs des Löwen erhielten.[515] Ferner sicherte dann das Barbarossa Privileg von 1188 der Stadt Lübeck den territorialen Bestand und die Handelsmöglichkeiten zu. Diese Vorgänge zogen neue Kaufleute aus den Rheinlanden, Flandern, Friesland und Westfalen in die Stadt, wie die in Urkunden genannten de Medebeke, de Sosasto und de Warendorp. Nach der Ermordung Knud Lawards hatten sich schon 1155 Schleswiger Kaufleute in Lübeck niedergelassen. So konnte sich der Typ einer Hafensiedlung von Fernhandelskaufleuten entwickeln, die schließlich die Stadt zum *caput Hansae*, zum Haupt der Hanse werden ließ. An den Hafen waren Markt, eigene Befestigung und Marktkirche *(ecclesia forensis)* angeschlossen. Das

Im Bereich des heutigen Burgklosters und Burgtores im Norden von Lübeck, durch das ein alter Fernhandelsweg über den Altstadthügel verlief, befand sich ursprünglich eine slawische Burg. Graf Adolf II. von Schauenburg ließ dann hier seit etwa 1156 eine neue Befestigung in Holz-Erde Bauweise errichten. 1227 wurde die Burg abgerissen, und es entstand das Burgkloster. Foto: Dirk Meier

Modell dieser Seestadt mit modernen Hafenanlagen übernahmen Hamburg um 1188 ebenso wie andere Städte entlang der südlichen Ostseeküste.

Die Stadt wurde nach der von Heinrich dem Löwen der Gründung mitgegebenen Verfassung von einem Rat von 24 Ratsherren verwaltet, der sich aus den Zusammenschlüssen der Kaufleute selbst durch Wahl ergänzte und aus seiner Mitte bis zu vier Bürgermeister wählen konnte. So gelangten nur die wirtschaftlich stärksten Kaufmannsfamilien in den Rat. Es durfte allerdings nur jeweils ein Familienmitglied im Rat sein. Dieses Verfassungsmodell blieb bis zum 19. Jahrhundert weitgehend erhalten. Damit war die innere Struktur für den ausschließlich an den Interessen der Fernhandelskaufleute ausgerichteten rasanten Aufstieg Lübecks zur Handelsmacht in Nordeuropa gelegt.

Diese Entwicklung vollzog sich in einer Zeitspanne von zwei Jahrhunderten und spiegelt sich auch in der Kirchenorganisation wider, denn laut kanonischem Recht musste der Sitz eines Bischofs ein bedeutender, bevölkerungsreicher Platz sein. Daher wurde 1163 (wohl nicht 1160) das Bistum von Oldenburg nach Lübeck verlegt. Weder Vizelin noch sein Nachfolger Gerold hatten in Oldenburg residiert, das keine Bedeutung mehr gewann. Bei der Verlegung des Bischofssitzes hatte Gerold 1155 an Segeberg gedacht, das aufgrund der landesherrlichen Burg und des 1137 zerstörten Augustinerchorherrenstifts, was man hätte neu aufbauen können, als eine gute Wahl erschien. Nach Helmold (I, 90) kamen dann jedoch Bischof und Herzog in Lübeck zusammen, wobei letzterer den Süden der Halbinsel als künftigen Dombezirk bestimmte. Etwa drei Jahre nach der Besichtigung konnte im Juli 1163 der erste Dom wohl noch als Holzbau als *oratorium Lubicense* (ebd. I, 94) geweiht werden. Der Bau des Backsteindoms begann dann 1173, der mit Beginn des 13. Jahrhunderts fertig war. Ebenso wie in Segeberg (nach 1156) und Ratzeburg entstand eine dreischiffige kreuzförmige Gewölbebasilika aus Backsteinen, deren Mittelschiffsjoche das Maß der Vierung wiederholen und deren Seitenschiffe die halbe Breite und Länge der Mittelschiffsjoche aufweisen. An den Chor schließt sich eine Apsis an, während sich im Westen der Turm befindet.

Nicht jedoch Bischof und Herzog sollten für die weitere Entwicklung von nachhaltiger Bedeutung sein, sondern die aufstrebende Bürgerschaft der Kaufleute. Nach der Niederlage des späteren Stadtherrn König Waldemar II. von Dänemark in der Schlacht von Bornhöved 1227 wurde die landesherrliche Burg abgerissen und stattdessen ein Dominikanerkloster errichtet, für das die Bürger die Grundlage gelegt hatten. Durch das Reichsprivileg Kaiser Friedrichs II. von 1226 scherte Lübeck aus dem Holsteiner Territorium aus und wurde Reichsstadt. Eine erste Bedrohung der Eigenständigkeit durch die dänische Machtausdehnung unter Waldemar II. war infolge seiner Niederlage in der Schlacht bei Bornhöved obsolet geworden. Als Folge des Einfalls des lüneburgischen Herzogs Otto (1301) ließ der Rat eine eigene Landwehr aufbauen.

Die entscheidende Grundlage für die Selbständigkeit und den ökonomischen

Zum Beginn der Bebauungszeit des Hafenviertels im dritten Viertel des 12. Jahrhunderts wirkte diese teilweise noch ländlich, wie die Rekonstruktion dieses großen Blockbauses (Schüsselbuden 6–8, Alfstraße 1–5) zeigt.

Aufschwung war der Fernhandel. So hatte sich nach 1147 der im Westen der Stadt gelegene Fernhandelsmarkt als Ufermarkt nahe dem Hafen rasch entwickelt.[516] Um 1200 nahm dieser einen weiteren Aufschwung, da Lübeck Auswanderungshafen für den Deutschen Orden wurde. Archäologische Untersuchungen belegen für 1157 den Bau einer Kaianlage. Zahlreiche Reste von Nägeln und Nieten deuten an, dass hier Schiffe gebaut und repariert wurden.[517] Unmittelbar an den Ufermarkt schloss sich seit der Mitte des 12. Jahrhunderts das Viertel der Kaufleute an. Der weiteren Bebauung des Geländes war eine Uferbefestigung vorausgegangen, welche die Baumaßnahmen erst ermöglichte. Ausgrabungen zwischen Alfstraße, Fischstraße und Schüsselbuden vor der Marienkirche lassen dabei die Entwicklung der Bebauung im Kaufleuteviertel zwischen 1200 und 1300 gut erkennen. Die Rekonstruktion der Grabungsergebnisse im Bereich der heutigen Fischstraße 8–14 zeigt dabei, dass im Kaufleuteviertel zwischen 1159 und 1175 noch ländliche Holzbauten errichtet wurden.[518] Die Aufsiedlung des Areals erfolgte zunächst mit einer geräumigen, L-förmig angelegten Hofanlage mit Nebenbauten um oder nach 1167 auf einem Großgrundstück. Gegen Ende des 12. Jahrhunderts war das Nebengebäude abgerissen worden und hatte zwei neuen Nebengebäuden Platz gemacht, so dass nun eine U-förmige Hofanlage entstanden war. Einige Fragmente von Schmelztiegeln in den Nebenbauten deuten an, dass sich hier eine Metallwerkstatt befand. Im hinteren Hofbereich ist nun ein Kastenbrunnen nachweisbar.

In der Folgezeit wurden die Parzellen immer weiter unterteilt, so dass sich die Bebauung verdichtete, wie dies fast überall in der Stadt der Fall war. Die westlichen, schmaleren Grundstücke zum Hafen hin waren jeweils giebelseitig mit zur Straße hin orientierten Pfostenhäusern und Nebengebäuden in Pfosten- und Blockbauweise errichtet.

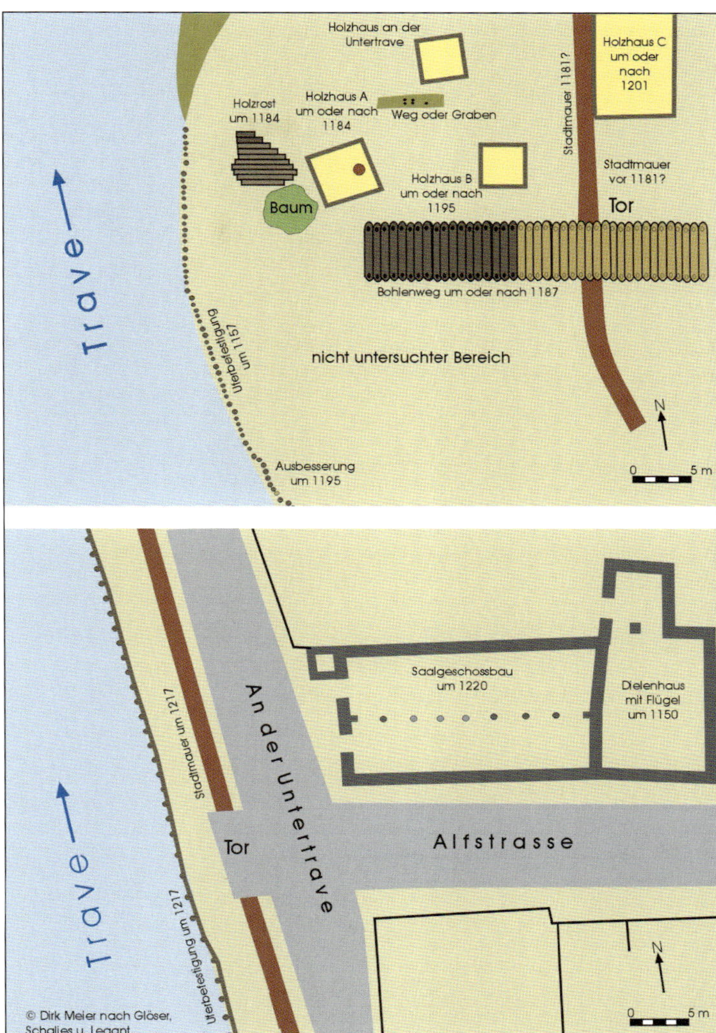

Nach 1147 entwickelte sich der im Westen Lübecks gelegene Fernhandelsmarkt als Ufermarkt rasch. Mit dem Ausbau der Stadt verlagerte sich 1217 die Stadtmauer direkt an den Kai und große große Saalgeschoßbauten entstanden.

Während in den Jahrzehnten nach der Stadtgründung somit noch Holzbauten frühgeschichtlicher Tradition die Bebauung prägten, dominierten in den letzten Jahrzehnten des 12. und im 13. Jahrhundert dann Fachwerkkonstruktionen auf Grundschwellen das Besiedlungsbild, wie dies vor allem ab 1184 am Ufermarkt der Fernhandelskaufleute der Fall war. In den rückwärtigen Arealen des Kaufleuteviertels an der Alf- und Fischstraße dienten dabei stabile Holzkeller unter turmartigen Fachwerkkemenaten als Warenlager. Ihre Bautradition leitet sich von den Patriziersteintürmen des Südens ab. Nun wurden aber auch bald größere Holzständerbauten auf

Im Bereich des Hafenviertels sind bereits um 1200 heizbare, mehrgeschossige Kemenaten mit Keller belegt.

Grundschwellen in Fachwerkbauweise errichtet. Diese einschiffigen Dielenbauten erweiterte man dann zu den Seiten hin.

Die Holzbebauung im Hafenviertel trennte eine 1181 in den Schriftquellen genannte Backsteinmauer von der den Hang aufwärts sich ausdehnenden Stadt ab, deren profane Bebauung aus Holzhäusern und frühen beheizbaren Kemenaten bestand.[519] Westlich der Stadtmauer, somit außerhalb der civitas, wurden unter dem Haus Alfstraße 38 zwei Holzhäuser aus der Zeit um 1184 und 1195 erfasst. Diese bildeten Ständerbauten über Schwellen auf einer Grundfläche von etwa 5 x 5 m bzw. 3,84 x 3,84 m. Eines der beiden Häuser war aufgrund einer Herdstelle aus Backstein im Bodenniveau sicherlich bewohnt. Das andere Gebäude diente vermutlich als Speicher. Nach Abbruch der alten Stadtmauer entstand dann weiter westlich die neue Befestigung fast direkt am Traveufer. Für das Jahr 1217 ist dabei ein Befestigungsbau durch den dänischen König Waldemar II. überliefert, deren Verlauf allerdings teilweise unbekannt ist.[520]

Mit dem wachsenden Handel entstanden seit etwa 1232 große Geschossbauten aus Holz.

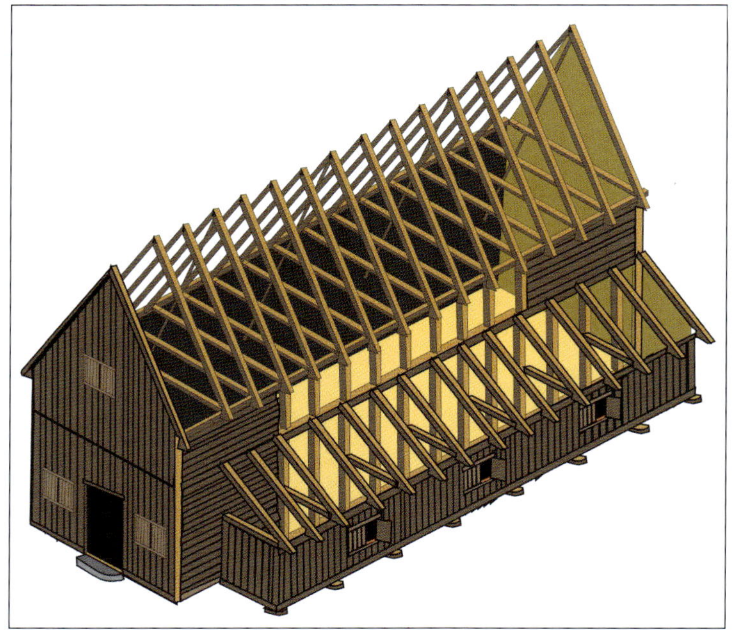

Da die Kaufleute der Hanse den Handel nicht mehr von ihren Schiffen, sondern von Land aus dirigierten, war der Bau großer Handelshäuser erforderlich geworden, so dass sich die Bebauung des Kaufleuteviertels änderte. Im Rahmen dieser großräumigen Erschließung errichtete man an der Trave große Backsteinhäuser. So wurde auch nach einem Schadensfeuer im ersten Viertel des 13. Jahrhunderts über dem Brandschutt der Häuser in der Alfstraße 38 ein monumentaler Saalgeschossbau aus Backstein errichtet. Dieser besaß eine Grundfläche von 24 x 12,6 m mit einem Kaufkeller sowie ein etwa 3,2 m hohes Erd- und 3,8 m hohes Saalgeschoss. Die gelenkte Rauchführung im Haus führte über mehrere Kamine.

Ab 1268 entstanden immer weitere mehrgeschossige Saalgeschossbauten aus Backsteinen als repräsentative Gebäude der Kaufmannschicht. Zunächst waren es – wie bei den Grundstücken Alfstraße 5 und Schüsselbuden 6 – noch freihstehende Backsteingebäude mit auf Backsteinsäulen ruhenden Kreuzgratgewölben im Erdgeschoss, bevor sich die Bebauung weiter verdichtete. Hier waren auch zwei auf einem bereits geteilten, ehemals größeren Grundstück errichtet worden. Bald standen die Saalgeschossbauten Traufe an Traufe zwischen schmalen, aber tiefen Grundstücken. Die Traufwände zogen dabei beide Grundstücksbesitzer gemeinsam hoch. Am Ende des Mittelalters wurden die letzten hofartigen und freien Areale bebaut, so dass eine geschlossene Straßenbebauung auch in den hafenabgewandten Stadtvierteln entstand.[521]

Aus dem typisch lübeckischen Saalgeschossbau mit hohem Erdgeschoss sowie Holzständer- und Fachwerkbauten entwickelte sich dann das Dielenhaus. Oberhalb der Diele befand sich als niedrigeres Obergeschoss der Unterboden, der ebenso wie die weiteren aus gebretterten Kehlbalkenlagen bestand und als Speicher für Massengüter, vor allem Getreide, diente. In der Diele befand sich mit der Dornse ein zur Straßenfront abgeteilter Raum mit Wänden aus Backsteinen oder Fachwerk, der gesondert heizbar als Kontor diente. An der dahinter liegenden Traufwand war ein Kamin zum Heizen, aber auch Kochen erbaut, dessen ebenerdiges Feuer die einzige Wärmequelle für die Diele bildete. In dem hohen Untergeschoss wurden seit dem 14. Jahrhundert teilweise Hangelkammern als an der Dielendecke aufgehängte Räume eingezogen. Zum Dielenhaus gehörte ein mehrgeschossiger, beheizbarer Flügelbau mit rückwärtigem Grundstück, der die Tradtion der Kemenaten fortsetzt.[522]

Die mit Öfen beheizbaren Saalgeschossbauten des 13. Jahrhunderts boten nicht nur eine größere Feuersicherheit und Bequemlichkeit, sondern auch eine gesteigerte Speicherkapazität für Massengüter. Ihre Konstruktion leitet sich aus den bischöflichen Palästen und Kurien der Domstifte sowie dem Burgenbau her, die wie diese in mehreren Geschossen heizbar waren. So fanden sich bei diesen Bauten muldenförmig in die Wand eingetiefte Eckkamine mit Schloten. Daneben existierten komplexere Heizsysteme, wie etwa Steinkammeröfen als Warmluftheizungen. Im späten Mittelalter schufen die Giebelhausfronten dann bereits jene repräsentative Bebauung, wie sie bis heute typisch für Lübeck ist.

Ausgehend von den Flügelbauten der Saalgeschossbauten wurden nach und nach die Hintergrundstücke mit meist zweigeschossigen Einraumhäusern bebaut, die man durch einen Gang vom Vorderhaus erreichen konnte. Diese Ganghäuser werden an die unterer Schichten, an Handwerker oder Schiffer, vermietet worden sein. Die Hofbebauung solcher Großgrundstücke ist nur ausschnitthaft bekannt. So befand sich etwa aus der Zeit um 1173 auf einem Grundstück an der Großen Petersgrube 27 ein zweigeschossiger Speicher. Eher haben sich in heutigen Kellern und Fundamenten verbaute Wohntürme aus Backstein erhalten. Diese mehrstöckigen, eher auf dem Inneren der Grundstücke seit 1200 errichteten Kemenaten besaßen in den jeweiligen Geschossen übereinander liegende Eckkamine.

Während im Bereich der Alfstraße das Gelände 2–3 m über dem Normalwasserstand der Trave anstand, war es weiter südlich extrem hochwassergefährdet. Im Be-

Das Schema zeigt die Entwicklung des Lübecker Hafenviertels. Seit 1161 ließen sich am befestigten Traveufer Händler nieder und errichteten Holzgebäude. Später entstand eine Stadtmauer (Periode I). Wohl noch 1217 wurde die Mauer näher zur Trave verlegt und große Saalgeschossbauten lösten die Holzbebauung ab (Periode II). Um 1523 entstand hier eine Brücke (Periode III).

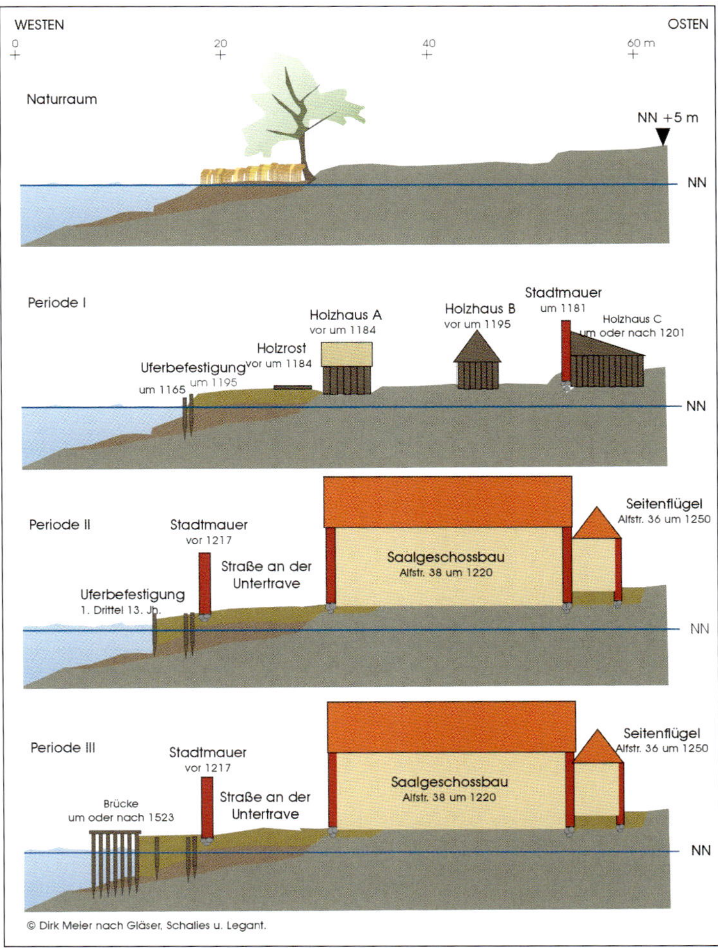

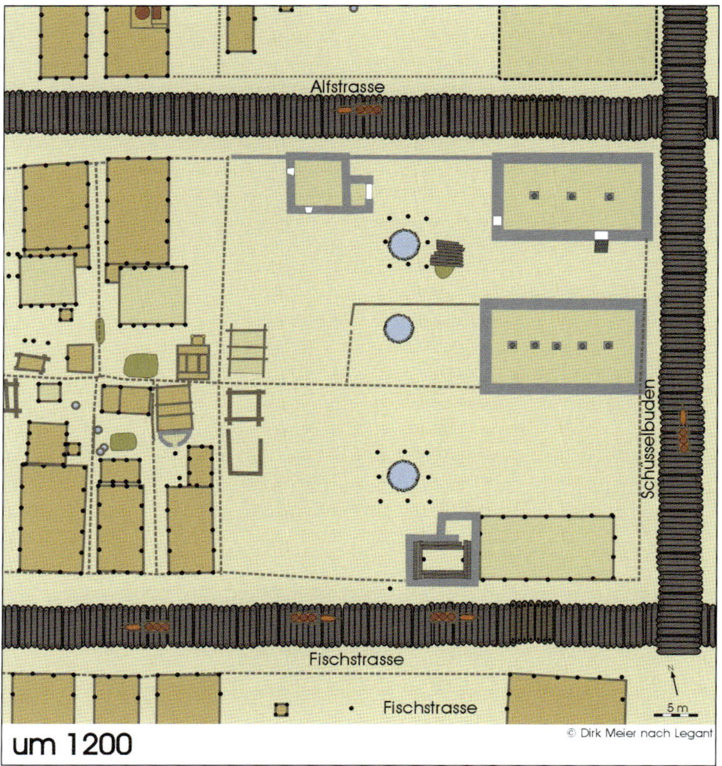

Hypothetische Grundstücks- und Bebauungsrekonstruktion Lübecks im Bereich zwischen Fisch- und Alfstraße. Am Schüsselbuden hangaufwärts zur Marienkirche hin standen seit dem frühen 13. Jahrhundert zwei steinerne Geschossbauten auf einem bereits geteilten Großgrundstück. Die schmaleren Grundstücke zum Hafen hin sind mit giebelständigen Pfostenhäusern und weiteren kleinen Pfosten- und Blockbauten bebaut.

reich der Braun- und nördlich der Mengstraße lag es periodisch unter Wasser.[523] Die Uferbereiche an der Trave zwischen der heutigen Holsten- und Braunstraße einerseits sowie der Mengstraße und Beckergrube andererseits bildeten im 12. Jahrhundert noch eine sumpfige Niederung und dürften eine intensive Besiedlung ausgeschlossen haben. Die einzige Möglichkeit, schon im 12. Jahrhundert die Trave trockenen Fußes zu erreichen, existierte zwischen der heutigen Braun- und Mengstraße. Hier war auch hochgelegener, trockener Baugrund vorhanden. Die erstmalige Bebauung der Niederungsgebiete an der Untertrave und Großen Petersgrube hängt wohl mit dem Barbarossa-Privileg von 1181/88 zusammen.[524] Das Diplom von 1188 basierte wahrscheinlich auf einer mündlichen Bestätigung des Kaisers von 1181, die einem eingetretenen Bauzustand nachträglich die Rechtmäßigkeit verlieh. So datiert die älteste Bebauung in der Großen Petersgrube schon um 1173, wobei dort weitere Neubauten um 1185 sowie an der Untertrave außerhalb der Stadtmauer um 1184 entstanden. Dieses Privileg erlaubte, durch Anschüttungen neue Siedlungsflächen in den Niederungsgebieten des Lübecker Stadthügels zu gewinnen, wie dies die wirtschaftlichen und demographischen Veränderungen des 13./14. Jahrhunderts erforderten. So wurden nun großräumig alle Uferbereiche entlang der Trave erschlossen, zudem erweiterte man das Hafengelände. Zunächst erfuhr der Petrihügel durch Anschüttungen von Abfall und durch Holzlagen zur Niederung der Trave hin eine Erweiterung. Begonnen wurde mit diesen Anschüttungen um 1201, die dann um 1253 beendet waren. Die ehemalige Bebauung von Holzhäusern, die um 1173 errichtet und um 1204/1215 durch neue ersetzt wurden, wich dabei langsam seit 1244 Häusern in Ziegelbauweise. Der Backstein fand nach seiner Einführung zugleich auch Verwendung im Fachwerkbau. Auch für das Dach wurde bereits im 12. Jahrhundert gebrannter Ton in Form von Hohlziegeln (Mönch und Nonne) verwendet. Ferner sind noch im 14. Jahrhundert Eichenschindeln belegt. Zur Anfangszeit der Bebauung bestanden daneben noch mit Reet gedeckte Häuser.

Ähnlich verlief der Siedlungsvorgang an der Untertrave, wo seit etwa 1184 die ersten Holzhäuser nachgewiesen sind. Dabei schuf die Erweiterung des Lübecker Weichbildrechts bis an die Grenzen des Travehochwassers in den Jahren 1180/1188 die rechtlichen Voraussetzungen, gegen Ende des 12. Jahrhunderts Holzhäuser auch vor der Mauer zu errichten.[525] In Lübeck besaßen die Häuser seit dem 12. Jahrhundert teilweise auch Holzkeller.[526]

Trotz der frühen und nicht zögerlich einsetzenden Backsteinbauweise bestand im Mittelalter ein großer Teil der städtischen Gebäude noch aus Holz, da die Errichtung ganz aus Backsteinen erbauter Häuser teuer war. Die ärmere Bevölkerung lebte in einfachen Häusern, Buden oder Wohnkellern.[527] Zu den größeren Kleinbauten gehört ein an der Büttelstraße 1 freigelegter 12,5 x 9,3 m großer Bau mit ebenerdigem Kamin und kleinem Keller, dessen Aufriss unbekannt ist. Die Verwendung von Holz hielt sich am längsten bei den Nebenbauten, wie Ställen und Schuppen, oder den Verkaufsbuden am Markt. Dabei sind sowohl Stab-, als auch Ständerbauten und Schwellbohlenbauten sowie andere Holzbaukonstruktionen oberhalb Schwellen und Unterleghölzern bekannt.

Die Ausdehnung der Stadt entlang der Trave und im Hafenviertel findet seine Fortsetzung südlich und nördlich des Geländesporns durch großräumige Aufschüttungen im Bereich der schon erwähnten Großen Petersgrube. Die Maßnahmen zur Baulandgewinnung zwischen Holsten- und Braunstraße begannen dann in den ersten Jahrzehnten des 13. Jahrhunderts und dauerten ebenfalls einige Jahrzehnte an. Damit waren die Voraussetzungen gegeben, die hügelaufwärts wohl schon vorher besiedelte Holstenstraße zu verlängern und mit einer um 1180/1188 erbauten Brücke über die Trave zu führen. Für 1216 ist dieser Übergang dann als bestehend überliefert.[528] Vom Kaufleuteviertel aus verdichtete sich so das Siedlungsbild seit dem 12. Jahrhundert auf dem ganzen, etwa 113 ha großen Stadthügel. Der heutige Straßenzug Fischstraße – Fleischhauerstraße wies dabei die engste Aufsiedlung bis zum Beginn des 14. Jahrhunderts auf. An das Kaufleuteviertel schlossen sich vor allem im Norden der Stadt die Handwerkerviertel an. Zahlreiche archäologische Befunde belegen für das Mittelalter die Verarbeitung von Fell, Leder, Knochen und Horn sowie die Herstellung von Schuhen und Keramik, wie sie in Werkstattfunden sowie als Abfall und Halbfertigprodukte zu Tage traten. Zu den Handwerkern gehören u.a. Bäcker, Schuhmacher, Bernsteindreher, Paternosterhersteller oder Bronzegießer, die seit dem 13. Jahrhundert belegt sind.[529]

Entsprechend der unterschiedlichen Baumaterialien von Holz und Backstein

Die ersten steinernen Bürgerhäuser wurden am Schüsselbuden 6 bis Alfstraße 5 um 1200 errichtet.

prägte im 12. und frühen 13. Jahrhundert ein breites Spektrum die Bebauung, bevor diese seit der zweiten Hälfte des 13. Jahrhunderts einheitlicher wurde. Nach der Aufsiedlung des gesamten Stadthügels im 12. Jahrhundert dienten nur noch einige Freiflächen für die Versorgung der Stadt, bevor auch diese der immer engeren Bebauung wichen. Ebenso wie die erwähnten Großgrundstücke, die hofartig mit mehreren Gebäuden in unterschiedlicher Technik und Funktion bebaut waren, wurden auch die noch freien Parzellen aufgeteilt.

Den schnellen Ausbau der Stadt dokumentieren auch neue Pfarrkirchen und Klöster. Neben dem Dom entstanden mit St. Petri (1170) eine nicht mehr lokalisierbare erste Marktkirche im Südwesten, die prachtvolle Marienkirche der Bürger am

Ende des 13. Jahrhunderts lösten die gotischen Dielenhäuser die alten Holzbauten ab. Sie boten neben einer beheizbaren Kemenate noch mehr Platz für die Lagerung von Waren. Die gelenkte Rauchführung führte über Kamine.

Die Rekonstruktion zeigt die Veränderung des Hafenviertels. Ende des 12. Jahrhunderts prägten Holzbauten den Ufermarkt vor der Stadtmauer, dahinter stehen Geschossbauten aus Holz und Kemenaten. Am Kai liegt eine Kogge (unten). Ende des 13. Jahrhunderts überwiegen bereits Steinhäuser. Die Stadtmauer befindet sich nun an der Trave, an der größere Schiffe (Kraweel) anlegen.

Markt (1250–1350), St. Jacobi (1334) als Kirche der Seefahrer und Fischer sowie St. Aegidien (1227) im Handwerkerviertel auf dem östlichen Abhang des Altstadthügels, der vielleicht schon 1172/82 eine Holzkirche vorausging.[530] Ferner gab es ein Franziskanerkloster (1225) mit der um 1303 erbauten Katharinenkirche, das Dominkanerkloster (1227/1229) sowie das Benediktinerkloster St. Johannis (1177) im Osten, dessen Mönche im 2. Viertel des 13. Jahrhunderts nach Cismar versetzt wurden.[531]

Nach der Aufsiedlung des Altstadthügels wurden die Straßen, wie 1169 die Breite Straße, mit hölzernen Bohlen belegt und in ihrer Lage kaum noch verändert. Von der in nord-südlicher Richtung führenden Längsachse des alten Fernhandelswegs führten Querstraßen zur Trave und Wakenitz. Der Wasserversorgung dienten Brunnen und Wasserleitungen, deren Bau um 1291 nachgewiesen ist. In der ersten Hälfte des 15. Jahrhunderts endeten solche Holzleitungen in hölzernen Speicherkästen in den Häusern, die später aus Backstein bestanden. Am Hüxtertor entstand eine Wasserkunst. Die Abwasser-Entsorgung der Stadt führte über Abflussrinnen in Sammelkanäle in der Straßenmitte. Zahlreiche Abfallschächte befanden sich in den rückwärtigen Hofbereichen.

Das Zentrum der Stadt bildete ein von Helmold (I, 63) erwähnter Markt, ob es sich dabei um den gleichen wie heute handelt, ist aber unbewiesen. Heinrich der Löwe beschränkte diesen zwar 1152 auf einen Lebensmittelmarkt, doch kam hier schon 1156 zur politischen Willensbekundung die Landgemeinde zusammen.[532] Spätestens bei der Neugründung Lübecks unter Heinrich dem Löwen 1158/59 wurde der Markt an seiner heutigen Lage eingerichtet, wenn dieser hier auch erst für das 13. Jahrhundert sicher belegt ist. 1163 wird von Bischof Gerold die Marienkirche als *ecclesia forensis*, somit als Marktkirche, dem Domkapitel übertragen. Der Markt im Zentrum der Stadt gewann an Bedeutung, als der Ufermarkt an der Trave nach dem Bau der neuen Stadtmauer 1217 an Bedeutung verlor und im 13. Jahrhundert überbaut wurde.[533] 1236 erließ dann Kaiser Friedrich II. für Lübeck ein Messprivileg, das hier einen der längsten Jahrmärkte des Reiches gestattete, der von Pfingsten bis zum 25. Juli dauerte. Neben der wirtschaftlichen Komponente besaß der mittelalterliche Markt auch eine politische und soziale Funktion. So entstand hier zwischen 1225 und 1250 im Kern das heutige Rathaus, das ab 1270 urkundlich fassbar ist. Dieses beherbergte den Versammlungsraum für den 1201 erwähnten Rat. Es wurde 1298–1308 durch den Anbau des *Langen Hauses* erweitert. 1435 erfolgte für die Waage der Anbau des *Neuen Gemachs* im spätgotischen Stil mit der mit Türmen besetzten und aus verschiedenfarbigen

Die Nutzung des heutigen Marktes begann in der zweiten Hälfte des 12. Jahrhunderts. In der ersten Hälfte des 13. Jahrhunderts erfuhr dieser parallel zur rasanten Stadtentwicklung eine erste Ausgestaltung mit der Verlegung von Holzbohlen. Zwischen 1225 und 1250 entstand im Kern das heutige Rathaus, das dann 1308 als backsteingotischer Bau fertiggestellt wurde. Hinzu kamen dann weitere Anbauten. Foto: Arnold Paul.

Ziegeln gebauten Schauwand, und rund 150 Jahre später folgte die Renaissancelaube an der Marktseite. 1594 erhielt es dann an der Breiten Straße noch eine im Stil der Niederländischen Renaissance errichtete Treppe.[534] Am Rathaus befand sich auch das Niedergericht.

Den Markt verbinden mehrere Parallelstraßen mit dem Stadtzentrum und dem Hafen. Die Fischstraße und die Fleischhauerstraße bildete dabei Ost-West-Achse der Stadt, an denen sich die Häuser mit ihren Schaufassaden zu den Straßen hin orientierten. Diese führt mitten über den Markt, der sich im Mittelalter von der Holstenstrasse bis zur Marienkirche erstreckte und somit größer als der heutige war. Die ökonomische, politische und geistige Synthese von Markt, Rathaus und Kirche bildet dabei seit dem Mittelalter bis heute den Kristallisationspunkt urbanen Lebens. Den Markt mit seinen Holzbuden belieferten auch die Brauhäuser und Großbäckereien der Stadt. Nach den 1986 durchgeführten Ausgrabungen begann die Nutzung in der zweiten Hälfte des 12. Jahrhunderts, bevor der Markt dann in der ersten Hälfte des 13. Jahrhunderts parallel zur rasanten Stadtentwicklung eine erste Ausgestaltung mit der Verlegung von Holzbohlen erfuhr, um das Gelände besser begehen und sauber halten zu können.[535]

Das 1260–1310 erbaute Heiligengeisthospital gleicht denen von Gent (um 1250) und Tonnerre (um 1300). Foto: Dirk Meier

Zeichnerische Darstellung der vier hintereinander erbauten Holstentore. Grafik: Vivien Thiessen

Hüxtertor an der Wakenitz auf der Lübecker Stadtansicht von Elias Diebel von 1552.

Sichtbares Zeichen der Bürgermacht ist neben dem Markt und dem Rathaus der Ausbau der Marktkirche, die den Dom als Bischofskirche weit hinter sich ließ. Jetzt wurde auch mit dem Bau von St. Jacobi und St. Aegidien begonnen. Zudem entstanden ein Kaufhaus (1225–1250), das schon erwähnte Burgkloster (Maria-Magdalenen-Kloster) der Dominikaner (1227/1229) und das Katharinenkloster der Franziskaner (1225). Hinzu kam ferner das im Stil der Backsteingotik errichtete Heiligengeisthospital. Nach den archäologischen Ausgrabungen und Bauforschungen von 1973–1983 lässt sich auf eine Erbauungszeit der Anlage zwischen 1260 und 1310 schließen. Vor dem Hospital bestand hier eine Bebauung des 13. Jahrhunderts. In vielerlei Hinsicht gleicht die neben dem Hospital errichtete Hallenkirche den anderen zeitgleichen Lübecker Kirchen, während der Hospitalbau selbst wohl in Gent (um 1250) und Tonnerre (um 1300) seine Vorbilder hat.[536] Raumbestimmend in der dreischiffigen gotischen Hallenkirche des Hospitals sind die beiden großformatigen Wandgemälde an der Nordseite aus der Zeit um ca. 1320–1325. Im westlichen Bogenfeld sitzt König Salomo auf dem von zwölf Löwen umgebenen Thron mit seiner Frau und seiner Mutter. Darüber erhebt sich der Thron mit Christus und seiner Mutter Maria, umgeben von Engeln. Die Malerei im nördlichen Wandfeld zeigt als *Maiestas Domini* den erhöhten Christus umgeben von den Symbolen der vier Evangelisten und kreisförmigen Bildern der Gründer des Hospitals. Mitbegründer des Hospitals war der Kaufmann Bertram Morneweg († 1286), der auch erster Vorsteher war. Dem Hospital gehörten in und um Lübeck herum viele Ländereien, so dass deren Einkünfte ausreichten, um Arme und Kranke zu versorgen. Bis ins 19. Jahrhundert fanden sich darunter auch Dörfer in Mecklenburg wie Seedorf, Weitendorf, Brandenhusen sowie Wangern auf Poel. Die Bewohner des Hospitals lebten nach einer klosterähnlichen Regel, erhielten Nahrungsmittel und seit dem 17. Jahrhundert achtmal im Jahr ein warmes Bad.

Die reiche Hansestadt Lübeck schützten im Laufe der Zeit immer stärkere Mauern und Befestigungsanlagen. Dabei erlaubten drei Stadttore den Zugang zur Stadt: das Burgtor im Norden, das Mühlentor im Süden und das Holstentor im Westen. Nach Osten bildete die aufgestaute Wakenitz einen guten Schutz. Hier befand sich das Hüxtertor. Die meist einfachen Tore wurden immer weiter verstärkt. Das heute als Burgtor bekannte Tor im Norden ist das einstige Innere Burgtor, während Mittleres und Äußeres Burgtor nicht mehr vorhanden sind. Die drei Mühlentore wurden ebenfalls später abgerissen.

Das heute als Holstentor bekannte und erhaltene Tor ist das einstige Mittlere Holstentor; daneben gab es ein älteres Inneres Holstentor, ein Äußeres Holstentor und noch ein viertes Tor, das man zweites Äußeres Holstentor nannte. Das älteste Holstentor befand sich direkt an der Trave, über die hier die Holstenbrücke führte, die erstmals 1216 in einer Schenkungsurkunde des dänischen Königs genannt wird. Im 15. Jahrhundert erforderte die Verbreitung von Schusswaffen und Kanonen den Bau einer vorgelagerten Befestigung mit dem Mittleren Holstentor. Daher begann hier 1464

Das heutige Wahrzeichen Lübecks, das Holstentor, wurde von 1464 bis 1478 in Anlehnung an flandrische Vorbilder erbaut. Foto: Foto

der Ratsbaumeister Hinrich Helmstede mit dem Bau auf einem Hügel, der 1478 vollendet wurde.[537]

Überblickt man das mittelalterliche Lübeck abschließend nochmals in seinen Grundzügen, so zeigt sich die bedeutsame Rolle der Kaufleute, die sich am Traveufer niedergelassen hatten. Von hier aus breitete sich die urbane Besiedlung im 12. Jahrhundert über den ganzen Stadthügel aus, den im Norden das Burgkloster, im Süden der Dombezirk begrenzten. Entsprechend der ökonomischen Bedeutung der Stadt wuchs der Hafen, und infolge von Aufschüttungen wurde neues Siedelareal an der Trave gewonnen. Die sich ausbreitende Stadt schützte eine Mauer. Das Zentrum bildete nun der neue Markt mit Marktkirche und Rathaus. Ferner verdichtete sich die Bebauung, wobei große Saalgeschossbauten der Kaufleute, die zunächst in Holz und später als gotische Dielenhäuser in Stein errichtet wurden, die alte Holzbebauung ablösten. Die reichen Bürger wurden zu den bestimmenden Herrschern gegenüber den anderen Gruppen der Stadt, wie den Handwerkern und der Unterschicht, die auch im Mittelalter noch in ärmlicheren Holzbauten lebten. An die Bürgerstadt schlossen sich im Norden die Handwerkerquartiere an. Dieses mehrteilige Siedlungsgefüge prägte sich in Lübeck im 12. Jahrhundert aus und wurde zum Vorbild vieler anderer Städte.

• Hamburg

Die verkehrsgünstige Lage Hamburgs nahe der Tideelbe im Schnittpunkt wichtiger Land- und Wasserwege bildete die wesentliche Voraussetzung für die Entwicklung von einem frühgeschichtlichen Siedlungszentrum mit Dom und Hammaburg über die mittelalterliche Hansestadt bis zur heutigen Millionenmetropole. Bereits im 8. Jahrhundert befand sich auf der Geesthalbinsel zwischen Alster und Bille nahe dem Stromspaltungsgebiet der Elbe eine sächsische Siedlung mit einer Doppelkreisanlage. Karl der Große ließ hier nach der Eroberung des sächsischen Nordelbien 810 eine Taufkirche errichten. Inwieweit er den Ort auch befestigte, bleibt unklar. Jedenfalls machte Ludwig der Fromme 831 Hamburg zum Bistum, das 832 durch Papst Gregor IV. zum Erzbistum erhoben und mit Ansgar (801–865) besetzt wurde. In seiner Zeit bestand mit der *Hammaborch* (Ham = Ufer/Marsch) eine neue Befestigung mit Wall und Graben, welche die aus Holz errichtete Missionskirche (später Mariendom) und ein Kloster schützte. Auf der Westseite lag eine Siedlung für Schiffskaufleute, Handwerker und Fischer.[538]

Archäologische Funde deuten dabei auf die Anwesenheit von Friesen hin, die in Ufernähe mit Kultivierungsarbeiten der Marsch begannen. Der Versorgung der Siedlung diente ein an der Nordseite eines Prieles zwischen Alster und Bille (späteres Reichenstraßenfleet) gelegenes Schiffslände als Anlegestelle für flachbodige Schiffe. Das hochwassergefährdete Areal schützten hier Ufersicherungen aus Faschinen und eine Treppe von Baumstämmen. Am anderen Ufer der Marscheninsel gründeten Schiffsleute im 9. Jahrhundert eine Einstraßensiedlung (spätere Reichenstraße), dessen lockere Bebauung mit Holzhäusern im 12. Jahrhundert einer regelmäßigeren Planung wich. Die Marsch wurde trocken gelegt und das Gelände durch mit Dung und Erde gefüllte Kästen aufgehöht.[539]

Nach Zerstörung der *Hammaborch* 845 durch dänische Wikinger wurde der Bischofssitz nach Bremen verlegt. Die wiederaufgebaute Siedlung fiel erneut 911, diesmal durch die Slawen, der Zerstörung anheim. In den folgenden Jahren stellte Erzbischof Adaldag (900–988) das Erzbistum wieder her, errichtete eine neue Burg und verlieh dem neuen, größeren, von Handwerkern und Händlern bewohnten Ort das Marktrecht. Auch diese Siedlung fiel 983 einem slawischen Überfall zum Opfer. Der dann unter Erzbischof Unwan († 1029) begonnene Wiederaufbau dauerte bis in das 11. Jahrhundert. Erzbischof Bezelin Alebrand (1035–1043) baute dabei die Domburg (Hammerburg) aus. Diese schützte das Domkapitel sowie den von Bezelin aus Quadersteinen errichteten erzbischöflichen Palast. Das Domkapitel übte die Kirchenaufsicht über Hamburg und den Sprengel aus, der aus Dithmarschen und den Herzogtümer Stormarn und Holstein bestand. Dieses wählte auch die Pfarrer der Stadtkirchen und besaß die Gerichtsbarkeit über die Geistlichen. Die Domherren selbst genossen Immunität. Dom und Domkapitel waren mit zahlreichen Pfründen in Form von Höfen und Dörfern im Umland, meist in Stormarn, ausgestattet. Die Domherren entstammten meist dem Holsteiner Adel oder Familien der Hamburger Oberschicht.

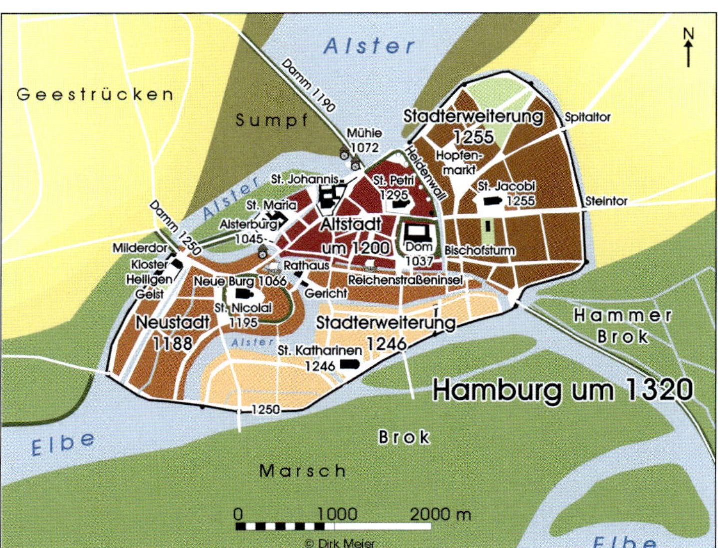

Hamburg um 1320 mit der 1196 gegründeten Neustadt sowie den Stadterweiterungen im Süden und Osten.

Malerische, wenn auch mit Fehlern behaftete Ansicht Hamburgs von Westen um 1150 mit Alster und Elbe. Die Alsterburg (links) und die Neue Burg (rechts) sind wie Schlösser dargestellt. Im Hintergrund erkennt man die Altstadt mit der Domburg und das Stromspaltungsgebiet der Elbe mit den Werdern. Malerei des 19. Jahrhunderts.

Bezelin ließ ferner in der Domburg statt der mehrfach zerstörten und wiederaufgebauten Holzkirche den neuen Dom 1037 erstmals in Stein errichten. Ab 1245 entstand eine dreischiffige Basilika in frühgotischem Stil, die am 18. Juni 1329 geweiht wurde. Diese erweiterte man um 1400 um zwei Schiffe zu einer backsteingotischen Hallenkirche, wie sie im wesentlichen, nur ergänzt um eine Turmspitze und eine weitere Halle, bis zum Abbruch 1804–1807 erhalten blieb.[540] Nahe dem Dom entstand als *ecclesia forensis* (Marktkirche) die St.-Petri-Kirche, deren urkundliche Erwähnung bis 1195 zurückreicht[541] und deren steinerner Neubau infolge des zunehmenden Wohlstandes der Bürger ab dem 14. Jahrhundert zu einer gotischen Backsteinkirche in Form einer dreischiffigen Basilika umgestaltet wurde.

Die St. Petri umgebene Marktsiedlung ebenso wie den Dombezirk schützte im Osten der Heidenwall, der im Laufe des 12. Jahrhunderts als Abschnittswall für das Gebiet zwischen Alster und Elbe/Bille ausgebaut und mit Steintürmen versehen wurde. In diesen Holz-Erde-Wall war wohl die Domburg einbezogen. Zusammen mit dem etwa 300 m langen Abschnittswall schuf ein Graben weitere Sicherheit. Unter den Nachfolgern Bezelins wurde die Befestigung im 12. Jahrhundert ausgebaut und mit Steintürmen versehen. Einen dieser Befestigungstürme nahe der St.-Petri-Kirche legten zwischen 1962 und 1965 durchgeführte Ausgrabungen frei. Bei dem dokumentierten Turmfundament handelt es sich um einen Steinkreis aus Findlingen mit einem 19 m messenden äußeren und 11 m messenden inneren Durchmesser. Direkt an der Westseite befindet sich ein 4 m tiefer, gemauerter Brunnenschacht aus Feldsteinen. Man deutete diesen Befund zunächst als „Bischofsturm", als das steinerne Haus des Erzbischofs Bezelin aus dem 11. Jahrhundert, das in der Kirchen-

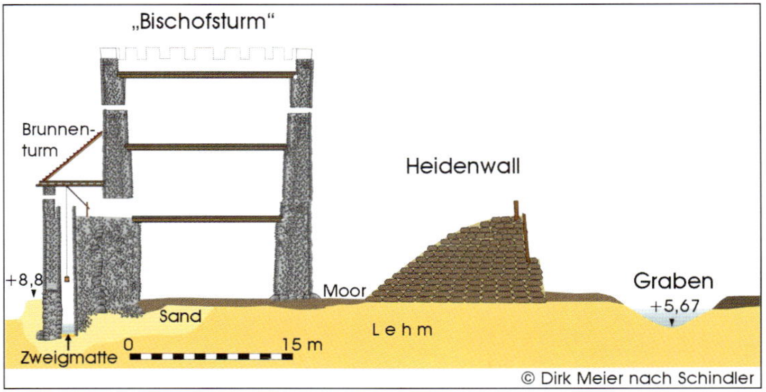

Der sog. Bischofsturm war wohl ein Stadtturm des 12. Jahrhunderts, der – wie andere auch – unmittelbar hinter dem Heidenwall aus Stein errichtet wurde.

Unter dem Erzbischof Bezelin (1035–1043) entstand der Hamburger Dom erstmals in Stein, der nach Erweiterungen und Umbauten 1805 abgerissen wurde. Dom St. Marien mit St. Petri und St. Jacobi um 1800, Lithographie von Peter Stuhr, Hamburger Staatsarchiv.

geschichte Adams von Bremen erwähnt ist.[542] Weitere 2008 durchgeführte Ausgrabungen zeigten jedoch, dass das Turmfundament zeitgleich mit einem westlich vorgelagerten Graben bestanden hat und sich unmittelbar hinter dem Heidenwall befand. Daher dürfte es sich um einen der Befestigungstürme oder Teil eines Stadttores handeln.

Als weitere Befestigung entstand südlich des Dombezirkes als bischöfliches Bollwerk die Wiedenburg (=Weidenburg), weshalb der Billungerherzog Bernhard II. (990–1059) zur Sicherung seiner Position in Hamburg um 1045 eine eigene Turmburg (Alsterburg) westlich des Doms in der Alstermarsch erbauen ließ. Sein Sohn Ordulf (1059–1072) errichtete dann außerhalb der Umwallungen um 1066 (1061) die Neue Burg (im Bereich der heutigen Nikolai-Ruine/Hopfenmarkt).[543] Diese lag zwischen Alster und Elbe in der damaligen Alsterschleife, dem heutigen Nikolaifleet, nahe der Elbe und bestand nach Ausweis 1953 durchgeführter Untersuchungen aus einem 17 m breiten und bis 6 m hohen, aus Heideplaggen und Holzbohlen errichteten Ringwall, der einen Innendurchmesser von etwa 50 m umschrieb. Im Inneren dürfte sich eine Turmburg befunden haben. Der Ringwall diente gleichzeitig dem Schutz vor Hochwasser der Alster und Elbe. Nahe der Anlage befand sich eine Anlegestelle. Die Burg wurde von Heinrich von Badwide im Kampf um das Herzogtum Sachsen 1139 zerstört.

Gegenüber den Billungern versuchte Erzbischof Adalbert[544], der Berater Kaiser Heinrich III. und Erzieher seines Sohnes, des späteren Heinrich IV., seine Position auszubauen, indem er Hamburg erneut zum zentralen Ausgangspunkt für die Missionierung der skandinavischen Länder machte. Während der Erzbischof die Altstadt als Stadtherr regierte, stand ihm auf der anderen Alsterseite der Herzog als Stadtherr der Neustadt gegenüber. Als neue Kraft profitierten jedoch vor allem die Bürgerkaufleute von den sich ausweitenden Handelsbeziehungen nach Norden, über die Elbe in den Nordseeraum sowie über Lauenburg nach Lübeck und zur Ostsee. Den Schutz dieses heranwachsenden urbanen Zentrums sollte eine neue Befestigung übernehmen. Noch vor deren Fertigstellung jedoch wurde Adalbert auf dem Reichstag zu Tribur 1065 gestürzt. Diese Entwicklung ermöglichte den Abodriten unter ihrem Fürsten Cruto einen Einfall in Nordelbien. 1066 und 1072 wurde Hamburg daher erneut von Slawen niedergebrannt. Aufgrund dieser Bedrohung verließen die Erzbischöfe Hamburg und residierten seitdem in Bremen. So verlor Hamburg seine kirchliche Vormachtstellung im Norden.

Nach diesen Zerstörungen dauerte es einhundert Jahre, bevor sich die Stadt unter den Schauenburgern weiter entwickelte, die nach dem Aussterben der Billunger (1106) unter Adolf I. 1110 in den Besitz der herzoglichen Anteile Hamburgs sowie der Grafschaften Stormarn und Holstein gelangt waren. Zur Erweiterung der Siedel- und Wirtschaftsflächen Hamburgs ließ Adolf I. die Elbinseln eindeichen und die Marschen trocken legen. Die flachen Siedlungsgebiete der Neustadt sicherte ein Ringdeich vor Überflutungen. Ferner schützten aufgeschichtete Baumstämme vor Strömung und Wellen, die zugleich den Unterbau eines neuen Schiffsländes ähnlich wie im Altstadthafen bildeten. Da schon 1072 die unteren Alstermühlen bestanden, muss der für den Betrieb notwendige Staudamm an der alten Alsterfurt (Mühlendamm) zu dieser Zeit ebenfalls vorhanden gewesen sein. Ferner ließ Adolf I. eine Kornmühle am Großen Burstah, einer der späteren Hauptstraßen Hamburgs, errichten. Diese Maßnahme diente auch dem zunehmenden Getreidehandel.

Obwohl sein Sohn und Nachfolger Adolf II. in Hamburg keine Akzente setzte, entwickelte sich das urbane Zentrum weiter. Unter Adolf III. (1164–1203) entstand dann 1188 im Bereich der Neuen Burg die Neustadt für Kaufleute gleichsam als Ersatz für das an Heinrich den Löwen verlorene Lübeck. Beauftragter des Grafen für die Organisation der unter seiner Aufsicht stehenden Neustadt war Wirad von Boizenburg, der aus dem von Slawen besiedelten Polabien stammte. Als Lokator organisierte er die Ansiedlung der Kolonisten aus Holland, Friesland und Westfalen nach dem Lübecker Stadtrecht. Die Siedlungsgenossen *(cohabitatores)* konnten in der Neustadt Grundstücke erwerben und brauchten keinen Zins an den Grafen als Stadtherren zu entrichten. Von Beginn war die Neustadt als Hafen- und Handelsstadt geplant. Der bei der 1195 mit Genehmigung des Grafen errichteten Nikolaikirche (Hopfenmarkt) angelegte Markt war von Zöllen befreit. Das Hamburger Domkapitel bestand jedoch darauf, dass nur ihm das Kirchenpatronat zustand. Nach zähen Verhandlungen schenkte Adolf III. der Kirche dann ein Grundstück bei der aufgelassenen Neuen Burg, wo man 1195 mit dem Bau einer Kapelle begann.[545]

Für den Bau der Nikolaikirche im Kern der Neustadt wurde das durch einen Deich gesicherte Gebiet der Neuen Burg mit Boden aufgefüllt. Bis 1425 vergrößerte man den Bau mehrfach, so dass dieser mehr als 1.500 Menschen Platz bot. Hinzu kamen ein Beinhaus zur Umbettung von Gebeinen des überfüllten Kirchhofs und der Stumpf für einen Turm, der 1517 errichtet wurde. Wiederholte Unwetter und Brände zerstörten den Turm wie auch den Kirchenbau immer wieder. Der letzte, nach dem Hamburger Brand von 1842 errichtete neugotische Bau wurde bei Bombenangriffen im Zweiten Weltkrieg zerstört.[546] Parallel zum Ausbau der Neustadt entstand für tiefer gehende Schiffe ein Hafen im heute Nikolaifleet genannten Alsterarm. Heute gehört die Neustadt zum Hamburger Stadtteil Hamburg-Altstadt und umfasst das frühere Kirchspiel St. Nikolai.

Aus einer frühmittelalterlichen Gründung, deren Hauptbedeutung zunächst eher noch die Landhandelswege bestimmt hatten, war in einer Zeitspanne von nur zwei Jahrhunderten mit Alt- und Neustadt eine Hafenstadt nach Lübecker Vorbild mit Kaianlagen und Kontoren geworden, der Friedrich I. Barbarossa am 7. Mai 1189 die Stadt- und Hafenrechte verlieh. Als Stadtrecht galt das Lübische Recht. Da in den 1190er Jahren Graf Adolf III. für kurze Zeit auch Lübecker Stadtherr wurde, konnten

Das Stadtbuch von Hamburg von 1447 zeigt, dass der Hafen in verschiedene Bezirke unterteilt war, Hamburger Staatsarchiv.

Für den Bau der Nikolaikirche im Kern der Neustadt wurde das durch einen Deich gesicherte Gebiet der Neuen Burg mit Boden aufgefüllt. Bis 1425 vergrößerte man den Bau mehrfach Wiederholte Unwetter und Brände zerstörten den Turm als auch den Kirchenbau immer wieder. Kolorierte Handzeichnung von Peter Stuhr (1788–1857), Hamburger Staatsarchiv.

die Schauenburger vorübergehend den Transitweg zwischen Elbe und Trave beherrschen. Infolge der dänischen Expansionspolitik unter Waldemar II. brach jedoch die schauenburgische Machtstellung zusammen, so dass 1201 der dänische König Stadtherr über Lübeck sowie die Hamburger Alt- und Neustadt wurde. Nach der Niederlage Waldemars in der Schlacht von Bornhöved 1227 erhielt der schauenburgische Graf Adolf IV. Hamburg zurück.

Bis 1216 wuchsen Neu- und Altstadt zusammen, und bald verzichtete der Bremer Erzbischof auf seine Rechte über die Hamburger Altstadt zugunsten seiner schauenburgischen Verwandten. Die aufstrebende Stadt wurde bald zum Gegenhafen Lübecks an der Nordsee und dehnte sich seit dem späten 12. Jahrhundert über ihre alten Grenzen hinweg aus. Diesen Ausbau dokumentieren die Kirchen, wie die Jacobikirche (1255) und die Katharinenkirche (1256).[547] Wie St. Jacobi die Ausdehnung der Stadt in Richtung Osten belegt, bildet die Katharinenkirche den geistigen Mittelpunkt der Stadterweiterung nach Süden zur Elbmarsch. Bis zur Besiedlung des Kirchspiels St. Michaelis als neuer Neustadt im 17. Jahrhundert bestand damit die Altstadt Hamburgs aus den vier Kirchspielen St. Petri, St. Nikolai, St. Jacobi und St. Katharinen.

Die profane Bebauung der Stadt im Mittelalter lässt sich anhand mehrerer Ausgrabungen partiell nachvollziehen, die im kriegszertörten Hamburg seit 1947 durchgeführt wurden. Dabei hat man allerdings oftmals die Schwerpunkte mehr auf die frühesten Befunde gelegt und spätere Bebauungsschichten missachtet. Sieht man von den frühmittalterlichen Grubenhäusern und Block- und Spaltbohlenbauten ab, die im Bereich des Domplatzes und außerhalb der ehemaligen Hammaburg am Dornbusch und in der Großen Bäckerstraße freigelegt wurden, stammen weitere Befunde des 9. bis 13. Jahrhunderts vor allem von der Reichenstraßeninsel. Diese verteilen sich hier auf elf Bebauungshorizonte. Hier standen zunächst gehöftartig angeordnet Häuser mit Flechtwerkwänden in lockerer Bebauung. Erst im 12. Jahrhundert finden sich hier dreischiffige Ständerbauten mit Viehboxen. Daneben gab es Speicher. Im 13. Jahrhundert hat sich dann – wie ein Beispiel aus der Kleinen Bäckerstraße zeigt, das dreischiffige Wohnstallhaus mit Flechtwerkwänden durchgesetzt, dessen durchschnittliche Breite 8 bis 10 m betrug. Daneben befanden sich aber auch noch bis in das 14. Jahrhundert kleinere Bohlenbauten. Diese verschiedenen Formen sind aber eher funktional als chronologisch zu verstehen, so sind die ersteren Bauernhäuser, während die letzteren Handwerkern gehörten.[548]

Die südlich des Geeströckens gelegene, ursprünglich von Alster und Bille umflossene Reichenstraßeninsel (später als Reichenstraßen- und Gröningerfleet bezeichnet und 1877 bzw. 1964 zugeschüttet) wurde – wie erwähnt – seit dem 9. Jahrhundert mit agrarisch strukturierten Gehöften bebaut. Da aufgrund der Bedeichung des Alten Landes das Mittlere Tidehochwasser anstieg und das Gelände nicht mehr vor Überflutungen sicher war, erhöhte man das Bodenareal durch Abfall um etwa 2,5 m und fasste das ganze Gelände in 6,5 m breite, durch Holzkonstruktionen befestigte Parzellen ein, die von Ufer zu Ufer reichten. Auf den neuen Grundstücken siedelten sich nur Handwerker und Händler an. Während Dom und sog. Bischofsturm schon nach 1037 in Quader- und Geröllsteinen errichtet waren, findet sich ein erster, um 1200 datierter 5x7 m großer Bau in Backstein in Form einer Kemenate auf der Reichenstraßeninsel. Während diese bald in ein im 13. Jahrhundert als Ständerbau errichtetes Dielenhaus intregriert wurde, bestanden hier – wie die Stadtansicht von Braun-Hogenberg von 1589 zeigt – noch in dieser Zeit freistehende Kemenaten. Das Bild des Hamburger Stadtrechts von 1497 zeigt dann derartige Dielenhäuser mit Treppengiebel. Die spätmittelalterliche Bebauung hat sich dabei von der Lübecks nicht unterschieden. Während Lübeck jedoch bereits am Anfang mehrheitlich eine frühstädtische Bauweise aufwies, hat sich diese in Hamburg erst später anstelle der ländlichen Bebauung durchgesetzt.

Zur Entwässerung des im Mündungsdelta von Alster und Bille gelegenen, zur Aufsiedlung vorgesehen Areals wurden Fleete als Kanäle angelegt, die auch dem Warenverkehr dienten. Deiche schützten die Alster bis zum Niederdamm mit seinen hölzernen Schiffsanlegern. Auf der Deichkrone verlief die Stadtmauer, die seit 1250 die Stadt umgab. Wo die Alster in den Außenhafen (späterer Binnenhafen) mündete, errichtete man Türme und ein repräsentatives Tor. Der im Westen der Stadt gelegene Fernhandelsmarkt hatte sich als Ufermarkt nahe dem Hafen nach 1147 schnell entwickelt. Nachdem das Ufer über mehrere Jahrhunderte hinweg befestigt worden war begann nach 1157 der Bau von Werften, Kränen und Kaianlagen. Das Löschen der Ladung konnte nur mit Genehmigung des Rates geschehen, der ebenso für die Reinhaltung der Häfen für den Schiffsverkehr von Schwemm- und Abfallgut sorgte. So verbot die Hamburger Bursprake von 1359 das Abwerfen von Ballast im Hafen, in den Fleeten und der Alster.[549]

Der wirtschaftliche Aufstieg Hamburgs, den auch vorübergehende Besetzung durch die Dänen unter Waldemar II. zwischen 1201 und 1227 nicht aufhalten konnten, geht einher mit dem Aufstieg der Hanse seit 1282 sowie in geringerem Maße auch infolge der Förderung durch die Schauenburger unter Adolf IV. (1205–1261).[550] Die Stadt besaß Handelsprivilegien in Flandern (1252), England (1266), Schweden (1261), Norwegen (1283) und Frankreich (1294). Nachdem zu Anfang des 13. Jahrhunderts in der Altstadt nur 600–800 und in der Neustadt 400–500 Menschen wohnten, dürfte die Einwohnerzahl um 1400 schon etwa 5.000 betragen haben. Um noch mehr Mühlen für die Ernährung und den Getreideexport

Auf dem Stich von Braun-Hogenberg von 1585–1588 erkennt man deutlich das Nikolaiviertel im Osten, die Stadterweiterung im Süden, die Altstadt mit dem Dom und die östliche Vorstadt. Im Norden befindet sich der Alsterstausee.

zu errichten, staute man die Alster für den Bau der Obermühle in der Mitte der 30er Jahre des 13. Jahrhunderts ein zweites Mal auf. Als Vorbild diente Lübeck, wo man 1229–1232 die Wakenitz für den Bau einer großen Mühlenanlage gestaut hatte. Nach Hamburg gelangte vor allem das Getreide der urbar gemachten Elbmarschen. Auch die Kornproduktion der holsteinischen Klöster gingen nach Hamburg und Lübeck.

Hamburg, das um 1500 dann 15.000 Einwohner aufwies, entwickelte sich im 16. Jahrhundert zusammen mit Bremen zu einer starken Konkurrenz der Ostseehäfen. Mit der Portugal- und Spanienfahrt am Ende des 16. Jahrhunderts gewann Hamburg weiter an Bedeutung und zählte 1600 etwa 35.000, um 1620 bereits 50.000 Einwohner. Auch nach dem Niedergang der Hanse vermochte Hamburg seinen Standortvorteil an der in die Nordsee mündenden Elbe für weltweite maritime Verbindungen zu nutzen. Die Bedeutung der Elbe als Schifffahrtsweg unterstreicht die Prozesskarte des Melchior Lorichs aus der Zeit um 1567.[551] Diese diente mit ihrer genauen Vermarkung von Betonnungen und Fahrwässern der Festlegung der Elbfahrwassergrenze sowie der Erhebung von Zöllen, die Hamburg vom Harbuger Herzog ebenso wie von den Städten Lüneburg, Stade und Buxtehude für ihre elbaufwärts

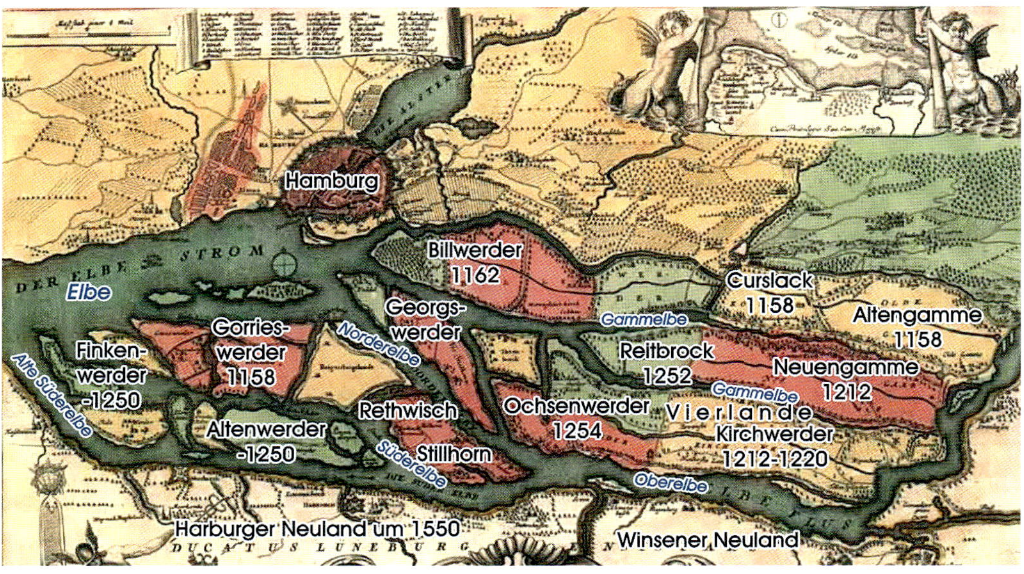

Die südlich Hamburgs liegenden Elbinseln wurden im Verlauf des Hoch- und Spätmittelalters bedeicht und miteinander verbunden. „Prospect und Grundris der Keiserl. Freyen Reichs und Ansee Stadt Hamburg samt ihrer Gegend" von Johann Baptist Homann.

fahrenden Schiffe verlangte. Ferner gibt die Karte in stilisierter Form einen Eindruck der Kulturlandschaft der Elbmarschen hinter den Deichen mitsamt Orten, Kirchen und Burgen.

Im Gebiet Hamburgs lässt die Karte von Loris ebenso wie die von Johann Baptist Homann (1664–1724) mehrere Marschinseln im Stromspaltungsgebiet der Elbe erkennen. Ihre teilweise Bedeichung begann, wie in dem an Hamburg angrenzenden Hammerbrook, im 12. Jahrhundert.[552] Das im Norden von der Bille, im Süden von der Billwerder- und Veddel-Elbe umflossene Billwerder sicherten im 14. Jahrhundert ebenfalls Deiche, und etwa 100 Jahre später verband man Hammerbrook und Billwerder mit Deichen. Im Gebiet der heutigen Elbinsel Wilhelmsburg lagen im 12. Jahrhundert noch die beiden Inseln Stillhorn und Rethwisch im Süden sowie der große Gorrieswerder im Norden, den mehrere Wasserfluten im 13./14. Jahrhunderts in mehrere Teile zerrissen, von denen der östlichste bis heute den Namen Gorrieswerder behalten hat, während die anderen heute den Alten- und Finkenwerder bilden.[553]

Die beiden am weitesten im Westen zwischen der Alten Süder- und Unterelbe liegenden Inseln Alten- und Finkenwerder blieben zunächst ohne Deichschutz. Diese dienten um 1100 noch als Stützpunkt der Fischerei, bevor dann infolge der Bedeichung seit 1250 die Landwirtschaft überwog. Nachdem zu Beginn des 15. Jahrhunderts die Inseln Hochwässer überschwemmten, entschloss man sich in den Jahren 1418 bis 1420 zur erneuten Bedeichung. Die 1236 erfolgte Nennung von Finkenwerder steht in einem Zusammenhang mit dem Vogelfang. Ursprünglich im Besitz der Grafen von Holstein-Stormarn, seit 1227 dann im teilweisen Eigentum des Erzbistums Bremen und seit 1236 auch des Herzogtums Braunschweig-Lüneburg, gelangte Finkenwerder, wohl aufgrund der Sturmflutschäden von 1396, im Jahre 1427 in Hamburger Pfandbesitz und Eigentum, während der Südteil erst 1937 mit dem Groß-Hamburg Gesetz zur Stadt kam.

Die beiden Gamm-Elben im Norden (später Dove und Gose) und die Oberelbe im Süden umgaben im Mittelalter das Marschgebiet der Vierlande.[554] Die Süderelbe bildete zugleich die Grenze zwischen der Grafschaft Holstein-Stormarn und dem Herzogtum Sachsen-Braunschweig-Lüneburg. Schon im Mittelalter gelangte mit den Marschlanden der westliche Teil dieses Gebietes in Hamburger Besitz, während die Vierlande Hamburg und Lübeck gemeinsam gehörten. Altengamme und Curslack waren um 1158 mit Deichen umschlossen, Neuengamme folgte 1212. An der Norder- und Olberelbe ließ der sächsische Herzog in den Jahren 1212 bis 1220 den Kirchwerder bedeichen; Ochsenwerder schützten seit 1254 ebenfalls Deiche. Um 1162 umgab auch den Billwerder ein Deich, den wohl die Julianenflut 1164 aber völlig zerstörte.

Als im 16. Jahrhundert die Bevölkerung der Hansestadt anstieg und infolge der Stadterweiterung viele Bürger ihre Gärten verloren, wurde in den bedeichten Vier- und Marschlanden neben Viehzucht und Ackerbau auch der Gartenbau lohnend. Viele landarme Kätner fanden so durch die intensive Bewirtschaftung kleiner Flächen ihr Auskommen. Zu Schiff brachte man das geerntete Gemüse und Beerenobst, bald auch Blumen nach Hamburg. Die Entwässerung des niedrigen, intensiv bewirtschafteten Landes erfolgte durch Schöpfmühlen. Der krumme Verlauf der alten Deiche und die zahlreichen Bruchstellen (Bracks) zeugen von der Auseinandersetzung mit dem Wasser.

Nachdem Billwerder 1385 an Hamburger Bürger verpfändet und 1395 mit Ochsenwerder sowie Moorwerder an Hamburg kam, erfolgte eine Zusammendeichung der Inseln. Billwerder und Billhorn wurden um 1397 verbunden, und bis 1492 waren die teilweise verlandeten Gamm-Elben durchdämmt. An der unteren Bille entstand um 1492 der Billwerder Steindamm mit den Bullhuser Schleusen an der Grünen Brücke. Zugleich mit dem Bau der Heckkatenschleuse durchdämmte man 1494 den oberen Teil der unteren Bille. Seitdem führt der Bergedorfer Schleusengraben den Abfluss der oberen Bille in die Doveelbe. Sturmfluten der folgenden Jahrhunderte erforderten jedoch immer wieder eine Erneuerung und teilweise Rücknahme der Deiche. Daneben deichte man neu aufgewachsene Vorländer ein.

Am Ufer der Süderelbe entwickelte sich im Schutz der etwa um 1000 angelegten *Horeborch* (Sumpfburg) die Stadt Harburg, die 1297 lüneburgisches Stadtrecht erhielt. Harburg ebenso wie Stade und Hamburg profitierten dabei vom Elbhandelsweg, den Steintürme bei Ritzebüttel und auf Neuwerk sicherten. Letzterer Turm auf der seit 1286 *Nige Oge* genannten Insel in der Außenelbe entstand zwischen 1376 und 1379 auf einer Wurt. Zu dieser Zeit war die Insel weit größer als heute, sie verkleinerte sich infolge der spätmittelalterlichen Sturmfluten.

Kleinere Städte in Holstein

Unterhalb von der Bedeutung von Lübeck und Hamburg finden wir in Holstein und Schleswig Städte, die vom Fern- und Transithandel profitierten. Dazu gehören Itzehoe, Kiel, Rendsburg und Eckernförde in Holstein sowie Schleswig, Flensburg und Hadersleben in Schleswig. Zu reinen Exporthäfen für Landesgüter wurden Krempe, Wilster, Neustadt und Heiligenhafen. Lauenburg, Oldenburg, Mölln und Rendsburg besaßen jeweils eine Zollfunktion im Schnittpunkt wichtiger Handelswege, während Ratzeburg, Eutin und Plön nur regional bedeutend blieben. Neben der

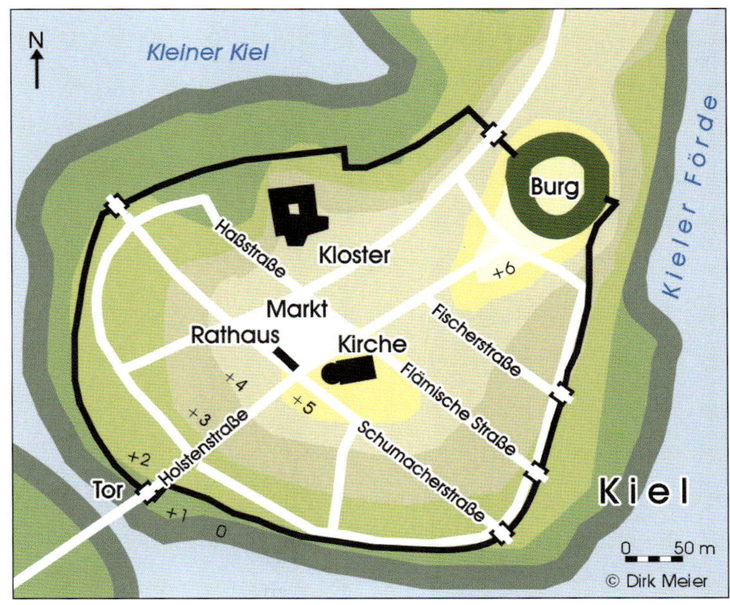

Kiel war auf einer Moränenkuppe zwischen Kleinen, Kiel und Kieler Förde 1242 unter dem Schauenburger Grafen Adolf IV. als Civitas Holzatorum, somit zentraler Ort der Grafschaft, vorgesehen, doch entwickelte es sich nicht in gleichem Maße wie Lübeck. Die neue Stadt mit ihrem zentralen Markt schützte im Norden eine Burg.

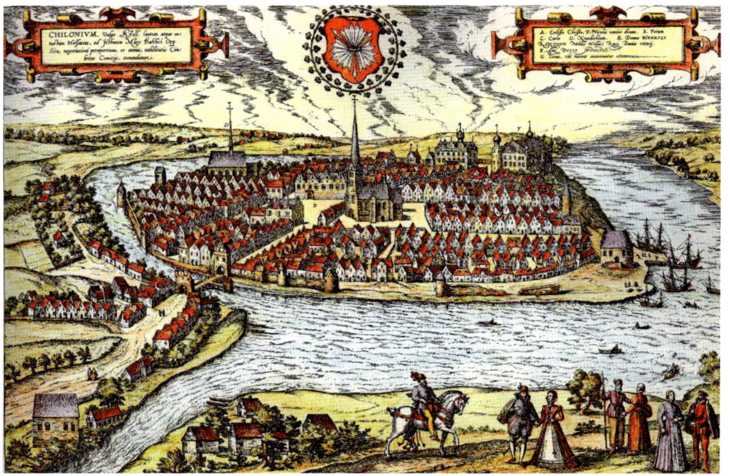

Historische Stadtansicht Kiels von Braun und Hogenberg (Civitates Orbis Terrarum 1588) mit Blickrichtung nach Norden zur Ostsee; links das Westufer, rechts das Ostufer der Kieler Förde. Deutlich ist die Insellage der Stadt zwischen der Förde im Osten und dem westlich umschließenden Stadtgraben zu erkennen, dem späteren Kleinen Kiel, der mit der Förde verbunden ist.

Entwicklung der größeren Städte hatten sich auch in den 40 Jahren nach Gründung der Hamburger Neustadt 1188 im östlichen Teil der Grafschaft Holstein die ländlichen Siedlungen und Marktorte so verdichtet, dass Graf Adolf IV. diese zu Städten erhob. Mit dem Lübischen Recht bestätigte er im Grunde genommen den bereits vorher von den Bürgern geschaffenen Status. Diese ökonomische Verwaltungsorganisation, die in West- und Mitteleuropa bereits erfolgreich erprobt worden war, förderte die Eigeninitiative der Bürger, versprach höhere Steuern, entlastete die gräfliche Verwaltung und sicherte das gräfliche Territorium durch befestigte Plätze. Neben den im 13. Jahrhundert gegründeten oder mit Stadtrecht versehenen Seestädten lagen weitere im Binnenland.

So wurden zwischen 1230 und 1300 mehrere Marktsiedlungen *(fora)* zur Stadt erhoben. Dazu gehören Plön (1236), Lütjenburg (um 1238), Segeberg (um 1238), Rendsburg (*castrum Reynoldesburch* 1200/1225, *civitas* 1253, *oppidum* 1260, 1312 Stadt)[555], Eutin (1257), Oldenburg (1235?/1392), Wilster (1282) und Krempe (nach 1286, Stadtrecht 1306). Neben bestehenden Orten entstanden die Städte Itzehoe (1238) und Oldesloe (um 1238). Urban überplant wurden die Siedlungen Kiel (1242) sowie möglicherweise Neustadt (1244) und Heiligenhafen (1250).[556]

Itzehoe und Kiel waren dabei zweifellos die aufwendigsten Neuanlagen, die einer Steigerung des Fern- und Transithandels dienen. Diese gräfliche Maßnahmen dienten zur Stärkung der Konkurrenz zu Lübeck. Kiel, auf einer Moränenkuppe zwischen Kleinem Kiel und Kieler Förde gelegen, hatte 1242 vom Schauenburger Grafen Adolf IV. das Stadtrecht erhalten und war von ihm als *Civitas Holzatorum*, somit als zentraler Ort seiner Grafschaft, vorgesehen. Ob der Hügel schon vorher besiedelt war, ist unklar. Am Ufer der Förde befand sich ähnlich wie in Lübeck aber bereits im 11./12. Jahrhundert ein fernhandelsorientierter Ufermarkt, zu dem auch die Waren des Hinterlandes gelangten. Nachdem sich der Handel erfolgversprechend gestaltete, zog es bald Handwerker in den Ort. In der Hafensiedlung, die bislang ausschließlich vom Fernhandel gelebt hatte, begann die Produktion von Waren. Vor allem anhand von Keramikfunden lässt sich die Einfuhr von Gütern aus entfernten Regionen, wie den Niederlanden und dem Rheinland, nachweisen. War die frühe Stadt vor allem fernhandelsorientiert, änderte sich dieses seit dem Ende des 12. Jahrhunderts. Mit dem Ausbau der Stadt, der Zunahme der Bevölkerung und der Bildung neuer Berufsstände, wie der Handwerker, differenzierte sich die Sozialtopographie. Möglicherweise waren es auch die aufstrebenden Bürger der Stadt, die diese Entwicklung mit in die Hand nahmen. Diese waren es auch, die ihre Marktsiedlung mit einer Holz-Erde Befestigung mit vorgelagertem Graben umgaben, die als *plankas* 1301 im Kieler Rentebuch erwähnt ist. In den gleichen Zeitraum weisen die dendrochronologischen Altersdatierungen der Palisaden, die sekundär unter der jüngeren Ziegelmauer verbaut wurden. Diese errichtete man um 1313 an Stelle der alten Befestigung, und die Mauer erneuerte man zu Beginn des 15. Jahrhunderts. Zudem sind im ältesten Stadtbuch zwischen 1264 und 1289 drei feste Bollwerke oder Häuser als *propugnacula* ge-

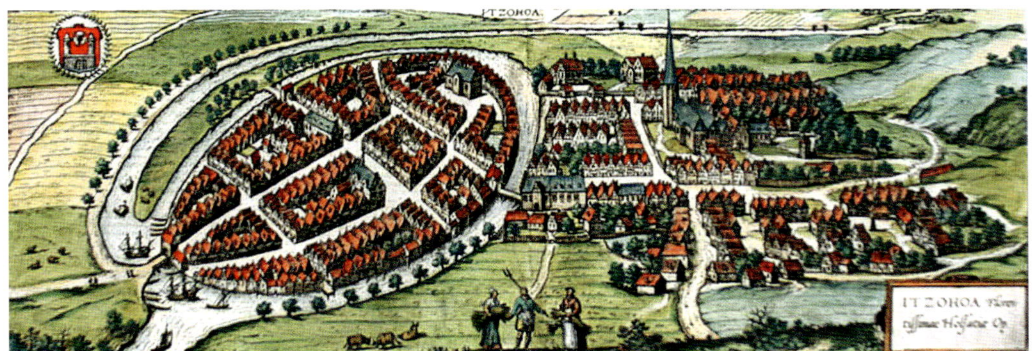

Auf dem Stich von Braun und Hogenberg (Civitates Orbis Terrarum 1588) erkennt man deutlich links die ehemalige landesherrliche Burg auf einer durch einen Stichgraben zur Insel gewordenen, ehemaligen Störhalbinsel und das suburbium und rechts die Neustadt der Kaufleute mit der St.-Laurentii-Kirche (erste Erwähnung 1196).

nannt. Parallel zum Ausbau der Stadtbefestigung vollzog sich die weitere Entwicklung der Stadt.[557]

Die gräflichen Ansprüche als Stadtherr sicherte eine urkundlich 1252 belegte Burg ab. Bei der im Durchmesser etwa 79 m großen Anlage dürfte es sich um eine Turmhügelburg gehandelt haben, die den Zugang in die Stadt von der Landseite her schützte. Sie lag auf der nördlichen Seite an der höchsten Stelle des Stadthügels. Ihre Anlage und Topographie erinnert an die Situation des Burgklosters Lübeck. In Kiel ließ Adolf IV. auch ein 1245 erwähntes Kloster errichten. Kloster und Burg nahmen mit insgesamt 10 ha Fläche herausragende Plätze innerhalb der Stadt ein. Da ähnlich wie in Lübeck die Flächenreserven der Stadt bereits im 12. Jahrhundert erschöpft waren, begann man mit einer künstlichen Auffüllung der Bucht des Kleinen Kiels.

Nachdem der Ufermarkt an der Förde an Bedeutung verlor entstand ein neuer Markt im Zentrum der Stadt. Dieser lag nun im Schnittpunkt des von Norden her in die Stadt führenden Landweges. Allerdings lagen die bedeutenderen Fernverbindungen, wie der von Jütland durch Schleswig-Holstein nach Hamburg verlaufende Ochsenweg, zu weit entfernt, so dass Kiels Bedeutung begrenzt blieb. Da auch der Seehandel unterrepräsentiert war, entwickelte sich die Stadt im Mittelalter nicht im gleichen Maße wie Lübeck und Flensburg. So günstig die Lage Kiels an der Förde auf den ersten Blick auch erscheint, so war doch die Länge der Landwege von hier zur Nordseeküste weiter als der von Schleswig nach Hollingstedt an der Treene oder die Wege- und Kanalverbindung von Lübeck zur Elbe und weiter nach Hamburg. Der Transithandel konnte sich daher im Mittelalter in Kiel weniger gut entwickeln als dies in Hamburg, Lübeck, Schleswig und Flensburg der Fall war.

Itzehoe wurde im 12. Jahrhundert erstmals als *Ekeho* von Saxo Grammaticus in seiner Gesta Danorum erwähnt, 1196 erfolgte eine weitere Nennung als *de Ezeho*. Die Deutung des Namens ist unklar, möglich wäre eine Übersetzung aus dem Mittelhochdeutschen als „Weideland an der Flussbiegung". Die heutige Itz wurde erst im 20. Jahrhundert nach dem Ort benannt. Nachdem nahe von Itzehoe unter Karl dem Großen 809/810 das kurzlebige Kastell Esesfeld an der Stör angelegt worden war, errichtete Erzbischof Ebo von Reims im Sommer 823 im heutigen Münsterdorf die *Cella Welana* als Bethaus und Stützpunkt für die von ihm in die Wege geleitete christliche Mission in Dänemark. Die um 1000 in der nahegelegenen Störschleife als Ringwallanlage errichtete größere Burg *Echeho* wurde dann zur Keimzelle einer Siedlung, die sich infolge der Verleihung des Stadtrechts (1238) und später des Stapelrechts (1260) rasch zu einer Handelsstadt entwickelte. Auf der anderen Flussseite entstanden weitere Ansiedlungen um den Klosterhof (ca. 1260) und um die Laurentii-Kirche (erste Erwähnung 1196). Unter den Billungerherzögen wurde Itze-

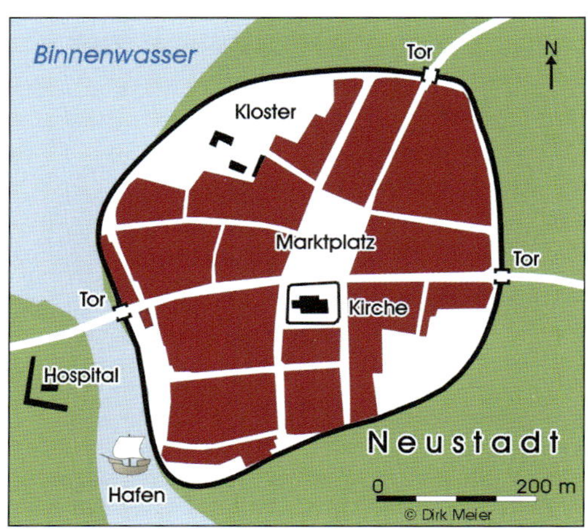

Urban überplant wurde vermutlich die kleine Hafensiedlung Neustadt an der Lübecker Bucht, die vom Transithandel mit Lübeck profitierte.

hoe zur Operationsbasis zur Sicherung des Herzogtums Sachsen gegen die Dänen ausgebaut. Die Bedeutung von Burg und Stadt erklärt sich aus der Verkehrstopographie. So kreuzten sich hier der später als Lübsche Trade bekannte Handelsweg und der Ochsenweg, zusammen mit dem Wasserweg der Stör, die hier an ihrem Unterlauf gut überschritten werden konnte. Von hier aus ging es dann über Segeberg und Oldesloe nach Lübeck.[558]

Für die Anlage der Burg hatte man die in einer Störschleife gelegene Halbinsel durch einen Durchstich im Süden zu einer Insel gemacht, in deren nördlichem Teil man einen 7 m hohen Erdringwall mit einem Durchmesser von 100 m anlegte. Südlich des Walls entstand eine Vorburgsiedlung.[559] Aufgrund der starken Befestigung und ihrer Lage nahm die Burg *Echeho* eine herausragende Stellung ein. Vielleicht wurde sie zum Vorbild der 1061 angelegten Neuen Burg in einer Alsterschleife in Hamburg. Die Stärke der Burg Itzehoe dokumentieren zwei vergebliche Belagerungen. So drangen 1032 die Abodriten bis Itzehoe vor, wo sie durch den hinzukommenden Billungerherzog Bernhard II. besiegt wurden. Die die Burg 1227 belagernden Dänen vertrieb der herbeigeeilte Adolf IV. mit seinem Heer. Von der Burg ist heute nichts mehr erhalten. Zudem hat sich die Topographie infolge der zugeschütteten Störschleife geändert. Nur die dem Verlauf der ehemaligen Störschleife folgende „Wallstraße" erinnert noch an die Burganlage.

Neben der Burg ließ Adolf IV. eine städtische Ansiedlung für Kaufleute anlegen und befreite diese vom Zoll. Vielleicht hatten sich hier auch schon vorher Händler niedergelassen. Das neue Zentrum wurde geistlich von der Laurentiuskirche im Burgflecken versorgt. Im alten *suburbium*, das 1303 in die Neustadt einbezogen wurde, durften sich keine Kaufleute mehr niederlassen. Die Bedeutung des Ortes wurde durch die Urbarmachung der Flussmarschen an Elbe und Stör nach der Bedeichung im 12. Jahrhundert noch gesteigert. Anlage und Förderung Itzehoes durch die Schauenburger Grafen zeigen, dass dieser als zentraler Handelsort für die nahen Elbmarschen gedacht war. Adolfs Söhne hatten schon 1257 durch eine weitere Schenkung das Stadtgebiet erweitert und Itzehoe 1260 das Stapelrecht verliehen, was de facto alle einlaufenden Schiffe hier zur Löschung ihrer Waren zwang. Die Stadt profitierte dabei von den Getreidelieferungen und anderen Agrarprodukten der seit dem 12. Jahrhundert urbar gemachten Kremper- und Wilstermarsch.

Von untergeordneter Bedeutung waren eine Reihe weiterer kleiner Städte in Holstein, die vor allem an der Ostseeküste mit ihrem Nahhandel mit Lübeck profitierten. So diente das 1250 gegründete Heiligenhafen als Umschlagplatz für den nordwestlichen Teil Wagriens, während Neustadt zum kleinen Seehafen an der Lübecker Bucht wurde. Letzterer Ort entstand 1244 als eine Planung unter dem erst zwölfjährigen Schauenburger Grafen Gerhard I., dessen Verwaltung sicherlich auf die Vorarbeiten Adolfs IV. zurückgriff. Eine Anleitung Graf Gerhards an seinen Bruder enthält dabei nähere Angaben über Markt, Straßen, Kirchhof, einzelne Grundstücke *(areae)* sowie den Umfang der Stadt. Die Bauern der Umgebung hatten dabei für die Stadt einen Wall aus einem umgebenden Graben aufzuschütten.[560]

Oldenburg erhielt nachweislich erst 1392 Stadtrecht, während es sich bei der Urkunde von 1235 um eine frühneuzeitliche Fälschung handelt. Nach der Eroberung Wagriens hatte Adolf II. diesen Raum noch ausdrücklich den Slawen zugewiesen, so dass dieser den in das Land gerufenen Kolonisten aus dem Reich verwehrt blieb. Da zudem die Burg Oldenburg 1149 von dem dänischen König Sven Grathe zerstört worden war, blieb die entstehende Marktsiedlung südlich der zerstörten Wehranlage ohne Schutz. Seit 1149 ging die Bedeutung des Ortes stark zurück, auch wenn die ersten beiden Bischöfe des wiedererrichteten Bistums Oldenburg (1149), Vizelin und Gerold, hier wieder Fuß fassen wollten. Nach der Verlagerung des Bischofssitzes nach Lübeck ging dann auch die Kirche neue Wege. Immerhin beließ Bischof Gerold den Priester Bruno in Oldenburg. Dieser erhielt die Erlaubnis von Adolf II. zur Gründung einer sächsischen Siedlung, *damit der Priester Unterstützung fände von dem Volke, dessen Sprache und Sitten er kannte*, heißt es bei Helmold von Bosau (I, 84). Bei dieser Neuansiedlung entstand die heutige Kirche in Oldenburg. Der Graf befahl aber auch, dass die Slawen ihre Toten auf dem Friedhof bestatten sollten und an den Festtagen in der Kirche zu erscheinen hätten. Dort aber spendete ihnen – nach Helmold – Bruno das Wort Gottes in slawischer Sprache.

Nach einem weiteren dänischen Kriegszug 1171 wurde dann die schon durch Kriegswirren in Mitleidenschaft gezogene, ehemals slawische Großburg Oldenburg endgültig aufgegeben. Zu Beginn des 13. Jahrhunderts entstand dann im Westen des alten slawischen Ringwalls eine neue Burg des Landesherren. Vermutlich erfolgte diese Umgestaltung unter Albrecht von Orlamünde, dem Lehnsgrafen des dänischen Königs Waldemar II. Die slawische Anlage bedeckte eine Grundfläche von 3,7 ha und gliederte sich in einen westlichen und östlichen Ring, deren Wallzüge die Außenseiten der alten Befestigungslinien nutzen

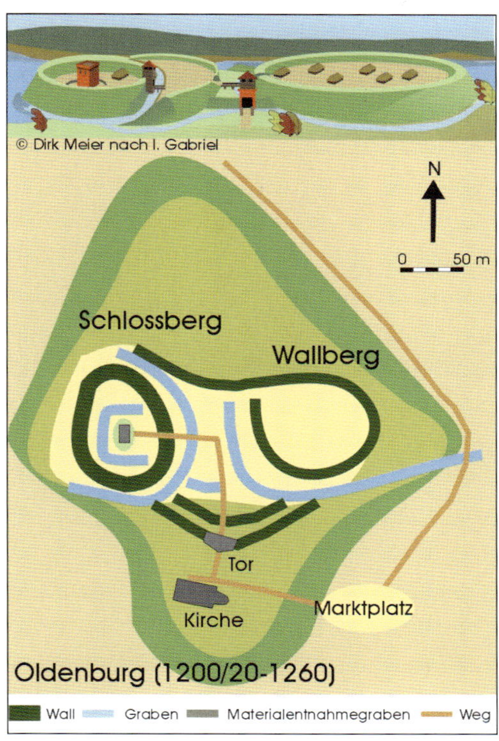

Nach einem dänischen Kriegszug 1171 wurde die schon durch Kriegswirren in Mitleidenschaft gezogene, ehemals slawische Großburg Oldenburg aufgegeben. Zu Beginn des 13. Jahrhunderts entstand dann im Westen des alten slawischen Ringwalls eine neue Burg des Landesherren mit einer Vorburg im Osten. Südlich der Burg entstand eine Marktsiedlung, die 1392 Stadtrecht erhielt, aber nur von regionaler Bedeutung blieb.

konnten. An den Innenseiten zog man neue Erdwerke ein. Den westlichen, 90 x 100 m großen Wallring umgab im Osten halbkreisförmig ein 16 m breiter und 4 m tiefer Sohlgraben. Der mittelalterliche, 20 m breite Wallrest ist noch bis zu einer Höhe von 1,5 m erhalten. Im Zentrum dieses Ringwalles stand am höchsten Punkt des sog. Oldenburger Wallberges oder Schlosswalls ein herrschaftliches Steinhaus. An diesen Adelssitz schloss sich im Osten ein fast runter Wallring von fast 100 m Durchmesser an, den im Westen und Süden ebenfalls ein Sohlgraben umgab. In dem vom Wall umschlossenen Innenraum von 0,5 ha deuten Feldsteinfundamente, Pfostensetzungen von Schutzdächern und Backöfen auf einen Wirtschaftshof hin. Der Raum zwischen beiden Wallringen diente als Zugang. Der alte Nord-Süd-Weg aus slawischer Zeit lief nun nicht mehr durch die Burg, sondern über den Marktplatz und die spätere Burgtorstraße. Nach den archäologischen Funden zu urteilen, dürfte diese Burg von 1200 bis zu ihrer Zerstörung 1261 durch das

Plön hatte sich unter Graf Adolf II. mit der Burggründung auf dem Schlossberg zum regionalen Zentrum entwickelt. Im Schutz der Burg und nahe der von Lübeck nach Norden führenden Handelsstraße entwickelte sich eine sächsische Marktsiedlung, die wahrscheinlich 1236 das Lübische Stadtrecht erhielt. Foto: wikimedia

Heer Herzogs Albrechts von Braunschweig bestanden haben.[561] Dieser Gegner des Holstengrafen war mit Lübeck und Dänemark verbündet. Danach wurde die Burg nicht wieder aufgebaut. Nur der Adelige Joachim Breide setzte 1413 zur Abwehr eines Einfalls des dänischen Königs Erich von Pommern den Wall nochmals in einen dürftigen Verteidigungszustand. Nach 1261 dürfte der landesherrliche Vogt auf einem ebenfalls in dem alten Ringwall gelegenen Wirtschaftshof gesessen haben, der mit der neuen Burg um 1200 wohl gemeinsam angelegt wurde. Nur aufgrund seiner Mittelpunktstellung in der alten *terra* Oldenburg konnte sich der deutsche Marktflecken behaupten und zu einer kleinen Stadt heranwachsen, die jedoch aufgrund ihrer verkehrsfernen Lage über eine regionale Bedeutung nie hinauswuchs.

Plön hatte sich nach der Zerstörung der slawischen Inselburg Olsborg 1139 als neues Zentrum entwickelt, nachdem Graf Adolf II. die Inselburg nach einer kurzen Wiederaufbauphase auf den heutigen Schlossberg verlegt hatte. Im Schutz der Burg und nahe der von Lübeck nach Norden führenden Handelsstraße entwickelte sich eine sächsische Marktsiedlung, die wahrscheinlich 1236 das Lübische Stadtrecht erhielt. Auf einer schmalen Landenge zwischen Großem und Kleinem Plöner See sowie der Schwentine strategisch günstig gelegen, blieb Plön ein Zentrum der Grafschaft Holstein, bis diese im 15. Jahrhundert dem dänischen Königshaus zufiel.[562]

Rendsburg, das in der 40er Jahren des 12. Jahrhunderts Stadtrecht erhalten hatte, wechselte von der dänischen Herrschaft in die Hand des holsteinischen Grafen. Da der Ort mit seinem waldreichen Hinterland die Marschgebiete der Nordseeküste mit Holz versorgte, blieb hier der Transithandel bestimmend, der über die Eider von Flemhude bei Kiel über Rendsburg bis in die Nordsee führte. Zudem war Rendsburg der einzige Nord-Süd Übergang des Heerweges über die Eider.

Wann die kleinen Siedlungen, die im 15. Jahrhundert vereinzelt als Städte erwähnt werden, Stadtrecht erhielten, ist unklar. Sicher besaßen aber das zum Kloster Reinfeld in Stormarn gehörende Zarpen (1469) sowie Grube (1495) und Grömitz (1497) in Ostholstein die notwendigen rechtlichen Voraussetzungen. An den regionalen wirtschaftlichen Verteilungsfunktionen des Binnenmarktes änderten die Stadterhebungen nichts. Überwiegend verlief dieser Prozess friedlich, doch gab es Ausnahmen. So hatte beispielsweise der Lübecker Bischof Eutin erst nach Auseinandersetzungen mit den Vögten wieder erhalten und

N
Kampen
Burg
Eider
Nieder See
Mühlengraben
Kirche
Rendsburg
Hafen
Markt
Ober See
0
500 m
© Dirk Meier

Auf einr Insel in der Eider lag das strategisch wichtige Rendsburg, das in die Hände der holsteinischen Grafen kam.

An der Westküste Holsteins, wo Dithmarschen als Republik autonomer Kirchspiele im Mittelalter weitgehend seine Selbständigkeit wahrte, ist Meldorf 1265 zwar als siegelführende Stadt bezeugt, wenn der Ort auch hinsichtlich seiner Bedeutung und zentralörtlichen Funktion nicht mit denen der Ostseeküste zu vergleichen ist. Stadtherr war das Land Dithmarschen. Stadtansicht um 1560 von Daniel Freese im Civitates Orbis Terrarum von 1598.

zur Stadt erhoben.[563] Auf Fehmarn bekam Burg im späten 13. oder frühen 14. Jahrhundert das Lübische Stadtrecht.

Südlich von Lübeck hatte sich das Herzogtum Sachsen-Lauenburg bis zur Elbe bis 1225 ebenfalls unter dänischer Herrschaft befunden. Nachdem die Askanier 1226 hier die Herrschaft übernahmen, erhielten Ratzeburg, Mölln und Lauenburg im 13. Jahrhundert nicht näher datierbare Stadtrechte. Bergedorf kam 1275 hinzu.[564] Ratzeburg und Mölln bildeten dabei – wie schon zur Zeit ihrer Marktsiedlungen – die urbanen Zentren des agrarisch ausgerichteten Umlandes. Über diese Städte im Mittelalter ist wenig bekannt. Lauenburg, unterhalb der gleichnamigen Burg gelegen, entstand hingegen weitgehend unabhängig von der ländlichen Kolonisation. Wirtschaftliche Basis der vor 1260 mit dem Stadtrecht bewidmeten Stadt bildete die Binnenschifffahrt der Elbe, der Fischfang und seit spätestens 1278 auch der Umschlag des Lüneburger Salzes.[565] Die Alte Salzstraße überquerte dabei 4 km westlich bei der Ertheneburg, einer seit 1026 erwähnten Anlage der Billunger-Herzöge, die Elbe. Günstig wirkte sich ebenfalls der 1398 fertig gestellte, 97 km lange und bis 16,6 m tiefe Stecknitzkanal mit seinen Schleusen auf die Ökonomie der Stadt aus.[566]

Gänzlich anders als an der Ostküste Holsteins waren die Verhältnisse an der Westküste, wo Dithmarschen als Republik autonomer Kirchspiele im Mittelalter weitgehend seine Selbständigkeit wahrte. Hier ist Meldorf 1265 zwar als siegelführende Stadt bezeugt, wenn der Ort auch hinsichtlich seiner Bedeutung und zentralörtlichen Funktion nicht mit denen der Ostseeküste zu vergleichen ist. Stadtherr war das Land Dithmarschen. Neben Meldorf erhielt Lunden 1529 das Stadtrecht, wie es heißt *nach dem Wortlaut aller Ausgaben ihrer [der Meldorfer] Privilegien und Rechte, welche ihnen das Land Dithmarschen gegeben und besiegelt* …[567]

Städte im Herzogtum Schleswig

Die dänischen Städte waren, soweit sich diese Frage anhand der Schriftquellen beantworten lässt, ursprünglich fast alle Königsstädte, von denen der Herrscher verschiedene Einkünfte bezog. In Südjtüland wurden diese im Laufe der Entwicklung des Schleswiger Herzogtums mit Ausnahme von Ripen dann herzoglich.[568] Im Herzogtum Schleswig bildete dabei bis zur Mitte des 12. Jahrhunderts nur der Seehandelsplatz und Bischofssitz Schleswig ein wirklich bedeutendes Zentrum. Nördlich von Schleswig existierten entlang der Küste von Südjütland an den Enden der Förden und Buchten im 11./12. Jahrhundert kleine Handelswike, wie die Gemeinde St. Johannis als Kaufmannsiedlung an der Flensburger Förde. Hingegen befand sich an der Westküste Jütlands mit Ripen ein wichtiger Handelsort. Ein Grund dafür, dass der Handel mit Ausnahme der Kaufmannssiedlungen in Flensburg, die dänische Ostseeküste mied, war die slawische Seeherrschaft während der zweiten Hälfte des 11. und der ersten Hälfte des 12. Jahrhunderts. Nachdem die Abodriten im Verlauf der Wendenkriege von Heinrich dem Löwen endgültig unterworfen wurden sowie der dänische König Waldemar I. Rügen erobert und so die Seeherrschaft der Ranen beendet hatte, erlebte der Transithandel an der Ostseeküste einen Aufschwung. Nicht ohne Grund feiern die Bürger Haderslebens nach dem Zeugnis des Stadtrechts von 1295 den Tag *Viti et Modesti*, an dem König Waldemar I. Rügen gewann. Dieser sicherte die maritimen Handelswege von Schleswig nach Schonen durch den Bau von Burgen am Großen Belt.[569]

Die weitere Phase der Stadtentwicklung förderte in Schleswig ähnlich wie Adolf IV. in Holstein dessen Schwiegersohn Abel. Dieser war Herzog von Schleswig (1231/41–1252) und von 1250 bis zu seinem gewaltsamen Tod 1252 auch dänischer König. Nachdem in den Auseinandersetzungen zwischen ihm und seinem Bruder, König Erik Plogpenning, Flensburg, Apenrade und Hadersleben zerstört worden waren, kam es im Zusammenhang mit dem Wiederaufbau der Marktorte zu einer Welle von Stadterweiterungen. Wenn die dazu vorliegenden Berichte über Zerstörungen auch frühneuzeitlichen Chroniken entstammen, so erscheinen sie doch zuverlässig. Dazu gehören St. Nikolai in Flensburg, Apenrade und die Erweiterung von Hadersleben.[570]

- **Schleswig**

Das am Nordufer der Schlei gelegene Schleswig nördlich des 1066 zerstörten Emporiums Haithabu-Hedeby machte Knud Laward zum Zentrum seines Jarltums. Der Niedergang der alten Handelsniederlassung ist jedoch nicht allein auf dessen Brandschatzungen 1059 durch den norwegischen König Harald Hardråde und 1066 durch die Slawen zurückzuführen, sondern hängt vielmehr mit der zunehmend nicht mehr vorhandenen Nutzbarkeit des Hafens infolge des flachen Haddebyer Noores zusammen. Obwohl in der zweiten Hälfte des 10. Jahrhunderts der Handelsort noch von Schiffen angelaufen wurde und man sogar noch im frühen 11. Jahrhundert Hafenanlagen errichtete, verlagerte sich der maritime Handel an das Nordufer der Schlei, was größere Schiffe besser erreichen konnten. Das Jahr 1071 markiert hier das früheste dendrochronologisch ermittelte Baudatum einer Holzkonstruktion in der Schleswiger Altstadt. Da Funde aus der ersten Hälfte des 11. Jahrhunderts vor allem aus jüngeren Schichten der zweiten Hälfte des 11. Jahrhunderts zutage kamen, ist wohl nicht mit nennenswerten Siedlungsaktivitäten auf der Schleswiger Altstadthalbinsel vor 1050 zu rechnen.[571] Hingegen ist nach der schriftlichen Überlieferung eine Neuformierung der kirchlichen Organisation ab 1025/26 zu erkennen, die auf einen zeitgleichen Siedlungsbeginn in der Schleswiger Altstadt schließen lassen könnte. So war Haithabu/Schleswig 1042 und 1052 der Verhandlungsort über das Verhältnis zwischen Staat und Kirche in Dänemark, dessen Resultate 1060 formuliert wurden.[572] Es fehlen aber bislang Belege, dass sich um diese Zeit – über eine sporadische Besiedlung am Nordufer der Schlei hinausgehend – ein urbanes Zentrum mit profanen und kirchlichen Repräsentationsbauten herausbildet. Erst jetzt – zeitgleich zum Ende der dichten Besiedlung Haithabus zwischen 1050 und 1070 – finden wir nennenswerte kontinuierliche Siedlungsspuren im Bereich der Schleswiger Altstadt, wenn auch der neue Ort nicht der einstigen Bedeutung Haithabus gleichkam, denn selbst die Grundfläche der Schleswiger Altstadt des 12. Jahrhunderts umfasste nur etwas mehr als die Hälfte derjenigen des Halbkreiswalles, wenn dessen Inneres auch nicht gleichmäßig bebaut war.

Unter Knud Laward erfuhr Schleswig dann eine erste Blüte. Der Bedeutung seiner Kommandogewalt am Danewerk für den dänischen Grenzschutz mit markgräflichem Charakter entsprach dabei der als Stadtherr von Schleswig. Deren Bedeutung schildert malerisch die um 1260 in Island aufgeschriebene phantasievolle Knýtlinga saga (Kap. 85).[573] Nach dieser antwortet Kaiser Lothar III. auf die Frage Knud Lawards, was er zur Sicherung seiner Herrschaft tun solle, folgendes: *Nun ist es hier im Sachsenlande und auch an vielen anderen Stellen Brauch, die Häfen des Landes zu schließen und einen Zoll davon zu erheben und niemanden zu erlauben, mit seinem Schiff in den Hafen zu fahren, es sei denn, dass er eine Abgabe errichte.*[574]

Knud Laward hatte zweifellos handelspolitische Zielsetzungen im Auge. So tat er alles, um den Frieden an seinem neuen Handelsplatz zu erhalten. Auf der Möweninsel erbaute er zur Sicherung Schleswigs die Jürgensburg und ließ die Transitwege überwachen, wie auch Helmold (I, 49) betont. Die Landbefriedung war dabei das gängige Mittel der Politik der Zeit. In der erst 1251 niedergelegten Seeländischen Chronik heißt es für 1130, dass Knud Laward Āltermann und Schutzherr *(senior erat conuiuij iliius et defensor)* einer Gemeinschaft *(convinium)* gewesen sei, die *Hezlagh* genannt wurde. Dabei handelte es sich um eine Gilde, deren durch Schwur verbundene Mitglieder einen Schutzverband bildeten und die auch für die Friedewahrung zuständig war. Die Chronik berichtet auch über die in solchen Friedeverbänden übliche Blutrachte. So wurde der dänische König Niels, der 1131 in Schleswig Knud Laward durch seinen Sohn Magnus hatte ermorden lassen, selbst 1134 von den Schleswiger Mitgliedern der Knudsgilde erschlagen.[575] Die enge Bindung Knud Lawards an die Schleswiger Gilde kam auch König Waldemar I. zugute. Während der fast drei Jahrzehnte andauernden dänischen

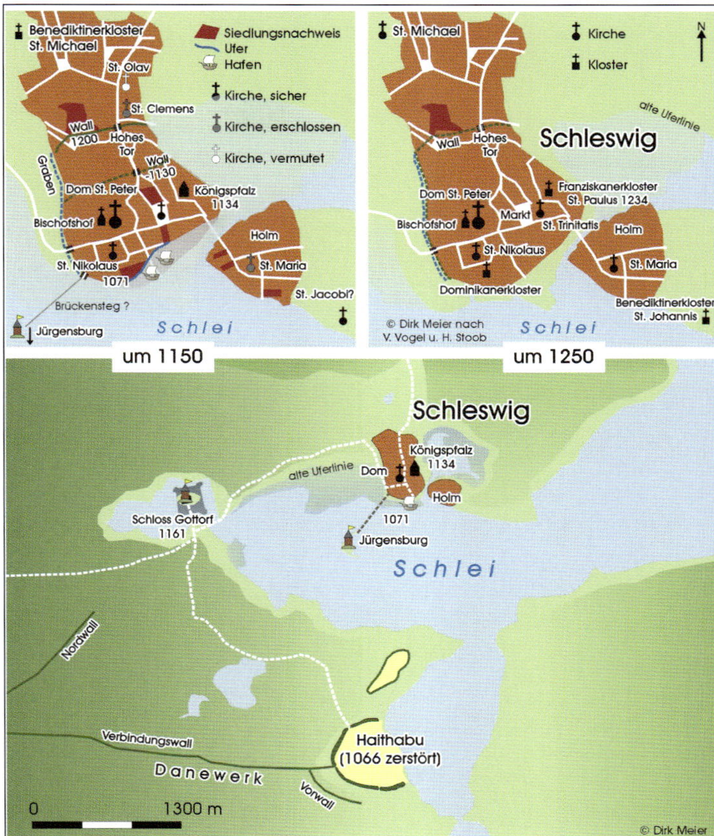

Nach der Zerstörung Haithabus 1066 verlagerten sich die Siedlungsaktivitäten an das Nordufer der Schlei, wo seit 1071 Aktivitäten im Hafenbereich nachweisbar sind. Knud Laward machte dann Schleswig zu seiner Residenz, das um 1200 Stadtrecht erhielt. Die Uferlinien der Schlei waren im Mittelalter noch andere als heute.

Thronstreitigkeiten zwischen der Familie Knud Lawards und ihren Gegnern hielt die Gilde zu den Nachkommen des *defensors*. Die Erhebung Knud Lawards zum Heiligen durch Waldemar I. hatte dabei zum Ziel, für seine Familie den Thronanspruch zu sichern. Die enge Bindung der ehemaligen Älterleute (Aldermannen) und des *defensors* Knud Laward an die Schleswiger Gilde wurde mit der sakralen Verknüpfung der Gilde mit ihren Heiligen erneuert und auf dessen Nachkommen im regierenden Königshaus ausgedehnt.

Seit der Mitte des 12. Jahrhunderts sind vier Älterleute *(seniores)* an der Spitze der Gilde nachweisbar. Von Saxo Grammaticus (XIII, XI, 13) wird als einer der wenigen bekannten Einwohner ein *Boyo* genannt, der aus vornehmer friesischer Familie stammte. Die Struktur der Gilden als Handels- und Friedgenossenschaften dürfte daher wohl friesischen Ursprunges sein und

Blick auf die Altstadt von Schleswig mit dem Dom, der Möweninsel in der Schlei und der Fischersiedlung Holm. Foto: Dirk Meier

wurde somit nach Dänemark durch Immigranten eingeführt. Neben Friesen kamen sicher auch Händler aus Flandern und Westfalen zu Beginn des 12. Jahrhunderts nach Schleswig. Als weitere „Gästekaufleute" finden in dem um 1200 aufgeschriebenen Schleswiger Stadtrecht solche aus Sachsen, Friesland, Island und Bornholm Erwähnung. Anstelle der Hanse war somit in Schleswig eine in Gilden organisierte Kaufmannsschicht zu Trägern des Fernhandels und der politischen Macht geworden.[576]

Um 1200 erhielt Schleswig dann ein auf Lateinisch abgefasstes Stadtrecht, das allerdings dänische Ausdrücke ergänzen. Diese umfassen die Vergewaltigung *(voltægt)*, eine Herdsteuer *(arnegæld)*, das Besitzerbrecht *(lagkøb)*, die Verwendung des Schleppnetzes für den Fischfang *(krogvod)* oder die Verwendung von Zunder und Feuereisen *(tønder og ildjern)*. Ebenso sind Straßennamen in Schleswig dänischen Ursprungs. Zwar hatte Schleswig zur Zeit der Verleihung des Stadtrechtes schon seine ehemalige Bedeutung eingebüßt, doch finden sich in diesem auch Reste älterer Regelungen, nach denen etwa dem König bei seinem Besuch 1.000 Felle zustanden.[577]

In die erste Hälfte des 12. Jahrhunderts fällt auch die Hauptbedeutung Schleswigs, welche auch die seit 1969 durchgeführten Ausgrabungen des Hafenviertels und des Stadtzentrums bestätigten. Diese erschlossen dabei die bürgerlichen Quartiere mit ihren Wegen und Zäunen, Gebäuden, Brunnen und Kloaken, einen ausgedehnten Hafen mit Landebrücken, den Marktplatz und die Reste der Stadtbefestigung, mehrere Kirchen und Klöster mit ihren Friedhöfen sowie einen Teil des königlichen Pfalzbezirks. Zahlreiche Funde von Keramik, Knochen, Geweih und Horn, Leder und Holz, Textilreste, Tauwerk und Eisengerät dokumentieren dabei das tägliche Leben der Bewohner ebenso wie den Nah- und Fernhandel.[578]

Am südlichen Rand der Altstadt erschlossen die Ausgrabungen in der Plessenstraße die mittelalterliche Uferlinie, die im 11. Jahrhundert, in einem weiten Bogen nach Nordosten einschwingend, etwa bis zu 150 m nördlich des heutigen Ufers verlief. Auf dem in nördlicher Richtung ansteigenden Gelände erstreckte sich eine Siedlung aus verhältnismäßig dicht stehenden Holzgebäuden. Nahe am Wasser lagen die Gebäude an einem uferparallelen Bohlenweg, von dem Wege in das Stadtinnere abzweigten. Vom Ufer her reichten mächtige, mit Erde verfüllte Spundwandkästen aus Eichenplanken in die Schlei hinaus. Die ersten dieser Schiffsanleger wurden 1087 errichtet, bevor man diese 1095 durch größere ersetzte, die von den ersten Brückenköpfen weiter in die Schlei hinausragten.[579] Spätestens 1239 wurden jedoch weite Bereiche der Siedlung und Hafenlagen aufgegeben. An ihrer Stelle errichteten im gleichen Jahr die Dominikaner ein in den Ausgrabungen teilweise freigelegtes Kloster, das bis zur Reformation bestand. Nach der Entdeckung der ersten Hafenanlagen an der Plessenstraße kamen 1983 und 1984 im östlich anschließenden Bereich weitere Landebrücken im Bereich der Hafenstraße zu Tage, die ebenfalls 1095 errichtet worden waren. Somit hat man den Schleswiger Hafen in dieser Zeit noch forciert ausgebaut.

Wie weit sich die Hafensiedlung des 11./12. Jahrhunderts ausdehnte, bleibt unklar. Etwa 70 m nördlich des unbebauten Ufers fanden sich Reste eines Friedhofes mit Bestattungen aus der zweiten Hälfte des 11. und dem 12. Jahrhundert, der zum Areal der St.-Nikolai-Kirche gehörte. Die seit 1170 bestehende Kirche wurde um 1100 dem Heiligen Nikolaus geweiht und ist erstmals 1196 bezeugt. Die erste Kaufmannskirche der Kaufleute dürfte ein schlichter Holzbau gewesen sein, den dann im 13. Jahrhundert eine Backsteinkirche ersetzte. Nach der Reformation brach man das Gebäude ab und nutzte es als Steinbruch.[580]

In der Folgezeit erfuhr der ursprüngliche Hafen- und Umschlagplatz eine Erweiterung nach Norden. Das gesamte, auf einer Halbinsel sich ausdehnende urbane Siedlungsgefilde sicherte im Norden eine Umwallung mit Holzplanken im 11./12. Jahrhundert, in der sich im Bereich der in den Ort führenden Langestraße ein Tor befunden haben dürfte. Neben dem Hafen mit anschließender nördlicher Wohnbauung treten dabei als Strukturelemente der Altstadt der 1134 erstmals urkundlich erwähnte, aber schon im 11. Jahrhundert entstandene Dom, die 1134 ebenfalls erwähnte *aula regia* als Königshof, der Bereich des 1234 genannten Franziskanerklosters mit vorklösterlichen Bauresten und der hochmittelalterliche Markt mit anschließender Wohnbebauung seit dem ausgehenden 11. Jahrhundert hervor. Das Franziskanerkloster entstand dabei auf den Überresten der königlichen Pfalz, von welcher der 19 m lange und 10 m breite Saalbau sowie ein Turm mit tief gegründeten Feldsteinfundamenten aus der zweiten Hälfte des 12. Jahrhunderts in den Ausgrabungen erfasst wurde.[581] Neben der Pfalz dokumentierte das *castrum* auf der Möweninsel in der Schlei die königliche Gewalt. Diese sog. Jürgensburg bestand vom beginnenden 12. bis in die zweite Hälfte des 13. Jahrhunderts.[582]

Am Nordrand des heutigen Marktplatzes fanden sich die Überreste mehrerer, in Stabbautechnik errichteter, meist um 6,10 m langer und 7,50 m breiter Holzgebäude mit Lehmfußböden und ebenerdigen Feuerstellen. Flechtzäune trennten dabei die breiten, nicht allzu langen Grundstücke, die keinen Bezug zum heutigen Straßensystem aufweisen.[583] Dieses seit etwa 1100 bestehende urbane Zentrum durchzogen Bohlenwege. Das gleiche Grundmuster kennzeichnete auch die Siedlungsstruktur des 12. Jahrhunderts, bevor sich im 13. Jahrhundert die Topographie nach dem Schema einer typischen Gründungsstadt dieser Zeit grundsätzlich veränderte. Die Grenzen der schmaleren Grundstücke orientierten sich nun am Marktplatz und den Fluchten der anliegenden, heute noch vorhandenen Straßen.[584] Diese Stadtplanung dürfte auf die Zeit der Herrschaft Knud Lawards als Grenzjarl (ca. 1115–1131) oder auf die Zeit Waldemars I. zurückgehen, in welcher der dänische Handel nach der Eroberung Rügens (1168) und die Städtegründungen einen Aufschwung erlebten.

Vor der Anlage des Rathausmarktes als dem topographischen und wirtschaftlichen Mittelpunkt der neuen Stadt befand sich hier eine kleine Steinkirche mit einem Friedhof von etwa 200 Bestattungen, die einen Zeitraum vom 11. Jahrhundert bis etwa 1205 umfassten. Danach gab man Kirche und Friedhof auf und nutzte das

Gelände im frühen 13. Jahrhundert als Markt.[585] Für die meisten Händler war dieser Fernhandels- und Umtauschplatz jedoch eine Endstation. Von hier führte zwar der Heerweg nach Dänemark und man gelangte mit Schiffen über die Schlei zu den Inseln der westlichen Ostsee und Schonen, nach Roskilde und Lund, aber weniger in die östliche Ostsee und nach Russland, auch wenn Knud Laward eine Tochter des Fürsten von Mstislaw namens Ingeborg zur Frau hatte. Deshalb sind mit der Braut und ihrem Gefolge sicher auch russische Fernhändler an die Schlei gekommen. Größer war jedoch die Zahl der schwedischen und gotländischen Kaufleute, die im 11. und 12. Jahrhundert als Warenvermittler zwischen dem Westen und Nowgorod dienten. Wie zur Zeit des wikingerzeitlichen Haithabu lieferten die Weiten Russlands Pelze, Honig und Wachs, die gegen Wein, Tuche, Schmuck und andere Luxusprodukte des Westens getauscht wurden. Nur der Sklavenhandel war mit der Christianierung zum Erliegen gekommen.[586]

Die archäologischen Funde der Ausgrabungen unterstreichen nachhaltig nicht nur den Fernhandel, sondern geben gleichzeitig einen Einblick in die Lebensweise und Sozialstrukturen der mittelalterlichen Stadt. Zu den herausragensten Funden gehörte dabei eine in der Plessenstraße gefundene Goldfibel einer vornehmen Frauentracht, die Anfang des 11. Jahrhunderts in einer Schmuckwerkstatt des ottonischen Kaiserhofes gefertigt sein dürfte.

Nördlich der mittelalterlichen Stadt lag bis zu deren Abbruch 1870 die romanische Rundkirche St. Michaelis. Inwieweit diese mit dem 1192 aufgelösten Michaeliskloster zu verbinden ist, bleibt unklar. Die Bauform der Rundkirche ist für ein Kloster sehr ungewöhnlich. Vielleicht handelt es sich um eine kleine Prozessionskapelle oder um einen älteren Pfalzbezirk.[587] Im Osten der mittelalterlichen Kernstadt befand sich die Fischersiedlung auf dem Holm. Die Erwähung einer zugehörigen Marienkirche in der Urkunde König Knuds von 1196 deutet auf ein hohes Alter hin. Vielleicht schon im 11., sicher aber im 12. Jahrhundert lebten hier Menschen, deren Häuser mit ihren Grundstücken an das Wasser der Schlei grenzten. Dieser Fischersiedlung kam zweifellos eine wichtige Dienstleistungsfunktion für die Stadt zu. Östlich der Siedlung entstand im 13. Jahrhundert das Benediktinerkloster St. Johannis.[588]

Fasst man die aus der schriftlichen Überlieferung und den archäologischen Ausgrabungen dokumentierte mittelalterliche Geschichte Schleswigs zusammen, so ergibt sich folgendes Bild: Die ältere Topographie des 11. und 12. Jahrhunderts kennzeichnen mit dem großzügig ausgebauten Hafenufer für den Fernhandel, dem Pfalzbezirk als admistratives Zentrum und dem Dom drei Strukturelemente. Die Siedlung erstreckte sich vom Schleifufer nördlich bis zum Pfalzbezirk im Nordosten. Die Holzgebäude waren dabei wie an der Straße auf dem Schild zu hofartigen Grundstücken zusammengefasst oder standen wie am Hafen dicht nebeneinander. Auf erhöhter Stelle lagen zwei Kirchen mit ihren Friedhöfen, und zwar im Bereich der späteren Nikolaikirche sowie des späteren Marktes. Nördlich vor der flaschenartigen Verengung des Altstadthügels sowie auf dem Holm existierten weitere, voneinander isolierte Siedlungen bei den Kirchen St. Olav, St. Clemens, St. Marien und St. Jakobi. Im Norden der Stadt lag das Michaeliskloster.[589]

Die jüngere Topographie ist eine Folge tiefgreifender politischer, besitzrechtlicher und ökonomischer Veränderungen des 13.

Das Graukloster (eigentlich Kloster St. Paul bzw. Kloster St. Paulus) ist ein ehemaliges Franziskanerkloster in Schleswig. Nach der Aufhebung des Klosters 1528/29 wurde die Klausur in ein Armenstift umgewandelt, die Kirche ging in den Besitz der Stadt über. Reste des ehemaligen Grauklosters auf der Rückseite des heutigen Rathauses. Foto: Sven Hagge

Jahrhunderts, in der das aufstrebende Lübeck Schleswigs Bedeutung als Fernhandelsstadt sinken ließ. Der Hafen wurde bis auf eine einzige Landebrücke aufgegeben und die Ufersiedlung verlassen. Auf einem Teil dieses Geländes entstand 1239 das Dominikanerkloster. Den Pfalzbezirk übereignete man den Franziskanermönchen, die dort seit 1234 ihre Klausurgebäude errichteten. Anstelle der abgebrochen Kirche auf der Kuppe der Altstadthalbinsel entstand ein Markt, auf den sich dann das neue Straßensystem bezog.[590]

Die frühe hochmittelalterliche Blütezeit Schleswigs als Handelsort wirkte sich nachhaltig auf Schleswig und Skandinavien aus, wo nun eine Stadtgründungswelle begann. Die Auseinandersetzungen um die dänische Krone, die nach Knud Lawards Tod zwischen den Kontrahenten Sven Grathe, Knud Magnusson und Waldemar I. eintraten, führten jedoch dazu, dass schon 1155 Kaufleute Schleswig verließen und sich in Lübeck und Flensburg niederließen. Wie Saxo Grammaticus stark übertrieben berichtet, wurde in diesen Kriegswirren 1156 eine Flotte russischer Kaufleute nach der Eroberung der Stadt durch Svens Heer geplündert.[591] Nachhaltiger als diese kriegerischen Ereignisse waren aber die ökonomischen Verschiebungen infolge der zunehmenden Bedeutung der Hanse im südlichen Ostseeraum sowie die Stadtentstehung Flensburgs mit seinem besseren Hafen. Noch während der Waldemarszeit blieb Schleswig ein wichtiger Stützpunkt der dänischen Könige und in der Grenzregion zu Holstein. Waldemar II. hielt sich daher oft in der Stadt auf; Waldemar III. ließ sich hier sogar 1213 krönen. Noch während der zweiten Hälfte des 13. Jahrhunderts besaß der Handel für Schleswig eine gewisse Bedeutung, wie die Befreiung der Kaufleute vom Zoll unter Christoph I. 1252 sowie Menved 1289 und von weiteren Abgaben unter Erich Glipping 1282 belegen. Auch der holsteinische Graf Gerhard III. priviligierte die Stadt während der kurzen Zeit seiner Herrschaft über Schleswig. Dann wurde aber die Konkurrenz Flensburgs zu stark, und Schleswigs Bedeutung sank stark.

- **Flensburg**

Die Stadttopographie Flensburgs am Ende der von Jungmoränen begrenzten Flensburger Förde ist das Resultat einer über 800-jährigen Stadtgeschichte, deren oft meterhohe Anfüllungen von Kulturresten und Abfall die ursprüngliche Topographie verändert hat. Im Mittelalter reichte der Hafen noch bis zur Straße Plankemai und zur Angelburger Straße und umfasste ferner den östlichen Teil der Grundstücke, die sich vom Holm zu den Südhofenden erstrecken. Deren Eigentümer haben über Jahrhunderte hinweg ihre „Hofenden" mit der Anhäufung ihrer Abfälle in den Hafen vorgeschoben. Die Angelburger Straße ebenso wie der Holm bildeten ursprünglich langgestreckte Bodenerhebungen, hinter denen sich sumpfige Niederungen mit kristallklarem Wasser, was von den quellreichen Moränenhängen sprudelte, erstreckten. Das Quellwasser sammelte sich im sog. Graben, der den Holm im Westen zur ansteigenden Moränenkuppe begrenzte. Von hier floss das Wasser in mehreren, später überbrückten Bächen bis in die Förde. Die durch Senken und über kleine Höhen parallel verlaufende Hauptstraße mit Holm und Großer Straße verstärkte der Schwemmsand, der bis zur Pflasterung der Straßen jahrhundertelang die Hänge und Hohlwege hinabgespült wurde. Heute ist dies noch am unteren Ende der Marienstraße nachvollziehbar.

Am Südermarkt liegt der natürliche Untergrund, auf dem die mittelalterlichen Häuser Südermarkt 8 und 9 gebaut wurden, 3 m unter dem heutigen Niveau. Ähnlich gilt das für das Kloster im Süden der mittelalterlichen Stadt, wo um 1500 die Oberfläche noch 2 m tiefer lag. Der Klostergang, der vom Südermarkt zum Kloster führte, fiel im Mittelalter zu einem Wasserarm stark ab, dessen Grund mit

Das am Ende der Flensburger Förde gelegene Flensburg bildete sich aus den Wik-Siedlungen St. Johannis, St. Nikolai und St. Marien heraus und erhielt 1284 Stadrecht.

7,5 m unter dem heutigen Niveau noch unterhalb des Wasserspiegels der Förde lag. Den Klostergang verband eine Brücke mit der Klosterpforte, deren Fundamente 3 m unter der heutigen Oberfläche erbaut wurden. Zur Klosterinsel hinauf stieg der Weg wieder etwas an, während die Insel zur Roten Straße abfiel. Am Rand der hier vorhandenen sumpfigen Niederung verlief die Klostermauer. Der südliche Teil der Roten Straße ist hingegen eine Durchbruchsstraße des 16. Jahrhunderts. Damals wurde über die westliche Ausbuchtung des Klosterareals über die alte Umfassungsmauer hinausgehend und quer über das sumpfige Mühlenstromtal ein Damm aufgeschüttet, der das Wasser des Mühlenstromes für die Wassermühlen an der Roten Straße staute, auf dem die neue Ausfallstraße nach Süden verlief. Auf den Aufschüttungen an der ehemaligen Grenze des Klosters wurde das Rote Tor erbaut. Das ältere, 1436 erwähnte Tor, das etwa bei den Häusern Rote Straße 12–14 lag, wurde dafür abgebrochen.[592]

Wie die mittelalterliche Topographie zeigt, lagen das Kloster und der Südermarkt auf einem Hügel. Ebenso der Holm im Westen der Förde bildete wie die Angelburger Straße im Süden eine langgestreckte Erhebung. Zwischen diesen Kuppen kennzeichnen Wasserläufe und sumpfige Gräben das unregelmäßige Relief. Ursprünglich konnte man dabei mit Booten fast bis zum Südermarkt fahren. Diese verkehrsgünstige Wasserlage am Ende der tiefen Flensburger Förde, deren begleitende hohe Moränenhänge Schutz vor Wind boten, war ideal für die Anlage eines Hafens mit Zugang zur Ostsee. Positiv für die Verkehrstopographie wirkte sich ferner der im Westen der Stadt von Jütland nach Hamburg führende Heerweg aus, den im Gebiet von Flensburg Querwege erreichten, die von Angeln nach Nordfriesland führten.

Die frühe Stadtwerdung Flensburgs ist sagenhaft umhüllt. So soll sich im 12. Jahrhundert, der aus dem Flecken Leck stammende Ritter Fleno im Kirchspiel St. Johannis am Ostufer der Flensburger Förde niedergelassen haben, dem die dortigen Fischer hörig wurden. Nach seinem Tod kam die von ihm errichtete Burg an den Landesherrn, wobei der wachsende Ort den Namen Flensburg erhielt. Gesichert ist nur, dass Knud Laward in enger Verbindung mit dem deutschen Kaiser Lothar stand und von diesem die Handhabung damals moderner Herrschaftsrechte, gezielter Steuererhebungen und die Anlage von Städten übernahm.

Belegt ist ferner, dass sich im Bereich der heutigen Angelburger Straße am ehemaligen Mühlenstrom eine Zollstätte befand. Diese überwachte den Warenverkehr zwischen der Wiesharde im Westen und der Husbyharde im Osten. Die Erhebung der Zölle oblag im Auftrag des dänischen Königs als Landesherren einem adeligen Vogt, der vielleicht seinen Sitz zwischen Dammhofstraße und Plankemai hatte. Die Zollstätte dürfte im Gebiet von St. Johannis mit einem kleinen Handelsort verbunden gewesen sein, dessen Schutz vor den Überfällen der zur See fahrenden ostholsteinischen Slawen Knud Laward ein besonderes Anliegen war. Nahe der Förde lag vermutlich eine Burg. Die Ansiedlung von St. Johannis dürfte zur Zeit Knud Lawards nicht über die Bedeutung eines Marktortes (Wiks) hinausgegangen sein. Dabei trieben die Bauern Schleswigs, die sich zu Fahrtgenossenschaften zusammenschlossen, Handel mit eigenen Schiffen. Die einzigen Städte im Herzogtum Schleswig zu dieser Zeit waren Ripen an der Nordsee und Schleswig an der Schlei. Außerdem erreichten friesische Händler, die mit ihren Waren reisten, die Wik-Siedlung an der Flensburger Förde. Nach der Größe der Kirche von St. Johannis zu schließen, erreichte dieser Ort mit seinen Buden und Schuppen sowie der Burg des Landesherren am Ende des 12. Jahrhunderts schon eine gewisse Größe.[593] Im Kirchspiel St. Johannis mit der Burg des Vogten befand sich auch der einzige überlieferte Grundbesitz des Rudeklosters, das 1210 von Guldholm bei Schleswig nach Glücksburg verlegt worden war.

Ein weiterer kleiner Siedlungskern könnte sich in der Ramsharde befunden haben. Hier ist ein Edelsitz auf dem Marienberg zu vermuten, auf dem später die Duburg entstand. Von hier verlief ein Weg (Schlossstrasse) zu einer kleinen Kirche bis zum Wasser, wo eine Fischerstraße überliefert ist.

Zwar sind die Anfänge Flensburgs weit unbedeutender als die Schleswigs im 12. Jahrhundert, doch sollte sich die günstigere Verkehrstopographie im Schnittpunkt von Land- und Wasserwegen mit der tieferen Förde positiv auf die weitere Entwicklung auswirken. Solange aber Ostholstein slawisches Gebiet war, mussten die Kaufleute den Landweg über Schleswig nehmen. In die Zeit des dänischen Königs Knuds VI. (1182–1202), der die nach Süden gerichtete Eroberungspolitik seines Vaters Waldemars I. fortsetzte, fällt die erste Schrage als Satzung der Flensburger Knudsgilde. Im angehängten Brief versprach der König ähnlich wie einst Knud Laward in Schleswig, dass er die Kaufleute in seinen Schutz nehmen wollte. Dieser Schutzbund gegen Überfälle, Schiffbruch und Krankheit, der seine Mitglieder durch Eid und Blutrache band und unter der Leitung gewählter Āltermänner stand, bildete unahhängig von einer Stadt eine festgefügte Einheit in einer Welt, die sich durch persönliche Bezüge, seien es herrschaftliche oder genossenschaftliche, weit mehr auszeichnete als durch Staat und Gesetz.

Die Ansiedlung von St. Johannis dürfte zur Zeit Knud Lawards nicht über die Bedeutung eines Marktortes (Wiks) hinausgegangen sein. Hier befand sich eine Burg des Vogten und eine Zollstätte. Im Modell von Nöbbe im Flensburger Schifffahrtsmuseum liegt die Marktsiedlung St. Johannis rechts, im Vordergund ist der Mühlenteich und das Franziskanerkloster, dahinter die St.-Nikolai-Kirche mit dem seit dem 13. Jahrhundert bestehenden Nikolaiviertel und der Südermarkt zu sehen. Foto: Dirk Meier

Nachdem Waldemar I. zusammen mit Heinrich dem Löwen die slawischen Seeräuber besiegt hatte, ist wohl nach dem Regierungsantritt Knuds VI. 1182 mit der Anlage eines Kirchspiels St. Marien um den Nordermarkt begonnen worden. Aus dem Anfang des 12. Jahrhunderts stammen ein Bardowicker Pfenning aus der unteren Rathausstraße sowie weitere Münzen aus der Schloß- und Tunierstraße.[594] Das Marienpatrozinium für die Gemeindekirche unterstreicht die Bedeutung der ersten Marktgründung Flensburgs, die dem Schema einer deutschen Gründungsstadt folgt, wie sie seit Heinrich dem Löwem im Ostseeraum üblich wurde. So charakterisiert diese in Flensburg der viereckige Nordermarkt, in dessen Enden Straßen rechtwinklig münden und den eine Budenreihe von der Marktkirche St. Marien trennte. Ferner ist dieser einbezogen in eine lange Haupstraße, die im Mittelalter *haerscop gatae* (Herrschaftsstraße, heute: Große Straße)

Die in Schiff und Chor unterteilte Feldsteinkirche St. Johannis ähnelt von der Gestalt her anderen Landkirchen in Angeln, wenn sie auch stattlicher ist als die Nachbarkirchen von Adelby, Rüllschau und Hürup. Dies unterstreicht die Bedeutung der Wik-Siedlung bereits in der ersten Hälfte des 12. Jahrhunderts. Foto: Dirk Meier

genannt wurde. Maßgeblich an dieser königlichen Gründung waren die Kaufleute der Knudsgilde beteiligt. Die enge Verbindung der Knudsgilde mit der neu erbauten Marienkirche in Flensburg unterstreicht deren eigener Altar, wenn auch deren späteres Gildehaus in der Nachbargemeinde St. Nikolai lag.

Die neue Marktsiedlung St. Marien bot zudem den Vorteil, dass hier für die größer werdenden Schiffe tieferes Wasser als am Ende der Förde, vorhanden war, wo die Wik-Siedlung St. Johannis lag. Hier legten die Schiffe nun an einem Sandkegel im Bereich der heutigen Schiffbrücke an. Parallel zu dieser Entwicklung dehnte sich die Marktsiedlung St. Marien entlang der Förde nach Norden mit der Neuen Straße und nach Süden mit dem Holm zum Südermarkt hin aus. Archäologische Ausgrabungen, die bei der Anlage der Stadtgalerie am Holm nahe des Südermarktes durchgeführt wurden, belegen hier Siedlungsaktivitäten in der ersten Hälfte des 13. Jahrhunderts. So wies die Altersdatierung einer am damaligen Hafenbereich errichteten Holzpalisade in die Zeit um 1231.[595]

Nach der Schlacht von Bornhöved (1227) und dem Verlust der dänischen Machtstellung über Holstein und Lübeck wurden die Schleswiger Marktorte Schleswig, Ripen und Flensburg für den dänischen König wieder bedeutender. Nach dem Tod Waldemars II. geriet das Herzogtum Schleswig und damit auch Flensburg in die Auseinandersetzungen seiner Söhne König Erik IV. Plogpenning und Herzog Abel hinein. König Erik wollte aus der Schwäche des Heiligen Römischen Reiches Profit durch territorialen Zuwachs in Holstein erzielen, was auf den Widerstand der Schauenburger Grafen stieß. Herzog Abel, der seine Position zu behaupten suchte, fand indes Rückhalt bei der Hansestadt Lübeck. Er verlieh daher 1243 Tondern, das er neben Leck als Nordseehafen und Gegenpol zu Flensburg betrachtete, das Lübische Recht. Während der folgenden Auseinandersetzung wurde Flensburg von König Erik wohl 1248 zerstört. Herzog Abel baute jedoch die Handelssiedlung im Bereich der Angelburger Straße und des Südermarktes wieder auf. Dieser Bereich war offensichtlich bedeutender als der von St. Marien. Hier ließen sich 1263 auch vermutlich aus Ripen kommende Franziskaner nieder, die in ihrem Kloster 1269 ein erstes Ordenskapitel abhielten.[596] Die Fehde zwischen den beiden dänischen Königssöhnen endete schließlich damit, dass König Erik bei einem Treffen mit Herzog Abel 1250 gefangen genommen, geköpft und in der Schlei ertränkt wurde. Ihre nach Flensburg gereiste Schwester, die Markgräfin Sophie von Brandenburg, welche die Brüder vergeblich versöhnen wollte, war hier am 3. November 1248 gestorben und hatte ihre Ruhestätte in der Kapelle des Franziskanerklosters gefunden, bis sie nach der Reformation in die St.-Nikolai-Kirche überführt wurde.

Die Auseinandersetzungen zwischen den Herzögen aus Herzog Abels Geschlecht und den dänischen Königen sowie der anschließende finanzielle Ruin des Reiches der Waldemare bedeutete für die Flensburger Kaufleute eine Zeit der Stagnation und Inflation, weshalb das englische Pfund Sterling als wertstabile Währung Einzug fand, das seine Bedeutung 100 Jahre behalten sollte.[597] Zu einer Zeit, als sich der Konflikt mit den Schleswiger Herzögen etwas abgekühlt hatte, verlieh König Waldemar IV. Flensburg 1284 die Stadtrechte.[598] Noch in dieser Zeit spielte die Knudsgilde die führende Rolle innerhalb des urbanen Zentrums. Daneben existierten aber auch andere, weniger einflussreiche Gilden in der Stadt. Nach wie vor übte der Vogt ebenfalls seinen Einfluss aus und achtete auf den Kauffrieden. Die Vollversammlung aller Bürger bildete der *Bything*, deren Richter (Sandleute) vom König oder Herzog ernannt wurden. Infolge dieser Entwicklung stieg die Bedeutung des *Bythings* zu Ungunsten der Gildeversammlung.

Während dieser Stadtwerdungsphase wuchs Flensburg aus den erwähnten kleineren Siedlungsgefilden St. Johannis, St. Nikolai, St. Marien und St. Gertrud[599] zusammen. Diese Marktgenossenschaften verfügten über eigene Rechtsformen, die denen der umgebenen Dörfer glichen. Noch betrieben deren Bürger als Selbstversorger Ackerbau und Viehhaltung. Sie ernannten einen gemeinsamen Kuh- und Schweinehirten, der die Tiere auf die Weide und wieder zurück in die Stadt führte. Wie ländlich das Stadtbild war, zeigt sich darin, dass es den Bürgern verboten war, ihren Mist länger als einen Monat auf der Großen Straße und dem Holm *(herscopstrate)* zu lagern.

Mehr und mehr gewann dabei anstelle der Knudsgilde der durch den Landesherren geschützte räumliche Bereich der Stadt eine größere Bedeutung. Dessen Befestigung ziert daher das Flensburger Wappen ebenso wie das Schleswiger. Mit der wachsenden Bedeutung des Vogtes als Vertreter des Landesherren zog dieser auch mehr Steuern ein, so das Toftgeld als Grundsteuer, das Herdgeld und die Erfkop als Erbschaftssteuer. Gegenüber dem Vogt versuchten die Bürger ihre eigene Stellung zu behaupten und auszubauen. Zur Zeit der Bestätigung des Stadtrechtes stellten dabei die vier Flensburger Kirchspiele die Hälfte aller Ratsleute in der zur Zeit der Stadtbestätigung schon existierenden Ratsversammlung *(Bything)*. Dabei führte die starke Stellung des Vogtes wiederholt zu Reibungen mit dem Rat. Ebenso wie die Knudsgilde hatte auch das *Bything* das Recht, dass kein Bürger den anderen vor dem König verklagen durfte, bevor er nicht vor dem *Bything* seine Klage eingereicht hatte. Auch die Bürgerschaft beschwor jährlich ähnlich wie die Gildemitglieder ihren Eid auf das Stadtrecht und die damit verbundenen Satzungen vor dem Vogt als Stadtherrn. Dessen Stellung unterhöhlte der Rat, als dieser sich bei der gerichtlichen Klage zwischen Vogt und Bürger schob. Nur ein auf frischer Tat ertappter Dieb benötigte keinen Urteilsspruch, da Raub als ein unehrliches Verbrechen galt. Der Bürger hatte diesen mit gebundenen Händen auf den *Bything* zu führen und dann selbst aufzuhängen. Die Rechtsversammlung aller Bürger befand sich an der Stelle der Rathausstraße zwischen Großer Straße und Holm, wo 1445 das Rathaus gebaut wurde. Auf dem *Bything* kamen alle Flensburger Bürger zusammen. Dazu gehörten aber nur diejenigen, die Hof und Haus besaßen. Die Pächter konnten hingegen ebenso wenig ein Bürgerrecht erwerben wie die Handwerker, von denen im mittelalterlichen Flensburg Bäcker, Schlachter, Schuster und Zimmerleute nachweisbar sind. Letztere, die in einem besonderen

Bedeutender als die Wik-Siedlung St. Johannis wurde seit dem Ende des 12. Jahrhunderts St. Marien am westlichen Fördeufer, wo die Schiffe an einem Sandkegel anlegten. Hier war das Wasser auch tiefer. Das Modell von Nöbbe im Flensburger Schifffahrtsmuseum lässt neben der Kirche, den durch eine Häuserreihe getrennten, viereckigen Nordermarkt erkennen.

Abhängigkeitsverhältnis zum Vogt bzw. dem Landesherren standen, hatten sich zu Gilden zusammengeschlossen. So hören wir etwa von der St.-Jacobs-Gilde der Schumacher.

Die Holzbauten der Handwerker und Kaufleute, die man sich ähnlich wie in Schleswig vorstellen darf, wurden von den Steinbauten der Kirchen überragt, vor allem von St. Marien, die 1284 in der damals noch neuen Backsteingotik entstand, nachdem ein älterer Backsteinbau im Krieg zwischen König Erik Glipping und den holsteinischen Grafen zerstört worden war. Zu den weiteren Steinbauten gehörte das schon genannte Franziskanerkloster.[600] Möglicherweise errichteten die Mönche auch das Hospital zum Heiligen Geist. Taufe, Hochzeit und Begräbnis, die bis dahin die Gilde für ihre Mitglieder als Ereignisse des täglichen Lebens unterstützte, wurden vor allem zur Sache der Kirche, wenn auch Knud Laward als Gildeheiligem ein Altar in St. Marien geweiht blieb. Diese kultische Funktion der Gilde ging noch auf eine Zeit zurück, als die Pfarrorganisation erst am Anfang stand.

Parallel zu diesen gesellschaftlichen Umschichtungen in der Stadt vollzog sich infolge der schnellen Verkehrserschließung des Ostseeraums seit dem 13. Jahrhundert ein ökonomischer Aufschwung. Nach wie vor war Visby auf Gotland das Hauptziel der Flensburger Kaufleute, wo die Fernhändler aus Nowgorod und Skandinavien zusammen kamen. Ferner erweiterten sich die Verkehrsströme mit den neuen Hansestädten entlang der südlichen Ostseeküste. Schon 1251 stellte König Abel in Flensburg den Wismarern eine Urkunde aus, in der er deren Rechte denen der Lübecker gleichstellte. Über mehrere Jahrhunderte blieb Wismar ein wichtiger Handelspartner Flensburgs. Ebenso die Märkte von Skanör und Falstebro an der Südküste Schonens, wo die vorbeiziehenden Heringsschwärme gefangen, gesalzen und feilgeboten wurden, bildeten das Ziel der Flensburger Kaufleute.

Hering und andere Massengüter fanden Absatz in der Stadt, deren Einwohnerzahl ebenso stieg wie die des Umlandes, wo seit dem 13. Jahrhundert Rodungen für die Anlage neuer Dörfer und Agrarflächen erfolgten. Diese wachsende Bedeutung Flensburgs führte zu Reibereien mit dem benachbarten Schleswig. Wie zahlreiche Klagen vor dem Landesherren zeigen, schmälerte Flensburg die Bedeutung Schleswigs als Umschlagplatz des gemeinsamen Hinterlandes. Weitere Verbindungen von Flensburg führten über Landwege nach Husum und Ripen, von wo man aus Schonen angelandete Heringe bezog.

Im Verlauf dieser gesellschaftlichen und ökonomischen Umgestaltungen löste sich am Anfang des 14. Jahrhunderts die alte Knudsgilde als Organisation der Kaufleute des Dänischen Reiches auf, die ein gewisses Gegengewicht gegen die Hanse gebildet hatte. Zeitgleich mit dem Niedergang der Gilde verlor die dänische Krone an Macht und Einfluss. Stattdessen wuchs die Bedeutung der Hanse, von deren Verbindungen die Flensburger Kaufleute profitierten, wie jährlich erlassene Luxusverordnungen zeigen.[601] Günstig für die Ökonomie Flensburgs wirkte sich ferner die Belehnung des Grafen Gerhards III. von Holstein-Rendsburg mit Schleswig aus, das er bis 1330 behauptete. So erhielt Flensburg von ihm das erste wichtige Zollprivileg. Seit 1321 tauchen nachweislich fremde Kaufleute in Flensburg auf. Ferner deuten die wenigen Schriftzeugnisse auf einen lebhaften Handel mit Lübeck hin.[602] Sogar Adelige des ostholsteinischen Adelsgeschlechtes der von Züles ließen sich in Flensburg nieder, deren Grabstein in der St.-Nikolai-Kirche steht. Eine Bedeutung hatte auch der langjährige Verwalter Herzog Waldemars, Vogt Nielsen, für Flensburg, der wohl mit dem später auftauchenden Flensburger Geschlecht Jul verwandt gewesen ist.

Herzog Waldemar hat indes nie seinen Einfluss in Schleswig recht geltend machen können und musste sogar aufgrund seiner teilweise übernommenen väterlichen Schulden 1326 neben Tondern und Leck auch Flensburg verpfänden. Er stand zeitlebens unter dem Einfluss Graf Gerhards III. von Holstein-Rendsburg und Waldemar Atterdags, der auf Betreiben der Hansestädte 1340 zum dänischen König gewählt worden war. Waldemar Atterdag wollte der dänischen Krone wieder zur Macht verhelfen, indem er die entfremdeten Reichsteile an sich band und die Reichsgüter wieder zu erlangen suchte, wobei ihm sein Verwalter (Drost), der Ritter Klaus Lembeck, helfen sollte. Da Gerhard III., der 1330–1364 auch Herzog von Schleswig war, befürchtete, dass sich Waldemar Atterdag auch in den Besitz Flensburgs setzen wollte, sicherte dieser Flensburg 1345 mit einer Stadtmauer. Dieser Schutz war kaum ausreichend, denn schon 1351 und 1372 wurde Flensburg von Waldemar Atterdag erobert und geplündert. Da sich der dänische König beim Versuch, das Herzogtum Schleswig zu erobern, jedoch die Hanse zum Feind machte, musste er schließlich 1370 einen drückenden Frieden mit dem Städtebund schließen. Letztlich gelang es ihm bis zu seinem Tode 1375 nicht, den Schauernburgern die Pfandherrschaft über das Herzogtum Schleswig zu entreißen. Es sollte seiner Tochter Margarethe vorbehalten bleiben, als Lehnsherr über Schleswig 1386 mit Gerd den von ihr abhängigen Sohn des Grafen Hinrich von Schauenburg einzusetzen. So wirkten in dieser Zeit machtpolitischer Auseinandersetzungen die verschiedensten Einflüsse auf Flensburg ein. Im Umland der Stadt hatte sich durch die Einwanderung holsteinischer Adeliger in das Herzogtum Schleswig deutsches Recht und Lehnswesen verbreitet.

Neben diesen kriegerischen Ereignissen traf die Pest wiederholt Flensburg von 1348 bis 1352. Um die auch dadurch ausgelöste ökonomische Depression zu verbessern, erhielt die Stadt von Herzog Waldemar mit dem Einverständnis der Schauernburger Grafen als Pfandherren zwei Privilegien. Das eine hob den Zoll auf die landesherrlichen Waren auf, die von Flensburgern durch Flensburg geführt wurden, das andere erlaubte der Stadt eine eigene Immunität für ihre Landgüter. Der Herzog verzichtete auf die Verpflichtung von Bürgern zur Heerfolge. Mit der adeligen Immunität war auch die geistliche eng verbunden. Zwar durften das Franziskanerkloster ebenso wie dessen Mönche keinen Besitz haben, doch galt dies nicht für die beiden Hospitäler der Stadt.

1325 erhielt so das wohl neu aufgebaute und erweiterte Hospital zum Heiligen Geist von Herzog Waldemar seine eigene Gerichtsbarkeit. Er befreite es auch bis zu einem Betrag von 500 Mark Kupfer von den Steuern, insofern sie nicht zur Landesverteidigung erhoben wurden. Das Hospital verfügte ferner über ihm hörige Bauern als Untersassen (Lansten). Wenn es auch einst von Mönchen gegründet worden war, hatten doch Flensburger Bürger durch ihre Stiftungen die materielle Grundlage des Hospitals geschaffen, an dessen Leitung sie als Hospitalsvorsteher *(procuratores)* beteiligt waren, während sich die Priester *(Presbyter)* auf die geistlichen Verrichtungen konzentrierten. In diesem Hospital, das ursprünglich nur Kranken und Alten ein Heim geben sollte, konnten nun auch bürgerliche Familienangehörige gegen Zahlungen unterkommen. Diese Stiftungsmentalität erklärt sich aus der Vorstellung, dass sich mit der Nächstenliebe und Betreuung duch die Hospitalsgeistlichen auf geweihtem Grund eine besondere Heilkraft verband. Auf der östlichen Förderseite lag vor der Stadt noch das vor 1290 errichtete St.-Jürgen-Hospital, in dem Leprakranke versorgt wurden. Dieses besaß mehrere Landgüter in Angeln.[603]

Dass die Flensburger das Hospital reich ausstatten konnten, war eine Folge ihrer Handelsgewinne. So gehörte der Ort im 13. Jahrhundert zu den vielen kleinen Städten, die Lübeck Zubringerdienste leisteten. In Flensburg wiederum erhielten Lübecker Kaufleute königliche Privilegi-

Die älteste Stadtansicht Flensburgs mit der Burg auf dem Marienberg (Duburg) auf dem Epitaph von Georg Beyer in der Marienkirche aus dem 16. Jahrhundert. Foto: Dirk Meier

en. Neben dem Wismarer Bier dürften Buchen-, Eichen- und Nadelhölzer aus dem Flensburger Hinterland, aber auch zahlreiche Kramwaren gehandelt worden sein. Verbürgt ist jedenfalls, dass Waldemar Atterdag bei der Eroberung der Stadt 1372 auch die im Hafen liegenden Wismarer Schiffe plünderte.[604]

Da Flensburg eine gewisse politische Selbständigkeit genoss, war dem Rat oft die Rolle des Vermittlers zwischen der Hanse, dem Stadtpfandherren und den Schauenburgern zugewachsen. Da die Schauenburger Grafen Lübecks Bedeutung begrenzen und ihren Städten ökonomisch helfen wollten, begannen diese – nach dem Vorbild der Hansestadt – in Flensburg 1358 mit der Prägung eigener Witten (vier Pfennige), die dem englischen Sterling im Wert entsprachen. Die Flensburger Münze ebenso wie die aus Kiel und Itzehoe verschlechterten sich jedoch bald in ihrem Wert, so dass Lübeck diese 1369 nicht mehr annahm. Infolgedessen wurden von den Schauernburgern zwischen 1386 und 1395 wieder Witten geprägt und nach 1395 auch Dreilinge nach lübischem Vorbild ausgegeben.

Bis zum Stralsunder Frieden von 1370, in dem Lübeck seine Machtposition im Ostseehandel nachhaltig unterstrich, konnten die Sattelitenstädte vom Aufstieg der Hansestadt profitieren. Da sich die Hanse aber auf die Bewahrung ihrer Macht beschränkte, entwickelten sich die kleineren Städte nicht so schnell weiter. Flehentlich baten etwa die Flensburger Kaufleute den Lübecker Rat, den Sundzoll wiederaufzugeben, den die Hansestadt zur Finanzierung ihres Krieges gegen Waldemar Atterdag erhoben hatte. So heißt es: *Wir bitten Euch sehr dringend, dass Ihr um Gottes und der Gerechtigkeit willen jenen Zoll, der gemeinhin Pfundzoll genannt wird, und der in diesen Jahren von uns erhoben wird, wieder aufhebt. … Denn wir haben auch großen Schaden auf dem Meere von der Hand der Bösewichte [Seeräuber] erlitten und finden niemanden, der uns etwas von unserem Schaden ersetzen will.*[605]

Noch häufiger musste sich der Flensburger Rat an „unsere lieben Freunde“ *(amicis nostris dilectis)* in Lübeck wenden, um dortige Beschlagnahmungen eigener Waren aufzuheben. Letztere erfolgten vor der Hansestadt vor allem aus dem Motiv heraus, dass die Flensburger Kaufleute ansonsten den Lübecker Stapel umgingen. Das kam öfter vor, da diese in Hamburg Tuche und andere kostbare Waren kauften und auf dem teureren Landweg nach Flensburg brachten.

Trotz dieser Einschränkungen und Kriege verlief die ökonomische Entwicklung Flensburgs im 14. Jahrhundert, sieht man von den Pestwellen 1348–1352 mit ihren Nachwirkungen ab, durchaus günstig. Gleichzeitig versuchte sich der Rat gegenüber den überwiegend dänischen Einwohnern der Stadt durchzusetzen. Noch galt aber das Prinzip der Selbsthilfe, schlimmstenfalls sogar der Blutrache, auch wenn der jeweilige Landesherr durch die Verkündigung eines Landfriedens Einhalt zu gebieten versuchte. Aber die Interessen der Kaufleute waren keinesfalls immer identisch mit denen des Landesherren. Nachdem der Rat nach Lübecker Vorbild für den städtischen Frieden verantwortlich gezeichnet und die Macht des Vogtes zurückgedrängt hatte, stieß dieser mit dem Gewohnheitsrecht der Einwohner des öfteren zusammen. Schließlich gelang es dem Rat jedoch, die Bürgerschaft eine Willkür als freiwillige, alle bindende Satzung beschwören zu lassen. Nun konnten Gildenangehörige nicht mehr etwa einen der ihren, der wegen Totschlags verfolgt wurde, in ihren Häusern verstecken. Eine ganze Reihe von Willküren, teilweise nach Wismarer Vorbildern, belegen die mächtiger werdende Stellung des Rates im 14. Jahrhundert. Diese wurden ebenso wie das Stadtrecht alljährlich auf dem Allmansding verlesen, damit die Schriftunkundigen das Recht verstanden. Daher übertrug man auch das in Latein abgefasste Stadtrecht um 1300 in die dänische Volkssprache.

Am Ende des 14. Jahrhunderts jedoch wurde in Flensburg neben Dänisch zunehmend Niederdeutsch gesprochen, was die Sprache der hansischen Kaufleute war. Ferner wanderten niederdeutsche Kaufleute ein, zudem war die Sprache des Stadtherren niederdeutsch. In diese Zeit fällt auch die schon erwähnte Erweiterung der Flensburger Privilegien durch Gerhard III. von Holstein, der 1386 mit dem Herzogtum Schleswig belehnt worden war. Dieser verkaufte der Stadt auch das Waldstück der Rude, welches zu St. Nikolai kam. Der Herzog wurde auch Mitglied der neuen St.-Marien-Kaufmannsgilde, die wohl als Gegengewicht zur mächtigen Knudsgilde gegründet worden war. In dieser Zeit werden auch die ersten Flensburger Bürger namentlich genannt. Einer von ihnen war der jütische Adelige Peter Jul, der Besitzungen in Achtrup und Flensburg hatte und dem der Herrensitz der Eddeboe im Gebiet der heutigen Marienhölzung gehörte. Seinen Wohnsitz hatte er oberhalb der Norderstraße an der Stelle der späteren Duburg, also außerhalb des Stadtareals. Seit 1430 häufen sich zudem die Aufzeichnungen von Landgütern, die reichen Flensburger Kaufleuten in Angeln, aber auch in Nordfriesland gehörten.[606]

Rechts der Schlossstraße, die zu seinem Wohnsitz führte, lag im Mittelalter eine später abgebrochene Kirche, die der Heiligen Getrud von Nivelles geweiht war. Jul gründete 1379 eine zu St. Getrud gehörende Gilde. Die Patronin der Reisenden und Elenden sollte bei Gott für Heil bitten und den Gildebrüdern ein kirchliches Begräbnis erlauben. Es war nicht zuletzt der Schock der Pest, der zu dieser religiösen Hinwendung führte. Der Mittelpunkt der 1362 gegründeten Kaland Gilde der Geistlichkeit, die sich selbst St.-Trinitatis-Gilde nannte, war das schon erwähnte Hospital. Die großen Gildefeiern fanden drei Tage nach Himmelfahrt statt. Anders als Waldemar Atterdag unterstüzten Graf Gerhard ebenso wie die Königin Margarethe diese religiösen Bewegungen. Dem Ende des Jahrhunderts verdanken auch die Heiligengeistkirche und die St.-Nikolai-Kirche im wesentlichen ihre heutige Gestalt, die beide an Stelle älterer romanischer Bauten errichtet wurden. Während die ärmere Bevölkerung zu den einheimischen Heiligen pilgerte, konnten sich die Vermögenden eine Reise ins Heilige Land, nach Rom oder St. Compostela leisten. In Flensburg selbst ließen sich nördlich des Stadttores mit Ludolf Swerk und Wihelm Uterlyre zwei fromme Leute aus Lübeck als Einsiedler im Krokries nieder, ein Areal nahe der heutigen Bauer Landstraße. Hier führte die Ausfallstraße aus der Stadt nach Norden, die sich bei der Burg Niehuus mit dem Heeweg vereinigte. Die Klause dieser Heiligen (Klues) erlangte durch angebliche wundersame Geschehnisse *(dar unsere lewe vrowe gnedich is)* bald eine größere Bedeutung, so dass Papst Bonifatius IX., indem er den Besuchern und Wohltätern vier Jahre und 40 Tage Ablass gab, auch den Bau einer Kapelle veranlasste.[607]

Dieser ruhigen Entwicklung der Stadt bereitete der Tod des Schauenburger Grafen Gerhard VI. 1404 bei seinem Feldzug nach Dithmarschen ein jähes Ende.[608] Damit drohte die holsteinische, fast achtzigjährige Herrschaft über Flensburg ein Ende zu finden, da Gerhard VI. nur seine Witwe mit drei unmündigen Kindern hinterließ. Inzwischen hatte Königin Margarethe ihr Ziel der Einigung der drei nordischen Reiche 1397 in der Kalmarer Union unter Führung Dänemarks verwirklicht. Gerhards plötzlicher Tod eröffnete der machtvollen Königin nun die Möglichkeit, sich selbst in den Besitz des Schleswiger Lehens zu setzen. Bevor Herzogin Elisabeth und ihr Vormund Bischof Heinrich von Osnabrück die Lage begriffen, hielt Margarethe den größten Teil des Herzogtums durch Pfandgeschäfte und Verträge mit Adeligen wie Klaus Lembeck zu Tönning und dem Schleswiger Bischof Johann Skondelev in ihrer Hand. Nur Alsen, Gottorf und Flensburg verblieben im herzoglichen Besitz. Auch in Flensburg spaltete sich die Bevölkerung in zwei Lager, wo sich die Familien der Achtrups und Juls 1406 um das Bürgermeisteramt nach dem Tod des bisherigen Amtsinhabers, des Kaufmanns Sievert Krog, stritten. Dessen Sohn Lasse, der seinem Vater als Bürgermeister folgte, wurde von den Achtrups erschlagen, was Peter Achtrup den Weg zum Bürgermeisteramt ebnete. Mit dem neuen Bürgermeister schlossen die dänische Königin und ihr Mann Erik einen Freundschaftspakt. In dieser Situation soll Erik Krummendiek der Herzogin Elisabeth geraten haben, Bürgermeister und Ratleute der Stadt nach Schleswig einzuladen, um sie dort gefangen zu setzen, was dann wohl 1408 geschah. Diese Maßnahme verstärkte indes nur die Auseinandersetzungen innerhalb Flensburgs zwischen der herzoglichen und dänischen Partei.[609]

Da sich die herzoglichen Anhänger durch unkluge Gewaltmaßnahmen gegenüber der dänischen Königin ins Unrecht setzten, konnte diese die Herzogin zur Herausgabe der Gefangenen und der Verpfändung der Stadt Flensburg zwingen. König Erik, der Neffe Margarethes, sorgte sicherheitshalber dafür, dass die Stadt wirksamer befestigt wurde. Sein Augenmerk galt vor allem der westlichen Höhe, welche bereits die holsteinischen Grafen befestigt hatten und wo Peter Jul seinen Sitz gehabt hatte. Diesen Marienberg baute er mit modernen Befestigungen aus.

Inzwischen gingen jedoch die Gewaltmaßnahmen der herzoglichen Anhänger in der Stadt weiter. Der König Erik und sein Heer begrüßende Bischof Johann Skondelev wurde wenig später in seiner Herberge von den drei Rittern Timme Rönnow, Wulf Pogwisch und dem früheren Pfandburgherrn von Niehuus, Laurentz Heestens, überfallen, verprügelt und auf einem lahmen Pferd schmählich nach seinem Sitz in Stubbe gebracht, in dessen Besitz sich die Herzoglichen gesetzt hatten. Dies führte zum Krieg, in dessen Verlauf das Heer Eriks aber von den Schauernburgern unter Führung Erik Krummendieks geschlagen wurde. Margarethe versuchte daher 1411 in Schiedsgerichten einen Vergleich zu erlangen, der sie im Besitz der Pfandherrschaften von Niehuus und Flensburg beließ.

Unter Jens Due, der 1411 Mitglied des Flensburger Kalands wurde, trieb man nun die Befestigungsarbeiten auf dem Marienberg voran, um in der fünfjährigen Frist der Pfandherrschaft Flensburg zu einer uneinnehmbaren Stadt zu machen. Hier entstand dann eine Feste, welche die Stadt und das Herzogtum Schleswig gegen holsteinische Ansprüche schützen und den Fernhandel kontrollieren sollte. Die 1720 abgebrochene Burg war der Sitz des königlichen Amtmannes und wurde je nach Funktion als *curia regis* (1410), *castrum nostrum Marienberg* (1413), *Marienborg* (1425), *Slot to Flensborch* (1410, 1473) oder *Hus to Flensborch* (1545) genannt. Einer ihrer ersten Kommandanten war der 1379 in Flensburg geborene Ritter Martinus Jensen, der ebenfalls Mitglied des Kalands wurde.[610]

Auch während der Waffenstillstandszeit bis 1421 kam das Land und damit Flensburg jedoch nicht zur Ruhe. So wurde 1420 von den Achtrupern in Flensburg der junge Sieverts erschlagen, und Berthold Achtrup wurde Bürgermeister. Nach Ablauf des Waffenstillstandes kam es wieder zu Kämpfen, in deren Verlauf Herzog Heinrich und sein Bruder Adolf in der Morgendämmerung des 11. November 1422 mit einem kleinen Heer die befestigte Flensburger Vorstadt Ramsharde zu stürmen versuchten. Obwohl diese zwei Tore überwanden, konnte sich die Burgbesatzung auf dem Marienberg behaupten, und die Angreifer mussten abziehen. Am Abend vorher war im Auftrag Kaiser Sigismunds Herzog Heinrich, ein Vetter Eriks, nach Flensburg gekommen, um zwischen den Streitparteien zu vermitteln, was ihm auch gelang. Nach seinem überraschenden Tod 1423 an der Pest begannen die Auseinandersetzungen erneut. Raub und Plünderung umherziehender Scharen waren an der Tagesordnung. Der zweite Abgesandte Sigismunds, der italienische Jurist Dr. Ludovicus de Cataneis, war diesen Machenschaften nicht gewachsen. Aufgrund seines Urteils im Flensburger Franziskanerkloster, wurde das Herzogtum am 28. Juni 1424 nach Befragungen beider Parteien König Erik zugesprochen. Dem deutschen Kaiser fehlten jedoch die Machtmittel, dieses Urteil auch in die Tat umzusetzen.

König Erik selbst galt als städtefreundlich und wollte die Stellung der Kaufleute Dänemarks gegenüber der Hanse stärken, indem er am 15. Februar 1422 diesen jeden Direkthandel mit den Einwohnern seiner Reiche untersagte. Dadurch wurde er mehr noch als die Schauenburger mit ihren Seeräuberverträgen zum Gegner der Hanse. Nachdem er Engländer und Holländer beim Handel begünstigte und erneut einen Sundzoll erheben wollte, war die Hanse zum Krieg entschlossen. Diese verband sich 1426 mit den Schauenburgern, und schon ein Jahr später (1427) versuchten die verbündeten Truppen die Duburg zu erstürmen, deren Befestigungen sich aber als zu stark erwiesen. Nach etwa zwei Wochen verbreitete sich aufgrund eines betrunkenen Kriegshaufens das falsche Gerücht, dass die Burg erstürmt würde. Daraufhin lief der 27jährige holsteinische Herzog Heinrich, mangelhaft gerüstet, schlaftrunken zur Duburg, stellte eine Sturmleiter an, kletterte hinauf und wurde tödlich getroffen. Danach wurde die Belagerung abgebrochen, und sein jüngerer Bruder, Herzog Adolf, übernahm den Befehl über das Heer. In dieser Zeit kam auch der Bürgermeister Berthold Achtrup auf unbekannte Weise zu Tode.

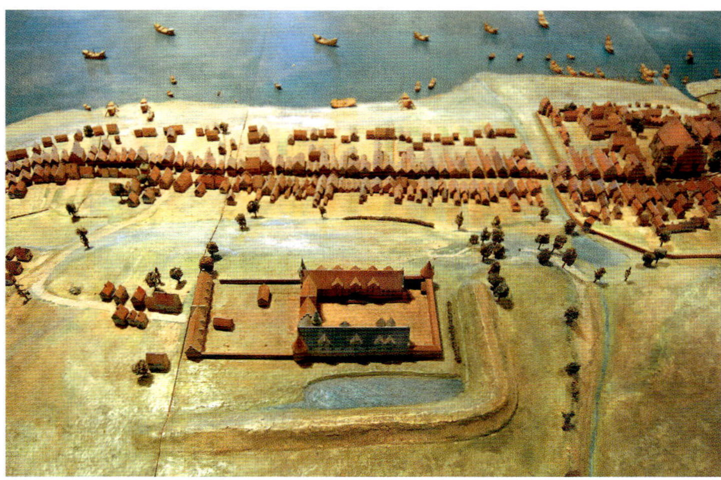

Im Zug der Auseinandersetzungen um Schleswig im späten Mittelalter wurde der Marienberg oberhalb der Viertel St. Marien und der Ramsharde befestigt. Hier entstand seit 1411 die Duburg. Modell von Nöbbe im Flensburger Schifffahrtsmuseum. Foto: Dirk Meier

Nachdem Herzog Adolf zunächst andere feste Plätze des Herzogtums in seine Gewalt gebracht hatte, wandte er sich 1340 erneut Flensburg zu. Die Stadt war aber so wirksam befestigt, dass man sie nicht ohne weiteres einnehmen konnte. Da soll Curd up de Lucht am Palmsonntag, dem 25. März 1431, als die meisten Flensburger in der Kirche waren, das Friesische Tor durch einen dort festgefahrenen Wagen versperrt haben. Daraufhin stürmten seine im Hinterhalt versteckten Mannschaften das Tor. Kurz danach schienen die wohl im Pferdewasser verborgenen Soldaten des Heeres und drangen durch das Friesische Tor und weiter über den Südermarkt in die Stadt ein. Inzwischen hatten die Flensburger, aufgeschreckt durch das Getöse und die

Errichtung herzoglicher Banner auf dem Südermarkt, die Feinde bemerkt und griffen getreu ihres 1412 geschworenen Eides zu den Waffen. Nach schweren Straßenkämpfen konnte sich jedoch das herzogliche Heer der Stadt bemächtigen. Einige Bürger flüchteten sich in die Duburg, während andere ein festes Steinhaus unterhalb der Feste zu verteidigen suchten. Vielleicht war es jene Turmburg, die als ehemaliger Sitz des Vogtes oberhalb der Marienkirche vermutet werden darf. Noch am gleichen Abend huldigte die Bürgerschaft Herzog Adolf. Vielleicht erschlug Curd up de Lucht den Flensburger Bürgermeister Hinrich Achtrup während der Straßenkämpfe, denn 1431 lebte er nicht mehr.

Nach wie vor blieben aber die befestigte Vorstadt Ramsharde und die Duburg in dänischer Hand. Da die Schauenburger aber Belagerungswerkzeug der Hansestädte erhalten hatten, zerschossen sie mit Bombarden von Steinkugeln das feste Haus unterhalb der Feste, dessen Besatzung sich in die Burg zurückzog. Ferner führten 800 Friesen westlich der Duburg Erdverschanzungen aus, die dem Schutz des herzoglichen Heeres dienten, das die Feste von der Landseite her abschnitt. Ihre 500 Mann Besatzung konnte jedoch am 9. Mai mit Hilfe von in den Hafen eingelaufenen 18 Versorgungsschiffen unter Leitung Erik Krummendieks verproviantiert werden, ohne dass dies die Belagerer verhindern konnten. Daher rüsteten die Hansestädte nun ihrerseits eine Flotte aus. Außerdem wurde der Hafen durch eine Balkensperre gesichert.[611] Dadurch geriet die große Burgbesatzung unter Führung des Ritters Marten Jensen und Bischofs Gerd von Börglum in eine schwierige Lage. Der Versuch König Eriks, die Belagerten mit einem Heer zu entsetzen, schlug fehl. Noch aber konnte die Besatzung einen von der Ramsharde her geführten Angriff der hansischen Truppen abwehren, auch wenn man mit *de Bard* die Hauptseite der Befestigung zur Stadt hin nach einem Feuer zeitweise räumen musste. Nachdem dieses gelöscht war, konnten es die dänischen Truppen wieder besetzen. Nachdem alle Erstürmungsversuche der Belagerer gescheitert waren, verließen sich diese auf die Belagerung und Aushungerung der Besatzung, deren Vorräte rasch zur Neige gingen. So kam *dat scharpe swert des hungers pinigede se also sere, dat se 36 vette pagen og katten unde hunde kakeden, unde vreten de likerwis alse hungerge wulwe.*[612]

Trotz des Hungers, welcher die Mannschaft auf angeblich 140 Mann zusammenschmelzen ließ, hielt diese den Monat August durch, um schließlich am 1. September 1431 zu kapitulieren. Damit war die Entscheidung um den Besitz des Herzogtums Schleswig gefallen, zumal da auch noch zwei Monate später die Burg Niehuus in den Besitz Herzog Adolfs kam. Zuletzt wurde noch das Gut Rundhof in Angeln, der Besitz Erik Krummendieks, erstürmt und dem Erdboden gleich gemacht. Die ungeschickte Politik Eriks hatten den Schauenburgern wieder das Herzogtum Schleswig und die Stadt Flensburg gesichert.

Auch nach dem Ende der Kämpfe waren die Gegensätze, die Flensburg und das Herzogtum Schleswig in eine dänische und eine holsteinische Partei teilten, nicht überwunden. Das gleiche galt für die Geistlichkeit Flensburgs. Dabei war das Franziskanerkloster die ganze Zeit eine feste Stütze für den König gewesen. Auch das Rudekloster stand trotz der Konflikte zwischen Zisterziensern und Mennoniten im königlichen Lager, da Margarethe 1412 das Kloster beschenkt hatte. Erst 1451 konnten Bischof Nikolaus von Schleswig und andere Einflussreiche einen Vergleich mit der dänischen Krone erzielten. Dies war auch im Sinne Herzogs Adolfs, der sein Herzogtum wiederaufbauen musste. Die teilweise Erneuerung Flensburgs, das durch die andauernden Kämpfe großen Schaden erlitten hatte, dauerte Jahrzehnte, wobei auch Epidemien die Bevölkerung heimsuchten.[613]

Nach der Huldigung durch die Flensburger Bürger bestätigte Herzog Adolf

1430 deren Privilegien, wonach ihre Waren vom Zoll befreit sein sollten. Wie sein Vater wurde er Mitglied der St.-Marien-Kaufmannsgilde und hielt sich viel in Flensburg auf. Ihm ging es zunächst um die Wiederherstellung der Ordnung. 1436 ließ er ein Grundbuch anlegen, dass die Grundstücke erfasste, deren Eigentum das Bürgerrecht begründete. Ferner legte der Rat 1438 auf Anregung des Bürgermeisters Eggert Bonsson ein Schuldbuch an.[614] Die Kämmerer und Bürgermeister wirtschafteten aufgrund des unzureichenden Steueraufkommens durch die Bürger auch mit ihrem eigenen Vermögen. Schon deshalb mussten die städtischen Würdenträger wohlhabend genug sein, um ihren Aufgaben nachkommen zu können.

Bis zur Mitte des 14. Jahrhunderts hatte der Landesherr von den Flensburger Bürgern über seinen Vogt die Steuern erhoben, darunter eine Grundsteuer (Toftgeld), eine Familiensteuer (Herdgeld) sowie für den Erbkauf. Dafür übernahm der Vogt den notwendigen Schutz der Bürger. Daneben entrichteten diese auch Beiträge für ihre jeweilige Gilde. Unter der Regentschaft der Schauenburger wurde das Steuerwesen nun neu geregelt, indem nach hansischem Vorbild die Bürgerschaft alle Steuern erhob und dafür dem Landesherren einen festgesetzten Betrag ablieferte. Einmal im Jahr mussten Bürgermeister und Rat vor der Bürgerschaft Rechenschaft über die eingezogenen und verwalteten Gelder ablegen. Von den 1436 erfassten Bürgern waren etwa 45 Prozent Dänen, 25 Prozent Deutsche und 12 Prozent Friesen.[615] Der Rest bleibt hinsichtlich seiner Herkunft unklar. Auf dem Allmannsding, wo die Willküren und das Stadtrecht verlesen wurden, kamen aber nur die Vollbürger zusammen.

Auch das Schulwesen wurde nun vom Stadtrat mitgesteuert. Bis zum Ausbruch des Krieges hatte ein geistlicher *scholasticus* dem Unterricht vorgestanden. Nach dem schleswigschen Krieg ließ der Rat dann eine Schule bei St. Marien errichten, die auch weltlicheren Lehren zugetan war. Auch auf die Hospitäler übte der Rat nun seinen Einfluss aus. Dementsprechend heißt es seit 1431 auch *de rad* anstelle einzelner *radlude*. Der Rat erbaute sich 1445 mit dem Rathaus auf dem alten Thingplatz ein Verwaltungsgebäude, das erst 1883 abgebrochen wurde. Diese innere Entwicklung Flensburgs entsprach der allgemeinen Tendenz der städtischen Verfassungsinnovationen. Für die alten Gilden bedeuteten diese Reformen jedoch das Ende. Da Herzog Adolf während seiner Regierungszeit an seinem guten Verhältnis zur Hanse festhielt, wirkte sich dies positiv auf den Flensburger Handel aus. Als Herzog Adolfs Neffe, Graf Christian von Oldenburg, 1448 zum dänischen König gewählt wurde, bot ihm der Herzog vor dem Hintergrund eines möglichen Konfliktes mit den Schweden, die ihm die Huldigung als Unionskönig verweigerten, seine Vermittlung an. Bei seiner Annäherung an die Hanse verfeindete sich Christian I. jedoch mit den holländischen Städten, gegen die sein Bruder, Graf Gerd von Oldenburg, einen Kaperkrieg führte. Letzterer erbeutete 1452 eine ganze Flotte und führte sie in den Flensburger Hafen, wo sie bis 1454 liegen blieb. Die Stadt wurde 1455 zum Treffpunkt der Verhandlungen zwischen König Christian I. und der Hanse, die mit der Bestätigung der Privilegien der Hanse endeten. Da Herzog Adolf drei Jahre später ohne Kinder starb, wurde nach den Vertrag von Ripen Christian I. neuer Landesherr, was auch für Flensburg nicht folgenlos blieb.

Es war die schleswig-holsteinische Ritterschaft gewesen, die mit ihrem an den König gegebenen Vermögen, die Ablösung der Schauenburger als Landesherren ermöglicht hatte und nun durch Vogteien entschädigt werden musste. Da sich Graf Gerhard (Gerd) der Mutige von Oldenburg nicht angemessen ausgezahlt fühlte, kam er 1465 nach Flensburg. Er einigte sich dort mit dem Bürgermeister Haye Paysen, dass die Stadt Geld für einen gemeinsamen Kriegszug zurücklegte. Nachdem er sich noch im gleichen Jahr Rendsburgs bemächtigte, traten seine Absichten deutlich zutage. König Christian, der mit Schweden im Konflikt lag, blieb deshalb nichts anderes übrig, als Gerhard Weihnachten 1486 zu seinem Statthalter in den Herzogtümern zu ernennen. Er versuchte nun, selbst durch Erpressung und Gewalt ebenfalls so viele Vogteien wie möglich zu erwerben. Da sich die Adeligen des Rückhaltes der Hanse versicherten, hatte Gerhard den Bogen überspannt. König Christian gelang es schließlich 1470, die entfremdeten Schlösser und Herrschaften wieder an sich zu binden. Gerhard kehrte nach Oldenburg zurück. Der König bestrafte das abspenstige Husum ebenso wie den Flensburger Bürgermeister Paysen, der den Leuten Graf Gerhards die Tore geöffnet hatte. Nur Dank der Fürsprache des Schleswiger Bischofs Nikolaus und der Königin Dorothea verschonte der König sein Leben. Paysen wurde aus der Stadt verbannt, durfte aber später zurückkehren.

Allerdings musste König Christian die Ablösung der großen Geldsummen, die der dem schleswig-holsteinischen Adel schuldete, garantieren. Die Adeligen gelangten deshalb nun in den Pfandbesitz Flensburgs, die 1473 einen der ihren als Vogt einsetzten. Königin Dorothea gelang es jedoch, 1487 die Stadt ebenso wie die Herzogtümer wieder auszulösen.

Christian I., der auch den Amsterdamer Kaufleuten die Durchfuhr ihrer Waren über Husum auf dem Landweg nach Flensburg und weiter über die Ostsee erlaubte, trug mit der Bestätigung dieses alten Handelsprivilegs zum ökonomischen Aufschwung Flensburgs am Ende des leidgeplagten 15. Jahrhunderts bei. Noch zwei Jahre vor seinem Tod, 1480, verkündete er einen Landfrieden, der die Lübecker und Hamburger Kaufleute gegen Unrecht schützte. Ferner erlaubte er der Stadt Flensurg, bei allen über 10 Lasten großen Schiffen, das waren meist Hanseschiffe, ein Pfahlgeld für die neuerbaute Schiffbrücke zu erheben.

Noch unter König Hans 1490 kam Flensburg zum dänischen Anteil im Herzogtum Schleswig. Hans nutzte anders als sein Vater die schwierige Lage der Hanse aus, indem er Verträge mit England und Holland schloss. Die nachfolgenden Auseinandersetzungen des mit Schweden verbündeten Lübecks mit Dänemark 1509 und 1512 bewiesen schnell, dass sich die Machtverhältnisse im Ostseeraum geändert hatten. Im März 1512 kam es in Flensburg zum Frieden zwischen König Hans und den Lübecker Bürgermeistern Herrmann Meier und Thomas von Wickede. Die Flensburger Kaufleute übernahmen infolge dieser veränderten politischen Lage nun den brachliegenden Lübecker Handel mit Holland. Sie hatten im vorherigen Krieg der Hansestadt mit König Hans große Mengen an Lebensmitteln, Getreide, Fette und Vieh in Jütland erworben, die sie exportierten. Da sich zudem die Landwirtschaft im Umland infolge des Landesausbaus ebenso wie die Preise positiv entwickelten, trug dies zum ökonomischen Wachstum bei. Zudem verlor Ripen mit dem Rückgang des Heringsmarktes an Bedeutung, während Flensburg den Skandinavienhandel vor dem Hintergrund der seit 1450 wieder ansteigenden Konjunktur an sich zog. Da die Ballungsräume Flanderns und Hollands nach Lebensmitteln verlangten, wurde der Ochsenhandel zum bedeutendsten Flensburger Wirtschaftszweig in dieser Zeit. Allein zwischen 1485 und 1519 wurden zwischen 13.000 und 29.000 Stück Vieh über den Ochsenweg nach Süden getrieben.[616] Hinzu kamen Pferde, Schafe und tierische Produkte. Diesen Transithandel zwischen der Ostsee über den Landweg nach Husum ergänzten die Flensburger Kaufleute mit Getreide, Flachs, Hanf, Teer und Talg. Von Süden gelangten hingegen Fertigprodukte aller Art in die wachsende Stadt, dessen 1508 niedergelegtes neues Grundbuch die Veränderungen festhält. Neben den holländischen Städten wurden auch Husum und Stade sowie Hamburg zu einem willkommenen Handelspartner. Unterdessen war die Bedeutung Lübecks und der anderen Ostseehansestädte im Zeitalter der Entdeckungen und der Verlagerung des Handels auf die Weltmeere stark zurückgegangen. Mit den Fuggern erschien zudem eine neue Handelsmacht im Ostseeraum. Diese schlossen in Flensburg am 2. Juni 1539 einen Vertrag mit Christian III. ab.

Trotz dieser ökonomischen Expansion trafen die Stadt am Ausgang des Mittelalters verschiedene Katastrophen. So hatte ein Großfeuer 1485 die Kirchspiele St. Johannis und St. Nikolai zerstört, wenn auch die Schäden rasch beseitigt waren. 1495 und 1502 wütete die Pest erneut in Flensburg. Daneben gab es aber auch freudige Ereignisse, wie große Hochzeiten, und erneute Trauer, da 1500 von dem 150 Mann großen Aufgebot, das mit König Hans nach Dithmarschen gezogen war, nur 29 Mann zurückkehrten.[617] Auch reichere Kaufleute hatten gewiss ihre Sorgen, wenn es auch innerhalb der Kaufmannschaft nicht mehr zu gewaltsamen Auseinandersetzungen zwischen der königlich-dänischen und herzoglich-schleswigschen Partei kam.[618]

• Apenrade, Hadersleben, Sonderburg und Eckernförde

Ähnlich wie Flensburg sind auch die beiden anderen, an der Ostküste Nordschleswigs gelegenen Städte Apenrade und Hadersleben während der Waldemarszeit gegründet worden. Der im Haderslebener Stadtrecht erwähnte Feiertag der Bürger zum Gedächtnis der Eroberung Rügens durch Waldemar I. lässt vermuten, dass die Stadt während seiner Regierungszeit von 1157–1182 entstand. Aber auch das Apenradener Stadtrecht von 1335 erwähnt, dass König Waldemar der Stadt in früherer Zeit Rechte verliehen habe. In beiden Orten befand sich eine im Erdbuch Waldemars II. von 1231 aufgelistete Burg.

Die Stadt Hadersleben bildete sich ähnlich wie Flensburg am inneren Winkel einer Förde neben einer älteren Siedlung (Alt-Hadersleben bzw. Gammel-Opnør) aus. Ferner lag etwa 3 km westlich der Stadt an der Förde bei der im 12. Jahrhundert errichteten Travertinkirche von Starup ein frühmittelalterlicher Handelsplatz.[619] Saxo Grammaticus erzählt in seiner Dänischen Geschichte von der Sage eines König Hather, nach dem die Stadt benannt sei. Auch in Hadersleben (*Hathörsleff*: Erben des Hather) ist die mittelalterliche Stadtentwicklung eng mit der Knudsgilde sowie dem Landesausbau des Umlandes gekoppelt. Die Siedlungsräume von Hadersleben und Kolding verband eine neue Straße, die bei Hadersleben über die Förde führte und hier auf den vom Nordseehafen Ripen her führenden Weg traf. Hinter dem quadratischen Markt Haderslebens, wo sich diese Straßen kreuzten, wurde die Marienkirche erbaut. Diese Struktur erweckt den Anschein einer planvollen Gründungsstadt, bei der neben dem König die Knudsgilde von zentraler Bedeutung war. Ursprünglich erstreckte sich der Markt wohl etwas weiter nach Westen, als das heute der Fall ist. 1228 kam ein Dominikanerkloster hinzu, und 1241 erhielt Hadersleben die Marktgerechtigkeit.[620] Weiteren Schutz der auf einer Anhöhe errichteten Stadt bot die Aufstauung des Mühlenstroms in der Mitte des 13. Jahrhunderts durch einen 4 m breiten Wegedamm, der westlich der Süderbrücke (Sønderbro) liegt, die heute den Verkehr über den Mühlenstrom (Mølle-

Der Grundriss Haderslebens am Ende der Haderslebener Förde mit einem rechteckigen Markt im Schnittpunkt mehrerer Straßen erinnert an eine planvolle Gründungsstadt, die 1241 Marktgerechtigkeit und 1292 Stadtrecht erhielt. Die halbinselartige Anlage Haderslebens ist dabei die Folge der Anlage eines Mühlenstausees (Haderslebener Damm). Über die mittelalterliche Stadtentwicklung Apenrades ist fast nichts bekannt.

strom) leitet. Infolge des Wasserstaus befinden sich die Reste des später überfluteten alte Dammes etwa 2 m unterhalb des heutigen Wasserspiegels. Die Altstadt liegt seither auf einer Halbinsel.

Die Ausgrabungen am Mühlenstrom dokumentierten die ältesten Siedlungsschichten der Stadt aus dem 12. Jahrhundert. Um 1200 wurde hier das Gelände durch Flechtwerkzäune parzelliert. Ferner fanden sich in einfachen Gebäuden mit Stabwänden Werkstätten. Um 1250 veränderte sich dann die Siedlungsstruktur. Die Werkstätten wurden niedergelegt und stattdessen die Straßen auf den neuen Markt hin konzentriert. Wegedämme, Straßen- und Kirchenbau sind nun Ausdruck der umfangreichen Stadterweiterung des 13. Jahrhunderts, die in dem Stadtrecht von 1292 ihren Ausdruck findet. Zwar dürfte die Stadt während der Kämpfe zwischen König Erik IV. von Dänemark und Herzog Abel in Mitleidenschaft gezogen worden sein, doch sind der Neuaufbau und die Stadterweiterung nicht allein eine Folge dieses Krieges. Burgbezirk und die Siedlung mit der St.-Severins-Kirche blieben jedoch außerhalb der neuen Stadtbefestigung mit ihren drei Toren und gehörten zum Amt Hadersleben.

Im 13. Jahrhundert zählte Hadersleben zu den wohlhabendsten Orten der Region. So ist die in dieser Zeit errichtete hochgotische Marienkirche, die einen älteren kleinen Bau ablöste, nach dem Schleswiger Dom die zweitgrößte auf dem alten Gebiet des Herzogtums Schleswig. Aufgrund ihres Sitzes als Kollegiatkapitel gab es Bestrebungen, die nordöstliche Propstei des Bistums Schleswig zu einer eigenen Diözese zu erheben. Nordwestlich dieser späteren Rechtsstadt entstand in Hadersleben ein weiterer Siedlungskern mit der heute ebenfalls erhaltenen Kirche St. Severin.[621] Die Landesteilungen der Herzogtümer Schleswig und Holstein, die seit 1460 mit Dänemark unter einem Landesherrn verbunden waren, berührten die weitere Entwicklung der Stadt nachhaltig. Dies galt vor allem für die Teilungen von 1523 und 1544. Nachdem 1523 König Friedrich I. seinem lutherisch gesonnenen Sohn Christian III. die Ämter Törning und Hadersleben mit der Stadt zur Herrschaft übergab, wurde diese bald zum geistigen Zentrum und Ausgangspunkt der Reformation im Norden. Hadersleben, wo sich die Schleswiger Herzöge oft aufhielten, diente als Gegenhafen zu dem an der Nordsee gelegenen Ripen, über das die Transitgüter aus Flandern, Holland und dem Rheinland über den Landweg zur Ostseeküste gebracht wurden.

Ähnlich wie in Hadersleben bestimmte auch in der südlichen gelegenen Marktsiedlung Apenrade die Knudsgilde die frühe Stadtentwicklung, die sich um die Wende des 13. Jahrhunderts am Abhang eines in die Förde halbinselartig hineinragenden Moränenrückens als Kaufleute- und Fischersiedlung aus dem nahen Opnør entwickelte. Ob Apenrade aus einer Einstraßensiedlung an der Förde hervorging, ist nicht eindeutig nachweisbar. Der Ort wurde von König Erich Glipping 1257 *villa forensis*, also Marktsiedlung, genannt und erhielt erst 1335 Stadtrecht.[622] Als Pfarrkirche diente die Knutskirche, an die sich die Gildestraße anschloss.[623] Die infolge der innerdänischen Auseinandersetzungen abgebrannte Knutskirche in Apenrade wurde

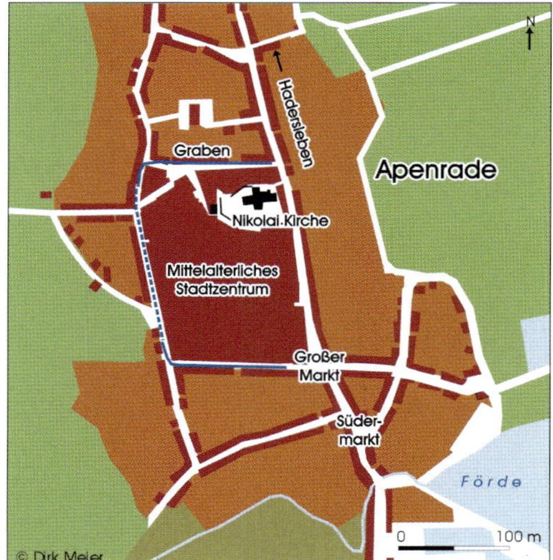

Apenrade, das 1335 Stadtrecht erhielt, ging aus einer 1257 erwähnten Marktsiedlung am Ende der Apenrader Förde hervor.

In der Mitte oder zweiten Hälfte des 13. Jahrhunderts entwickelte sich nahe der Burg Sonderburg auf der Insel Alsen die heutige Stadt. Foto: Jørgen Larsen

nicht wieder aufgebaut, sondern durch die St.-Nikolai-Kirche auf der Kuppe des Stadthügels ersetzt. Die mittelalterliche Stadt umgab zumindest teilweise ein nach der Mitte des 14. Jahrhunderts angelegter Graben, dessen Errichtung vielleicht der Umleitung des Wassers für eine Mühle diente.[624] Erst nach dem 14. Jahrhundert erweiterte sich die Bebauung langsam über den Graben hinaus. Gleichwohl blieb Apenrade zwischen den größeren Städten Hadersleben und Flensburg trotz des Marktzwanges eher unbedeutend.

Ferner entstand in der Mitte oder zweiten Hälfte des 13. Jahrhunderts Sonderburg auf der Insel Alsen, die zwischen dem dänischen König und dem Herzog von Schleswig umstritten war. Hier dürfte sich schon zur Zeit Waldemars I. eine Burg befunden haben, die 1254 bezeugt ist. Nach der Burggründung kam es zu einer kleinen Ansiedlung, aus der sich später eine Stadt entwickelte, über deren mittelalterliche Topographie fast nichts bekannt ist.[625]

Ebenfalls das auf einer Nehrung zwischen der Eckernförder Bucht und einem Noor liegende Eckernförde bildete sich um die Mitte des 13. Jahrhunderts aus einer Burggründung heraus. So findet sich neben der 1197 bezeugten *Ykaernaeburgh* (Eichhörnchenburg, Eckernburg), die wohl von Waldemar II. während seiner Zeit als Herzog von Schleswig gegen Adolf III. angelegt und kurz nach 1325 aufgegeben wurde, eine kleine Fischersiedlung, bevor der Ort in der ersten Hälfte des 13. Jahr-

Auch in Eckernförde ist die Stadtentwicklung mit dem Bau einer Burg verbunden. So findet sich neben der 1197 bezeugten Ykaernaeburgh (Eichhörnchenburg) eine kleine Fischersiedlung, bevor der Ort in der ersten Hälfte des 13. Jahrhunderts planmäßig erweitert wurde. Der Stich links stammt von Braun-Hogenberg.

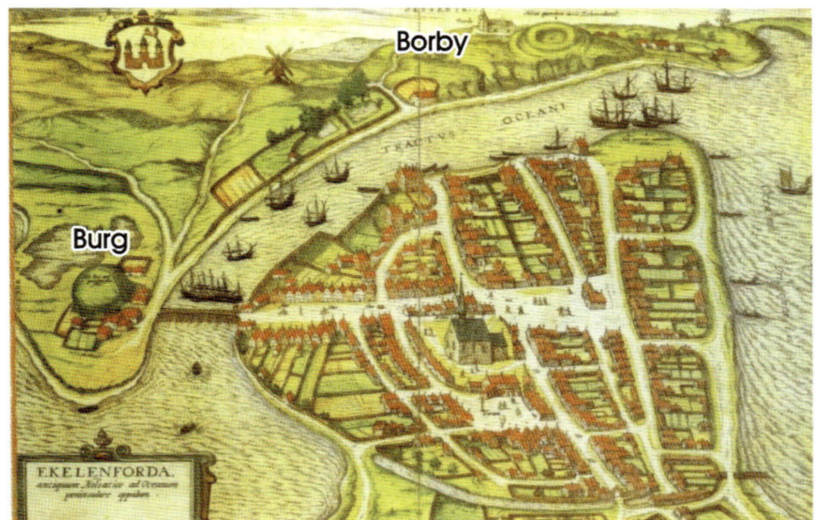

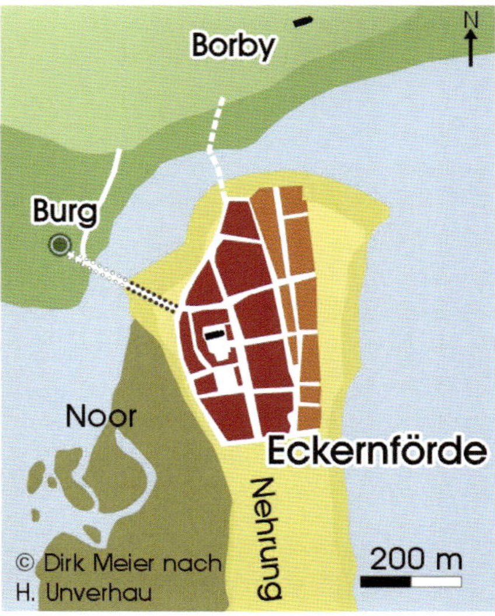

In Kolding ließ Herzog Abel 1248 eine Grenzburg errichten, während König Glipping, der Kolding wieder gewann, die nahe Stadt um 1268 vergrößerte. Foto: Niels Elgaard Larsen

hunderts planmäßig erweitert wurde. Die regelmäßige Straßenanlage und der Marktplatz weisen Eckernförde als Gründungsstadt (1288) aus. Als Pfarrkirche diente die St.-Nikolai-Kirche. Bei der *Ykaenaeburgh* handelte es sich um eine Motte, die als Hügel links neben der Brücke auf der Stadtansicht von Braun-Hogenberg zu sehen ist, während es für den auf dem Peters- oder Ballastberg eingezeichneten Ringwall bei der Borbyer Kirche keine gesicherten Belege gibt. Die verfallende Motte wurde dann frühestens 1417 neu ausgebaut. Die erste Erwähnung des Ortsnamens von Eckernförde geht 1197 auf den Ritter *Godescalcus de ekerenvorde* zurück, der an dem an der Furt entstandenen Ort lebte.[626]

Kleinere Zentren im Herzogtum Schleswig blieben das unter der Herrschaft des Bischofs von Schleswig stehende Schwabstedt an der Treene sowie Warnitz (Værnes) an der Apenrader Bucht. In Kolding ließ Herzog Abel 1248 eine Grenzburg errichten, während König Glipping, der Kolding wieder gewann, die Stadt, bei deren Herausbildung wiederum die Knudsgilde von Bedeutung war, um 1268 vergrößerte.[627]

• Ripen, Husum und Tondern

Ripen, Husum, Tondern und Schwabstedt im Herzogtum Schleswig gehörten neben dem schon erwähnten Meldorf in Dithmarschen zu den wenigen Zentren an der Nordseeküste im Hochmittelalter. Der auf einem Geestkern an der Ostseite der Ribe Au (Ribe å) gelegene, um 700 n. Chr. gegründete älteste Siedlungskern befand sich im Knotenpunkt zwischen Land- und Schifffahrtswegen.[628] Erstmals wird der Ort im Zusammenhang mit der Mission Ansgars um 870 erwähnt[629], der hier vom dänischen König Hrorik die Genehmigung zum Bau einer Kirche erhalten hatte, wie auch Adam von Bremen in seiner Hamburger Bischofsgeschichte (I, 30, 31) ausführt. Aufgrund seiner Handelsbedeutung wurde Ripen unter dem Bischof Adaldag von Hamburg-Bremen auf der Universalsynode von Ingelheim 948 zum Bischofsitz erhoben. Bereits um 1000 dehnte der Bischof von Ribe seinen Einfluss über das ganze nördliche Jütland aus. Die Siedlung wuchs nun rasch. Ein tiefer Wassergraben mit Wall, der die Geestkuppe mit der Handelsniederlassung zwischen der Brede å und Ribe å sperrte, verbesserte im 11. Jahrhundert den Schutz der Bewohner. Für diese Zeit zeichnet Adam von Bremen in seiner Hamburger Bischofsgeschichte (IV, 1 Scholion 96) das Bild einer Marktsiedlung *(civitas)* mit einem an einem Fluss liegenden Hafen *(portus Daniae)* mit folgenden Worten: *ein weiteres Bistum errichtete Otto I. in Ripen, welche Stadt von einem zweiten Gewässer umgeben ist, welches vom Ozean hereinströmt und auf dem man nach Fresien [Friesland] segelt, oder doch nach England oder doch nach unserem Sachsenlande hin.*

Bis 1100 konzentrierte sich die Bebauung auf das Ostufer der Ribe Au, bevor sich diese dann auf die Geestkuppe verlagerte, die sich südwestlich des Flusses erstreckte. Hier erfolgte nach Ausweis archäologischer Untersuchungen die Anlage zweier Holzkirchen an der Stelle des heutigen, im 12. Jahrhundert begonnenen Doms. Als Bauherr wird der 1134 verstorbene Bischof Thure genannt.[630] Neben dem Dom entstanden beiderseits der Ribe å je zwei weitere Pfarrkirchen. Davon werden St. Peter und St. Clemens erstmals 1145 erwähnt, während St. Johannis, St. Nikolai und die Domschule erst Ende des Jahrhunderts in den Quellen auftauchen. Ebenfalls in diese Zeit gehört wohl die Kirche des Heiligengrabes in der Stadt am Westufer der Ribe Au.[631] Zwar lassen sich alle Kirchen am Westufer der Ribe Au in den Schriftquellen nicht vor dem 12. Jahrhundert nachweisen, doch dürften einige vielleicht aufgrund der Größe des urbanen Gefildes vor 1100 vorhanden gewesen sein. So muss die Kirche Ansgars vielleicht im Bereich der ehemaligen Nikolaikirche gesucht werden. Hinzu kam 1228 ein Dominikanerkloster südöstlich des hochmittelalterlichen Zentrums. Die heutige Kirche ist aus dem 15. Jahrhundert und die dritte an dieser Stelle. Zusammen mit dem Dom ist diese die letzte mittelalterliche Kirche, die bis heute überdauert hat.

Neben dem Markt verlegte man auch den Hafen auf die westliche Seite des Flusses, den seit 1225 ein Damm zwischen beiden Geestkuppen absperrte, was die Anlage einer Wassermühle ermöglichte. In der Mitte des 16. Jahrhunderts errichtete man weitere Mühlen. Zugleich schüttete man einen westlich des heutigen Domes verlaufenden Flussarm zu. Im Nordwesten der sich auf der südlich und westlich des Flusses liegenden Geestkuppe ausdehnenden Bebauung entstand um die Mitte des 12. Jahrhunderts als Königsburg Riberhus. Mit Burg, Dom und zwei Pfarrkirchen entwickelte sich hier das neue Zentrum der urbanen Marktsiedlung, die im 13. Jahrhundert Stadtrecht erhielt. Der Ort wurde unter den Königen Knud dem Großen (1018–1035), Sven Estridsen (1047–1074), Niels (1104–1134), Waldemar II. (1202–1241), Erik Klipping (1259–1286), Erik Menved (1286–1319) und Erik VII. (1397–1439) zu einer wichtigen Münzstätte. Daneben sind aus den Ausgrabungen aber auch Münzen der holsteinischen Grafen (1365–1370), aus Hamburg (1360–1365), Lüneburg (1403–1406) und Wismar (1379–1381) belegt.[632]

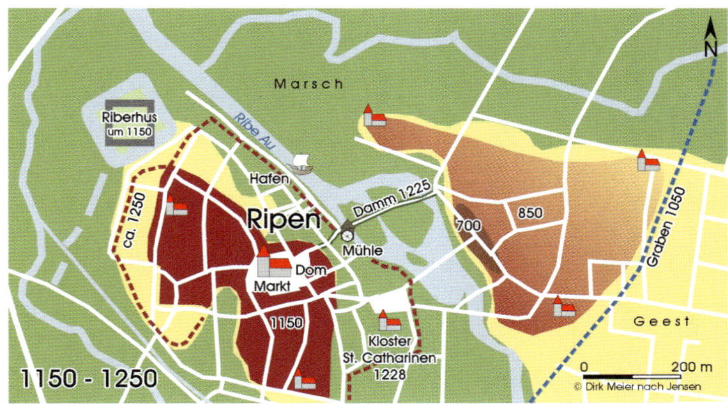

Im hohen Mittelalter verlagerte sich der Schwerpunkt der Besiedlung von der im frühen Mittelalter besiedelten Geestkuppe östlich der Ribe Au auf die westliche Seite, wo der Dom erbaut wurde. Nördlich der Stadt bestand im Mittelalter das Ribe Hus als königliche Burg.

Zwischen 1176 und 1402 zerstörten sieben Brandkatastrophen die Stadt, die jedoch immer wieder aufgebaut wurde. Mit dem anfallenden Siedlungsschutt erweiterte man das Stadtareal. Dabei wurde auch die ehemals südlich gelegene Kuppe mit dem Dominikanerkloster in das Stadtareal einbezogen. Neben den Brandkatastrophen bedeutete auch die Pest von 1350 einen Einschnitt für die Bevölkerung der Stadt. In dieser Zeit konnten die bereits größeren Schiffe Ripen immer schwerer erreichen und mussten daher an der Mündung der Ribe å in die Nordsee entladen werden. Das verringerte die Bedeutung Ripens als überregionalen Hafenort, so dass die Entwicklung der Stadt stagnierte. Nachdem Ende des 15. Jahrhunderts Ripen mit etwa 5.000 Einwohnern noch zu den größeren Städten Nordeuropas zählte, verlor die Stadt im 16. Jahrhundert ihre Bedeutung für den dänischen Seehandel.

Zur Zeit des Stadtplanes von Johannes Mejer (1651) bildete Ripen schon keine bedeutende Stadt mehr.

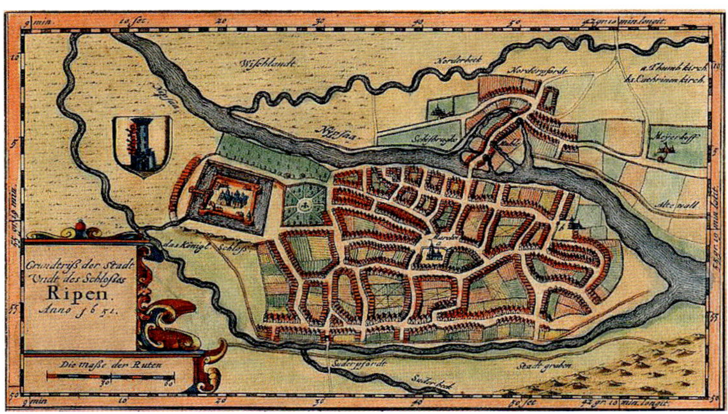

Im Norden Ribes liegt die um 1150 erbaute königliche Burg Riberhus, die im 16. Jahrhundert ausgebaut und mit Schanzen versehen wurde. Im Hintergrund erkennt man den Dom mit dem Bürgerturm. Foto: Dirk Meier

Der Bürgerturm des Doms von Ribe. Foto: Dirk Meier

Südlich von Ribe verlor das bischöfliche Mögeltondern zugunsten der Erweiterung des neuen Hafenplatzes Klein Tondern an der Wiedau, wo wohl friesisches Recht galt, an Bedeutung. Der Ort hatte unter Herzog Abel schon 1243 lübisches Stadtrecht erhalten und war zunächst nur ein Nebenort von Mögeltondern (Großtondern) gewesen. Mit seiner St.-Laurentius-Kirche hatte sich das aufstrebende Klein-Tondern schon früh zum eigenen Kirchspiel entwickelt. Zur Zeit Herzog Abels hatte der Ort schon eine beträchtliche Größe erreicht, da der vermögende Ritter Naffnesen, der zum engsten Kreis Abels gehörte, hier 1238 ein Franziskanerkloster stiftete. Mit der weiteren Ausweitung war eine Regulierung der Grundstücke verbunden, wobei östlich der Burg eine lange Straße das gewachsene urbane Gefilde durchzog. Straßenführung und Markt weisen auf eine geplante Gründung hin. Die nahe des Marktes liegende Nikolaikirche wird allerdings erst 1500 erwähnt, dürfte aber älter sein, da sich der Ort im 14. Jahrhundert von der außerhalb der Stadt liegenden Laurentiuskirche gelöst hatte. Nach archäologischen Beobachtungen wurde das Rathaus auf einer Senke erbaut, die im Laufe des 16. Jahrhunderts mit bis zu 1,5 m mächtigen Dungschichten verfüllt worden war. Diese erstreckte sich weit über den heutigen Markt hinaus, der daher nicht älter sein kann. Das steht im Widerspruch dazu, dass man gerade in der Marktgründung den Keim der mittelalterlichen Stadt

Kloster in Ribe. Foto: Dirk Meier

gesehen hat. Ferner konnten beim Neubau des Kunstmuseums Teile des Vorburg von Tonderhus freigelegt werden. Hier fanden sich direkt am Marschrand Nachweise eines kleinen Einzelgehöftes, das etwa von der Mitte des 12. Jahrhunderts bis 1270 bestand. Nach Aufgabe des Gehöftes wurde dann unter Herzog Erich I. die Burg errichtet. Diese lag wahrscheinlich von Anfang an auf drei künstlich erhöhten Hügeln. Um 1330 brannte die zur Stadt hin auf einem Hügel erbaute Vorburg ab und wurde danach beträchtlich erweitert. Diese Anlage bestand bis 1451, als man die Burg erneut umbaute und den Hügel auf NN +2,80 m erhöhte. 1523 wurde die gesamte Anlage unter Frederik I. abgerissen und die Wallgräben verfüllt. Auf dem planierten Gelände entstand dann ein Renaissanceschloss.[633]

Husums Entwicklung zum Hafenort begann erst, nachdem im späten Mittelalter der Prielstrom der Hever bis zum Geestrand vorgestoßen war und eine Verbindung zur Husumer Au geschaffen hatte. Infolgedessen wuchs die zwischen dem heutigen Marktplatz und der Schiffbrücke gelegene Handelsniederlassung schnell heran, da es nur wenige geeignete Häfen an der Wattenmeerküste gab. Von hier führte der lokale Tansitweg nach Flensburg, wo eingewanderte nordfriesische Geschlechter im Patriziat vertreten waren. Der Ortsname *Husum* als Häuser an der Au wird erstmals 1409 erwähnt. Der dänische König Christian I. stattete Husum 1421 mit der Fleckengerechtigkeit aus. Nur wenig später (1448) löste sich der Ort aus dem Kirchspiel Mildstedt und weihte 1507 seine erste Kirche ein. Das in dieser Zeit etwa 3.000 Einwohner umfassende Husum erhielt 1465 vom dänischen König Christian I. das Privileg, einen Stadtvogt anzustellen eigenes Gericht abzuhalten, und die Erlaubnis, den Ort mit einer hölzernen Palisade zu befestigen. Da die Husumer jedoch Stadtrechte erhalten wollten, beteiligten sie sich an einem erfolglosen Aufstand gegen ihren König, den dessen Bruder, Graf Gerhard VII. von Oldenburg, initiiert hatte. König Christian konnte mit seinem Heer jedoch 1472 Husum einnehmen und plante ein Exempel. Nur nach Bitten des Lübecker Bischofs, des Amtmannes von Ahlefeld und des Stallers Tede Feddersen von Nordstrand, ließ er vom Plan der völligen Zerstörung ab. Aber eine harte Brandschatzung, die Entziehung aller Privilegien und Verhängung einer Strafsteuer, die Exekution von 70 Bürgern einschließlich der Anführer und die Landverweisung weiterer Bürger bedeuteten einen herben Rückschlag für die Ökonomie des Ortes, der erst 1558 wieder das Marktrecht und 1603 das Stadtrecht erhielt.[634]

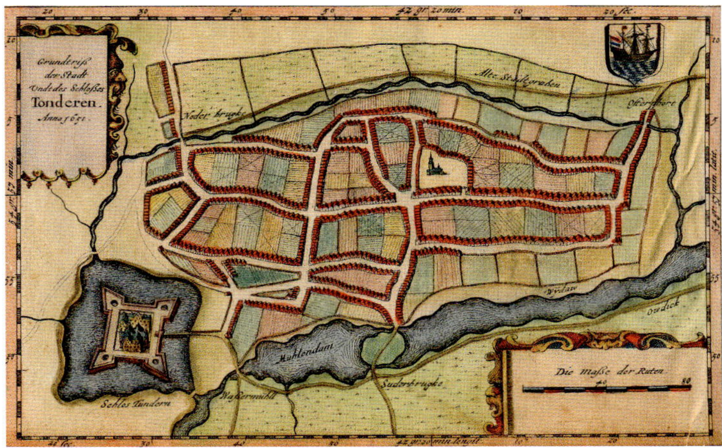

Das bischöfliche Mögeltondern verlor zugunsten der Erweiterung des neuen Hafenplatzes Klein Tondern, wo wohl friesisches Recht galt, an der Wiedau an Bedeutung. Das neue Tondern Ort erhielt unter Herzog Abel 1243 lübisches Stadtrecht. Stich von Johannes Mejer (1651) für die Landesbeschreibung Caspar von Danckwerths.

Der Förderung des Handels dienten nicht nur die Stadtgründungen, sondern auch Zolltarife. So sollten etwa die nach dänischem Recht lebenden Festlandsfriesen nur eine halb so hohe Salzsteuer entrichten wie die Uthlandfriesen. Die Einnahmen aus den königlichen Harden Schleswigs verzeichnet dabei das Erdbuch Waldemars II. von 1231. Ferner enthält es eine Auflistung des Königsbesitzes *(kununglef)* wie auch des Privatbesitzes des Königshauses *(patrimonium)*.

Krisen der spätmittelalterlichen Lebenswelt (1340 – 1430)

Um etwa 1300 ist in Mitteleuropa die Zeit des expansiven Bevölkerungswachstums vorbei. Die Kapazitätsgrenze der zur Verfügung stehenden Ressourcen scheint erreicht zu sein. Die Bevölkerungszahlen stagnierten und gingen teilweise sogar zurück. Schon das 12. und 13. Jahrhundert kennzeichneten Teuerungen und Hungersnöte. Seinen Gipfel erreichte der Hunger zwischen 1309 und 1317. Die Agrarwirtschaft konnte trotz aller Fortschritte nicht in ausreichendem Maße die Lebensmittel zur Verfügung stellen, um in dieser Krisenzeit auch noch die Menschen in den Städten zu versorgen.

Verbunden ist diese Depression mit dem Wüstfallen ganzer Dörfer und der Verringerung der städtischen Einwohnerzahlen, auch wenn die Auswirkungen regional schwankten. Im 14. Jahrhundert lebten in Schleswig-Holstein etwa 200.000 Einwohner, von denen infolge der Pestepidemien zwischen 1350 und 1383 etwa ein Drittel zum Opfer fiel. Erst in der zweiten Hälfte des 14. Jahrhunderts wuchs die Bevölkerung wieder langsam an. Um 1460 erreichte diese mit etwa 335.000 Einwohnern einen neuen Höchststand, was einen erneuten Bedarf nach Agrarprodukten, Rohstoffen und Waren aller Art bedeutete.[635] An diese demographischen und ökonomischen Schwankungen war die Preisentwicklung gekoppelt. So fielen die Preise für Agrarprodukte im späten 14. Jahrhundert, während die für gewerbliche Güter stiegen. Ab der zweiten Hälfte des 15. Jahrhunderts sanken die Preise dann generell. Mitverursacht wurde diese Rezession durch Mangel an gemünztem Geld. In Europa verringerten sich parallel die Zahl der Münzstätten zwischen 1331 und 1500 etwa um 80 Prozent, der Ausstoß der Lübecker Münze halbierte sich dabei zwischen 1360 und 1380.[636]

Die Preisschwankungen ebenso wie die wechselnde Demographie beeinflusste auch die sozioökonomischen Strukturen des Adels, der Kirche, der Bürger, der Handwerker und Bauern. Während der Hochkonjunktur des 13. Jahrhunderts fielen die Preise für Agrarprodukte, worunter vor allem die vom Adel abhängigen Bauern zu leiden hatten. Aufgrund des Rückganges der Konsumenten mussten aber auch die städtischen Kaufleute wirtschaftliche Einbußen hinnehmen, was auch das städtische Handwerk betraf.

Die Demographie und Preisentwicklung änderte sich dann in der Krisenzeit des 14. Jahrhunderts, die von wirtschaftlicher Depression, Missernten und Seuchen geprägt war. Diese fällt dabei in einen Zeitraum, in der das Klima vom mittelalterlichen Klimaoptimum zwischen 900 und 1300 im 14. Jahrhundert zur Kleinen Eiszeit hin kühler und regenreicher wurde.[637] Ab 1200 wurde erstmals vor Island Meereis beobachtet, 1306 war die Ostsee 14 Wochen lang teilweise zugefroren.[638] Das führte vor allem in den östlichen Landesteilen Schleswig-Holsteins zu einer Verzögerung des Vegetationsbeginns von 2–3 Wochen, da auch die Temperaturen im Frühjahr unter den üblichen Werten blieben. Während der ersten Märzhälfte trat häufig durch den raschen Temperaturwechsel in den oberen Luftschichten ein Auffrieren ein, was die Wintersaat verdarb. Im Mai und Juni verursachten Spätfröste weitere Ernteschäden. 1309, 1311 und 1312 verdarben nach langen Dürreperioden die Ernten auch in Schleswig-Holstein[639], und die Jahre 1313/14 bis 1317 sahen außergewöhnlich feuchte Sommer und überwiegend nasse Frühjahrs- und Herbstzeiten. 1315 galt als ein besonderes Katastrophenjahr, da es vom 1. Mai bis zum Ende des Jahres fast ununterbrochen regnete. Die Ernte wurden fast völlig vernichtet, und Hungertyphus war oft die Folge.[640] Auf den nässestauenden Lehmböden der kuppigen Grundmoräne Schleswig-Holsteins wirkten sich dabei die hohen Niederschläge besonders nachteilig aus. Im strengen Winter von 1323 bildete sich abermals eine zusammenhängende Eisdecke auf der Ostsee. Auf diese Extremzeit folgten 1338, 1342 und 1347 bitterkalte und extrem nasse Sommer. Für die Sommerkälte des Jahres 1347 gibt es in den letzten 700 Jahren ebenso wenig eine Parallele wie für den Starkregen von 1342.[641]

Die daraus resultierenden Missernten von 1315, 1338, 1339 und 1340 hielten die Getreidepreise hoch. Zugleich verringerte sich der Anbau von Getreide und damit das Angebot von Lebensmitteln in einem stärkeren Maße als die Nachfrage. Herrschte an der Wende vom 13. zum 14. Jahrhundert noch ein Bevölkerungsüberschuss im Vergleich zur Kulturlandfläche, so hatte sich jetzt das Verhältnis umgekehrt. Die wenigen Bauern konnten kaum noch das Land bestellen. Zudem waren die Löhne auf Grund der negativen Demographie so gestiegen, dass keine Arbeitskräfte eingestellt werden konnten.

Auf die wirtschaftlichen Krisen reagierten die Menschen meist durch die Erschließung neuer Ackerflächen, die Umstrukturierung von Dörfern, aber auch Landflucht. Regional verliefen die Auswirkungen der Naturkatastrophen, des Klimawandels und der ökonomischen Entwicklung aber durchaus unterschiedlich. Die witterungsbedingten Katastrophen, begleitet von der Pest, führten mit ihren Missernten und daraus resultierenden Hungersnöten zu einem starken Bevölkerungsschwund, dessen Höhepunkt in die zweite Hälfte des 14. Jahrhunderts fiel.

Die Pest

Von einer „grausamen Pestilenz" ist in Holstein bereits 1305 die Rede.[642] Danach breitete sich von den mediterranen Ländern eine große Pestwelle 1347 nach Mitteleuropa aus, die 1349 und 1350 auch Norddeutschland und Dänemark erreichte und nach 1360, besonders zwischen 1448 und 1506, immer wiederkehrte und eine Bevölkerung ohne Immunitätsschutz und zudem oft in einer wirtschaftlichen Krisenzeit traf.[643] Die Medizin besaß nur wirkungslose Therapien, obwohl vor allem die Stadtgemeinden und deren Ärztekollegien sich um besondere Schutzmaßnahmen wie Leichenverbrennung, Kadaverbeseitigung und die Isolation der Kranken bemühten. Dass Rattensterben und der Tod vieler Menschen zusammenhingen, hatte man zwar vereinzelt erkannt, doch fehlten die paradigmatischen Voraussetzungen, solche Beobachtungen im kausalen Zusammenhang zu analysieren.

Im Unterschied zu anderen Gebieten des Heiligen Römischen Reiches sind nördlich der Elbe nur wenige Pestordnungen überliefert. Begründet auf den Erfahrungen mit der Epidemie kam es zu besonderen Verhaltensregeln und Pestordnungen, wie sie etwa aus dem Preetzer Kloster für 1484 und aus der Stadt Schleswig für das 15. Jahrhundert belegt sind. Diese umfas-

Darstellung der Beulenpest in der Toggenburgbibel, Schweiz (1411). Die Lage der Beulen oder Blasen könnte aber auch auf Pocken hindeuten.

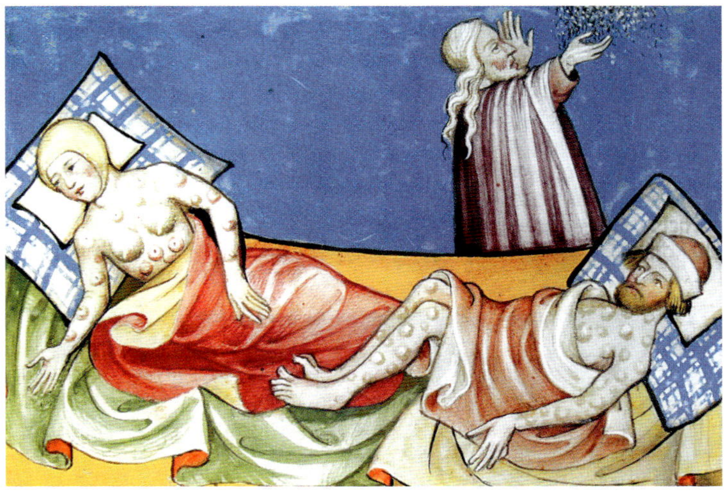

In der Nordkapelle von Broacker an der Flensburger Förde findet sich eine spätmittelalterliche Darstellung des Martyriums des Heiligen St. Jürgen (St. Georg), der als einer der Nothelfer während der Pest und anderer Bedrohungen angerufen wurde. Foto: Dirk Meier

sen wie auch sonst im Heiligen Römischen Reich wirksame und unwirksame Maßnahmen. Zu den wirksamen Mitteln zählen die isolierte Behandlung von Pestkranken, besonderer Schutz und Hinweise bei Beerdigungen sowie Marktverbote. Während man den Zuzug von Fremden aus pestverseuchten Gebieten oft untersagte, erlaubte man diesen den Einheimischen. Manchen blieb aus Angst vor Ansteckung aber nur die Flucht.[644]

Nach allgemeinen, eher unzuverlässigen Schätzungen kam mit etwa 20 bis 25 Millionen Menschen rund ein Drittel der damaligen Bevölkerung Europas um. Die Seuche traf das Land ebenso wie die dicht bevölkerten Städte. Dabei muss man sich vergegenwärtigen, dass die hohen Todesraten nicht nur auf die Pest, sondern auch auf andere Seuchen und Krankheiten zurückgehen können.[645] Aufgrund der Seuchen betete Papst Clemens VI. 1348 für Frieden, und die Masse suchte Schutz bei den Heiligen des christlichen Glaubens, wie dem Heiligen St. Georg (St. Jürgen), der zu den ersten der 14 Nothelfer wurde. Dessen Martyrium ist in der romanischen Kirche von Broacker (Broager) mit ihren beiden gotischen Doppeltürmen auf der Nordseite der Flensburger Förde in Nordschleswig dargestellt. Wie sehr die Seuche die Wirtschaft schädigte, lässt sich beispielsweise einer Aufzeichung des Haderslebener Kollegiatkapitels entnehmen, das große Einkommensrückgänge infolge der Pestepidemien verzeichnet.[646]

Aus Lübeck berichtet die später entstandene Chronik des Franziskaner-Lesemeisters Detmar von der in der Hansestadt grasierenden Seuche. Indirekt deutet auch die Zunahme von Testamenten auf eine um zehn Prozent höhere Sterblichkeit hin. Möglicherweise stammt ein Massengrab am Heiligen-Geist-Hospital aus dieser Zeit. Infolge der vielen Toten wurde in Kiel vor den Toren der Stadt ein neuer Friedhof angelegt. In Krempe ließen Bürger ein Vikariat zu Ehren eines Priesters errichten, der nicht vor der Epidemie geflohen war. Nach 1350 lassen sich die Epidemien nur lokal nachweisen. So grassierte 1338 und 1358 eine ansteckende Krankheit in Lübeck, Cismar und in den Besitzungen des Domkapitels Ratzeburg, 1367–1369 in Lübeck, Preetz, Mölln, Ratzeburg und wohl auch in Hadersleben. Weitere Seuchenjahre bis 1500 sind die von 1375/76, 1387–1389, 1396, 1406, 1420/21, 1439/40, 1448–1451, 1464 und 1483.[647] Soweit sich die Sterblichkeit für kleine Gruppen überhaupt errechnen läßt, liegt sie mit drei bis zehn Prozent immer weit unter den sonst allgemein angenommenen 30 Prozent. Über die flächendeckende Sterblichkeit geben die Quellen gar keine Auskunft. Einige Klöster und Priester beklagen zwar Einnahmeverluste aufgrund der Pest, nennen aber auch Fehden, Raub und Unwetter als Ursachen. Immerhin ist für 1464 ein Marktverbot in Ostholstein aufgrund der Pest überliefert.

Nachweisbar sind jedoch die kulturellen und sozialen Veränderungen infolge der Epidemie. So beteiligte sich der Lübecker Rat an einer auch von anderen Städten initierten Verfolgung von Juden, die man für die Seuche verantwortlich machte. Dabei handelte es sich jedoch nicht um Pogrome, die von den unteren Schichten aus Angst vor der Pest ausgingen, vielmehr waren es die sozial führenden Schichten der Gesellschaft bis hinauf zum Kaiser, die zur Bestrafung aufriefen. Man brachte Juden vor allem deshalb um, um sich der Schulden bei ihnen zu entledigen oder um ihres Vermögens habhaft zu werden. Da es in Lübeck im Mittelalter keine Juden gab, ließ der Rat der Stadt andere Personen aufgreifen und zum Tode verurteilen. Es reichte dabei die Begründung, dass diese im Auftrag von Juden die Pest verbreitet hätten. Vielleicht wollte der Rat auch auf dem Höhepunkt der Seuchenwelle mit der Bestrafung angeblich Schuldiger den Unmut der Einwohner dämpfen. Zu seinem Verhalten ließ sich der Lübecker Rat durch Briefe von den Räten anderer Hansestädte über ähnliche Vorgänge bewegen und unterließ es auch nicht, andere Räte und Herrscher vor den vermeintlichen Machenschaften der Juden und ihrer angeblichen christlichen Helfer zu warnen. Unter dem Eindruck des Schwarzen Todes entstand wohl 1463 der Lübecker Totentanz mit seinen mitteldeutschen Reimversen und zugehörigen Bildern auf Leinwand als Darstellung in der Marienkirche, die leider im Zweiten Weltkrieg zerstört wurde.[648]

Wüstungen

Der Bevölkerungsrückgang sowie der Verfall der Agrarpreise im späten Mittelalter traf auch in Schleswig-Holstein die Bauern hart. Der Grad der Wüstung war dabei unterschiedlich und konnte partiell Dörfer und Felder umfassen, aber auch total sein. Benachbarte Bauern übernahmen dann oft das brach liegende Ackerland, manchmal wuchs auch wieder Wald auf den Ackerfluren. So finden sich etwa Wölbäcker im Dithmarscher Riesewohld. Nach bisherigen Forschungen fielen ferner 1513 in Lauenburg 53 von 213 Dörfern wüst, somit 25 Prozent, während es in Ostholstein 6 bis 13 Prozent waren. Tatsächlich war das Ausmaß jedoch höher, wenn man alle verlassenen Bauernstellen berücksichtigt. Etwa die Hälfte des Ackerlandes dürfte brach gelegen haben.[649] Eine frühe Nachricht von einer Wüstung stammt 1320 aus Stormarn, 1361 hören wir aus Ostholstein von Flur- und Dorfwüstungen infolge von Pest und Fehden. In dem 1325 durchgerodeten Bungsberggebiet ging ebenfalls die Zahl der Dörfer und Hufen zurück. Stattdessen finden sich hier oft seit der Mitte des 15. Jahrhunderts kompakte Grundherrschaften.[650] Das Lübecker Zehntregister von 1433 nennt bis zu 34 wüste Dörfer, und 1361 klagte das Kloster Bordesholm, dass in seiner Grundherrschaft viele Äcker und Dörfer aus Mangel an Bauern einer „Einöde" gewichen seien.[651]

Ebenfalls zwischen Eider und Schwentine, einem Gebiet, das unter klösterlicher Grundherrschaft der Klöster Itzehoe, Bordesholm und Preetz stand, kam es zu Wüstungserscheinungen.[652] Der überwiegende Teil der Dörfer war hier im 13. Jahrhundert gegründet worden, wobei der Landesausbau im 14. Jahrhundert abgeschlossen war. Ein großer Teil der ersten Siedlungen überdauerte nicht einmal das 13. Jahr-

Der Lübecker Totentanz entstand 1463 wohl unter dem Eindruck des schwarzen Todes. Das Werk, wohl von Bernt Notke, erstreckte sich als fortlaufende Bilderwand oberhalb des Gestühls der Kapelle in einer Länge von ca. 30 m und einer Höhe von 2 m. Vor der Kulisse der Stadt Lübeck und der sie umgebenden Landschaf sind jeweilst 24 (2 mal 12) Paare in Lebensgröße – jeweils eine Todesfigur und eine Standesfigur in hierarchischer Abfolge der Ständegesellschaft – dargestellt. Fragment einer Abzeichnung des Totentanzes durch Carl Julius Milde von 1852.

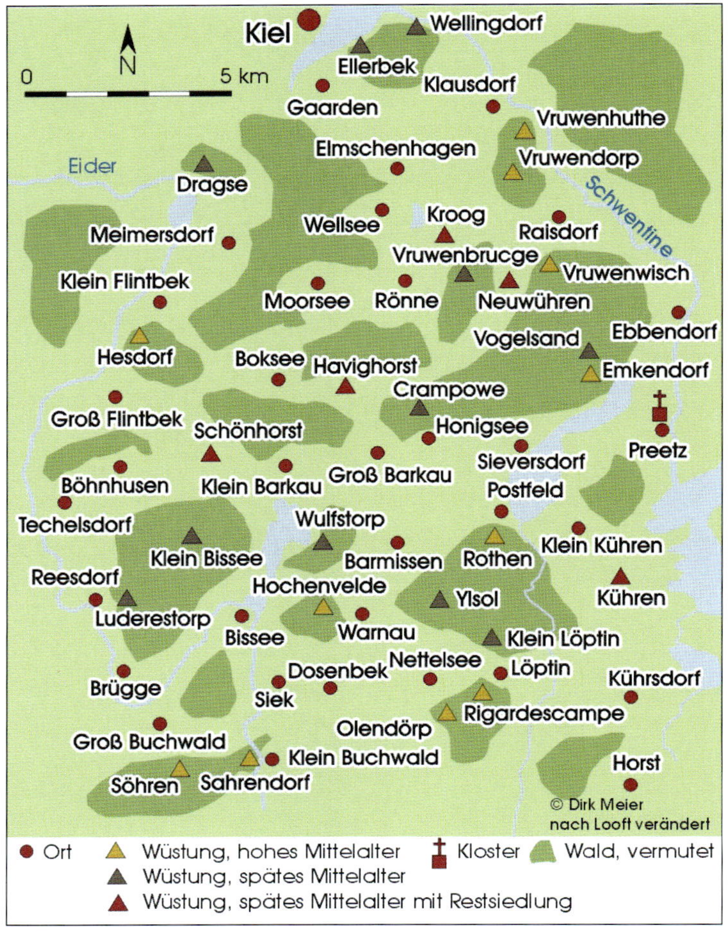

Die Wüstungen des späten Mittelalters im Raum zwischen Kiel, Eider und Schwentine sind überwiegend eine Folge der negativen Demographie.

hundert. So gingen etwa um die Wende des 13./14. Jahrhunderts die Ländereinen des wüstgefallenen *Crampowe* in denen Honigsees auf. 1232 wurde bei der Bestätigung der Preetzer Klosterländereien das letzte Mal das Dorf *Hochenvelde* erwähnt, was wohl zwischen Bissee und Postfeld lag. Dieselbe Urkunde nennt dann auch das verschwundene *Riquardescampe* bei Löptin, von dem nur einige Scherben und Hüttenlehm der Häuser im Acker erhalten blieben. Weitere Wüstungen, wie *Vruwenburge*, *Vruwenbucge*, *Vruwenhuthe* und *Vruwenwisch* lassen sich zwischen Klausdorf und Preetz lokalisieren. Keines der letzten Dörfer überdauerte das Hochmittelalter. Das gleiche gilt für *Sarrendorp* bei Klein Buchwald, dessen Fluren aber teilweise später wieder unter Pflug genommen wurden. Im Gebiet der Klöster Neumünster und Bordesholm gingen *Söhren* und *Hestdorf* ein.[653] Alle diese Wüstungen lagen als ehemalige kleine Dörfer wohl an den Gemarkungsgrenzen des hochmittelalterlichen Landesausbaus. Da die zugehörigen Fluren klein und wenig produktiv waren, zogen die Bauern wohl in die größeren Dörfer mit ihren meist besseren Böden, da man für die Drei- und Vierfelderwirtschaft mehr Arbeitskräfte benötigte als für die bisherige Feldgraswirtschaft. Infolge dieses Ballungsprozesses konzentierten sich die Agrarflächen, während sich über den aufgegebenen Fluren Wald ausbreitete. Das Ausmaß dieses Prozesses ist beachtlich. So waren von insgesamt 49 in der ersten Hälfte des 13. Jahrhunderts angelegten Siedlungen 13 (=28 Prozent) am Beginn des 14. Jahrhunderts nicht mehr vorhanden.[654] Im Kieler Umland gab es um 1500 in 13 untersuchten Dörfern statt der ursprünglichen 213 Hufen nur noch 92 Stellen. Der Rückgang der partiellen Ortswüstung lag hier bei 57 Prozent.[655]

Die aus diesem Ballungsprozeß hervorgegangenen größeren Dörfer und Fluren blieben während des späten Mittelalters meist konstant, während andere nur als Restsiedlungen, wie die zum Kloster Preetz gehörende Dörfer Kühren und Kroog, überdauerten oder ganz wüst fielen. Zur letzteren Gruppe gehören beispielsweise Klein Bissee oder *Yssol*. Zwar kauften die Klöster Bordesholm und Preetz Ländereien und Siedlungen im 14. Jahrhundert auf, doch fielen von diesen Neuerwerbungen auch viele wieder wüst.[656] Hinzu kamen wüste Hofstellen in noch bestehenden Orten, die urkundlich zwischen den 20er und 50er Jahren des 15. Jahrhunderts greifbar sind.[657]

Auslösendes Moment der zweiten Wüstungsphase im 14. Jahrhundert war dann die negative Bevölkerungsentwicklung der ländlichen Bevölkerung verbunden mit einer Agrarkrise und der daraus resultierenden Teuerung für Agrarprodukte infolge von Missernten. Gefallen waren nur die Bodenpreise, weshalb das Kloster Preetz günstig Dörfer und Agrarflächen vom Adel erwarb. Besonders traf die Entwicklung die kleinen Hufenstellen mit einer Größe von 1 bis 1,5 Steuerhufen. Deren Produktion reichte in normalen Zeiten gerade aus, den Eigenbedarf zu decken und aus dem Erlös der geringen Überschüsse den Grundzins zu zahlen. Da auch die Löhne der Handwerker stiegen, verteuerten sich auch die Preise für gewerbliche Produkte, auf welche die Bauern angewiesen waren. Auch die guten Ernten im letzten Quartal des 14. Jahrhunderts brachten keine wesentliche Besserung des Bauernstandes, da das Überangebot zu einer langen Depression der Getreidepreise führte, die sich trotz katastrohaler Missernten 1401 und 1408 nicht mehr erholten. Im Vergleich zu den steigenden Löhnen der Handwerker blieben die der Bauern gering. Daher fiel eine ganze Anzahl der Hufen wüst. Das Sterben infolge der Pest in der Mitte des 15. Jahrhunderts führte zwar nicht mehr zu totalen Ortswüstungen, doch zu beachtlichen Verlusten von Höfen in den Dörfern. Für Ellerbek etwa, wo sämtliche Hufner gestorben waren, wurde 1437 *is verstorven* notiert.[658] Die Topographie der Grundmoräne mit ihrem Kleinrelief, den vielen feuchten Mulden und lehmigen Böden spielte bei diesem Prozess eine weniger große Rolle.[659] Über einem Teil der aufgegeben Dörfer und Felder wuchs auch hier Wald.

In Angeln, das während des 12. und 13. Jahrhunderts mit Ausnahme einiger Waldareale im Osten und der sumpfigen Niederungsgebiete flächendeckend aufgesiedelt worden war, kam der hochmittelalterliche Landesausbau um 1300 zum Erliegen. In der Mitte des 14. Jahrhunderts setzt dann auch hier eine Wüstungsperiode ein. Hier fielen 46 Dörfer wüst. Im Unterschied zu den frühneuzeitlichen Wüstungen, die hier auf eine Umgliederung der Landwirtschaft zurückgehen, sind die Gründe der Aufgabe von Dörfern und Höfen im späten Mittelalter vielfältiger. Adelby etwa ist durch eine totale Aussiedlung seiner Bewohner zur Wüstung geworden. Offenbar hatte sich

Um 1300 war in Angeln der hochmittelalterliche Landesausbau mit der Gründung zahlreicher Kirchspiele zum Erliegen gekommen. Um 1350 fielen in Angeln dann mehrere Dörfer wüst. Die Waldverteilung zeigt den Stand am Ende des Spätmittelalters an.

hier die Hufenzahl bei zunehmender Bevölkerung so stark vergrößert, dass die Entfernung der zu weit weg liegenden Ackerparzellen unwirtschaftlich wurde. Infolge des Ausbauvorganges mit der Gründung von Tochtersiedlungen, der in die Zeit der Vergrößerung der Stadt Flensburg fällt, blieb schließlich nur die Kirche am alten Ort bestehen. Hingegen wurden in Angeln keine Dörfer aufgrund von Kriegen aufgegeben. Ob das Auflassen von Siedlungen auf die in Angeln 1348–1359 und 1450 um sich greifende Pest zurückgeht, ist schwer nachzuweisen. Die ersten Wüstungen fallen in Angeln jedenfalls schon vorher, also am Ende der hochmittelalterlichen Ausbauperiode im 13. Jahrhundert, auf. Hierzu gehören Adelby, Esgrus und vielleicht auch Kahleby, Hemstrup-Laibüll und Wolmkjer. Alle übrigen mittelalterlichen Wüstungen fallen in die Zeit der zweiten Hälfte des 14. Jahrhunderts. Der spätmittelalterliche Wüstungsprozess spiegelt sich auch in den Pollendiagrammen wider, die eine Zunahme der Bewaldung und einen Rückgang der Siedlungsanzeiger belegen.[660]

Auch in Nordschleswig war die Zeit zwischen 1340 und 1430 besonders wechselvoll. Hier ebenso wie anderen Orts in

Dänemark finden wir seit dieser Zeit Wüstungen, nachdem der Landesausbau am Ende der Waldemarszeit zum Erliegen gekommen war. Die Krise traf zwar vor allem die Unterschichten der Landbevölkerung besonders hart, verschonte aber auch nicht den Landadel und die Klöster. Aufgrund des Bevölkerungsrückganges gab es bald nicht mehr genug Arbeitskräfte, manche Orte und Kirchen wurden ganz aufgegeben.[661]

Infolge des wüstungsbedingten Siedlungsrückgangs nahm der Buchweizenanbau zu. In Schriftquellen taucht der Buchweizen hingegen erst seit dem 16. Jahrhundert auf.[662] Da dieser aber nicht zehntpflichtig war, findet er in spätmittelalterlichen Erdbüchern und Abgabelisten nur selten Erwähnung. Obwohl als Folge der Wüstungsphasen nicht alle Bauernstellen im Lande wiederbesetzt werden konnten, hinderte dies den Adel nicht daran, die Abgaben der abhängigen Landbevölkerung hinaufzusetzen.

Zu den wenigen archäologisch untersuchten Wüstungen auf der schleswig-holsteinischen Geest gehört Schinkel. Die etwa 2,4 ha umfassende Wüstung befindet sich auf einer der Ackerflächen von Gut Rosenkrantz und umfasst Gruben, Pfostenlöcher und Feuerstellen der Zeit des 12. bis 14. Jahrhunderts. Nachgewiesen sind bislang fünf Hausgrundrisse und ein Speicher.[663]

Weit mehr hoch- und spätmittelalterliche Dörfer sind hingegen in Nordschleswig untersucht worden. Ein Beispiel der in Nordschleswig eingegangenen und 1992–1993 archäologisch untersuchten Kirchen des Hochmittelalters bildet Nybøl bei Lilholdt im Kirchspiel Skrydstrup westlich von Hadersleben.[664] Neben Nybøl wurden 1400 auch Arvad und Ønlev niedergelegt. Die Mehrzahl der verschwundenen Kirchen in Nordschleswig konzentriert sich dabei auf die Geestgebiete des Mittelrückens mit den schlechten Sandböden. Infolge der Waldrodung mit dem Rückgang von Eichen und anderen Bäumen hatte sich hier seit 1350 verstärkt Heide ausgebreitet, wie ein pollenanalytisches Profil von Abkær Mose bei Vojens belegt.[665] Die ebenfalls archäologisch untersuchte Siedlung Østergård wurde aus unbekannten Gründen schon um 1200 aufgegeben. Deren Bewohner scheinen in der Nähe das Dorf Hyrup gegründet zu haben, deren urkundliche Erwähnung allerdings erst in das 14. Jahrhundert fällt, somit in eine Zeit, die ansonsten eher als Wüstungsperiode angesehen wird.

Das Wüstfallen von Dörfern zog auch soziale Umbrüche nach sich. So wuchs im Spätmittelalter die Zahl der landärmeren Stellen von Kleinbauern und landlosen Tagelöhnern. Durch die Herausbildung dieser Unterschicht wurden die Bauern zwar oft zur Minderheit im Dorf, die aber das Leben der Gemeinschaft bestimmten. In Holstein und Schleswig blieben nur die Hufner und Bohlsmänner Anteilseigner der Feldgemeinschaft und bestimmten über die Verteilung des Landes. Jeder Grundherr musste bestrebt sein, sein wüstes Agrarland wieder zu kultivieren. Wüste Äcker wurden bewirtschafteten Bauernstellen wieder zugeschlagen. Während einige Adelige verarmten und ihre Besitztümer aufgaben, konnten andere ihre Hoffelder durch die Übernahme wüsten Bauernlandes vergrößern. Dieser Konzentrationsprozess führte im 16. Jahrhundert dann zur adeligen Güterwirtschaft.

Starkregenfälle, Sturmfluten und Landverluste

Die Starkregenfälle des späten Mittelalters erschwerten die Entwässerung der Sietländer an der Nordseeküste und führten zu Binnenwasserstau. Dabei wird kein Ereignis so oft erwähnt wie der ganz Mitteleuropa betreffende Starkregen von Juli 1342.[666] Es war eine warme feuchte Luftmasse aus dem östlichen Mittelmeerraum nach Westeuropa vorgedrungen und strömte über eine kühlere Luftmasse nach

Nordwesten (sog. Vb-Zugbahn). Die darüber aufsteigende wärmere mediterrane Luft kühlte sich ab, was zu starker Kondensation und Wolkenbildung führte. Der am 19. Juli 1342 einsetzende Starkregen zog von Franken und Thüringen nach Westen und Norden, so dass der gesamte Raum von der Donau bis zur Eider sowie von der Maas bis zur Oder betroffen war. Besonders katastrophal waren die Auswirkungen der heftigen Niederschläge auf den ungeschützten Äckern in den Hanglagen der Mittelgebirge, die abgetragen wurden. Aber auch das Flachland war betroffen. Flüsse wie die Elbe, Eider und Treene dürften Hochwasser geführt haben, auch wenn das anders als in Mittel- und Süddeutschland kaum belegt ist. Die Auswirkungen so eines Starkregens von 1338 beschreibt auch der nordfriesische Pastor Matthias Boetius 1623 in seiner Geschichte der Sturmfluten Nordstrands. Die dadurch erschwerte Bodenbearbeitung mit zusätzlichem Binnenwasserstau ebenso wie Fehden und Seuchen mögen Gründe dafür gewesen sein, dass so viele Hofwarften der Marschhufensiedlungen in Dithmarschen ebenso wie in Eiderstedt und anderen Regionen der Nordseeküste verlassen wurden. Die Ernten verringerten sich oder fielen ganz aus und Viehseuchen griffen um sich. Die daraus resultierende Mangelernährung machte die Menschen anfällig für Krankheiten wie die 1348–1350 umgreifende Beulenpest. Im gleichen Zeitraum traten an der Nordseeküste besonders schwere Sturmfluten auf.

So verzeichnen die Strander Annalen 1204 eine *hoge Fluth* mit angeblich 10.000 Toten als Folge des Sturmes von 1216. Über die viel später von Heimreich erwähnte Flut von 1218 ist aus älteren Urkunden nichts bekannt.[667] Entlang des Holsteiner Elbufers gingen im späten Mittelalter Kirchorte ebenso unter wie in Süderdithmarschen, wo vielleicht der Elbuferwall mit dem Kirchort Uthaven abbrach.[668] In Norderdithmarschen verkleinerte sich die Insel Büsum im 14./15. Jahrhundert im Süden.[669] Weitere Landverluste traten im 14. Jahrhundert an der Eidermündung ein, die sich stark vergrößerte. Im nördlichen Eiderstedt brach zwischen Osterhever und Uelvesbüll die Offenbüller Bucht ein, die fast bis Tetenbüll reichte. Die Lundenbergharde, welche Eiderstedt mit Nordstrand verbunden hatte, wurde in zwei Teile zerrissen, und von der Hever her bahnte sich die sog. Nordereider einen Weg durch Eiderstedt bis zur Eider.[670]

Im Mittelalter wurden die Sturmfluten meist als göttliche Strafe interpretiert und mit der Sintflut verglichen. Ausschnitt des Bildes der Sintflut von Kaspar Memberger (1555–1618).

Die erste Hälfte des 14. Jahrhunderts prägten auch in Nordfriesland mehrere schwere Sturmfluten. Am 4. September 1300 sollen nach den Strander Annalen 28 Kirchspiele untergegangen sein. Letztere Angabe dürfte aber eher für die gesamte schleswig-holsteinische Nordseeküste zutreffend sein.[671] Weitere Sturmfluten nennt Anton Heimreich in seiner Nordfresischen Chronik 1668 für die Jahre 1313, 1316 und 1334, ohne dass sich diese anhand spätmittelalterlicher Aufzeichnungen belegen lassen.

Die schweren Sturmfluten, so berichtet das um 1460 erstmals niedergelegte und 1550 von Johann Russe erweiterte *Chronicon Eiderostadense vulgare*, hätten 1341 mit einer *grothe[n] Mandrenke* begonnen.[672] 1362 wäre dann die *aldergrötheste Mandrenke* über die Menschen gekommen, so dass *dat meiste volck* in den Uthlanden ertrunken sei. So heißt es: *Do begunden de Uthlande ersten entwey brekende.*[673] *De grote Mandrenke* soll am 15. Januar 1362 begonnen, am darauf folgenden Marcellustag ihren Höhepunkt erreicht haben und einen Tag später geendet sein. Seine Angabe von 100.000 Toten ist frei erfunden. Angst und Schrecken hätte die Bewohner nach göttlichen Vorzeichen erfasst, die am Himmel erschienen seien. Erneut seien *alle uthlande* nach dem Vorzeichen einer Finsternis in der Walpurgisflut am 1. Mai 1380 vom Meer zerissen worden.[674] Auch der Walpurgistag von 1393 sei sehr finster gewesen, 1400 erschien ein Komet und 1402 ein Stern im Westen.

Die unbekannten Verfasser beschreiben das Eindringen des Meeres in die Uthlande als eine Abfolge von Unglücken. Neben den Sturmfluten hätte die Pest von 1350, innere Konflikte der genossenschaftlichen Bauernverbände und Harden sowie die Forderungen des dänischen Königs Waldmar IV. die Kräfte der Menschen überfordert. Die spätmittelalterlichen Fehden finden auch ihren Niederschlag in den Briefen König Eriks VI. Menveds an die Horsbüll- und Bökingharde, in denen 1314 von einem Strafaufgebot die Rede ist, mit dem diese einen Dammbau zum Festland unterstützen sollten.[675] Nur wenig später überzogen der dänische König Waldemar IV. und der Herzog von Schleswig die nordfriesischen Marschharden mit Krieg, da diese ihre fälligen Abgaben nicht zahlen wollten. Da die Marschharden jedoch nicht gemeinsam vorgingen, wurde das Aufgebot der mächtigen Bökingharde bei Langsundtoft geschlagen, so dass auch die übrigen Harden die der Bökingharde auferlegten Friedensbedingungen von 1344 akzeptieren mussten. Der Ort dürfte an einem langen „Sund", somit einem Priel oder Fluss, nordwestlich von Niebüll im Bereich des späteren Gotteskooges zu suchen sein.

Nur 18 Jahre nach diesen Ergeignissen brach die besonders schwere Marcellusflut *(Grote Mandrenke)* über die Menschen herein. Das Unheil begann mit einem gewaltigen, aus Südwesten heranziehenden Sturm, der am 14. und 15. Januar 1362 in England schwere Schäden anrichtete.[676] Von hier aus überquerte dieser in nordwestlicher Richtung die Nordsee, drehte dort im Bereich des Skagerraks, zog nach Südwesten und traf dann die nordfriesischen Uthlande am 15. Januar nachmittags zu dem nach der Wetterrekonstruktion um 17 Uhr einsetzenden Hochwassertermin.[677] Am 16. Januar entwickelte sich der Sturm abends zu einem Orkan, der über mehrere Hochwassertermine anhielt und die Deiche zerstörte. Trotz Ebbe lief das eingebrochene Wasser nicht ab, und die unter dem Mittleren Tidehochwasser liegenden Marschen wurden ein Raub des Meeres.

Nach Heimreichs Nordfresischer Chronik (1668) soll die stürmische Westsee vier Ellen (etwa 2,4 m) über die höchsten Deiche gegangen sein und die Flut 21 Deichbrüche auf der Insel Strand verursacht haben.[678] Geht man von der durchschnittlichen Höhe der archäologisch untersuchten Warften und Deiche in Eiderstedt und Nordfriesland aus, so hat die Sturmflut von 1362 die bis etwa NN +2 m hohen Deiche überschwemmt und die Höhe der bis ca. NN +3 m hohen Warften sicherlich erreicht, wenn nicht überschritten. Aufgrund des Bevölkerungsschwundes infolge der Pest und kriegerischen Konflikte der friesischen Harden mit dem dänischen König in der ersten Hälfte des 14. Jahrhunderts dürften die zu schwach dimensionierten Deiche zudem schadhaft gewesen sein.[679]

Der Schreiber des ältesten Schleswiger Stadtbuches notierte zu den Auswirkungen der Katastrophe: *Anno MCCCLXII, am XVI. dage Januarii, do was ene grote watervlot*

Im Süden des nordfriesischen Wattenmeeres erstreckte sich bis zu den Sturmfluten des späten Mittelalters mit dem Strand ein größeres geschlossen bedeichtes Marschgebiet, nördlich davon in der Wiedrichsharde lagen mehrere Marschinseln. Infolge der spätmittelalterlichen Sturmfluten war Pellworm zeitweise vom Rest des Strandes getrennt, bevor mit der Bedeichung des Norder-Nie-Kooges die Insel vermutlich 1515 wieder angedeicht wurde. Möglicherweise erstreckten sich im 15. Jahrhundert in der Rungholt-Bucht noch Halligen, von denen aus Salztorfe abgebaut wurden.

ime Freslande, darinne up denne Strande XXX kerken unde kerspele vordrunkene.[680] Die eingetretenen Landverluste lassen sich dabei anhand des Erdbuchs Waldemars II. von 1231 sowie des Schleswiger Domkapitelregisters grob rekonstruieren.[681] Letztere Liste gibt ebenso wie das ältere Schleswiger Stadtbuch einen indirekten Hinweis auf den Umfang der Katastrophe, bei der das Bistum etwa 47 Kirchen in den Propsteien Nordfrieslands einbüßte.[682] Mit der Ergänzung von 1407 erfolgte dann die Niederlegung eines nur unvollständigen Auszuges aus dem ersten Register von 1352. Ob diese Liste letztlich zur Zeit des Bischofs Nicolaus Brun († 1367) oder des Bischofs Nicolaus Wulf (1429–1477) niedergeschrieben wurde, ist allerdings ungewiß. Erst die neue, um 1450 niedergelegte Fassung jedenfalls übernahm dann die wesentlichen Angaben. Diese nennt den Untergang von 8 Kirchspielen in der Eiderstedter Propstei, 3 in der Lundenbergharde, 25 in der Propstei Strand, 5 in *Withaa* (Wiedau), 10 auf Sild (Sylt), in ganz Nordfriesland 51 sowie speziell auf Nordstrand 28, unter den letzteren auch Rungholt *(cum uno collegio, videlicet Rungeholt)*.[683] Mit diesen Angaben wollte das Domkapitel seine Einkünfte aus diesen Gebieten bekräftigen.

Der *Catalogus vetustus* nennt teilweise gleiche oder anderslautende Bezeichnungen für untergegangene Kirchspielsgebiete der Pellwormharde.[684] Die Brunsche Liste wird später durch Historiker wie J. A. Cypraeus 1634[685] und Anton Heimreich 1668 in seiner Nordfresischen Chronik[686] bestätigt. Nach diesem sollen in der Edomsharde sieben Kirchspiele mit 7.600 Menschen untergegangen sein.[687] Manche der Namen sind auch bei E. J. von Westphalen[688] in fal-

Mittelalterliche und jüngere, mit Torf verfüllte Entwässerungsgräben als Rest des hier westlich von Pellworm untergegangenen Kulturlandes. Foto: Dirk Meier

scher Schreibweise wiedergegeben worden.

Für das Gebiet der Strander Propstei erwähnt das *Registrum Slesvicenses* mit Föhr aber ohne die Lundenbergharde den Untergang von 24 Kirchen und Kapellen. Cypraeus nennt dabei zwischen Habel und dem Festland die Kirchspiele von *Habelde, Groden, Veder Hayens, Ockholm* und ein weiteres ohne Namen, dessen Lage vergessen wurde. Deren Untergang bestätigt auch Heimreich, in dem er noch *Immenhusen* und *Ockegroff (Ottengroff)* hinzu setzt. Zu ergänzen sind noch die Angaben eines Indulgenzbriefes (Gnadenbriefes) des Baseler Konzils zum Besten des 1440 abgebrannten Schleswiger Doms, wonach im ganzen Bistum infolge von Sturmfluten 60 Kirchen vergangen seien.[689]

Nach diesen Quellen gingen angeblich folgende Kirchen in den Uthlanden unter: in der Edomsharde *Rungholt, Ackenboll, Overmarthfleet, Uthermarthfleet, Fedderingscapell, Ilgrof, Brunock* und *Stintebüll*. Die letzten drei Kirchspiele wurden teilweise wieder bedeicht. In der Beltringharde waren es *Redtwermans Capell, Grode vel Grodum, Ockeholm, Hayens Capell, Beltum vel Biltum, Ottisgroff vel Occogroff* und in der Wiedrichsharde *Iuenbull, Wyderichk, Appelum, Knium vel Knidum, Eydum Kirch, Tinneboll* sowie *Sudermarsch*. In der Pellwormharde werden nach dem Schleswiger Register *Hoeghe, Walthusum, Heverdam, Balim, Gotmersboll, Suderwisck, Norderwisck, Flendesboll, Siurdes capelle (Sievertskapelle)* und *Karstine Kerke* als „untergegangen" *(submersa)* aufgeführt.[690]

Während *Hoeghe* als Hooge leicht zu identifizieren ist, gilt das für die anderen nicht.[691] Da im Gebiet der späteren Halligen Süder- und Norderoog vor 1362 Festegüter der alten Kirche von Pellworm lagen, befanden sich wohl einige der genannten Kirchen in diesem Gebiet. Hier ist Walthusum zu vermuten, dessen Name vielleicht auf den Ort gleichen Namens am Nordende des Großen Kooges übertragen wurde. So war wohl infolge der Sturmflut von 1362 auch Pellworm durch die Bucht von Walthusum–Balum vom übrigen Strand getrennt worden. Eine Andeichung gelang hier erst mit Norder-Nie-Koog 1551. Heverdam befand sich wohl nahe des Gezeitenstromes der Buphever, der nach 1362 Pellworm vom übrigen Strand trennte. *Balim* (Balum) und *Gotmersboll* sind vielleicht auch in diesem Grenzgebiet zwischen der Pellwormharde und der Wiedrichsharde zu lokalisieren. Letzteres Kirchspiel erscheint 1362 als Teil der Pellwormharde, wird aber in anderen Quellen 1411 zur Wiedrichsharde gezählt, deren Reste im 15. Jahrhundert untergingen. Die einzigen erhaltenen Reste eines Kirchplatzes im Watt sind 1.000 m südlich der heutigen Hallig Hooge nachgewiesen.

Suderwisck (Süderwisch) und *Norderwisck* (Norderwisch) befanden sich vielleicht auf Pellworm. Anton Heimreich berichtet 1668, *dass An. 1493 umb Viti einige fünf Pilwormerharde Rath sich verglichen, einige saltze gründe in der Süder- und Norderwisch, Hannebüll, Fisselhagen und Vogtshalgen im Kirchspiel Pilworm belegen, im selbigen Jahre zu beteichen.*[692] Die beiden ersten Bezeichnungen erinnern dabei an die 1362 verlorenen Kirchspielgebiete. *Karstinekerke, Flendesbüll* und *Sievertskappelle* könnten in der nach 1362 entstandenen großen Bucht an der Grenze Pellworms zur Edomsharde zu suchen sein. Alle diese Lokalisierungen sind jedoch unsicher.

Weitere Landverluste traten 1362 in der Edomsharde, der Beltringharde und der Trindermarsch ein, wo sich die Ländereien der Kirchspiele Hamm und Lith verkleinerten und wohl schon vor 1362 die Landverbindung mit Eiderstedt verloren ging.[693] Ein Steuerregister von 1436 zählt dabei vier Kirchspiele auf, die im westlichen Teil der Beltringharde lagen, und zwar *Westerwolt, Balum und Rivesbüll.* Diese *gaben als Steuer Salz während die vierte Siedlung nicht einmal das abgab.*[694] Wie dem 1462/63 verfassten *Liber censualis* zu entnehmen ist, bestanden noch Einkünfte aus Marschgebieten, die 1362 größtenteils untergingen. Somit dürfte es sich um übrig gebliebene Inseln, also Reste des ehemaligen Kulturlandes handeln.[695]

Da in den Jahren 1347 bis 1352 ein großer Teil der Bevölkerung der Pest zum Opfer gefallen war, sind die Menschenverluste der Marcellusflut niedriger gewesen als in späteren Quellen angegeben. Cypraeus datiert die *grote Mandranck* unzutreffend auf den 8. September 1362, wobei er den Untergang einiger Kirchen auch in älteren Sturmfluten für möglich hält.[696] Folgt man Matthias Boetius aus Koldenbüttel war die *Mandränkelse* von 1362, bei der er sich mehrfach im Datum irrte, *die größte aller Fluten gewesen.*[697] Für Johannes Petreus bildete die Flut eine Strafe für die sündigen Einwohner der Uthlande. Aber auch die mangelhaften Deiche seien an dem Unglück Schuld gewesen. Die von ihm beschriebenden Stackdeiche gab es aber 1362 noch nicht. Letztlich verfügte keiner der Chronisten über authentische Berichte.

Nach den historischen Quellen ebenso wie nach geoarchäologischen Untersuchungen kann als gesichert gelten, dass im Gebiet der Pellworm-, Beltring-, der Edoms- und Lundenbergharde sowie im Gebiet der heutigen nördlichen Halligen im späten Mittelalter erhebliche Landverluste eintraten. Als Seitenarm der Hever drang die nach Nordosten vorstoßende Norderhever in die Edomsharde ein und vernichtete das niedrige Kulturland. Nach 1362 bildete sich hier eine Meeresbucht, so dass die Insel Strand ihre bis 1634 bestehende hufeisenförmige Gestalt erhielt, wenn auch Pellworm bis zur Eindeichung des Norder-Nie-Kooges 1551 eine Zeitlang vom Rest der Insel Strand getrennt blieb.

Eindrucksvollste Zeugen dieser Katastrophe sind die Kulturspuren im nordfriesischen Wattenmeer als greifbare Erinnerungskultur. Neben untergegangenen Warften, Deichen und Fluren nahe der Hallig Südfall gibt es weitere Nachweise auf dem Wattengebiet von Pellworm. Etwa 600 m und 1000 m westlich der alten Kirche deuten Gräben, Warften, Sodenbrunnen sowie Funde wie Krüge, Töpfe, Holzschüsseln und Holzschuhe auf die im Hochmittelalter besiedelte Seemarsch hin. Südwestlich der Tammwarft ist in Resten noch ein hochmittalterliches Wohnstallhaus mit Flechtwerkwänden und Sodenfußboden erhalten. Die Menschen hielten nach Ausweis der archäozoologischen Funde Schafe, Rinder und Schweine. Im Gebiet des 1362 untergegangenen Walthusum nordwestlich von Pellworm finden sich

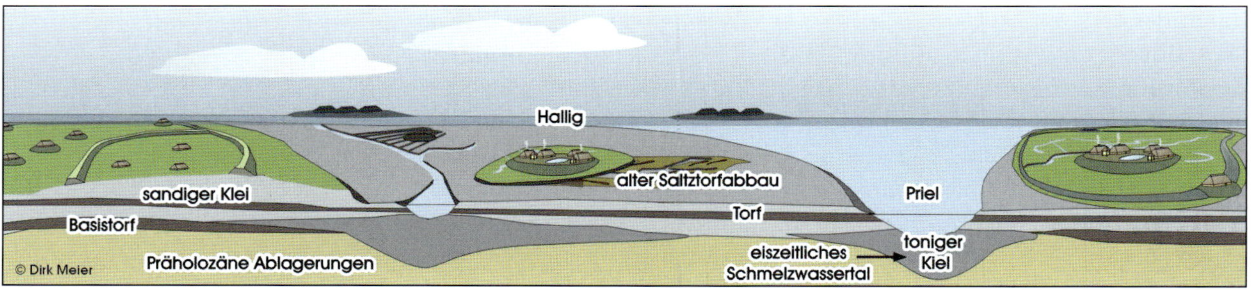

Die Ursache der großen Landverluste in Nordfriesland ist im wesentlichen eine Folge der Geologie. So durchschneiden tiefe eiszeitliche, mit tonigen, setzungsfähigen Sedimenten verfüllte Schmelzwasserrinnen den Untergrund. In diese brachen die großen Prielströme ein, während die heutigen Inseln eher auf sandigen Sedimenten liegen.

Reste einer rechteckigen, aus Klei aufgeworfen, ehemaligen Großwarft des 12. Jahrhunderts. An deren Basis kommen die Spuren des Fethings, von Zisternen und Abfallgruben wieder zutage. In unmittelbarer Nähe der Warft liegt ein Skelett im Wattboden, daneben weitere in einem Graben. Vielleicht handelt es sich um Flutopfer.[698]

Bleibt festzuhalten, dass die Marcellusflut von 1362 im Verbund mit anderen spätmittelalterlichen Katastrophenfluten weitgehend die heutige Gestalt der nordfriesischen Küste prägte. Ihre Wirkung ist das Resultat mehrerer Ursachen. Zunächst einmal hatten die menschlichen Eingriffe in die Landschaft durch die Entwässerung des Sietlandes und den Salztorfabbau zu einer Tieferlegung von Landoberflächen in den Uthlanden geführt. Bereits Saxo Grammaticus erwähnt den Abbau von Salztorfen, dessen Umfang sich indirekt aus dem Schleswiger Stadtrecht von etwa 1150 entnehmen lässt, das Einfuhrzölle auf das friesische Salz festsetzt. Im Zinsregister der Schleswiger Bischöfe heißt es zum Salztorfabbau 1462: *von dem ganzen Strand, Eiderstedt und der Lundenbergharde, wo Salz gebrannt wird, soll der Bischof von jeder Salzbude 2 Tonnen Salz haben.*[699] Auch das Flensburger Stadtrecht von 1284 enthält Hinweise zur Salzgewinnung. Im Erdbuch Waldemars II. ist von vier Salzsiedereien die Rede, von denen drei dem König und eine dem Herzog gehörten. Diese dürften im Vorland der friesischen Geestharden gelegen haben, da der König keinen Anspruch auf das Bodenregal in der Marsch besaß. Neben Schleswig war der Mittelpunkt des friesischen Salzhandels die Stadt Ripen, wo man Fische salzte, um sie auf Märkten in Jütland, Schleswig-Holstein und Hamburg, ja bis hin nach Schweden *(ribersalt)* zu verkaufen.

Wie geoarchäologische Untersuchungen zeigen, erfolgte der umfangreiche Salztorfabbau in den Uthlanden vor allem im Gebiet der heutigen nördlichen Halligen, wo über dem abgebauten Moor Sedimente jungen Kleis abgelagert sind.[700] Das höhere Halligland erreichten im hohen Mittelalter mindestens im Sommer noch keine höheren Fluten, da sich an einigen Stellen der Abbau ohne den Schutz von Deichen vollzog. Hier existierten lediglich Torfdämme mit einer jüngeren Kleidecke darüber. Andere Lokalitäten bedrohten aber bereits sommerliche Sturmfluten, wie niedrige Deichreste als Kulturspuren im Watt im Umland der Halligen Gröde und Langeneß belegen. Diese anthropogenen Maßnahmen, die zu einer Tieferlegung der Landoberflächen führten, begünstigten im Gebiet der heutigen nördlichen Halligen die spätmittelalterlichen Meeresvorstöße.

Erfolgte der Salztorfabbau innerhalb der bedeichten Gebiete, gerieten die Flächen sehr schnell unter das Niveau des Mittleren Tidehochwassers. Die tiefe Lage der Landoberflächen in den Uthlanden bestätigen indirekt spätere Berichte, nach denen das Wasser auch nach dem Ende einer Sturmflut bei normaler Tide durch die Deichbrüche in die Marschen ein- und ausströmte. Deichbrüche führten daher schnell zu einem Verlust des Kulturlandes. Die Oberflächen des anmoorigen, gepflügten Landes trug das überströmende Wasser fort.

Einen derartigen Vorgang beschreibt Matthias Boetius in seinem Bericht über die Zerstörung der Orte Stintebüll und Brunock auf Alt-Nordstrand 1615 mit folgenden Worten: *So wurde nach dem Einsturz der Wohnungen und Gebäude von Stintebüll und Brunock alles weggerissene Material und alles Hausgerät hierher getrieben [in Moorlöcher]. Es folgten ganze Mooräcker, die einst ausgelegt waren zum Kornbau oder zum Rasenstechen … Dieses Gemenge der verschiedenen Dinge hatte die ungezähmte Gewalt des Meeres so durcheinander geworfen, dass man nie etwas Wüsteres und Traurigeres gesehen hat […].*

Die gewaltigen Landverluste gehen jedoch nicht allein auf die Salztorfgewinnung, sondern vielmehr auf geomorphologische Ursachen zurück.[701] So verlaufen im Untergrund Nordfrieslands vom Rand der weichseleiszeitlichen Gletscher von Osten nach Westen Schmelzwassertäler, die im Verlauf des nacheiszeitlichen Meeresspiegelanstieges das Meer mit setzungsfähigen, tonigen Sedimenten verfüllt hatte. Die heutigen Prielströme der Norderhever, Norder- und Süderaue folgen den alten, mit tonigen Sedimenten verfüllten, bis NN –18 m tiefen Tälern, während die Inseln Pellworm und Nordstrand auf sandigen, weniger zur Sackung neigenden Sedimenten oberhalb der hier höheren, bis NN –12 m ansteigenden eiszeitlichen Oberfläche liegen. Nicht der Mensch und seine Wirtschaftsweise, sondern vor allem die Natur verursachte somit in den Uthlanden die Auswirkungen von 1362.

Teile der Edomsharde mit dem Handelsort Rungholt waren somit ebenso untergegangen wie die Pellworm-, Beltring- und Wiedrichsharde. Auch kleinere Marschflächen entlang der nordfriesischen Festlandsküste wurden vernichtet. Als Folge der Sturmflut von 1362 endete wohl auch die hochmittelalterliche Besiedlung in der Ballum Marsch in Misthusum 1392. Hier hatten seit dem Hochmittelalter einige aus Klei aufgeworfene Warften bestanden, deren Kornfelder ein Sommerdeich schützte. 1417 hören wir jedoch, dass der Bischof von Ribe hier wieder fünf Höfe besaß, die von Holländern gegründet worden waren. Bis zur Sturmflut von 1634 wuchs diese Zahl auf 11 an.[702] Wie in der Ballum Marsch waren auch in der Tondern Marsch die im 12. Jahrhundert angelegten Warften, wie Spydholm und Fællesværre, im späten Mittelalter wüst gefallen.[703]

Fehden

Neben den Wirtschaftskrisen, Seuchen und Naturkatastrophen prägten das späte Mittelalter gewaltsame Auseinandersetzungen, die den Wohlstand des Landes zwischen Elbe und Königsau beeinträchtigten.[704] So trat nach dem Tod König Erichs 1325 die größte Katastrophe Dänemarks ein, als der holsteinische Graf Gerhard III., der Onkel Waldemars, des minderjährigen Sohnes von Erich, das Amt des Vormundes für sich reklamierte.[705] Zudem lag der Einfluss im Reich ganz bei den Pfandherren und Vögten. Nachdem 1340 Graf Gerhard in Randers durch Niels Ebbesen erschlagen worden war, bemühten sich Gerhards Söhne um einen Ausgleich. Erst 1437 kamen die Konflikte zwischen Dänen und Holsten jedoch endgültig zum Erliegen. Die kriegerischen Konflikte zwischen den nordfriesischen Marschharden und dem dänischen König Waldemar IV. waren schließlich mit der Niederlage der Friesen und dem daraus reslultierenden Friedensvertrag 1344 beigelegt worden. Weitere Konflikte an der Nordseeküste traten im 15. Jahrhundert ein, als die Dithmarscher 1404 nach Stapelholm einfielen und die Kirche von Erfde niederbannten und zwischen 1414 und 1417 auch Eiderstedter Kirchepspiele verheerten. Der dänische König Erik VII. plünderte Fehmarn 1420, während Vorstöße der Holsteiner Grafen nach Dithmarschen im späten Mittelalter von den Bauern abgewiesen wurden.

Bei solchen Kriegszügen wurden oft auch Dörfer und Ernten in Mitleidenschaft gezogen, was zu einer Verteuerung der Ge-

Das Siegel Graf Johanns III. (ca. 1297; † 27. September 1359) zeigt den Grafen als Ritter mit Schwert und Schild mit dem Nesselblatt als Zeichen der Wehrhaftigkeit. Quelle: Siegel des Mittelalters aus den Archiven der Stadt Lübeck vom Verein für Lübecksche Geschichte und Alterthumskunde (Lübeck 1862–1865).*

Infolge spätmittelalterlicher Fehden hatten an manchen Orten die Menschen, die noch Vermögen besaßen, dieses vergraben. So fand man etwa 1963 nahe von Løgumkloster einen um 1430 vergrabenen rheinischen Steinzeugkrug mit 230 Münzen. Quelle: Poulsen u. Sørensen 2003, 502.

treidepreise im 15. Jahrhundert beitrug. Während in Dithmarschen und Nordfriesland grundbesitzende, freie Großbauern von der Entwicklung profitierten, wuchs in anderen Teilen Holsteins und Schleswigs die Bedeutung der adeligen und geistlichen Grundherren. An manchen Orten hatten die Menschen, die noch Vermögen besaßen, dieses in Sicherheit gebracht. So fand man etwa 1963 nahe von Løgumkloster einen um 1430 vergrabenen rheinischen Steinzeugkrug mit 230 Münzen. Dabei handelte es sich überwiegend um dänische Prägungen, aber auch auch solche der Hansestädte Hamburg und Lübeck waren darunter, die ebenso wie weitere aus Lüneburg in Schleswig ein gängiges Zahlungsmittel bildeten.[706] Zahlreiche dänische und holsteinische Klageschriften zwischen 1409 und 1423 belegen die unruhige Zeit nachhaltig.

Erst nachdem die Kriege zwischen den dänischen Königen und den holsteinischen Grafen um Schleswig 1432 zum Erliegen kamen, erholte sich das Land langsam.[707] Den neuen Wohlstand dokumentieren viele Landkirchen. Zu den prachtvoll zwischen 1488 und 1495 ausgebauten Kirchen gehört beispielsweise Kotzenbüll in Eiderstedt. Das alte Schiff und der Chor aus der Zeit um 1365 wurden 1488 für den Bau der neuen, mit Subsidien Herzog Friedrichs finanzierten Kirche abgebrochen. Ferner finanzierte der Staller und königliche Gefolgsmann Boie Tetens den Neubau, der im Kirchspiel seinen Sitz hatte.[708] Die Kirche von Kliplev in der Lundtoftharde nördlich von Flensburg wurde 1400 neu errichtet und 1490–1500 von Jørgen und Benedict Ahlefeld ausgebaut. Diese war ein wichtiger Wallfahrtsort unweit des Ochsenweges und gehörte zum Rechts- und Administrationsbezirk der landesherrlichen Burg *Søgaard* (Seegard), die im 14. Jahrhundert jedoch in adlige Hände geriet und vom Herzog bzw. König nicht mehr eingelöst werden konnte.[709] Nicht nur baulich, sondern auch im Inneren erhielten viele Kirchen eine reichere Ausstattung.

Auch die Wallfahrten nahmen wieder zu. 1489 etwa reisten Bauern aus Eiderstedt nach Aachen, und 1495 kamen Eiderstedter Pilger aus Santiago de Compostella zurück.[710] Zu einem lokalen Wallfahrtsort wurde das 1/2 alte Meile nördlich der damaligen Landenge zwischen der alten Levensau und der Eider liegende Gettorf *(Ghetdorpe)*, das ein Neben-Heerweg nach Norden durchschneidet. Der Ort war zwischen 1190 und 1259 von jütischen und sächsischen Siedlern gegründet worden, die von hier aus den Jarnwith rodeten. Zwischen 1486 und der Reformation 1532 pilgerten zwischen 950 bis zu 1.800 Menschen im Jahr aus Kiel, Schwansen, Angeln und Flensburg hierher.

Epilog: Zeitenwende

Mit dem Hochmittelalter begann in Holstein und Schleswig in vielerlei Hinsicht ein Umbruch. Die seit Jahrhunderten bestehenden Siedlungs- und Wirtschaftsstrukturen änderten sich grundlegend. Infolge der Bevölkerungsexpansion – verbunden mit der Migration neuer Siedler – wandelte sich das Landschaftsbild vollkommen. Rodungen, Trockenlegungen von Mooren und Deichbau transformierten den Naturraum in eine vom Menschen geprägte Kulturlandschaft mit Dörfern und umliegenden Feldern. Eine Pfarrorganisation überzog das Land. Träger des Landesausbaus waren der Adel, die Kirche und die Klöster sowie in den Nordseemarschen auch genossenwirtschaftliche Bauernverbände. Parallel wurden die Verkehrssysteme ausgebaut. Wege und Seeverkehr verbanden die neu entstehenden Marktorte und Städte. Aus dem Luxuswarenaustausch des frühen Mittelalters wurde nach und nach ein Massengutverkehr.

Das slawisch geprägten Ostholstein, das im Laufe des frühen 12. Jahrhunderts durch den Schauenburger Grafen Adolf II. erobert und von sächsischen, friesischen und westfälischen Kolonisten besiedelt worden war, wurde im Laufe des hohen Mittelalters in die deutsche Ostsiedlung und Feudalisierung miteinbezogen. Infolge der Rodungen entstanden hier neue Dörfer, während die Slawen, deren Siedlungen sich vor allem entlang der Seen und Flüsse konzentriert hatten, in Rückzugsgebiete wie um ihre ehemalige wagrische Hauptburg Oldenburg/Starigard abgedrängt wurden.

Während sich Holstein unter den Schauenburger Grafen als Lehnsmännern der sächsischen Herzöge relativ unabhängig entwickelte, war die Geschichte Schleswigs von seinen Anfängen bis in das Spätmittelalter eng mit der Dänemarks verbunden. Neben Gemeinsamkeiten in den Landesordnungen Schleswigs und Holsteins gab es strukturelle Unterschiede. Diese sind auf die Stellung des Königtums zurückzuführen. Während in den altholsteinischen Siedelgebieten Königs- oder Grafengut im Hochmittelalter kaum nachzuweisen ist, findet sich im dänischen Grenzgebiet zwischen Eider und Schlei reichlich Krönungsgut. Schon unter Waldemar II. wurde dieses für die Ansiedlung von Kolonisten aus dem Süden freigegeben. Das Ziel des Königs, auch Holstein in sein Reich einzufügen, gelang ihm allerdings nur vorübergehend. Nach der Schlacht von Bornhöved (1227) endete für Holstein die Bedrohung durch das Dänische Königreich. Fortan sollten die Schauenburger Grafen sogar die Geschicke in Dänemark beeinflussen. Auch für Lübeck ergaben sich durch den Wegfall der dänischen Vormachtstellung neue Möglichkeiten der Macht- und Handelserweiterung. So gelang die Sicherung der Reichsfreiheit, die Bestätigung des Barbarossaprivilegs und die Vergrößerung des Landbesitzes und der Handelsrechte durch den Freiheitsbrief. Die Lübecker Kaufleute setzten sich mehr und mehr gegen die skandinavische Konkurrenz durch und fassten in Ländern wie Norwegen und Schweden Fuß.

Das Herzogtum Schleswig, das im 12. Jahrhundert zwischen Eider, Schlei und Königsau eine staatsrechtliche Einheit geworden war, konnte im 13. Jahrhundert seine politische Selbständigkeit gegenüber Dänemark erkämpfen. Unter dem Einfluss des deutschen Lehnswesens bildete sich das Gebiet zu einem erblichen Herzogtum heraus, wenn es auch ein dänisches Lehen blieb. Die Stellung des Herzogs gegenüber dem König wurde jedoch immer selbständiger, da er die Verfügung über das Krongut erlangen konnte. Von größter Bedeutung für Schleswig war, dass im 14. Jahrhundert die wirtschaftliche, politische und kulturelle Entwicklung in Holstein auch auf den südlichen Teil des Herzogtums übergriff, wie umgekehrt schleswigsche Kultur und Sitten sich auch nach Süden ausbreiteten. Eine Sonderstellung nahm das unter dänischer Herrschaft stehende Nordfriesland ein, dessen Harden nur lose mit dem Königreich verbunden waren.

Der Landesausbau führte dabei in Schleswig-Holstein ebenso wie in anderen Teilen Europas zu platzkonstanten Dörfern, die mit Mühle und Kirche vielfach ihre Grundstruktur erhielten. Deren Entstehung ist Folge eines Wandels, der sich in der ländlichen Siedlungsstruktur, der Wirtschaftsorganisation und der Herrschaftsordung vollzog. Im Verlauf der Siedlungsverdichtung des Hochmittelalters grenzten die Dörfer dabei ihre Anspruchszonen voneinander ab. Die Bevölkerungszunahme war Auslöser für eine intensivere Landnutzung auf der Geest als auch in den nach der Bedeichung urbar gemachten vermoorten Marschgebieten. Das bäuerliche Leben mit seinen sozialen Bindungen vollzog sich dabei im Dorf mit dörflicher Wirtschaft und Flurzwang. Parallel bildete sich die Dorfgemeinde mit der Gemeindeversammlung heraus. Die Intensivierung der sozialen Beziehungen und die Ökonomie erforderten dabei eine Reglementierung aller wichtigen Lebensbereiche. Die Dorfgemeinden entwickelten daher eine eigene Gesetzgebung und Dorfgerichte, welche über die Normverletzungen wachten. Den Mittelpunkt des Gemeindelebens bildete die Kirche. Die Dorfgemeinschaft verstand sich als Sakralgemeinschaft, in welcher der Priester seinen festen Platz hatte. Der Wunsch des Dorfes nach einer eigenen Pfarrkirche entsprang aber auch dem Geltungsbedürfnis und der Repräsentation. Durch Stiftung und Pfarreibildung bemühten sich die Gemeinden, die Kirche ins Dorf zu holen. Wenn man keine Pfarrei erhalten konnte, musste auch eine Vikarie oder Kaplanei genügen. Die Pfarrkirche war der allumfassende Begegnungsraum zwischen Kirche und Welt in einer christlichen Gesellschaft. Kirchweihfeste und Jahrmärkte fanden dabei oft im Herbst statt, somit zu einer Zeit, in der Bauern ihre Ernte eingebracht hatten. Pfarrkirche und Friedhof als geweihte Begräbnisstätten wurden so zu Mittelpunkten des Dorflebens.

In den Marschgemeinden entwickelten sich autonome Kirchspiele, in denen die sozial führenden, genossenwirtschaftlichen Bauernverbände alle wesentlichen gesellschaftlichen Bereiche regelten. In Dithmarschen verteidigten diese ihre Unabhängigkeit gegen auswärtige Ansprüche des Adels erfolgreich bis 1559.

Die mit dem Landesausbau verbundene Urbansierungswelle geschah in Holstein und Schleswig später als im Heiligen Römischen Reich, wenn auch hier das System der Zentralorte bis 1300 festgelegt war, an dessen Stadterhebungen der höhere Adel bzw. der König mitgewirkt hatte. Die Kaufleute schlossen sich zu neuen Schutzgemeinschaften, wie der mächtigen Hanse im Ostseeraum oder den Gilden in Schleswig, zusammen. Die mittelalterliche Seehandelsstadt, die *civitas maritima*, wurde nach dem Vorbild Lübecks zum Kristallisationspunkt des Handels. Während an der Ostseeküste Holsteins und Schleswigs mit ihren in das Landesinnere reichenden Wasserwegen mehrere Städte entstanden, blieb der Westen des Landes städtearm. Mit Meldorf und Ripen existierten hier nur zwei urbane Zentren. Nach den landschaftlichen Veränderungen der Katastrophenfluten des späten Mittelalters wuchs dann mit dem Vorstoß der Hever zur Husumer Au hier ein weiterer Handelsflecken heran, während mit Rungholt wohl der Hafen der Edomsharde in der Zweiten Marcellusflut von 1362 unterging.

Der Fernhandel war im 11./12. Jahrhundert noch auf Luxusprodukte beschränkt gewesen, bevor seit dem Hochmittelalter Massengüter wie Fische, Salz, Pelze, Honig,

Bier, Wolle oder Tuche über weite Entfernungen auf die Märkte der Städte kamen. Zugleich erfolgte seit der zweiten Hälfte des 13. Jahrhunderts der Übergang vom wandernden Händler zum sesshaften Kaufmann in den Kontoren der neuen Städte. In den Städten verschmolzen die den Rat beherrschenden Kaufleute mit den Ministerialen. Selbst die Kirche zog keine Parallele mehr zwischen Handel und Habgier. Bezahlt wurde mit gemünztem Geld, wenn es auch noch einen Tauschhandel gab. Seit der zweiten Hälfte des 12. Jahrhunderts hatte dabei Lübeck langsam Schleswigs Vormachtstellung im Ostseehandel abgelöst. Die Hansekaufleute Hamburgs und Lübecks handelten dabei bis zum Ende der Stauferzeit mit Visby und Nowgorod, Brügge und London. Während in den holsteinischen Städten die Hanse die Geschicke der urbanen Zentren mehr und mehr bestimmte, waren in den schleswigschen Städten neben dem König und dem Herzog die Kaufleutegenossenschaften der Gilden von ähnlicher Bedeutung.

Auf den Märkten in den Städten ließ sich alles erstehen, was zum Statussymbol der mittelalterlichen Lebenswelt gehörte. Qualität und Quantität des Essens, für das 11./12. Jahrhundert nur zu vermuten, zeichneten im 13. Jahrhundert tatsächlich die gesellschaftlichen Schichten aus. Während für die Mehrheit der Bevölkerung dunkles Brot, Brei aus Getreide und Hülsenfrüchten üblich war, blieben Fleischgerichte meist der Oberschicht vorbehalten. Daneben bestimmten kirchliche Vorschriften den Speisezettel, so dass an Fastentagen Fisch gegessen wurde. Wichtigstes Brotgetreide war der Roggen. Met, Bier und Wein bildeten die wichtigsten Getränke. Die leicht verderbliche Milch oder das oft unsaubere Trinkwasser in den Städten spielte, weniger eine Rolle. Neben dem Essen war auch die Kleidung ein soziales Statussymbol, die im späten Mittelalter Reglementierungen unterlag und beispielsweise die Juden nach dem Laterankonzil von 1214 systematisch ausgrenzte. Auch die Kleiderwahl der Bauern war einer Normierung unterworfen, wie einige Landrechte aus dem Reich zeigen. Exquisite, durch Schnitt, Farbe, Qualität und Auswahl bestechende Garderobe wurde zum Kennzeichen der Oberschichten, welche auch die eigenen Standesgenossen kritisch begutachteten.

Wichtigster Baustoff in den Städten ebenso wie in den Dörfern war das Holz. In den urbanen Zentren blieben bis in das 13. Jahrhundert Ständerbauten bestimmend, deren Größen statisch begrenzt waren. Daneben vollzog sich die Weiterentwicklung zum mehrstöckigen Fachwerkbau. Noch im 12. Jahrhundert prägten Lübeck ebenso wie die anderen urbanen Zentren überwiegend Holzgebäude. Die Dächer waren noch überwiegend mit Reet und Holzschindeln gedeckt. Aus der römischen Kultur tradierte Steinbauten finden sich im Früh- ebenso wie im Hochmittelalter in Schleswig-Holstein nur im kirchlichen-klösterlichen Bereich. Erst allmählich verbreitete sich die Stein- und Backsteinbauweise. Nur reiche Bürger in den Städten konnten ihre Gebäude in Stein errichten, wobei entsprechend der Brandverhütungsvorschriften die Versteinerung als erstes deren Viertel bzw. die Gebiete um die Märkte herum erfasste und sich dann weiter ausbreitete. Innerhalb der wachsenden Städte gewannen auch Ver- und Entsorgungsprobleme an Bedeutung. Noch in den mittelalterlichen Städten kippte man den Abfall in Latrinen und auf Straßen oder – soweit vorhanden – ins Wasser. Parallel zu der erst seit dem 13. Jahrhundert erfolgten Pflasterung der Straßen, welche die Holzbohlenwege ablöste, entstanden dann in Lübeck Ableitungsrohre aus Holz.

Anders als über die in der Hanse in Lübeck bzw. in den schleswigschen Städten in Gilden organisierten Kaufleute sind wir anhand der hochmittelalterlichen Schrifturkunden kaum über Handwerker unterrichtet. Aus ihren genossenschaftlichen Gliederungen entwickelten sich im 13. Jahrhundert die Zünfte. Die den Schriftquellen nach unscheinbare Bevölkerungsgruppe lässt sich vor allem anhand seiner archäologischer Funde nachweisen. Zu den Handwerkern gehörten Barbiere, Schneider, Zahnbrecher, Hutmacher, Branntweinbrenner, Oblatenbäcker, Lebküchner, Pastetenmacher, Bäcker, Müller, Kerzenmacher und Wachszieher, Uhrmacher, Korbmacher, Maurer, Böttcher, Küfer, Salzsieder, Dachdecker und weitere. Altmaterialien verwendete man immer wieder und führte sie dem Produktionsprozess zu, zumal die Kosten für Arbeitskräfte geringer als für manche Rohmaterialien sein konnten. In Lübeck gab es ein eigenes Handwerksviertel, aber oft waren Handwerker auch über die ganze Stadt verstreut. Das Bevölkerungswachstum der Kommunen ab der zweiten Hälfte des 12. Jahrhunderts drängte die Handwerker mehr und mehr an die Randbereiche ab, was für ihr Sozialprestige nachteilig war.

Den ökonomischen Aufschwung der Städte ebenso wie des Landes unterbrach das 14. Jahrhundert, das ökonomische Depression, Hungersnöte, Pest und Naturkatastrophen kennzeichneten. In Schleswig-Holstein ebenso wie in anderen Gebieten Europas waren die Landnutzung und der Nahrungsspielraum an ihre Grenzen geraten, wobei die Folgen der Überbevölkerung sichtbar wurden. Zusätzlich schädigten die gewaltsamen Auseinandersetzungen um die Herrschaft über Schleswig das Land, denn nach dem Muster der mittelalterlichen Territorialpolitik war es den Schauenburgern der Rendsburger Linie von 1326 bis 1440 gelungen, im Herzogtum Schleswig nicht nur über Pfandherrschaften Fuß zu fassen, sondern Schleswig über die legitime Personalunion von 1386 bis zur de facto Unabhängigkeit vom königlichen Lehnsherrn 1440, als erbliches und dienstfreies Lehen zu erhalten. Nach dem Aussterben der Plöner Linie (1390) wurde auch von ihnen ganz Holstein bis auf den kleinen Pinneberger Anteil wieder vereint. Die Gefahr des Auseinanderfallens beider Fürstentümer war damit beseitigt. Der Adel erkannte, dass die Zersplitterung der Landesherrschaft seinen Interessen nicht diente. Hingegen bewährte sich das Zusammenwirken von Ritterschaft und Rendsburger Grafen bei der Gewinnung Schleswigs. So stand dem Landesfürstentum seit 1386 ein gemeinsamer Landesrat zur Seite. Dieser war es auch, der zusammen mit der Ritterschaft im Vertrag von Ripen 1460 die praktische Realunion zwischen Schleswig und Holstein behauptete. Dabei ähnelten die dem Adel 1460 gewährten Privilegien den Wahlhandfesten der drei nordischen Königreiche, in denen die Reichsräte den künftigen Königen ihre Forderungen präsentierten. Aufgrund des Ripener Freiheitsbriefes von 1460 nahmen Schleswig und Holstein nicht nur eine Sonderentwicklung innerhalb der dänischen Monarchie ein, sondern wuchsen infolge administrativer und kultureller Gemeinsamkeiten allmählich zusammen. So formte sich eine Eigenstaatlichkeit, in der die alte Eidergrenze ihre Bedeutung verlor.

Literaturverzeichnis

Edierte Quellen

Aakjaer, S.: Kong Valdemars Jordebog, Bd. 1–3 (København 1926–1943).

Adam von Bremen: Gesta Hammaburgensis ecclesiae pontificum. In: W. Trillmich u. R. Buchner (Hrsg.), Quellen des 9. und 11. Jahrhunderts zur Geschichte der Hamburgischen Kirche und des Reiches. Freiherr vom Stein Gedächtnisausgabe 11. 7., gegenüber der 6. um einen Nachtrag von V. Scior erweiterte Auflage (Darmstadt 2000).

Annales Altahenses maiores, hrsg. von W. v. Giesebrecht u. E. L. B. Oefele, Monumenta Germaniae Historica, Scriptores rerum Germanicarum in usum scholarum 4 (Hannover [2]1891).

Annales Augustani, hrsg. von G. H. Pertz, Monumenta Germaniae Historica, Scriptores rerum Germanicarum in usum scholarum 3 (Hannover 1839) 124–136.

Annales Lubicenses, hrsg. von J. M. Lappenberg, Monumenta Germaniae Historica, Scriptores rerum Germanicarum in usum scholarum 16 (Hannover 1859) 411–429.

Annales Palidenses, hrsg. von G. H. Pertz, Monumenta Germaniae Historica, Scriptores rerum Germanicarum in usum scholarum 16 (Hannover 1859) 48–96.

Arnoldi chronica Slavorum, hrsg. von G. H. Pertz, Monumenta Germaniae Historica, Scriptores rerum Germanicarum in usum scholarum 14 (Hannover 1868, Nachdruck 1978).

Boetius, M.: Matthias Boetius, De catalysmo Nordstrandico. Provinzialberichte 1798/I, hrsg. von O. Hartz (Neumünster 1940).

von Bolten, A.: Beschreibung und Nachrichten von der im Herzogthume Schleswig gelegenen Landschaft Stapelholm nebst einer Landkarte von derselben durch Johann Adrian Bolten (Wöhrden 1777).

Chronicon Eiderostandense vulgare oder die gemeine Eiderstedter Chronik 1103–1547. Hrsg. von J. Jaspers. Mit einer Übersetzung ins Hochdeutsche von C. Heitmann (St. Peter-Ording [2]1977).

Chronicon Mecklenburgicum, hrsg. von E. J. von Westphalen, Monumenta indedita rerum Germanicarum 4 (Leipzig 1793).

Chroniken der deutschen Städte: Historische Kommission bei der Bayerischen Akademie der Wissenschaften (Hrsg.): Die Chroniken der deutschen Städte vom 14.–16. Jahrhundert (Göttingen 1961 ff.).

Cypraeus, J. A.: Annales Episcoporum Slesvicensium (Colonia 1634).

Danckwerth, C.: Caspar Danckwerth, Newe Landesbeschreibung der zwey Herzogthümer Schleßwich und Holstein (Husum 1652). Neu hrsg. von K. Domeier u. M. Haack (Hamburg 1963).

Detmar Chronik: Chronik des Franziskaner Lesemeisters Detmar nach der Urschrift und mit Ergänzungen aus anderen Chroniken (Hamburg 1829–1830).

Heimreich, A. 1668: Anton Heimreich, Erneuerte Nordfresische Chronick (Schleswig 1668). Neu hrsg. von N. Falck (Tondern 1819).

Helmold: Chronica Slavorum. Neu übertragen und erläutert von H. Stoob. In: Ausgewählte Quellen zur deutschen Geschichte des Mittelalters, Freiherr vom Stein Gedächtnisausgabe 19 (Darmstadt [7]2008).

Historia Archiepiscoporum Bremensium, hrsg. von J. M. Lappenberg: Geschichtsquellen des Erzstifts und der Stadt Bremen (Bremen 1841, Neudruck 1967).

Jvs Mecklenburgicvm et Lvbecense, hrsg. von E. J. F. M. Manzel (Rostock 1751).

Neocorus: Johann Adolfi´s, genannt Neocorus, Chronik des Landes Dithmarschen. Aus der Urschrift hrsg. von F. C. Dahlmann (Kiel 1827, Nachdruck 1978).

Petreus: Johannes Petreus, Schriften über Nordstrand. Hrsg. von R. Hansen (Kiel 1901).

Presbyter Bremensis: Chronicon Holzatiae, auctore Presbytero Bremensi. Hrsg. von J. M. Lappenberg (Kiel 1862).

Sax, P. 1610: Peter Sax, Nova, totius Frisae septentrionalis, Descriptio (Beschreibungen von Helgoland und Eiderstedt). Nach der Handschrift von 1610. Werke zur Geschichte Nordfrieslands und Dithmarschens 1. Hrsg. von A. Panten (St. Peter-Ording 1986).

Sax, P. 1636: Peter Sax, Frisia Minor, hoc est, Tabulae, Insularum et Peninsularum, tam Maiorum, qyam Minorum, juxta Ducatum, Slesvicensem, in Oceane Britannico, sive Cimbrico, starum … (76 Tafeln zur Topographie Nordfrieslands). Werke zur Geschichte Nordfrieslands u. Dithmarschens 4. Hrsg. von A. Panten (St. Peter-Ording 1987).

Sax, P. 1637: Peter Sax, Descriptio, Insulae Nordstrandiae der Insvl, vnd des Landes Nordstrand (Beschreibung der Inseln Nordstrand, Föhr, Amrum, Sylt sowie der Harden des nordfriesischen Festlandes). Nach der Handschrift von 1637. Werke zur Geschichte Nordfrieslands u. Dithmarschens 3. Hrsg. von A. Panten (St. Peter-Ording 1984).

Sax, P. 1638: Peter Sax, Descriptio, Annales Eyderstadiensium (Eine historische Beschreibung der Landen Eiderstedt, Everschop und Utholm). Nach der Handschrift von 1636. Werke zur Geschichte Nordfrieslands u. Dithmarschens 2. Hrsg. von A. Panten (St. Peter-Ording 1985).

Saxo Grammaticus: Gesta Danorum/Danmarkshistorien. Hrsg. von K. Friis-Jensen, dänische Übersetzung von P. Zeeberg (Kopenhagen 2005).

SHRU: Schleswig-Holsteinisch-Lauenburgische Regesten und Urkunden. Hrsg. von der Gesellschaft für Schleswig-Holsteinische Geschichte und dem Schleswig-Holsteinisches Landesarchiv (Neumünster 1886 pp.).

Vita Anskarii auctore Rimberto, hrsg. von Georg Waitz. Monumenta Germania Historia, Scriptores rerum Germanicarum in usum scholarum 55 (Hannover 1884).

Urkundenbuch zur Geschichte des Landes Dithmarschen. Gesammelt und Namens der Schleswig-Holstein-Lauenburgischen Gesellschaft für vaterländische Geschichte. Hrsg. von Andr. Ludw. Jac. Michelsen (Altona 1834).

Waghenaer, L. J. 1586: T'eerste deel vande Spieghel der zeevaerdt, van de navigatie der Westersche zee, innehoudende alle de custen van Vranckrijck, Spaingen ende ,t principaelste deel van Engelandt, in diversche zee caerten begrepen (Leiden 1584).

Literatur

Abatino, E. 2002: Vesuvio. Ein Vulkan und seine Geschichte (Napoli 2002).

Abel, W. 1955: Die Wüstungen des ausgehenden Mittelalters. Quellen und Forschungen zur Agrargeschichte 1 (Stuttgart ²1955).

Abel, W. 1978: Geschichte der deutschen Landwirtschaft vom frühen Mittelalter bis zum 19. Jahrhundert. Deutsche Agrargeschichte 2 (Hamburg–Berlin ³1978).

Albrectsen, E. 2008: Das Abel-Geschlecht und die Schauenburger als Herzöge von Schleswig. Übers. von M. Hartwig u. F. Witte. In: C. P. Rasmussen (Hrsg.), Die Fürsten des Landes: Herzöge und Grafen von Schleswig, Holstein und Lauenburg [De slevigske hertuger (2005)] (Neumünster 2008) 52–71.

Am Ende, B. 1975: Studien zur Verfassungsgeschichte Lübecks im 12. und 13. Jahrhundert. Veröffentlichungen zur Geschichte der Hansestadt Lübeck, Reihe B, Bd. 2 (Lübeck 1975).

Andersen, H. H. 1980: Die Burg in Itzehoe. Ausgrabungen und Funde (Neumünster 1980).

Andrèn, A. 1985: Den urbana scenen. Städer och samhälle i det medeltida Danmark. Acta Archaeologica Lundensia 13 (Bonn–Malmö 1985).

Appel, B. 1857: Geschichte des regulirten lateranensischen Chorherrenstiftes des heiligen Augustin zu Reichersberg (Linz 1857).

Appuhn, H. 1979: Gotische Plastik in Schleswig-Holstein (Heide [2]1979).

Appuhn, H. 1983: Der Bordesholmer Altar und die anderen Werke von Hans Brüggemann (Königstein i.T. 1983).

Arnold, V. 1990: Die Anfänge Heides – ein bleibendes Rätsel? In: V. Arnold, W. D. Könenkamp u. N. R. Nissen, Heide um 1500. Leben im Dithmarschen der Regentenzeit (Heide 1990), 18–31.

Arnold, V. u. Kelm, R. 2004: Rund um Albersdorf. Ein Führer zu den archäologischen und ökologischen Sehenswürdigkeiten mit einem Beitrag von Dirk Meier (Heide 2004).

Aschenberg, H. 1992: Deichschutz und Binnenentwässerung im Stromspaltungsgebiet der Elbe im Raum Hamburg. In: Kramer u. Rohde 1992, 289–318.

Bahnsen, H. u. R. 2005: Spurensuche im Wattenmeer. Rungholt Museum Pellworm (Breklum 2005).

Baltzer, J. u. Bruns, F. 1920: Die Bau- und Kunstdenkmäler der Freien und Hansestadt Lübeck. Herausgegeben von der Baubehörde. Bd. III: Kirche zu Alt-Lübeck. Dom, Jakobikirche, Ägidienkirche. (Lübeck 1920, unveränderter Nachdruck 2001).

Baltzer, J., Bruns, F. u. Rahtgens, H. 1928: Die Bau- und Kunstdenkmäler der Hansestadt Lübeck. Band IV: Die Klöster. Die kleineren Gotteshäuser der Stadt. Die Kirchen und Kapellen in den Außengebieten. Denk- und wegekreuze und der Leidenweg Christi (Lübeck 1928, unveränderte Nachdruck 2001).

Bantelmann, A. 1966: Die Landschaftsentwicklung an der schleswig-holsteinischen Westküste – dargestellt am Beispiel Nordfriesland. Eine Funktionschronik durch fünf Jahrtausende. Die Küste, Heft 2, 1966, 5–99.

Barros, C. 1998: Die „Vermenschlichung" der Natur im Mittelalter. In: K. Spindler (Hrsg.), Mensch und Natur im mittelalterlichen Europa. Archäologische, historische und naturwissenschaftliche Befunde. Schriftenreihe der Akademie Friesach 4 (Klagenfurt 1998) 281–310.

Bergmann, R. (Hrsg.) 1993: Zwischen Pflug und Fessel. Mittelalterliches Landleben im Spiegel der Wüstungsforschung. 2 Bde. (Münster 1993).

Beseler, H. 1966: Die Kunstdenkmäler der Provinz Schleswig-Holstein. Bd. 10 (Neumünster 1966).

Beseler, H. 1969: Kunsttopographie Schleswig-Holsteins (Neumünster 1969).

Beseler, H. 1985: Die Kunstdenkmäler der Provinz Schleswig-Holstein. Bd. 11 (Neumünster 1985).

Böhme, H. W. (Hrsg.) 1991: Siedlungen und Landesausbau zur Salierzeit. Teil 1 In den nördlichen Landschaften des Reiches; Teil 2 In den südlichen Landschaften des Reiches (Sigmaringen 1991).

Boigs, L. 1966: Mittelalterliche Fernstraßen um Neumünster. Zeitschrift der Gesellschaft für Schleswig-Holsteinische Geschichte 91, 1966, 43–92.

Bolland, J. 1964: Die Hamburger Elbkarte von Melchior Lorichs. Mit einer Einleitung über den Zweck der Karte und die Tätigkeit von Melchior Lorichs in Hamburg. Veröffentlichungen aus dem Staatsarchiv der Freien und Hansestadt Hamburg 8 (Hamburg 1964).

Borchard, K. 1996: Der älteste Flügelaltarschrein. Cismar und seine Sehenswürdigkeiten (Münster 1996).

Borgolte, M. 2002: Europa entdeckt seine Vielfalt. 1050-1250. Handbuch der Geschichte Europas 3 (Stuttgart 2002).

Bork, H.-R. (Hrsg.) 2006: Spuren des tausendjährigen Niederschlags von 1342 (Darmstadt 2006).

Bork, H.-R., Beyer, A. u. Kranz, A. 2012: Der 1000-jährige Niederschlag des Jahres 1342 und seine Folgen in Mitteleuropa. In: Daim u.a. 2012, 231-242.

Bracker, J. (Hrsg.) 1989: Die Hanse. Lebenswirklichkeit und Mythos. Katalog der Ausstellung des Hamburger Museums für Geschichte. 2 Bde. (Hamburg 1989).

Brandt, K. 2012: Hollingstedt an der Treene. Ein Flusshafen für den Warenverkehr zwischen Nord- und Ostsee. Schrifen des Archäologischen Landesmuseums 10 (Schleswig 2012).

Browne, M. P. (Hrsg.) 2006: The Luttrell Psalter, a Facsimile. The British Library (London 2006).

Brumm, D. 2008: Der Ochsenweg (Husum 2008).

Bünz, E. 1987: Das älteste Güterverzeichnis des Augustiner-Chorherrenstiftes Neumünster. Untersuchungen zur Grundherrschaft am Ende des 12. Jahrhunderts. Zeitschrift der Gesellschaft für Schleswig-Holsteinische Geschichte 112, 1987, 27–122.

Bünz, E. 1994: Die Besiedlung der holsteinischen Elbmarschen im 12. und 13. Jahrhundert. Jahrbuch Pinneberg 1994, 5–53.

Bünz, E. 2002: Zwischen Kanonikerreform und Reformation. Anfänge, Blütezeit und Untergang der Augustiner-Chorherrenstifte Neumünster-Bordesholm und Segeberg (12. bis 16. Jahrhundert). Schriftenreihe der Akademie der Augustiner-Chorherren von Windesheim 7 (Paring 2002).

Bünz, E. 2006: Zwischen Kirchspiel und Domkapitel. Der niedere Klerus im spätmittelalterlichen Dithmarschen. In: E. Bünz u. K.-J. Lorenzen-Schmidt 2006, 239–271.

Bünz, E. u. Lorenzen-Schmidt, K-J. 2006: Klerus, Kirche und Frömmigkeit im spätmittelalterlichen Schleswig-Holstein. Studien zur Wirtschafts- und Sozialgeschichte Schleswig-Holsteins 41 (Neumünster 2006).

Busch, A. 1963a: Alte und neue Deichprofile von Strucklahnungshörn (Nordstrand) und der Anstieg des Meeresspiegels. Die Heimat. Zeitschrift für Natur- und Landeskunde von Schleswig-Holstein u. Hamburg, Heft 70, 1963, 4–10.

Busch, A. 1963b: Zur Rekonstruktion der Rungholter Schleusen. Ebd., 11–16.

Busch, A. 1963c: Über die Kirchwarft im Rungholtwatt. Ebd., 16–18.

Busch, A. 1963d: Viele neue Siedlungsspuren im Rungholtwatt. Ebd., 19–25.

Busch, A. 1963e: Nachtrag – vorläufiger Abschluss meiner Rungholtforschung. Ebd., 26–27.

Busch, R. 1995: Domplatzgrabung in Hamburg. Veröffentlichungen Hamburger Museum für Archäologie und die Geschichte Harburgs. Helms-Museum 70 (Hamburg 1995).

Busch, R. 1999: Die Kunst des Mittelalters in Hamburg. Die Burgen (Hamburg 1999).

Busch, R. 1997: Die Stadtentstehung Hamburgs, Deutschland. In: G. de Boe u. F. Verhaeghe (Hrsg.), Urbanism in Medieval Europe. Papers Medieval Europe Vol. 1. (Zellik 1997) 133–139.

Busch, R. (Hrsg.) 2002a: Hamburg Altstadt. Führer zu archäologischen Denkmälern in Deutschland 41 (Stuttgart 2002).

Busch, R. 2002b: Die Entwicklung des Hausbaus. In: Busch 2002a, 44–55.

Busch, R. 2002c: Die Reichenstraßeninsel. In: Busch 2002a, 77–81.

Carnap-Bornheim, C. u. Lüth, Ph. 2008: Neues aus dem Schleswiger-Hafen. Archäologische Nachrichten aus Schleswig-Holstein 2008, 72–74.

Cazelles, R. u. Rathofer, J. 1996: Das Stundenbuch des Duc de Berry. Les Tres Riches Heures (Wiesbaden 1996).

Christensen, A. E. 1957: Danmarks Befolkning of Bebyggelse i Middelalderen. In: Nordisk Kultur II (Stockholm – Oslo – København 1957) 1–57.

Christensen. A. E. 1977: Tiden 1042–1241. In: I. Skovgaard-Petersen u.a. 1977, 211–400.

Daim, F., Gronenborn, D. u. Schreg, R. 2012: Strategien zum Überleben. Umweltkrisen und ihre Bewältigung. Tagung des Römisch-Germanischen-Zentralmuseums. RGZM Tagung Bd. 11 (Mainz 2008).

Danker-Carstensen, P. 2002: Dorfgeschichte Seestermühe. Eine Gemeinde in der Elbmarsch (Husum 2002).

Degn, Chr. u. Muuß, U. 1965: Luftbildatlas Schleswig-Holstein. Eine Landeskunde in 80 farbigen Luftaufnahmen (Neumünster 1965).

Degn, Chr. u. Muuß, U. 1968: Luftbildatlas Schleswig-Holstein II. Eine Landeskunde in 72 farbigen Luftaufnahmen (Neumünster 1968).

Dempski, R. 1996: Adel und Lübeck. Studien zum Verhältnis zwischen adeliger und bürgerlicher Kultur im 13. und 14. Jahrhundert. Kieler Werkstücke, R. D. 6 (Franfurt a. M. 1996).

Dinzelbacher, P. u. Hogg, J. L. (Hrsg.) 1997: Kulturgeschichte der christlichen Orden in Einzeldarstellungen (Stuttgart 1997).

Dollinger, P. 1989: Die Hanse (Stuttgart [4]1989).

Dragsbo, P. (Hrsg.) 2008: Haus und Hof in Schleswig und Nordeuropa (Heide 2008).

Duerr, H. P. 2005: Rungholt. Die Suche nach einer versunkenen Stadt (Leipzig 2005).

Ebel, F. 1971: Lübisches Recht. Bd. 1 (Lübeck 1971).

Ebel, F. (Hrsg.) 1993: Sachsenspiegel. Landrecht und Lehnrecht (Stuttgart 1993).

Eberl, I. 2002: Die Zisterzienser. Geschichte eines europäischen Ordens (Stuttgart 2002).

Ehlers, J. 1997: Heinrich der Löwe. Europäisches Fürstentum im Hochmittelalter (Göttingen 1997).

Ehlers, J. 2008: Heinrich der Löwe. Biographie (München 2008).

Eisenschmidt, S. 2008: Die Ergebnisse einer größeren Siedlungsgrabung in Askov bei Vejen. Arkæologi i Slesvig / Archäologie in Schleswig 11, 2006, 59–66.

Ellmers, D. 1985: Bodenfunde und andere Zeugnisse zur frühen Schifffahrt der Hansestadt Lübeck. Teil 1: Bauteile von Koggen. Lübecker Schriften zur Archäologie und Kulturgeschichte 11, 1985, 155–162.

Ellmers, D. 1992: Bodenfunde und andere Zeugnisse zur frühen Schifffahrt der Hansestadt Lübeck. Teil 2: Bauteile und Ausrüstungsgegenstände von Wasserfahrzeugen aus den Grabungen Alfstraße 38 und An der Untertrave/Kaimauer. Lübecker Schriften zur Archäologie und Kulturgeschichte 18, 1992, 7–21.

Erdmann, W. 1985a: Hochmittelalterliche Siedlungsgeschichte und Holzbauten unter dem Hause Große Petersgrube in Lübeck (Grabung Große Petersgrube Vorbericht II). Lübecker Schriften zur Archäologie und Kulturgeschichte 11, 1985, 89–116.

Erdmann, W. 1985b: Das mittelalterliche Stadthaus. Bemerkungen zu Form und Funktion anhand Lübecker Beispiele. In: B. Herrmann (Hrsg.), Mensch und Umwelt im Mittelalter (München 1985), 167–176.

Erdmann, W. 1988: Aspekte der Baugeschichte des Lübecker Rathauses (mit einer Bestandszeichnung von Jens Christian Holst). Lübecker Schriften zur Archäologie und Kulturgeschichte 68, 1988, 113–137.

Ericsson, I. 1981: Futterkamp. Untersuchungen mittelalterlicher befestigter Siedlungen im Kreis Plön, Holstein. 1: Funde. Offa-Bücher 47 (Neumünster 1981).

Ericsson, I. 1983: Futterkamp. Untersuchungen mittelalterlicher befestigter Siedlungen im Kreis Plön, Holstein. 2: Befunde und Siedlungsentwicklung. Mit einem Beitrag von H. Unverhau. Offa-Bücher 54 (Neumünster 1983).

Ethelberg, P. 2008: Einige Retrospektivische Überlegungen über Höfe in der Eisenzeit und der Gegenwart. In: Dragsbo 2008, 159–179.

Ethelberg, P., Hardt, N., Poulsen, B. u. Sørensen, A.B. 2003: Det Sønderjyske Landbrugs Historie. Jernalder, Vikingetid og Middelalder. Haderslev Museum og Srkifter uidgivet af Historisk Samfund for Sønderjylland 82 (Haderslev 2003).

Fangl, H. 1992: Haderslev i 700 år, udgivet i anledning af Haderslev by 700 års købstadjubileum 1992 (Hadersleben 1992).

Fehring, G. P. 1982: Die Burg in Lübeck. Lübecker Schriften zur Archäologie und Kulturgeschichte 6, 1982, 77–98.

Fehring, G. P. 1990: Stadtarchäologie in Deutschland. Kölner Jahrbuch für Vor- und Frühgeschichte 23, 1990, 605–611.

Fehring, G. P. 1994: Stadtarchäologie Lübecks 1973-1993. Zeitschrift für Archäologie des Mittelalters 22, 1994, 129–180.

Fehring, G. P. 2000: Die Archäologie des Mittelalters. Eine Einführung (Darmstadt [3]2000).

Feiler, A. 1996: Die Entwicklung Kiels von der frühen Stadt zur mittelalterlichen Stadt: Auswertung der archäologischen Ausgrabungen (1989 bis 1991) in der Altstadt von Kiel. Studien zur Mittelalterarchäologie in Schleswig-Holstein 1, Universitätsforschungen zur prähistorischen Archäologie 29 (Bonn 1996).

Felgentreu. F. 2009: Heinrich Rantzau (Christianus Cilicius Cimber) Belli Dithmarsici vera descriptio. Wahre Beschreibung des Dithmarscher Krieges. Übersetzt, ediert und eingeleitet von F. Felgentreu (Husum 2009).

Fink, T. 1958: Geschichte des schleswigschen Grenzlandes (København 1958).

Fischer, O. 1936a: 2 Die Inseln. 3 Nordstrand. Müller, F. u. Fischer, O. (Hrsg.), Das Wasserwesen an der schleswig-holsteinischen Nordseeküste (Berlin 1936).

Fischer, O. 1936b: 2 Die Inseln. 4 Pellworm. Ebd. (Berlin 1936).

Fischer, O. 1937a: 2 Die Inseln. 5 Amrum. Ebd. (Berlin 1937).

Fischer, O. 1937b: 2 Die Inseln. 6 Föhr. Ebd. (Berlin 1937).

Fischer, O. 1938: 2 Die Inseln. 7 Sylt. Ebd. (Berlin 1938).

Fischer, O. 1955: 3 Das Festland. 2 Nordfriesland. Ebd. (Berlin 1955).

Fischer, O. 1956: 3 Das Festland. 3 Eiderstedt. Ebd. (Berlin 1956).

Fischer, O. 1957a: 3 Das Festland. 5 Dithmarschen. Ebd. (Berlin 1957).

Fischer, O. 1957b: 3 Das Festland. 6 Elbmarschen. Ebd. (Berlin 1957).

Fleischhauer, C. 2004: Kloster Cismar. Deutsche Kunstführer 229/4 (München – Berlin [2]2004).

Fouquet, G. u. Zeilinger, G. 2011: Katastrophen im Spätmittelalter (Mainz 2011).

Freytag, E. 1977: Die Klöster als Zentren kirchlichen Lebens. Schleswig-Holsteinische Kirchengeschiche, Bd. 1, Teil I (Neumünster 1977) 147–202.

Freytag, H. (Hrsg.) 1993: Der Totentanz der Marienkirche in Lübeck und der Nikoliakirche in Reval (Tallinn). Edition, Kommentar, Interpretation, Rezeption. Niederdeutsche Studien Band 39 (Köln – Weimar – Wien 1993).

Fuhrmann, K. 2002: Die Ritterschaft als politische Korporation in den Herzogtümern Schleswig und Holstein von 1460 bis 1721. Hrsg. von der Fortwährenden Deputation der Schleswig-Holsteinischen Prälaten und Ritterschaft (Kiel 2002).

Gaasch, K. H. 1952: Die mittelalterliche Pfarrorganisation in Dithmarschen, Holstein und Stormarn. (Kapitel I: Die Pfarrgliederung im Gau Dithmarschen). Zeitschrift der Gesellschaft Geschichte für Schleswig-Holsteinische Geschichte 76, 1952, 39–81.

Gabriel, I. 1984: Starigard/Oldenburg. Hauptburg der Slawen in Wagrien. I Stratigraphie und Chronologie. Archäologische Ausgrabungen 1973–1982. Offa-Bücher 52 (Neumünster 1984).

Gebers, W., Hinz, H., Komerding, F. u. Löffler, G. 1977: Bosau. Untersuchung einer Siedlungskammer in Ostholstein unter Leitung von H. Hinz. II. Die Ausgrabungen und Untersuchungen im Dorf 1971–1974. Offa-Bücher 37 (Neumünster 1977).

Gesellschaft für Husumer Stadtgeschichte (Hrsg.) 2003: Geschichte Husums. Von den Anfängen bis zur Gegenwart (Husum 2003).

Glaser, P.-H. 2008: Klimageschichte Mitteleuropas. 1000 Jahre Wetter, Klima, Katastrophen (Darmstadt 2008).

Glaser, R., Drescher, A., Riemann, D., Glaser, S. u. Pfeiffer, K. 2012: Konzeption klimavulnerabler Regionen Mitteleuropas in den letzten 1000 Jahren. In: Daim u.a. 2012, 51–66.

Gläser, M. 1985: Befunde zur Hafenrandbebauung Lübecks als Niederschlag der Stadtentwicklung im 12. und 13. Jahrhundert. Vorbericht zu den Grabungen Alfstraße 36/38 und Untertrave 111/112. Lübecker Schriften zur Archäologie und Kulturgeschichte 11, 1985, 117–129.

Gläser, M. 1989: Der Lübecker Hafen des 12. und 13. Jahrhunderts. Grabungsergebnisse und Rekonstruktionen. Zeitschrift des Vereins für Lübeckische Geschichte und Altertumskunde 69, 1989, 49–73.

Gläser, M. 1990: Die Lübecker Burg- und Stadtbefestigungen des 12. und 13. Jahrhunderts. Archäologisches Korrespondenzblatt 20, Heft 2, 1990, 227–234.

Gläser, M. 1992: Archäologische Untersuchungen auf dem Gelände des ehemaligen Burgklosters zu Lübeck. Ein Beitrag zur Burgenarchäologie. Lübecker Schriften zur Archäologie und Kulturgeschichte 22, 1992, 65–121.

Gläser, M. 1998: Das hölzerne Lübeck. Eine kleine Chronologie der mittelalterlichen Holzbauten. In: A. Wesse, A. (Hrsg.), Studien zur Archäologie des Ostseeraumes. Von der Eisenzeit zum Mittelalter. Festschrift M. Müller-Wille (Neumünster 1998) 219–234.

Gnekow, B. 1994: Der mittelalterliche Kirchenbau in Holstein. Kunstgeschichte 43 (Münster 1994).

Grabowsky, A-T. 1982: Das Kloster Cismar. Quellen zu Forschungen und Geschichte Schleswig-Holsteins 80 (Neumünster 1982).

Graßmann, A. (Hrsg.) 1989: Lübecksche Geschichte (Lübeck 1989).

Graus, F. 1988: Pest – Geissler – Judenmorde. Das 14. Jahrhundert als Krisenzeit (Göttingen ²1988).

Gregersen, V. 1982: Tørning (Hadersleben 1982).

Gruppe G. u.a. 1997: Die Ausgrabungen unter dem Rathausmarkt in Schleswig. Berichte u. Studien 12 (Neumünster 1997).

Hägermann, D. 1999: Urbar. In: Lexikon des Mittelalters, Bd. VIII (Stuttgart–Weimar 1999), Sp. 1286-1289.

Hammel, R. 1984: Frühe Stadtgeschichte und Archäologie. Kritische Betrachtungen aus der Sicht eines Historikers. Zeitschrift des Vereins für Lübeckische Geschichte und Altertumskunde 64, 1984, 9–38.

Hammel-Kiesow, R. 1993: Quellen und Methoden zur Rekonstruktion des Grundstücksgefüges und der Baustruktur im mittelalterlichen und frühneuzeitlichen Lübeck. In: R. Hammel-Kiesow (Hrsg.), Wege zur Erforschung städtischer Häuser und Höfe. Häuser und Höfe in Lübeck 1 (Neumünster 1993).

Hammel-Kiesow, R. u. Pelc, Chr. 1996: Landesausbau, Territorialherrschaft, Produktion und Handel im hohen und späten Mittelalter (12.–16. Jh.). In: U. Lange (Hrsg.), Geschichte Schleswig-Holsteins. Von den Anfängen bis zur Gegenwart (Neumünster 1996) 59–134.

Hanf, M. 1986: Hamburgs Weg in die praktische Unabhängigkeit vom schauenburgischen Landesherrn. Beiträge zur Geschichte Hamburgs 31 (Hamburg 1986).

Hansen, R. 1999: Die Klöster des Landes Dithmarschen. Einrichtungen für das Heil und zum Schutz der spätmittelalterlichen Bauernrepublik. In: F. J. Felten u. N. Jaspert (Hrsg.), Vita Religiosa im Mittelalter. Festschrift für Kaspar Elm zum 70. Geburtstag (Berlin 1999) 563–579.

Hansen, R. u. Jessen, W. 1904: Quellen zur Geschichte des Bistums Schleswig (Kiel 1904; Nachdruck 1974).

Hanssen, J. u. Wolf, H. 1833: Chronik des Landes Dithmarschen (Hamburg 1833).

Harck, O. 1980: Stadtkernforschung in Eckernförde. Ein Beitrag zur Diskussion der frühen Städte in Schleswig und Holstein. Offa 37, 1980, 232–252.

Harck, O. 1983a: Stecknitz-Kanal. In: Führer zu archäologischen Denkmälern in Deutschland. 2 Kreis Herzogtum Lauenburg, Teil II (Stuttgart 1983) 40–44.

Harck, O. 1983b: Stadt Mölln. In: Führer zu archäologischen Denkmälern in Deutschland. 2 Kreis Herzogtum Lauenburg, Teil II (Stuttgart 1983) 61–65.

Harck, O. 1988: Zur spätslawisch-frühmittelalterlichen Besiedlung auf den Ostseeinseln Rügen und Fehmarn. Offa 45, 1988, 299–314.

Harck, O. 1995: Grundtypen der neuen dänischen und schleswigschen Städte. In: E. Hoffmann u. F. Lubowitz (Hrsg.), Die Stadt im westlichen Ostseeraum. Vorträge zur Stadtgründung und Stadterweiterung im Mittelalter. Kieler Werkstücke, Reihe A, Bd. 14 (Mainz 1995) 145–154.

Haverkamp, A. 1984: Aufbruch und Gestaltung. Deutschland 1056–1273. Neue Deutsche Geschichte 2. Hrsg. von P. Moraw, V. Press u. W. Schieder (München 1984).

Hauschild, W.-D. 1981: Kirchengeschichte Lübecks (Lübeck 1981).

Heller, R. 1967: Knytlinga saga. Arkiv för Nordisk Filologi 82 (Lund 1967).

Henningsen, H.-H. 1998: Rungholt. Der Weg in die Katastrophe. Aufstieg, Blütezeit und Untergang eines bedeutenden mittelalterlichen Ortes in Nordfriesland. Bd. I: Die Entstehungsgeschichte Rungholts, seine Ortslage, heutige Kulturspuren im Wattenmeer und die Geschichte und Bedeutung der Hallig Südfall (Husum 1998).

Henningsen, H.-H. 2000: Rungholt. Der Weg in die Katastrophe. Aufstieg, Blütezeit und Untergang eines bedeutenden mittelalterlichen Ortes in Nordfriesland. Bd. II: Das Leben der Bewohner und ihre Einrichtungen, die Landschaft, der Aufstieg zu einem Handelsplatz, Rungholts Untergang, der heutige Zustand von Kulturspuren, der Mythos von Rungholt und ein Epilog: Die Geschichte im Zeitraffer (Husum 2000).

Herrmann, J.-C. 2011: Der Wendenkreuzzug von 1147. Europäische Hochschulschriften. Reihe 3: Geschichte und ihre Hilfswissenschaften 1085 (Frankfurt a. M. 2011).

Higelke, B. 1998a: Die Entwicklung des Sylter Wattenmeeres. In: Landesamt für den Nationalpark Schleswig-Holsteinisches Wattenmeer u. Umweltbundesamt (Hrsg.), Umweltatlas Wattenmeer 1 (Stuttgart 1998) 32–33.

Higelke, B. 1998b: Das nordfriesische Wattenmeer seit dem Mittelalter. In: Ebd. 28–29.

Higelke, B., Hoffmann, D. u. Müller-Wille, M. 1976: Zur Landschaftsentwicklung und

Siedlungsgeschichte der nordfriesischen Marscheninseln und Watten im Einzugsbereich der Norderhever. Probleme der Küstenforschung im südlichern Nordseegebiet 11, 1976, 163–185.

Hildebrand, R. 1986: Herzog Lothar von Sachsen (Hildesheim 1986).

Hill, Th. 1992: Könige, Fürsten und Klöster. Studien zu den dänischen Klostergründungen des 12. Jahrhunderts. Kieler Werkstücke, Reihe A 4 (Frankfurt/M. – Bern – New York – Paris 1992).

Hill, Th. 1995: Von der Konfrontation zur Assimilation. Das Ende der Slawen in Ostholstein, Lauenburg und Lübeck vom 12. bis 15. Jahrhundert. In: M. Müller-Wille, D. Meier u. H. Unverhau, Slawen und Deutsche im südlichen Ostseeraum vom 11. bis zum 16. Jahrhundert (Neumünster 1995) 79–104.

Hill, Th. 1998: Königtum und Bettelorden im mittelalterlichen Dänemark. In: D. Berg (Hrsg.), Könige, Landesherren und Bettelorden. Konflikt und Kooperation in West- und Mitteleuropa bis zur frühen Neuzeit. Saxonia Franciscana 10 (Werl 1998) 175–206.

Hinz, H. 1972: Archäologische Beobachtungen in der Altstadt von Kiel. Offa 29, 1972, 172–221.

Hirschfeld, P. 1950: Die Kunstdenkmäler der Provinz Schleswig-Holstein. Bd. 5–9 (Neumünster 1959 ff.).

Hirschfeld, P. 1952: Ikonographische Bemerkungen zur Angler Löwen-Plastik des 12. Jahrhunderts. Nordelbien 20, 1952, 20–31.

Hoffmann, D. 1988: Das Küstenholozän im Einzugsbereich der Norderhever, Nordfriesland. In: Müller-Wille u.a. 1988, 51–116.

Hoffmann, D. 1992: Erdgeschichtliche Entwicklung der Küstengebiete an Nord- und Ostsee. In: Kramer u. Rhode 1992, 1–16.

Hoffmann, E. 1953: Die Herkunft des Bürgertums in den Städten des Herzogtums Schleswig. Quellen und Forschungen zur Geschichte Schleswig-Holsteins 27 (Neumünster 1953).

Hoffmann, E. 1966: Flensburg von der Reformation bis zum Ende des Nordischen Krieges 1721 (Flensburg 1966) 73–168.

Hoffmann, E. 1974: Die dänische Königswahl im Jahre 1376 und die norddeutschen Mächte. Zeitschrift der Gesellschaft für Schleswig-Holsteinische Geschichte 99, 1974, 141–195.

Hoffmann, E. 1975: Beiträge zum Problem des „Volksadels" in Nordelbien und Dänemark. Zeitschrift der Gesellschaft für Schleswig-Holsteinische Geschichte 100, 1975, 9–31.

Hoffmann, E. 1977/78: Graf Gerhard III. der Große von Holstein. Der Aufstieg eines Territorialfürstens des 14. Jahrhunderts. Zeitschrift der Gesellschaft für Schleswig-Holsteinische Geschichte 102/103, 1977/1978, 9–47.

Hoffmann, E. 1980: Beiträge zur Geschichte der Stadt Schleswig und des westlichen Ostseeraums im 12. und 13. Jahrhundert. Zeitschrift der Gesellschaft für Schleswig-Holsteinische Geschichte 105, 1980, 27–76.

Hoffmann, E. 1981a: Spätmittelalter und Reformationszeit. In: O. Klose (Hrsg.), Geschichte Schleswig-Holsteins 4, Teil II, 1/2 (Neumünster 1981) 1–160.

Hoffmann, E. 1981b: Spätmittelalter und Reformationszeit. In: O. Klose (Hrsg.), Geschichte Schleswig-Holsteins 4, Teil II, 3 (Neumünster 1981) 161–260.

Hoffmann, E. 1986: Spätmittelalter und Reformationszeit. In: O. Klose (Hrsg.), Geschichte Schleswig-Holsteins 4/4 (Neumünster 1986) 261–352.

Hoffmann, E. 1985a: Die Entstehung der Stadt Apenrade im Rahmen des Stadtwerdungsprozesses im westlichen Ostseeraum während des 12. und 13. Jahrhunderts gesehen. Schriften der Heimatkundlichen

Arbeitsgemeinschaften für Nordschleswig 52, 1985, 5–22.

Hoffmann, E. 1985b: Die Bewidmung Oldenburgs in Holstein mit dem Lübischen Recht. In: 750 Jahre Stadtrecht Oldenburg in Holstein (Oldenburg 1985) 31–64.

Hoffmann, E. 1985d: Das mittelalterliche Oldenburg und seine frühe Entwicklung im Rahmen des nordelbischen Urbanisierungsprozesses. In: 750 Jahre Stadtrecht Oldenburg in Holstein (Oldenburg 1985) 221–232.

Hoffmann, E. 1995: Der Urbanisierungsprozeß im Herzogtum Schleswig während des 12 und 13. Jahrhunderts. In: E. Hoffmann u. F. Lubowitz (Hrsg.), Die Stadt im westlichen Ostseeraum. Vorträge zur Stadtgründung und Stadterweiterung im Mittelalter. Kieler Werkstücke, Reihe A, Bd. 14 (Mainz 1995) 155–175.

Hofmann, M. 1959: Die Anfänge der Städte Itzehoe, Wilster und Krempe. Zeitschrift der Gesellschaft für Schleswig-Holsteinische Geschichte 83, 1959, 19–92; Ebd. 1960, 19–92.

Hofmeister, A. E. 1979: Besiedlung und Verfassung der Stader Elbmarschen im Mittelalter, Besiedlung und Verfassung der Stader Elbmarschen im Mittelalter. Teil 1. Die Stader Elbmarschen vor der Kolonisation des 12. Jahrhunderts. Veröffentlichungen des Institutes für historische Landesforschung der Universität Göttingen 12 (Hildesheim 1979).

Horskjær, E. 1970: Ribe Domkirke. De danske kirker 17 (København 1970).

Ibs, J. H. 1988: Itzehoe. Geschichte einer Stadt in Schleswig-Holstein. Bd. 1 Von der Frühgeschichte bis 1814 (Itzehoe 1988).

Ibs, J. H. 1994: Die Pest in Schleswig-Holstein von 1350 bis 1547/48. Eine sozialgeschichtliche Studie über eine wiederkehrende Katastrophe. Kieler Werkstücke, Reihe A, Beiträge zur Schleswig-Holsteinischen und skandinavischen Geschichte 12 (Frankfurt a. M. 1994).

Jahnke, C. 2003: „dat se bliven ewich tosamende ungedelt“. Neue Überlegungen zu einem alten Schlagwort. Zeitschrift der Gesellschaft für schleswig-holsteinische Geschichte 128, 2003, 45–59.

Jankrift, K. P. 2003: Brände, Stürme, Hungersnöte in der mittelalterlichen Lebenswelt (Ostfildern 2003).

Jensen, S. 1991: Ribe zur Wikingerzeit (Ribe 1991).

Jensen, W. 1933/34: Drei Untersuchungen an einem der ältesten Deiche Schleswig-Holsteins. Nordelbingen. Beiträge zur Heimatforschung in Schleswig-Holstein, Hamburg und Lübeck. Bd. 9, Teil 4, 1933/34, 398–422.

Jensen, J. u. Wulf, P. (Hrsg.) 1992: Geschichte der Stadt Kiel (Neumünster 1992).

Jonkanski, D. u. Wilde, L. 2000: Dorfkirchen in Schleswig-Holstein mit Fotos von F. Schneider (Neumünster 2000).

Jordan, K. 1951: Die Anfänge des Stiftes Segeberg. Zeitschrift der Gesellschaft für Schleswig-Holsteinische Geschichte 74/75, 1951, 59–94.

Jordan, K. 1996: Heinrich der Löwe. Eine Biographie. (München [4]1996).

Jürgensmeier, F. 1997: Vizelin (Vicelin, Wissel, Witzel, Vicelinus). In: Biographisch-Bibliographisches Kirchenlexikon 12 (Herzberg 1997) Sp. 1545–1547.

Kaack, H.-G. 1987: Ratzeburg. Geschichte einer Inselstadt. Regierungssitz – geistliches Zentrum – bürgerliches Gemeinwesen (Neumünster 1987).

Kähler, I. 1981: Der Bordesholmer Altar – Zeichen einer Krise. Ein Kunsthandwerk zwischen kirchlicher Tradition und humanistischer Gedankenwelt am Ausgang des Mittelalters. Studien zur schleswig-holsteinischen Kunstgeschichte 14 (Neumünster 1981).

Kähler, O. 1951: Zur Geschichte des Bistums und Domes in Ratzeburg. Zeitschrift der Gesellschaft für Schleswig-Holsteinische Geschichte 74/75, 1951, 244–275.

Karff, F. 1978: Nordstrand. Geschichte einer friesischen Insel (Leck 1978).

Kellinghusen, H. 1908: Das Amt Bergedorf. Geschichte seiner Verfassung und Verwaltung bis 1620. Zeitschrift der Gesellschaft für Schleswig-Holsteinische Geschichte 13, 1908, 181–373.

Kemperdick, St. 1997: Der Meister von Flémalle. Die Werkstatt Robert Campins und Rogier van der Weyden. Brepols (Tournhout 1997).

Kleineschulte, S. 2000: St. Jacobi in Hamburg – mehr als eine Kirche des Mittelalters. In: V. Plagemann (Hrsg.), Mittelalter in Hamburg: Kunstförderer, Burgen, Kirchen, Künstler und Kunstwerke (Hamburg 2000).

Knoblauch, E. 1996: Technische Zeichnungen. In: U. Lindgren (Hrsg.), Technik im Mittelalter, Tradition und Innovation (Berlin 1996), 45–72.

Könenkamp, W. D. 1990: Leben und Wohnen in Dithmarschen während des späten Mittelalters mit einem Beitrag von V. Arnold. In: V. Arnold, W. D. Könenkamp u. N. R. Nissen, Heide um 1500. Leben im Dithmarschen der Regentenzeit (Heide 1990), 49–93.

Koppe, W. 1956: Rodung und Wüstung an und auf den Bungsbergen. Die Rodungszeit. Zeitschrift der Gesellschaft für Schleswig-Holsteinische Geschichte 80, 1956, 29–66.

Koppe, W. 1957: Rodung und Wüstung an und auf den Bungsbergen. Die Wüstungszeit. Zeitschrift der Gesellschaft für Schleswig-Holsteinische Geschichte 81, 1957, 31–62.

Kramer, W. 1985: Die St.-Willehads-Kirche zu Ulsnis, Kreis Schleswig-Flensburg. Die Heimat. Zeitschrift für Natur- und Landeskunde von Schleswig-Holstein und Hamburg. Heft 1/2, 1985, 1–7.

Kramer, J. u. Rohde, H. (Hrsg. 1992): Historischer Küstenschutz. Deichbau, Inselschutz und Binnenentwässerung an Nord- und Ostsee. Deutscher Verband für Wasserwirtschaft u. Kulturbau e.V. (Stuttgart 1992).

Kröll, K. 1999: Eine wikingerzeitliche Stabkirche in Sütjütland? Studien zu einem verzierten Eichenbalken aus Humtrup, Kreis Nordfriesland. Offa 56, 1999, 421–479.

Kruse, K. B. 1997: Die Baugeschichte des Heiligen-Geist-Hospitals zu Lübeck. Lübecker Schriften zur Archäologie und Kulturgeschichte 25, 1997, 7–263.

Kuhlmann, H. J. 1958: Besiedlung und Kirchspielorganisation der Landschaft Angeln im Mittelalter. Quellen zur Forschung und Geschichte Schleswig-Holsteins 36 (Neumünster 1958).

Kühn, H.-J. 1988: Archäologische und siedlungshistorische Landesaufnahme im nordfriesischen Marschen- und Wattengebiet und in Eiderstedt. In: Müller-Wille u.a. 1988, 195–232.

Kühn, H.-J. 1989: Deiche des Mittelalters und der frühen Neuzeit. In: H.-J. Kühn u. A. Panten, Der frühe Deichbau in Nordfriesland. Archäologisch-historische Untersuchungen (Bredstedt 1989) 11–62.

Kühn, H.-J.: 1998: Morsum – ein Marschhufendorf Alt-Nordstrands. In: Landesamt für den Nationalpark Schleswig-Holsteinisches Wattenmeer und Umweltbundesamt (Hrsg.). Bd. I. Nordfriesisches und Dithmarscher Wattenmeer (Stuttgart 1998) 30.

Kühn, H.-J. u. Müller-Wille, M. 1988: Siedlungsarchäologische Untersuchungen im nordfriesischen Marschen- und Wattengebiet und in Eiderstedt. In: Müller-Wille u.a. 1988, 181–194.

Kühr, M. 2002: Ambrogio Lorenzetti. Gute und schlechte Regierung. Eine Friedensvision. Bilder und Gedanken von Homer bis Dante. Ein Freskenzyklus im Palazzo Pubblico in Siena ,A.D. 1338/39 (Mandelbachtal 2002).

Küster, H. 1998: Versorgung und Entsorgung der mittelalterlichen Stadt. In: K. Spindler (Hrsg.): Mensch und Natur im mittelalterlichen Europa. Archäologische, historische und naturwissenschaftliche Befunde. Schriftenreihe der Akademie Friesach 4 (Klagenfurt 1998) 311–325.

Lamb, H. H. 1989: Klima und Kulturgeschichte – der Einfluss des Wetters auf den Gang der Geschichte (Hamburg 1989).

Lammers, W 1953: Die Schlacht bei Hemmingstedt. Freies Bauerntum und Fürstenmacht im Nordseeraum. Eine Studie zur Sozial-, Verfassungs- und Wehrgeschichte des Spätmittelalters (Neumünster 1953).

Lammers, W. 1961: Das Hochmittelalter bis zur Schlacht von Bornhöved. In: O. Klose (Hrsg.), Geschichte Schleswig-Holsteins 4/1 (Neumünster 1961) 1–92.

Lammers, W. 1964: Das Hochmittelalter bis zur Schlacht von Bornhöved. In: O. Klose (Hrsg.), Geschichte Schleswig-Holsteins 4/2 (Neumünster 1964) 93–164.

Lammers, W. 1972: Das Hochmittelalter bis zur Schlacht von Bornhöved. In: O. Klose (Hrsg.), Geschichte Schleswig-Holsteins 4/3 (Neumünster 1972) 165–228.

Lammers, W. 1981: Das Hochmittelalter bis zur Schlacht von Bornhöved. In: O. Klose (Hrsg.), Geschichte Schleswig-Holsteins 4/4 (Neumünster 1981) 229–436.

Landgraf, H. 1959: Bevölkerung und Wirtschaft Kiels im 15. Jahrhundert. Quellen zur Forschung und Geschichte Schleswig-Holsteins 39 (Neumünster 1959).

Lange, U. 1974: Grundlagen der Landesherrschaft der Schauenburger in Holstein. Teil 1. Zeitschrift der Gesellschaft für Schleswig-Holsteinische Geschichte 99, 1974, 9–93.

Lange, U. 1975: Grundlagen der Landesherrschaft der Schauenburger in Holstein. Teil 2. Zeitschrift der Gesellschaft für Schleswig-Holsteinische Geschichte 99, 1975, 83–160.

Laur, W. 1992: Historisches Ortsnamenlexikon von Schleswig-Holstein (Neumünster 1992).

Laur, W. 2009: Runendenkmäler in Schleswig-Holstein und in Nordschleswig. Archäologisches Landesmuseum in der Stiftung Schleswig-Holsteinische Landesmuseen Schloß Gottorf (Schleswig [2]2009).

Legant, G. 2010: Zur Siedlungsgeschichte des ehemaligen Lübecker Kaufleuteviertels im 12. und frühen 13. Jahrhundert. Nach den ältesten Befunden der Grabung Alfstraße – Fischstraße – Schüsselbuden, 1985–1990. Lübecker Schriften zur Archäologie und Kulturgeschichte 27, 2010, 7–259.

Liebgott, N.-K. 1989: Dansk Middelalder Arkæologi (København 1989).

Löw, I. 2003: Die Eiderstedter Landrechte von 1426 bis 1591. Rechtsgeschichte, Rechtswandel und Rechtsverwandschaften (Bredstedt 2003).

Looft, K.-H. 1974: Die mittelalterlichen Wüstungen zwischen Eider und Schwentine. Zeitschrift der Gesellschaft für Schleswig-Holsteinische Geschichte 99, 1974, 197–254.

Loose, H.-D. (Hrsg.) 1982: Hamburg. Geschichte der Stadt und ihrer Bewohner. Bd. 1 Von den Anfängen bis zur Reichsgründung (Hamburg 1982).

Lorenzen-Schmidt, K.-J. 1980: Die Sozial- und Wirtschaftsstruktur schleswig-holsteinischer Landstädte zwischen 1500 und 1550. Quellen zu Forschungen und Geschichte Schleswig-Holsteins 76 (Neumünster 1980).

Lorenzen-Schmidt, K.-J. 1990/1991: Husums Stellung der Städtelandschaft der Herzogtümer 1490–1550. Beiträge zur Husumer Stadtgeschichte 3/4 (Husum 1990/1991) 13–24.

Luckhardt, J. 1987: Der Hochaltar der Zisterzienserklosterkirche Marienfeld. Westfälisches Landesmuseum für Kunst und Kulturgeschichte (Münster 1987).

Madsen, L. 1999: Die nordschleswigschen Städte im Mittelalter. Archäologische Ergebnisse. Offa 56, 1999, 135–148.

Malsch, C. 1978 (Hrsg.): Die Hauptkirche St. Petri in Hamburg. Baugeschichte, Kunstwerke, Prediger (Hamburg 1978).

March, U. 1974: Die holsteinische Heeresorganisation im Mittelalter. Zeitschrift für Schleswig-Holsteinische Geschichte 99, 1974, 95–139.

Mathieu, K. 1973: Der Hamburger Dom. Untersuchungen zur Baugeschichte im 13. und 14. Jahrhundert (1245–1329) und eine Dokumentation zum Abbruch in den Jahren 1804–1807. Museum für Hamburgische Geschichte (Hamburg 1973).

Meding, W. von 2007: Stadt ohne Land am Fluß: 800 Jahre europäische Kleinstadt Lauenburg (Frankfurt a. M. 2007).

Mehlhorn, D. 2007: Klöster und Stifte in Schleswig-Holstein. 1200 Jahre Geschichte, Architektur und Kunst (Kiel 2007).

Meier, D. 1993: Alt Lübeck. Die Ergebnisse der Ausgrabungen 1947-1950 (Teil 3) und 1956-1972 im nördlichen Burgbereich sowie erreichter Forschungsstand. Lübecker Schriften zur Archäolöogie und Kulturgeschichte 23, 1993, 7–46.

Meier, D. 1998a: Transalbinanorum Saxonum populi sunt tres. Das Dithmarscher Küstengebiet im frühen und hohen Mittelalter. In: A. Wesse (Hrsg.), Studien zur Archäologie des Ostseeraumes. Von der Eisenzeit zum Mittelalter. Festschrift M. Müller-Wille (Neumünster 1998) 77–90.

Meier, D. 1998b: Trutz, Blanke Hans. Mittelalterlicher Deichbau und Existenzkampf an der schleswig-holsteinischen Nordseeküste. In: K. Spindler (Hrsg.), Mensch und Natur im mittelalterlichen Europa. Archäologische, historische und naturwissenschaftliche Befunde. Schriftenreihe Akademie Friesach 4 (Klagenfurt 1998) 129–168.

Meier, D. 1999: Zwischen Vidå und Kongeå. Küstenhistorische Untersuchungen in den dänischen Marschen. Offa 56, 1999, 121–134.

Meier, D. 2001a: Landschaftsentwicklung und Siedlungsgeschichte des Eiderstedter und Dithmarscher Küstengebietes als Teilregionen des Nordseeküstenraumes. Untersuchungen der AG Küstenarchäologie des FTZ-Westküste. Universitätsforschungen zur Prähistorischen Archäologie 79, Teil 1: Die Siedlungen (Bonn 2001).

Meier, D. 2001b: Ebd., Teil 2: Der Siedlungsraum (Bonn 2001b).

Meier, D. 2002: Entstehung, Nutzung und Kultivierung der Marsch und Geestrandmoore in Dithmarschen. Dithmarschen. Landeskunde – Kultur – Natur. Heft 1, 2002, 4–13.

Meier, D. 2003a: Bauer – Bürger – Edelmann (Ostfildern 2003).

Meier, D. 2003b: Ausgrabungen auf den mittelalterlichen Wurten Norderbusenwurth und Lütjenbüttel in Süderdithmarschen (Schleswig-Holstein). Probleme der Küstenforschung im südlichen Nordseegebiet 28 (Oldenburg 2003) 277–291.

Meier, D. 2004: Seefahrer, Händler und Piraten im Mittelalter (Ostfildern 2004).

Meier, D. 2007a: Die Nordseeküste. Geschichte einer Landschaft (Heide [2]2007).

Meier, D. 2007b: Das Eidermündungsgebiet im Wandel der Zeit – Vom hohen Mittelalter bis zur Neuzeit (Teil 2). Dithmarschen. Landeskunde – Kultur – Natur, Heft 4, 2007, 94–109.

Meier, D. 2007c: De Dam geslagen wart twischen Eyderstede unde Husum … Die Bedeichung der `Nord-Eyder´, Eiderstedt (Schleswig-Holstein). In: J. J. J. M. Beenakker, F. H. Hortsen, A. de Kraker u. H. Renes, Landschap in ruimte en tijd. Liber amicorum Borger (Amsterdam 2007) 252–262.

Meier, D. 2008a: Der Feldzug Graf Gerhards III. 1319 nach Dithmarschen. Dithmarschen. Landeskunde – Kultur – Natur, Heft 1, 2008, 2–9.

Meier, D. 2008b: Bauernhäuser in den Nordseemarschen Schleswig-Holsteins von der römischen Kaiserzeit bis zum Mittelalter. In: Dragsbo 2008, 127-149.

Meier, D. 2009: Land in Sicht. Die Entwicklung der Seefahrt an Nord- und Ostsee (Heide 2009).

Meier, D. 2011: Schleswig-Holstein im frühen Mittelalter. Landschaft – Archäologie – Geschichte (Heide 2011).

Meier, D. 2012: Naturgewalten im Weltnaturerbe Wattenmeer (Heide 2012).

Meier, D. u. Wohlenberg, H. 2003: Wattenfund vor Kating 1931 – verloren geglaubt und rekonstruiert. Zur Erinnerung an den 100. Geburtstag von Prof. Dr. Erich Wohlenberg, 12.3.1903, ehemals Direktor des Nordfriesischen Museums (Nissenhaus) in Husum. Natur und Landeskunde. Zeitschrift für Schleswig-Holstein, Hamburg und Mecklenburg, Heft 5/6, 2003, 93–99.

Meinhold, P. 1972: Bischof Gerold von Lübeck und seine Zeit. Der Wagen, 1972, 22–36.

Meyer, J. 1996: Keramik der Zeit um 1100 aus dem Hafenviertel von Schleswig. Archäologie in Schleswig / Arkæologi i Slesvig 10, 1996, 89–116.

Meyn, D. 1966: Wurde die Wüstung der mittelalterlichen Stadt Nygenstad bi de Elve gefunden? Zeitschrift der Gesellschaft für Schleswig-Holsteinische Geschichte 91, 1966, 93–120.

Meyn, D. 1968: Die beiden Burgen von Uetersen. Zeitschrift der Gesellschaft für Schleswig-Holsteinische Geschiche 93, 1968, 17-48.

Michelsen, M. J. L. 1828: Nordfriesland im Mittelalter (Schleswig 1828).

Mißfeldt, J. 2000: Die Republik in Dithmarschen. In:Verein für Dithmarscher Landeskunde (Hrsg.): Geschichte Dithmarschens (Heide 2000) 121–166.

Mittelstädt, U. 1976: Die Entwicklung der Stadt Plön bis zum Ausgang des Mittelalters. Jahrbuch der Arbeitsgemeinschaft für Heimatkunde Plön 6, 1976, 59–74.

Mittelstädt, U. 1977: Die Entwicklung der Stadt Plön bis zum Ausgang des Mittelalters. Jahrbuch der Arbeitsgemeinschaft für Heimatkunde Plön 7, 1977, 5–34.

Moltke, E., Møller, E. u. Michelsen, V. 1961: Danmarks kirker utgivet af Nationalmuseet. Sønderjylland. Sønderborg Amt (København 1961).

Mührenberg, D. 1989: Archäologische und baugeschichtliche Untersuchungen im Handwerkerviertel zu Lübeck. Befunde Hundestraße 9–17. Mit einem botanischen Beitrag zu den spätmittelalterlichen und frühneuzeitlichen Pflanzenresten von Henk van Haaster, Amsterdam. Lübecker Schriften zur Archäologie und Kulturgeschichte 16, 1989, 233–290.

Mührenberg, D. 1993: Der Markt zu Lübeck. Ergebnisse archäologischer Untersuchungen. Lübecker Schriften zur Archäologie und Kulturgeschichte 23, 1993, 83–154.

Müller, F. 1917: 2 Die Inseln, 1 Die Halligen. Müller, F. (Hrsg.), Das Wasserwesen an der schleswig-holsteinischen Nordseeküste (Berlin 1917); Atlas (Berlin 1917).

Müller, F. 1936: 2 Die Inseln, 2 Alt-Nordstrand bis zur Zerstörung durch die Sturmflut im Jahre 1634. Bearbeitet u. ergänzt von O. Fischer (Berlin 1936).

Müller, H.-J. 2002: Der Dom zu Ratzeburg mit Aufnahmen von J. Brüdern. Deutsche-Kunstführer 283 (München – Berlin [4]2002).

Müller, U. 1992a: Ein Holzkeller aus dem späten 12. Jahrhundert. Erste Ergebnisse der archäologischen Untersuchungen Königstraße 70–74 in Lübeck, mit einem Beitrag zu ausgewählten Glasfunden. Lübecker Schriften zur Archäologie und Kulturgeschichte 22, 1992, 145–166.

Müller, U. 1992b: Die Überbauung des Hafenmarktes von Lübeck im frühen 13. Jahrhundert. Ergebnisse der archäologischen Untersuchungen auf dem Grundstück An der Untertrave 97. Lübecker Schriften zur

Archäologie und Kulturgeschichte 22, 1992, 23–39.

Müller-Wille, M., Higelke, B., Hoffmann, D., Menke, B., Brande, A., Bokelmann, K., Saggau, H.-E. u. Kühn, H.-J. 1988: Norderhever-Projekt 1. Landschaftsentwicklung und Siedlungsgeschichte im Einzugsgebiet der Norderhever (Nordfriesland). Offa-Bücher 66, Studien Küstenarchäologie Schleswig-Holsteins Ser. C. (Neumünster 1988).

Muuß, U., Petersen, M. u. König, D. 1973: Die Binnengewässer Schleswig-Holsteins. Unter Mitarbeit von G. Herrmann (Neumünster 1973).

Nagel, B. 2006: Die Eigenarbeit der Zisterzienser (Marburg 2006).

Nissen, N. R. 1990: Die Geburtsstunde Heides. In: V. Arnold, W. D. Könenkamp u. N. R. Nissen, Heide um 1500. Leben im Dithmarschen der Regentenzeit (Heide 1990), 5–17.

Nitz, N. R. 1994: Historische Kolonisation und Plansiedlung in Deutschland. Ausgewählte Arbeiten Bd. 1 = Kleine Geographische Schriften 8 (Berlin 1994).

Paludan, H. 1977: Herremaendere. In: Skovgaard-Petersen u.a. 1977, 435-436.

Panten, A. 1976: Unbekannte Rechtsquellen des 15. und 16. Jahrhunderts aus Nordfriesland (Langenhorn 1976).

Panten, A. 1980: Entwurf zur Besiedlungsgeschichte der westlichen Beltringharde (Nordstrand) (1350-1500). Die Heimat. Zeitschrift für Natur- und Landeskunde von Schleswig-Holstein und Hamburg. Heft 9, 1980, 274–276.

Panten, A. 1981: Entwurf zur Besiedlungsgeschichte der südlichen Lundenbergharde (1350-1500). Die Heimat. Zeitschrift für Natur- und Landeskunde von Schleswig-Holstein und Hamburg. Heft 2, 1981, 39–42.

Panten, A. 1983: Entwurf zur Besiedlungsgeschichte der Pellwormharde (1200-1551). Die Heimat. Zeitschrift für Natur- und Landeskunde von Schleswig-Holstein und Hamburg. Heft 6, 1983, 160–164.

Panten, A. 1989: 1000 Jahre Deichbau in Nordfriesland? In: H.-J. Kühn u. A. Panten, Der frühe Deichbau in Nordfriesland. Archäologisch-historische Untersuchungen (Bredstedt 1989) 63–127.

Panten, A. 1995: Die Nordfriesen im Mittelalter. In: Nordfriisk Instituut u. Stiftung Nordfriesland (Hrsg.), Geschichte Nordfrieslands (Heide 1995) 59–104.

Pappenheim, M. 1926: Die Siebenhardenbeliebung vom 17. Juni 1426. Festschrift zur Fünfhundertjahrfeier. Kunstgewerbemuseum (Flensburg 1926).

Peters, G. 1969/70: Norddeutsches Beginen- und Begardenwesen im Mittelalter. Niedersächsisches Jahrbuch für Landesgeschichte 41/41, 1969/70, 50–118.

Pichler, H. 1984: Italienische Vulkangebiete IV, Ätna, Sizilien. Sammlung geologischer Führer 76 (Stuttgart 1984).

Pichler, H. 1990: Italienische Vulkan-Gebiete I: Somma-Vesuv, Latium, Toskana. Sammlung geologischer Führer 51 (Berlin [2]1990).

Poulsen, B. u. Sørensen, A. 2003: Middelalderns Landbrug. In: Ethelberg u.a. 2003, 375–712.

Prange, Werner 1979: Zur Geschichte von Efkebüll (Nordfriesland) nach geologischen Untersuchungen. Zeitschrift der Gesellschaft für Schleswig-Holsteinische Geschichte 104, 1979, 21–48.

Prange, Werner 1982: Eine Berechnung der mittelalterlichen Salzproduktion in Nordfriesland. Die Heimat. Zeitschrift für Natur- und Landeskunde von Schleswig-Holstein und Hamburg. Heft 9, 1982, 296–302.

Prange, Werner 1986: Die Bedeichungsgeschichte der Marschen in Schleswig-Holstein. Probleme der Küstenforschung 16, 1986, 1–53.

Prange, Wolfgang 1960: Siedlungsgeschichte des Landes Lauenburg im Mittelalter.

Quellen zur Forschung und Geschichte Schleswig-Holsteins 41 (Neumünster 1960).

Prange, Wolfgang 1976: Flur und Hufe in Holstein am Rande des Altsiedellandes. Zeitschrift für Schleswig-Holsteinische Geschichte 101, 1976, 9-72.

Prange, Wolfgang 1983: Die Entwicklung der adeligen Eigenwirtschaft in Schleswig-Holstein. In: H. Patze (Hrsg.), Die Grundherrschaft im späten Mittelalter (Sigmaringen 1983) 519–554.

Prühs, E.-G. 1994: Geschichte der Stadt Eutin. Mit einem Beitrag von K. Langenfeld (Eutin 1994).

Rasmussen, J. N. 1984: Das Franziskanerkloster in Flensburg und die Ordensprovinz „Dacia" um 1500. In: Flensburg 700 Jahre Stadt – eine Festschrift, Bd. 1: Flensburg in der Geschichte. Schriften der Gesellschaft für Flensburger Stadtgeschichte 36/1 (Flensburg 1984) 85–104.

Ratke, Chr. 1995: Die Entwicklung der Stadt Schleswig. Funktionen, Strukturen und die Anfänge der Gemeindebildung. In: E. Hoffmann u. F. Lubowitz (Hrsg.), Die Stadt im westlichen Ostseeraum. Vorträge zur Stadtgründung und Stadterweiterung im Hohen Mittelalter. Kieler Werkstücke Reihe A: Beiträge zur schleswig-holsteinischen und skandinavischen Geschichte 14, Teil 1 u. 2 (Frankfurt a.M. – Berlin – New York – Paris – Wien 1995) 47–91.

Ratke, Chr. u. Körber, W. (Hrsg.) 1984: 850 Jahre St.-Petri-Dom zu Schleswig 1134-1984. Schriften Verein für Schleswig-Holsteinische Kirchengeschichte 33 (Schleswig 1984).

Rauterberg, C. 1978: Der Kirchenbau des Mittelalters in Schleswig-Holstein. Schleswig-Holsteinische Kirchengeschichte 2 (Neumünster 1978) 71–135.

Reichstein, J. 1981: Leckhus – Zur Lage der mittelalterlichen Turmhügelburg in Leck. Die Heimat. Zeitschrift für Natur- und Landeskunde von Schleswig-Holstein und Hamburg. Heft 1, 1981, 24–31.

Reiß, S., Arnold, V., Bork, H.-R., Kelm, R. u. Meier, D. 2006: Landschaftsgeschichte Dithmarschens. Man and Environment II (Kiel 2006).

Riis, Th. 1980: Juridical and social problems of Danish medieval towns. Storia dela città 14, 1980, 117–124.

Riis, Th. 1981: The typology of Danish medieval towns. Storia dela città 18, 1981, 117–136.

Riis, Th. 2001: Vom Land „synnan aa" bis zum Herzogtum Schleswig. In: K. Düwel, E. Marold, Chr. Zimmermann, Von Thorsberg nach Schleswig, Sprache und Schriftlichkeit eines Grenzgebietes im Wandel eines Jahrtausends (Berlin–New York 2001) 53–60.

Riis, Th. 2003: Up ewig ungedeelt. Ein Schlagwort und sein Hintergrund. In: Th. Stamm-Kuhlmann (Hrsg.): Geschichtsbilder. Historische Mitteilungen Beiheft 47, Festschrift für Michael Salewski zum 65. Geburtstag (Stuttgart 2003) 158–167.

Riis, Th. 2009: Wirtschafts- und Sozialgeschichte Schleswig-Holsteins. Leben und Arbeiten vor 1800. Geist und Wissen 2 (Kiel 2009).

Röschmann, J. 1963: Vorgeschichte des Kreises Flensburg (Neumünster 1963).

Rösener, W. 1985: Bauern im Mittelalter (München 1985).

Rösener, W. 2005: Leben auf dem Lande und bäuerlicher Alltag. Aspekte der Veränderung bäuerlicher Lebensverhältnisse im Hochmittelalter. In: Gesellschaft für staufische Geschichte e. V. (Hrsg.), Leben auf dem Lande und bäuerlicher Alltag. Aspekte der Veränderung bäuerlicher Lebensverhältnisse im Mittelalter (Göppingen 2005) 59–84.

Rohde, H. 1984: Das Fehmarnhaus und sein Dorf (Neumünster 1984).

Rosenbohm, R. 1957: Die Kolonisation in Mittelstormarn. Zeitschrift der Gesellschaft für Schleswig-Holsteinische Geschichte 81, 1957, 11–30.

Rothert, H.-F. 1970: Die Anfänge der Stadt Oldenburg, Neustadt und Heiligenhafen. Quellen zur Forschung und Geschichte Schleswig-Holsteins 59 (Neumünster 1970).

Rothert, H.-F. 1988: Über die Anfänge Plöns. Zeitschrift der Gesellschaft für Schleswig-Holsteinische Geschichte 113, 1988, 33–45.

Rudloff, D. 1955: Die Beziehungen des Klosters Preetz zur Hansestadt Lübeck. Der Wagen 1955, 60–67.

Sauermann, E. 1939: Die Kunstdenkmäler der Provinz Schleswig-Holstein. Bde. 1–4 (Neumünster 1939 ff.).

Schadendorf, W. 1985: Das Holstentor (Lübeck ²1985).

Schalies, I. 1992: Archäologische Untersuchungen zum Hafen Lübecks. Befunde und Funde der Grabung An der Untertrave/Kaimauer. Lübecker Schriften zur Archäologie und Kulturgeschichte 18, 1992, 305–344.

Scheftel, M. 1988: Gänge, Buden und Wohnkeller in Lübeck. Bau- und sozialgeschichtliche Untersuchungen zu den Wohnungen der ärmeren Bürger und Einwohner einer Großstadt des späten Mittelalters und der frühen Neuzeit. Häuser und Höfe in Lübeck 2 (Neumünster 1988).

Schildt, B. 2008: Flurzwang. In: A. Cordes, H. Lück, D. Werkmüller u. R. Schmidt-Wiegand (Hrsg.), Handwörterbuch zur deutschen Rechtsgeschichte Bd. I (2. völlig überarbeitete und erweiterte Auflage, Berlin 2008) Sp. 1604–1605.

Schindler, R. 1956: Hamburgs Frühzeit im Lichte der Ausgrabungen. Zeitschrift für Schleswig-Holsteinische Geschichte 43, 1956, 49–72.

Schmidt, H. 1996: Om rekonstruktion af stavkirken fra Hørning. In: E. Roesdahl u. P. Meulengracht Sørensen (Hrsg.), Beretning fra femtende tværfaglige vikingersymposium (Høbjerg 1996) 56–64.

Schmidt-Eppendorf, P. 1977: Sylt, Memoiren einer Insel: Dokumente, Chroniken, Berichte aus 1001 Jahren (Husum 1977).

Schneider, A. 1986: Lexikale Übersicht der Männerklöster der Cistercienser im deutschen Sprach- und Kulturraum. In: A. Schneider, A. Wienand, W. Bickel u. E. Coester, Ernst (Hrsg.), Die Cistercienser, Geschichte – Geist – Kunst (Köln ³1986).

Schreg, R. 2012: Die Krisen des späten Mittelalters. Perspektiven, Potentiale und Probleme archäologischer Krisenforschung. In: Daim u.a. 2012, 1997-213.

Schröder, H. 1999: Bauernhäuser, Bauernhöfe mit ihren Bergeräumen in Norddeutschland, Jütland und den Niederlanden. Bau- und Gefügegeschichte bäuerlicher Hauptwirtschaftsgebäude aus dem Bereich des Hallenhauses, archäologische Funde und Parallelen zu anderen frühen Holzkonstruktionen (Frankfurt 1999).

Schulze, K. L. 1992: Der Meldorfer Dom (Heide 1992).

Schütt, H.-F. 1958: Flensburger Stadtrecht. Eine Untersuchung zum Flensburger Stadtrecht vom 13. Jahrhundert bis zum Beginn des 17. Jahrhunderts (Flensburg 1958).

Schütt, H.-F. 1966: Flensburg im Mittelalter. In: Gesellschaft für Flensburger Stadtgeschichte (Hrsg. 1966), Flensburg. Geschichte einer Grenzstadt (Flensburg 1966) 17–74.

Schütt, H.-F. 1985: Apenrader Schrage und Apenrader Stadtrecht. Schriften der Heimatkundlichen Arbeitsgemeinschaft in Nordschleswig 52, 1985, 23–31.

Schütt, H.-F. 1992: Zum Haderslebener Stadtrecht von 1292. Heimatkundliche Arbeitsgemeinschaft für Nordschleswig 65/66, 1992, 5–28.

Schütt, H.-F. 1993: Zur Verleihung des Tonderner Stadtrechts. Heimatkundliche Arbeitsgemeinschaft für Nordschleswig 67/68, 1993, 17–44.

Schütt, H.-F. 2002: Der Name der Duburg. Die Heimat. Zeitschrift für Natur- und Landeskunde von Schleswig-Holstein und Hamburg. Heft 9/10, 2002, 154–155.

Schwind, F. 1977: Beobachtungen zur inneren Struktur des Dorfes in karolingischer Zeit. In: H. Jankuhn (Hrsg.), Das Dorf der Eisenzeit. Siedlungswirtschaftliche Funktion – soziale Struktur. Abhandlungen der Akademie der Wissenschaften in Göttingen, Phil.-Hist. 3, 101 (Göttingen 1977) 444–493.

von See, K. 1960: Das Jütsche Recht. Aus dem Altdänischen übersetzt und erläutert von Klaus von See (Weimar 1960).

Seegrün, W. 1977: Adalbert von Hamburg-Bremen. Theologische Realenzyklopädie 1 (Berlin–New York 1977).

Siemen, L. 1940: Die schleswig-holsteinischen Frauenklöster in ihrer geschichtlichen Entwicklung und geistigen Struktur (Kiel 1940).

Siemonsen, H. 1984: Bad Segeberg in neun Jahrhunderten (Bad Segeberg 1984).

Sirocko, F. u. David, K. 2012: Das mittelalterliche Wärmeoptimum (1150–1260 AD) und der Beginn der Kleinen Eiszeit (nach 1310 AD) mit ihren kulturhistorischen Entwicklungen. In: Daim u.a. 2012, 243–253.

Skovgaard-Petersen, I., Christensen, A. E. u. Paludan, H. 1977: Danmarks historie. Bd. 1 Tiden intil 1340 (København 1977).

Šmahel, F. 2002: Die Hussitische Revolution I-III. Monumentae Germaniae Historica 43/I-III (Hannover 2002).

Sørensen, A. B. 2008: Der frühmittelalterliche Hof in Nordschleswig. Zur Gehöftstruktur im 11. und 12. Jahrhundert, beleuchtet in archäologischen Quellen. In: Dragsbo 2008, 150-158.

Sparr, H.-P. 1997: Der Kalkberg. Naturdenkmal und Wahrzeichen der Stadt Bad Segeberg (Hamburg, 1997).

Sudhoff, K. 1909-1925: Pestschrifen aus den ersten 150 Jahren nach der Epedimie des Schwarzen Todes 1348. Sudhoffs Archiv 16 (1925).

Stadt Oldenburg (Hrsg.)1985: 750 Jahre Stadtrecht (Oldenburg/Holstein 1985).

Stange, A. 1940: Der Schleswiger Dom und seine Wandmalereien (Berlin 1940).

Stender, F. u. Freytag, H.-J. 1986: Geschichte der Stadt Plön. 1000 Jahre Plön. 750 Jahre lübisches Stadtrecht (Plön 1986)

Stocks, Chr. u. Schütz, B. 1975: Preetz. Evangelisches Adeliges Kloster, Ehemaliges Benediktinerinnenkloster Campus Beatae Mariae. Kunstführer Nr. 1030 (Regensburg 1975).

Stoob, H. 1951: Die dithmarsischen Geschlechterverbände. Grundfragen der Siedlungs- und Rechtsgeschichte in den Nordseemarschen (Heide 1951).

Stoob, H. 1953: Dithmarschens Kirchspiele im Mittelalter. Zeitschrift der Gesellschaft für Schleswig-Holsteinische Geschichte 77, 1953, 97–140.

Stoob, H. 1959: Geschichte Dithmarschens im Regentenzeitalter (Heide 1959).

Stoob, H. 1964: Landausbau und Gemeindebildung an der Nordseeküste im Mittelalter. Vorträge u. Forschungen VII. Die Anfänge der Landesgemeinde und ihr Wesen (Konstanz–Stuttgart 1964).

Stoob, H. 1965: Meldorf als Landesvorort Dithmarschens in staufischer Zeit. In: A. Kamphausen, N. R. Nissen u. W. Rietz (Hrsg.), 700 Jahre Meldorf (Heide 1965) 41–58.

Stoob, H. 1984: Lübeck. Deutscher Städteatlas. Lieferung III, Nr. 6 (Altenbecken 1984).

Struve, K-W. 1981: Die Burgen in Schleswig-Holstein. Bd. 1 Die slawischen Burgen (Neumünster 1981).

Stüdtje, J. 1970: Die Kirche in Munkbrarup. Jahrbuch des Angler Heimatvereins 34. Jg. (Schleswig 1970) 3–55.

Stümpel, H. 2002: Früh- bis spätmittelalterliche Keramik aus dem südlichen nordfriesischen Marschengebiet und Wattenmeer. Norderhever-Projekt 2. Offa-Bücher 81, Studien Küstenarchäologie Schleswig-Holsteins Ser. C. (Neumünster 2002).

Teuchert, W. 1997: Der Dom in Schleswig (Königstein i.Ts. 1997).

Thomsen, U. 1984: Tønders historie i hovedtræk (Tønder 1984).

Thordason, T. u. Hoskuldsson, A. 2002: Classic Geology in Europe 3 (Harpenden 2002).

von Trotha, I. (Hrsg.) 1995: 800 Jahre Hauptkirche St. Nikolai. Festschrift (Hamburg 1995).

Unverhau, H. 1985: Die Entstehung und frühe Stadtentwicklung der Stadt Segeberg. Jahrbuch Segeberg 1985, 25–40.

Unverhau, H. 1990: Die Anfänge der Stadt Eckernförde. Zeitschrift der Gesellschaft für Schleswig-Holsteinische Geschichte 115, 1990, 9–44.

Vogel 1989: Schleswig im Mittelalter. Archäologie einer Stadt (Neumünster 1989).

Voigt, H. 1958: Die Einwanderung des holsteinischen Adels in das Herzogtum Schleswig und Königreich Dänemark bis zum Jahre 1375. Zeitschrift der Gesellschaft für Schleswig-Holsteinische Geschichte 82, 1952, 51–138.

Waschinski, E. 1961: Seit wann ist Rendsburg eine Stadt? Zeitschrift der Gesellschaft für Schleswig-Holsteinische Geschichte 87, 1962, 71–90.

Waterbolk, H.-T. 1996: Gefügemuster der bäuerlichen Kulturlandschaft in den nördlichen Niederlanden. Siedlungsforschung. Archäologie – Geschichte – Geographie 14, 1996, 47-94.

Weidner, M. 2002: Der Bischofsturm. In: Busch 2002a, 66-74.

Weimar, W. 1951: Der Aufbau der Pfarrorganisation im Bistum Lübeck während des Mittelalters. Zeitschrift der Gesellschaft für Schleswig-Holsteinische Geschichte 74/75, 1951, 95–243.

Wendt, A. 2000: Schloss Gottorf. Burgen, Schlösser und Wehrbauten in Mitteleuropa 5 (Regensburg 2000).

Wentzel, H. 1937: Der Hochaltar von Cismar (Lübeck 1937).

Wiethold, J. 1998: Studien zur jüngeren postglazialen Vegetations- und Siedlungsgeschichte im östlichen Schleswig-Holstein. Universitätsforschungen zur Prähistorischen Archäologie 45 (Bonn 1998).

Wilde, L. 2001: Kunstdenkmäler in Schleswig-Holstein. Bd 2: Stadt Flensburg (Neumünster 2001).

Willerding, U. 1985: Landwirtschaftliche Produktionsstrukturen im Mittelalter. In: B. Herrmann (Hrsg.), Mensch und Umwelt im Mittelalter (München 1985) 239–251.

Willert, H. 1986: Graf Reinold von Dithmarschen – Überlegungen und Anmerkungen zur nordelbingischen Politik Heinichs des Löwen. Zeitschrift der Gesellschaft für Schleswig-Holsteinische Geschichte 111, 1986, 19–38.

Willert, H. 1990: Anfänge und frühe Entwicklung der Städte Kiel, Oldesloe und Plön. Quellen zur Forschung und Geschichte Schleswig-Holsteins (Neumünster 1990).

Willert, H. 1992: Umrisse der frühen Entwicklung Lütjenburgs. Zeitschrift der Gesellschaft für Schleswig-Holsteinische Geschichte 117, 1992, 73–99.

Willert, H. 1995: Die Städtegründungen in Holstein im 13. Jahrhundert. In: E. Hoffmann u. F. Lubowitz (Hrsg.), Die Stadt im westlichen Ostseeraum. Vorträge zur Stadtgründung und Stadterweiterung im Mittelalter. Kieler Werkstücke, Reihe A, Bd. 14 (Mainz 1995) 109–132.

Wilson, D. M. 1985: Der Teppich von Bayeux (Reprint von 1985, Köln 2003).

Windmann, H. 1954: Schleswig als Territorium. Quellen zur Forschung und Geschichte Schleswig-Holsteins 30 (Neumünster 1954).

Witt, J. M. (Hrsg.) 2006: Eckernförde – Geschichte einer Hafen- und Marinestadt (Hamburg 2006).

Witte, F. 2003: Archäologie in Flensburg. Ausgrabungen am Franziskanerkloster. Schriften der Gesellschaft für Flensburger Stadtgeschichte 57 (Flensburg 2003).

Wohlenberg, E. 1989: Die Lundenbergharde. Eine historische küsten- und deichbaugeschichtliche Monographie aufgrund neuer Grabungen im nordfriesischen Wattenmeer (1962 bis 1977) nebst Freilegung eines doppelten Stackdeiches und Öffnung eines historischen Nüstersieles, beides vor Ort beim „Halbmond" im Seedeich Südermarsch – Lundenberg bei Husum. Die Küste, Heft 48, 1989, 1–119.

Zimmermann, H. 1991: Die früh- bis hochmittelalterliche Wüstung Dalem, Gem. Langen-Neuenwalde, Kr. Cuxhaven. Archäologische Untersuchungen in einem Dorf des 7.–14. Jahrhunderts. In: Böhme 1991, 37–46.

Zimmermann, H. 1978: Haus, Hof und Siedlungsstruktur auf der Geest vom Neolithikum bis in das Mittelalter. In: H.-E. Dannenberg u. H.-J. Schulze, Geschichte des Landes zwischen Elbe und Weser. Bd. I Vor- und Frühgeschichte (Stade 1995) 251–288.

Zeitler, R. 1978: Reclams Kunstführer Dänemark (Stuttgart 1978) 262–265.

Anmerkungen

1 Allg. zu den struktuelen Veränderungen im Hochmittelalter u.a.: Borgolte 2002.
2 Zitiert nach Rösener 2005, 59.
3 Zitiert nach Meier 2003a, 22.
4 Haverkamp 1984, 37, 38; Rösener 1985, 41.
5 Zu den Schriftquellen des deutschen Mittelalters siehe: http://www.repfont.badw.de/C.pdf; zu den digitalen Versionen der Monumenta Germania Historica: http://www.dmgh.de
6 Bei den Ikunablen handelt es sich um mit beweglichen Lettern gedruckte Schriften zwischen 1454–1500. Die Bordesholmer Inkunabeln wurden nach einigen kleineren Arbeiten aus der Frühzeit der Bibliothek der Universität Kiel erstmals 1850 vom Bibliothekar Merzdorf in seinen "Bibliothekarischen Unterhaltungen" veröffentlicht. 1862 und 1863 folgten dann Repertorien. 1884 publizierten E. Steffenhagen und A. Wetzel ihre Auswertung der älteren Bibliothekskataloge. 1926 legte E. Joergensen dann einen Katalog zu den Kopenhagener Handschriften vor, und 1989 erschien S. Krämers "Handschriftenerbe des deutschen Mittelalters", das auch die Bordesholmer Codices aufführt.
7 Zu den digitalen Editionen siehe: http://www.dmgh.de; ansonsten: www.dmgh.de
8 Diese mehrbändige Sammlung wird vom Landesarchiv Schleswig-Holstein in Zusammenarbeit mit der Gesellschaft für Schleswig-Holsteinische Geschichte herausgegeben. Das Mittelalter behandeln dabei die Bde. 1–10, die letzten drei fassen Urkunden des Klosters Itztehoe, der Herrschaft Breitenburg und des Klosters Ahrensbök zusammen. Zu SHRU siehe: http://www.geschichte-s-h.de/gshg/SHRU.htm
9 Zur mittelalterlichen Literatur im Internet: http://texte.mediaevum.de/index.htm; http://www.geschichtsquellen.de/index.html; http://opac.regesta-imperii.de/ 10 Hägermann 1999, Sp. 1286-1289.
11 Die Einführung lautet in der Übersetzung: Mit dem Gesetz soll das Land gebaut werden. Doch würde jedermann sich mit seinem eigenen begnügen und Männern dasselbe Recht zugestehen, dann hätte man für kein Gesetz Bedürfnis. Aber kein Gesetz ist gleich gut zu folgen wie Wahrheit; wo man um die Wahrheit zweifelt, da soll das Gesetz herausfinden, was recht ist. Die digitale Internetversion der königlichen Bibliothek Kopenhagen: http://www.kb.dk/permalink/2006/manus/41/
12 Ebel 1993.
13 Internetversion der Herzog August Bibliothek in Wolfenbüttel: http://www.sachsenspiegel-online.de/cms/
14 Ebel 1971.
15 Zu den Ortsnamen in Schleswig-Holstein: Laur 1992.
16 Zur Archäologie des Mittelalters und Stadtarchäologie grundlegend: Fehring 1990, 605-611; 2000.
17 Zur Stadtarchäologie in Lübeck zusammenfassend u.a.: Fehring 1994, 129-180. Zu Einzelbefunden und Funden siehe Zeitschrift: Lübecker Schriften zur Archäologie und Kulturgeschichte.
18 Zur Stadtarchäologie Schleswigs im Überblick: Vogel 1989. Zu Einzelbefunden und Funden siehe Zeitschrift: Ausgrabungen in Schleswig. Berichte und Studien.
19 Meier u.a. 2001a/b; 2006, 2007a/b, 94–109; 2012; Müller-Wille u.a. 1988.
20 Zur maritimen Archäologie an Nord- und Ostsee ausführlich: Meier 2009.
21 Wiethold 1998, 45-197.
22 Wiethold 1998, 158.
23 Wiethold 1998, 198-226.
24 Reiß u.a. 2006.
25 Meier 2003a, 22-28.
26 Zu den Sturmfluten und Landschaftsveränderungen an der Nordsee: Meier 2007a, 119-150; 2012.
27 Zur Klimaentwicklung in Mitteleuropa siehe: Glaser 2008; Glaser u.a. 2012, 51-66.
28 Zum Klimaoptimum siehe: Lamb 1989; Sirokko u. David 2012, 243-253.
29 Glaser 2008; Sirocko u. David 2012, 243.
30 Appel 1857, 27.
31 Jankrift 2003, 122-124.
32 http://www.volcano.si.edu/world/
33 Thordason u. Hoskuldsson 2002, 103-106; siehe auch: http://www.earthice.hi.is/page/iesmysurv
34 http://www.volcano.si.edu/world/volcano.cfm?vnum=1005-06-
35 Pichler 1984.
36 Chronica di Falcone Beneventano, in: Giuseppe del Re, Cronisti e scrittori sincroni napoletani, Vol. 1, Neapel 1845, S. 244.
37 Abatino 2002; Pichler 1990.
38 Sigurdur Thorarinsson, Hekla, A Notorious Volcano. Almenna bókafélagið, Reykjavík 1970, S. 39-58.

39 Eine Untersuchung von Dr. Kevin Pang vom Jet Propulsion Laboratory (http://www.jpl.nasa.gov) fand Indizien in Baumringen, Eisbohrkernen sowie historischen Berichten aus Europa (Konstantinopel) und China (Ming Dynastie). Siehe auch: Chaochao Gao, Alan Robock, Stephen Self, Jeffrey B. Witter, J. P. Steffenson, Henrik Brink Clausen, Marie-Louise Siggaard-Andersen, Sigfus Johnsen, Paul A. Mayewski and Caspar Ammann, The 1452 or 1453 A.D. Kuwae Eruption Signal Derived from Multiple Ice Core Records: Greatest Volcanic Sulfate Event of the Past 700 Years: http://climate.envsci.rutgers.edu/pdf/Kuwae27.pdf
40 Sirocko u. David 2012, 245-247.
41 Kühr 2002; siehe auch: http://verdi.unisg.ch/www/edis.nsf/wwwDisplayIdentifier/2656/$FILE/dis2656.pdf
42 Cazelles u. Rathofer 1996.
43 J. Prelog, Annales Altahenses. Lexikon des Mittelalters, Bd. 1, München-Zürich 1980, Sp. 661f.
44 Annales Augustani, 123-133.
45 Allg. zur Klimaentwicklung: Glaser 2008; Glaser u.a. 2012, 51-66; Lamb 1989.
46 Bork 2006; Bork u.a. 2012, 231-242.
47 Meier 2007a, 119-150; 2012.
48 Šmahel 2002.
49 Meier 2012.
50 Barros 1998, 281-310.
51 Hammel-Kiesow u. Pelc 1996, 59-61; Lammers 1981, 229 ff.
52 Lammers 1981, 234-237.
53 Lange 1974, 10-38. Zur neuen Burg in Hamburg siehe: Adam von Bremen, Hamburger Bischofsgeschichte, II, 70.
54 Zum Volksadel in Nordelbien und Dänemark: Hoffmann, E. 1975, 9-31.
55 Zur Grundlage der Landesherrschaft der Schauenburger in Holstein siehe: Lange 1974, 9-93; 1975, 83-160.
56 Lammers 1981, 237-251. Zur Geschichte Alt Lübecks siehe: Meier 2011, 203-209.
57 Die Paderborner Annalen nennen die Summe von 4.000 Mark Silber.
58 Zur Nord- und Ostpoltik Lothars III.: Hildebrand 1986; Lammers 1981, 280-286.
59 Hammel-Kiesow u. Pelc 1996, 61-64; Lammers 1981, 277.
60 Zu Vizelin siehe: Jürgensmeier 1997; Lammers 1981, 263-280. Zu Neumünster: Bünz 1987, 27-122.
61 Jordan 1951, 59-94.
62 Lammers 1981, 287-292.
63 Zu Etheler siehe: Lammers 1981, 326-329.
64 Helmold von Bosau, Chronica Slavorum, I, 56.
65 Zu Heinrich dem Löwen siehe: Ehlers 1997; 2008; Jordan 1996, 25 ff.
66 Lammers 1981, 292-293.
67 Helmold von Bosau, Chronica Slavorum, I, 46.
68 Ehlers 1997; 2008; Jordan 1979, 76 ff.
69 Herrmann 2011; Lange 1974, 26-27.
70 Zu Waldemar I. siehe: Christensen 1977, 328-355.
71 Lammers 1981, 352.
72 Helmold, Chronica Slavorum, II, 103.
73 Jordan 1996, 187 ff.; Lammers 1981, 370-373.
74 Jordan 1996, 214 ff.
75 Jordan 1996, 221 ff.; Lammers 1981, 358-359.
76 Lammers 1981, 374-378; Zur Grafschaft Holstein unter dänischer Herrschaft: Lange 1974, 74-93.
77 Zu den Waldemaren siehe: Christensen 1977, 328-399.
78 Lange (1974, 34-36) ging hingegen mit Hinweis auf die bei Helmold und Saxo Grammaticus nicht erwähnte Burg Rendsburg davon aus, dass zur Zeit Adolfs II. noch keine Burg in Rendsburg bestand und die Eider einen ausreichenden Schutz bot. Allenfalls einige Mannen könnten hier postiert gewesen sein. Zu Rendsburg siehe auch: Waschinski 1962, 71-90.
79 Lammers 1981, 378-387.
80 Lammers 1981, 387-392; Lange 1974, 76-93.
81 Christensen 1977, 373-400.
82 Lammers 1981, 393-401 mit Diskussion der Quellenangaben zur Schlacht.
83 Hoffmann, E, 1981a, 1-12; Lange 1975, 83-160.
84 Hoffmann, E. 1981a, 9-12; zu Abel siehe auch: Albrectsen 2008, 52-71.
85 Hoffmann, E, 1981a, 12-20.
86 Hoffmann, E. 1981a, 20-27.
87 Hoffmann, E. 1981a, 33-42.
88 Dies berichten die Historia archiepiscoporum Bremensium (21-22), die Annales Lubincenses (1306, 419-420), die Chroniken der deutschen Städte und die Detmar Chronik.
89 Schleswig-Holsteinische Regesten und Urkunden, SHRU 3, Nr. 287
90 Dipl. Dan. 2 R 7, Nr. 295
91 Zu Gerhard III. siehe: Hoffmann, E. 1977/78, 9 ff.; 1981, 66 ff.; 1981, 66-76.
92 Hoffmann, E. 1977/78, 14-18.
93 Lübecker Ratschronik 1, 370; Urkundenbuch des Landes Dithmarschen, S. 18; Hanssen u. Wolf 1833, 256; Als die feindlichen Parteien sich auf dem Schlachtfeld, dem Krumstedter Vierth, gegenüberstanden, sahen einige Holsteiner Kämpfer welche in den vordersten Reihen standen, einen Hasen. Die Holsteiner erhoben ein nicht ernstgemeintes Jagdgeschrei, welches die weiter hinten stehenden als Zeichen zur Flucht deuteten. So entstand in den Reihen der Holsteiner eine Verwirrung, wel-

che die Dithmarscher ausnutzten und so die Schlacht zu ihren Gunsten entschieden.
94 Chronicion Mecklenburgicum, Spalte 815.
95 Chronicion Mecklenburgicum, Spalte 815.
96 Zum Feldzug Gerhards III. nach Dithmarschen siehe: Hoffmann, E. 1977/78, 9-47; Meier 2008, 2-9.
97 *Sed quidam animati, considerantes hostes per artas vias interasse, obsederunt loca sui exitus. Cumque hostes per directum acclerarent ad effugiendam terram, invenerunt fossatorum obstacula; in quibus corruentes armati cum equis, ab inermibus Ditmarcis maior pars exercitus est occisia cum nobilibus de Wunstorpe et de Gutzcowe comitibus* … Annales Lubicenses 1319, 427.
98 Zu den ungenaueren Quellen gehören: Presbyter Bremensis Kap. XVIII, 51-52 sowie die Dithmarscher Chroniken von Russe, Schröder und Neocorus.
99 Siehe auch: Hanssen u. Wolf 1833, 259 ff.;
100 Hoffmann, E. 1977/78, 22-24.
101 Hoffmann, E. 1977/78, 26-41; Windmann 1954, 124.
102 Hoffmann, E. 1977/78, 41-47.
103 Neocorus, Chronik des Landes Dithmarschen, 262 ff.
104 Hoffmann, E. 1986, 261-274.
105 Hoffmann, E. 1981a, 77-99.
106 Zu den Namen siehe: Hoffmann, E. 1981a, 89; zu Adel und Landesausbau: Lange 1975, 101-106.
107 Hammel-Kiesow u. Pelc 1996, 92.
108 Hammel-Kiesow u. Pelc 1996, 92.
109 Hoffmann, E. 1986, 332-352.
110 Lange 1974, 34-39. Die Errichtung einer Burg in Rendsburg sah Lange als unsicher an.
111 Meyn 1968, 17-48.
112 Hoffmann, E. 1981, 82-87; Lange 1974, 32-42; March 1974, 95-139.
113 Meyn 1968, 17-48.
114 Zu den archäologischen Untersuchungen siehe: Ericsson 1981; 1983.
115 Die Ausgrabungen von 2000–2004 leitete J. Kühl, Archäologisches Landesamt Schleswig-Holstein.
116 Hoffmann, E. 1981a, 91-92.
117 Fink 1958, 24; Windmann 1954, 19 ff.
118 *Ratibor, der Führer der Sclaven, ward von den Dänen erschlagen. Dieser Ratibor war ein Christ, ein Mann von großer Macht unter den Barbaren. Denn er hatte acht Söhne, Fürsten der Sclaven, die alle von den Dänen getödtet wurden, als sie ihren Vater zu rächen suchten. Seinen Tod zu rächen, kamen alsbald die Winuler mit Heeresmacht und drangen sengend und brennend bis Ripen vor. Da landete gerade König Magnus, von Nordmannien [Norwegen] zurückkommend, in Heidiba. Er zog sofort die Streitmassen der Dänen von allen Seiten zusammen, und fing die aus Danien heimkehrenden Heiden auf dem Felde bei Heidiba auf. Dort sollen funfzehn Tausend derselben erschlagen sein, und Frieden und Freude wurden den Christen zu Theil und währten, so lange Magnus regierte.* Adam von Bremen, Hamburger Kirchengeschichte, II, 75
119 Fink 1958, 25.
120 Windmann 1954, 46; von See 1960; Digitaledition des Jütischen Rechts: http://www.kb.dk/permalink/2006/manus/41/
121 Riis 2001, 56; Windmann 1954, 26.
122 Die Tabula Ringstandensis (Scr. min. hist. Dan., Bd. II, 83) ist zwar erst zu Beginn des 15. Jahrhunderts abgefasst, geht aber auf eine ältere Inschrift zurück.
123 Lammers 1981, 237, 251; Windmann 1954, 19 ff. mit Erläuterung der Geschichte des Jarlamtes.
124 Seeländer Chronik: Scr. min. hist. Dan. II, 33; Windmann 1954, 31.
125 Siehe hierzu auch: Windmann 1954, 40-42. Die Titelbezeichnung Knuds in den Quellen ist durchaus verschieden, einige nennen gar keinen Titel, andere rex Slavorum oder dux. Sie dazu: Windmann 1954, 43-44.
126 Zur Knýtlinga saga siehe: Heller 1967.
127 Lammers 1981, 249-260; Windmann 1954, 49.
128 Fink 1958, 27.
129 Windmann 1954, 50 ff.
130 Helmold, Chronica Slavorum, I, 67; Lammers 1981, 326-329.
131 Zum Danewerk siehe: Meier 2011, 133-137 mit weiterer Literatur.
132 Windmann 1954, 54-59
133 Windmann 1954, 66-68
134 Windmann 1954, 68-73.
135 Windmann 1954, 59-65
136 Lammers 1981, 256-260.
137 Lammers 1981, 260-263; Windmann 1954, 73-78.
138 Windmann 1954, 78-81.
139 Windmann 1954, 76-78.
140 *Dominus rex habet inter Slae et Eydaer CCCC houae et XX.*
141 Poulsen u. Sørensen 2003, 403-406.
142 Riis 2001, 57. Dipl. Dan. I, 5, Nr. 48.
143 Lammers 1981, 393-401 mit Diskussion der ungenauen Quellenangaben der Schlacht.
144 Hoffmann, E. 1981a, 115-125; Windmann 1954, 106-130.
145 Hoffmann, E. 1981a, 12-20.
146 Hoffmann, E. 1981a, 20-27; Meier 2007, 93-94.
147 Hoffmann, E. 1981a, 22-33.
148 Hoffmann, E, 1981a, 116.
149 Hoffmann, E. 1981a, 49-56.
150 Fink 1958, 44, 45.
151 Hoffmann, E. 1981a, 66-76.

152 Hoffmann, E. 1981a, 56-65; Poulsen u. Sørensen 2003, 500, 501.
153 Windmann 1954, 122.
154 Windmann 1954, 124.
155 Hoffmann, E. 1977/78, 41-47; Windmann 1954, 125.
156 Hoffmann, E. 1974, 141-195
157 Fink 1958, 53-59.
158 Fink 1958, 57.
159 Poulsen. u. Sørensen 2003, 538-579.
160 Die Komplexität des Vertrages von Ripen und die sich daraus im 19. Jahrhundert entzündende nationale Diskussion kann hier nicht im einzelnen wiedergegeben werden. Zum Vertrag von Ripen siehe: Fink 1958, 61-62; Hoffmann, E. 1986, 275-289; Jahnke 2003,45-59; Riis 2003.
161 Paludan 1977, 435-436.
162 Zum Adel in Schleswig siehe: Hoffmann, E. 1981a, 125-136; Poulsen. u. Sørensen. 2003, 424-433.
163 Poulsen u. Sørensen 2003, 522-555;Voigt 1958, 51-138.
164 Zu den Steuern siehe: Hoffmann, E. 1981a, 122.
165 Poulsen u. Sørensen 2003, 400; Reichstein 1981, 24-31. Die Reste der Burg wurden bei der Umleitung der Lecker Au 1953 durch K. H. Dittmann vom Archäologischen Landesamt untersucht.
166 Poulsen u. Sørensen 2003, 403-406.
167 Hoffmann, E. 1981a, 120, 121.
168 Windmann 1954, 146-149.
169 Poulsen u. Sørensen 2003, 506-512.
170 Poulsen u. Sørensen. 2003, 514-517.
171 Hoffmann, E. 1981a, 125-136; Paludan 1977, 434-435.
172 Fink 1958, 34; Poulsen u. Sørensen 2003, 424-433.
173 Zur Landbevölkerung siehe: Poulsen. u. Sørensen. 2003, 392-401, 422-433.
174 Poulsen. u. Sørensen. 2003, 394.
175 Poulsen. u. Sørensen. 2003, 428.
176 Jensen, S. 1991, 67.
177 Laur 2009; Poulsen. u. Sørensen. 2003, 430.
178 Siehe hierzu: Meier 2011, 181-182, 203-208.
179 Lammers 1972, 165-228; Seegrün 1977, 407-410.
180 Lammers 1972, 187, 188.
181 Siehe hierzu: Herrmann 2011; Lammers 1981, 321-326; Meier 2011, 184.
182 Zu Vizelin siehe: Jürgensmeier 1997; Lammers 1981, 263-280, 329-337.
183 Zu Bischof Gerold siehe: Lammers 1981, 337-347.
184 Zur Rolle der Kirche und Klöster in Schleswig-Holstein: Hammel-Kiesow u. Pelc 1996, 106-110; Hoffmann, E. 1981a, 92-94.
185 Zur Baugeschichte des Ratzeburger Doms: Müller, H.-J. 2002; zur Geschichte des Bistums: Kähler 1951, 244-275.
186 Zur Baugeschichte des Lübecker Doms: Baltzer u. Bruns 1920, 9-304.
187 Zur Baukunst in Schleswig-Holstein siehe ausführlich: Beseler 1966; 1969; 1985. Zum Kirchenbau des Mittelalters in Schleswig-Holstein: Gnekow 1994; Rauterberg 1978, 71-135.
188 Fink 1958, 37; Hoffmann, E. 1981a, 132-136; Poulsen. u. Sørensen. 2003, 411-424.
189 Windmann 1954, 99, 100.
190 Windmann 1954, 102.
191 Windmann 1954, 103-106.
192 Christensen 1977, 220-221; Fink 1958, 37.
193 Zur Baugeschichte des Doms: Teuchert 1997; Stange 1940, 28 ff.
194 Allgemein zur Kunst in den Kirchen u.a.: Appuhn 1979; zu Cismar: Wentzel 1937; zum Bordesholmer Altar: Appuhn 1983; Kähler 1981.
195 Stange 1940, 55 ff.
196 Hier hatte der Restaurator Albert Olbers 1894 in der Szene „Kindermord in Bethlehem" einen Tierfries mit Truthähnen ergänzt. Diese waren damals noch gar nicht in Europa bekannt. Prof. Fey sollte dann 1937 den Urzustand wiederherstellen. Nach Entfernungen der Malereien Olbers waren kaum noch Spuren von Malereien erhalten. Um einer Strafe wegen der Zerstörung nationalen Kulturgutes zu entgehen, begann Malskat mit der Erschaffung der frühgotischer Kunst nachempfundenen Malereien. Ein von ihm gemalter Truthahn, der ursprünglich aus Amerika stammt, wurde während des Nationalsozialismus oft dahingehend interpretiert, dass diese die Entdeckungsfahrten der Wikinger bewiesen. Alfred Stange (1940, 60) war sich bezüglich der Deutung nicht sicher und ließ die Frage offen. Vierzig Jahre später behauptete der Maler und Restaurator Lothar Malskat, die Truthähne seien echt, also von etwa 1300. Erst die maltechnische Untersuchung Kurt Wehlte von 1948 zeigte, dass es sich bei den Putern um Fälschungen von Malskat handelte.
197 Horskjær 1970, 19-49.
198 Poulsen u. Sørensen 2003, 415-416; Wendt 2000.
199 Poulsen u. Sørensen 2003, 417, 418. Die Ausgrabungen in Lustrup wurden unter Leitung von C. Feveile, Den Antikvariske Samling Ribe, durchgeführt.
200 Poulsen u. Sørensen 2003, 422.
201 Poulsen u. Sørensen 2003, 517-521.
202 Rösener 2005, 76.
203 Kähler 1951, 244-275; Prange, Wolfgang 1960; Weimar 1951, 95-243.

204 Zu den Dorfkirchen in Schleswig-Holstein siehe: Jonkanski u. Wilde 2000.
205 Brandt 2012.
206 Kramer 1985, 1-7.
207 Kramer (1985, 4) ging auch von einer Darstellung der Stifterfamilie aus, was aber weniger wahrscheinlich ist, da es nicht zum Kontext der anderen Plastiken passt.
208 Hirschfeld 1952, 21; Stüdtje 1970, 3–55.
209 Zu den Norschleswiger Kirchen: Moltke u.a. 1961; Poulsen u. Sørensen 2003, 411.
210 Kröll 1999, 421-479; Poulsen u. Sørensen 2003, 411-412.
211 Schmidt 1996, 56 – 64 u. Kröll 1999, 459 ff. mit weiteren Beispielen früher Holzkirchen.
212 Zu den Klöstern in Schleswig-Holstein: Freytag 1977, 147-202; Mehlhorn 2007; zu den Augustinerchorherrenstiften: Bünz 2002. Die Ausgrabungen des Archäologischen Landesamtes im Kloster Bordesholm sind leider nicht abschließend veröffentlicht. Es existiert nur eine lose Blattsammlung von W. Bauch.
213 Lammers 1981, 270-275.
214 Lammers 1981, 278.
215 Bünz 1987, 27-122. Zu den Schenkungen siehe: 71 ff., zur Grundherrschaft: 83 ff.
216 Zur Geschichte der Orden allg. siehe u.a.: Dinzelbacher u. Hogg 1997.
217 Zur Geschichte der Zisterzienser: Eberl 2000.
218 Hoffmann, E. 1981a, 94-99.
219 Grabowsky 1982; Koppe 1956, 29-66.
220 Fleischhauer 2004.
221 Fleischhauer 2004.
222 Lange 1974, 88, 89; 1975, 101-102; Rudloff 1955, 60-67; Stocks u. Schütz 1975.
223 Zu den Frauenklöstern in Schleswig-Holstein siehe: Siemen 1940.
224 Zu den Zisterzienserklöstern siehe allg. u.a.: Schneider 1986; zu den Klöstern des 12. Jahrhunderts in Dänemark siehe: Hill 1992.
225 Die Untersuchungen erfolgten in Kooperation durch das Archäologische Landesamt, das Institut für Geowissenschaften und die Stiftung Schloss Glücksburg in Kooperation mit dem Landesamt für Denkmalpflege; Poulsen u. Sørensen 2003, 417-418.
226 Zur Eigenwirtschaft der Zisterzienser: Nagel 2006.
227 Hoffmann, E. 1981a, 135.
228 Poulsen u. Sørensen 2003, 419-422; Schneider 1986, 672 ff.; Zeitler 1978, 262-265.
229 Zu Lübeck: Hauschild 1981, 105-128; zu den Klöstern in Dithmarschen: Hansen 1999, 563-569; zu den Bettelorden in Dänemark: Hill 1998, 175-206.
230 Zu den Beginen in Norddeutschland siehe: Peters1969/70, 50-118.
231 Zu Klerus und Frömmigkeit im spätmittelalterlichen Schleswig-Holstein siehe: Bünz u. Lorenzen-Schmidt 2006.
232 Haverkamp 1984, 38.
233 Haverkamp 1984, 156.
234 Haverkamp 1984, 157.
235 Zitiert nach Rösener 2005, 59, 60.
236 Rösener 1985, 198 ff.
237 Rösener 1985, 45-59; Schwind 1977, 444-493.
238 Beispiele archäologisch untersuchter Dörfer in Norddeutschland, Dänemark und den Niederlanden u.a. bei: Bergmann 1993; Böhme 1991; Meier 2003a, 44-70; Schröder 1999; Liebgott 1989; Sørensen 2008; Zimmermann 1991; 1995.
239 Luckhardt 1997.
240 Kemperdick 1997; Schröder 1999, 176.
241 Schröder 1999, 177 ff.
242 Schröder 1999, 177, 178.
243 Schröder 1999, 178, 179.
244 Rösener 1985, 61.
245 Rösener 1985, 55-56; Schildt 2008, 1604-1605.
246 Prange, Wolfgang 1976, 9-72.
247 Zur Entwicklung der Dreifelderwirtschaft: Abel 1978, 88; Rösener 1985, 128 ff.
248 Rösener 1985, 153.
249 Willerding, 1985, 239 – 251.
250 Rösener 1985, 140.
251 Rösener 1985, 141.
252 Rösener 1985, 119 ff.; Poulsen u. Sørensen 2003, 458-484.
253 Zum Sachsenpiegel: Eckert 1955, 124 (III, 51, 1); Ebel 1993.
254 Rösener 1985, 123.
255 Wilson 2003.
256 Rösener 1985, 126 mit weiterer Literatur.
257 Rösener 1985, 124.
258 Rösener 1985, 123.
259 Rösener 1985, 126 ff.
260 Knoblauch 1996, 52, 53.
261 Browne 2006.
262 Poulsen u. Sørensen 2003, 474.
263 Meier 2003a, 199-202.
264 Meier 2003a, 44, 45.
265 Zur Geschichte der Slawen siehe: Meier 2011, 169-215.
266 Zur Geschichte der Slawen in Ostholstein siehe: Meier 2011, 169-215; zum Ende der Slawen in Ostholstein: Hill 1995, 79-104; zum Landesausbau: Meier 2011, 211-215; Lammers 1981, 293-301; Lange 1974, 49-55, 63-68.
267 Hammel-Kiesow u. Pelc 1996, 69.
268 Zur Siedlungskammer Bosau siehe: Gebers u.a. 1977; Meier 2011, 185-188 mit weiterer Literatur.
269 Lammers 1981, 300, 301; Struve 1981, 54, 55.

270 Hammel-Kiesow u. Pelc 1996, 72-73.
271 Hammel-Kiesow u. Pelc 1996, 87-88; Hoffmann, E. 1986, 343.
272 Hammel-Kieswow u. Pelc 1996, 71; Lammers 1981, 308-310.
273 Lange 1975, 102-106.
274 Jordan 1996, 79.
275 Zu Lauenburg im Mittelalter siehe: Prange, Wolfgang 1960.
276 siehe hierzu: Hammel-Kiesow u. Pelc 1996, 65; Prange, Wolfgang 1960.
277 Hammel-Kiesow u. Pelc 1996, 73; Zur Besiedlung Lauenburgs im Mittelalter: Prange, Wolfgang 1960.
278 Lammers 1981, 305-308.
279 Harck 1983a, 40–44.
280 Harck 1988, 299-314.
281 Poulsen u. Sørensen 2003, 382-383.
282 Slawische Dörfer: Bannesdorf, Dänschendorf, Gahlendorf, Gammendorf-Siedendorf, Gollendorf, Hinrichsdorf, Klausdorf, Kopendorf, Lemkendorf, Meeschendorf, Puttgarden, Püttsee, Sahrensdorf, Schlagsdorf, Sulsdorf, Vitzdorf.
283 Rohde 1984.
284 Kolonistendörfer: Albertsdorf, Altjellingsdorf, Avendorf, Blieschendorf, Bojendorf, Gammendorf-Hohendorf, Mummendorf, Niendorf, Ostermarkelsdorf, Petersdorf, Sartjendorf, Teschendorf, Todendorf, Vadersdorf, Wenkendorf, Westermarkelsdorf und Wulfen. Presen und Staberdorf sind entweder Slawengründungen oder Kolonistendörfer. Landkirchen ist ein Kirchort ohne eigene Flur und entstand um die 1234 erstmals erwähnte Kirche herum.
285 Dorfwüstungen bzw. Dörfer mit unbekannter Lage: Todaenthorp, Dargenthorp, Taessenmaersthorp, Villa Christiani, Rataemaersthorp, Utaesthorp.
286 Hammel-Kiesow u. Pelc 1996, 75; Hoffmann, E. 1986, 343.
287 Lammers 1961, 10-13; Meier 2011, 88-93.
288 Lange 1975, 106-111; Rosenbohm 1957, 11-30.
289 Meier 2006, 114-117.
290 Lammers 1981, 297-298.
291 Lammers 1981, 310-313; Prange, Werner 1986, 4 ff.
292 Danker-Carstensen 2002.
293 Die Nennung von 1142 ist unsicher. Siehe: Bünz 1987, 97; Fischer 1957b, 42-64.
294 Fischer 1957b; Prange 1986, 6.
295 Degn u. Muuß 1968, 127.
296 Prange, Werner 1986, 6 ff.
297 Prange, Werner 1986, 6 ff.; Degn u. Muuß 1968, 123.
298 Hoffmann, E. 1986, 297 ff.; 304.
299 Jensen, W. 1933/34, 405-422.
300 Fischer 1957b, 75 ff.
301 Fischer 1957b, 51; Prange 1986, 8; Meyn 1966, 93-120.
302 Fischer 1957b, 80 ff.; Prange 1986, 6.
303 Degn u. Muuß 1965, 124; Muus u.a. 1973, 86.
304 Meier 1998a, 77-90; Meier 2001a/b; Meier 2011, 93-106..
305 Hofmeister 1979.
306 Stoob 1964, 393 ff. Die Ermordung des Grafen Rudolf auf der Bökelnburg dürfte weitgehend in den Bereich der Legende zu verweisen sein, da der frühmittelalterliche Ringwall nicht der Sitz des Grafen war.
307 Lammers 1953, 50.
308 Willert 1986, 19-38.
309 Gaasch 1952, 39-91; Stoob 1953, 97-140; 1964; Schulze 1992.
310 Arnold u. Kelm 2004, 65, 66.
311 Meier 2002, 4-13.
312 Stoob 1951; Lammers 1953, 52.
313 Nitz 1994, 248, 415.
314 Zur Bedeichungsgeschichte der Elbmarschen: Fischer 1957b; zur Bedeichungsgeschichte Dithmarschens: Fischer 1957a; Meier 2001a, 127 ff.
315 Stoob 1953, 115.
316 Meier 2003b, 277-291. Die aus den beiden Pfosten der Mittelreihe des Hauses entnommenen Proben weisen ein Alter von 970±65 BP (KI-4063) und von 980±45 BP (KI-4064) auf, was einem Kalenderalter von 990–1190 bzw. 980–1215 AD entspricht. Wie eine von H. Erlenkeuser, Leibniz Labor der Universität Kiel, durchgeführte Gewichtung der Altersfehler in den beiden Proben KI-4063 und KI-4064 andeutet, besteht eine hohe Wahrscheinlichkeit für das späte 11. und frühe 12. Jahrhundert, eine weitere, aber wenig sichere Wahrscheinlichkeit besteht für 1140–1150. Die dritte Radiokarbonprobe (KI-4062) aus der ersten Siedlungsschicht der randlich erfassten Aufhöhung der Wurt deutet auf ein Alter dieser Schicht von 890±30 BP hin, was einem Kalenderalter von 1035–1220 AD entspricht.
317 Meier 2003b, 277-291.
318 Fischer 1957a, 31 ff.
319 Meier 2001a, 124-128.
320 Hamburger Urkundenbuch I, 151.
321 Fischer 1957a, 56 ff.
322 Fischer 1957a, 56 ff.; Meier 2001b, 153 ff.
323 Stoob 1951; Lammers 1981, 360-370.
324 Meier 2001a, 129. Die Radionkarbondatierungen des Torfes unter der Wurt (KI-3797) stammen aus der Zeit um 1020±50 BP, was einem Kalenderalter von 970–1160 n. Chr. entspricht.
325 Gaasch 1952, 39-81; Stoob 1953, 97-140.
326 Bünz 2006, 239-271; Stoob 1953, 123.

327 Lübecker Ratschronik 1, 370; Urkundenbuch des Landes Dithmarschen 1834, 18; Hanssen u. Wolf 1833, 256.
328 Hoffmann, E. 1986, 312.
329 Mißfeldt 2000, 134, 135.
330 Hanssen u. Wolf 1833, 259 ff.; 262 ff.; Meier 2008, 2-9.
331 Arnold u. Kelm 2004, 44, 45, 62, 63, 67, 68.
332 Arnold u. Kelm 2004, 62, 64, 65.
333 Nissen 1990, 5-17; Arnold 1990, 18-31.
334 Könenkamp 1990, 51-66.
335 Hoffmann, E. 1986, 309-331; Lammers 1953.
336 Felgentreu 2009.
337 Zu Nordfriesland im frühen Mittelalter: Meier 2011, 107-124.
338 Windmann 1954, 93-97.
339 Davon werden fünf Exemplare in der Bibliothek der Christian-Albrechts-Universität Kiel und sieben in der Dänischen Königlichen Bibliothek in Kopenhagen aufbewahrt.
340 Hoffmann, E. 1981b, 256 ff.; 1986, 341; Löw 2003; Pappenheim 1926.
341 Meier 2001b, 86 ff.; Meier 2007b, 94-109.
342 Meier 2001b, 86-90.
343 *1103 zur Fastenzeit, am Tage des St. Benediktus [12. Februar] wurde bei Wittendün zu Ehren des St. Magnus eine hölzerne Kapelle gebaut auf dem Land von Taten Eskels, und sie wurde Tatinghen genannt; dies war das erste Gotteshaus im Spatenland* ... Chronicon Eiderostadense vulgare, 15.
344 *1109 wurde bei Garsand auf dem Geestrand eine hölzerne Kapelle zu Ehren der Heiligen St. Christian, St. Maria-Magdalena und St. Bartholomäus erbaut.* Chronicon Eiderostadense vulgare, 15.
345 Chronicon Eiderostadense vulgare, 15.
346 Meier 2001b, 84 ff.
347 Chronicon Eiderostadens vulgare, 38-40.
348 Meier 2001b, 86 ff.
349 Meier 2001b, 119 ff.
350 Meier 2001a, 124; 2001b, 99 ff.
351 Meier u. Wohlenberg 2003, 93 ff.
352 Panten 1989, 98 ff.
353 Meier 2007b, 94-109.
354 Meier 2001b, 94 ff.; Degn u. Muuß 1968, 143.
355 Meier 2001b, 124 ff.
356 Meier 2001a, 99 ff., 106 ff., 119 ff.
357 Meier 2006, 111.
358 Meier 2001a, 151-152.
359 Meier 2001b, 119 ff.
360 Meier 2001b, 99 ff., 106 ff.
361 Karff 1978, 127.
362 Meier 2001b, 119 ff.
363 Meier 2007c, 252-262.
364 Sax 1610; 1636; 1638.
365 Fischer 1956, 54 ff.; Meier 2001b, 106 ff.
366 Fischer 1956, 54 ff.
367 Chronicon Eiderostadense vulgare, 65.
368 Panten 1981, 39 ff.; Wohlenberg 1989, 35 ff.
369 Panten 1981, 39 ff.; Wohlenberg 1989, 30 ff.
370 Fischer 1956, 71 ff., 92 ff., 121 ff.; Panten 1981, 39 ff.; Wohlenberg 1989, 30 ff.
371 Wohlenberg 1989, 30 ff.
372 Zur Geschichte Husums: Gesellschaft für Husumer Stadtgeschichte 2003; Hoffmann, E. 1986, 303-304.
373 Fischer 1955, 35.
374 Fischer 1955, 36 ff.
375 Fischer 1955, 40 erwähnt dabei die Abgabe eines Andelgifts im Zusammenhang mit herzoglichen Anteilen am Krongut, den auch die Alt-Nordstrander Kirchspiele Morsum, Evesbull und Rorbecke entrichten mussten.
376 Fischer 1955, 38.
377 Fischer 1955, 41 ff.
378 Fischer 1955, 40.
379 Fischer 1955, 43 ff.
380 Fischer 1955, 21.
381 Fischer 1955, 52; Prange 1979, 29 ff.
382 Fischer 1955, 51 ff., 55, 56 ff., 62 ff.; Prange 1979, 44 ff.
383 Karte von 1580 im Landesarchiv Schleswig, Abt. C XII, Nr. 341.
384 Fischer 1955, 59-62; Prange 1979, 21-48.
385 Fischer 1955, 62 ff.
386 Fischer 1955, 113 ff.
387 Bantelmann 1966, 89 ff.
388 Fischer 1955, 71 ff.
389 Fischer 1955, 69 ff.
390 Fischer 1955, 73.
391 Fischer 1955, 74-77.
392 Fischer 1955, 93 ff.; Panten 1989, 76 ff.; 1989, 78.
393 Kühn 1989, 22 ff.
394 Panten 1989, 77.
395 Karff 1978, 52.
396 Adam von Bremen, Bischofsgeschichte: *aliae insulae contra Fresiam et Daniam.*
397 Meier 1998b, 156; Panten 1981, 160 ff.
398 siehe auch: Meier 2012, 120 ff.
399 Saxo Grammaticus, Gesta Danorum, XIV, 7.
400 Karff 1978, 64-65 mit weiteren Diskussionen; Panten 1976, 13 ff.; 1980, 274 ff..
401 Genaue Zahlenangaben bei Fischer 1955, 24.
402 Johannes Mejer, Sohn eines Pastors, studierte in Kopenhagen Mathematik und Astronomie. Dabei lernte er die Grundlagen der dort seit Tycho Brahe gepflegten Kartografie kennen. Nach Husum um etwa 1629 zurückgekehrt, betätigte sich Mejer u.a. Kartograf. 1647 ernannte König Christian IV. Johannes Mejer zum königlichen Mathematiker und beauftragte ihn, zunächst die Westküste von Schleswig-Holstein aufzunehmen. 1652 erschien Caspar Danckwerths Neue Landesbeschreibung der zwei Herzogtümer Schleswig und Holstein mit 40 Karten und Stadtgrundrissen

von Mejer. Vorbild war der 1645 veröffentlichte Novus Atlas von Willem Janszoon Blaeu. Die meisten Karten von Mejer wurden von den Brüdern Mathias und Nicolaus Petersen künstlerisch ausgestaltet und von den Brüdern Andreas und Christian Lorenzen – genannt Rodtgießer – in Kupferplatten gestochen. Zu den Karten Mejers siehe: Domeier 1963. Zur weiteren Beschreibung Alt-Nordstrands und der Uthlande siehe auch: Sax 1637.

403 Hansen 1974.

404 Bantelmann 1966, 51 ff.; 1977/1978, 97 ff.

405 Designatio und Catalogus vetustus. Staatsbürgerliches Magazin 1824.

406 Hansen 1894. Zur Liste der Kirchspiele in der Designatio auf dem Strand siehe auch: Karff 1978, 65-66.

407 Karff 1978, 95.

408 Stümpel 2002, 178-181.

409 Stümpel 2002, 221.

410 Hoffmann, D. 1992, 46-48; Kühn u. Müller-Wille 1988, 188; Meier 2006, 84 ff.

411 Knutzen 1588, Eine korte Vortekeninge umb welcker Tidt Eyderstede mit den van der Geest und im Stapelholm landfest geworden.

412 Kühn u. Müller-Wille 1988, 188; Stümpel 2002, 184-186.

413 Kühn u. Müller-Wille 1988, 187; Stümpel 2002, 183-184.

414 Higelke u.a. 1976, 163-185; Hoffmann, D. 1992, 44.

415 Kühn u. Müller-Wille 1988, 186-191; Hoffmann, D. 1992, 46.

416 Kühn 1989, 29 ff.

417 Stümpel 2002, 194-195.

418 Kühn u. Müller-Wille 1988, 189; Stümpel 2002, 198-199.

419 Kühn u. Müller-Wille 1988, Beil. 19; Stümpel 2002, 195.

420 Hoffmann, D. 1992, 50; Kühn u. Müller-Wille 1988, 189-190.

421 Bahnsen u. Bahnsen 2005; Stümpel 2002.

422 Karff 1978, 119-120.

423 Staatsarchiv Hamburg; siehe auch: Karff 1978, 121 mit lateinischer Urschrift.

424 Zu den Urkunden mit Quellenangaben: Henningsen 2000, 164; Karff 1978, 119–120.

425 Henningsen 2000, 83 ff.

426 Johannes Petreus, Schriften über Nordstrand. Hrsg. von R. Hansen (Kiel 1901).

427 Karff 1978, 125.

428 Busch 1952, 270.

429 Busch 1963e, 26-27.

430 Henningsen 1998; 2000. Anhand einiger angeblicher Funde nahm der Ethonologe H.-P. Duerr (2005) an, dass Rungholt nördlich der Hallig Südfall lag. Völlig abwegig ist seine These minoischer Handelskontakte.

431 Busch 1963a-e; Henningsen 1998; 2000; Meier 2007a, 126 ff.; 179 ff.

432 Der Nordstrander Heimatforscher Robert Brauer vermutet dabei Fortsetzungen, die Victor Graf von Reventlow-Criminil schon in den 1950er-Jahren untersucht hatte. Die Kulturreste wurden von Nationalparkführerin Cornelia Mertens 2011 entdeckt.

433 Die Vermessung der Siele erfolgte zwischen 1922–29 von A. Busch u.a., nachdem Sielreste bereits um 1880 im Watt entdeckt worden waren, aber als solche nicht erkannt wurden. Busch barg 1961 einen der Balken, zwei weitere wurden 1962 geborgen. Nachdem 1994 die Datierung der „Schleusen" durch den Ethnologen Hans Peter Duerr angezweifelt wurde, erfolgte eine Radiokarbondatierung, welche die hochmittelalterliche Zeitstellung der Siele bestätigte. Die Funde Duerrs werden heute meist dem ebenfalls in der Flut untergegangenen, aber danach wieder aufgebauten Nachbarort Frederingscap vel Rip zugeordnet. Allerdings gibt es keine schriftliche oder kartographische mittelalterliche Überlieferung, die hier dezidierte mehrere mittelalterliche Ortsnamen vor 1362 nennen.

434 Busch 1963b, 15.

435 Karff 1978, 122-123.

436 Urkunde im Originaltext bei Karff 1978, 123.

437 Die Sage ist bei Karf (1978, 114-115) in der Fassung Heimreichs wiedergegeben.

438 Fischer 1955, 17.

439 Karff 1978, 123.

440 Bantelmann 1966, 69 ff.; Degn u. Muuß 1968, 156; Meier 2006, 183 ff.

441 *sitam in locis qui vulgariter appellantur Strand et Ford.*

442 Panten 1989, 104 ff. Zur Bedeichungsgeschichte der Insel siehe: Fischer 1937b.

443 Fischer 1937b, 19-21; Panten 1989, 106.

444 Meier 2007a, 177 ff.; zur Inselentwicklung: Fischer 1937a.

445 Fischer 1938, 48-49.

446 Fischer 1938, 49-52.

447 Fischer 1938 mit lateinischem Text: *Et forsan in Sylt quondam fuerunt XIII parochie, modo IIII.*

448 Fischer 1938, 57-59.

449 Schmidt-Eppendorf 1977, 74-75.

450 Degn u. Muuß 1965, 172; 1968, 163; Higelke 1998a, 32-33; 1998b, 28-29.

451 Rodeorte und Kirchspiele in Angeln: Hoffmann, E. 1981a, 130 Abb. 30; 131 Abb. 31.

452 Zu Schleswig unter der Zeit der Waldemare siehe: Fink 1958, 31-33; Windmann 1954; Poulsen u. Sørensen 2003, 381.

453 Zur Kirchspielorganisation Angelns: Kuhlmann 1958.

454 Poulsen u. Sørensen 2003, 377.

455 Poulsen u. Sørensen 2003, 434-457.
456 Ethelberg 2008, 159-179.
457 Poulsen u. Sørensen 2003, 440–443.
458 Dalem: Zimmermann 1991, 37–46; Drenthe: Waterbolk 1996, 47-94.
459 Poulsen u. Sørensen 2003, 448-449; Sørensen 2008, 150-158.
460 Poulsen u. Sørensen 2003, 451; Sørensen 2008, 150-158.
461 Eisenschmidt 2006, 63, 64.
462 Poulsen u. Sørensen 2003, 455, 457.
463 Poulsen u. Sørensen 2003, 475.
464 Poulsen u. Sørensen 2003, 465.
465 Harck 1983a, 40–44.
466 Zum Heer- bzw. Ochsenweg siehe: Brumm 2008.
467 Boigs 1966, 43-92.
468 Übersetzung nach Karff 1978, 169.
469 Zur Ökonomie siehe: Hammel-Kiesow u. Pelc 1996, 121-129.
470 Hammel-Kiesow u. Pelc 1996, 125.
471 Allg. zum Landesausbau und zur Urbanisierung in Schleswig-Holstein: Andrèn 1985; Hoffmann, E. 1981, 99-115; 1990; 1995, 155–175; Lammers 1961; Willert 1995, 109-132.
472 Unverhau 1985, 25-40.
473 Zur mittelalterlichen Stadtgeschichte Oldesloes: Willert 1990.
474 Zur Geschichte Segebergs: Siemonsen 1984.
475 Zu Alt-Lübeck und zur Geschichte der Slawen in Ostholstein und Lauenburg siehe: Meier 2011, 169-215.
476 Zur mittelalterlichen Stadtgeschichte Plöns: Mittelstädt 1976, 59-74, 1977, 5-34; Rothert 1988, 33-45; Stender u. Freytag 1986; Willert 1990.
477 Zu Plön: Rothert 1988, 33-45; zu Plön: Willert 1992, 73-99.
478 Zu den Anfängen der Stadt Oldenburg: Rothert 1970; Hoffmann, E. 1985b, 31-64; 1985c, 221-232.
479 Zu Eutin: Prühs 1994; zu Plön: Rothert 1988, 33-44.
480 Zur mittelalterlichen Stadtgeschichte Ratzeburgs: Kaack 1987.
481 Harck 1983a/b, 61-65.
482 Ibs 1988; Hoffmann E. 1981a, 104, 105.
483 Zur mittelalterlichen Stadtgeschichte Kiels: Feiler 1996; Jensen u. Wulf 1992; Willert 1990.
484 Zur mittelalterlichen Stadtgeschichte Eckernfördes: Harck 1980, 232-252; Unverhau 1990, 9-44.
485 Zur mittelalterlichen Stadtgeschichte Flensburgs: Schütt 1966, 17-24.
486 Zur Stadtentwicklung Apenrades: Hoffmann, E. 1985a, 5-22.
487 Zur Stadtgeschichte Haderslebens: Fangl 1992; Schütt 1992, 5-28.
488 Zur mittelalterlichen Stadtgeschichte Hamburgs: Loose 1982.
489 Zur mittelalterlichen Stadtgeschichte Schleswigs: Hoffmann, E. 1980, 27-76; Radtke 1995, 47-91.
490 Zur Stadtgeschichte Lübecks: Am Ende 1975; Graßman 1989.
491 Zur mittelalterlichen Stadtgeschichte Hamburgs: Loose 1982.
492 Zur Ver- und Entsorgung von Städten: Küster 1998, 311-325.
493 Zur Entwicklung der Schiffe und der Hafenstädte: Meier 2009.
494 Dollinger 1989, 189 ff.
495 Meier 2003a, 198; Rösener 1985, 126 mit weiterer Literatur.
496 Zur Stadtgeschichte Lübecks: Am Ende 1975; Graßman 1989.
497 Zur Geschichte Nordfrieslands im Mittelalter: Panten 1995, 59-104.
498 Zur Hanse u.a.: Bracker 1989; Meier 2009, 133-134, 155-167.
499 Hammel-Kiesow u. Pelc 1996, 95.
500 Hammel-Kiesow u. Pelc 1996, 96.
501 Zum Lübschen Stadtrecht: Ebel 1971.
502 Zur Herkunft des Bürgertums in den Städten: Hoffmann, E. 1953.
503 Zum Adel in Lübeck: Dempski 1996.
504 Hammel-Kiesow u. Pelc 1996, 126.
505 Hammel-Kiesow u. Pelc 1996, 102.
506 Zu den holsteinischen Städten siehe: u.a. Lorenzen-Schmidt 1980; zu den schleswigschen Städten siehe: u.a. Harck 1995, 145-154; Riis 1980, 117-124; 1981, 117-136; 2009, 101-104.
507 Zur Herkunft des Bürgertums in den Städten: Hoffmann, E. 1953.
508 Zur Sozial- und Wirtschaftsstruktur schleswig-holsteinischer Landstädte: Lorenzen-Schmidt 1980.
509 Fehring 1982, 77-98.
510 Zu Alt-Lübeck siehe zusammenfassend: Meier 1993, 7-46.
511 Meier 1993, 7-46.
512 Fehring 1982, 77-98; Gläser 1992, 65-121; Lammers 1981, 314-321.
513 Die Urkunde, die den Lübeckern ihre Rechte zustand, ist verloren. Ihre Existenz belegt der Freiheitsbrief Kaiser Friedrich Barbarossas von 1181, der aber erst in einer Überarbeitung von 1225 erhalten ist.
514 Fehring 1982, 77-98; Gläser 1992, 65-121.
515 Zum Artlenburger Privileg siehe: Graßmann 1989, 94-99.
516 Zum Lübecker Hafen: Gläser 1989, 49-73; Schalies 1992, 305-344; Legant 2010, 7-259.
517 Ellmers 1985; 1992.

518 Zu den Holzbauten in Lübeck siehe: Gläser 1998, 219-234; Legant 2010, 7-259.
519 Bereits Arnold von Lübeck erwähnt in seiner Chronica Slavorum (S. 20) Holzgebäude und Höfe in Lübeck.
520 Zur Stadtbefestigung Lübecks im Mittelalter: Gläser 1992, 227-234.
521 Legant 2010, 7-259.
522 Erdmann 1985b, 167-176.
523 Gläser 1985, 117-129.
524 Am Ende 1975; Erdmann 1985a, 89-116; Hammel 1984.
525 Am Ende 1975, 10ff., 159 ff.; Hammel 1984, 24.
526 Müller 1992a, 145-166.
527 Scheftel 1988.
528 Hammel 1984, 24.
529 Zum Handwerkerviertel: Mührenberg 1989.
530 Zur Stadttopographie Lübecks: Stoob 1984; zu den Kirchen: Baltzer u. Bruns 1920.
531 Baltzer u.a. 1928.
532 Helmold, Chronica Slavorum I, 76, 84.
533 Müller 1992b, 23-39.
534 Erdmann 1988, 113-137.
535 Mührenberg 1993, 83-154.
536 Kruse 1997, 7-263.
537 Zur Baugeschichte des Hostentores: Schadendorf 1985.
538 Busch, R. 1995; 1997, 133-139.
539 Busch, R. 1997, 133-139.
540 Busch, R. 2002; Mathieu 1973.
541 Zur St.-Petri-Kirche siehe: Malsch 1978.
542 Weidner 2002, 66-74.
543 Zu den Burgen in Hamburg: Busch, R. 1999, 23-26; Schindler 1956, 49-72.
544 Zu Adalbert siehe: Lammers 1972, 165-228; Seegrün 1977.
545 Hoffmann, E. 1981a, 100, 101.
546 Zur Nikolaikirche siehe: von Trotha 1995.
547 Zur St.-Jacobi-Kirche siehe: Kleineschulte 2000.
548 Busch, R. 2002b, 44-55.
549 Bracker 1989; Meier 2004, 118 ff.; 2009.
550 Bracker 1989; Meier 2009.
551 Bolland 1964.
552 Aschenberg 1992, 295 ff.
553 Aschenberg 1992, 303 ff.
554 Aschenberg 1992, 298 ff.; Degn u. Muuß 1968, 119.
555 Waschinski 1962, 71-90.
556 Zur mittelalterlichen Stadtgeschichte Neustadts und Heiligenhafens: Rothert 1970; zu Plön: Rothert 1988, 33-44.
557 Zu Kiel siehe: Feiler 1996; Hinz 1972, 172-221; Hoffmann, E. 1981a, 107 Abb. 25; Landgraf 1959; Willert 1990.
558 Ibs 1988; Hoffmann, E. 1981a, 104, 105.
559 Zur Burg in Itzehoe: Andersen 1980.
560 Hoffmann, E, 1981a, 106, 111.
561 Zur Archäologie des Burgwalles siehe: Gabriel 1984, 31-32.
562 Hoffmann, E. 1981a, 107, 108; Lange 1974, 27.
563 Zur Stadtgeschichte Eutins: Prühs 1994.
564 Kellinghusen 1908, 181-373.
565 Zur Geschichte Lauenburgs: Hoffmann, E. 1986, 345-352; von Meding 2007.
566 Harck 1983a, 40-44.
567 Hammel-Kiesow u. Pelc 1996, 83.
568 Windmann 1954, 186-188.
569 Hoffmann, E. 1981a, 137-160.
570 Hoffmann, E. 1981a, 151-155.
571 Zur Fundkritik der älteren Funde und Fundbearbeitungen siehe: Meyer 1996, 89–116.
572 Hoffmann, E. 1980, 27-76; Radtke u. Körber 1984, 139, 141; Radkte 1995, 49 ff., 52, 58 f.
573 Zur Knýtlinga saga siehe: Heller 1967.
574 Übersetzung nach Lammers 1981, 299.
575 Christensen 1977, 269-286.
576 Hoffmann, E. 1981a, 137; zur Rolle der Knudsgilde: Hoffmann, E. 1980, 48-57.
577 Fink 1958, 36.
578 Die archäologischen Funde sind in der Reihe „Ausgrabungen in Schleswig. Berichte u. Studien" veröffentlicht, die seit 1983 erscheint. Die Einzeltitel können hier nicht alle genannt werden. Verwiesen sei hier auf die Übersichtswerke von Vogel 1989, Radtke 1995 u. Radtke u. Körber 1984.
579 von Carnap-Bornheim u. Lüth 2008, 72-74; Vogel 1989, 16.
580 Hoffmann, E. 1981a, 142; Vogel 1989, 28.
581 Vogel 1989, 34, 35.
582 Vogel 1989, 70.
583 Zu den Ausgrabungen am Rathausmarkt: Gruppe 1997.
584 Vogel 1989, 44.
585 Vogel 1989, 52.
586 Lammers 1981, 255, 256.
587 Vogel 1989, 60.
588 Vogel 1989, 64.
589 Vogel 1989, 74.
590 Vogel 1989, 76.
591 Hoffmann, E. 1981a, 142; zu Waldemar I. siehe: Christensen 1977, 328-355.
592 Schütt 1966, 17-18; zum Franziskanerkloster: Witte 2003; zur St.-Johannis-Kirche: Wilde 2001, 282-284.
593 Hoffmann, E. 1981a, 144-150; Schütt 1966, 18-19.
594 Röschmann 1963, 206.
595 Die Ausgrabungen erfolgten unter Leitung von H. Erlenkeuser, Archäologisches Landesamt Schleswig-Holstein. Ich danke für seine Hinweise zu den noch nicht publizierten Grabungsergebnissen.
596 Rasmussen 1984, 85-104; Witte 2003.
597 Schütt 1966, 21-23.

598 Zum Flensburger Stadtrecht: Schütt 1958.
599 Die St.-Gertrud-Kirche als kirchlicher Mittelpunkt der Ramsharde wurde 1290 errichtet. Zu ihrem Besitz gehörte das Gertrudenholz, ein nördlicher Teil der heutigen Marienhölzung. Sie lag unterhalb der später errichteten Duburg an der Norderstraße zur Westseite auf der Anhöhe, im Hofe des heutigen Hauses Nr. 123, etwas nördlich von der Schloßstraße und in 2. Reihe hinter den Wohnhäusern der Norderstraße. Sie wurde nach der Reformation 1571 aufgrund von Baufälligkeit abgebrochen.
600 Zum Franziskanerkloster siehe: Rasmussen 1984, 85-104; Witte 2003.
601 Schütt 1966, 23-32.
602 Schütt 1966, 31.
603 Poulsen u. Sørensen 2003, 598.
604 Schütt 1966, 35.
605 Schütt 1966, 36.
606 Poulsen u. Sørensen 2003, 599.
607 Schütt 1966, 40-43.
608 Meier 2008a, 2-9.
609 Zum Kampf um Flensburg siehe: Schütt 1966, 44-51.
610 Zum Namen der Duburg: Schütt 2002, 154-155.
611 Diese Balkensperre wurde 1927 bei der Verlegung einer Dükerleitung wiedergefunden und 2011 durch Taucher erneut entdeckt. Vgl. E. Nöbbe, Die mittelalterliche Verpfählung des Flensburger Hafens. Flensburger Nachrichten 22. März 1939. Zeitungsausschnitte im Stadtarchiv Flensburg, Voigt-Mappe 15.
612 Schütt 1966, 81.
613 Zum Aufstieg Flensburgs nach den Konflikten des 15. Jahrhunderts siehe: Schütt 1966, 51-74.
614 Schütt 1966, 53. Die Kämmereirechnungen sind leider erst seit 1620 im Stadtarchiv erhalten.
615 Schütt 1966, 54.
616 Schütt 1966, 62.
617 Schütt 1966, 64.
618 Hoffmann, E. 1966, 94-110.
619 Madsen 1999, 137 ff.
620 Hoffmann, E. 1980, 54; 1981a, 149-151.
621 Zur Stadtgeschichte Haderslebens: Fangl 1992; Madsen 1999, 137 ff.; zum Stadtrecht Haderslebens: Schütt 1992, 5-28.
622 Zur Stadtentwicklung Apenrades: Hoffmann, E. 1980, 58; 1985a, 5-22; zum Apenrader Stadtrecht: Schütt 1985, 23-31.
623 Hoffmann, E. 1981a, 150-152.
624 Madsen 1998, 140 ff.
625 Madsen 1998, 147.
626 Zur Stadtgeschichte Eckernfördes: Harck 1980, 232-252; Unverhau 1990, 9-44; Witt 2006.
627 Hoffmann, E. 1980, 55; 1981a, 154.
628 Zur frühen Stadtgeschichte Ribes siehe u.a.: Jensen, S. 1991; Meier 1999, 121 ff.; 2011, 150-152.
629 Vita Anscarii, Kap. 24 u. 31-32.
630 Horskjær 1970, 19–49.
631 Jensen, S. 1991, 45.
632 Poulsen u. Sørensen 2003, 488.
633 Zur mittelalterlichen Stadtgeschichte Tonderns: Hoffmann, E. 1981a, 153, 154; Madsen 1999, 144–146; Schütt 1993, 17-44; Thomsen 1984.
634 Zur Geschichte Husums: Gesellschaft für Husumer Stadtgeschichte 2003; Hoffmann, E. 1986, 302 ff.
635 Hammel-Kiesow u. Pelc 1996, 122.
636 Hammel-Kiesow u. Pelc 1996, 124.
637 Abel 1955; 1978, 44 ff.; Meier 2003a, 213-238; Schreg 2012, 197-213.
638 Looft 1974, 245, 246.
639 Looft 1974, 245.
640 Looft 1974, 247.
641 Bork 2012, 231-242; Fouquet u. Zeilinger 2011, 36; Glaser 2001; Glaser u.a. 2012, 243-254; Looft 1974, 247; Meier 2003a, 213-238.
642 Looft 1974, 245.
643 Zur Pest in Europa u.a.: Graus 1988; Jankrift 2003, 181-210.
644 Zur Pest in Schleswig-Holstein: Ibs 1994.
645 Hinweise finden sich im Compendium de epdimia des Straßburger Arztes Johannes von Sachsen. In: Sudhoff 1925, 20-29. Zur Pest in Schleswig-Holstein: Ibs 1994.
646 Poulsen u. Sørensen 2003, 494; Riis 2009, 119-121.
647 Zur Pest siehe auch: Looft 1974, 246.
648 Freytag 1993.
649 Prange 1976, 57; Riis 2009, 113-123.
650 Koppe 1957, 31-62.
651 Prange 1976, 57.
652 Looft 1974, 197-254.
653 Looft 1974, 202-218
654 Looft 1974, 218-221.
655 Prange 1976, 67.
656 Looft 1974, 222-244.
657 Looft 1974, 237-247.
658 Looft 1974, 246.
659 Looft 1974, 251.
660 Kuhlmann 1958, 85 ff., 96; Wiethold 1998, 206-207.
661 Christensen 1938, 1-57; Poulsen u. Sørensen 2003, 531-535.
662 Wiethold 1998, 164.
663 Die noch nicht publizierten Ausgrabungen wurden vom Archäologischen Landesamt Schleswig-Holstein durchgeführt.
664 Poulsen u. Sørensen 2003, 526-527.
665 Poulsen u. Sørensen 2003, 528-529.
666 Bork u.a. 2012, 231-242; Jankrift 2003, 49-62.

667 Müller 1936, 32.
668 Uthaven wurde erstmals 1140 erwähnt, (Alt-) Brunsbüttel hingegen 1286. Möglicherweise sind beide Kirchore auch identisch. Die spätmittelalterlichen Landverluste an der Elbe mit dem Abbruch des Uferwalles finden keine Erwähnung in spätmittelalterlichen Quellen. Kulturspuren haben sich aufgrund der Abräumung der Landoberfläche durch die Elbe nicht erhalten.
669 Fischer 1957a, 56 ff.; Meier 2001b, 153 ff.
670 Meier 2007b, 252-262; 2012.
671 Müller 1936, 33.
672 Panten 1989, 66 ff.
673 Chronicon Eiderostadense 27-33.
674 Müller 1936, 9 ff.; Karff 1978, 127.
675 Michelsen 1828.
676 C. Pfister, M. Burri, U. Dietrich (Hrsg.), Datenbank Euro-Climhist. Oeschger Zentrum für Klimaforschung, Universität Bern. Version 2008.
677 Die Rekonstruktion der Sturmflut erfolgte im Rahmen des vom Verf. koordinierten Films in der ZDF-Reihe Terra-X, Rungholt – Atlantis der Nordsee durch Dr. S. M. Navarra und Dipl.-Meteorologe W. Seifert vom Bundesamt für Seeschifffahrt, Hydrographie und Sturmfluten in Hamburg.
678 Heimreich, Nordfresische Chronik, 1668.
679 Karff 1978, 73-76.
680 Zitiert nach A. Sach, Das Herzogthum Schleswig (Halle 1896-1899). Zu den Auswirkungen der Flut von 1362 auf den Strand siehe: Müller 1936, 35-41.
681 Hansen u. Jessen 1904, 175 f.
682 Fischer 1955, 27.
683 Karff 1978, 126.
684 Panten 1983, 160 ff.
685 Cypraeus, Annales Episcoporum Slesvicensium 1634.
686 Heimreich, Nordfresische Chronik 1688.
687 Heimreich, Nordfresische Chronik 1668, 136.
688 E. J. von Westphalen, Monumenta inedita rerum Germanicarum. Tom I-IV (Leipzig 1740, 1745, 1843).
689 Karff 1978, 106.
690 Karff 1978, 92 ff.
691 Panten 1976, 13 ff.; 1980, 274 ff.; 1983, 161.
692 Heimreich, Nordfresische Chronik, 1668; Panten 1983, 160 ff.
693 Panten 1980, 274 ff.
694 Übersetzung von Timmermann 1977, 42 ff.
695 Panten 1989, 66 ff.
696 Cypraeus: *ante haec tempora qouque, inundatonibus ex Parochiis quasdam perisse verisimele est.*
697 Meier 1998b, 156 ff.; zur Mentalitätsgeschichte der Sturmfluten und der Marcellusflut von 1362 siehe: Meier 2012, 134–141.
698 Bahnsen u. Bahnsen 2005, 11-13.
699 Übersetzung nach Karff 1978, 169.
700 Bantelmann 1966; Prange, Werner 1982, 296-302.
701 Hoffmann, D. 1988; 1992, 9 ff.
702 Meier 1999, 121-134; Poulsen u. Sørensen 2003, 347.
703 Meier 1999, 121-134; Poulsen u. Sørensen 2003, 499.
704 Poulsen u. Sørensen 2003, 529.
705 Poulsen u. Sørensen 2003, 500, 501.
706 Poulsen u. Sørensen 2003, 502.
707 Poulsen u. Sørensen 2003, 538-554.
708 Beseler 1969, 223 f.
709 Poulsen u. Sørensen 2003, 557, 598.
710 Poulsen u. Sørensen 2003, 554-561.